由中国社会科学院大学教材建设经费资助

拉丁美洲政治

LATIN AMERICAN POLITICS

徐世澄　袁东振　著

中国社会科学出版社

图书在版编目（CIP）数据

拉丁美洲政治/徐世澄，袁东振著.—北京：中国社会科学出版社，2023.3
ISBN 978 – 7 – 5227 – 1420 – 2

I. ①拉… II. ①徐…②袁… III. ①政治—研究—拉丁美洲 IV. ①D773

中国国家版本馆 CIP 数据核字（2023）第 027659 号

出 版 人　赵剑英
责任编辑　赵　丽
责任校对　王佳玉
责任印制　李寡寡

出　　　版　中国社会科学出版社
社　　　址　北京鼓楼西大街甲 158 号
邮　　　编　100720
网　　　址　http://www.csspw.cn
发 行 部　010 – 84083685
门 市 部　010 – 84029450
经　　　销　新华书店及其他书店

印　　　刷　北京君升印刷有限公司
装　　　订　廊坊市广阳区广增装订厂
版　　　次　2023 年 3 月第 1 版
印　　　次　2023 年 3 月第 1 次印刷

开　　　本　710×1000　1/16
印　　　张　35.25
插　　　页　2
字　　　数　560 千字
定　　　价　128.00 元

前　言

（第一版）

　　拉丁美洲地域辽阔、资源丰富，具有巨大的发展潜力，是第三世界的重要组成部分。2004 年 11 月，胡锦涛主席在访问拉美时说："在这片神奇的土地上，长期以来，拉美各国人民不仅创造了灿烂的文明，而且也为维护世界和平、促进共同发展做出了重要贡献。从玛雅金字塔到印加古城，从伊泰普水电站到哈瓦那遗传工程与生物技术研究中心，都见证了拉美人民非同凡响的创造活力。从玻利瓦尔到何塞·马蒂，从聂鲁达到博尔赫斯，都反映了拉美人民令人敬佩的开拓勇气。从争取 200 海里海洋权的正义斗争到创立拉美无核区，从开拓拉美发展道路到推进拉美一体化，都体现了拉美人民不屈不挠的奋斗精神。拉美人民的开拓进程波澜壮阔、可歌可泣，拉美地区的多样文化灵感激扬、风情隽永。拉美人民创造的伟大文明，在世界文明的百花园中绽放出独特的光彩"，"拉美各国政府和人民不畏艰难、勇对挑战，推动变革、谋求发展，取得了举世瞩目的成就，赢得了各国人民的尊重。展望未来，地域辽阔、资源丰富、人才济济、经济基础坚实的拉美地区，发展潜力巨大，发展前景美好。"[①] 随着拉美地区政治和经济实力的不断增强，拉美国家在国际舞台上正在发挥越来越重要的作用。

　　中国对拉丁美洲国家的研究起步比较晚，在新中国成立前，对拉美缺乏研究，了解很少。新中国成立后至 1960 年，由于历史等原因，拉美

---

　　① 中国国家主席胡锦涛 2005 年 11 月 12 日在巴西国会的演讲：《携手共创中拉友好新局面》，《人民日报》2004 年 11 月 14 日第 1 版。

国家同中华人民共和国一直没有建立正式外交关系，相互之间交往限于民间的、非官方往来。中国对拉美真正意义上的研究是从 20 世纪 60 年代初才开始的。1959 年古巴革命的胜利和 1960 年古巴在拉美国家中率先同中华人民共和国正式建交，无疑推动了中国对拉美的研究。正是在这一历史背景下，1961 年中国社会科学院拉丁美洲研究所正式成立。拉美所的成立标志着中国的拉美研究步入了一个新阶段。然而，由于受"文化大革命"的干扰和影响，拉美所曾一度被取消，研究人员被解散，拉美研究被迫中断。20 世纪 70 年代后期，随着中国改革开放和对外关系的发展，拉美所得以恢复，研究拉美的人员不断得到扩充，去拉美国家实地进修和考察的机会增加。与此同时，在全国组建了中国拉丁美洲学会、中国拉丁美洲历史研究会等相关民间学术团体，开始出版《拉丁美洲研究》等专业学术刊物。近 25 年来，在中国涌现出一批卓有成就的中青年拉美问题学者，出版了一批水平较高的、影响较大的学术论著。此外，拉美研究的学科建设逐渐完备。中国对拉美的研究除动态性研究外，逐步注重对拉美基本情况，从理论上，从历史、政治、经济、社会、文化、国际关系等多方面多学科来关注和研究拉美问题。

21 世纪以来，在经济全球化的推动下，拉美国家的政治、经济和社会结构正在发生深刻的变化，拉美国家的改革在向纵深发展，拉美一体化的进程正在加快。与此同时，中国与拉美国家的关系在迅速、全面地发展。在拉美改革和发展进程中出现的许多新现象、新问题有待我们进一步去研究、去探索。这些新问题、新现象涉及多种学科、内容十分广泛。为了使中国的拉美研究事业后继有人，一代一代地继承下去并不断深入，迫切需要培养和造就一批有志从事拉美研究的青年学者。为此，中国社会科学院研究生院以拉美所为依托，建立了拉丁美洲系，有计划地招收和培养拉美研究硕士生和博士生。《拉丁美洲政治》一书就是在拉丁美洲系老师从事拉美政治十多年研究生教学的基础上，适应研究生教学需要而编写的一本教材。本书也可供高等院校相关专业的师生、从事外事和外贸工作的人员以及对拉美问题感兴趣的广大读者参考。

拉美政治，包括拉美的政治进程、政治体制、政党和政党制度、思潮、工会和其他社会团体和社会运动、拉美国际政治和拉美主要国家政治等，涉及面十分广泛。目前中国对拉美政治的研究还很薄弱，已有成果不多。编写这样一本涉及拉美政治各个方面的学术性很强的教材,绝非易事。现在奉献给读者的只不过是作者多年从事拉美政治教学和研究的初步成果。尽管作者力图以马列主义、毛泽东思想和邓小平理论作为指导,尽可能吸收国内外拉美学者优秀的研究成果和心得,但由于作者的知识面和水平有限,书中不当之处在所难免,恳请研究生和读者不吝赐教。

本书编写过程中,得到了中国社会科学院研究生院教务处有关领导、拉丁美洲系系主任、拉美所副所长、博士生导师江时学研究员,拉美所政治室主任刘纪新和社会文化室主任袁东振等许多人的热情支持和指导,在这里谨向他们表示衷心感谢。另外,在本书编写过程中,作者也参考了国内外同行们的一些研究成果,在此也向他们表示衷心感谢。

徐世澄

2004 年 12 月于北京昌运宫

前　言

（第二版）

　　《拉丁美洲政治》第一版是中国社会科学院研究生院第一批重点教材之一，自 2006 年 7 月出版以来，受到国内众多高校的欢迎，一些高校文科的研究生院在招收拉美方向和西班牙语专业的研究生时，把它作为必读或主要参考书籍之一。几年前，该书已经售罄。近年来，不少报考拉美方向和西班牙语专业研究生的青年学子问我什么时候再版此书。如今，在中国社会科学院大学（研究生院）拉美系（即中国社会科学院拉美研究所）的支持和拉美系系主任、拉美所副所长袁东振研究员的大力协助下，《拉丁美洲政治》第二版终于问世了。

　　自 2006 年至今，拉美和加勒比地区的政治、经济、社会形势和国际关系发生了重大变化。但是，无论形势如何变，拉美和加勒比地区依然是新兴经济体和发展中国家的重要组成部分，是维护世界和平和发展的重要力量。拉美和加勒比国家正在积极地探索自身的发展道路，取得举世瞩目的成就。正如习近平主席 2014 年 7 月 16 日在巴西国会发表的演讲中所说，"拉美和加勒比是一片多姿多彩、充满希望的热土"，"长期以来，勤劳智慧的拉美和加勒比人民，积极探索符合自身实际的发展道路，在维护国家稳定、振兴民族经济、改善人民生活、推进地区一体化和外交多元化等方面取得了重大成就，在国际舞台上发挥着越来越重要的作用。"

　　2008 年和 2016 年中国政府先后发布了两份对拉美和加勒比的政策文件，中国政府从战略高度看待同拉美和加勒比地区的关系，致力于同该地区建立和发展平等互利、共同发展的全面合作伙伴关系。自 2012 年 11

月中共十八大以来，中拉关系进入了全面合作的新阶段。习近平主席已经5次出访拉美，中拉双方高层交往和政治对话频繁。贸易、投资、金融等领域合作全面快速发展，人文交流日益密切。当前，中国和拉美国家正在共同打造中拉命运共同体这艘大船，引领中拉友好关系驶入新的航程。

《拉丁美洲政治》第二版在力求在第一版基础上，结合我们从事拉美政治近40年研究生教学的经验体会，力求以最新材料更加全面、系统和简要地阐述拉美的概况和政治发展进程、政治体制（包括国体和国家结构、政体、国家机构、议会、司法机构和选举制度等）、政党和政党制度、思潮、工会和其他社会团体、拉美的国际政治和拉美主要国家阿根廷、巴西、智利、墨西哥、哥伦比亚、秘鲁、委内瑞拉和古巴的政治概况等。

本书由徐世澄、袁东振两位老师撰写，两人具体分工如下：

徐世澄：第一章、第三章、第五章第一至第三节、第七章、第八章和第九章第一、第二和第八节。

袁东振：第二章、第四章、第五章第四节、第六章和第九章第三至第七节。

由于本书述及面很广，而我们的知识面和水平有限，书中不当之处在所难免，恳请研究生和读者不吝赐教。

徐世澄

2021 年 8 月于北京

目　录

第 一 章

拉丁美洲概况和拉美
政治早期发展

内容提要

拉丁美洲和加勒比地区是指从墨西哥起的西半球南部的整个地区。历史上，这一地区主要是拉丁语系的西班牙、葡萄牙和法国等国的殖民地，故称拉丁美洲。拉美地区包括墨西哥、中美洲、南美洲和西印度群岛4个部分，共有33个国家和12个未独立的地区，总面积2070万平方公里。拉美地区气候温和，拥有丰富的自然资源和矿业资源。拉美地区总人口为6.29亿，占世界总人口的8.9%。2018年拉美和加勒比地区GDP为55655.16亿美元，人均GDP为8683美元。

拉丁美洲是世界古代文明的重要发源地之一。从15世纪末至19世纪初，西班牙、葡萄牙等欧洲国家殖民者统治了拉丁美洲300多年。拉美人民经过长期酝酿，终于在18世纪末和19世纪初爆发独立运动，推翻了殖民统治。独立后，拉美大多数国家都以美国、法国及西班牙1812年加的斯宪法为样板，制定了本国的宪法，建立了共和政体和议会。但是，绝对多数拉美国家的政坛上出现了一批被称为"考迪罗"的军事独裁者。在考迪罗主义的统治下，拉美社会处于长期动荡之中。

20世纪20年代中期，拉美产生了民众主义思潮、政党和政府，到20世纪四五十年代民众主义在拉美趋于成熟。20世纪中叶，在拉美大陆广泛兴起了具有民众主义特色的资产阶级改革运动，逐步形成一场全大陆的改革运动。

20世纪30年代的世界经济危机对拉美出口市场造成灾难性的影响，

迫使拉美国家寻找新的发展道路和发展模式，通过实施进口替代工业化探索现代化道路。

第一节 拉丁美洲概况

一 地理位置和划分

拉丁美洲和加勒比地区（简称拉丁美洲或拉美）是指从墨西哥起的西半球南部的整个地区。它东濒加勒比海和大西洋，西临太平洋，南隔德雷克海峡与南极洲相望，北与美国为邻。在历史上，从 15 世纪末至 19 世纪初这一地区主要是拉丁语系的西班牙、葡萄牙和法国等国的殖民地，故称拉丁美洲。

拉美地区从北到南全长 1.1 万公里，总面积逾 2070 万平方公里，约占世界陆地面积的 13.8%，相当于欧洲大陆的 3 倍。

拉美地区包括 4 个部分，共有 33 个国家和 12 个未独立的地区。这四部分是：墨西哥、中美洲、南美洲和西印度群岛。

墨西哥在地理位置上属北美洲，但它原是西班牙的殖民地，从种族、文化、历史上看，属于拉丁美洲。面积 196.4 万平方公里，人口 1.23 亿。

中美洲指从墨西哥南部至哥伦比亚西北部美洲大陆中段的狭窄陆地，其最窄处为巴拿马运河，宽度仅为 48 公里。中美洲是连接南北美洲的陆路桥梁和沟通太平洋和大西洋的战略要地。中美洲陆地面积为 54 万平方公里。在行政区划上，包括伯利兹、哥斯达黎加、萨尔瓦多、危地马拉、洪都拉斯、尼加拉瓜和巴拿马 7 个国家。

南美洲位于西半球的南部。南美洲大陆北宽南窄，略呈三角形，南北最长距离 7150 公里；东西最宽处是从巴西东端的布朗库角至秘鲁西北部的帕里尼亚斯角，宽达 5100 公里。南美洲陆地面积约为 1797 万平方公里，包括阿根廷、玻利维亚、巴西、智利、哥伦比亚、厄瓜多尔、圭亚那、巴拉圭、秘鲁、苏里南、乌拉圭、委内瑞拉 12 个独立国家和尚未独立的法属圭亚那。其中，巴西领土面积最大，为 851.49 万平方公里，约占南美洲总面积的一半，仅次于俄罗斯、加拿大、中国和美国，居世界第 5 位。人口 2.1 亿，居拉美首位，世界第 5 位，仅次于中国、印度、美国和印度尼西亚。

西印度群岛由大安的列斯群岛、小安的列斯群岛和巴哈马群岛组成，自北向南呈弧状排列，并同南美洲大陆的北部海岸和中美洲东海岸一起，构成一片陆间海，即加勒比海。加勒比海东西宽约 2800 公里，南北长 1400 公里，面积为 75.4 万平方公里。这一地区习惯上称为加勒比地区。岛屿面积 24 万平方公里，群岛中有 13 个国家和一些未独立地区。大安的列斯群岛中有多米尼加共和国、古巴、海地、牙买加 4 个国家和美属波多黎各和英属开曼群岛等。小安的列斯群岛中有安提瓜和巴布达、巴巴多斯、多米尼克、格林纳达、圣卢西亚、圣基茨和尼维斯、圣文森特和格林纳丁斯、特立尼达和多巴哥 8 个国家及英属维尔京、蒙特塞拉特岛、安圭拉岛、特克斯和凯科斯岛，美属维尔京，法属瓜德罗普、马提尼克，荷属安的列斯、阿鲁巴。巴哈马群岛中有巴哈马一个国家。

二　自然资源

拉丁美洲 80% 的地区位于南、北回归线之间，赤道横贯其中，大部分地区属于热带雨林和热带草原气候，气候温和，温差较小，雨量充沛且季节分布相对均匀。优越的地理位置和气候条件，给拉美地区提供了非常丰富的自然资源，也给动植物生长和繁衍提供了良好的条件。拉美地区平均海拔仅 600 米，海拔在 300 米以上的高原、丘陵和山地占地区总面积的 40%，海拔在 300 米以下的平原占 60%，特别是南美洲安第斯山以东的广大地区，地域辽阔、相对平坦，为发育世界上流程最长、流域最广、流量最大的亚马孙河系及其他众多河流提供了可能。

拉美地区林业资源丰富，是森林覆盖面积较大的大陆。南美洲森林面积达 700 多万平方公里，约占全洲总面积的 50%，约占世界森林面积的 20%。这一地区的热带雨林是现今世界最大的、保存最完整的，总面积 550 万平方公里，其中 330 万平方公里在巴西境内，占地区热带雨林面积的 60%。拉美地区动植物资源也极为丰富，据统计，亚马孙热带雨林中的动植物品种之多是世界上独一无二的，约占世界生物品种的 1/5。

拉美地区具有发展粮食作物和经济作物的巨大潜力。全地区耕地面积达 1.6 亿公顷，约占总面积的 7.7%；适宜耕种的土地面积为 5.7 亿公顷。据联合国粮农组织估计，如能充分利用土地资源，拉美可耕地面积将达7亿公顷。拉美地区普遍种植玉米、小麦、水稻、豆类等多种粮食作物和甘蔗、香蕉、可可、棉花、柑橘、咖啡等经济作物。其中巴西的咖啡、香蕉、木薯产量居世界第1位，大豆产量居世界第2位，可可产量居世界第3位。南美洲有大面积的草场、牧场，草原面积约4.4亿公顷，约占全洲总面积的25%和世界草原总面积的14%以上，适宜大规模发展畜牧业。阿根廷的牧场面积达1.4亿公顷，潘帕斯草原是拉美著名的天然牧场，生产的大量优质牛、羊肉驰名于世。

拉美地区河流众多，纵横交错，大的河流主要分布在南美洲。以流域面积计，84%的河流注入大西洋，11%的河流注入太平洋，其余5%的河流为内河。拉美地区降水量丰富，平均年降水量在1000毫米以上的地区占大陆面积的70%；又有来自安第斯山的雪水汇集，水力资源十分丰富，估计水力蕴藏量为4.67亿千瓦，约占世界水力蕴藏量的16.9%，仅巴西水力资源就达2.13亿千瓦。拉美地区已开发的水力资源约占世界水力资源的3.6%，集中在亚马孙河的一些主要支流、巴拉那河、圣弗朗西斯科河、奥里诺科河等河流上。

拉美地区矿业资源丰富，现代工业所需最基本的20多种矿物资源的绝大部分都有，有些矿物储量居世界前列。例如委内瑞拉的石油储量为2965亿桶，居世界第一。拉美地区天然气已探明储量约3万亿立方米，主要分布在墨西哥和阿根廷。铁矿储量约1000亿吨，巴西的铁矿储量居世界前列，其产量和出口量均居世界第2位。拉美铜储量约在1亿吨以上，居各洲之首，智利铜储量居世界第2位，秘鲁居世界第4位。煤蕴藏量约500亿吨，主要分布在哥伦比亚和巴西。此外，巴西的铍、钽、铌，苏里南和牙买加的铝土，墨西哥的银、硫黄，智利的硝石，古巴的镍，哥伦比亚的绿宝石等均居世界前列。

拉美和加勒比地区海岸线绵长，东西有两洋环抱，又面临墨西哥湾和加勒比海，渔业资源丰富，有许多天然渔场，如秘鲁、智利沿海，墨西哥湾和加勒比海，巴西沿海以及南大西洋等海域都是世界重要的渔场，盛产沙丁鱼、金枪鱼、鲈鱼、鲭鱼、鳕鱼以及多种虾类。捕鱼量居世界前列。此外，拉美地区内河盛产淡水鱼，其种类多达2500—3000种。

三　人口和民族

拉丁美洲地区的总人口为 6.29 亿（2020 年），占世界总人口的 8.9%；拉丁美洲的主要居民是印欧混血种人、黑白混血种人、白种人、黑种人、少数印度人、日本人和华人。拉丁美洲居民使用的主要语言是西班牙语（前西班牙殖民地各国）、葡萄牙语（巴西）、英语（脱离英国殖民统治的各国以及英、美两国的殖民地）。海地和法属殖民地居民使用法语，苏里南和荷属安的列斯使用荷兰语。印第安居民较多的地区，一般使用印第安语，以纳华特语、玛雅语、克丘亚语、瓜拉尼语、艾马拉语等使用较为广泛。大多数居民信奉天主教，在英语和荷兰语的国家和地区，居民多信奉基督教新教，还有少数居民信仰印度教、伊斯兰教以及犹太教等。印第安人和黑人名义上皈依天主教，但其传统宗教仍在基督教教义的掩饰下保存着。

四　经济发展和实力

从 19 世纪 20 年代独立后到 20 世纪 30 年代，拉美大多数国家奉行初级产品出口发展模式。20 世纪 30 年代世界经济发生危机后，阿根廷、巴西、墨西哥等国开始实行进口替代工业化战略。第二次世界大战后，拉美各国普遍地实行进口替代工业化的战略，开始了大规模以工业化为主导的现代化建设。1950—1980 年的 30 年间，拉美经济经历了一个相对较快的持续增长时期。全地区国内生产总值年均增长 5.4%，人均国内生产总值年均增长 2.7%。人均国内生产总值从 1950 年的 396 美元增至 1980 年的 2045 美元（按 1980 年不变价格计算）。经济的迅速发展，特别是工业化进程的加快，使拉美地区从落后的农业经济向先进的工业经济逐步过渡。一些国家如巴西、阿根廷、墨西哥进入了新兴工业国的行列，大多数国家的经济结构发生了深刻的变化。

然而，20 世纪 70 年代后期拉美进口替代工业化发展模式的弊端日益凸显。80 年代自墨西哥开始，几乎所有拉美国家都先后陷入了一场严重的债务清偿危机和经济危机。80 年代拉美经济的发展受到严重影响，发展停滞，整个 80 年代拉美国内生产总值年均只增长 1.2%，人均增长为 - 0.9%，使 80 年代对拉美来说成为"失去的十年"。

　　自80年代后期起，拉美国家逐步放弃了进口替代工业化发展模式，实行新自由主义发展模式和经济改革，使经济得到一定的恢复和发展。1991—2000年，拉美经济年均增长3.4%。但是，以贸易自由化、国有企业私有化为主要内容的新自由主义经济改革也产生了以下一些副作用：（一）由于收入分配不公越来越明显，社会问题日益严重；（二）随着国内市场的开放，许多竞争力弱的民族企业陷入了困境；（三）在降低贸易壁垒后，进口大幅度增加，从而使国际收支经常项目处于不利的地位；（四）国有企业私有化使私人资本和外国资本的生产集中不断加强。此外，私有化使失业问题更为严重。

　　新自由主义改革为拉美国家带来的经济好转形势没能维持多久，一些国家很快就陷入新的危机：先后爆发了1994年墨西哥金融危机、1998年巴西金融危机、2002年阿根廷金融经济危机。每场危机都对拉美地区国家产生了严重影响，失业率和通货膨胀率大幅上升。2002年爆发的阿根廷金融经济危机，标志新自由主义发展模式在拉美地区宣告失败。

　　自20世纪末开始，新自由主义在拉美开始"退潮"。21世纪头13年，拉美经济经历了长达十年的强劲扩张，成功地抵御了美欧金融危机的冲击，恢复了国内生产总值的增长，年均增长4.8%，人均国内生产总值年均增长3.4%。2008年至2013年，在国际金融危机的情况下，地区经济平均年增长仍达3%以上。2013年，巴西和墨西哥分别成为世界第7和第14大经济体。另外，智利、乌拉圭等国的人均国内生产总值已超过14000美元，成为"高收入国家"。由于拉美经济形势的好转以及拉美各国政府实施了一系列扶贫计划，拉美的贫困率呈下降趋势，贫困率从2002年的44%（2.25亿）下降到2013年的27.9%（1.66亿），贫困人口减少了5900万人。同期，赤贫率从19.4%（近1亿）下降到11.7%（0.68亿），赤贫人口减少了3200万人。与此同时，拉美地区中产阶级的人数也快速增加。据世界银行2012年11月13日公布的报告，2000年至2010年，拉美中产阶级（指日收入在10美元至50美元者）的人数增长了50%，增加了约5000万人，从1.03亿增加到1.52亿，中产阶级人数约占拉美总人口的30%，中产阶级在拉美总人口的比重与贫困人口占总人口的比重相似，均为30%左右。中产阶级规模增速最快的是巴西，拉美地区新增中产阶级中40%是巴西人。

2003—2012 年，拉美经济增长比较快，这十年被称为"黄金十年"。其中 2003—2009 年这 6 年年均增长率超过 4%。受国际金融危机的影响，2009 年出现负增长，2010—2013 年经济持续 4 年恢复增长，但增长速度有所下降。2014 年起拉美经济进入新的衰退期，2014—2019 年拉美国内生产总值下降了 4%，被称为"失去的 6 年"，这 6 年拉美 GDP 的增长率分别为：2014 年 1.2%，2015 年 - 0.2%，2016 年 - 1.0%，2017 年 1.3%，2018 年 1.2%，2019 年 0.1%。2019 年拉美和加勒比 33 个国家中，有 23 个国家经济增长率比上一年下降，有 14 国经济增长率不到 1%；南美洲为 - 0.2%，委内瑞拉增长率为 - 25.5%，阿根廷为 - 3%，巴西为 1%，智利为 0.8%；墨西哥和中美洲地区为 0.5%，墨西哥为 - 0.1%，尼加拉瓜为 - 5%。据统计，2018 年拉美和加勒比地区 GDP 为 55655.16 亿美元，人均 GDP 为 8683 美元。[①] 由于经济出现衰退，2014—2019 年拉美贫困人口年均增长 2.3%，2019 年贫困人口达 1.91 亿，贫困率为 30.8%；赤贫人口 7200 万，赤贫率为 11.5%。

2020 年，新冠肺炎疫情给拉美的政治、经济、社会和外交关系带来了深刻的影响。2020 年 2 月 26 日，拉美第一例新冠肺炎确诊病例发生在巴西。进入 5 月后，拉美疫情发展迅速，5 月 22 日，世界卫生组织确认南美洲成为疫情新的"震中"。到 12 月 29 日，拉美确诊病例已超过 1500 万例，达 1533 万；死亡人数超过 50 万，达 500818 人。到 2021 年 1 月 11 日，拉美确诊病例已超过 1600 万，死亡人数超过 60 万。巴西确诊病例已超过 800 万，达 8131612 例，居世界第三位；死亡人数超过 20 万人，达 203584 人，居世界第二位；哥伦比亚确诊 1801903 例，死亡 46114 人；阿根廷确诊 1730921 例，死亡 44495 人；墨西哥确诊 1541633 例，死亡 134368 人；秘鲁确诊 1037350 例，死亡 38335 人。

据拉美经委会 2020 年 12 月 16 日的报告，2020 年拉美经济出现 - 7.7% 的衰退，为近 120 年来经济最糟糕的一年。新冠肺炎疫情在拉美的迅速蔓延，国际市场上初级产品和油价的下跌，旅游业的停滞和融资困难等使拉美经济形势进一步恶化。按国家，阿根廷 - 10.5%，巴

---

① 袁东振主编：《拉丁美洲和加勒比发展报告 2019—2020》，社会科学文献出版社 2020 年 10 月版，第 355 页。

西 - 5.3%, 墨西哥 - 9.0%, 智利 - 6%, 哥伦比亚 - 7%, 秘鲁 - 12.9%, 玻利维亚 - 8%, 厄瓜多尔 - 9%, 巴拉圭 - 1.6.3%, 委内瑞拉 - 30%; 巴拿马 - 11%, 哥斯达黎加 - 4.8%, 萨尔瓦多 - 8.6%, 洪都拉斯 - 8%, 尼加拉瓜 - 4%, 危地马拉 - 2.5%; 海地 - 3%, 古巴 - 8.5%, 多米尼加 - 5.5%, 加勒比国家 - 7.9%。拉美 33 个国家有 32 个国家出现负增长, 只有圭亚那由于新油田的发现和开发经济增长 30%。[①] 据拉美经委会《2020 年拉美社会概况》报告, 2020 年拉美贫困人口增加到 2.09 亿, 占总人口的 33.7%, 赤贫人口增加到 7800 万, 占总人口的 12.5%。[②]

第二节 独立前的社会和政治结构

一 美洲居民探源

拉丁美洲是世界古代文明的重要发源地之一。印第安人是美洲古代文明的先驱和创造者。由于美洲大陆迄今没有发现古代猿人的化石, 学者一般认为, 印第安人是从本大陆以外的地方迁徙来的。根据考古学、人类学和地质学所提供的材料, 印第安人属于蒙古利亚人种。他们的祖先大约在 2.5 万年前或更早, 从亚洲越过还没有被今白令海峡所隔断而为坚冰所覆盖的陆桥, 沿着阿拉斯加陆续到达美洲大陆, 在以后的若干世纪中, 他们在北美大陆作扇形分布开来, 通过落基山脉和太平洋沿岸地带向南, 经过今天的墨西哥和中美洲, 最后进入南美洲。印第安人并非完全属于同一种族, 有部分居民可能是沿着南太平洋岛屿, 用简陋的木筏、独木舟漂洋过海到达南美洲或中美地区的。

二 拉美古代文明

美洲印第安人经过漫长的渔猎采集生活, 在前 3000—前 2000 年开始定居并从事农业种植, 创造了具有自身显著特色的文化。但是, 各地区

---

① CEPAL, Balance Preliminar de las Economías de América Latina y el Caribe, https：//www. cepal. org/es/publicaciones/bp.

② CEPAL, Panorama Social de America Latina 2020, https：//www. cepal. org/es/publicaciones/46687 - panorama - social - america - latina - 2020.

发展极不平衡，从狩猎捕鱼、刀耕火种到灌溉农业，存在着多种类型的经济活动。在欧洲殖民者入侵现拉丁美洲之前，当地一些生产力比较发达的氏族和部族形成了三个主要文明中心：一是以现今墨西哥尤卡坦半岛和危地马拉为中心的古代玛雅文明；二是以墨西哥高原盆地为中心的古代阿兹特克文明；三是分布于秘鲁、厄瓜多尔、玻利维亚广大地区的古代印卡文明。阿兹特克、玛雅、印卡等族印第安人上层社会，是由贵族、祭司、武士和商人构成的。这些人享有特权，把一些公有土地据为私有。人数较多的是平民，一般从事农业和手工业。最下层的是奴隶。这时，有些地方出现了城市，如特诺奇蒂特兰（今墨西哥城）等，更多的地方有定期集市。城市是一个地区或氏族的政治、经济和宗教活动中心，后来逐渐发展成城邦式的雏形国家，如印卡的塔万廷苏约、玛雅的蒂卡尔和科潘、阿兹特克的特诺奇蒂特兰等。在社会组织方面，土地为部落公有，由议事会分配给各氏族和家族使用，实行集体劳动，产品平均分配。但在这些文明程度较高的地区，土地公有制开始瓦解，开始阶级分化，出现了贵族、平民和奴隶的划分，进入早期阶段的阶级社会，已从原始社会向奴隶制社会过渡。

　　到 15 世纪欧洲殖民者入侵时，据一般估计，拉丁美洲印第安人约有2500 万人，语言和方言达 1700 余种。印第安部族也很复杂，主要的部族有：墨西哥的萨波特克人、托尔特克人和阿兹特克人，南部墨西哥和中美洲的玛雅人，加勒比地区的加勒比人，委内瑞拉、哥伦比亚及周围地区的奇布查人，秘鲁、厄瓜多尔和玻利维亚等安第斯高原地区的印卡人，阿根廷、巴拉圭、智利的瓜拉尼人和阿拉乌干人，亚马孙河流域热带森林和草原地区的阿拉瓦克人和图皮人。

三　欧洲殖民者的征服和殖民统治

　　1492 年，哥伦布率 3 艘帆船由西班牙的巴罗斯港起航，10 月 12 日在西印度群岛的一个岛（今巴哈马的华特林岛，又称圣萨尔瓦多岛，一说在萨马纳岛）登陆，并到达古巴、海地等地，随后，哥伦布又做了 3 次航行。西班牙、葡萄牙、意大利、英国、法国、荷兰等国的探险家和殖民者接踵而至，引起了争夺美洲殖民地权益的纠纷。在罗马教皇的调停下，于 1494 年 6 月 7 日西、葡两国签订了《托德西里亚斯条约》，划分了两国在美洲的殖民地势力范围。通过残酷的血腥征服，最后在美洲建立起一个统治范围北起加利福尼亚湾、南至南美洲最南端广大地区的殖民帝国，从15世纪末至19世纪初，西班牙、葡萄牙等欧洲国家殖民者统治了拉丁美洲300多年。

从16世纪初起，殖民者在拉丁美洲建立了各种奴役印第安人的制度。

西班牙把国内的君主专制体制推行于殖民地，建立起殖民地的庞大的官僚体系。1524年设立"西印度等地事务院"，作为殖民地的最高统治机构，并先后建立了4个总督辖区（virreinato）：新西班牙总督辖区（1535年，包括墨西哥、中美洲和西印度群岛）、秘鲁总督辖区（1542年）、新格拉纳达总督辖区（1718年）和拉普拉塔总督辖区（1776年）。此外，还分设了几个都督府（capitanía general）。各辖区总督总揽行政、军事和财务大权。在总督辖区内又分设若干省、郡和市（镇）。作为市权力机关的市议会，为具有一定自治性质的地方组织。印第安村庄，则委派印第安酋长（卡西克）治理。在总督辖区首府和一些重要城市，设有检审庭（audiencia）。检审庭是西班牙美洲殖民地司法和行政机构，检审庭代表国王执行司法和监察的职能。西班牙国王享有直接管理殖民地教会的权力，在美洲先后设立10大主教区和38个主教区，自成系统，与行政机构并行，使天主教会成为殖民统治的重要支柱。殖民地的文化教育也完全为教会所垄断，广大印第安人、黑人和混血种人得不到受教育的机会，几乎全是文盲。

在西班牙殖民地，殖民地经济最突出的特点是采矿业的发展，主要是金、银的生产。开采贵金属成为最初两个世纪殖民地经济的主体。今墨西哥是殖民地早期的主要产银区，白银产量占了当时世界总产量的1/3。16世纪中期，在今玻利维亚发现了当时世界上藏量最丰富的银矿，产量一度占世界的白银总产量的一半。据统计，从15世纪末到19世纪初，世界白银产量的85%、黄金产量的70%来自拉丁美洲。采矿的劳动力采用强迫征调的方式，规定凡18—50岁的土著都有义务应征，轮流到矿山劳动服役。由于条件恶劣，死伤者甚众，导致印第安人口锐减。农业方面，种植的作物除印第安人的传统作物如玉米、甘薯、豆类外，还从欧洲引种了小麦、水稻、甘蔗和葡萄等。畜牧业方面，引进了马、骡、牛、羊、猪等大牲畜。但农业和畜牧业长期得不到重视，后来是在贵金属开采的带动下发展起来的。巨大银矿的发现，增加了对粮食和畜力的需求，于是，以矿山为中心，在其周边地区纷纷建立大农场和大畜牧场，大庄园制由此开始兴盛起来。主要实行一种半农奴制"监护征赋制"（encomienda，又译作委托监护制）。西班牙殖民者在其征服的土地上，初期主要实行"监护征赋制"。这是西班牙在其美洲殖民地的一种剥削制度，西班牙国王为奖赏"有功的"的殖民者，将一定数量的土地连同这些土地上生活和劳动劳动的印第安人一起"委托"给殖民者加以"监护"。受委托者称为"监护人"，他负有"保护"印第安人并使之皈依天主教的义务及向印第安人征收贡赋的权利。名义上"监护人"对印第安人及其土地没有所有权，但"监护人"常常滥用权力，视印第安人为奴隶，任意驱使和剥削，造成印第安人大量死亡。1720 年这一制度虽被废除，转而推行征派劳役制，规定雇主对征召服役的印第安人要付给一定的报酬，但工资极为微薄。此项制度广泛使用于采矿业和农牧业，实际上是一种新的强迫劳动制。在大庄园制广泛兴起后，劳动制度也由委托监护制、征派劳役制过渡到债役雇农制。

在巴西，葡萄牙王室起初在巴西推行封建领地制，把巴西划分为 15 块世袭领地，分封给 12 个贵族管辖。每块领地均由大西洋岸向西延伸至 1494 年确定的界线。领主自筹资金，招募移民垦殖，在领地上拥有政治、经济和军事大权。为了对付法国人和西班牙人的入侵威胁，1549 年葡萄牙王室任命驻巴西总督，总督府设在巴伊亚萨尔瓦多。1763 年，正式成立总督辖区，从此取消了封地制，收回领主一切特权，并把首府迁到里约热内卢。巴西没有大量贵金属和印第安人劳动力，葡萄牙殖民者在巴西大力发展了种植业并从非洲引进大量黑奴，建立以黑人奴隶制为基础的种植园。

西、葡对殖民地实行重商主义的贸易垄断政策。殖民者严格控制对外贸易，西班牙更建立双舰队制，用军舰护航。对殖民地的农作物种植和工业发展进行限制，极力搜刮殖民地的财富。16 世纪后，西、葡在拉丁美洲的垄断地位受到新兴的资本主义国家英、法、荷等国的挑战。它们通过走私、海盗劫掠以及发动战争的方式，插足拉丁美洲，并占领了部分地区。

第三节　独立战争和宪章制度的移植

一　独立战争

西班牙、葡萄牙等国的殖民统治激起了拉美人民的长期反抗。在殖民地后期，殖民地生产力进一步发展，社会各种矛盾日益尖锐，资产阶级革命思想广为传播，西班牙、葡萄牙等国的殖民统治日趋削弱，拉丁美洲各族人民经过长期酝酿，终于在 18 世纪末和 19 世纪初爆发独立运动。拉美地区的独立革命战争自 1790 年海地革命开始，海地人民（主要是黑奴）在杜桑－卢韦杜尔的领导下，经过几十年艰苦斗争，推翻了法国的殖民统治，于 1804 年 1 月 1 日建立了拉丁美洲第一个独立国家。1810 年起，在西属美洲地区，革命分别在墨西哥、南美洲北部和南美洲南部同时展开。墨西哥独立战争爆发于 1810 年 9 月 16 日，主要领导人是伊达尔戈和莫雷洛斯，经过 10 多年的斗争，墨西哥终于在 1821 年赢得独立。南美洲北部独立战争于 1810 年 4 月 19 日首先在委内瑞拉爆发，领导人主要是玻利瓦尔。独立战争的火焰后来扩大到新格拉纳达、厄瓜多尔、上秘鲁（今玻利维亚）以及秘鲁等地，1819 年建立了包括委内瑞拉和新格拉纳达在内的哥伦比亚共和国，1822 年又建立了包括厄瓜多尔在内的大哥伦比亚共和国。在南美南部地区，独立战争首先于 1810 年 5 月 25 日在布宜诺斯艾利斯爆发，1816 年宣布独立，成立拉普拉塔联合省（后称阿根廷），领导人主要是圣马丁。为了彻底摧毁西班牙在南美洲的殖民统治，圣马丁和玻利瓦尔联合行动，南北夹击殖民统治的堡垒秘鲁。1824 年 12 月 9 日，玻利瓦尔的军队在阿亚库乔战役中击败西班牙殖民军。1826 年 1 月 23 日，西班牙最后一支军队在秘鲁的卡亚俄港投降。至此，除古巴外，整个西属美洲全部获得独立。西班牙从美洲大陆溃败，却在古巴加强了自己的统治，直到爆发了长达 30 年的古巴独立战争（1868—1898），最后迫使西班牙同意古巴自治。然而，美国乘虚而入，对西班牙宣战，入侵古巴，使古巴沦为美国的保护国。直至 1902 年，古巴才宣告独立。巴西在 19 世纪初没有爆发西属美洲那样的独立战争，1808 年由于拿破仑入侵葡萄牙，葡萄牙国王把王室迁到巴西，1821 年葡王室迁回里斯本。1822 年 9 月，葡萄牙王子佩德罗宣布独立，建立巴西帝国。在拉美独立运动中巴西是唯一建立君主制的国家，直到1889年才推翻帝制，成立巴西合众国。

二　宪章制度的移植

19世纪初拉美的独立革命战争前后持续了近40年，卷入斗争的人口约2000万，是世界近代史上第一次大规模的殖民地独立解放运动。就其性质来说，属于资产阶级革命的范畴。拉美大部分地区从此结束了殖民统治，先后建立了18个独立国家：海地（1804年），巴拉圭、委内瑞拉（1811年）、阿根廷（1816年）、智利（1818年）、哥伦比亚（1819年），墨西哥、哥斯达黎加、萨尔瓦多、危地马拉、洪都拉斯、尼加拉瓜、秘鲁（1821年）、巴西、厄瓜多尔（1822年）、玻利维亚、乌拉圭（1825年）、多米尼加共和国（1844年）基本上形成了今日拉丁美洲各国的政治格局。

但是，由于当时拉美资产阶级力量很薄弱，工业资产阶级尚未形成，拉美独立战争的领导权主要掌握在土生白人地主阶级和商业资产阶级手里，因此，拉美独立战争在反封建和反殖民主义方面是不彻底的，它没有从根本上改变殖民地时期的政治、社会、经济结构和阶级关系。大地产的土地所有制和封建剥削形式，除在海地和墨西哥部分地受到冲击外，在大多数国家不仅很少触动，而且在相当长的时间内继续扩大和发展。土生白人（criollos，又称克里奥尔人）凭借政权的力量，霸占从"半岛人"（peninsulares，即西班牙、葡萄牙的殖民者，因生于伊比利亚半岛，故名）手中没收来的土地，并大肆侵占印第安人的土地，因此独立后的拉丁美洲进一步加强了以封建土地所有制和封建剥削形式为基础的大地产制度。在政治上，出现了一批被称为"考迪罗"（caudillo）的军事独裁者，通过军事力量夺取和维持政权。在考迪罗主义（caudillismo）的统治下，拉美各国独立后建立的共和政体以及颁布的宪法和成立的议会形同虚设，各地区、各派系相互厮杀，战争频繁，社会处于剧烈的动荡之中。

拉美大多数国家在独立战争期间及独立后所颁布的宪法都是按照美国、法国及西班牙1812年加的斯宪法的模式制定的。拉美国家最早的一些宪法，如1811年委内瑞拉宪法，1811年智利宪法，1811年新格拉纳达宪法等都是以美国和法国为模式，建立在人民主权的基础上，规定法律是"普遍意志"的表现，即多数人表决通过的意见，通过代议制政府来加以贯彻。19世纪20—30年代，拉美各国不少宪法都在不同程度上受西班牙1812年加的斯宪法的影响。如1821年的大哥伦比亚宪法，1823年和1828年的秘鲁宪法，1826年的阿根廷宪法，1830年和1832年的新格拉纳达宪法，1830年的委内瑞拉宪法和1828年的智利宪法和1830年的乌拉圭宪法等。1824年的墨西哥宪法也受西班牙加的斯宪法的影响，但不同的是，墨西哥采用联邦制（受美国宪法影响）。这一时期拉美国家上述宪法的特点（受加的斯宪法影响）是内阁受议会支配、权力有限等。

表1—1　拉丁美洲20国（注）宪法一览（19世纪初至20世纪60年代）

国家	宪法颁布年份								小计
阿根廷	1819	1826	1853	1949	1957	1966			6
玻利维亚	1826	1831	1836	1839	1843	1848	1851	1861	20
	1868	1871	1878	1880	1931	1937	1938	1946	
	1947	1952	1961	1967					
巴西	1824	1834	1891	1934	1937	1946	1967	1969	8
智利	1818	1823	1828	1833	1891	1925			6
哥伦比亚	1811	1819	1821	1830	1832	1834	1843	1853	11
	1858	1863	1886						
哥斯达黎加	1825	1839	1848	1859	1861	1871	1949		7
古巴	1901	1940	1959						3
多米尼加	1821	1844	1854	1858	1866	1887	1896	1907	16
	1908	1924	1942	1947	1960	1962	1965	1966	
厄瓜多尔	1821	1830	1843	1846	1878	1884	1897	1906	12
	1929	1943	1946	1966					
危地马拉	1824	1851	1879	1945	1956	1965			6
海地	1801	1805	1806	1807	1811	1820	1843	1846	23
	1849	1859	1860	1867	1874	1888	1889	1918	
	1932	1935	1939	1944	1946	1950	1957		
洪都拉斯	1825	1839	1904	1908	1924	1936	1937	1965	8
墨西哥	1824	1836	1841	1846	1857	1917			6

续表

国家	宪法颁布年份								小计
巴拿马	1904	1940	1946						3
巴拉圭	1813	1844	1870	1940	1967				5
秘鲁	1823	1826	1828	1834	1837	1839	1856	1860	12
	1867	1868	1919	1933					
乌拉圭	1830	1917	1934	1942	1952	1966			6
萨尔瓦多	1824	1841	1859	1871	1872	1880	1883	1886	11
	1930	1950	1962						
尼加拉瓜	1825	1838	1848	1854	1858	1893	1896	1905	12
	1911	1913	1931	1950					
委内瑞拉	1811	1819	1821	1830	1858	1864	1874	1881	22
	1891	1893	1901	1904	1909	1914	1922	1925	
	1928	1929	1936	1947	1953	1961			

注：古巴于 1902 年独立，巴拿马于 1903 年脱离哥伦比亚独立。

资料来源：Jacques Lambert，*America Latina Estructuras Sociales e instituciones politicas*，Ediciones Arierl，Barcelona，1978，p. 427。

　　1799 年法国拿破仑宪法和英国的君主立宪模式在 19 世纪前半期对拉美也有一定影响。如玻利瓦尔 1826 年制定的玻利维亚宪法，圣克鲁斯制定的秘鲁和玻利维亚联盟宪法（1837 年），弗洛雷斯制定的厄瓜多尔宪法（1843 年），1836 年墨西哥保守派制定的宪法等。但是，这类宪法生效的时间都比较短。这类宪法一般都授予担任总统的拉美独立战争领导人以"护国公""终身总统""独裁者""解放者"等称号。这些称号和个人崇拜，影响了拉美国家建立资产阶级代议制民主。

　　据统计，自拉美各国（这里主要指原西班牙、葡萄牙殖民地）取得独立后至 20 世纪 60 年代中期的近一个半世纪中，20 个拉美国家共制定并颁布了 203 部宪法，其中大部分是在 19 世纪颁布的。其中海地颁布了 23 部，委内瑞拉 22 部，玻利维亚 20 部（见表 1—1）。

　　从拉美各国的宪法来看，绝大多数国家的国家结构都采用中央集权制。只有少数国家，如巴西（1889 年至今）、墨西哥（1824—1836 年，1857 年至今）、阿根廷（1853 年至今）、委内瑞拉（1864 年至今）、哥伦比亚（1863—1886 年）等曾采用或一直采用联邦制。绝对多数原西属及葡属美洲殖民地在独立后都采用总统制政体，总统既是国家元首又是政府首脑，总统权力高度集中。总统一般不是由议会选举，而是定期由选民普选产生，内阁各部部长由总统任命。拉美国家的宪法虽然规定要进行普选，但是，在很长一段时间内，大部分国家宪法规定选民必须识字、拥有一定财产，因此，实际上将为数众多的文盲、穷人和印第安人排除在外。

拉美国家的宪法还先后废除了奴隶制：大哥伦比亚共和国（1819年）、中美洲联邦（1823 年）、智利（1823 年）、玻利维亚（1826 年）、墨西哥（1829 年）、乌拉圭（1843 年）、哥伦比亚（1851 年）、厄瓜多尔（1853 年）、阿根廷（1853 年）、委内瑞拉（1854 年）、秘鲁（1854 年）、巴西（1888 年）。

拉美少数国家曾企图建立君主立宪制，如阿根廷（1814—1818 年）、巴西（1822—1889 年）、智利（1818 年）和墨西哥（1821—1822 年、1864—1867 年）。阿根廷曼努埃尔·贝尔格拉诺曾建议让一名印卡人后裔任国王，未遂。墨西哥阿古斯丁·德伊图尔维德曾于 1822 年 5 月策划政变，乘机称帝，自封为"阿古斯丁一世"，但登基不到 10 个月就被拉下了皇帝宝座，于 1824 年 7 月被人民处决。1864 年 5 月，入侵墨西哥的法国把奥地利皇帝的幼弟马克西米利亚诺大公扶上了墨西哥皇帝的宝座，称"马克西米利亚诺一世"。在墨西哥人民英勇抗击下，法国侵略军被迫于 1867 年 3 月撤出墨西哥，同年 6 月 19 日，马克西米利亚诺被处决。

第四节　拉美特有的考迪罗制

"考迪罗"制是拉美大多数国家在 19 世纪 20 年代独立后至 20 世纪前期盛行的一种以暴力夺取政权、维持统治的独裁制度。

考迪罗最早产生于拉美独立战争时期。19 世纪初，在拉美各地争取独立的斗争中，先后涌现出一批军事领袖，他们曾为推翻殖民统治、争取独立做过不同程度的贡献。独立后，这些军事领袖和各地强有力的地主集团首领，凭借手中掌握的军权称雄一方，成为拉美新独立国家或某一地区的独裁统治者，这些人便是拉美的第一代考迪罗。第一代考迪罗比较典型的代表有：墨西哥的伊图尔维德（1783—1824 年）、圣安纳（1794—1876 年），阿根廷的罗萨斯（1793—1877 年），智利的迪戈·波尔塔莱斯（1793—1837 年），巴拉圭的弗朗西亚（1766—1840 年）等。

19 世纪中叶，第一代考迪罗逐渐退出政治舞台，另一批军官和地方集团首领通过"选举"或政变等方式登上政治舞台，成为新一代的考迪罗。第二代考迪罗的主要代表有：巴拉圭洛佩斯父子即卡洛斯·安东尼奥·洛佩斯（1792—1862 年）和弗朗西斯科·索拉诺·洛佩斯（1827—1870 年），他们在 1840—1869 年统治巴拉圭长达 29 年之久；1845—1851 年及 1855—1862 年统治秘鲁的拉蒙·卡斯蒂利亚（1797—1867 年）；1852—1860 年统治阿根廷的胡斯托·何塞·德乌尔基萨（1801—1870 年），1880—1886 年及 1889—1904 年统治阿根廷的胡利奥·罗加（1843—1914 年）；1870—1888 年统治委内瑞拉的古斯曼·布兰科（1829—1899 年）；1851—1861 年统治智利的曼努埃尔·蒙特（1846—1922 年）；1895—1901 年及 1906—1911 年统治厄瓜多尔的埃洛伊·阿尔法罗（1842—1912 年）；1876—1880 年及 1884—1910 年统治墨西哥的波菲里奥·迪亚斯（1830—1915 年）等。与第一代考迪罗不同之处是，第二代考迪罗在政治上坚持传统的专制主义的同时，在经济上开始放松控制，往往提倡"秩序与进步"。在人民的压力下，有些考迪罗做过一些改革和让步。

考迪罗制是拉美特有的独裁制度，其特点是军阀、地主和教会相结合的"三元寡头"统治。考迪罗既不同于世袭的封建国王或大地主，又不同于英、美、法通过选举上台的总统和首相，考迪罗大多是通过所谓"革命"实为政变而取得政权的。总的来说，考迪罗的"革命"并未促成经济和政治的基本变革，并没有触动大地产制度。

考迪罗制是造成拉美政治经济长期落后的主要因素之一，拉美各国（主要是原西属殖民地）在独立后都程度不同地遭受考迪罗制的危害。原葡属殖民地巴西于 1822 年独立后，直到 1888 年才宣布废除奴隶制，1889 年才推翻帝制，成立联邦共和国，几年后才出现考迪罗。在考迪罗统治下的拉美各国，苛政横行，内战不断，政变频仍，严重阻碍民主制度的建立和发展。如从 1821 年墨西哥独立到 19 世纪末，墨西哥先后共有 72 届政府，其中只有 12 届是合法产生的。考迪罗统治的时间长短不一，短的只有几小时，长的达几十年。在有些考迪罗统治较长的时期，该国政局相对稳定，对肃清地方分离主义、促进国家统一和民族经济发展客观上曾起一定的推动作用。但这种稳定往往是不巩固的，在考迪罗死后，往往酿成国家长期动荡。

通常认为拉美的考迪罗制一直盛行到 20 世纪前期，有的认为到 1910 年墨西哥革命爆发或第一次世界大战，有的认为到 30 年代和 40 年代或第二次世界大战。但是，也有人认为，当代拉美国家的一些独裁者，也可算作考迪罗。

拉美各国产生考迪罗制的主要原因是：西班牙长期的殖民统治而造成的经济落后和强大的地方分离主义势力；拉美独立后继续盛行的大庄园制和大种植园制，土地高度集中，大地主为自身的利益而争权夺利；代表保守势力的强大的教会的存在；欧洲列强势力的渗透和干涉等。尽管有一些考迪罗标榜自己为"自由派"，实行了一些发展经济的措施，但是，从总体来看，考迪罗制是阻碍拉美进步的主要障碍之一。

第五节　民众主义改革和现代化道路的探索

一　民众主义改革

拉美的民众主义（Populismo，又译民粹主义。通常把拉美的民粹主义称为民众主义。）产生于 20 世纪 20 年代中期，其主要标志是 1924 年由秘鲁杰出的政治家、思想家阿亚·德拉托雷（1895—1979 年）创建的美洲人民革命联盟（又称"阿普拉党"）的成立。民众主义体制在 20 世纪 40 年代和 50 年代在拉美趋于成熟。

作为民众主义体制的典型，主要有墨西哥的卡德纳斯政权（1934—1940 年），巴西的瓦加斯政权（1934—1945 年、1950—1954 年），阿根廷的庞隆政权（1946—1955 年、1973—1974 年），秘鲁的加西亚政权（1985—1990 年，2006—2011 年）等。作为一种思想体系，一般把墨西哥卡德纳斯主义、巴西瓦加斯主义、阿根廷庞隆主义、秘鲁的阿普拉主义或阿亚主义、厄瓜多尔贝拉斯科主义等都列入拉美民众主义思想体系。

作为政党，通常把墨西哥革命制度党、委内瑞拉民主行动党、阿根廷的正义党即庇隆主义党、秘鲁的人民党即阿普拉党等都归属为民众主义政党，甚至有人把60年代中期以来在拉美一些国家出现的所谓"革新派军人政权"，如秘鲁的贝拉斯科·阿尔瓦拉多军政权（1968—1975年）等也称作"军人民众主义"。有的学者认为，民众主义代表着"拉丁美洲历史的一个基本阶段"。

墨西哥学者奥克塔维奥·扬尼将拉美民众主义的主要特征归纳为五点：（一）作为政党，民众主义政党是"多阶级"的政党；（二）民众主义体制国家的政府在政治和经济组织的各方面进行了重要改革；（三）这些国家的政府都奉行了促进经济发展，特别是进口替代工业化的政策；（四）这些国家的政府在权力结构和功能方面，既包含阶级同盟又反映阶级对立；（五）民众主义体制的政权的兴衰都表明依附性的资本主义发展的进程。

民众主义体制一般反对独裁，主张搞多党制的民主政治；它对内强调各阶级合作，主张实行某些改革和改良措施；对外主张反对帝国主义、争取和维护民族独立，因而具有民族主义倾向；它声称既不要"帝国主义的资本主义"，也不要"极权主义的共产主义"，而要走"民族主义资本主义"的道路；民众主义体制一般以中产阶级、资产阶级为领导，主张改革现状；民众主义的政党虽有工农劳动群众参加，但中、上层资产阶级成员占相当比重并居支配地位。

近年来，随着民粹主义在欧美的盛行，国内外学术界对拉美地区的民众主义的理论、实证、基本特征和思想文化根源展开了讨论，提出了不同的看法。[①] 有学者认为，拉美地区一直是世界民众主义的最主要阵地和试验场。拉美国家的民众主义有许多自身的特征，如起源的独特性、发展的持久性、地域的广泛性、政策实践的典型性、表现形式的多样性、政治社会影响的双重性等。拉美民众主义的产生与持续发展，既有深厚的政治经济和社会原因，也有深刻的实现和文化根源。当前政治学界对

---

① 参见《拉丁美洲研究》2017年第4期民粹主义专题的4篇文章，特别是袁东振《拉美民众主义的基本特征及思想文化根源》和董经胜《拉丁美洲的民粹主义：理论与实证探讨》，以及《拉丁美洲研究》2018年第1期（阿根廷）古斯塔沃·桑蒂连《拉美的"民粹主义"：争议、特征及比较研究的局限》。

民粹主义的概念有五种看法：（一）认为民粹主义是一种意识形态；（二）认为民粹主义是一种政治策略；（三）认为民粹主义是一种政治话语；（四）认为民粹主义是一种政治逻辑；（五）认为民粹主义是一种政治风格。

对民粹主义与民主的关系，有两种截然不同的观点，一种认为民粹主义是民主制的敌人，另一种观点认为，民粹主义是有利于民主制的一种力量，是民主制度的核心因素。有学者认为，拉美的民粹主义具有历史的韧性，从20世纪初到21世纪初长达一个世纪的时间里，民粹主义（民众主义）在拉美的政治舞台上几度兴衰而绵延不绝。拉美地区先后出现了四次民粹主义（民众主义）的高潮：第一次出现在20世纪初，社会改革是这次高潮的主旋律；第二次是在20世纪30—50年代，这是一个民族主义和发展主义的时代；第三次在20世纪90年代，以右翼、新自由主义的民粹主义为特征；第四次是在21世纪初，这是一次左翼民粹主义高潮。① 而2019年1月1日上台执政的巴西右翼博索纳罗总统被认为是"巴西的特朗普"，奉行右翼的拉美民粹主义。

20世纪中叶，在拉美大陆广泛兴起了具有民众主义特色的资产阶级改革运动，逐步形成一场全大陆的改革运动，在很多国家导致新兴工业资产阶级取代传统寡头统治，建立起"多阶级联盟"的民众主义政府。其中，影响最大的是墨西哥的卡德纳斯改革（1934—1940年）、巴西的瓦加斯改革（1930—1945年）和阿根廷的庇隆改革（1946—1955年）。民众主义改革带来了拉美社会经济的一场深刻变革，同时，也是对拉美自主性发展和现代化道路的一次重大探索。

二 现代化道路的探索

什么是现代化？已故北京大学世界现代化进程研究中心首任主任罗荣渠教授认为，"广义而言，现代化作为一个世界性的历史过程，是指人类社会从工业革命以来所经历的一场急剧变革，这一变革以工业化为动力，导致传统的农业社会向现代工业社会的全球性的大转变过程，它使工业主义渗透到经济、政治、文化、思想各个领域，引起深刻的相应变

---

① 董经胜：《拉丁美洲的民粹主义：理论与实证探讨》，《拉丁美洲研究》2017年第4期。

化；狭义而言，现代化又不是一个自然的社会演变过程，它是落后国家采取高效率的途径，通过有计划地进行经济技术改造和学习世界先进，带动广泛的社会改革，以迅速赶上先进工业国和适应现代世界环境的发展过程"。[①] 北京大学另一位教授钱乘旦认为，"人们通常认为，西方的力量来自工业化，因此把工业化看作现代化的唯一内容。这种看法是错误的。现代化不等于工业化，现代化的起点也不在工业革命"，"把它从中世纪的农业社会转变成现代的工业社会。变化的范围涉及政治、经济、文化、社会、思想、行为等方方面面，因此是一个全方位的转变"，"现代化不仅意味着经济增长，而且意味着社会的全方位变化。对任何国家来说，现代化均包含三项任务：一是建立现代国家，二是发展现代经济，三是建设现代社会。这三项任务相互衔接又彼此重叠：没有现代国家就不能发展现代经济，现代经济发展又必定呼唤建设现代社会。比较成功的现代化国家都是能将这三项任务有机配套的国家。认识到这一点，就明白了什么是'全方位的现代化'"。[②]

国内对拉美现代化进程何时起步看法不尽相同。一种认为起步于20世纪30年代，另一种认为起步于第一次世界大战，第三种认为起步于19世纪70年代。原先我国学者大都同意第一种看法，因为20世纪30年代拉美部分国家出现了代表工业资产阶级利益的政府，把工业化作为推动国家发展的根本战略方针，并付诸实施进口替代工业化。但是，后来同意第三种看法的学者逐渐增多。这里，主要阐述拉美现代化进程中的进口替代工业化（1930—1982年）模式阶段的状况。

20世纪30年代的世界经济危机对拉美出口市场造成灾难性的影响，迫使拉美国家寻找新的发展道路和发展模式。这一阶段拉美的现代化进程主要有以下几方面的内容：

（一）在政治方面，反对考迪罗主义，为建设现代民主政治奠定了基础。以1910—1917年的墨西哥民族民主革命为起点，拉美的民族民主革命或民主改革运动不断发展，到1930—1950年形成一个高潮。1934年，

[①]　罗荣渠：《现代化新论——世界与中国的现代化进程》（增订本），商务印书馆2004年版，第17页。

[②]　钱乘旦：《把握中国现代化的历史方位》，《人民日报》2018年1月5日第7版。

卡德纳斯就任墨西哥总统后，对考迪罗主义采取了坚决打击的态度。其中一个重要措施是改组执政的国民革命党，把它改名为墨西哥革命党。新党改变过去以地方党派为基础的组织系统，而采取以工人、农民、军人和民众等非地域性的社团为基础，把工会、农会和其他群众团体吸纳入党内。这一改革不仅彻底打击了地方寡头势力，而且扩大了群众对政治的参与，为墨西哥现代民主政体的确立奠定了基础。墨西哥此后半个多世纪的政局相对稳定，再也没有出现过军人干政的现象。1930年在军人政变中上台的巴西瓦加斯总统，通过争取劳工和其他民众的支持，打破了巴西几个世纪以来土地—商业寡头独占政权的局面。阿根廷庇隆总统以"正义主义"相标榜，大力争取劳工，创建了阿根廷现代史上有广泛影响的群众性组织"庇隆主义运动"，借助群众威力，打击寡头势力，为民族资产阶级登上阿根廷现代政治舞台开辟了道路。20世纪三四十年代拉美一批"发展型"的强势政府（民众主义政府）的出现，标志着新兴资产阶级已经在拉美一些国家取代传统的大地产主阶级登上政治舞台。

（二）打击外国垄断资本和封建势力，大力推行经济改革。这方面的主要措施有：1. 土地改革。以墨西哥的土改最有成效。卡德纳斯在其任期内，把1800万公顷土地无偿地分配给近300万户印第安人和印欧混血种农民，组建成千上万个村社，使根深蒂固的传统大地产制趋于瓦解。2. 限制外国资本，把外资企业国有化。庇隆上台后，把外资铁路和电话公司收归国有。瓦加斯极为重视国家对钢铁等基础工业的建设，先后组建了国家钢铁公司和巴西石油公司。1938年3月18日，卡德纳斯将所有17家美英石油公司的产业全部收归国有，打破了长期由外国资本控制经济命脉的局面。

（三）实行替代进口工业化，探索自主性发展道路。民众主义政府在推行广泛的政治、经济改革的同时，努力尝试依靠本国力量和市场来发展工业。这就是发展主义影响下的进口替代工业化的道路。发展主义是第二次世界大战后在拉丁美洲兴起的民族主义经济思潮，以阿根廷经济学家劳尔·普雷维什为代表。发展主义极力主张改变拉美国家立国以来对西方模式盲目追求和一味模仿的态度，探求符合拉美国家实际的自主性发展道路。所谓"进口替代"，就是采用保护主义措施扶植国内工业的发展，生产过去从发达国家进口的制成品，由此带动经济增长，促进工业化的实现。进口替代工业化始于 20 世纪 30 年代，到 60 年代上半期，进口替代变成拉美国家普遍采取的发展战略，这是进口替代战略的鼎盛时期，拉美国家工业化开始进入一个新的发展阶段。由于国家的扶持和鼓励，本国工业，尤其是制造业发展最为迅速。制造业成为战后最活跃的部门，在拉美国内生产总值中的比重，从 1939 年的 16.5% 上升到 1960—1964 年的 22.1%。50 年代中期，拉美制造业产值超过农业，成为全地区主要生产部门。到 60 年代中期，拉美国家在一般消费品方面的进口替代已取得了明显的进展。工业化带动了整个经济的增长，从 1950—1965 年，拉美经济年平均增长率达 5.2%，进入了经济的快速增长期。

民众主义体制随着考迪罗制的衰退而兴起，到 20 世纪四五十年代趋于成熟，50 年代以后由于美苏从战时合作走向冷战，美国对拉美民众主义政权的压力不断加强，一些政权急速向右转。然而，自 60 年代后期起，民众主义体制在一些拉美国家又东山再起，如在阿根廷，庇隆 1973—1974 年又第二次执政；1989 年以来，阿根廷庇隆主义党又连续执政；在秘鲁，人民党 1985—1990 年首次执政等。

本章小结

本章第一节介绍了拉丁美洲的概况，包括其名称的来历、面积、人口、自然资源、经济总量等。第二节和第五节分别叙述了拉美政治的早期发展，包括独立前拉美的社会和政治结构，独立战争和宪章制度的移植，拉美特有的考迪罗制，拉美的民众主义改革和现代化道路的探索。

思考题

一、名词解释

拉丁美洲　检审庭　监护征赋制　总督辖区　进口替代

二、简答题

1. 拉美和加勒比地区包括哪四个部分？有多少独立的国家？

2. 拉美古代有哪三个主要文明中心？

3. 什么是考迪罗？它对拉美的政治制度发展起什么作用？

三、论述题

1. 拉美独立战争具有什么性质？其进程如何？

2. 什么是拉美民众主义？拉美民众主义有哪些主要特征？如何评价拉美民众主义？

3. 20 世纪 30—50 年代拉美的现代化进程主要有哪些内容？

阅读参考文献

李明德主编：《简明拉丁美洲百科全书》，（第三编）　政治结构与制度，中国社会科学出版社 2001 年版，第 75—85 页。

袁东振、徐世澄：《拉丁美洲国家政治制度研究》，第一章，拉美国家政治制度的形成和发展，世界知识出版社 2004 年版，第 1—43 页。

苏振兴主编：《拉美国家现代化进程研究》，第一章　概述，第二章工业化进程第一、二节，社会科学文献出版社 2006 年版，第 1—85 页。

［美］霍华德·J. 威亚尔达、哈维·F. 克莱恩编著，刘捷、李宇娴译：《拉丁美洲的政治与发展》，第一部分　拉丁美洲的传统和发展进程，上海译文出版社 2017 年版，第 1—79 页。

Harry E. Vanden and Gary Prevost, *Politics of Latin America: the Power Game*, Oxford University Press, 2002.

第 二 章

现代拉丁美洲的政治发展

内容提要

第二次世界大战后，拉美政治发展进程和内容出现许多新的显著变化。从总体上看，拉美国家的公民权利不断扩大，大众政治逐渐取代权贵寡头政治；政治体制不断完善，民主制度最终取代专制制度。拉美国家民主的发展趋于多样性，多种民主形式并存。拉美国家革命和变革交替出现，左翼和右翼相互竞争、交替发展，共同推动拉美政治的发展。自 20 世纪 70 年代后半期起，拉美国家军政权开始"还政于民"，"民主化进程"到 90 年代初基本完成。90 年代以后，拉美国家通过政治改革，加强和完善民主制度，民主化的成果不断稳固。随着威权政治向民主政治转型，以及政治改革的推进，拉美国家民主体制进一步巩固。但拉美国家政治发展和转型仍有许多难题，民主制度仍面临不少困境。

第一节　现代拉美政治的发展进程

一　第二次世界大战后拉美政治发展的基本路径

第二次世界大战后拉美政治发展有多条主线。从政治参与角度看，公民权利不断扩大，大众政治逐渐取代权贵寡头政治；从体制角度看，政治体制不断巩固和完善，民主制度最终取代专制制度；从民主发展角度看，民主发展趋于多样性，多种民主形式并存；从政治变革角度看，革命和变革交替出现，共同推动拉美政治的发展。

（一）公众政治权利不断扩展，寡头政治向大众政治转变。拉美国家独立建国后，建立了一种"权贵政治"体制，又称"竞争性的寡头制"或"寡头共和主义"体制。在这种体制下，拉美国家男性人口的政治参与度不足5%，穷人、文盲和妇女没有投票权。从19世纪50年代起，拉美国家公民的政治权利开始扩大，许多国家放宽在财产等方面对投票权的限制，一些新的社会阶层和群体逐步参与到国家政治生活中。进入20世纪特别是到20世纪中叶后，对选举权的所有限制都被取消，妇女和文盲也都获得选举权，普选原则最终得以确立，权贵和寡头政治过渡到代议制民主制度。20世纪70年代后，随着政治民主化进程的不断推进和巩固，拉美国家选举制度更加完备，公众的政治权利进一步稳固。

（二）民主取代专制，民主体制渐趋稳固。在现代政治发展进程中，拉美国家的政治制度形式主要有4种：1. 传统的独裁体制。如古巴的巴蒂斯塔政权（1940—1944年、1952—1958年）、多米尼加的特鲁希略家族政权（1930—1938年、1942—1960年）、尼加拉瓜的索摩查家族政权（1936—1979年）、海地的杜瓦利埃家族政权（1957—1986年）和巴拉圭的斯特罗斯纳独裁政权（1954—1989年）等。这种专制独裁体制在很多方面同传统考迪罗制度一脉相承，其中不少带有家族统治的特点。2. 各种形式的民主体制。自20世纪中叶起，社会民主主义和基督教民主主义在拉美的影响不断扩大，这两种类型的政党各有三四十个。与此同时，各种类型的民族主义政党也不断成长。社会民主主义、基督教民主主义和民族主义政党相继在不少国家执政。这些政党执政期间基本实行资产阶级民主制度。3. 军政府。第二次世界大战后，拉美地区曾出现数轮军人统治的周期。除传统的军人独裁政府外，拉美国家也有革新的、民族主义的军政府，如秘鲁的贝拉斯科军政府（1968—1975年），巴拿马的托里霍斯军政府（1972—1981年），厄瓜多尔的拉腊军政府（1972—1976年），玻利维亚的托雷斯军政府（1970—1971年）等；还有官僚—威权主义军政府，如巴西、阿根廷、智利等国20世纪60—80年代出现的军政府。4. 社会主义制度。1959年古巴革命胜利；1961年4月卡斯特罗宣布古巴革命"是一场贫苦人的、由贫苦人进行的、为了贫苦人的社会主义民主革命"；同年5月1日宣布古巴是社会主义国家。从此古巴正式确立了社会主义制度。

20世纪70年代末拉美国家的军政府开始"还政于民"，各种形式的独裁专制最终让位于多样的民主，独裁专制体制目前在拉美基本已不复存在。

（三）政治制度的多样性进一步发展，多种民主形式并存。拉美多数国家建国后确立了三权分立制度。目前有 17 个国家把三权分立作为政治制度的基础，这些国家是：墨西哥、危地马拉、洪都拉斯、萨尔瓦多、哥斯达黎加、巴拿马、海地、多米尼加共和国、哥伦比亚、圭亚那、巴西、智利、巴拉圭、阿根廷、尼加拉瓜、乌拉圭和秘鲁。在三权分立制度下，国家的立法权力、行政权力和司法权力分别由三个机关独立行使，三种权力相互独立和互不相属，相互制约。

除三权分立制度外，拉美地区的另一种重要政治制度是议会制，又称权力混合制度。第二次世界大战以后，中美洲和加勒比地区殖民地的民族民主运动高涨。20 世纪 60 年代以后，在这一地区先后出现 13 个新独立国家。1962 年牙买加率先摆脱英国殖民统治获得独立，随后，特立尼达和多巴哥、圭亚那、巴巴多斯、巴哈马、格林纳达、多米尼克、圣卢西亚、圣文森特和格林纳丁斯、伯利兹、安提瓜和巴布达、圣基茨和尼维斯 11 个国家也先后独立。荷属圭亚那也于 1975 年独立，改名苏里南。除圭亚那外，这些新独立国家在政治制度的选择上都建立了议会制。与三权分立体制不同，在议会制下，行政机关（内阁）不与立法机关（议会）分权；行政机关由立法机关产生，并向其负责，是一种"议会和行政合一"的体制，是一种权力混合的体制。

除三权分立和议会制外，拉美地区还有其他形式的制度。古巴在确立社会主义制度的过程中，建立了人民代表大会制度。1999 年查韦斯在委内瑞拉执政后，在玻利瓦尔革命的框架下，打破传统立法、司法和行政三权分立体制，增设公民权和选举权，建立五权分立制度。厄瓜多尔2008 年 9 月 28 日通过新宪法，建立了五权分立的政治体制，在加强行政权、改革立法权和司法权的基础上，增设公民参与社会管理权和选举权。2009 年 1 月 25 日玻利维亚通过的新宪法建立四权分立政治体制，印第安人在历史上得到前所未有重视，除行政、立法、司法权力机关外，建立多民族选举机构为第四个国家权力机关。

（四）革命和变革交替出现，共同推动拉美政治的发展。革命和变革既是当代拉美政治发展的重要主题，也是主线之一。继 1910—1917 年墨西哥革命后，20 世纪中期以后危地马拉、玻利维亚、古巴和尼加拉瓜四国也发生革命。进入 21 世纪后，委内瑞拉开展玻利瓦尔革命、厄瓜多尔推进公民革命，墨西哥开始第四次变革。这些革命和变革不仅是拉美政治发展的重要内容，也对拉美政治发展产生深远影响。

1. 20 世纪的五场革命。在 20 世纪中叶以后，拉美多数国家通过渐进的改革实现了政治和经济方面的变革。但在另一些国家，独裁者堵塞了一切民主的出路，人民群众只得选择以革命方式来推动社会的变革和发展。除了 1910—1917 年的墨西哥革命，20 世纪中叶以后，有 4 个国家发生了这样的革命：危地马拉革命（1944—1954 年）、玻利维亚革命（1952—1964 年）、古巴革命（1959 年）和尼加拉瓜革命（1979 年）。这是拉美人民对发展道路的另一种选择。

上述五国革命的发生虽然有其各不相同的历史背景和条件，但是，却具有一个共同的原因，就是当政者坚持执行有利于外国垄断资本和本国寡头利益的政策，政治上实行专制统治，取消言论自由，血腥镇压工农民主运动。这样，就迫使广大民众，包括知识分子和军人等中等阶层共同走上了武装反抗的道路。1910 年 11 月，墨西哥全国爆发武装起义，推翻了迪亚斯独裁统治。1910—1917 年的墨西哥革命是一次具有重要历史意义的反帝反封建的资产阶级民主革命。1917 年 2 月，墨西哥制宪会议通过的宪法即《1917 年宪法》以法律形式肯定了革命的成果。1944 年 10 月，危地马拉人民举行武装起义推翻亲美独裁政权。接着，从 1945 年到 1954 年，在阿雷瓦洛政府和阿本斯政府的领导下，把征收美国联合果品公司和本国大庄园主 55 万多公顷的土地分配给 10 多万个农户，推行了该国历史上最大的一次民主改革。1952 年，玻利维亚人民在民族主义革命运动的领导下举行起义。从 1952 年至 1964 年，新政府将帕蒂尼奥等 3 个大家族所有的锡矿公司收归国有，并实行土地改革，帮助印第安人重建村社。这一时期因而被称为玻利维亚"民族革命"时期。但是，危地马拉和玻利维亚的革命和改革最后都在美国直接干涉或压力下失败。

与危地马拉和玻利维亚不同，古巴和尼加拉瓜主要不是依靠城市武装起义，而是通过在农村开展长期武装斗争而取得革命胜利，其中古巴走上了社会主义的发展道路。1953 年，以卡斯特罗为首的一批爱国青年攻打圣地亚哥城蒙卡达兵营，拉开了反独裁统治武装斗争的序幕。1956

年年底，卡斯特罗组织一批青年从墨西哥乘《格拉玛》号游艇在奥连特省南岸登陆，转赴马埃斯特腊山区开展游击战争。1959 年 1 月，在其他革命力量配合下，卡斯特罗率领起义军进入哈瓦那，巴蒂斯塔政权垮台，新的古巴共和国宣告成立。1961 年，卡斯特罗宣布古巴革命是社会主义革命，古巴是社会主义国家。新政权在经济、社会等方面实行一系列重大改革：摧毁旧国家机构，没收反动分子的财产，废除美国公司的一切租让地，把外国和本国大资本家的厂矿企业收归国有；接管全部私营银行，并将私营大、中商业企业收归国有；进行土地改革，消灭大庄园制和富农经济，在农村建立国营农场、农牧业生产合作社和个体小农三种土地占有形式；在卫生医疗、普及教育和全国范围内扫除文盲等方面，也取得十分显著的成绩。古巴人民在十分困难条件下，努力沿着社会主义的道路不断地探索前进，使西半球的第一个社会主义国家在帝国主义的严重封锁中获得了生存和发展。古巴革命在整个拉美地区产生了重大影响。

从 60 年代初开始，卡洛斯·丰塞卡等一批受到古巴革命鼓励的尼加拉瓜革命青年，创建了桑地诺民族解放阵线（简称桑解阵），开展游击斗争。1979 年，在桑解阵领导下，推翻了统治尼加拉瓜长达 40 年之久的索摩查家族的独裁政权，取得革命的胜利。新成立的民族复兴政府宣布建立"有社会正义的民主国家"，进行多元化政治和混合经济的改革。以上国家发生的革命虽然后结局有所不同，但这几次后次革命无疑是当代拉美民族民主运动中最有影响的重大事件。

2. 21 世纪后的革命和变革。进入 21 世纪后，委内瑞拉开展了玻利瓦尔革命，厄瓜多尔出现了公民革命。2018 年洛佩斯总统执政后，宣布在墨西哥开展"第四次变革"。

查韦斯 1999 年执政后，以"和平""民主"方式在委内瑞拉推进"玻利瓦尔革命"，探索新发展模式，并把国家的发展方向转向社会主义。查韦斯 2006 年连任总统后，加快建设"21 世纪社会主义"步伐，对国家政治、经济和社会结构进行全面调整和改造；强调"深化社会主义"，扩大政治民主、参与式民主和经济民主，推进公平分配和"社会融入"，把"玻利瓦尔革命"推向新高度。2013 年查韦斯病逝，马杜罗继任后继续推进查韦斯时期的"玻利瓦尔革命"进程和"21 世纪社会主义"路线。在厄瓜多尔，科雷亚总统 2007 年执政后开展"公民革命"，建设"21 世纪社会主义"。科雷亚执政期间，宣布放弃新自由主义，努力恢复国家在经济中的重要地位，在医疗卫生、文化教育、经济发展、道德建设和立法等领域提出了改革的目标；加强国家对能源和石油收入的控制力度；积极推进政治经济改革和公民革命。

相对于 20 世纪中叶以后的四次革命，委内瑞拉"玻利瓦尔革命"和厄瓜多尔"公民革命"实际上是在现存体制框架下推进的政治经济和社会变革，强调采用民主与和平方式。在推动变革的过程中，委内瑞拉和厄瓜多尔左翼执政者积极探索新的发展道路，在发展道路和模式、经济和社会政策、地区一体化、对外政策等方面提出一套新主张，强调经济社会协调发展、重视缓和社会矛盾。委内瑞拉和厄瓜多尔的变革实践对拉美地区经济社会发展道路的探索产生了重要影响。2018 年以后"玻利瓦尔革命"和"公民革命"都遇到前所未有的困难。厄瓜多尔执政的"主权祖国联盟运动"党发生严重分裂，科雷亚指责继任的莫莱诺总统背叛"公民革命"。委内瑞拉 2019 年后陷入空前的政治危机，马杜罗政府执政难度增加。无论是"玻利瓦尔革命"还是"公民革命"，其发展前景都出现较大不确定性。

21 世纪拉美地区的另一场重要变革是墨西哥的"第四次变革"。洛佩斯政府 2018 年 12 月开始 6 年的执政期。新政府提出，要在继 1810—1821 年独立运动、1858—1861 年改革运动和 1910—1917 年革命之后，再推进墨西哥历史上的"第四次变革"，促进经济社会发展，实现国家安全。政府强调，变革将以彻底而和平的方式推进。

第二节　拉美威权主义政治的兴衰

一　拉美国家军人干政的传统

军队在拉美国家政治中曾发挥重要作用。拉美国家的军队初创于独立战争期间，是在为数众多的独立战争领袖领导下建立起来的。军队从一开始就介入了拉美国家的政治。独立战争后，军队成为拉美国家政治生活中首要的政治势力，日益成为具有仲裁作用的力量。当文人政府出现危机，不能有效行使权力的时候，军队就会暂时接管政权。拉美国家建国后，天主教会、大地产主和军队在当时被认为是拉美政治制度的三大支柱之一。

19世纪三四十年代，阿根廷、墨西哥先后建立全国性军事学院，其他拉美国家随后也建立军事学院，对军官进行系统的院校培训，试图把军队引入职业化轨道。这些军事院校在通过常规方式招录和提拔军官方面取得了很大成功，军队的职业化程度虽不断提高。但职业化并没有改变军队干政的传统，拉美国家军队继续干预政治，继续在国家政治生活中充当调节者和仲裁者角色，军事政变仍频繁发生。

20世纪以后拉美军人干政治现象虽较普遍，但各国军队干政程度不同，甚至有少数例外。第一类是军人基本不干政的国家，主要是墨西哥和哥斯达黎加。第二类是军人有限干政的国家，包括委内瑞拉、哥伦比亚、多米尼加、海地、厄瓜多尔等。其中委、哥在20世纪50年代后建立了相对稳定的文人统治，其他国家则是军人和文人政府交替执政，但文人政府执政的时间较长。第三类是军人积极干政并参与权力角逐，这类国家有巴西、阿根廷、秘鲁、玻利维亚、乌拉圭、智利、洪都拉斯、巴拉圭、萨尔瓦多、危地马拉和巴拿马等；第二次世界大战后这些国家军政府执政时间均超过10年；其中有的国家军队一直干预政治，也有一些国家传统上民主政治较稳定，60年代后军人才加强干政力度。

军队干政是拉美政治发展的重要特点。拉美国家的宪法赋予了军队极大政治权力，这使军人干政通常在合法外衣下进行。拉美国家的宪法一方面确认了文人统治原则和三权分立的政治体制，另一方面又把保卫国家、维护国内秩序、防止内部动乱的权力交给了军队。军队堪称继行政、立法和司法机构之后的第四个国家机构。在拉美国家，军队对国家政治的干预并不一定被谴责为是违宪行为。军队干政时，通常也把自己说成宪法的保护者，而不是权力的掠夺者，因为军队对国家政治的干预可以在宪法上找到合法依据。在很多情况下，军人干政并不一定采用建立军政权的方式，而是通过与文人政府达成默契或联合的形式来保持对政府决策和国家政治生活的影响。

二　拉美国家的军政权

军政权是军人干政的一种最高形式。战后以来，拉美国家出现两个军政权统治的周期。第一个周期是 1945 年到 20 世纪 50 年代后半期。战后初期,拉美民族民主运动空前高涨,军事独裁政权相继垮台。但在美国冷战政策影响和支持下,拉美国家军人纷纷上台执政。50 年代前期在拉美 20 个独立国家,执政的军政府有 14 个。到 50 年代末古巴革命胜利时,只剩下萨尔瓦多、多米尼加和巴拉圭等少数军政权。

第二个周期从 20 世纪 60 年代中期到 70 年代中后期。自 20 世纪 60 年代中期开始,拉美国家社会各种矛盾趋于激化,又一次出现军人干政高潮。从 1964 年巴西军事政变开始,玻利维亚（1964 年）、阿根廷（1966 年）、秘鲁（1968 年）、巴拿马（1968 年）、厄瓜多尔（1972 年）、智利（1973 年）和乌拉圭（1973 年）等国接连发生军事政变。其中,号称"南美瑞士"的乌拉圭以及素有"民主传统"的智利两国的政变,在拉美地区影响很大。这一周期的军政府数量多、统治时间长。拉美学者把这一时期出现的军人政权称为"官僚威权主义"。这一时期只有墨西哥、委内瑞拉、哥伦比亚和哥斯达黎加等少数国家还维持着文人政府的统治。

拉美国家的军政权有一些共同特征,统治手段都具有强制性和压迫性。军政权执政期间,均解散立法机构,或者成立由军方控制的机构代行议会的部分立法职权,停止宪法保障,解散政党或禁止政党、工会等政治组织的活动,实行新闻检查,限制集会、结社和罢工,用流放、逮捕、拷打和暗杀等手段镇压反对派。这些做法和民主的原则完全不符。

20 世纪中叶以后的拉美官僚威权主义政权与传统的军人专制政权既类似又不同。官僚威权主义政权一方面实行军事专制统治,另一方面体现了资产阶级的诉求,采取了维护民族独立、发展民族经济的措施。官僚威权主义的领袖通常不是个人而是一个小集团,在形式上含混不清但实际上在非常可预见的界限内行使权力。美国学者彼得·史密斯甚至认为威权主义"是一种与众不同、符合逻辑的制度",既包括军政府体制,也包括个人化的独裁体制,以及一党独大的制度。阿根廷学者奥唐奈认为,拉美官僚—权威主义军政府有 5 个特征:（1）统治机构由军方、官僚和大企业家所占据;（2）政治上排除人民及其同盟者;（3）经济上也排除他们;（4）搞非政治化,把各种社会问题和政治问题归结于"技术"问题;（5）官僚—威权主义国家能重建和强化基于引进国际资本的资本积累机制。他还认为，这类军政府的致命弱点是：压制人权、经济上丧失民族主义、加剧了事实的不平等。

在官僚威权主义体制下，拉美进口替代工业化发生了某些变化。一方面由普通消费品转向耐用消费品和资本产品的替代，另一方面还把进口替代和出口导向结合起来，增加了发展的灵活性。官僚威权主义严厉的高压统治和积极的发展态度，不仅暂时克服了拉美民众主义政府所无法克服的经济增长与社会稳定的矛盾，而且使经济获得了新的推动力，出现高速增长的势头。1965—1974 年拉美国家经济年均增长 6.7%，其中工业产值年均增长 8.1%。这是拉美经济增长最快的时期。拉美 3 个大国巴西、墨西哥和阿根廷，形成了比较完整的工业体系，再被列入新兴工业国的行列。1968—1974 年，巴西经济进入高增长时期，创造了"巴西经济奇迹"，国内生产总值年均增长 11% 以上，使巴西跃居为世界第 10 个工业大国。但是，拉美各国经济发展水平和发展速度极不平衡，如巴拉圭、洪都拉斯、危地马拉、萨尔瓦多和多米尼加等国家，工业化程度很低，直至 1980 年工业产值仍明显低于农业产值。但总的来说，拉美地区的工业化有了较为显著的进步；农村传统的大庄园和大地产逐步消失，被资本主义性质的农业地产和农业企业所代替。

在军政府时期，拉美国家的经济虽曾一度得到高速发展，但是，工业化和现代化进程中暴露出来的种种矛盾和问题，并没有从根本上得到解决，反而更加加剧，如：片面强调工业化，农业严重滞后，粮食依赖进口；城市化大大超前于工业化的发展，造成畸形城市化；贫富不均进一步扩大，拉美成为世界上贫富差距最严重的地区之一；最后，也是问题中最突出的是大量举借外债和高通货膨胀。这是拉美国家为进口替代工业化所偿付的两项高昂的代价。进入 20 世纪 70 年代，通货膨胀持续上升，有的国家达到 3 位数的水平。70 年代各国还走上了举债发展的道路，债务严重失控。由于经济和社会形势恶化，军政权的统治难以为继。从 20 世纪 70 年代后半期开始，拉美军政权开始"还政于民"的"民主化进程"。

三 拉美威权主义政治的衰落

拉美国家军政府性质不同，倒台的方式或其向民主制度过渡的方式也不尽一致。战后，在一些经济发展水平较低的拉美国家，资产阶级力量还比较弱，封建寡头势力还比较强，因此出现了"家天下"式的独裁统治。这些独裁政权无意改变旧的社会经济结构，受外国垄断资本的控制和国内寡头势力的影响较深。但是，这类政权越来越不得人心，在战后民族民主运动的冲击下，已一个接一个垮台，许多是被人民的革命运动或军事政变推翻的。如古巴的巴蒂斯塔政权（1940—1944 年、1952—1958 年）被古巴革命所推翻，多米尼加共和国的特鲁希略兄弟独裁政权（1930—1938 年、1942—1960 年）、尼加拉瓜索摩查家族独裁政权（1936—1979 年）、海地杜瓦利埃父子独裁政权（1957—1986 年）、巴拉圭斯特罗斯纳独裁政权（1954—1989 年）等都已经被扫进历史的垃圾堆。而多数所谓威权主义政权则采取了还政于民的方式，实现向民主体制的过渡。

自 20 世纪 70 年代后半期起，拉美不少原由军人执政的国家，先后经过不同方式，"还政于民"，由文人上台执政。在南美洲，从 1979 年厄瓜多尔结束军人统治开始，秘鲁（1980 年）、玻利维亚（1982 年）、阿根廷（1983 年）、巴西（1985 年）、乌拉圭（1985 年）、智利（1990 年）、巴拉圭（1993 年）等国，也先后基本上完成了民主化进程。到 20 世纪末，南美洲已是"清一色"的文人政府。在中美洲和加勒比地区，从 1978 年巴拿马由文人当总统开始，到 1994 年海地军政权交出政权为止，也已完成了民主化进程。拉美各国实行民主化的方式有所不同，大致可分为 4 种。第一种是军政府实行有步骤的政治开放，最后通过选举完成交权过程（如巴西、智利等国）；第二种是军方为国内形势所迫，不得不交出政权，让文人执政（如萨尔瓦多、危地马拉等国）；第三种是军政府被一场革命运动所推翻或被群众赶下台（如尼加拉瓜、阿根廷等国）；第四种是独裁政府先被现役军人推翻，继而再举行选举，产生文人政府（如巴拉圭、海地等国）。

拉美"民主化进程"已于 90 年代初基本完成，拉美军人政府已普遍"还政于民"。到 20 世纪 90 年代初，拉美绝大多数国家都已实现了"还政于民"的民主化进程。民主化进程结束了拉美国家长期动荡不安的历史，整个地区政局趋于稳定。除少数国家外，大多数国家已经实现了国内和平。除古巴以外，拉美各国都建立了资产阶级代议制民主，这无疑是拉美政治结构与制度的一大进步和变化。

随着冷战的结束和东西方关系的缓和，原来在美、苏激烈争夺背景下形成的一些地区"热点"逐步降温。在拉美，曾为世界"热点"之一的中美洲冲突明显缓和，中美洲逐步走向和平。20世纪90年代初，尼加拉瓜的内战基本停止。在1990年2月的大选中，以查莫罗夫人为首的反对派全国联盟获胜，桑地诺民族解放阵线失去执政地位，原反政府武装放下武器，尼加拉瓜政局趋于稳定。在萨尔瓦多，政府和游击队组织"法拉本多·马蒂"民族解放阵线于1991年9月25日在联合国签署了关于实现国内和平的框架协议；同年年底，在联合国纽约总部达成停火协议；1992年1月16日在墨西哥城签署永久性和平协议，游击队放下了武器。原游击队组织"法拉本多·马蒂"民族解放阵线与民主联盟组成左派联盟，从1994年起开始通过大选以合法途径参与国家的政治生活。中美洲另一个国家危地马拉内战持续了30多年，使17.5万人丧生，100万人背井离乡，4万人失踪。自1991年起，政府和全国革命联盟开始谈判，最终在1996年12月29日签署永久和平协议，结束了长期的战乱，同时也标志着整个中美洲地区和平的实现。

总体来看，到20世纪末，军政府"还政于民"的民主化进程在拉美已基本完成；拉美地区，特别是热点地区中美洲已实现和平。但是，拉美的代议制民主还不够巩固和成熟。在工业化和现代化进程中，拉美国家的政治体制与社会经济发展还不相适应，政治体制的变化与现代化进程往往脱节；在政治体制方面，还存在着种种缺陷，如几种主要权力机构之间分权不明确，法制还不够健全，政党制度不发达，军队经常干政；等等。这种状况是拉美国家过渡社会状况的反映，不是短期内可以完全改变的。拉美国家资产阶级民主体制的巩固和制度化将需要经历一个长期、反复的过程。

在民主化进程不断取得进展的同时，拉美军人干政的现象并没有完全销声匿迹。如1980年和1990年苏里南两度发生军事政变；阿根廷20世纪80年代发生三次兵变；海地1991年发生军事政变。1992年和1996年委内瑞拉和巴拉圭先后发生未遂政变。即使在进入21世纪后，一些国家仍出现军人干政企图，如厄瓜多尔2010年发生军警叛乱、委内瑞拉2002年发生军人政变、洪都拉斯2009年发生军人政变、玻利维亚军警

2019 年迫使总统辞职。但与传统的大规模军人干政现象不同，21 世纪以来发生的这些事件，都是在特定国家、特定历史节点的个别或偶发现象，没有像以往那样在周边国家产生明显的"传染效应"，且事态发生后很快便回归正常，没有导致民主政治和体制的逆转。

第三节　拉美国家的政治改革

如前所述，自 20 世纪 70 年代后半期起，拉美军人开始以不同方式"还政于民"，拉美"民主化进程"到 90 年代初基本完成。90 年代以后，拉美政治发展进入新时期，许多国家通过政治改革，巩固民主化成果，加强和完善民主制度，稳固民主化进程。

一　政治改革的基本方式

拉美国家政治改革基本按两种主要方式进行。第一种方式是在政府主导下，通过全民公决，修改宪法，推进改革。以巴西、秘鲁、委内瑞拉、厄瓜多尔、玻利维亚、智利等为代表。

巴西。由于在实行总统制、议会制、君主立宪制的问题上各方争执不下，巴西在 1993 年举行全民公决，确定了国家的政治体制。

秘鲁。由于在政治改革和修宪问题上争论大，政府不得不通过全民公决的方式寻找改革的合法性。秘鲁藤森政府 1992 年 4 月"自我政变"后，成立民主立宪议会修改宪法。政府与反对党就宪法草案展开激烈辩论，其中围绕"总统可以连选连任"的争论最为激烈，最后政府决定将新宪法付诸"人民公决"。这是秘鲁有史以来首次就新宪法举行公民投票。1993 年 10 月 31 日在有 1200 万选民参加的公决中，55.3% 的人赞成新宪法。

委内瑞拉。查韦斯上台后提出要在内瑞拉进行"和平与民主的革命"，并制定新宪法。新宪法延长总统任期，规定总统可以连选连任，设立由总统任命的副总统一职，在国家立法、司法和行政权力之外，增设公民权和选举权，将议会两院制改为一院制。围绕新宪法草案，各派政治力量难以达成一致，最后政府也采用全民公决方式。1999 年 12 月 15 日新宪法草案在全民公决中以 71% 的赞成票通过。

厄瓜多尔。2008 年 9 月 28 日厄瓜多尔全民公投通过新宪法，在加强行政权、改革立法权和司法权的基础上，增设公民参与社会管理权和选举权，建立了五权分立的政治体制。2018 年 2 月，莫雷诺总统推动的修宪公投以高票通过，废除总统可无限期连任的条款。

玻利维亚。2009 年 1 月 25 日，玻利维亚举行新宪法公投，新宪法以 61.47% 的高支持率获得通过。新宪法对原宪法做了上百处修改，主要有：建立四权分立政治体制，除行政、立法、司法机关外，建立多民族选举机构为第四种国家权力机关；赋予公民更多权利，政府应承担更多义务；规定总统和副总统可连任 1 次。

第二种方式是在现有政治框架下各主要政党通过协商，达成共识，完成改革。以阿根廷和墨西哥为代表。

阿根廷。1993 年 11 月 4 日阿根廷正义党梅内姆总统和主要反对党激进公民联盟领袖阿方辛就政治改革的宪法修正案进行协商，共同确定了修宪的原则和具体内容，并得到两党正式批准。通过协商，梅内姆克服了政治改革的障碍，反对党则通过在政府中设立类似总理职务的做法遏制了总统权力，双方各有所得。

墨西哥。墨西哥的改革也是在各主要政党就选举改革达成协议的基础上进行的。20 世纪 80 年代以前，墨西哥的选举和政治改革差不多都是由革命制度党和政府单独决断，缺少同其他政党的协商。而 80 年代末以后，在现有的政治框架下，通过各主要政党的协商，在各政党协议和共识的基础上，完成了宪法改革和选举制度的改革。福克斯执政期间（2000—2006 年），政府与各党派达成"全国发展政治协议"。2012 年墨西哥革命制度党重新执政后，培尼亚政府在重大改革问题上注重与其他政党达成共识，与两个主要反对党签署"墨西哥协议"，主要内容有 5 点：建立自由和法治社会，促进经济增长、就业和提高竞争力，实现正义和安全，实现公开透明、问责和反腐败，实现民主的可治理性。

智利。智利于 2019 年 10 月爆发大规模民众抗议，要求废除现行军政府时期制定的宪法，制定新宪法。2020 年 10 月 25 日智利举行全民公决，近 80% 民众赞成成立全部由民选代表组成的"制宪会议"制定新宪法。2021 年 5 月 15—16 日举行制宪会议选举，制宪会议负责新宪法的起草工作；新宪法草案将在 2022 年通过公民表决方式通过。如获通过，将取代

1980 年军政府制定的现行宪法。

二 政治改革的主要内容

拉美国家政治改革的内容非常广泛，主要包括以下几个方面。

（一）宪法改革

修改宪法成为拉美国家政治改革的主要标志。20 世纪 90 年代后对宪法进行重大修改的国家包括阿根廷（1994 年）、玻利维亚（1994 年、2009 年）、巴西（1994 年、1997 年、1999 年）、智利（1991 年、1993 年、1997 年、2005 年、2020 年）、哥伦比亚（1991 年和 1997 年）、哥斯达黎加（1996 年）、厄瓜多尔（1998 年）、危地马拉（1993 年、1995 年、1999 年、2005 年）、墨西哥（1998 年）、尼加拉瓜（1995 年）巴拉圭（1992 年）、巴拿马（1994 年）、秘鲁（1993 年、2005 年）、多米尼加（1994 年和 1996 年）以及委内瑞拉（1999 年、2009 年）。拉美国家修改宪法的内容涉及政治体制和选举制度改革，政府机构改革，国家在政治、经济生活中的作用，国家的经济政策等。修宪的目的虽不尽一致，但基本目标是通过修宪完善国家的政治制度，规范国家政治的运行机制，增强政府政策的连续性。

（二）选举制度改革

选举制度改革是拉美国家政治改革的最主要内容，涉及选举程序、选举方式、当选条件、任期，以及选举的合法性等许多方面。不少国家修改总统和议员的任期。例如智利 1989 年把总统任期由 8 年改为 4 年；后由 4 年改为 6 年，再后又改为 4 年，不得连任。阿根廷把总统任期由 6 年改为 4 年，把参议员的任期由 9 年减为 6 年；巴西 1994 年把总统任期由 5 年改为 4 年；玻利维亚 1994 年把总统和国会议员任期从 4 年改为 5 年；危地马拉 1994 年把总统任期由 5 年减为 4 年；尼加拉瓜 1994 年作出规定，把总统、国会议员和市长的任期均由 6 年改为 5 年。

巴西、秘鲁、阿根廷、玻利维亚等修改总统不得连任的规定，使藤森、梅内姆、卡多佐、莫拉莱斯等均得以连选连任；但 2000 年 11 月秘鲁通过宪法修正案，规定总统不得连任。委内瑞拉原来总统不能连选连任，卸任的总统需要相隔两个任期后才可再次竞选总统；1999 年 12 月全民公决通过的新宪法不仅将总统任期由 5 年延长到 6 年，而且规定可以连选连任；2009 年 2 月委内瑞拉取消对总统连选连任次数的限制。2009 年前，玻利维亚卸任总统在隔一届后，可以再次竞选总统；2009 年新宪法规定总统和副总统可连任 1 次。还有一些国家，虽仍不允许总统连选连任，但已允许总统在相隔若干任期后，再次竞选总统职位，如乌拉圭、智利卸任总统隔一届后，可再次竞选总统。1994 年多米尼加对总统连选连任作出修改，禁止总统连选连任，但隔一届后可再次参选。2004 年哥伦比亚通过允许总统连选连任法案，乌里韦、桑托斯都成功连任；2015 年通过修宪，恢复总统不可连任。厄瓜多尔原允许总统连选连任，20 世纪 90年代起允许卸任总统在相隔一届后再次竞选总统；2008 年规定总统可连选连任一次；2015 年的宪法修正案允许总统无限期连任；2018 年 2 月全民公投，取消总统可无限期连任的条款。

拉美国家改革和完善选举法规，提高选举的合理性和合法性。一些国家扩大了公民权利。玻利维亚把有选举权公民的年龄从 21 岁降为 18岁；哥伦比亚 1991 年宪法扩大了少数民族公民权利，并在参议院专门分配给土著人 2 个席位；厄瓜多尔取消了总统候选人必须属于某一政党的规定，允许独立人士竞选任何职务；墨西哥、秘鲁等国家扩大了选举权范围，允许海外侨民参加投票。

越来越多的拉美国家放弃简单多数票当选的制度，在选举总统时采用两轮投票制度。巴西（1989 年）和阿根廷先后取消选举人团制度，实行总统直接选举，并确定两轮投票制度。在阿根廷，如果任何候选人都没有在首轮选举中获得不足 45% 的选票，两名得票最多的候选人就进行第二轮选举（如果其中一位候选人得票虽没有超过 45%，但在 40%—45%，而且所获选票至少比位于第二的候选人多 10%，也无须进行第二轮投票）。尼加拉瓜 1984 年宪法规定，总统候选人只要获得相对多数即可当选，1994 年作出修改，如果没有任何候选人获得 45% 或 45% 以上选票，就进行第二轮选举。在议会选举方面，越来越多的国家采用比例代表制，给力量较小的政党创造更多机会。

（三）调整中央与地方的关系

中央和地方权力关系的调整，是拉美国家政治改革的重要内容。拉美许多国家恢复和扩大了市的自治权力，改革市政制度，地方各级行政机构或领导人越来越多地通过选举的方式产生，而不再由中央和上级政府任命。1980 年只有 3 个拉美国家的市长由当地居民选举产生，大部分国家的市长由中央政府任命。到 1995 年有 17 个国家的市长由选举产生，另有 6 个国家的市长由市政委员会任命，而市政委员会由当地居民选举产生。墨西哥和阿根廷扩大首都联邦区自治权，按照阿根廷 1994 年改革方案，联邦首都的市长不再由总统任命，而由公民直接选举产生，首都联邦区获得完全的自治。不少国家还实行权力分散化政策。1991 年哥伦比亚新宪法把权利分散化作为政治改革的重要内容。玻利维亚从 20 世纪90 年代起实行分权政策；2009 年的新宪法规定改变现行行政区划体制，实行符合宪法的自治制度。智利和秘鲁也把实行权利分散化作为政治和经济改革的重要措施。智利通过在行政事务方面实行分权，把原来由中央政府指导的地方性工作，移交给市政当局和区政当局。

（四）政党制度改革

许多国家对政党的活动进行规范化，将其纳入国家法律和政治生活的框架之下。秘鲁等国家制定了专门的政党法，对政党的建立、活动、资金来源和使用等做了详细规定。为了减轻选举对国家财政政策的冲击，一些国家注意完善对政党的财政援助制度。智利、阿根廷都制定了专门的《政党筹资法》，对私人捐助政党的竞选活动作出限制，防止经济力量干扰政治的行为，防止利益集团腐蚀政治的独立性，并危及公共政策的实施。秘鲁《政党法》也对政党资金等容易产生腐败的细节做出具体规定。墨西哥对政党资金问题进行规范，对各政党在竞选中使用资金的限额、资金来源、使用、监督，以及违规处罚等做出明确规定。

（五）政府制度改革

一些国家在政治改革过程中，注意完善公务员制度（拉美国家称文官制度），注意完善公务人员的选拔、任用、考核和提升，消除因政府更迭对机关日常工作的影响。在政府制度改革过程中，拉美国家普遍重视加强反腐败改革，清除政府机关和公共部门的腐败行为。20 世纪 90 年代以后，几乎所有拉美国家都有相关的反腐败措施出台，委内瑞拉（2003年）、玻利维亚（2010 年）、哥伦比亚（2011 年）、危地马拉（2012 年）制定了专门的反腐败法。有些拉美国家虽还未出台专门的反腐败法，但也加快反腐败立法的进程。2009 年"反腐败刑事法"议案正式进入阿根廷立法程序。巴西 2010 年提出《反腐败法案》，但受利益集团的影响，提案未进入议会表决程序。2012 年 4 月墨西哥国会也通过《公共招标反腐败法》。

拉美国家的政治改革对于巩固民主化成果,加强和完善民主制度,稳固民主化进程具有重要促进作用。但改革并没有完全消除政治发展的所有问题,没有消除政治体制的所有弊端,没有消除民众对政治体制及其效能的不满情绪。对许多拉美国家来说,政治改革的任务依然艰巨。

第四节　拉美左翼和右翼的共存与竞争

左翼和右翼共存、相互竞争、交替发展,是当代拉美政治发展的重要现象。

一　拉美左翼和右翼的交替发展

自 19 世纪末 20 世纪初始,拉美左翼力量得到快速增长,主要标志是工人运动不断发展和大批左翼和社会主义性质政党的建立。然而,左翼的总体实力这一时期依然较弱。1917 年俄国十月革命胜利和 1919 年共产国际建立,进一步促进了拉美左翼力量的发展,许多国家先后建立共产党,但共产党的成长环境不利,左翼发展依然受到右翼的压制。

1945 年世界反法西斯战争胜利,为拉美左翼领导的反独裁和争取民主的斗争提供了极大动力,提高了左翼力量的政治影响力。20 世纪 40 年代中叶,拉美左翼力量获得较大程度的发展。1944 年年底具有左翼倾向的阿尔瓦洛当选危地马拉总统,并开始民主改革进程;阿根廷庇隆政府 1946 年开始执政;由秘鲁人民党、社会党和共产党组成的民主阵线在 1945 年大选中获胜。与此同时,拉美国家共产党实力增强,党员人数增加到 50 万。

20 世纪 40 年代末和 50 年代,随着冷战的开始,许多拉美国家的政府追随美国,执行反共政策,左翼生存环境再度恶化。拉美国家左翼政府受到右翼势力围攻,甚至被推翻或颠覆。1954 年危地马拉阿本斯左翼政府被推翻,玻利维亚左翼政府的政策被迫右转,尼加拉瓜、多米尼加、危地马拉、哥伦比亚、古巴都由亲美右翼独裁政权统治,许多国家的共产党被宣布为非法。在智利等国家,在政府中任职的共产党人被扫地出门，共产党议员被剥夺议员资格，共产党人和左翼进步人士受到迫害，左翼力量受到重创。在不利的环境下，拉美国家共产党的力量下降，党员人数从20世纪40年代后期的约50万降到1957年的13.5万。

20世纪60年代后，拉美左翼活动趋于活跃。1959年古巴革命取得胜利，随后走上社会主义道路，鼓舞了拉美地区左翼力量的士气，左翼的活动趋于活跃。（一）左翼思想和思潮十分活跃，几乎在所有领域都出现了激进的或进步的思想和思潮，如"依附理论""解放神学""解放教育学""解放哲学""新社会学"等。（二）反政府游击运动活跃。在古巴革命胜利鼓舞下，一些左翼力量纷纷走上武装斗争的道路，开展反对本国政府的游击战，在当时19个拉美国家中有17个出现反政府游击队，游击队总数量有上百支。（三）出现新的社会主义实践探索。1970年智利社会党领袖阿连德当选总统，并开始社会主义的实践探索。20世纪70年代还出现圭亚那"合作社会主义"和牙买加"民主社会主义"的实践。

20世纪70年代中后期和80年代，右翼力量在多数拉美国家占据优势地位，左翼总体处于由低潮和缓慢恢复的过程中。1973年阿连德政权被右翼军人政变推翻。20世纪70年代，除墨西哥、委内瑞拉、哥伦比亚和哥斯达黎加等少数国家外，拉美其他国家都建立了威权主义政府，左翼力量遭到镇压或压制。20世纪70年代末和80年代，拉美民主化进程不断深入，威权主义政府基本完成还政于民的进程。在民主体制下，拉美左翼政党重获合法地位并进行公开活动，其发展环境得到改善，力量得到一定程度恢复。

20世纪80年代末90年代初，拉美左翼力量再次遭受严重打击，右翼的影响力再度上升。苏联解体东欧剧变，以及社会主义阵营消失，给拉美左翼力量造成严重消极影响，对各国共产党的冲击尤为剧烈。"苏联社会主义"失败在拉美共产党中产生"道义挫折"，其意识形态出现迷茫和迷失，许多党员失去奋斗方向和目标。此外，执政的古巴共产党因失去苏联的支持而面临前所未有的执政困难；遭遇美国敌视和本国反政府武装长期围困的尼加拉瓜左翼政府在1990年大选中失利下台，加剧了拉美地区左翼力量的挫败感；中美洲地区反政府左翼游击队逐渐归于沉寂；一些拉美国家的共产党出现组织分裂，影响力进一步削弱。

二　世纪之交拉美左翼重新崛起

拉美是各种政治力量活跃并不断进行较量的地区。世纪之交，拉美一些国家的左翼力量呈上升趋势，拉美左翼在世界政治舞台上所起的重要作用越来越令人刮目相看。拉美左派重新崛起的主要标志是：

（一）一批左翼政党上台执政。以 1999 年查韦斯在委内瑞拉上台执政开始，一大批左翼政党在拉美地区陆续上台执政，其中最主要的是委内瑞拉、智利、巴西、阿根廷、乌拉圭、玻利维亚、厄瓜多尔和尼加拉瓜等国家。左翼执政国家的领土面积超过拉美总面积 70%，约占拉美总人口 54%。国内外学界将此轮拉美左翼执政周期称为"粉红色"浪潮。在十几年的执政期内，拉美左翼执政党试图修正新自由主义的政策，执行亲中下阶层的社会政策，推动实施较激进的政治经济变革，谋求建立替代发展模式，解决各种根深蒂固的社会问题，力图推动国家走上独立发展的道路，摆脱对外依附。拉美有些左翼执政党甚至提出"社会主义"和"替代资本主义"的激进主张和口号。

（二）古巴经历了东欧剧变和苏联解体的严峻考验。东欧剧变、苏联解体后，古巴政府于 1990 年 8 月宣布进入"和平时期的特殊阶段"，坚持社会主义道路，进行一系列政策调整。1994 年后，古巴经济逐渐恢复和发展，政局和社会基本稳定，对外关系也有了新的发展，发挥着拉美左翼力量大本营和"精神领袖"的作用。

（三）拉美国家不少共产党也经受了考验。进入 21 世纪，拉美地区的共产党基本从苏联东欧剧变的冲击中恢复过来，仍是拉美政治舞台不可忽视的重要力量。在新的历史条件下，拉美国家共产党根据本地区和本国新现实，探索具有新时代特点的斗争方式，探索把马克思主义与本国现实相结合的途径和道路。目前拉美有 30 多个共产党。

（四）圣保罗论坛的影响越来越大。1991 年成立的圣保罗论坛是拉美地区最具代表性与影响力的左派进步运动，它团结了一大批拉美左翼政党和组织。后来，圣保罗论坛一年一度的年会也广泛邀请世界其他地区的共产党和左派党参加。例如 2002 年 12 月 2—4 日，来自拉美国家以及欧洲、亚洲、非洲和大洋洲 44 个左派党和组织的近 700 名领导人或代表出席了在危地马拉首都危地马拉城举行的第 11 次圣保罗论坛会议。2018

年 7 月，第 24 届圣保罗论坛在哈瓦那举行，中共中央政治局委员、上海市委书记李强率中共代表团参加并发表演讲。至 2019 年，圣保罗论坛已经召开了第 25 届。2019 年 7 月 25—28 日，第 25 届圣保罗论坛在委内瑞拉首都加拉加斯举行，来自拉美、欧洲、亚洲和非洲 124 个国家左翼政党和进步运动的近 500 名代表与会。委内瑞拉总统马杜罗和古巴主席卡内尔在闭幕式上发表讲话。会议通过了最终声明和多项决议，谴责美国对委内瑞拉、古巴等进步政府的制裁，声援委内瑞拉政府，支持委朝野双方的对话，支持哥伦比亚和平进程，主张拉美进步力量加强团结，支持拉美一体化进程。2020 年 7 月 28 日，为庆祝圣保罗论坛成立 30 周年，论坛召开视频会议，古巴卡内尔主席、委内瑞拉马杜罗总统和尼加拉瓜奥尔特加总统等参加。

（五）拉美一些左派政党在本国的大选中获胜或取得重要进展。委内瑞拉第五共和国运动领导人查韦斯在 1998 年当选并就任总统；2002 年 6 月和 8 月，在玻利维亚两轮大选中，左翼组织争取社会主义运动和印第安人古柯种植农协会领导人莫拉莱斯得票均占第二位，超出人们的预料；同年 10 月和 11 月，巴西左翼党劳工党领袖卢拉和厄瓜多尔左翼军官、"1 月 21 日爱国社团"领导人古铁雷斯先后在本国大选中获胜，当选为总统，并于 2003 年 1 月就任。2004 年 10 月，乌拉圭左翼政党组成的进步联盟—广泛阵线主席巴斯克斯当选总统，成为该国历史上第一位上台执政的非传统左翼政党领导人。

（六）"世界社会论坛"的成立和影响。"世界社会论坛"是在以卢拉为领袖的巴西劳工党和以圣保罗论坛为主的拉美左派进步力量积极倡议发起的。"世界社会论坛"的前三届大会分别于 2001 年 1 月 25—31 日、2002 年 1 月 31 日—2 月 5 日和 2003 年 1 月 23—28 日，在巴西南里奥格兰德州州府阿雷格里港举行。此后"论坛"在世界各地举办。"论坛"会集了世界上反对"新自由主义全球化"人士，共同探讨影响世界发展的重要问题，产生了重大国际影响。世界社会论坛的议题非常广泛，包括维护世界和平、反对霸权主义、减少和消除贫困、普及和发展教育、保护弱势群体权益、社会经济发展模式、发展中国家债务问题、发展中国家科学技术落后等当今世界面临的重大问题。由于巴西和拉美政局的急剧变化，最近些年论坛处境艰难。第 16 届世界社会论坛 2018 年 3 月在巴西萨尔瓦多市进行，主题是"抵抗、创造、变革"；本次论坛的目的是回应拉美政治现实，重振社会论坛；来自世界各大洲共 6 万人参加论坛的 1300 场活动。2020 年 6 月世界社会论坛首次以线上方式举行，主题是"变革的经济"。2021 年 1 月 23—29 日世界社会论坛在线上举行，论坛的口号是"另一个世界是可能、必需和紧迫的"；主要议题包括生态与环保、和平与战争、社会和经济公正、民主、社会多样性、通信与教育、文化、妇女、印第安人、反对种族主义、抗击新冠肺炎、世界社会论坛的前景等。

（七）美洲玻利瓦尔联盟的建立和发展。伴随左翼的新一轮崛起，左翼的团结合作也得到加强，主要标志是美洲玻利瓦尔联盟（ALBA，又译玻利瓦尔美洲联盟）的建立。2005 年，在卡斯特罗和查韦斯倡议下，建立"美洲玻利瓦尔替代计划"（后更名为"美洲玻利瓦尔联盟"），成员逐渐发展到由十多个左翼执政的拉美国家。"联盟"由古巴、委内瑞拉主导，积极推动拉美左翼政府之间的合作，以优惠价格向相关国家提供石油、资金和其他援助。"联盟"的目标是击垮、替代美国倡导的、帝国主义的美洲自由贸易协定（ALCA），推进拉美国家间真正自由、平等、公正与和平的一体化。2018 年 12 月 14 日，在古巴首都哈瓦那召开联盟第 16 次首脑会议，古共第一书记劳尔·卡斯特罗，古巴国务委员会主席卡内尔，委内瑞拉总统马杜罗，玻利维亚总统莫拉莱斯，尼加拉瓜总统奥尔特加，多米尼克、圣文森特和格林纳丁斯总理与会。会议的最后声明强调，要促进拉美团结和一体化，保持拉美加勒比和平区的地位，反对门罗主义在拉美的复辟，反对干涉主义，声援委内瑞拉和尼加拉瓜政府，要求取消对古巴的封锁等。峰会充分肯定了"联盟"成立 14 年来取得的成绩，分析面临的挑战。2019 年 5 月 21 日，"联盟"第 18 次政治委员会会议在哈瓦那召开，会议的主题是声援和捍卫委内瑞拉玻利瓦尔革命；会议通过包括 22 项内容的最后声明，支持委内瑞拉政府和人民反对美国干涉，声援和支持古巴反对美国的封锁，谴责美国重拾门罗主义，号召加强拉美一体化，加强拉共体和"美洲玻利瓦尔联盟"等机制。2020 年 6 月 10 日"联盟"召开高峰经济视频会议，讨论如何应对新冠肺炎（Covid－19）大流行。同年 6 月 29 日"联盟"召开第 20 次政治委员会和第 10 次经济委员会联席视频会议，通过了包括 28 项协议和决定的最终声明。2020 年 12 月 14 日，"联盟"第 18 届峰会以视频方式举行，主要讨论共同抗击新冠肺炎疫情问题。2021 年 6 月 24—25 日在加拉加斯召开"联盟"第 19 届峰会，主要讨论拉美团结与一体化，以及抗击新冠肺炎疫情问题。

三 21 世纪后新一轮的左右博弈

受世界经济不景气和国际市场大宗商品价格下降影响，拉美经济增长 2014 年后逐渐进入下行渠道，一些左翼执政国家经济甚至陷于衰退。经济下行和衰退产生了一系列严重政治和社会后果，左翼政府执政压力增大，民众不满情绪不断增长，一些民众希望右翼政党出面收拾残局。在这种背景下，始于 20 世纪末 21 世纪初的新一轮左翼执政周期开始退潮。

2015 年 11 月阿根廷右翼"变革联盟"领袖马克里当选总统，终结了该国左翼政党 12 年的连续执政；2016 年 8 月巴西左翼总统罗塞夫被右翼控制的国会弹劾下台，该国政坛"右转"；右翼政党社会自由党候选人波索纳罗不仅在 2018 年总统选举中获胜，该党在议会中的议席也大幅增加（在众议院的议席从 1 席增至 52 席），一举成为众议院第二大政党。在 2016 年秘鲁总统选举中右翼政党占据绝对优势，选举完全成为两个新兴右翼政党表演的舞台。在 2017 年年底智利右翼"前进联盟"候选人皮涅拉当选总统，中左翼政府被右翼政府取代。在哥伦比亚 2018 年总统选举中，右翼的民主中心党候选人杜克获胜，延续了自 2002 年起该国一直由右翼政党执政的局面。2018 年 4 月红党候选人阿布多在巴拉圭大选中获胜，右翼在该国的执政地位进一步稳固。2019 年 2 月 3 日，萨尔瓦多举行大选，右翼"民族团结大联盟"的候选人纳伊布·布克尔获胜，结束了左翼法拉本多·马蒂民族解放阵线的执政，布克莱于同年 6 月 1 日就任。同年 11 月 24 日，乌拉圭举行第二轮大选，右翼民族党（白党）候选人路易斯·拉卡列·波乌战胜了中左翼执政党广泛阵线候选人丹尼尔·马丁内斯，当选总统，并于 2020 年 3 月 1 日就任，从而结束了乌拉圭左翼执政近 15 年的历史。在 2021 年厄瓜多尔大选中，代表右翼的创造机会运动—基督教社会党联盟候选人吉列尔莫·拉索在第二轮选举中当选总统，结束了该国自 2007 年起，一直由左翼政党"祖国主权联盟"执政的局面。

　　与此同时，仍继续执政的委内瑞拉、尼加拉瓜等左翼执政党遭遇重大挫折，执政压力越来越大，需要应对的执政难题越来越多，长期执政的前景变得越来越不确定。在委内瑞拉2015年年底举行的国会选举中，执政的左翼政党联盟自1999年以来首次失去对国家立法权的控制，反对派"民主团结联盟"获得2/3的绝对多数国会席位，给左翼政府继续执政形成强大阻力。委内瑞拉等国左翼政党遭遇前所未有的执政困境，在整个地区产生明显"传染效应"，对该地区其他左翼政府产生负面影响，减少了其可获得外部援助的规模，增加了这些国家左翼政府的执政难度，增加了整个地区左翼发展"退潮"的规模。

　　拉美左翼和右翼社会基础不同，基本理念和政策主张也有差异，双方都有相对稳固的社会基础和支持群体。2015年以后拉美新一轮左翼执政周期退潮，并不意味着左翼影响的消失。在社会不平等非常严重的条件下，左翼主张仍有很大号召力，左翼力量仍有重要政治影响力。右翼势力抬头已并不意味着其在拉美独领风骚，左翼仍有发展空间，例如左翼政党国家复兴党领导人洛佩斯2018年7月当选墨西哥总统，2019年阿根廷左翼力量重新赢得大选，2020年10月玻利维亚大选中，争取社会主义运动党候选人阿尔塞（Luis Arce Catacora）当选总统，左翼东山再起。2020年12月委内瑞拉举行选举，统一社会主义党及其盟友获得277个席位中的256名议席，在立法机构中取得绝对优势地位。在2021年6月，左翼的自由秘鲁党候选人佩德罗·卡斯蒂略当选秘鲁总统。未来拉美左翼和右翼仍会交替发展，相互竞争，长期共存。无论是左翼还是右翼都不可能完全取代对方，拉美地区将继续延续左右相互竞争、共存和共治的局面。

第五节　拉美政治发展的新趋势与挑战

一　拉美政治发展的成就和新趋势

　　随着威权政治向民主政治转型，以及政治改革的推进，拉美国家民主体制渐趋完善，政党运行规则日益清晰，政府体制及其效率趋于改善，民主的多样性进一步发展，维护民主的共识和意愿增强。这既是拉美政治发展的成就和基本趋势，也是拉美民主转型的重要特征。

（一）民主体制渐趋完善。在 20 世纪 80 年代后民主巩固与转型过程中，拉美国家的民主体制渐趋完善，立法和司法机构地位和作用不断加强。90 年代后拉美"国家改革"的重点之一是加强立法和司法机构作用，强化其对行政机关的制约和监督。改革之后，许多国家的议会拥有了较大自主性，也不再是总统的"橡皮图章"，而是能在许多方面正常行使宪法规定的权力和职能。一些国家的议会根据宪法赋予的权力，完成对违宪总统的质询或解职，继巴西（1992 年）、委内瑞拉（1993 年）和秘鲁（2001 年）总统被议会罢免后，2009 年、2012 年、2016 年和 2020 年，洪都拉斯总统塞拉亚、巴拉圭总统卢戈、巴西总统罗塞夫、秘鲁总统库琴斯基、比斯卡拉等又先后被解职或弹劾。

（二）政党运行规则日益清晰。随着民主体制渐趋完善，拉美国家的政党政治趋于成熟。20 世纪 90 年代后，拉美地区多党政治的趋势进一步稳固，政党与民主巩固的关联度进一步增强。政党的作用更趋重要，政党成为重要甚至是居统治地位的政治力量，成为国家政治正常运转的重要动力和基本保障；主要政党间的妥协与合作成为推进政治经济改革及维护社会稳定的重要手段。政党职能更为广泛，政党与选举制度、议会制度间建立起密切联系，连接着政治体制中的各种要素，广泛深入地参与到社会政治生活之中。在绝大多数拉美国家，政党起到了培养政治新人、加强政治联系、实现社会控制、参与政府组织和决策的功能。政党管理也更加规范，拉美各国宪法和法律对政党的地位做了明确规定，许多国家通过制定专门的《政党法》，对政党登记、政党资金、政党参与竞选活动的程序、政党的活动方式做了详细规定，将政党管理完全纳入国家的政治体制。

（三）政府体制趋于完善，政府效率趋于改善。拉美许多国家的公务员制度已相当完善和成熟，运转也日益有效。在 20 世纪 90 年代以后"国家改革"中，拉美国家进一步完善公务员制度。多数国家重视完善公务人员选拔、任用、考核和晋升机制的完善，力图最大限度消除执政党更迭对机关工作的冲击。一些已经确立公务官制度的国家，最大限度地推进功绩奖赏制度，有意识地消除传统"官职恩赐制"残余，力图改变职务晋升不是按业绩，而是靠政治联系的历史传统。政府制度的完善及大地提高了政府工作的效率。

（四）民主的内容更加丰富。代议制民主是拉美国家民主最主要的传统形式。代议制民主最显著的特点是，由公民选举立法和行政机关代表，并代表其在国家机构中行使权力。议会制度和三权分立制度是拉美地区代议制民主两个最主要类型。进入 21 世纪，拉美多元民主的趋势进一步发展。在国家政权的形式上，委内瑞拉和厄瓜多尔分别建立了五权分立制度，玻利维亚则建立了四权分立制度。与此同时，委内瑞拉、玻利维亚、厄瓜多尔、巴西等多个拉美国家推进"参与式民主"的建设，其主要手段和内容包括：改造传统国家体制，强调人民参与决策，替代代议制民主，把社区组织的发展公众参与的重要渠道。"参与式民主"建设极大丰富了拉美国家民主发展的多样性和民主的内容。

（五）维护民主的共识和意愿增强，民主政治的环境更加有利。建立、巩固和维护民主逐渐成为拉美各界共识。1994 年美洲国家组织会议通过《华盛顿宣言》，主张对违反民主制原则的美洲国家进行制裁。此后的三次美洲国家首脑会议均重申这一原则。2001 年美洲国家峰会通过的《魁北克宣言》附加一项"民主条款"，规定美洲国家可对以非民主手段取得政权的行为进行干预。2001 年美洲国家组织 34 个成员国签署《美洲民主宪章》，加强维护民主的力度，强调"美洲人民有权享受民主，政府有义务促进并维护这一权利"。2009 年洪都拉斯发生政变后，该国被取消美洲国家组织成员国资格。2012 年巴拉圭总统被"闪电式弹劾"后，拉美国家认为弹劾违背民主程序，遂暂停巴拉圭"南美洲国家联盟"和"南方共同市场"成员国资格，拒绝承认该国临时政府。

二　拉美政治发展的新难题

拉美国家的民主发展有许多难题，民主制度仍面临不少困境。

（一）民主质量较低

拉美民主具有"低度民主"的特质，选举民主虽日益成熟，但民主的深化远未完成，因为"正常选举并不一定表明民主质量改善"；公民获得了选举权，但民主制度缺乏对公民其他权利的保护。造成拉美国家民主质量较低的主要原因是：

1. 一些国家体制还有缺陷。一些拉美国家选举制度的缺陷日益暴露，由选举引发的争斗和内耗现象频发，加大了民主转型的难度。墨西哥 2006 年和 2012 年大选中，得票率居第二位的总统候选人公开抵制大选结果，引发严重社会和政治冲突。在委内瑞拉 2013 年和 2018 年的总统选举中，执政党候选人马杜罗取胜后，反对派不承认选举结果，加剧政治局势动荡。洪都拉斯 2005 年和 2013 年两次总统选举后，均对选举结果产生争议，大选失利者拒不承认选举结果，并长时间采取抗议行动。2019 年玻利维亚大选后，对选举结果产生争议，引发政治危机，总统被迫辞职并流亡国外。2018 年，秘鲁总统和议会之间爆发激烈冲突，议会被解散；2020 年总统和议会的冲突导致总统被弹劾。2021 年秘鲁大选过程中，围绕总统选举结果发生争议。人民力量党候选人藤森庆子在 6 月 6 日总统选举第二轮投票中以微弱差距落后，对投票结果和计票程序提出质疑，加剧政治动荡。经验表明，拉美国家要想进一步推进民主转型的深入，必须进行政治体制改革特别是选举制度改革，提高民主的质量。

2. 考迪罗主义和威权主义政治传统的负面影响。当前拉美虽处于民主巩固与转型过程中，但考迪罗主义和威权主义政治传统的影响依然根深蒂固。在许多国家，威权主义、民众主义和克里斯玛式风格的政治领袖依然受到追捧，非民主的统治手段依然盛行，一些激进执政者甚至公开挑战传统民主制度的规则，这必然会对该地区民主转型产生消极影响。

3. 体制性危机频繁发生造成的隐患。拉美地区政治危机现象频繁出现，许多国家经常受严重政治危机的困扰。进入 21 世纪以后，一些政治和军事寡头还经常试图使用军事威胁的方法打断民主化进程；民众因对现实不满所进行的各种抗议活动也加剧了一些国家的政治动荡。不稳定仍然是拉美地区的重要特征，政治危机和社会动荡仍经常会导致一些国家政权的非正常更替。20 世纪 80 年代以来，拉美地区有近 20 位总统不能完成法定任期，被迫在政治不稳定的环境中提前下台。2019 年玻利维亚总统莫拉莱斯被迫在任期届满前下台。

（二）民众对民主及其体制信任度低

拉美的民主体制未能有效化解严重的贫困和固化的社会不平等现象，未能缓解严重的社会排斥和边缘化问题，没能对除选举权之外的其他公民权利（特别是社会权利）提供有效保护；民众对民主的信任度下降，对选举不感兴趣或对竞选活动感到厌倦的人增多，政治参与热情下降。

例如 2013 年智利大选投票率不足 42%。民调机构调研显示，1995—2013年拉美民众对民主的支持率下降，其中哥斯达黎加和墨西哥分别下降 16个和 12 个百分点，乌拉圭、巴拿马、洪都拉斯、尼加拉和萨尔瓦多也有不同降幅。南美洲地区和墨西哥对民主的支持率为 60%，中美洲地区仅有 49%。2013 年拉美民众对民主运行的满意度为 39%，不满意度高达 57%。

民众对民主的信任度下降，既源于其对民主体制的运转效果不满，以及对其基本诉求在民主体制下长期得不到回应和满足感到失望，还源于严重的贫困和不平等、普遍的社会排斥和边缘化现象的存在。越来越多的拉美人将对执政党和政府政绩及执政能力的不满，将对其基本诉求长期得不到回应的失望，逐渐扩展为对现行民主体制的不满，并表现出对国家政治问题的冷漠，导致执政者合法性的降低。由于政治参与热情和投票率低，执政党实际上很难得到多数选民认可，致使其普遍面临合法性难题。政治冷漠主义的抬头，越来越多的民众可能对非民主的或专制行为持容忍、宽容、漠不关心甚至认同的态度，将进一步加大了民众对民主的不信任，也对拉美地区民主巩固与转型构成潜在威胁。

（三）政党面临代表性和信任危机

拉美国家民众对政党的不信任感增强，许多执政党遭遇前所未有的代表性危机和信任危机，民主政治的基础受到损害。

拉美不少执政党未能有效化解各种经济和社会难题。20 世纪 90 年代以前，当时拉美尚处于长期威权统治之后的民主化巩固时期，执政党有较高威信，其提出的"平等""社会公平"等口号虽空洞，但体现了中下阶层的意愿和诉求，许多人对执政党在民主体制下解决长期困扰拉美国家的各种难题充满希望。20 世纪 90 年代以后，拉美国家经济增长和社会发展不和谐的矛盾进一步明显化，社会矛盾和社会冲突有所加剧。人们对执政党长期不能解决拉美的政治、经济、社会难题产生失望情绪，并对其失去信心，转而把解决上述难题的希望寄托于新兴政治力量和民众主义风格的领导人，致使传统政党遭受前所未有的信任危机，出现"政治局外人"执政的现象。一些国家甚至出现"政党危机"，政党几乎丧失作为民主基础的作用，民主政治的基础因而也受到损害。

政党已成为拉美民众信任程度最低的组织，对政党的信任度不足

20%。许多人认为"如果没有政党的存在，情况会更好"，甚至主张正直的人应远离政党。1995—2013 年，有 29%—36% 的人认为没有政党民主照样可以运转，2013 年这一比重为 31%，其中墨西哥和哥伦比亚分别高达 45% 和 43%。拉美国家政党出现代表性危机和信任危机，主要是因为政党自身存在严重缺陷特别是执政能力存在缺陷，不能从根本上解决国家面临的政治、经济和社会难题，失去民众信任。

总之，拉美政治民主化进程与民主化得到进一步巩固，政治体制、政党运行机制、民主内涵等方面都得到改善，但拉美国家在民主深化、民主质量改善等方面仍面临许多难题和风险。拉美国家需要通过改革，消除这些风险和隐患。

本章小结

在现代政治发展进程中，拉美国家的公民权利不断扩大，政治体制不断完善，民主的发展趋于多样性。第二次世界大战以后，拉美国家革命和变革交替出现，左右翼相互竞争、交替发展和相互替代，共同推动拉美政治的发展。始于 20 世纪 70 年代后半期军政府"还政于民"的"民主化进程"，到 90 年代初基本完成。90 年代以后拉美国家通过政治改革，巩固民主化成果，加强和完善民主制度，拉美国家的民主化进程进一步稳固。但拉美国家政治转型仍有许多难题，拉美民主制度仍面临不少困境，特别是需要破解民主质量低、民众对民主及其体制信任度低，以及政党的代表性危机等难题。

思考题

一、名词解释

官僚威权主义　参与式民主　圣保罗论坛　美洲玻利瓦尔联盟"世界社会论坛"　墨西哥的"第四次变革"

二、简答题

1. 简述当代拉美的政治发展进程。

2. 简述古巴革命、危地马拉革命、尼加拉瓜革命、玻利维亚革命的成果和意义。

3. 简述拉美威权主义政治和官僚威权主义。

三、论述题

1. 什么是拉美民主化进程？它是在何时开始、何时基本结束的？它有哪几种方式？它对拉美的政治制度发展起什么作用？

2. 如何认识20世纪90年代后拉美国家的政治改革？

3. 21世纪后拉美左翼重新崛起的主要标志是什么？

4. 如何认识当代拉美左翼和右翼的发展？

5. 当代拉美政治发展的主要成就及当前面临的主要挑战有哪些？

阅读参考文献

徐世澄主编：《拉美左翼和社会主义理论思潮研究》，中国社会科学出版社2017年版。

李春辉、苏振兴、徐世澄主编：《拉丁美洲史稿》第三卷，第二章战后拉丁美洲的政治进程，商务印书馆1993年版。

袁东振、徐世澄：《拉丁美洲国家政治制度研究》，第一章，第十三章，世界知识出版社2004年版。

张凡：《当代拉丁美洲政治研究》，当代世界出版社2009年版。

苏振兴主编：《拉美国家现代化进程研究》，第六章政治体制的变革与发展，社会科学文献出版社2006年版，第328—408页。

祝文驰、毛相麟、李克明：《拉丁美洲的共产主义运动》，当代世界出版社2002年版。

关达等编著：《第二次世界大战后拉丁美政治》，中国社会科学出版社1987年版。

李明德主编：《拉丁美洲和中拉关系——现在和未来》，第二章跨世纪的拉丁美洲政治，时事出版社2001年版。

杨志敏主编：《回望拉丁美洲左翼思潮的理论与实践》，中国社会科学出版社2018年版。

袁东振：《当前拉美国家的政治改革》，载江时学主编《拉丁美洲和加勒比发展报告》（2002—2003），社会科学文献出版社2003年版，第295—314页。

［阿］吉列尔莫·奥唐奈：《现代化和官僚威权主义：南美政治研究》，北京大学出版社2008年版。

［美］霍华德·J. 威亚尔达、哈维·F. 克莱恩编著:《拉丁美洲的政治与发展》,刘捷、李宇娴译,上海译文出版社 2017 年版。

［美］彼得·H. 史密斯:《论拉美的民主》,谭道明译,译林出版社 2013 年版。

Atilio Borón, *Clases populares y política de cambio en América Latina, Bitácora de un navegante Teoría política y dialéctica de la historia latinoamericana*, CLACSO, 2020.

Daniel M. Brinks, Steven Levitsky, and Maria Victoria Murillo (eds.), *The Politics of Institutional Weakness in Latin America*, Cambridge: Cambridge University Press, 2020.

Eduardo Lora, *The State of State Reform in Latin America*, Washington, D. C. : Inter – American Development Bank, 2007.

Francis Adams, *Deepening Democracy: Global Governance and Political Reform in Latin America*, Westport, Connecticut and London: Praeger, 2003.

TomGatehouse, *Voices of Latin America: Social Movements and the New Activism*, Monthly Review Press, 2019.

Guillermo A. O'Donnell, Laurence Whitehead and Philippe C. Schmitter, (eds), *Transitions from Authoritarian Rule*, Johns Hopkins University Press, January 1994.

Gretchen Helmke, Steven Levitsky (eds.), *Informal Institutions and Democracy: Lessons from Latin America*, Baltimore: The Johns Hopkins University press, 2006.

Harry E. Vanden, Gary Prevost, *Politics of Latin America: the Power Game*, Oxford University Press, 2002.

Javier Corrales, *Fixing Democracy: Why Constitutional Change Often Fails to Enhance Democracy in Latin America*, New York, NY: Oxford University Press, 2018.

Jorge G. Castañeda, and Marco A. Morales (eds.), *Leftovers: Tales of Latin American Left*, New York: Routledge, 2008.

Jorge DomÍnguez, Michael Shifter (eds.), *Constructing Democratic Gov-*

ernance in Latin America, Baltimore and London: The Johns Hopkins University Press, 2003.

Kwame Dixon, Ollie A. Johnson (eds.), *Comparative Racial Politics in Latin America*, New York, NY: Routledge, Taylor & Francis Group, 2019.

Lisa L. North, Clark, Timothy D. (eds.), *Dominant Elites in Latin America: from Neoliberalism to the "Pink Tide"*, Cham, Switzerland: Palgrave Macmillan, 2018.

Mason W. Moseley, *Protest State: the Rise of Everyday Contention in Latin America*, New York, NY: Oxford University Press, 2018.

Marc Becker, *Twentieth – Century Latin American Revolution*, Lanham; Boulder; New York; London: Rowman &Littlefield, 2017.

Michael L. Conniff (ed.), *Populism in Latin America*, Yuscaloosa and London: The University of Alabama Press, 1999.

Steven Levitsky, and Kenneth M. Roberts (eds.), *The Resurgence of the Latin American Left*, Baltimore: The Johns Hopkins University Press, 2011.

第 三 章

拉丁美洲国家的政治体制

内容提要

拉美 33 个国家中，按其国体来看，古巴是唯一的社会主义国家，其余 32 个国家是资本主义国家；按其国家结构来看，有 29 个国家是单一制国家，有 4 个国家即墨西哥、委内瑞拉、巴西和阿根廷是复合制中的联邦制国家；按其政体来看，有 20 个国家采用总统制，12 个国家采用议会制，古巴一国采用人民政权代表大会制。从其国家机构来看，拉美有 24 个国家的国家元首是总统（国家主席），有 9 个国家的国家元首名义上是英国女王，实际上是由总督代行。拉美国家政府的形式有内阁制（责任内阁制）政府和总统制政府。拉美国家的议会可分为总统制国家议会、议会制国家议会和人民政权代表大会（古巴）。拉美国家的司法权一般由最高法院及其他法院和各级法院行使。广义的司法机构还包括检察机构。拉美国家的选举制度已逐步从限制选举制过渡到普选制，从不平等选举制过渡到平等选举制，从间接选举制过渡到直接选举制，从自由投票制过渡到强制投票制，从公开投票制过渡到秘密投票制。

第一节　拉丁美洲国家的国体和国家结构

一　国体

国体是指国家的阶级性质，即社会各阶级在国家中的地位。人类历史上有 4 种不同类型的国家，即奴隶主阶级专政的奴隶制国家，封建地主阶级专政的封建制国家，资产阶级专政的资本主义国家和无产阶级专政的社会主义国家。

拉丁美洲和加勒比地区现共有 33 个独立国家。这 33 个国家中，古巴是唯一的社会主义国家。古巴 2019 年宪法第一条明确规定："古巴是一个法治和社会公正的、民主、独立和主权的社会主义国家。"其余 32 个国家都是资本主义国家。

二　国家结构

国家结构是指国家中央政权机关和地方政权之间、国家整体与部分之间相互关系问题。国家的结构形式，主要可分为两种：单一制国家和复合制国家。

目前拉美 33 个独立国家中，有 29 个国家采用单一制，只有 4 个国家即墨西哥、委内瑞拉、巴西和阿根廷采用了复合制中的联邦制。

（一）单一制　单一制国家的基本特点是：国家只有一部宪法，即单一的宪法；全国有统一的国家最高权力，统一行使立法权和决定国家重大问题的权力；有统一的中央政府，按行政区划设置的行政单位或自治单位均受中央政府的统一领导；在对外关系中，国家整体作为单一的国际法主体存在，而其各个组成部分不能成为独立的主体；公民有统一的国籍。采取单一制国家称单一国。

按照地方职权的大小，单一制国家可分为中央集权型单一制国家和地方分权型单一制国家。拉美 29 个采用单一制的国家基本上都是中央集权型单一制国家。其特点主要有：全国实行一部宪法；国家政权的最高机构在全国实施统一的行政管理和司法审判制度；它的公民只有一个统一的国籍；全国领土划分为若干行政单位（省或州），但不具有任何政治独立性；地方政权机构归中央机构统一领导。

（二）联邦制　复合制国家一般是由若干国家或若干独立单位（州或邦）经过协议组成的联盟。其本身包含联邦制、邦联制及君合国、政合国等一系列具体结构形式。在现代国家中，联邦制是复合制的一种最基本的形式。它是由两个或两个以上的联邦组成单位（如州、邦或共和国）组成的国家。联邦本身是国际交往的主体，地位高于其各组成单位，它行使国家最高权力。全联邦有统一的宪法和法律，并设有联邦国家最高立法、司法和行政机关，行使联邦国家的立法、司法、外交、军事和财

政等主要权力。各联邦组成单位设有自己的立法、司法和行政机关，有
自己的宪法和法律，在其管辖的地区内行使职权。在一般情况下，各联
邦组成单位没有外交权，但在个别国家，根据联邦的宪法和法律，其联
邦组成单位可以就某些次要事项同外国签订条约，甚至可以加入政府间
的国际组织。

如前所述，目前采用复合制中的联邦制的拉美国家，只有墨西哥、
委内瑞拉、巴西和阿根廷 4 国。但是，在历史上，除上述 4 国外，还有十
多个国家也曾采用过联邦制。19 世纪 30 年代即拉美刚独立后不久，绝大
多数国家都采用联邦制形式。但是，后来经过长期实践，只有面积较大、
人口较多的上述 4 国的联邦制保存了下来。拉美历史上曾出现过的联邦
制或邦联制国家有：

1. 哥伦比亚联邦共和国（1819—1830 年）即大哥伦比亚共和国。
1819 年 12 月，根据南美洲独立战争领导人玻利瓦尔的建议，建立哥伦比
亚联邦共和国，史称大哥伦比亚共和国或大哥伦比亚（Gran Colombia）。
由现委内瑞拉、哥伦比亚、巴拿马和厄瓜多尔 4 国联合组成。1830 年，
哥伦比亚联邦共和国解体，分别成立了委内瑞拉、哥伦比亚和厄瓜多尔 3
国。1903 年巴拿马脱离哥伦比亚而独立。

2. 中美洲联邦共和国（1824—1838 年，La República Federal de
Centroamérica）1821 年 9 月 15 日洪都拉斯、尼加拉瓜、危地马拉、萨尔
瓦多和哥斯达黎加独立后，一起划入"墨西哥帝国"。1823 年 7 月 1 日脱
离墨西哥成立中美洲联合省（las Provincias Unidas del Centro de América）。
1824 年 11 月 22 日成立中美洲联邦共和国，以危地马拉城为首府。1838
年 4 月，中美洲联邦议会同意各邦可自行决定其与联邦的关系。洪都拉
斯、哥斯达黎加和尼加拉瓜先后退出联邦。1839 年危地马拉也退出，联
邦实际已解体。1840 年联邦共和国正式瓦解，成为洪都拉斯、尼加拉瓜、
危地马拉、萨尔瓦多和哥斯达黎加 5 国。

3. 秘鲁和玻利维亚联邦（1836—1839 年，Confederación Perú - Boliv-
iana）玻利维亚总统（1829—1939 年）安德烈斯·德圣克鲁斯（Andrés
de Santa Cruz，1792—1865 年）素有将玻利维亚和秘鲁合并重建古代印卡
帝国的愿望。1834 年秘鲁前总统（1829—1833 年）阿古斯丁·加马拉
（Agustín Gamarra，1785—1841 年）反对新当选的秘鲁总统路易斯·何

塞·奥尔维戈索（Luis José Orbegoso，1795—1847 年），失败后流亡玻利维亚。圣克鲁斯和加马拉签订邦联协定，圣克鲁斯支持加马拉以换取秘鲁与玻利维亚合并。但加马拉回国后即否定上述协定。1835 年奥尔维戈索总统被费利佩·圣地亚哥·萨拉维里（1831—1890 年）打败后亦到玻利维亚救援。同年 6 月 15 日，圣克鲁斯又与奥尔维戈索在拉巴斯签订新的邦联协定。后圣克鲁斯率兵进入秘鲁，先后打败加马拉和萨拉维里。1836 年在完成对秘鲁的征服后，圣克鲁斯任命奥尔维戈索为北秘鲁国（Estado Nor Peruano）总统，任命拉蒙·埃雷拉为南秘鲁国（Estado Sur Peruano）总统，任命何塞·米盖尔·德贝拉斯科为玻利维亚国（Estado Boliviano）总统，自任护国主，掌握最高权力。1837 年 5 月 9 日，三国代表在塔克纳签订公约，正式成立邦联。邦联的建立引起智利和阿根廷的恐惧，两国先后对秘鲁玻利维亚邦联宣战。1839 年 1 月，智利军队彻底打败圣克鲁斯，圣克鲁斯逃亡，秘鲁和玻利维亚联邦解体，各自成立独立国家。

此外，智利在 1828—1830 年曾是联邦国家。哥伦比亚 1853 年建立半联邦制，1864 年成为联邦制国家至 1886 年又成为中央集权制国家。

4. 西印度联邦（The Federation of the West Indies，1958—1962 年）

1958 年 1 月 3 日，地处加勒比地区的英属殖民地牙买加、特立尼达和多巴哥、巴巴多斯、格林纳达、圣文森特、多米尼克、圣卢西亚、蒙特塞拉特、圣基茨－尼维斯－安圭拉曾一度组成西印度联邦。1962 年牙买加、特立尼达和多巴哥先后独立，同年 5 月 31 日，西印度联邦解体。随后，除蒙特塞拉特和安圭拉至今仍是英属殖民地以外，其余原英属殖民地先后获得独立，并组成中央集权制政府。

目前仍实行联邦制的墨西哥、委内瑞拉、巴西和阿根廷 4 国的联邦制除具有联邦制的一般特点外，还具有以下几个特点：

1. 拉美国家联邦政府的权力更加集中，即国家的权力更多地集中在联邦政府手中。

2. 在联邦和州（省）的关系方面，巴、阿、墨 3 国宪法除规定联邦政府占主导地位外，还规定联邦政府有权干涉州（省）的事务。

3. 拉美联邦制国家的联邦区（首都）的政治经济地位一般比各州（省）重要。

拉美上述4国联邦制的建立是和独立运动分不开的，是联邦主义者和中央集权主义者之间长期斗争的结果，同时也是这4国社会政治经济发展本身所决定的。从这4国的实际情况来看，这4国的联邦制是符合本国情况的，因为联邦制确定后，这些国家维持了国家统一，没有发生分裂，与此同时，发挥了地方的积极性，促进了经济的发展，基本上防止了地方军阀割据势力的出现；拉美4国联邦制的发展趋势是中央政府的权力越来越大，地方权力越来越小。

在采用联邦制的拉美4国中，只有墨西哥称作"合众国"（Los Estaos Unidos Mexicanos）。巴西原来称"合众国"，1891年起至今改称"巴西联邦共和国"（República Federativa do Brasil）。委内瑞拉原来也称"合众国"，1953年改名为"委内瑞拉共和国"，1999年12月15日，委内瑞拉举行公民投票，通过了新宪法，新宪法将国名改为"委内瑞拉玻利瓦尔共和国"。阿根廷在历史上曾先后称作"拉普拉塔联合省"（1816年）、"联邦同盟"（1829年）、"阿根廷邦联"（1853年）等，1853年改名为"阿根廷共和国"。一般认为，巴西的联邦制同美国的联邦制较为相似，而委内瑞拉由于联邦政府的权力过大，州的权力过小，已同采用中央集权制的拉美其他国家无太大差别。

第二节　拉丁美洲国家的政体

政体是指国家政权的构成形式，即统治阶级采取何种形式去组织反对敌人、保护自己的政权机关。没有适当的政权机关，就不能代表国家，有效地行使国家权力。政体与国体相适应，政体由国体决定，并服务于国体。国体是解决谁统治谁的问题，而政体是如何进行统治的问题。由于历史条件的不同，国体相同的国家，可能采取不同的政体。如资本主义国家有君主立宪制、民主共和制（总统制、议会制）等。拉丁美洲除古巴以外，均为资本主义国家，其政体有总统制政体、议会制政体和混合制政体，而古巴则采用人民政权代表大会制。

一　总统制政体

总统制具有以下特征：总统既是国家元首，又是政府首脑，总统握有行政实权，与立法机关分立，具有很大的职权，包括：任免权，部长、驻外使节、最高法院法官，均由总统提名经参议院同意任命，总统对行政部门的一切官员都有罢免权；军事权，总统握有国家最高军事指挥权；外交权，以政府名义对外缔约，签订行政协定；立法权，法案经议会通过后，必须经总统签署才能生效，总统可以拒绝签署，行使否决权，总统还可以以执行宪法和法律的名义发布具有法律效力的行政命令；赦免权，即宣布大赦或特赦。总统行使职权，签发文件，不需任何人副署。总统定期由选举产生，在任期内，总统应向议会报告工作情况，议会除因总统违法行为而对其提出弹劾案以外，不能对总统投不信任票，迫其辞职。总统也不能宣布解散议会。

　　拉美33个独立国家中，有20个国家目前采用总统制政体。这20个国家是：墨西哥、危地马拉、洪都拉斯、萨尔瓦多、哥斯达黎加、巴拿马、海地、多米尼加共和国、哥伦比亚、委内瑞拉、圭亚那、巴西、厄瓜多尔、玻利维亚、智利、巴拉圭、阿根廷、尼加拉瓜、乌拉圭和秘鲁。一般来说，拉美总统制国家的共同特点是：总统既是国家元首，又是政府首脑，行使国家最高行政权力。

　　总统独立于议会之外，通过定期由公民直接或间接选举产生；总统只向人民负责，不对议会负责；内阁各部部长由总统任命，对总统负责；总统定期向议会作政府工作报告；总统对议会通过的法案有否决权。

　　拉美总统制国家政权机构实行立法、行政、司法三权分立。但是，在通常情况下，这些国家的行政权高于立法权和司法权。拉美总统制国家在宪法中一般规定三种权力的相互牵制和均衡。立法权对行政权和司法权的制约主要包括：议会有权审理总统和部长等高级官员的渎职罪；有权批准总统对最高法院法官、驻外使节、武装部队高级军官的任命等。行政权对立法权和司法权的制约主要包括：总统有权否决法案，有些国家如阿根廷等还规定副总统兼参议院议长，总统有权提名最高法院法官的任命等。司法权对立法权和行政权的制约主要包括：最高法院有权解释法律，宣布议会通过的法律因违宪而无效，有权对政府机构实行宪法监督，有权宣布联邦政府的某些活动为非法，有权审理总统及政府高级官员的违法案件等。

　　从拉美总统制国家的宪法条文看，三权之间似乎是平等的，难以区分主次，三权相互监督，相互制约。然而，拉美的总统制政体是一种特殊的政体，有人把它称为"超级总统制"政体，实际上这是一种近乎独立的、不受立法机关和司法机关控制的国家政权的组织形式，其特点是总统拥有很大的权力。拉美国家的总统制是在美国政体影响下形成的，但是，拉美国家总统的权力往往比美国总统更为集中。在拉美历史上，甚至到21世纪，拉美一些国家还发生过总统宣布解散议会和最高法院的情况。

目前采用总统制的拉美国家绝大多数都是原西属或葡属殖民地。这些国家自19世纪初独立以后到20世纪70年代的政治生活的特点是政变频繁，军人经常干预政治。据统计，拉美国家在独立后160多年中，发生了近600次政变。第二次世界大战以后，在19个拉美国家共发生了100多次政变。从1901年到1969年，在拉美20个国家中，文人执政共803年，军人执政563年。拉美国家军人通过政变上台后，一般都成立军人执政委员会（junta militar），解散或削弱议会，由执政委员会行使行政、（全部或部分）立法和司法权。政变领导人往往先自封总统，然后再操纵议会或大选，正式"当选"总统。

拉美总统制国家总统职务的更迭，主要是通过直接选举产生，少数国家在某一时期总统通过间接选举产生（如巴西1969—1985年）。各国总统任期不尽相同，一般是4—6年。有的国家如墨西哥，规定任何人只能任一届总统；有的国家如智利、秘鲁等，规定总统"不得连选连任"，但隔一任或两任后可再次当选。有的国家如巴西、阿根廷的宪法，原来也有这一规定，但1998年巴西卡多佐和1995年阿根廷梅内姆蝉联总统之前，两国议会都分别通过了宪法修正案，对宪法中有关总统不得连选连任的条款作了修改。

尽管拉美总统制国家总统的权力相当大，但总的来说，这些国家的议会仍然是拉美国家机器的重要组成部分，是拉美资产阶级民主共和制的核心。从20世纪80年代末至90年代拉美一些总统制国家政治改革情况来看，除个别国家如秘鲁以外，绝大多数国家政治改革的一个重要方面是削弱行政机构的权力，加强了议会在立法和监督方面的权力，与此同时，放宽了总统不得连选连任的严格限制，从而使总统与议会的关系得到改善。与此同时，这些国家的司法机构得到加强。如哥伦比亚1991

年新宪法限制了总统过大的立法权,加强了议会的权力,总统可以连任一届,司法制度得到加强,成立宪法法院、高级司法委员会并新设总检察长。

从拉美总统制国家一百多年来的政治实践来看,总统制应该说是拉美这些国家的历史选择。这一选择有其深刻的社会、文化和历史原因。拉美的总统制既有其明显的优点,同时也存在不少弱点。拉美有些学者和政治家及西方有的学者认为,拉美总统制是一些拉美国家政局不稳定的重要原因,主张改总统制为议会制。但是,多数拉美学者和政治家不同意这一看法。进入 21 世纪以来,拉美一些主要国家如巴西、阿根廷、智利、墨西哥、哥伦比亚等国政治改革的重点,并不是要更换政体,而是更好地理顺总统和议会的关系,加强议会的立法功能,加强选举制度和政党制度的改革,加强民主政治机构在民众中的合法性,加强民众的政治参与程度,以保证政局的稳定。

需要说明的是,有少数实行总统制的拉美国家,在历史上或在现在,具有议会制的某些特点,有人把它称为混合制政体或半总统制,其主要特点是:在存在总统职位的同时,还有对立法机构负责的总理(或称部长会议主席)一职。目前,秘鲁、圭亚那、海地 3 国具有这一特点。

根据秘鲁 1979 年颁布、1980 年生效的宪法,秘鲁设总统,第一、第二副总统和部长会议主席(总理)。总统和第一、第二副总统由普选产生,但部长会议主席一职则由总统同各政党领导人预选协商,征得议会同意后由总统任命。现行的 1993 年宪法仍延续了设立部长会议主席一职的规定。

秘鲁政体的特点是,部长会议(政府)同总统和议会的关系具有双重性,部长会议既对总统负责,又对议会负责。秘鲁的总统不拥有其他总统制国家的总统所享有的某些权力,如议会没有授予他否决权。部长会议主席(总理)由总统任命或罢免,部长由部长会议主席提名,总统任命或罢免;总统的行为需有相应的部长副署,否则无效;总统任命驻外大使或特使需经部长会议批准。但是,秘鲁总统仍是国家权力机构的重要环节,他有权维护国内秩序和国家安全,参加制定法律,颁布法令等;在与部长会议发生权力争执时,他有权做出裁决。1993 年 10 月经公民投票通过了新宪法,新宪法加强了总统的权力,原来的两院制议会改为一院制，议会由 120 名议员组成，总统在其一个任期内可以解散一次议会，总统任期 5 年，可以连任一届。2002 年 11 月 5 日，经过修改，宪法规定总统不能连选连任，必须隔一届（5 年）才能再次当选总统。

圭亚那在 1980 年前实行议会制，1980 年圭亚那新宪法生效后，改行总统制，设立总统，总统为国家元首和政府首脑，然而，与一般总统制国家不同的是，新宪法规定，圭亚那设总理，总理为总统的助手，不是政府首脑。

巴拿马在 1972—1978 年也曾实行这种混合政体形式。巴拿马于 1968 年 10 月发生政变，推翻阿里亚斯政府，解散议会，原国民警卫队军官托里霍斯任国民警卫队司令，掌握军政大权。1972 年 9 月巴拿马召开全国民众代表大会，大会通过新宪法，宪法规定总统为国家元首，另设政府首脑，政府首脑具有广泛的权力。宪法授予"巴拿马革命最高领袖"、国民警卫队司令托里霍斯将军以"特别权力"，由他兼任政府首脑，直至 1978 年。托里霍斯掌握军政大权，其权力包括：宣布戒严，协调一切公共行政机构工作，任命各部部长、立法委员会成员、自治和半自治机构负责人、最高法院大法官、审计长、检察长、警卫队军官，以及负责领导巴拿马的外交事务，有权参加全国民众代表大会的会议并享有发言权和选举权，有权主持内阁会议和参加立法会议并拥有决定权。而总统在国家事务中降为次要人物，只行使代议制机构的某些职权，如制定法律条款，向全国民众代表大会提交国情咨文以及发布大赦令等。

1978 年 10 月 11 日，由托里霍斯提名的总统、副总统候选人经全国民众代表大会通过就职后，他不再担任政府首脑，专任国民警卫队司令直至 1981 年 7 月因飞机失事遇难。在 1972—1983 年，巴拿马同时有两个机构拥有立法权，一个是全国民众代表大会，由 505 名社区代表组成；另一个是全国立法会议，它具有向民众代表大会提出修改宪法，变更行政区划，颁布、修改或取消国家法令，通过国家预算，确定税收、各部人员编制以及建立省级政府机构等职权。1983 年 4 月巴拿马举行公民投票，通过了对 1972 年宪法的修正案，决定以国民议会取代全国民众代表大会和全国立法委员会。国民议会为一院制，行使立法权，由公民直接选举产生。1984 年 5 月巴拿马举行自 1968 年以来的第一次直接选举，选出总统和国会议员，巴拿马又重新采用总统制。

二　议会制政体

议会制的国家元首大多只有礼仪性的职权，政府由议会中拥有多数席位的一个政党或几个政党的联盟组成，政府向议会负责。

拉丁美洲采用议会制政体的有 12 个国家，这些国家全是 20 世纪 60 年代以来获得独立的加勒比海地区的原英属和荷（兰）属殖民地。它们是：苏里南、巴哈马、牙买加、多米尼克、圣卢西亚、巴巴多斯、格林纳达、特立尼达和多巴哥、圣文森特和格林纳丁斯、安提瓜和巴布达、伯利兹、圣基茨和尼维斯。这些国家在独立后一般都废除了原有的一些殖民机构，由本国官员取代宗主国官员，但中央机构及其相互关系基本原封不动地保留着。因此，这些国家的议会制与西欧国家的议会制有许多相似之处。

这 12 个拉美议会制国家除原荷属殖民地苏里南外，都是英联邦成员国（拉美还有一个英联邦成员国圭亚那已采用总统制）。其中除多米尼克、特立尼达和多巴哥 2 国外，均以英国女王伊丽莎白二世为国家元首，其职能由女王任命的总督行使，这类国家可称为具有君主立宪色彩的议会制。总督均不掌握实权，只是名义上的国家元首。多米尼克、特立尼达和多巴哥和苏里南 3 国的国家元首是总统，但其总统不是由民众直接选举产生，而是由议会选举产生。多米尼克、特立尼达和多巴哥的总统不掌握实权，苏里南的总统掌握实权，苏里南 1987 年新宪法规定，立法权由国民议会和总统共同行使，国民议会经由全民选举产生。总统和副总统由国民议会 2/3 以上多数选举产生，如果未达 2/3，将由国民议会和地方议会共同组成的国民大会选举产生。总统是国家元首、政府首脑、国务委员会主席、武装部队总司令，行使行政权，任命内阁；政府由总统、副总统及各部部长组成，副总统兼任部长理事会主席（总理），领导内阁，对总统负责。国务委员会监督政府执行议会的决定，成员由政党、工会、企业界和军方代表组成。苏里南虽然采用议会制，但它同一般拉美议会制国家不同，其总统拥有实权。

拉美议会制国家与总统制国家不同之处在于：后者的政府首脑一般由总统来兼任，而前者政府首脑是总理，总理掌握国家行政实权，总理通常由议会选举中获得多数席位的政党或政党联盟的领袖担任。内阁各部部长一般由总理提名，总督（或总统）任命。一般内阁部长必须从参议员或众议院中挑选，这与拉美总统制国家也不同，在总统制国家，担任内阁部长的人一般不能兼任议员。

拉美议会制国家同总统制国家一样，行政权占主导地位。但是，它与总统制不同的是，总理拥有广泛的权力，而不是总督或总统。在拉美议会制国家中，政府地位比较稳固并具有一定的独立性。尽管宪法规定，议会在立法、制定财政政策和监督政府活动方面有相当大的权力，但实际上，这种权力是非常有限的。议会必须与内阁保持和谐关系。当议会通过对内阁的"不信任案"时，内阁必须辞职。但由于实行议会制的国家内阁通常由议会中的多数党组成，而且有的国家的内阁拥有提前解散议会的权力，因此往往形成内阁控制议会的局面。

拉美议会制国家同西欧议会制国家相比，有以下两个特点：一是拉美这些国家的反对党制度普遍不发达，实际上是一党执政。二是这些国家立法机构（议会）的形成有特别的程序。在 12 个拉美议会制国家中，目前只有 2 个国家即多米尼克和圣基茨和尼维斯的议会是一院制，其余 10 国均为两院制。采用两院制的国家，众议院议员一般由普选产生，而参议院议员的多数，一般由总理提名（从执政党成员中），少数由反对党领袖提名，还有少数为独立人士，由总督（总统）任命。如圣卢西亚现行 1978 年宪法规定，参议院由 11 位参议员组成，其中 6 位由总理提名，总督任命；3 位由反对党领袖提名，总督任命；还有 2 位，由总督自行判断和任命。有的国家如安提瓜和巴布达、巴巴多斯等由于反对党力量少而弱，往往由无党派人士充当"反对派领袖"。采用一院制国家的议员，多数由选举产生，少数由总理和反对党领袖提名。

三　人民政权代表大会制

在拉美国家中，实行人民政权代表大会制的只有古巴一国。

古巴自 1959 年年初革命胜利后，同年 2 月 7 日，颁布根本法，规定部长会议行使国家立法权并协助总统行使行政权；议会被取消，将议会的立法权和其他职能赋予部长会议。2 月 16 日，古巴武装部队总司令菲德尔·卡斯特罗出任总理。自那时起至 1976 年，名义上总理应协助总统行使行政权，实际上总统只近乎荣誉职位，并无实权，权力高度集中在菲德尔·卡斯特罗总理手中。

20 世纪 70 年代，古巴开始"政治机构体制化"，1976 年 12 月 2 日举行第一届全国人民政权代表大会第一次会议，宣告该代表大会正式成立。在这之前，同年 2 月古巴颁布新宪法。新宪法规定，全国人民政权代表大会（以下简称全国人大）是古巴最高权力机关和唯一的立宪、立法机构。其代表由县人民政权代表大会选举产生，任期 5 年。1996 年的宪法规定，全国人大的职权包括：通过和修改宪法，批准、修改或废除法律，选举国务委员会，根据国务委员会主席的提名，任命部长会议成员、最高法院院长和总监察院监察长等。全国人大的常设机构是国务委员会。国务委员会有权颁布法令并监督部长会议、司法部和人民政权机关的工作。根据宪法，古巴不再设总统职务，国务委员会主席是国家元首，部长会议是古巴最高权力机关的执行机构和行政机构，即共和国政府。宪法规定，国务委员会主席和部长会议主席由一人担任，即是国家元首兼政府首脑和三军司令。1992 年 7 月，古巴全国人大对 1976 年宪法进行了重要修改，规定以无记名投票方式直接选举全国和省级人大代表，授予国务委员会主席在必要时宣布在全国或部分地区实行紧急状态的权力。

2006 年 7 月，菲德尔·卡斯特罗主席因病将他所担任的国务委员会主席和部长会议主席的职权暂时移交给劳尔·卡斯特罗。2008 年 2 月，在第 7 届古巴全国人大会议上，劳尔·卡斯特罗正式当选国务委员会主席和部长会议主席。2013 年 2 月，在第 8 届全国人大会议上，劳尔·卡斯特罗获得连任。2018 年 4 月，在第 9 届全国人大会议上，劳尔·卡斯特罗卸任国家领导人职务，米格尔·迪亚斯－卡内尔·贝穆德斯（Miguel Díaz－Canel Bermúdez）当选国务委员会主席和部长会议主席。

2019 年 2 月 24 日，古巴举行全民公决，以 87% 的支持率通过了新宪法，4 月 10 日，新宪法正式生效。新宪法坚持社会主义制度和古巴共产党为国家最高领导力量，明确坚持全民所有制和计划经济的主导地位，坚持国有企业的主体作用，承认市场的客观存在和作用，承认非公有制经济的重要补充作用，重申对外政策基本准则，谴责单边主义、霸权主义、强权政治。2019 年的新宪法和新《选举法》规定，古巴设立国家主席、总理。国家主席是国家元首，由全国人大代表选举产生。2019 年 10 月，在第 9 届全国人大第 4 次特别会议上，迪亚斯－卡内尔当选首任国家主席。2019 年 12 月 21 日，在古巴第 9 届人大第 4 次会议上，曼努埃尔·马雷罗·克鲁斯（Manuel Marrero Cruz）当选为总理。2019 年古巴的新宪法使古巴改变了此前国家元首（国务委员会主席）和政府首脑（部长会议主席）长期由一人兼任的规定和做法。

古巴全国人民政权代表大会是古巴国家最高权力机关，享有修宪和立法权。每届任期 5 年。每年举行两次例会。第 9 届全国人大成立于 2018 年 4 月，埃斯特万·拉索·埃尔南德斯（Esteban Lazo Hernández）连任主席。根据新宪法和新选举法，2019 年 10 月，在第 9 届全国人大第 4 次特别会议上，埃斯特万·拉索当选全国人大主席兼国务委员会主席。根据新宪法，国务委员会成为全国人大的常设机构，国务委员会主席不再是国家元首和政府首脑，而是由全国人大主席兼任。

第三节　拉美国家的国家机构

一　国家元首

拉丁美洲国家的元首在形式上是最高国家权力的执掌者和国家在对外关系中的最高代表。由于拉美各国的国体、政体以及国情不同，国家元首的名称和产生方式也不尽相同。在采用总统制和混合制（半总统制）国家，国家元首一般称总统。在采用议会制的 12 个拉美国家中，有 4 个国家即苏里南、多米尼克、特立尼达和多巴哥、巴巴多斯的国家元首也称总统，其余 8 国名义上由英国女王担任国家元首，实际上是由英王任命的总督代行该国国家元首的职能①。而采用人民政权代表大会制的古巴，根据 2019 年通过的新宪法，其国家元首是国家主席。此外，在拉美历史上频繁发生的政变、革命之后，往往成立执政委员会、武装部队最高委员会或革命委员会，由这些委员会的主席担任国家元首。

（一）总统

如前所述，拉美 33 个国家中，目前有 23 个国家的元首是总统（或

---

① 2021 年 9 月 29 日，巴巴多斯国会通过法令，不再承认英女王为该国国家元首，彻底结束该国同英国王室的联系，改英联邦成员国为议会制共和国。同年 10 月 20 日，巴巴多斯国会众参两院举行联席会议，以 45：0 全票一致同意，任命现总督桑德拉·梅桑（Sandra Mason）为巴巴多斯首任总统。

国家主席）。这些国家的国家元首即总统一般是由选举产生的。但总统产生的程序、任期、权限以及他同政府和议会的相互关系，拉美各国不尽相同。因为有这些不同，由总统担任国家元首的拉美国家又可分成不同的类型。

产生的程序　总统产生的程序，大致有以下几种：

1. 由选民直接选举产生。由总统担任国家元首的拉美国家中，大多数国家的总统由选民直接选举产生。如阿根廷 1994 年修改后的宪法规定，"国家总统和副总统由人民经两轮直接选举产生"，"当在第一轮选举中得票最多的一组获得所投有效选票 45% 以上赞成票时，该组成员即被宣布为国家总统和副总统"，"当在第一轮选举中得票最多的一组获得所投有效选票至少 40% 的赞成票，而且与票数仅次于它的一组获得所投有效选票中赞成票的差距超过 10% 时，该组成员即被宣布为国家总统和副总统"。

2. 由选民间接选举产生。巴西 1969—1985 年，总统由选民间接选举产生。巴西 1969 年宪法规定，总统由选举人团在公共会议上，从年满 35 岁、享有政治权利的巴西公民中，通过间接选举产生。1985 年 5 月 9 日，巴西议会通过了重新恢复直接选举总统的宪法修正案，5 月 15 日，议会正式批准取消选举人团，恢复直接选举总统法案。

3. 由议会选举产生。苏里南、多米尼克等国的总统由议会选举产生。

4. 由特定的选举团选举产生。如特立尼达和多巴哥，该国宪法规定，总统由议会参、众议员组成的选举团选举产生。

任期　拉美各国总统的任期一般均有一定年限。任期较长的有 8 年。智利 1980 年宪法规定，从 1981 年宪法生效后，有一个为期 8 年的过渡阶段，其间，总统由议会选举产生，1997 年起才由普选产生，总统任期为 8 年，不得连任。1989 年 7 月智利举行公民投票，通过修改宪法草案，将总统任期改为 4 年。墨西哥等国总统任期为 6 年。阿根廷总统任期原为 6 年，1994 年修改宪法，改为 4 年。乌拉圭、玻利维亚、巴拉圭等国总统任期为 5 年。委内瑞拉总统任期原为 5 年，1999 年年底颁布的新宪法改为 6 年。一些拉美国家的总统任期为 4 年，如巴西（1994 年前为 5 年）、厄瓜多尔、哥伦比亚等。

拉美历史上有的国家曾有过终身总统，如海地。自 1957 年起实行独裁统治的弗朗索瓦·杜瓦利埃总统于 1964 年 5 月操纵议会，对原有宪法作了修改，修改后的宪法授予他终身总统的头衔。同年 6 月，举行全国公民投票，承认他为终身总统。

目前拉美国家已无法定的终身总统。墨西哥等少数国家规定，总统不仅不能连任，而且任何人只能当一次总统。秘鲁、巴西、阿根廷、委内瑞拉原有宪法规定，总统不能连选连任，1993 年秘鲁修改后的宪法规定，总统可连任一届，隔届可再次当选。2002 年 11 月 5 日，经过修改，秘鲁宪法又重新规定总统不能连选连任，必须隔一届（5 年）才能再次当选总统。

巴西 1998 年修改了宪法，规定总统可连任一届，总统卡多佐于同年 10 月连选连任总统。阿根廷 1994 年修改宪法，规定总统可连选连任一届。委内瑞拉 1999 年宪法规定，总统可连选连任一届。一般拉美国家都规定，任何人当选总统职位不得超过两届，有的规定连选可以连任，有的则规定中间必须隔一届或两届后方能再次当选总统。如哥斯达黎加宪法规定，总统任期（4 年）满后隔 4 年方可再次参加总统竞选。苏里南宪法规定，总统任期 5 年，总统可以担任两届，但中间至少要隔 10 年。

拉美国家的总统由选举产生并有固定的任期，这是共和制国家的国家元首制度的特点，是同世袭的、终身任职的君主制度根本对立的。

职权 拉美各国总统的职权和在国内政治生活中的作用有很大差别。一般来说，掌握行政权的总统即采用总统制国家的总统可以在政治生活中起重大作用，不掌握行政权的总统即采用议会制国家的总统通常只行使礼仪性的职能，在政治生活中所起的实际作用远远不如政府总理，因而具有虚位元首的性质。

议会制国家中，总统一般不掌握实际行政权而由政府掌握行政权，政府就其政策对议会负责，总统发布的命令和决定一般需经总理或有关部长的签署，否则不生效。这些国家总统的职能一般多是礼仪性的，没有就实质性问题作出决定的权力。特立尼达和多巴哥、多米尼克的总统属于这种类型。

根据特立尼达和多巴哥现行 1976 年宪法，该国废除君主立宪制，实行以总统为国家元首的共和制。总统的主要权限是：掌握国家行政权和武装部队指挥权；批准参议院和众议院通过的法案；任命参议员；任命众议院多数党领袖为内阁（政府）总理，并根据总理提名任命各部部长；任命反对党领袖；任命高等法院首席法官和其他法官；根据总理提名，任命驻外使节；等等。根据多米尼克现行 1978 年宪法，该国总统是国家元首，主要职权是：任命参议员；任命议会多数党领袖为内阁（政府）总理，并根据总理提名任命各部部长；任命反对党领袖；掌握国家行政权；根据总理提请，下令解散议会；等等。特立尼达和多巴哥、多米尼克的总统虽然名义上掌握国家行政权，但实际上总统并不直接掌握行政权。如特立尼达和多巴哥宪法规定，"总统的行动应以内阁或按照内阁的全面授权行事的部长的建议为依据"（第 80 条第 1 款），可见总统的权力是有限的。

苏里南的情况比较特殊。根据 1987 年新宪法，总统是国家元首、政府首脑、国务委员会主席、武装部队总司令，行使行政权。总统还同议会共同行使立法权。政府由总统、副总统及各部部长组成，部长由总统在议员中挑选，副总统兼部长会议委员会（政府）主席，领导内阁，对总统负责。

与议会制国家不同的是，拉美总统制国家的总统既是国家元首又是政府首脑，并拥有广泛的实权，而且一般在形式上也不向任何机构负责。

从总统拥有的权力和任期来看，拉美总统制国家可分成两类。有一些国家对总统的权力或任期几乎没有任何正式的限制；或者在形式上虽有限制，但实际上却没有限制，成为"绝对"的总统制。如前面提到过的海地。又如巴拉圭斯特罗斯纳 1954 年 5 月策动政变上台执政，同年 9 月正式当选总统。其后又通过颁布新宪法、修改宪法等手段，长期把持着总统之位。1988 年 8 月他第 8 次连任总统，1989 年 2 月 2 日被军事政变推翻。在尼加拉瓜、多米尼加、厄瓜多尔、墨西哥等国历史上也出现过类似情况。另一些国家，如哥伦比亚、委内瑞拉、当代墨西哥等对总统拥有的权力及任期，都有明确的、严格的规定。

经 1994 年修改后的阿根廷宪法第 99 条规定，总统是国家最高元首和政府首脑，其职权有：政治上负责对国家的全面管理；经参议院同意后，任命最高法院法官和下级联邦法院法官；任命和撤换驻外大使；任命和撤换内阁首脑（总理）和部长；缔结和签署条约、协约和协议；接受外国使节；总统是国家武装部队总司令，经国会授权和批准可宣布战争和宣布国家处于戒严状态，有权要求内阁首脑（总理）和各部门负责人并通过他们要求其他官员汇报工作。

（二）国家主席

古巴的 2019 年宪法规定，古巴的国家主席由全国人大代表选举产生，每届任期 5 年，可连选连任一次，首任年龄不得超过 60 岁。其职权有：向全国人大提请选举、任命、暂停、撤销或更替国务委员会成员、总理、各部部长、最高法院院长、总检察长、总审计长、全国选举委员会主席、各省省长，等等。

而在此前，古巴的国家元首是国务委员会主席，国务委员会主席和部长会议主席由一人担任。古巴 1992 年 7 月 12 日修改后的 1976 年宪法第 89 条规定，"国务委员会是全国人民政权代表大会休会期间的代表机构，它执行代表大会的决议并履行宪法赋予的其他职权。国务委员会是一个集体，在国内和国际事务中是古巴国家的最高代表"，宪法第 93 条规定，国务委员会主席是古巴国家元首和政府首脑。自 2019 年 10 月起，古巴的国家元首（国家主席）和政府首脑（总理）不再由一人担任。

（三）总督

如前所述，拉美采用议会制的国家中，有 8 个国家名义上由英国女王担任国家元首，实际上是由英王任命的总督代行该国国家元首的职能。

这 8 国的总督职权类似。如根据牙买加宪法，英国女王是牙买加国家元首，由她任命的总督作为代表，行使国家最高行政权。总督必须是当地人。其主要职责是：任命参议员；任命枢密院成员；任命众议院多数党领袖为内阁（政府）总理，并根据总理提名任命各部部长；任命反对党领袖；任命最高法院首席法官和上诉法院院长；根据总理提请，下令解散议会；等等。又如伯利兹宪法规定，英国女王是伯利兹国家元首，由她任命的总督作为代表，行使国家最高行政权。总督必须是当地人。其主要职权是：任命参议员；任命众议院多数党领袖为内阁（政府）总理，并根据总理提名任命副总理和各部部长；任命反对党领袖；根据总理和反对党领袖共同提名，任命最高法院首席法官；根据总理提请，下令解散议会；等等。

（四）执政委员会主席

拉美历史上政变、革命频繁。政变、革命之后，一般都成立（军人）

执政委员会、武装部队最高委员会或革命委员会，由这些委员会的主席担任国家元首。有的委员会主席经过一段时间，或自封或通过公民投票、议会选举或普选成为总统。

智利 1973 年 9 月 11 日军事政变后建立军人执政委员会，由陆军司令皮诺切特将军任主席，即国家元首。根据 1980 年颁布并于 1981 年生效的宪法，在 1989 年前军人执政委员会行使立宪和立法权。1981 年起皮诺切特任立宪总统，不再兼任军人执政委员会主席。1990 年 3 月文人总统艾尔文就职后，军人执政委员会不复存在。

尼加拉瓜在 1979 年 7 月 19 日革命胜利前夕，于 6 月 16 日在哥斯达黎加首都圣何塞成立由几个反索摩查独裁政权组织的代表组成的民族复兴执政委员会，最初有 5 名成员。7 月 9 日，执政委员会提出临时政府施政纲领，7 月 15 日宣布成立临时政府，7 月 20 日民族复兴执政委员会和临时政府正式就职。8 月 22 日，执政委员会颁布了起临时宪法作用的《尼加拉瓜人权利和保障条例》。民族复兴执政委员会既是行政机构，又是立法机构，与国务委员会共同拥有立法权。1981 年执政委员会成员由 5 名减少到 3 名，由桑地诺民族解放阵线主要领导人丹尼尔·奥尔特加任执政委员会协调员即主席。1984 年 11 月奥尔特加当选总统，1985 年 1 月 10 日就职后，执政委员会便不复存在。据此，可以认为，1979 年 7 月至 1981 年尼加拉瓜是集体元首制；1981 年至 1985 年 1 月国家元首是执政委员会协调员即主席，1985 年 1 月以来是总统制。

二　中央政府

（一）**政府和内阁**　众所周知，政府有广义和狭义之分，广义的政府包括所有的行政、立法和司法机构，而狭义的政府只是指行政机构。

政府是拉美国家的最重要的机构。军队、警察、情报、法庭、监狱等暴力机构受政府的直接指挥。政府控制着庞大的军事官僚机构，并依靠这些机构来推行它所制定的政策。这是拉美国家统治阶级行使统治权力的根本保证。

内阁则是拉美国家政府内部的领导核心。有的拉美国家把内阁也称作政府，两者不分。但是，不少拉美国家的"政府"是全体部长、副部长的总称，有时也包括各部的其他高级官员，甚至把众议院中的执政党议员也算作政府组成部分；而通常说的"内阁"只是指由某些部长组成的政府内部的领导核心。

阿根廷1994年修改后的宪法的第二部分"国家权力"的第一编"联邦政府"所包括的范围更广，包括立法机构（众、参两院）、行政机构（总统、内阁总理、内阁各部部长）、司法机构（最高法院、下级法院、地方法院）、检察机构（检察院）等。而阿根廷宪法中所说的内阁则仅指内阁总理和各个部（内政、外交、国防、经济、司法、文化、教育、劳动和社会保障、卫生等部）的部长组成。

（二）内阁制政府、总统制政府与委员制政府　拉美国家政府的形式主要有两种：内阁制（责任内阁制）政府和总统制政府。在12个采用议会制的拉美国家，政府均采用责任内阁的形式，其特点主要有：1. 政府通常由在议会中占多数席位的政党或政党联盟的领袖受总督或总统的委托所组成，这表示政府必须取得议会多数的支持；2. 内阁首脑（总理）和有关部长应定期向议会报告工作，并在总督或总统颁布的法律和命令上副署，表示内阁对议会负责；3. 内阁成员必须同时是议会的议员，他们一方面在政府中担负行政工作，另一方面在议会参加立法工作，议会的一切重要法律提案都来源于内阁，议会的立法工作实际上是在内阁指导下进行的。这一点与总统制国家不同；4. 内阁对它所执行的政策由内阁全体连带向议会（在两院制国家，一般向下院）负责，议会对内阁通过"不信任案"时，内阁应总辞职，或提请总督或总统下令解散议会，重新选举，以决定原内阁的去留。

圣卢西亚宪法规定，内阁是圣卢西亚最高国家行政机关。由总理、各部部长和总检察长组成。总理（必须是众议院多数党领袖）由总督任命。各部部长由总理从众、参两院议员中提名，总督任命。总理及其内阁对议会负责。如众议院通过对内阁的不信任案，总理应在3天内辞职，或提请总督解散议会；否则，总督可以罢免总理。内阁的主要权限是：执行法律；根据宪法和法律，制定法令、政策或发布命令；向议会提出法案；编制和执行经济发展计划和国家预算；管理对外事务，同外国缔结条约和协定；维护国家安全和社会治安；等等。

目前，拉美有20个国家采用总统制政府。拉美总统制政府的主要特点有：1. 政府一般由在大选中获胜的总统和副总统（有的国家无副总统，有的国家有，有的国家如秘鲁有第一、第二副总统）组建，总统的选举和议会的选举是分别进行的；2. 大多数总统既是国家元首，又是政府首脑，行政大权集中在总统一人手里，政府成员都由他任免，是他的僚属，由他领导并向他汇报工作；3. 政府与议会分离，政府成员不得同时兼任议员，不能参加议会立法的讨论和表决；4. 政府不向议会负连带责任，政府成员只向总统负政治上的责任，而总统向国民负政治上的责任。议会一般不能对总统投不信任票，而总统一般亦无权解散议会。

墨西哥联邦政府组织法规定墨西哥联邦政府的中央机构是：共和国总统府、政府各部、直属局和共和国总检察院；各分支机构、国家参与的企业、国家信贷机构和信贷辅助组织、国营保险、信用和信托机构则为准国家机构。中央机构和准国家机构的各部门均应遵循总统为实现政府计划的目标而制定的各项政策。根据墨西哥联邦政府组织法，2018 年12 月就任总统的洛佩斯（López Obrador）政府共设内政、外交、国防、海军、公共安全、财政和公共信贷、福利、环境和自然资源、能源、经济、交通通信、公共职能、公共教育、卫生、劳动和社会保障、农业和农村发展、城乡和国土发展、文化、旅游、总统办公室、联邦司法参谋21 个部。墨西哥联邦政府又称内阁，是墨西哥联邦最高执行机关，由总统、各部部长和总统指定的某些重要官员组成。

拉美国家政府的形式，除上述两种主要的以外，还有国务委员会制，如乌拉圭 1951—1966 年作为国家最高行政机关的国务委员会。此外，拉美历史上，一些国家政变或革命频繁，政变或革命后常常成立军人执政委员会、武装部队最高委员会或革命委员会，原有的议会被取消，有的国家虽又建立了议会，但实际上不能行使代议机关的职权，司法机关也没有形式上的独立，国家权力在形式和实质上都集中在执政委员会或革命委员会主席一人手中。

（三）**政府的组成** 在拉美不同政体的国家，组成政府的程序是各不相同的。在总统制国家，总统由普选产生或间接选举产生，总统既是国家元首，又是政府首脑。内阁其他成员，均由总统任命。一个议员如想在内阁中担负职务就必须辞去议员职务。有一些拉美国家，在总统任命内阁成员时，还需根据参议院的建议和赞同进行。

在拉美议会制国家，组成政府的程序因国而异，大致可分为 2 类。

第一类国家如安提瓜和巴布达、巴巴多斯、巴哈马等，由总督任命众议院多数党领袖为总理（或首相）。内阁的其他成员则由总督根据总理的建议任命。在这种情况下，总督一般对组阁人员没有挑选的余地，他必须承认选举人所投的选票以及政党所选出的领袖，并委托众议院多数党领袖出来组阁。

第二类国家如苏里南等，总统和副总统由议会选举产生，而议会议员由选民选举产生。总统行使行政权，是国家元首、政府首脑、国务委员会主席、武装部队总司令；政府由总统、副总统及各部部长组成，部长由总统在议会成员中挑选，副总统兼任部长委员会主席，领导内阁，对总统负责；国务委员会监督政府执行国民议会的决定，成员由政党、工会、企业界和军方代表组成。

上述 2 类国家，不论按何种程序组织政府，政府都在不同程度上对议会承担了责任。

古巴的情况比较特殊。古巴 1992 年修改后的 1976 年宪法规定，部长会议是最高行政机关，是共和国政府。部长会议主席（政府首脑）和国务委员会主席由一人担任。部长会议由国家元首和政府首脑国务委员会和部长会议主席、部长会议第一副主席、若干副主席、各部部长、秘书和法律规定的其他成员组成。

2019 年 4 月起实施的新宪法①规定，古巴设立国家主席、总理制。国家主席是国家元首，总理是政府首脑。这两个职务不再由一人担任。2019 年 10 月，在第 9 届全国人大第 4 次特别会议上，迪亚斯 - 卡内尔当选首任国家主席。2019 年 12 月 21 日，在古巴第 9 届人大第 4 次会议上，根据国家主席迪亚斯 - 卡内尔的提名，曼努埃尔·马雷罗当选为总理。这次会议还根据迪亚斯 - 卡内尔主席的提名，选举产生了 6 位副总理和 26 位部长（其中经济部长由一位副总理兼任）。

古巴全国人民政权代表大会是古巴国家最高权力机关，享有修宪和立法权。每届任期 5 年。每年举行两次例会。第 9 届全国人大成立于 2018 年 4 月，埃斯特万·拉索连任主席。根据新宪法和新选举法，2019

---

① 古巴 2019 年新宪法原文：Nueva Constitución 240 KB - 1. pdf http：//www. granma. cu/file/pdf/gaceta/Nueva%20Constituci%C3%B3n%20240%20KB - 1. pdf。

年 10 月，在第 9 届全国人大第 4 次特别会议上，拉索当选全国人大主席兼国务委员会主席。根据新宪法，国务委员会成为全国人大的常设机构，国务委员会主席不再是国家元首和政府首脑，由全国人大主席兼任。

（四）政府机构的设置　拉美各国政府机构的设施不尽相同，就是同一个国家，在不同历史时期，随着国内外政治经济和社会的发展，各国政府机构及其工作人员也经历了一个由少到多，由简到繁和不断加强的过程。但是，20 世纪 90 年代以来，拉美不少国家减少政府对经济的干预，精简政府机构，以提高工作效率。

20 世纪 80 年代拉美爆发债务危机，经济出现衰退，被称为"失去的 10 年"。90 年代以来，拉美各国对本国的行政机构和经济结构进行了改革，减少国家对经济的干预，在行政方面主要改革措施有：1. 通过修改行政组织法来精简行政机构（撤销和合并一些机构），裁减公务人员，削减公务员的退休金，调整补助金，并以法律的形式定员定机构等。如 90 年代初，阿根廷梅内姆政府共裁减公务人员 20 多万人，并将公务员等级从 24 级减少到 6 级；2. 将国家职能的许多方面交由独立的社会团体行使，以达到精简机构、提高工作效率、减少官僚主义而又不影响业务开展的目的；3. 把政府拥有的部分国有企业出售给私人经营，或成立由政府和私方共同参股的混合企业，并把政府的某些部门或职能合并入私人企业，以达到精简机构、节约财政开支的目的；4. 通过"权力下放"来精简中央政府机构和人员，减少中央行政经费开支。如古巴 1994 年 4 月宣布对政府机构进行调整，取消 13 个国家机构（部）和委员会，新成立 6 个部，将原 34 个部委减少到 27 个。由于发生经济危机，2018 年 9 月，阿根廷马克里总统在不得不将内阁的部委削减一半，减少 10 个部。

（五）政府的职权　拉美国家的政府是执行机构，它在内政、外交、军事、经济、文教等各个方面拥有十分广泛的权力。但是，有的拉美国家的宪法对政府的职权并没有明确规定或根本没有具体规定政府究竟拥有哪些职权，有的拉美国家的宪法则有明确的规定。

总的来说，拉美国家的政府拥有极其广泛的权力。根据主要拉美国家宪法的规定和实际情况来看，拉美国家的政府大致拥有以下方面的权限：1. 执行法律，为实施宪法和法律的规定而制定政令、条例或发布命令；2. 制定和执行相关的政策；3. 处理外交关系，政府行政首脑代表国家，任命驻外使节，接受外国来使，对外宣战、媾和与缔结条约，等等；4. 掌管军队、警察和监狱，主管司法行政事务；5. 掌管行政机构，任免官吏和主管官吏事务；6. 参与立法，主要的形式是向议会提出法案；7. 编造并向议会提出预算，调节和干预经济事务；8. 主管文化、教育、卫生、社会福利及宣传方面的工作；9. 决定大赦、特赦、减刑、刑罚执行的免除以及恢复权利；10. 根据选举法组织选举工作；11. 颁赐荣典，授予荣誉职务和称号等。

三　地方政府

拉丁美洲国家的地方国家机关是其国家机构的组成部分之一。拉美国家地方国家机关的形式多样。多数拉美国家的行政区划是省（州）、市、县（镇）和联邦区（首都，非联邦国家一般称之为特别区）。地处加勒比的英联邦成员国行政区划一般为区（或教区、郡）、市、村（镇）。有的国家如巴拿马还有特区（印第安人自治区），有的国家如委内瑞拉还有边疆地区、联邦属地。有的国家（如尼加拉瓜、智利）在中央政府与省之间，还另设大区，一个大区管几个省。所有这些行政单位一般都有相应的机构。

一般来说，实行联邦制的阿根廷、巴西、墨西哥、委内瑞拉这4个拉美国家的省（州）政府拥有一定的自治权，地方政府即省（州）政府的权力相对比较大。省（州）的行政机关以省（州）长为首脑。多数国家的省（州）的省（州）长都由本省（州）的选民直接选举产生，也有少数国家的省（州）的省（州）长由总统指定。古巴2019年通过的新宪法和新选举法规定，省长由国家主席提名，由全国人大代表选举产生（古巴省一级人大已经取消）。省（州）长除了对全省（州）的行政工作进行管理和监督，还拥有对省（州）内某些行政部门领导人的任命权，有通过拟定和提出预算控制财政的权力，有统率本省（州）的国民警卫队的权力。省（州）长名义上没有立法权，但他有权召集省（州）议会的特别会议，省（州）长须向省（州）议会提出咨文并在省（州）议会讨论这些咨文的过程中向议员施加影响，以促使他的咨文中的立法方案得到通过。因此，事实上省（州）长也可控制省（州）议会的立法。此外，省（州）长对省（州）议会通过的法案可以行使否决权。

阿根廷宪法第 5 条规定，在共和代议体制下，各省根据国家宪法的原则、宣言和保障制定本省宪法，宪法第四章第二编规定，各省有权为了经济和社会发展建立特区，并为了履行职能建立机构，在通报国会的情况下，还可以与外国签订条约；各省对辖区内的自然资源享有原始所有权。全国划分为 24 个行政单位。由 23 个省和联邦首都（布宜诺斯艾利斯市）组成。

智利宪法规定，共和国领土被划分为各国地区（Región，又译"大区"），地区下分为数省。为实现地方管理，省下面再分为数区（Comuna，又译"市"）。全国共分为 16 个大区，下设 56 个省（Provincia）和 346 个市。大区主席和省长由总统任命，市长由直接选举产生，任期 4 年，可连任。

古巴 1992 年修改后的 1976 年宪法规定，古巴的省、市（municipio，又译"县"）两级的人民政权代表大会是地方国家权力机关，是在其管辖区内行使国家职能的权力机关，在其权限的范围内依法行使管理权；在城市、城区、村镇和乡村地区建立人民委员会，人民委员会具有行使其职能的权力。2019 年古巴新宪法取消了省一级的人民政权代表大会，设立省长、副省长和省理事会，管理省的行政事务，省长由国家主席提名，全国人大选举产生。市人民政权代表大会是市一级权力机关，是在其管辖区内行使国家职能的权力机关。

第四节　拉美国家的议会

议会，又称国会，是先于政党而产生的一种社会政治现象。从形式上来看，它是从中世纪封建等级代表会议演变来的。一般认为，早在 13 世纪中期，英国就出现了有封建领主、骑士、城市市民参加的会议，这就是英国议会的开端。

在资产阶级革命的过程中，议会在性质上发生了变化，成为资产阶级反对封建专制统治的主要工具。真正科学意义上的议会是资产阶级在废除封建等级制度和宗教神权统治的民主革命取得胜利之后，为适应资本主义生产关系发展的需要，依据三权分立和制衡的原则，通过宪法建立起来的。

　　议会作为代议机关或代表机关，是现代世界各国普遍存在的一种政治组织形式，在国家机构体系中处于重要的地位。在现代资本主义国家，议会是资产阶级民主制的核心和主要标志，是资产阶级共和国所采取的主要政权组织形式。在社会主义国家，一切权力属于人民，议会（往往称作人民代表大会等名称）是人民行使权力的基本形式，体现人民的意志，因此，它与资本主义议会有本质的不同。

　　在一般情况下，议会是专门行使立法权即制定、修改和废止法律权力的国家机关，议会是在定期普选的基础上产生的专门行使立法权的国家机关。

　　在拉丁美洲国家，在一般情况下，议会是专门行使立法权，即制定、修改和废止法律的国家权力机关。而同立法权相区别的行政权、司法权等国家权力则通常由采取另外方式组织的相对独立的国家机关即政府和法院来行使。议会与政府和法院之间建立了一种互相分立和制衡、平等分权的关系，从而构成了一个完整的国家组织体系，即代议制政体。但在不同政体的国家，议会权力的大小不同。

一　拉美总统制国家的议会

　　拉美总统制国家的概况和特点　　如前所述，拉美 33 个独立国家中，目前有 20 个国家采用总统制政体。拉美总统制国家的共同特点是：总统既是国家元首，又是政府首脑，行使国家最高行政权力。总统独立于议会之外，通过定期由公民直接或间接选举产生；总统只向人民负责，不对议会负责；内阁各部部长由总统任命，对总统负责；总统定期向议会作政府工作报告；总统对议会通过的法案有否决权，但一般情况下，总统无权解散议会。

　　拉美总统制国家政权机构实行立法、行政、司法三权分立。拉美总统制国家在宪法中一般规定三种权力的相互牵制和均衡。立法权对行政权和司法权的制约主要包括：议会有权审理总统和部长等高级官员的渎职罪；有权批准总统对最高法院法官、驻外使节、武装部队高级军官的任命等。行政权对立法权和司法权的制约主要包括：总统有权否决法案，有些国家（如阿根廷等）还规定副总统兼参议院议长，总统有权提名最高法院法官的任命等。司法权对立法权和行政权的制约主要包括：最高法院有权解释法律，宣布议会通过的法律因违宪而无效，有权对行政机关机构实行宪法监督，有权宣布联邦政府的某些活动为非法，有权审理总统及政府高级官员的违法案件等。

从拉美总统制国家的宪法条文看，三权之间似乎是平等的，但难区分主次，三权相互监督，相互制约。但是，在通常情况下，这些国家的行政权高于立法权和司法权。拉美的总统制是一种特殊的政体，有人把它称为"超级总统制"政体，实际上这是一种近乎独立的、不受立法机关和司法机关控制的国家政权的组织形式，其特点是总统拥有很大的权力。拉美国家的总统制是在美国政体影响下形成的，但是，拉美国家总统的权力往往比美国总统更为集中。如1992年4月5日，秘鲁总统藤森宣布解散国会、中止宪法保障、全面整顿司法机构、建立"重建国家临时政府"，"以使政府的发展计划得以顺利贯彻和实现国家管理道德化"。在藤森宣布上述"非常措施"的同时，秘鲁陆、海、空三军和警察部队在首都利马和内地同时采取行动，封锁或占领政府要害部门、议会大厦、司法大楼、一些反对党总部，并逮捕或软禁了一些反对党领导人和议会领导人。这一事件，被称为藤森总统的"自我政变"。2019年9月30日，秘鲁总统比斯卡拉宣布解散国会，并宣布于2020年1月26日举行国会选举。

尽管拉美国家总统的权力很大，但总的来说，拉美各国的议会仍然是拉美国家机器的重要组成部分，是拉美资产阶级民主制的核心。

拉美总统制国家议会的组成：

（一）一院制和两院制

拉美总统制国家的议会在组织结构的形式上，比较普遍的有一院制和两院制。

目前，在拉美33个国家中，有20个国家采用总统制，12个国家采用议会制，1个国家（古巴）采用全国人民政权代表大会制。在20个总统制国家中，采用两院制和一院制的各有10国。古巴也可算是一院制。在采用议会制的12个国家中，9个国家采用两院制，3个国家采用一院制。总体来说，拉美有19个国家采用两院制，14个国家采用一院制。

从表3—1可以看出，拉美主要国家如巴西、阿根廷、墨西哥、智利、哥伦比亚等大多采用两院制，采用一院制的，一般是比较小的国家。

秘鲁 1993 年以前采用两院制，1993 年改为一院制。委内瑞拉 1999 年前采用两院制，1999 年改为一院制。有些国家如厄瓜多尔、圭亚那等也曾经先后采用不同形式。此外，历史上 1826 年玻利瓦尔所主持制定的《玻利维亚宪法》规定，立法机构由评议院、参议院和监察院三院行使，这可以说是三院制。

（二）议会的两院

拉美两院制国家的议会由参议院（上院）和众议院（下院）构成。

参议院的席位一般比众议院要少。如阿根廷 1994 年宪法规定，参、众两院议席分别为 72 席和 257 席；巴西参、众两院议席分别为 81 席和 513 席；墨西哥参、众两院议席分别为 128 席和 500 席。参议员的任期，有些国家（乌拉圭、玻利维亚、哥伦比亚、多米尼加等）与众议员任期相同；有些国家参议员任期比众议员长，如阿根廷参、众议员任期分别为 6 年和 4 年；巴西分别为 8 年和 4 年；智利分别为 8 年和 4 年；墨西哥分别为 6 年和 3 年。智利 1980 年宪法规定，连续任满 6 年的前总统为终身参议员。

不少拉美国家对参议员的当选资格有更高的要求。如阿根廷 1994 年宪法规定，参议员须年满 30 岁，有 6 年以上阿根廷公民资格，年收入 2000 比索以上，而众议员年龄资格为 25 岁，有 4 年以上公民资格，没有收入的规定。

不少拉美国家的众、参议员都由普选产生。但有些国家的参议员并非都由普选产生。如智利 1980 年宪法除有关终身参议员的规定外，还规定，35 名参议员中，有 26 名由选举产生，9 名由总统任命；有些国家如巴西规定，众议员名额根据人口确定，而参议员名额限定每州 3 人，通过选举产生。

不少拉美国家对参议员实行部分改选的办法，如阿根廷规定，参议员任期 6 年，每 2 年改选 1/3。巴西参议员任期 8 年，每隔 4 年改选 1/3 或 2/3。拉美国家的众议员一般都是任期届满后，全部改选，个别国家如阿根廷，众议员任期 4 年，每 2 年改选 1/2。

参、众两院所拥有的职权在许多方面是相同的，但也有若干不同。如巴西联邦参议院拥有弹劾总统、副总统、部长、三军司令、最高法院等的职权。2016 年 8 月 31 日，巴西参议院最终通过弹劾案，因违反国家预算法时任总统的罗塞夫被解除总统职务。阿根廷 1994 年宪法规定，总统须经参议院同意方能任命最高法院法官、任命和撤换大使、公使和代办、高级军官等高级官员。墨西哥参议院除行使参、众两院共同的职能外，还拥有以下特殊职能：1. 分析政府的外交政策，批准国际条约和外交协定；2. 批准总统关于驻外大使、总领事的任命；3. 批准海、陆、空三军上校以上高级军官的任命；4. 批准本国军队越过边境或外国军队进入国境；5. 批准或否决最高法院法官的任命。

在不少拉美国家，审议和通过预算是众议院特别的权力。如墨西哥众议院每年审议和批准联邦预算支出和批准上年的决算。

（三）议会的领导机构

拉美国家议会领导机构分为个人性质的议会领导机构（议长、副议长）和集体性质的议会领导机构（主席团、议会会议、理事会等）。如巴西参、众两院都设主席团，哥伦比亚参、众两院都设领导委员会，分别由参（众）议院议长、2 名副议长和秘书长组成。

议长主持议会的工作。拉美各国议长产生的方法、任期、职权等都不尽相同。阿根廷参议院议长由国家副总统担任，但无表决权，只有在赞成票和反对票票数相等时才有表决权。哥伦比亚参、众两院议长、副议长每年改选一次，可连选连任。

拉美国家议会议长的主要职权是主持议会的活动。议长有权决定将某一项议案送交某一常设委员会审议，有权主持各种议事规则的制定，有权任命调查委员会、调解委员会和联席委员会的委员。有些国家还规定，当国家元首（总统）缺位时，议长可以代行元首职权。如玻利维亚 2009 年宪法规定，当总统缺位时，由副总统、参议院议长、众议院议长、最高法院院长按次序递补，担任总统职务。2019 年 11 月 10 日，玻利维亚总统莫拉莱斯和副总统加西亚宣布辞职并流亡国外，参议院议长和众议院议长也宣布辞职，2019 年 11 月 12 日，参议院第二副议长、反对派民主联盟党人珍尼娜·阿涅斯在立法会议上宣布就任临时总统。阿涅斯宣誓后，玻利维亚宪法法院发表公报，承认其就任临时总统符合玻利维亚 2009 年颁布的宪法。1999 年 3 月，巴拉圭副总统阿加尼亚遇刺，随后，总统库瓦斯宣布辞职并去国外避难。根据宪法规定，由参议院议长马基就任临时总统。2001 年 12 月 19 日，阿根廷由于经济危机引发大规模民众骚乱，内阁集体辞职，德拉鲁阿总统被迫于 12 月 20 日下台。12 月 21 日，根据宪法，由正义党人临时议长普埃尔塔任临时总统；两天后，12 月 23 日，经议会选举，正义党人萨阿就任临时总统并组成临时政府。原定萨阿应执政到 2002 年 4 月 5 日，然后再举行大选。但是，12 月 30 日，萨阿在执政一周后，被迫宣布辞职。紧接着，临时议长普埃尔塔也宣布辞职，由众议长卡马尼奥任临时总统并召开两院联席立法大会，选举正义党人、曾任副总统的参议员杜阿尔德为总统，杜阿尔德于 2001 年 1 月 1 日就任，任期到 2003 年。在短短的两周内，阿根廷像走马灯似的先后出现了 5 位总统。

（四）议会的委员会制度

由于一些拉美国家的议会规模较大，为了适应形势发展的需要，相继建立了议会委员会制度。拉美各国议会中设立委员会数目不一，其组成方法、职权也不尽相同，大体可以分为以下几种：

1. 常设委员会或常务委员会。一般是在每届新议会成立时组成，其任期与议会一届任期或一届会期相同，主要任务为审议议案。常设委员会通常是专门化的委员会，每一委员会都同某一特定部门的活动有关，如财政、行政、司法、外交、教育、国防等，并被授权来审议此特殊领域的议案或其他有关事项。由于常设委员会的决定往往为议会所接受，成为议会的决定，因此，它是所有委员会中最重要的一种。常设委员会的数目因国而异，一般与议会的大小、会期的长短及各国的传统有关。

2. 临时委员会。临时委员会又可分为两类：一类是只存在于每次议会常会期间，处理与这一届常会有关问题的委员会。另一类是处理临时发生的或专门性问题的委员会。

3. 联席委员会。当议会需要出与两院共同有关的决定，或是审议和处理两院意见不一的议案时，通常成立特别联席委员会。还有一种常设性的是由两院共同选派代表组成的联席委员会。

由于各类委员会拥有很大权力，控制各类委员会就等于控制了议会，因此拉美国家各种政党和政治势力总是千方百计力图控制这类机构。

各类委员会成员在形式上都是通过任命产生，有的国家由议会任命，有的由议会领导机构任命，有的由为此目的而特别设立的特别选任委员会任命。如巴西是由议会领导机构根据政党的推荐，并考虑各政党的大小和重要性来任命委员会成员。

在不少拉美国家，各委员会主席在形式上由委员会或议会选举产生，个别国家由议长任命，但在实践中往往是由各政党按照所占议席多少的比例来分配，执政党往往占有多数委员会主席的职位。

阿根廷众、参两院都各有20多个常设委员会，此外还有众参两院共设的10多个联席委员会。常设委员会包括宪法事务、预算和财政、国防、外交和宗教、公共教育、通信和媒体、司法、公共工程、交通运输、农牧渔业、工业和贸易、矿业和能源、科技、医疗卫生、环境和持续发展、市政事务、劳工和社会保障等。委员会的人数7—19人不等。各委员会的职能是负责对各自有关的事务和法律草案提出意见。除常设委员会外，议会还可根据需要设立临时的专门委员会（如调查委员会）。常设委员会和专门委员会的组成一般尽可能考虑各党派的代表性。各委员会由两院分别直接任命或根据各院领导委员会的建议而任命。

（五）拉美总统制国家议会的职权

拉美总统制国家议会的主要职权是立法权、财政权、监督权、人事权、自治权等。

1. 立法权。立法权是拉美总统制国家议会最重要的职权，尽管不少拉美国家的总统有一定的立法权，有发布与法律有同等效力甚至效力高于法律的紧急命令的权力，一些拉美国家政府也有被委任立法的权力，而且常常发生以行政命令代替法律的情况，但在名义上，议会仍是拉美国家唯一或主要的立法机关。

拉美国家议会的立法权包括：立法创议权（即提出法案的权力）、讨论、修改、通过或不通过法案的权力等。议会的立法活动都要经过一定的程序，一般来说，立法程序主要包括提出法案、审议、表决和公布法律等几个阶段。如墨西哥宪法规定："总统、联邦议会的参议员以及各州立法机关有权提出法律草案"。法律议案可在参、众两院中任何一院中提出，但有关贷款、赋税或征兵的议案必须首先经众议院审议，进行投票。议案获得一院通过后，要送交另一院审议，并进行投票表决，若通过，便送交总统。总统如无反对意见，即予公布。总统收到法案10天（不包括法定节假日）后尚未驳回，原提案便自行通过成为法律。如总统在收到议案10天期限届满前，议会已经休会，则不受10天期限的限制，但必须在议会下次会议的第一天（法定节假日不算）予以驳回。一项经总统部分或全部否决的议案若要成为法律，须再经两院 2/3 的议员通过。如阿根廷宪法规定，法律议案先经众议院有关委员会研究后交众议院全体会议讨论并投票表决，通过后送到参议院审议批准或否决。被参议院否决的议案，可回到众议院再度审议，如获 2/3 多数通过，亦可生效。

2. 财政权。财政权是拉美国家议会的重要职能之一。财政权亦称财政议决权和财政监督权。阿根廷宪法规定，国民议会有决定国家财政预算、税收、关税、借贷等的权力，参、众两院均设有财政预算等委员会。在实行两院制的一些国家，如墨西哥、巴西等，众议院通常享有审议预算的优先权。巴西等国的议会还设有辅助机构审计院，目的是制止和防止国家公共资金的不当使用和滥用，其主要权力是：审查共和国总统的账目；审查公共财产管理人员的账目。但是，拉美国家议会在财政问题上的决定权是有限的，而起主要作用的往往是总统。预算的编制从开始到完成均由行政部门负责，议会很少进行干预。总统把预算法案提交议会，议会审议时一般很少发生拒绝批准预算的情况，即使拒绝批准，法案被搁置起来，也难以置政府于困境，因为往往有专门条款对付立法机构的否决。哥伦比亚宪法规定，如果预算法案遭到否决，那么前一年的预算仍然有效。有的国家如危地马拉、萨尔瓦多和多米尼加等如遇到类似情况，总统可直接下令批准预算法案。

3. 监督权。拉美总统制国家议会的监督权很有限。因为政府只对总统负责，不对议会负责。议会监督政府的主要形式是：按照宪法规定，政府有义务定期向议会提出工作报告。议会还可以通过各种途径从政府部门获取大量报告，以供议员审议。另一种监督形式是质询。议员有权对政府工作中存在的问题提出质问或询问，而政府有关人员有回答的义务。秘鲁、厄瓜多尔等国的宪法规定，议会有质询政府部长的权力。但是，由于拉美国家政府的政策一般不需经议会直接批准，故这种监督形式的实际意义不大。

此外，议会调查也是监督政府的一种形式。为了立法的需要和监督政府工作，议会往往成立调查委员会对行政部门进行调查。调查委员会享有较大的职权，其主要任务是审查关于特定案件的必要证据。调查委员会进行调查时，法院和行政机关有义务给予法律上和公务上的帮助。

阿根廷议会的调查委员会有的由参、众两院指定的议员共同组成，有的由参、众两院各自单独组成，调查委员会可以传讯证人作证或要求证人提供文件，检查同所调查问题有牵连的政府办事机构的账册和文件，当遭到拒绝时，可以动用警察。哥斯达黎加宪法规定，调查委员会为核实必要的材料，可以自由进出所有政府机构和召见任何人。但从实际情况来看，拉美国家采用调查这种监督形式并不普遍，即使采用，调查委员会的工作也常常受到干扰和限制。

4. 人事权（选举权、提名权或同意权）。厄瓜多尔、玻利维亚等国宪法规定，在选举总统时，若得票最多的候选人所得票数不够法定的绝对多数票时，须举行第二轮选举，在得票最多的 2 人（或 3 人）中再次投票选举，若第二轮选举中得票最多的候选人得票数还不够法定多数时，则由议会投票选出总统。墨西哥和巴拿马宪法规定，总统以多数票当选，没有规定法定的多数票，不举行第二轮选举。厄瓜多尔等国的议会有选举最高法院法官的权力。玻利维亚参议院有向总统提出共和国总审计长、检察长和银行总监候选人的提名权。委内瑞拉、墨西哥等国宪法规定，在总统不在时，依次由国会议长、副议长、最高法院首席法官代理总统职务。墨西哥宪法还规定，在总统长期无行为能力的情况下，国会可把自己改组为选举团，只要选举团成员够 2/3 就通过无记名投票选出临时代总统，然后，国会应决定举行普选，以选出总统任期所剩期限内的总统。

5. 自治权。拉美国家的议会一般都有自行制定和批准自己的章程等自治权。秘鲁宪法规定，议会的自治权包括：议会自行制定和批准自己的章程，选举参加常设委员会和其他委员会的代表，规定议会党团的组织和职责，管理经济，批准预算，任免官员和职员并给予他们依法应得的收益；议会批准有法律效力的章程。尼加拉瓜国民议会的自治权包括：批准国民议会议员的辞职或宣布其席位永久空缺；选举自己的领导委员会；自行决定设立常设委员会、专门委员会和调查委员会；制定国民议会总章程和内部条例。

6. 其他职能。有些拉美国家议会还行使司法职能。如巴西众议院可经 2/3 议员同意，授权对总统、副总统或部长提起诉讼；巴西参议院有权弹劾总统、副总统以及部长等。

　　议会在各国的地位和作用是不尽相同的。在拉美现代史上，在一些实行独裁统治的拉美国家，议会纯粹是总统权力的装饰品，而总统的意志就是法令。如在杜瓦利埃家族统治（1957—1986年）下的海地，1964年5月25日总统弗朗索瓦·杜瓦利埃操纵议会对1957年宪法作了修改，授予他本人以"终身总统"的头衔，同年9月14日他当选为终身总统。1971年1月14日他又迫使议会再次修改宪法，规定总统有权任命继承人和罢免议员。修改后的宪法规定，海地议会为一院制，议员59名，其中58名是指定的，只有1名是经选举产生。同年1月22日，老杜瓦利埃任命其子让·克洛德·杜瓦利埃为总统继承人，1月31日通过"公民投票"，小杜瓦利埃正式继任总统。巴拉圭独裁者斯特罗斯纳策动政变于1954年上台执政后，通过颁布新宪法、修改宪法等手段，8次连选连任总统，直至1989年被推翻。

　　在一些拉美国家，经常出现限制议会职能的企图。1992年4月5日，秘鲁总统藤森宣布中止部分宪法条款，暂时解散议会，彻底改组全国司法机构，成立集立法、司法、行政三权于一身的"应急和国家重建政府"，秘鲁一度出现一场宪制危机。1993年10月秘鲁经公民公决通过了新宪法，11月选出了新的一院制议会，支持藤森政府的党派取得了多数席位。2019年9月30日，秘鲁总统比斯卡拉宣布解散国会。1993年5月25日，危地马拉总统塞拉诺发动"自我政变"，宣布解散议会和最高法院，停止宪法保证，并由他通过发布总统令行使一切权力，在遭到国内外强烈反对后，6月1日，他不得不宣布辞职并流亡国外。

　　尽管直到2019年秘鲁还发生总统解散议会的事件，但总的来说，随着拉美民主化进程的发展，拉美国家资产阶级代议制逐渐巩固，议会作为国家机器重要组成部分和资产阶级民主制的核心，其功能也得到加强。

二　拉美议会制国家的议会

　　拉丁美洲采用议会制政体的有12个国家，这些国家全是20世纪60年代以来获得独立的加勒比海地区的原英属和荷（兰）属殖民地。它们是：苏里南、巴哈马、牙买加、多米尼克、圣卢西亚、巴巴多斯、格林纳达、特立尼达和多巴哥、圣文森特和格林纳丁斯、安提瓜和巴布达、伯利兹、圣基茨和尼维斯。这些国家在独立后一般都废除了原有的一些殖民机构，由本国官员取代宗主国官员，但中央机构及其相互关系基本原封不动地保留着。因此，这些国家的议会制与西欧国家的议会制有许多相似之处。

拉美议会制国家除原荷（兰）属殖民地苏里南外，都是英联邦成员国。其国家元首的设置分两种情况：一类国家的元首是总统，如多米尼克、特立尼达和多巴哥、苏里南、巴巴多斯4国。总统由议会选举产生。另一类国家即其余8国以英国女王为国家元首，由女王任命的总督为其代表，这类国家可称为具有君主立宪色彩的议会制。

拉美议会制国家的总督或总统一般不掌握实权（苏里南除外），只是名义上的国家元首。议会制国家的政府首脑是总理，总理掌握国家行政实权，总理通常由在议会选举中获胜的多数党领袖担任。内阁各部部长一般由总理提名，总督（或总统）任命。一般内阁部长必须从参议员或众议员中挑选，这与拉美总统制国家也不同，在总统制国家，担任内阁部长的人一般不能兼任议员。苏里南在1987年前虽然也设有总统，但总统不掌握实权，实权在总理手中。1987年通过的新宪法规定议会由全民选举产生，总统为国家元首和政府首脑，掌握实权，立法权由国民议会和总统共同行使，政府由总统、副总统兼总理和各部部长组成，副总统兼总理对总统负责。在12个拉美议会制国家中，采用一院制的有苏里南、多米尼克和圣基茨和尼维斯，其余9国采用两院制。采用两院制的国家，多数参议员由总理提名，由总督（或总统）任命。少数参议员由反对党领袖提名，总督（或总统）任命。有的国家的一些参议员由总督挑选。

在一院制国家，大部分议员由选举产生，少数议员由总理和反对党领袖提名。多米尼克国会采用一院制，任期5年，共30席，21席由选举产生，为众议员，9席由总理和反对党领袖提名产生（总理提名5人，反对党领袖提名4人），由总统任命，为参议员。圣基茨和尼维斯的国会采用一院制，共14席，11席由选举产生（8名自圣基茨岛选出，3名自尼维斯岛选出），为众议员；另3名经提名产生（2名由总理提名，1名由反对党领袖提名），为参议员，任期均为5年。尽管多米尼克和圣基茨和尼维斯的国会是一院制，但其议员却有参议员和众议员之分。

尽管拉美议会制国家的宪法规定，议会在立法、制定财政政策和监督政府方面有广泛的权力，但实际上，其权力是有限的。议会必须同内阁保持和谐关系。按宪法规定，当议会通过对内阁的"不信任案"时，内阁必须辞职。但是由于实行议会制国家的内阁通常由议会中的多数党组成，内阁成员（部长）一般必须是议员，有的国家的内阁拥有提请解散议会的权力，因此往往形成内阁控制议会的局面。拉美议会制国家议会的主要权力是制定和修改宪法和法律，法案可由众、参两院提出，但财政法案只能在众议院中提出。

拉美议会制国家同西欧议会制国家相比，有以下两个特点：一是许多拉美议会制国家的反对党制度普遍不发达，有的实际上是一党执政。如安提瓜和巴布达、巴巴多斯等反对党力量少而弱，往往由无党派人士充当"反对派领袖"。二是这些国家立法机构（议会）的形成有特别的程序，特别是在参议员的产生方面。

古巴国务委员会主席卡斯特罗对加勒比一些国家实行的议会制有这样颇有意思的评价："加勒比地区讲英语的小国，独立伊始就实行一种更有效率的议会制，执政的团体保持一致，保留权利，这比其他照搬美国总统制的拉美国家要稳定得多，两个多世纪来几乎没有变化。"①

三　古巴人民政权代表大会

1976 年 2 月，古巴颁布宪法。宪法规定，全国人民政权代表大会是古巴最高权力机关和唯一的立宪、立法机构。同年 12 月召开第一届全国人民政权代表大会第一次会议，宣告该代表大会正式成立。1992 年 7 月，全国人民政权代表大会对 1976 年宪法进行了重要修改。

（一）古巴全国人民政权代表大会的性质和特点

全国人民政权代表大会（简称全国人大）是古巴最高权力机关和唯一的立宪、立法机构。全国人大的常设机构是国务委员会，在全国人大休会期间由国务委员会负责处理日常事务。国务委员会有权颁布法令并监督部长会议、司法部和人民政权机关的工作。根据 1976 年宪法，古巴不设总统职务，国务委员会主席兼任部长会议主席，是国家元首兼政府

---

① 费德里科·马约尔：《关于社会主义前途、私有化和全球化——卡斯特罗探访录》，《新华文摘》2001 年 3 月，第 162 页。

首脑和三军司令。

2019 年 2 月 24 日，古巴举行全民公决，通过了新宪法，4 月 10 日，新宪法正式生效。新宪法规定设立国家主席、总理制，国务委员会成为全国人大的常设机构，国务委员会主席不再是国家元首和政府首脑；国家主席由全国人大选举产生，任期 5 年，可以连任一届；国家主席年龄须满 35 岁，首次当选时，年龄不得超过 60 岁。7 月 13 日，古巴全国人民政权代表大会又通过了新选举法。

古巴全国人大制与总统制、议会制不同。在议会制和总统制国家，立法权属于议会，而古巴全国人大既是立法机关，又是最高国家权力机关，最高国家行政机关必须受最高国家权力机关的领导和监督，其他一切国家机关的权力都不得超越它之上。根据 2019 年新宪法，全国人大是古巴最高权力机关，行使国家制宪权和立法权，监督其他权力机关的一切活动，其常设机关是国务委员会。全国人大主席、副主席和秘书兼任国务委员会主席、副主席和秘书。古巴全国人大每年举行两次会议，大会休会期间由国务委员会负责处理日常事务。部长会议，即共和国政府，是最高执行机关和行政机关。市（县）人民政权代表大会是地方国家权力机关。新宪法和新选举法规定，全国人大代表由选民自由、平等、直接和秘密选举产生，市（县）人大代表由相关的市（县）满 16 岁的公民直接选举产生。

（二）全国人民政权代表大会的职权

根据 2019 年宪法第 103 条和第 104 条，全国人民政权代表大会行使下列职权：1. 同意修改宪法；2. 批准、修改或废除法律；根据立法的性质，需要时可事先征求人民的意见；3. 决定法律、法令、命令和其他一般规定是否合乎宪法；4. 全部或局部撤销国务委员会、国家主席颁布的与宪法相违背的法令、法规；5. 审议和批准国民经济和社会发展计划；6. 审计和批准国家预算；7. 批准国家经济计划和领导体制的原则；8. 决定货币和信贷体制；9. 决定内外政策的总方针；10. 在遭受军事侵略时，宣布战争状态和批准和平协定；11. 确立和修改国家行政区域划分；12. 选举国家主席、副主席；13. 选举全国人民政权代表大会主席、副主席和秘书（兼任国务委员会主席、副主席和秘书）；14. 选举国务委员会其他成员；15. 根据国家主席的提名，任命总理、副总理和部长会议其他成员；16. 选举最高人民法院院长、副院长和其他法官；17. 选举共和国检察长和副检察长；18. 选举总审计长、副总审计长；19. 任命常设和临时委员会、批准成立友好小组；20. 根据国家主席的提名，任命各省省长；21. 罢免代表大会选举或任命的人选；22. 对国家和政府机关实行最高监督；23. 听取和评议国务委员会、国家主席、总理、部长会议、最高人民法院、共和国总检察院和市（县）人民政代表大会提出的工作报告，并做出相应决议；24. 撤销同宪法、法律相抵触的国务委员会法令和部长会议的命令或决定；25. 撤销或修改地方人民权力机构做出的违背宪法、法律、法令、命令和上级领导机关规定的决议和决定，或影响其他地区利益或全国利益的决议和决定；26. 在发生军事入侵时宣布进入战争状态；27. 批准和平条约；28. 决定大赦；29. 在符合宪法规定和代表大会认为适宜的情况下，举行国民投票；30. 决定其规章；31. 宪法授予的其他职权。

（三）古巴国务委员会及其职权

古巴全国人大每年举行两次例会。2019 年新宪法第 116 条和 117 条规定，国务委员会主席、副主席和秘书兼任全国人民政权代表大会主席、副主席和秘书；国务委员会是一个集体，向全国人民政权代表大会汇报工作，国务委员会是全国人民政权大会休会期间其代表机构，它执行全国人民政权代表大会的决议和履行宪法给予的其他职权。国务委员会行使下列职权：1. 监督宪法和法律的执行情况；2. 决定召开全国人民政权代表大会特别会议；3. 决定全国人民政权代表大会定期更换代表的选举日期；4. 全国人民政权代表大会闭会期间发布法令；5. 需要时，对现行法律作一般的、必要的说明；6. 行使立法动议权；7. 为全国人民政权代表大会决定的公民投票举行必要的准备；8. 在全国人民政权代表大会闭会期间，根据国家主席的建议，在遭到军事入侵时，宣布处于战争状态；9. 通过最高人民法院执行委员会发布一般性指示；10. 向共和国总检察院发布指示；11. 根据国家主席提名，任免驻其外使节；12. 撤销部长会议决定和地方人民政权代表大会制定的，同宪法、法律相抵触的或妨碍其他地方利益或全国利益的决议和决定。并于撤销后举行的第一次全国人民政权代表大会会议上予以通报；13. 撤销地方人民政权机构执行委员会制定的同宪法、法律、法令、命令、上级领导机构发布的规定相抵触的，或有损于其他地区利益或全国利益的决议和决定；14. 批准国务委员会条例；履行宪法、法律授予的、全国人民政权代表大会委托的其他职权。

根据 2019 年宪法第 106 条，全国人民政权代表大会主席的职责是：1. 主持全国人民政权代表大会会议和监督执行代表大会章程；主持召开国务委员会会议；2. 召开全国代表大会例会；3. 提出全国代表大会会议日程草案；4. 签署在《共和国官方公报》上公布全国代表大会通过的法律和决定；5. 处理全国代表大会的对外关系；6. 领导和处理全国代表大会设立的常设和临时工作委员会的工作；7. 召开国务委员会例会和特别会议；8. 宪法和全国人民政权代表大会授予的其他职权。根据 2019 年宪法第 116 条，全国人民政权代表大会主席、副主席和秘书兼任国务委员会主席、副主席和秘书。

古巴全国领土在政治行政上划分为省（provincia）和市（municipio，又译"县"）。古巴地方人民政权代表大会原分省、市两级。2019 年新宪法取消了省一级的人大。新宪法规定，市人民政权代表大会是其所在市履行国家职能的权力机关，对其所属地区行使管理权，并通过代表大会的组成机构，对其直属的经济、生产和服务部门实行领导，开展工作，以满足所管辖区居民在医疗、经济、文化、教育、娱乐等方面的需要。市人大代表任期 5 年。市人大根据市人大主席提议，任命市长（intendente municipal）；根据市长建议，任命市行政理事会其他成员。

表 3—1　　　　　　　　　　拉美国家政治制度一览（2020 年）

国家	政体	国家元首	议会组织结构形式	政府	现行宪法
阿根廷	总统制	总统	两院	总统，副总统，部长	1853，1994
安提瓜和巴布达	议会制	英国女王由总督代表	两院	总理，部长	1981
巴巴多斯	议会制	总统	两院	总理，副总理，部长	1966

国家	政体	国家元首	议会组织结构形式	政府	现行宪法
巴哈马	议会制	英国女王由总督代表	两院	总理，副总理，部长	1973
巴拉圭	总统制	总统	两院	总统，部长	1992
巴拿马	总统制	总统	一院	总统，副总统，部长	1972，1978，1993 2004
巴西	总统制	总统	两院	总统，副总统，部长	1988，1992 2012
伯利兹	议会制	英国女王由总督代表	两院	总理，副总理，部长	1981
秘鲁	混合制	总统	一院	总统，部长会议主席，部长	1993，1995，2004 2005
玻利维亚	总统制	总统	两院	总统，副总统，部长	1967，2009
多米尼加	总统制	总统	两院	总统，副总统，部长	1966，1994，2002 2010
多米尼克	议会制	总统	一院	总理，部长	1978
厄瓜多尔	总统制	总统	一院	总统，副总统，部长	1978，2008
哥伦比亚	总统制	总统	两院	总统，副总统，部长	1991，后多次修改，最后一次是2011
哥斯达黎加	总统制	总统	一院	总统，副总统，部长	1821，1949，后近20次修改
格林纳达	议会制	英国女王由总督代表	一院	总理，部长	1974
古巴	全国人大	国家主席	一院	总理，副总理，部长	1976，1992，2002 2019
圭亚那	总统制	总统	一院	总统，总理，部长	1980，1988 2007
洪都拉斯	总统制	总统	一院	总统，副总统，部长	1982，后多次修改

续表

国家	政体	国家元首	议会组织结构形式	政府	现行宪法
墨西哥	总统制	总统	两院	总统，部长	1917，后多次修改
尼加拉瓜	总统制	总统	一院	总统，副总统，部长	1986，1995，后多次修改
萨尔瓦多	总统制	总统	一院	总统，副总统，部长	1983，后多次修改
圣基茨和尼维斯	议会制	英国女王由总督代表	一院	总理，副总理，部长	1983
圣卢西亚	议会制	英国女王由总督代表	两院	总理，副总理，部长	1979
圣文森特和格林纳丁斯	议会制	英国女王由总督代表	两院	总理，副总理，部长	1979
苏里南	议会制	总统	一院	总统、副总统兼部长会议主席，部长	1987，1992
特立尼达和多巴哥	议会制	总统	两院	总理，部长	1976，2000
危地马拉	总统制	总统	一院	总统，副总统，部长	1985，1994 修改
委内瑞拉	总统制	总统	一院	总统，副总统，部长	1999，2009
乌拉圭	总统制	总统	两院	总统，副总统，部长	1966，后多次修改
牙买加	议会制	英国女王由总督代表	两院	总理，副总理，部长	1962
智利	总统制	总统	两院	总统，部长	1980，后多次修改

资料来源：作者根据《世界各国宪法》编辑委员会《世界各国宪法　美洲大洋洲卷》，中国检察出版社 2012 年版及其他最新资料绘制。

第五节　拉美国家的司法制度

拉美国家的司法权一般由最高法院及其他各级法院行使。拉美国家一般的司法机构，主要是指法院，广义的司法机构还包括检察机构，如总检察院或最高检察院、检察院等。拉美国家各级法院和检察机关是代表国家进行审判和追究刑事责任并提起公诉的机构，它们所行使的这种职权就是司法权。

一　拉美国家法院的种类

拉美大多数国家的司法体系属于英美法系，即普通法系，是以法院判例为基础。

（一）最高法院（联邦法院）和州（省）法院。拉美采用单一制的国家的法院一般由最高法院、高级法院和地方法院等法院组成。例如，哥伦比亚现行的 1991 年宪法规定，哥伦比亚司法机构包括：最高法院、行政法院、宪法法院、特殊法院、总检察院、高级司法委员会。宪法第 235 条规定，最高法院的职能是：1. 作为上诉法院审理案件；2. 对共和国总统或其代理人以及宪法第 174 条规定的高级官员进行审理，并作出裁决；3. 调查和审理国会议员；4. 审理内阁部长、总检察长、检察官员、各行政管理长官、共和国总审计长、地方高级官员、法院法官、武装部队司令和将军的违法案件；5. 根据国际法，审理外交人员诉讼案件；6. 制定司法机构内部的法规；7. 行使法律赋予的其他职权。宪法法院行使宪法司法权；特殊法院指在印第安人聚居区可成立特殊法院处理当地的法律纠纷。

拉美采用联邦制的阿根廷、巴西、墨西哥和委内瑞拉 4 国，它们的法院体制同单一制国家不同，在墨西哥、阿根廷、巴西 3 国联邦法院和各省（州）法院两个系统并存，它们除适用联邦宪法和联邦法律外，各省（州）法院还适用本省（州）宪法和省（州）法律。两个法院系统相互平行、彼此独立，不存在从属关系。

阿根廷 1994 年修改后的宪法第 5 条规定："在共和代议体制下，各省根据国家宪法的原则、宣言和保障制定各省宪法，以保障其司法管理、市政体制和初等教育。"第 7 条规定："各省应充分尊重一省的公共法令和司法程序。国会依据总的法律确定实施这些法令和程序的方式及其法律效力。"

墨西哥的司法机构实行"双轨制",即联邦和各州都有自己的法院系统,二者之间没有从属关系。墨西哥宪法第 94 条规定,联邦司法机构由最高法院、选举法院、联合巡回法院和单一巡回法院和地区法院组成。联邦法院系统适用联邦宪法和联邦法律。各州法院系统除适用联邦宪法和联邦法律外,还适用州宪法和州法律。宪法第 121 条第一款规定,州的法律仅在其区域内具有效力,因此在区域外部具有效力。联邦法院系统主要受理涉及联邦性质的案件,如以联邦为当事人的诉讼,州与州之间的诉讼,州立法、行政、司法机关之间的诉讼,关于大使、公使、领事的案件。全国最高法院为联邦终审级法院。最高法院法官由总统提名,参议院通过,无任期限制。巡回法院分合议制和独立制两种,合议制巡回法院受理有关保护个人宪法权利的案件,独立制巡回法院受理上诉案。地区法院系联邦初审法院,其法官由全国最高法院任命。

巴西 1988 年宪法第 92 条规定,巴西司法权由联邦最高法院、联邦上诉法院、高级法院、劳工法院、选举法院、军事法院和各州、联邦特区及直辖地法院。

委内瑞拉 1999 年宪法第 253 条规定,委内瑞拉司法系统包括最高法院、依法设立的其他法院、公诉人办公室、公共利益辩护办公室、刑事犯罪调查机构、司法助理和行政官员、监狱系统、其他纠纷解决方式、公民依法参与司法管理和执业律师。

(二)民事法庭和刑事法庭。有些拉美国家的民事法庭和刑事法庭是分开的。如委内瑞拉宪法第 262 条规定,最高法院分大法庭、宪法庭、政治或行政庭、选举庭、民事上诉庭、刑事上诉庭、社会上诉庭。如巴拉圭司法机构由最高法院、上诉法院、初审法庭、初级法院等组成。初级法院对民事、刑事案件均可受理初审,不服初级法院判决可以向初审法庭、上诉法院直至最高法院上诉。有的国家如墨西哥,其最高法院下设民事庭、刑事庭、劳工庭、行政庭、辅助庭。

(三)普通法院和专门法院。除了审判民、刑事案件的普通法院,一些拉美国家还设有审理各种特殊案件的专门法院。如巴西设有军事法院

（分最高、初级军事法院）、选举法院、劳工法院；阿根廷设有商事法院、教育法院、经济刑事法院；哥伦比亚设有劳工上诉法院、宪法程序法院；等等。

（四）检察机关和司法行政机关。拉美有相当一部分国家设立了检察机关，检察机关是代表政府（国家）追究刑事责任和提起公诉的机关。检察机关的活动反映了政府对司法活动的直接干预。如阿根廷宪法第 120 条规定，检察院（又译"公共安全部"）为职能、经费独立的实体，与共和国的其他机关相互合作，致力于推进司法以保障社会公共利益的合法化。其由国家总检察长、国防部长以及法律规定的其他成员组成，其成员享受职务豁免权和不可更改的薪金待遇。古巴 2019 年宪法第 153 条规定，共和国检察院是国家机关，其基本目的是代表国家监督刑事调查和公共惩罚行动、监督国家机构、经济和社会单位和公民严格遵守宪法、法律和其他法律规定的基础上监督和维护法制。

拉美国家的司法行政机关是进行司法行政管理的机关，智利、委内瑞拉、古巴等国的司法部就是国家的最高司法行政机关。司法行政权是拉美国家利用政府行政机关来控制法官的有效手段之一。

二 拉美国家法院的特点

拉美国家的法院具有以下特点：

（一）"司法独立"原则。同其他地区资本主义国家一样，拉美国家的法院也标榜"司法权独立"，把自己说成"超阶级""超党派"，并不受行政权控制的"纯司法机关"。如厄瓜多尔 2008 年宪法第 168 条规定，司法机关应对内对外独立。1979 年秘鲁宪法第 139 条第 2 款明确规定："行使司法权的独立性。任何机关不得接管已提交司法机构的未决案件，不得干扰司法机构行使其职能。亦不得对经过审判已具有权威性的决议宣布无效，不得打断诉讼程序，不得修改判决，不得拖延执行。"[①] 但事实上，司法机关的独立性只是相对的，如在要不要审判军政府统治时期犯下各种罪行的军政府领导人问题上，在巴西、智利、阿根廷、乌拉圭

---

① 《世界各国宪法》编辑委员会：《世界各国宪法 美洲大洋洲卷》，中国检察出版社 2012 年版，第 379、230 页。

等国家，司法机构在不同程度上受行政机关的影响和干预，这些国家的司法机构所做出的判决大不相同。智利司法机构基本上没有对军政府领导人进行起诉、审判、判刑；而阿根廷司法机构则将军政府一些犯有罪行的主要领导人判了刑。委内瑞拉最高法院于 2002 年 7 月 31 日，否决了一名大法官提出的以军事叛乱罪审判 4 名政变军官的预审方案，并将政变军官无罪释放。这 4 名军官曾于同年 4 月策划政变，企图推翻左翼查韦斯政府。同年 8 月 8 日，委内瑞拉最高法院在预审时又否决了以军事叛乱罪对参与政变的 4 名高级军官进行审判的方案。委最高法院院长伊万·林孔当天发表声明称，最高法院绝不屈服任何政治压力。此前，委内瑞拉国会主席威廉·拉腊曾表示，司法机构是独立的，司法机构无论做出何种裁决都应当得到尊重。

（二）"法官的独立性"。为了保证法官的"独立"地位，拉美国家一般在宪法或专门法律中都规定有一系列的制度。例如，危地马拉 1986 年宪法第 203 条规定，大法官和法官独立行使其职权，仅受共和国宪法和法律约束。[①] 拉美国家宪法一般规定，法官在执行司法职务期间不得从事政治活动或兼任其他职务（教学除外），不得作为中央或地方议会的候选人，不能有政党身份；法官任职到一定年龄可以退休并可以得到优厚的退休金；法官有高薪待遇；等等。

拉美国家对法官任职一般有严格的资格限制，一些拉美国家的法官不是由选举产生的，而是由国家元首、政府首脑或司法部长任命；另一些国家由议会或最高法院选举产生。1983 年经修改后的哥伦比亚宪法明确规定，担任最高法院大法官必须是年满 35 岁并具有学位的律师，此外，还必须担任过省高等法院的正式大法官或某一区高等法院的大法官至少 4 年者，或担任过高等法院检察官 4 年以上者；而担任高等法院大法官必须年满 30 岁，担任过区法院大法官、高等法官或巡回法官等职务不少于 4 年者；等等。有的国家的法官有一定任期，可以连任，有的对法官有最高年龄限制，如巴西规定，年满 70 岁的法官应退休，是强制性的。

---

① 《世界各国宪法》编辑委员会：《世界各国宪法 美洲大洋洲卷》，中国检察出版社 2012 年版，第 852 页。

三 拉美国家法院的审级制度

拉美国家法院的审级不完全一致，一般分为三个审级或四级三审制。

（一）属于英联邦的拉美国家法院的审级。以巴哈马为例，巴哈马设有最高法院、上诉法院和地方法院，均受理刑事和民事案件。根据巴哈马现行 1973 年宪法第 7 章"司法"有关条款，巴哈马政府可与其他某个英联邦国家政府共同建立联合上诉法庭；审理和裁定对巴哈马法庭的判决提出的抗诉；英联邦地区法庭可审理和裁定对巴哈马法庭的判决提出的抗诉（第 100 条第一款）；在任何情况下，因对上诉法院的判决不服可向（英国）女王陛下枢密院上诉（第 104 条第二款、第 105 条），英国枢密院为终审裁决机关。[1] 其他属英联邦的拉美国家法院的审级制度与巴哈马相近。

（二）拉美联邦制国家的法院审级制度比较复杂。如在巴西，法院分为联邦和州两个系统，在管辖方面两者没有从属关系。巴西现行 1988 年宪法第 102 条对联邦法院的管辖权做了明确规定，如规定外国或国际组织同联邦、州、联邦区或地区之间的争执，联邦同州或地区之间，或一些州或地区同另一些州或地区之间及其间接管理机关之间的诉讼和纠纷等属联邦法院管辖权范围之内。[2]

（三）其他拉美国家的法院审级制度。一般分为初审法院（地方法院、初级法院）、二审法院（地区法院、高级法院）、终审法院（最高法院）。如玻利维亚司法机构由最高法院、地区法院、地方法院和总监察长等组成。最高法院内分民事、刑事法庭，每个地区设有 1 个地区法院，重要城镇设有地方法院。

四 拉美国家的陪审制度

拉美一些国家有陪审制，陪审员参与民事、刑事案件审理。在审理

---

[1] 《世界各国宪法》编辑委员会：《世界各国宪法　美洲大洋洲卷》，中国检察出版社 2012 年版，第 379、97—98 页。

[2] 《世界各国宪法》编辑委员会：《世界各国宪法　美洲大洋洲卷》，中国检察出版社 2012 年版，第 176—177 页。

案件时，陪审员在听取原告和被告的陈述、双方律师询问证人和辩论、法官指示法律要点后，便进行讨论和表决。陪审员一般只就案件的事实而不就案件的法律问题进行裁决。如果裁定"无罪"，当场释放被告。如果裁定"有罪"，即由法官进行法院判决。多米尼加、圣文森特和格林纳丁斯、牙买加等国的最高法院都有 1 名陪审法官，伯利兹等国的最高法院有 2 名陪审法官。陪审员一般不能全面地参与整个审判活动，其权力和作用都受到一定限制。阿根廷 1994 年宪法第 115 条规定，陪审团由联邦检察官、法官和律师组成。第 118 条规定，一切普通刑事案件均由陪审团审结。

除审级制度、陪审制度外，拉美国家法院的诉讼程序和审判活动中还有辩护制度和控诉制度等。

20 世纪 90 年代以来，拉美国家普遍对原有的司法制度进行改革，其特点是：司法机构的作用得到加强；司法制度逐渐抛弃古老的西班牙模式，仿效美国模式，实行当事人交锋对抗、公开审判、口头证据、检察官和陪审团等制度。此外，拉美国家的司法机构加强了反腐败斗争的力度。如在 1998 年，洪都拉斯全国检察长下令监禁了数名内阁部长和 1 名前市长；1996 年，墨西哥总检察长被解职，前副检察长被判刑。哥伦比亚等国一些法官、检察官因主张坚决打击贩毒集团而被暗杀。

第六节　拉美国家的选举制度

选举制度通常是指法律规定的选举国家代议机关（议会）和某些国家公职人员的制度。由于国家的性质、历史传统及社会条件不同，选举制度的性质和内容也各不相同。但一般来说，选举制度包括下列内容：确定选举资格；选举权行使的权限；候选人资格、候选人产生的程序及竞选制度；选举的组织、方式和程序；选举人同当选人的关系；等等。选举制度通常在宪法、议会组织法或选举法等法律中做出规定。

目前拉丁美洲和加勒比国家一般都标榜是"主权在民"的国家。根据宪法或选举法规定，公民通过自己选举，或者选举出一定数量的代表，由代表选举国家主要公职人员，来行使参政权。拉美国家的选举制度与议会制度、政府制度和司法制度都有密切关系，一般来说，议员、主要政府官员和法官都是通过一定的程序选举产生的。选举制度在政治制度中占有重要的地位。

一　普选权的形成与发展

19 世纪 20 年代拉美大多数国家独立后，虽然模仿法、英、西班牙和美国的宪法，陆续制定了本国的宪法，但并没有立即实行近代意义上的选举制度。在相当长一段时间内，在一些拉美独立国家，公职人员产生的办法仍采用世袭、任命、依某种资格递补等方式。如 1819 年 8 月委内瑞拉宪法规定，参议员实行世袭制。厄瓜多尔 1830 年、1835 年、1843 年、1845 年、1852 年、1861 年、1869 年和 1878 年的宪法对议员及总统都规定了非常高的财产资格。如 1852 年厄瓜多尔宪法规定，参议员至少拥有 6000 比索的财产或 1000 比索的年收入，众议员至少拥有 3000 比索的财产或 500 比索的年收入，总统至少拥有 6000 比索财产或 1000 比索年收入。委内瑞拉 1830 年宪法规定，选举人和候选人均限于男性，已婚，识字，每年需有小笔财产收入。1886 年哥伦比亚宪法规定，有合法职业的男性公民，必须拥有 150 比索以上的收入或有 1500 比索以上财产，才有选举省、市机构官员的权利。在 19 世纪，拉美的妇女一直没有选举权和被选举权。在不少国家，印第安人被视作未成年的孩子，也没有选举权和被选举权。

20 世纪 30 年代以来，随着资本主义的发展，拉美的选举制度也逐步发生变化，总的趋向是：由限制选举制到普选制；从不平等选举制到平等选举制；从间接选举制到直接选举制；从自由投票制到强制投票制；从公开投票制到秘密投票制。对选举权在性别、财产、收入和文化水平等方面的限制逐渐被打破。妇女获得了选举权。从时间顺序来看，拉美各国妇女获选举权最早的是厄瓜多尔（1929 年），其次为乌拉圭（1932 年）、古巴（1934 年）、巴西（1946 年）、阿根廷（1947 年）、智利（1949 年）、墨西哥（1952 年）、玻利维亚（1952 年）、哥伦比亚（1954 年）、秘鲁（1955 年）、巴拉圭（1961 年）[1]。

厄瓜多尔 1884 年宪法首次取消了对担任国家职务的人的任何财产、

---

① Cono Sur, Septiembre – octubre de 1992, Chile, p. 18.

收入方面的限制。厄瓜多尔 1945 年宪法规定，除各省按人口比例产生的
议员外，另有 25 名议员由各界产生，其中有 1 名印第安人代表。乌拉圭
红党领袖何塞·巴特列 – 奥多涅斯担任总统期间（1903—1907 年和
1911—1915 年），对 1830 年宪法作了重大修改，巩固和扩大公民民主权
利，实现选民登记，给文盲和短工投票权。对拥有选举权的最低年龄也
呈放宽趋势，如智利 1833 年宪法规定，年满 25 岁、有阅读和书写能力、
有一定收入或拥有一定财产的公民方有选举权；智利 1925 年宪法规定，
年满 21 岁、识字并经过选民登记的公民都有选举权；而智利 1980 年宪法
规定，年满 18 岁的公民有选举权和被选举权，但只有年满 21 岁的公民方
有资格当选为议员。厄瓜多尔在 1861 年前的多部宪法中，都规定总统、
参众议员由间接选举产生，1861 年宪法首次规定均由直接普选产生。古
巴 2019 年的新宪法规定，年满 16 岁的公民拥有选举权，但当选全国或市
人大代表必须年满 1 岁。

二　选民与候选人资格

目前，大多数拉美国家在其宪法或选举法上宣布了普遍、平等选举
的原则，不再对选举人和被选举人在财产资格和受教育资格方面加以限
制。但在年龄、国籍、居住状况、职业、健康状况等方面，仍做了一些
限制性的规定，其中有些限制是必不可少的。

选民资格从历史上看，拉美国家对选民的主要限制有：

（一）财产资格的限制

在 20 世纪初以前，绝大多数拉美国家的宪法或选举法中，几乎都规
定了这种资格限制。

（二）受教育资格的限制

少数拉美国家的宪法规定，只有会读写的人才有选举权。如 1969 年
的巴西宪法（施行至 1988 年 10 月）规定，"文盲和不能用本国通用语言
（葡萄牙语）表达思想者"不能参加选举登记。1988 年 10 月通过的新宪
法（至今仍有效）将此条修改为文盲可以自愿（非强制性）参加选举，
并取消了不懂葡语不能参加选举的限制。

（三）国籍条件

绝大多数拉美国家都规定居住在本国的外国人没有选举权，拥有选

举权的必须是本国人或已加入该国国籍的外国人。但乌拉圭 1966 年现行
宪法第 75 条规定，品行端正、在乌拉圭建立了家庭，在乌拉圭拥有一定
的资产或财产，或者从事某种职业、手工业或行业，并在乌拉圭居住了 3
年以上的外国人也享有选举权①。

（四）年龄限制

拉美国家现行的宪法对选民年龄资格规定不一，大部分国家是 18—
21 岁。如墨西哥、智利、哥斯达黎加、厄瓜多尔、委内瑞拉、巴西等国
规定为年满 18 岁，玻利维亚等国规定为年满 21 岁（或 18 岁已婚者）。
古巴、尼加拉瓜等少数国家则规定为年满 16 岁。年龄资格总的趋势是逐
渐降低。

（五）居住期限的规定

即选民必须在他所在的选区内居住一定时期，始有选举权。这种居
住期限的规定各国不一，一般为 3 个月至 1 年。

（六）性别的限制和其他限制

目前拉美国家的选举制度，已不再公开规定性别的限制，对种族、
信仰也不再公开作限制。但实际上，在一些拉美国家，妇女、少数民
族、有色人种、异教徒和非教徒的选举权常常得不到应有的尊重。秘鲁
1979 年宪法规定，现役武装部队和警察部队成员不得参加选举和当选。
而古巴 2019 宪法则明确规定，武装力量和其他军事机构的成员均有选
举权和被选举权。委内瑞拉 1999 年宪法规定，军人有选举权和被选
举权。

候选人资格拉美国家在法律上对总统和议员的候选人在财产、教育、
居住、年龄、性别、国籍等方面，作了比对于一般选民更高的资格要求。

（一）国籍资格

候选人必须是本国人，外国人没有被选举的资格。有些国家还有附
加规定，如哥斯达黎加规定，当选议员必须为哥斯达黎加本土所生，外
国人在加入哥斯达黎加国籍后并在哥斯达黎加居留满 10 年者，才有当选
资格。厄瓜多尔和乌拉圭宪法规定，总统必须是本土出生的公民。

---

①　Comision Administrativa del Poder Legislativo Biblioteca：Constitucion de La Republica Oriental del Uruguay，1977，Montevideo，p. 24.

（二）年龄资格

众议院议员年龄的规定，墨西哥为 21 岁，玻利维亚为 25 岁，秘鲁和哥伦比亚为 25 岁；参议员一般都规定在 30 岁以上，如秘鲁为 35 岁，墨西哥、哥伦比亚和玻利维亚为 30 岁。古巴、委内瑞拉和尼加拉瓜为一院制议会，古巴的全国人大代表年龄的规定为 18 岁以上，而尼加拉瓜、委内瑞拉规定国会议员年龄为 21 岁以上。总统的年龄资格，墨西哥、玻利维亚、乌拉圭为 35 岁，委内瑞拉、哥斯达黎加、洪都拉斯、萨尔瓦多为 30 岁，尼加拉瓜为 25 岁。

（三）住所资格

按照多数拉美国家的法律规定，有被选举资格的人，应该是本选举区内的公民。如厄瓜多尔规定，当选省议员（即由各省推选的全国性议员）须是在该省出生的厄瓜多尔公民，或选举前连续在本地居住 3 年以上。但少数国家对此没有作硬性规定。

（四）政党资格

厄瓜多尔和乌拉圭等国宪法规定，议员和总统必须是一个合法政党的成员。

此外，在不少国家，如墨西哥、哥伦比亚、厄瓜多尔和乌拉圭等，行政官员不得被选为议员，同时议员也不得兼任行政官员。墨西哥现行 1917 年宪法第 82 条规定，"具备下列条件才能有总统候选人资格：1. 是因出生而成为墨西哥公民的人、充分享有权利且父母也是因出生而成为墨西哥公民的人；2. 选举时年满 35 岁；3. 选举日以前的一年全年居住在国内；4. 不属于僧侣阶层，也不是某种宗教信仰的牧师；5. 如系军界人员，在选举日以前 6 个月不服现役；6. 不担任政府部长或副部长、行政部门长官或秘书长、共和国总检察长及任何一个州州长者，在选举日前 6 个月辞职"[①]。这部宪法还规定，在军队、警察服役或在政府部门任职的人，必须提前 90 天退役或辞职方有资格竞选众、参议员。

而实行议会制的国家及古巴等一些国家，则没有这一限制。特立尼达和多巴哥 1976 年宪法第 76 条明确规定："总统任命的总理人选应为：

---

① 《墨西哥合众国宪法》，引自姜士林等主编《世界宪法全书》，青岛出版社 1997 年版，第 1638 页。

1. 众议院议员并且是在众议院得到多数人支持的政党的领袖"，"部长应由总统根据总理的建议，在参、众两院议员当中任命。"①

三 选区

选区的划分所谓选区，是指选举议员和总统的区域单位。拉美国家在划分选区时一般遵循下述原则：（一）一人一票原则；（二）根据自然局限来划分选区的原则，即通常按照国家的地理或行政区分来划分选区；（三）按照人口的变动而不断改划选区的原则，即选区应定期（特别是在人口普查后）改划以保持议员所代表的人口的正确性。

拉美多数国家都是以一定的地域为单位来进行选举的，这种制度称为"地域代表制"。采用"地域代表制"选举时，把全国划分为若干选区，按照选区进行投票。不少拉美国家的选区与行政区（省或州）划分相一致。但也有些国家不按行政区划分选区，如墨西哥。墨西哥众议员500 名，其中 300 名由单名制选区选出。另外 200 名众议员由多名制选区选出。在选举单名制选区的 300 名众议员时，根据最近一次的人口普查结果将全国划分为 300 个选区，每个区选出 1 名众议员。但对于人口较少的州也必须至少划分为 2 个选区，保证其至少有 2 人当选为众议员。在选举多名制选区 200 名众议员时，将全国划分为 5 个多名制选区。

由于从一个选区选出议员数目多少不同，选区基本上可划分为两类：

（一）单名制选区

又称单选区制或小选区制，即每个选区只选出议员 1 名。在采单名制选区，选票的计算不可能采取比例代表制。

（二）多名制选区

又称复选区制或大选区制，即每个选区选出议员 2 名以上。在采用多名制选区的地方，可采用比例代表制或多数代表制计算选票。在一些国家内往往不是实行单一的选区制，即有的省实行多名制选区，个别地方实行单名制选区。此外，在一国内，单名制和多名制选区制度的实行在不同时期也常常会有变化。

---

① 《特立尼达和多巴哥共和国宪法》，引自姜士林等主编《世界宪法全书》，青岛出版社1997 年版，第 1726 页。

阿根廷1994年8月22日修改后的宪法规定，参议院共72席，由全国23个省和联邦首都各选出的3名参议员组成。众议院257席，由各省和首都按人口比例直接选举产生。巴西现行的1988年宪法规定，众议院由各个州、地区和联邦区按比例代表制选出的人民代表组成，任何州的众议员数不多于60人和不少于8人，每个地区可选4名众议员。巴西联邦参议院由各州的当选代表组成，每州选举3名参议员。

值得一提的是，有的国家如厄瓜多尔在1929—1979年50年中，还实行过"职业代表制"。厄瓜多尔1929年宪法规定，参议员每省选1名，另有15名由各界选出：大学1名，中学和专业教育界1名，小学和师范教育界2名，新闻和学术界1名，农业主2名，商业界2名，产业界1名，工人2名，农民2名，军界1名。此外，还有1名印第安人代表。后来先后于1938年、1945年、1946年和1967年颁布和实施的厄瓜多尔宪法都规定了参议院中应有各界选出来的代表。这种"职业代表制"最初是19世纪末由法国工团主义者所倡导，主张以职业团体如工会、商会、农会、教育公会等，作为选举代表的单位。

委内瑞拉1999年宪法规定，国民议会中应有3名印第安民族代表。哥伦比亚1991年现行宪法规定，在参议院中专门给印第安居民保留2个席位，在众议院中给印第安居民保留4个席位。玻利维亚2009年宪法第146条第7款规定，设立土著民族（印第安人）的特殊选区。

有的国家选区划分与行政区划分不一致，二者的改变互不发生影响。此外，有的国家在划分选区时，还考虑人口的数量，尽量使各选区人口多少大致相平衡，但要做到这一点，难度很大。

四　直接选举与间接选举的投票制度

目前拉美大多数国家的议员，一般都通过直接选举产生。与直接选举平行的还有间接选举，即议员或官员的选举由选民选出的选举人来进行，即选民选出中间选举人，再由他们选出议员或官员。古巴在1993年以前，在选举全国人民政权代表大会代表（议员）时，就采取间接选举制度，即选区内的居民通过直接选举选出市（县）人民代表，再由市（县）人民代表选举省一级和全国人大代表。1992年7月古巴修改了宪法，改间接选举为直接选举全国人大代表。

拉美一些国家的议会中，有部分议员由总督或总统任命或指定。例如：在拉美和加勒比地区的英联邦成员国中，多米尼克一院制30名议员中，有21名由选举产生，称众议员，另外9名根据总理和反对党领袖提名（总理提名5人，反对党领袖提名4人），由总统任命，称参议员。圣基茨和尼维斯一院制14名议员中，11名由选举产生，3名由总督任命（其中2名由总理提名，1名由反对党领袖提名）。在其余两院制议会国家中，众议院议员由普选产生，参议院议员则由总督（或总统，如特立尼达和多巴哥）任命，其中多数由总理提名，少数由反对党领袖提名。如牙买加参议院共21名议员，由总督任命，其中总理推荐13名，反对党领袖推荐8名。

在拉美国家，还存在着"总选举"（大选）和"补缺选举"（中期选举）两种形式。阿根廷参议员任期6年，每2年改选1/3；众议员任期4年，每2年改选1/2；总统任期原规定为6年，1994年修改宪法后改为4年。巴西参议员任期8年，每4年改选1/3或2/3；众议员任期4年。墨西哥参议员任期6年，与总统任期相同，众议员任期3年，每3年全部改选。智利参议员任期8年，每4年改选1/2，而总统任期1993年12月由8年改为6年。凡举行总统选举的，一般称"总统选举"（大选）；凡不是总统选举，而是1/3或1/2或全部众议员（或参议员）选举的，一般称"补缺选举"（中期选举）。

五　选票计算制度

拉美多数国家，如委内瑞拉、秘鲁、哥伦比亚、乌拉圭等是采取多数代表制，圭亚那等个别国家基本上采用比例代表制，墨西哥等少数国家采用多数代表制和比例代表制混合选票计算制度。

多数代表制　多数代表制亦称多数选举制，其基本特点在于，在一个选区得票最多的政党独占这个选区的全部议席，而得票较少的少数党则没有当选为代表（议员）的机会。多数代表制可以实行于小选区内，也可以实行于大选区内。由于各国的具体情况不同，有的采取相对多数代表制，有的采取绝对多数代表制。

（一）相对多数代表制，又叫一轮选举制，即在一个选区，政党和候选人只需得到简单多数即较多数的选票，即可当选和取得全部议席。玻利维亚 2009 年宪法第 146 条规定，1. 众议员有 130 名成员；2. 在每个选举部门，一半议员在单议席选区中选出，另一半议员在总统、副总统和共和国参议员候选人组成的复合选区名单中选举产生；3. 议员由全民投票，直接、匿名选举中产生。根据法律规定，在单议席选区以简单多数票计算，复合选区名单的选举采用法律规定的代表制。

（二）绝对多数代表制，又称二轮选举制和过半数选举制，是一种比较复杂的选举制。按照这一选举制，一个或者几个候选人必须取得比其他候选人较多的，并且超过选民投票半数以上的选票，方能当选。如古巴 2019 年 8 月 19 日颁布的新选举法规定，全国人大代表或市（县）人大代表的候选人只有获得半数以上有效选票时方能当选。如第一轮选举中，有的人大代表候选人的得票不到 50%，则要举行第二轮投票。

关于"绝对多数"选票的计算方法，拉美各国并不一致。有的是按登记选民数计算"绝对多数"，有的（如古巴）是按有效投票数计算"绝对多数"，也有按参加投票者的投票数计算"绝对多数"的。

当采用绝对多数代表制计算选票时，如果没有任何一个政党候选人所得选票超过半数，需要进行再投票，即二次投票。二次投票有两种办法，一种是对候选人全部再投票，经过再投票以后以得票较多者当选，不管所得选票是否超过半数；另一种是对第一次选举得票最多的 2 个候选人举行再投票（即"多数两轮投票制"），由选民在二者中选择其一。在举行第二轮选举时，各国采用的方法不尽相同，有的规定不必获得半数以上票数，只要得到相对多数票，即可当选；有的规定必须获得半数以上票数，才能当选。

阿根廷选举法规定，在第一轮选举中获得 45% 以上选票，或者获得 40% 选票但比第二名多 10% 的候选人，才能当选总统。达不到上述票数，需要举行第二轮投票，由得票最多的前两名候选人再次角逐总统宝座。

比例代表制　比例代表制是使各政党所得的议席与其所得的票数成正比的一种选票计算制度，即各政党在议会中所得的议员名额，决定于它们的候选人所获得的总票数。在选举中，只要得到 1 名议席所必需的当选票额，便可选出 1 名议员。比例代表制只能实行于大选区内，在一个选区只能选出 1 个议员的小选区内是无法采用比例代表制的。

圭亚那现行1980年宪法规定，在65名国民议会议员中，53名议员按大选中各竞选政党得票比例分配，即采用比例代表制。

多数代表制和比例代表制混合方式   这种方式就是在选举中两种方式都采用，既采用多数代表制，又采用比例代表制。墨西哥在1963年以前，实行多数代表制，众议员的席位几乎全部被执政的革命制度党垄断。1963年6月22日，马特奥斯总统修改宪法，实行政党代表制，规定凡在单名选区未获多数票的政党，若在全国获得总票数的2.5%以上，均可取得5名政党代表（众议员）的席位；每增加0.5%的选票即可增加1席，但每个政党按此种方式获得的席位总数不得超过20席。埃切维里亚总统执政时期（1970—1976年），再次修改宪法，颁布新的选举法，将政党代表席位的最高限额由20席增至25席，并要求各政党获总票数的比例由2.5%降为1.5%。1979年，洛佩斯·波蒂略总统废除了政党代表制，实行比例代表制。在墨西哥众议院400名议员中，300名按多数票选举制在全国直接选举产生，100名按比例代表制原则在各少数党中分配。按选举法规定，凡声明拥护宪法，公开其政治纲领，并拥有6.5万名以上党员的全国性政党都可参加议会竞选。申请参加竞选的政党在300名众议员的直接普选中，应在1/3的选区拥有候选人，如果未获得稳定多数，但总票数占全国选票的1.5%以上，则可参加100名比例代表制众议员的选举。各政党根据获得总票数的多少分配候选人的名额。各政党按比例推举出的100名候选人在全国5个复名选区实行名单式选举。德拉马德里总统执政期间（1982—1988年），于1988年起，将众议院席位增至500席，其中200席为比例代表制众议员，以进一步扩大少数政党在众议院的代表性。塞迪略总统在1994年12月1日就任总统后，于1996年7月26日同4个主要政党达成政治改革协议，7月31日和8月1日，经墨西哥众、参两院通过后成为宪法修正案。该修正案规定，任何政党在众议院中的席位不能超过300席（共500席），自1997年起，有32名参议员（共128席）按比例代表制产生。2007年11月修改后的墨西哥宪法第52条规定，众议院应在所有选区通过单一选举制度的多数投票原则选举出的300位议员，和根据比例代表原则通过与人民投票成比例的选举少数党席位的多

数原则，从区域名单中选举出的 200 位议员组成。^①

竞选运动　竞选运动使选举进入白热化的高潮，成为选举中至关重要的关键阶段。拉美国家的竞选运动大致可分为以下几个环节：

（一）选举经费的筹措。拉美一些国家的选举经费相当庞大，如墨西哥革命制度党为 1993—1994 年竞选运动共花费了 2.5 亿美元，平均每 1 张选票花费 72.1 美元。如此庞大的选举费用，主要来自大的财团。在公众的压力和各政党派系之间的激烈斗争下，拉美一些国家对竞选经费制度作了较大的改革。1996 年 7 月 31 日和 8 月 1 日，墨西哥众、参两院先后通过宪法修正案，规定各政党的活动经费和竞选费用主要靠公共机构提供，而不是靠私人提供，法律将规定各政党获取经费的适当比例，确定竞选费用的最高限额，对经费使用进行监督。

（二）竞选纲领的制定和宣传。在选举的筹备阶段，各政党的首要任务之一，就是制定竞选纲领和开展宣传活动。每个政党的竞选纲领，由该党全国领导机构拟定，有的还需经党的全国代表大会通过后，再行公布。党的主要领导人的演说，往往被认为是竞选纲领的重要解释和补充。

各党的竞选纲领与口号是根据其所代表的阶层的利益和要求而提出，也是根据各党不同地位，揭露其主要竞争对手的弊病而针锋相对提出的。如委内瑞拉第五共和国运动领导人、竞选联盟"爱国中心"的总统候选人乌戈·查韦斯在 1998 年竞选运动中顺应民心，提出"政治廉明、严惩贪官"的口号和纲领，以超出半数近 7 个百分点的绝对多数票于同年 12 月 6 日当选为委内瑞拉新总统。

（三）竞选机构的组织和候选人的挑选。为参加竞选，各党都自己成立庞大的选举机构。如墨西哥前总统塞迪略（1994—2000 年执政），1993 年时是墨西哥公共教育部长。他所在的执政党革命制度党于 1993 年 11 月推举社会发展部部长科洛西奥为总统候选人后，科洛西奥请他担任其竞选委员会的协调员（即主任）时，他欣然接受，并为此辞去教育部长职务。后因科洛西奥遇刺身亡，该党推举塞迪略继任该党总统候选人，在 1994 年 8 月大选中获胜当选总统。这说明，竞选机构对竞选能否获胜起

---

① 《世界各国宪法》编辑委员会：《世界各国宪法　美洲大洋洲卷》，中国检察出版社 2012 年版，第 636 页。

着重要作用。

各党候选人的推举也是一项十分重要的工作。候选人的推举一般分两步,第一步先由所在政党挑选确定,然后再为某一选区正式提出。但也有一步产生的,即不需经选区提出。近些年来,为了确保自己能在竞选中获胜,在多党制的不少拉美国家,常常采用"政党联盟"的制度,即由几个政党联合推举总统和副总统候选人。如委内瑞拉总统查韦斯就是作为由第五共和国运动、争取社会主义运动、大众党、独立团结运动等组成的竞选联盟"爱国中心"推举的候选人,参加竞选获胜的。2018年7月1日,墨西哥国家复兴运动党领导人安德烈斯·曼努埃尔·洛佩斯·奥夫拉多尔作为由国家复兴运动党、墨西哥劳动党和全国汇合党组成的"我们一起创造历史"联盟的候选人参加竞选获胜,当选总统,并于同年12月1日就任总统。

(四)争取选票 当正式的候选人公布后,随着选举日的宣布,各政党的竞选机构和候选人便全力投入竞选运动,积极争取选票,利用电视、电台等各种传媒,走遍全国各地发表演说,散发各种宣传品。有的候选人甚至动用非法手段收买选票,贿赂选举官员,伪造选民名册,偷换和涂改选票等。

六 选举法庭或选举委员会

为使选举顺利进行,拉美国家一般都建立选举法庭(或最高选举法庭)或选举委员会,主要负责组织、领导、监督和保证选举能自由、诚实和有效地进行。

选举法庭或选举委员会产生的办法、其成员的资格各国不尽相同。如巴拿马现行1972年宪法第142条规定,选举法庭由3名法官组成,1名由立法机构任命,1名由行政机构任命,1名由最高法院任命,任期为10年。第143条规定,巴拿马选举法庭的主要职责是:对公民出生、婚姻、死亡、归化入籍以及涉及自然人民事状况的其他法律事实和行为进行注册登记;发放公民身份证;制定、解释和执行选举法,并对执行过程中产生的争执予以处理;依据法律对有损选举自由与公正的违法与犯罪行为予以惩处;组织、领导和监督选民登记,解决有关的分歧、意见和申诉;公布选民普查;办理申请移民与归化入籍的证书;任命选举机构的成员，在这些机构中确保每个合法政党有代表参加；提出选举预算等。① 从巴拿马选举法庭的职能来看，它既是法庭，又是选举委员会。

厄瓜多尔 2008 年现行宪法第 218 条规定，国家选举委员会应由 5 名主要委员组成，任期 6 年，每 3 年更新一次，第一次更新 2 名，第二次更新 3 名。另设有 5 名候补委员，以同样方式更新。厄瓜多尔宪法第 220 条规定，选举争议法院由 5 名常任成员组成，任期 6 年。每 3 年更新一次，第一次更新 2 名，第二次更新 3 名。另设有 5 名候补委员，以同样方式更新。选举争议法院成员应完成国家承认的法学高等教育，且正式从事律师、法律职业或担任大学法学教师 10 年以上。选举争议法院的职责是审理针对国家选举委员会或地方选举委员会提出的选举指控、针对政治组织的诉讼；处罚违反竞选资金、广告、费用的相关规定或其他选举规定的行为。②

巴西选举法院和选举法官是巴西司法机构的组成部分。1988 年巴西宪法第 118—121 条有关条款规定③，选举法院由高等选举法院、地区选举法院、选举法官和选举委员会组成。高等选举法院由至少 7 名法官组成，其中 3 名从联邦最高法院法官中推选，2 名从联邦上诉法院法官中推选，另 2 名由联邦法院提名，总统任命。在每个州的首府和联邦区设立 1 个地区选举法院，选举委员会由司法法官领导，其成员由地方选举法院通过并由该院院长任命。选举法院和选举法官的职权是：接受和取消政党登记以及对其财政实行监督；划分全国选区，进行选民登记；确定选举日期；安排选举程序，澄清选举事宜和发放选民证；裁决对无选举资格的控告，对违犯选举法律的罪行起诉和审理；依照法律对政党提出的起诉进行审理等。

委内瑞拉 1999 年宪法第 296 条规定，国家选举委员会由 5 名独立于个政党的成员组成，其中 3 人由公民社会提名任命，1 名由大学法学院与政治学院提名，1 名由公民权（Poder Ciudadano）提名任命。国家选举委

---

① 《世界各国宪法》编辑委员会：《世界各国宪法　美洲大洋洲卷》，中国检察出版社 2012 年版，第 138 页。

② 《世界各国宪法　美洲大洋洲卷》，第 383—384 页。

③ 《世界各国宪法　美洲大洋洲卷》，第 180—181 页。

员会的任命应获得由国民会议 2/3 代表通过。①

　　1996 年以前墨西哥联邦选举委员会总参事会主席一直由内政部长担任。1996 年 7 月 31 日和 8 月 1 日，墨西哥众、参两院先后通过宪法修正案，规定行政机构（政府）不能干预选举机构。内政部长不再主持联邦选举委员会的总参事会，也不再任参事。联邦选举委员会总参事会主席由众议院 2/3 多数票选举产生；联邦选举委员会总参事会由主席、8 名参事、在议会中有席位的政党各派 1 名代表（有发言权，但无投票权）和 1 名执行秘书（有发言权，但无投票权）组成。8 名参事由众议院 2/3 多数票选举产生，任期 7 年，不得兼任其他职务和工作；由最高法院主管选举，联邦选举法庭由最高法院主管。墨西哥选举法庭的功能是确保公民行使选举权，解决选举中的纠纷和对选举当局的不满。选举法庭由一个高级选举法庭（由 7 名法官组成，任期 10 年）和 5 个地区选举法庭组成。2014 年墨西哥国会修改了宪法有关条例，规定墨西哥选举机构由国家选举委员会（Instituto Nacional Electoral）、联邦司法权选举法庭和处理选举犯罪的特别检察院 3 个机构组成。②

本章小结

　　本章主要介绍了拉美国家的政治体制，包括国体和国家结构、政体、国家机构、议会、司法制度和选举制度等。由于拉美国家的国体、国家结构和政体不尽相同，所以其国家机构、议会制度、司法制度和选举制度也有所不同。

思考题

一、名词解释

总统　总督　国务委员会　执政委员会　政府　内阁　国体　政体
国家结构　单一制　复合制　联邦制　邦联制　总统制　议会制　议
会　一院制　两院制　古巴全国人民政权代表大会　立法权　行政权

---

① 《世界各国宪法　美洲大洋洲卷》，第 883 页。

② Sistema Político Electoral Mexicano ｜ Instituto Nacional Electoral，https：//portalanterior. ine. mx/archivos3/portal/historico/contenido/Sistema_ Politico_ Electoral_ Mexicano/.

司法权　最高法院　高级法院　地方法院　检察院　民事法院　刑事法院　普通法院　专门法院　陪审制度　陪审员

二、简答题

1. 拉美有几种国家元首？他们有何区别？

2. 政府和内阁有何异同？

3. 拉美目前有哪几个国家采用联邦制？拉美国家的联邦制有些什么特点？

4. 拉美议会制度有哪几种类型？

5. 拉美总统制国家的议会有哪些特点？

6. 拉美议会制国家的议会有哪些特点？

7. 拉美国家法院有哪几种？拉美国家的法院有哪些特点？

8. 拉美国家法院一般分成几个审级？

三、论述题

1. 拉美国家中央政府与地方政府各有什么职权？它们之间的关系如何？

2. 拉美国家的政体有哪几种？它们各自有些什么特点？

3. 试论古巴全国人民政权代表大会的性质和特点

4. 简述拉美国家的司法制度的基本内容及其功能

阅读参考文献

袁东振、徐世澄：《拉丁美洲国家政治制度研究》，第三、四、五、六、八、九、十、十一章，世界知识出版社 2004 年版，第 79—149 页，第 168—271 页。

[美] 霍华德·J. 威亚尔达、哈维·F. 克莱恩编著，刘捷、李宇娴译：《拉丁美洲的政治与发展》，第二部分南美洲的政治制度，第三部分中美洲和中部美洲及加勒比地区的政治制度，上海译文出版社 2017 年版，第 79—518 页。

《世界各国宪法》编辑委员会：《世界各国宪法美洲大洋洲卷》，中国检察出版社 2012 年版，第 1—589、622—973 页。

张友渔主编：《世界议会辞典》，中国广播电视出版社 1987 年版。

姜士林等主编：《世界政府辞书》，中国法制出版社 1991 年版。

王晓明主编：《世界各国议会全书》，世界知识出版社 2001 年版。杨柏华、明轩：《资本主义国家政治制度》，世界知识出版社 1984 年版。

罗豪才、吴撷英：《资本主义国家的宪法和政治制度》，北京大学出版社 1983 年版。

Jacques Lambert，*América Latina Estructuras e instituciones políticas*，Ediciones Arierl，Barcelona，España，1978.

Dieter Nohlen，*Los Sistemas electorales en América Latina y el Debate sobre reforma electoral*，Universidad Nacional Autónoma de México，1993.

Inter – American Dialogue：*Overview of Latin American Electoral System*，http；//www. georgetown. edu/pdba/Elecdatas/systems. html.

第 四 章

拉美国家的政党和政党制度

内容提要

政党是拉美政治的重要参与者，政党和政党制度的发展是拉美政治发展的重要内容。据统计，20 世纪末，拉美共有各类较大的政党 300 多个。在拉美国家独立后约半个世纪时间里，逐步形成了保守党与自由党两大政治势力。20 世纪 20—30 年代拉美开始产生现代政党。第一次世界大战特别是第二次世界大战以后，拉美政党逐渐多样化，出现了一些代表新兴资产阶级的政党和代表新兴无产阶级的政党。第一次世界大战后，在俄国十月革命的影响下，拉美各国陆续成立了共产党。20 世纪 40—50 年代，拉美新成立的各类政党约 40 个，其中多数是代表民族资产阶级利益的民族主义政党。到 80 年代中期，拉美各国比较重要的民族主义政党已经发展到 60 多个。80 年代中期以来特别是进入 21 世纪后，随着世界格局和拉美形势的变化，拉美政党格局和制度也发生了新的变化。拉美政党制度大体可分成以下三类：多党制、两党制和一党制。当代拉美政党主要的功能是：参加选举、控制议会、执掌政权、监督执政党及其总统和政府和从事各种政治活动和斗争。

政党是现代世界各国普遍存在的一种社会政治现象，政党的斗争是各阶级政治斗争的最明显的表现。在发达的资本主义国家，占统治地位的资产阶级通常通过政党来操纵选举活动，控制议会立法，掌握政府权力。而无产阶级反对资本主义制度，维护自己的权益，争取本阶级的解放的斗争，通常也是由政党来代表的。在社会主义国家，争得政权的工人阶级政党在国家政治生活中处于核心的地位，党的领导是社会主义建设取得胜利的基本保证。在包括拉美国家在内的发展中国家和地区，广大人民争取民族解放的斗争，以及在取得国家独立后维护民族独立、国家主权、发展民族经济和文化的斗争，在大多数情况下，也是由政党来代表的。

马克思主义政党学说认为，阶级性质是政党的本质属性。任何政党都是代表一定的阶级、阶层或社会集团并为其根本利益而斗争的政治组织。而一些资本主义国家的政治学家对政党的论述，往往只涉及政党的外部特征，而没有揭示出政党的本质属性和根本目的。

政党是社会政治上层建筑的组成部分之一，有别于国家的组织和一般带有政治性的社会团体，总的来说，政党具有以下几个显著的特征：一、政党一般都有自己的政治纲领。政治纲领通常规定了政党的政治目的、任务和政策，集中反映了政党所代表的阶级、阶层或社会集团的根本利益和意志。二、政党都具有明确的政治目标，这个政治目标就是为本阶级争取和实现对国家生活的统治权。三、政党通常都是由最有威信、最有影响、最有经验的领袖集团主持的，任何政党都有比较稳定的领导核心。四、政党都具有组织纪律性，政党通过成文或不成文的组织纪律来约束其成员的行为。

据统计，20 世纪末 21 世纪初，拉丁美洲国家共有各类较大的政党300 多个。在发展中国家中，拉美不仅是政党数目较多的地区，也是政党产生最早的地区，比亚洲、非洲至少早半个世纪。

第一节　拉美国家政党和政党制度的沿革

从独立建国后一直到 21 世纪初，拉丁美洲地区国家政党的发展大致可分为三个时期第一时期从拉美独立战争至 20 世纪初，第二时期从 20 世纪初至 80 年代中期，第三时期从 20 世纪 80 年代中期至 21 世纪初。进入21 世纪后，拉美国家政党发展又进入一个新的时期。

一　拉丁美洲独立战争后至 20 世纪初

1808—1826 年，西班牙属美洲殖民地人民为摆脱殖民统治进行了独立战争。独立战争后，拉美建立了一系列民族独立国家。但是，由于各国资本主义经济脆弱，封建经济仍占统治地位，政治上普遍实行独裁制度。各国统治阶级内部逐步形成了保守与改良两大政治势力。

保守势力代表大庄园主、考迪罗（军事独裁者）和天主教会的利益，主张政教合一，实行中央集权制，反对改革；改良势力代表商业资产阶级和部分开明地主的利益，主张政教分离，实行联邦制，要求进行社会和经济改革，为发展资本主义扫除障碍。在哥伦比亚、乌拉圭、萨尔瓦多等国和地区，两大政治势力仿效英、美资产阶级政党制度，先后建立了保守党和自由党①。

大体来看，在独立后约半个世纪时间里，保守党占的优势比较大。到 19 世纪末和 20 世纪初，自由党逐步占据优势。保守党和自由党是拉美传统的政党。在一些国家里，保守党被称作白党（乌拉圭）、国民党（洪都拉斯）；自由党被称作红党（乌拉圭）。但在巴拉圭，保守党被称作红党。目前，这些传统的政党仍在约 10 个拉美国家存在。有的国家的传统政党已合并成一个党，如智利的保守党和自由党于 1966 年合并成国民党。此外，19 世纪下半叶，在智利（1857 年）和阿根廷（1891 年）等国建立的激进党也可算作自由党范畴。

二　20 世纪初至 80 年代中期

现代拉美政党大约在 20 世纪 20 年代和 30 年代才开始产生。第一次世界大战特别是第二次世界大战以后，随着拉美各国经济的发展，民族资产阶级的力量日益增长，各国人民反帝反封建反独裁的斗争不断发展。拉美政党逐渐多样化。出现了一些代表新兴资产阶级的政党和代表新兴无产阶级的政党。到第二次世界大战结束时，拉美的民族民主运动出现了新的高涨形势。40—50 年代，新成立的政党约 40 个，相当于独立战争后一百多年所建政党的总和。其中，多数是代表民族资产阶级利益的民族主义政党。这些政党具有一定的群众性，同传统的保守党和自由党有显著的区别。

这一阶段成立的比较重要的政党有：第一次世界大战后成立的秘鲁

---

①　Robert J. Alexander, Political Parties of the Americas, pp. 16 – 17, Greenwood Press, Westport, 1982.

美洲人民革命联盟（1924 年，简称阿普拉党，后改称秘鲁人民党）、墨西哥国民革命党（1929 年，先后改称墨西哥革命党、革命制度党）、智利社会党（1933 年）、多米尼加革命党（1939 年）等。第二次世界大战期间成立的委内瑞拉民主行动党（1941 年）、玻利维亚民族主义革命运动（1941 年）、哥斯达黎加社会民主党（1945 年，后改称民族解放党）等。战后至 60 年代末成立的阿根廷正义党（1945 年，即庇隆主义党）、委内瑞拉独立竞选政治组织委员会（1946 年，后改称基督教社会党）、厄瓜多尔人民力量集中党（1946 年）、苏里南民族党（1946 年）、秘鲁人民行动党（1956 年）、智利基督教民主党（1957 年）、圭亚那人民全国大会党（1957 年）、尼加拉瓜桑地诺民族解放阵线（1961 年）、玻利维亚左翼民族主义革命党（1964 年）、巴西民主运动（1966 年）等。70 年代至 80 年代中期成立的政党主要有：委内瑞拉激进事业党（1972 年），玻利维亚左派民族主义革命运动（1973 年），多米尼加解放党（1973 年），厄瓜多尔民主左派党（1977 年）、人民民主党（1978 年）、人民民主运动（1978 年），玻利维亚左派革命阵线（1978 年）、民族主义民主行动党（1979 年），巴拿马民主革命党（1979 年），萨尔瓦多法拉本多·马蒂民族解放阵线（1980 年）、民族主义共和联盟（1981 年），厄瓜多尔罗尔多斯党（1982 年），巴西自由阵线党（1984 年）等。到 80 年代中期，拉美各国比较重要的民族主义政党已经发展到 60 多个，分布在拉美 30 多个国家和 4 个未独立地区。

这一阶段，拉美政党的发展出现了一些新的特点：

（一）一些传统政党由于党内阶级构成发生了变化，在民族民主运动的推动下，民族民主的倾向有所加强。如哥伦比亚的自由党和保守党、乌拉圭的红党和白党、智利的激进党和阿根廷的激进公民联盟等。20 世纪 80 年代初，哥伦比亚保守党的主张，实质上同自由党已无多大区别。智利的保守党和自由党则于 1966 年合并成一个党（国民党）。

（二）无产阶级政党在曲折中前进。19 世纪后期工人运动的兴起和科学社会主义的传播，为拉美各国无产阶级政党的诞生提供了前提。到 20 世纪初，一些拉美国家相继建立了社会党。第一次世界大战后，在俄国十月革命的影响下，拉美各国陆续成立了共产党，其中有的共产党是在社会党的基础上改组而成立的。

1918 年 1 月，阿根廷社会党左派建立了拉美第一个共产党，即国际社会党（1920 年改称共产党）。在第三国际存在期间（1919—1943 年），拉美当时 20 个独立国家除玻利维亚以外，先后都建立了共产党：墨西哥共产党（1919 年）、乌拉圭共产党（1921 年）、智利共产党（1922 年）、巴西共产党（1922 年）、危地马拉共产党（1924 年）、古巴共产党（1925 年，后改称人民社会党）、尼加拉瓜劳动党（1925 年）、厄瓜多尔社会党（1926 年，1931 年改称共产党）、洪都拉斯共产党（1927 年）、秘鲁社会党（1928 年，1930 年改称共产党）、萨尔瓦多共产党（1930 年）、巴拿马共产党（1930 年）、哥伦比亚共产党（1930 年）、哥斯达黎加共产党（1931 年）、委内瑞拉共产党（1931 年）、巴拉圭共产党（1933）、海地共产党（1934）、多米尼加民主革命党（1942，1944 年改称人民社会党，1965 年改称共产党）。此外，美国殖民地波多黎各也于 1934 年建立共产党。

拉美各国共产党成立后，积极宣传马克思列宁主义，开展工人、农民和学生运动。20 世纪 30 年代和 40 年代拉美各国共产党响应共产国际的号召，积极开展建立人民阵线、反对法西斯主义和本国反动势力的斗争，使拉美共产党的力量迅速壮大。拉美各国共产党党员总数从 1937 年的 9 万人增至 1947 年的 46.7 万人。党的政治影响和在群众中的威望显著提高。1947 年，在拉美各国议会中，有共产党议员 72 人。在厄瓜多尔、智利等国，共产党人还一度进入内阁。

但是，20 世纪 40 年代后期，拉美一些共产党受美国共产党白劳德主义的影响，力量有所削弱。战后，拉美各国政府在"冷战"气氛下掀起一股反共逆流，对拉美共产党进行迫害和镇压。

由于 1956 年苏共二十大以后整个国际共运所出现的复杂形势，拉美共运内部产生了比较严重的思想混乱，导致拉美各国共产党普遍发生组织上的分裂，党的力量进一步削弱，而且有些党在相当程度上脱离了本国群众。

20 世纪 70 年代初，有些拉美国家的共产党在合法斗争方面取得过一些成效和胜利。例如，智利共产党曾与智利社会党等组成人民团结阵线，在 1970 年大选中获胜，成为 1970—1973 年智利的主要执政党之一。又如，乌拉圭共产党也和其他左翼政党组成"广泛阵线"，在 1971 年大选中取得了较大的胜利。然而，1973 年，智利和乌拉圭都发生右翼军事政变，这两个共产党均遭到了严厉的镇压。

20 世纪 70 年代后期和 80 年代初，拉美地区的形势发生了重大变化。随着民主化进程的发展，拉美共产党绝大多数都已恢复了合法地位，力量有所恢复和发展，并且积极探索适合本国国情的斗争目标与策略。

（三）一些国家出现了信奉托洛茨基主义的托派组织。从 20 世纪 20 年代中期起，托派组织从共产党内分离出来。30 年代拉美的托派组织有一定的发展。1937—1940 年托洛茨基曾流亡墨西哥，亲自传播其主张。40 年代中期至 50 年代中期，除个别国家外，拉美托派处于衰落状态。60 年代又趋活跃。80 年代初拉美共有 30 多个托派组织，分布在 12 个国家，其中比较重要的有玻利维亚劳工革命党、秘鲁劳工革命党和阿根廷劳工革命党等。这些党在其纲领中提出"彻底的马克思主义"和一些极左的口号，在一些青年学生、小资产阶级分子及部分工农群众中有一定影响。

（四）一度出现过法西斯政党。20 世纪 30 年代，由于德、意、日法西斯主义的渗透和影响，拉美曾一度出现过一些法西斯政党，如智利的纳粹党、巴西的统合党和墨西哥的辛纳基联盟等。第二次世界大战后，这些法西斯党多数已消失。

三　20 世纪 80 年代中期至 21 世纪初

20 世纪 80 年代中期以来，世界格局发生了急剧的变化，拉美的政治经济形势也发生了重大变化。世纪之交的拉美政党格局和政治体制随之出现了新的发展趋势。

（一）拉美各类政党对政策主张作了重大调整，相互之间的分歧缩小，出现某种趋同现象。左、中、右政党结盟或多党联合执政的趋势在发展。如 1994 年和 1998 年连续当选巴西总统的卡多佐，两次都是由 4 个政治倾向不尽相同的党巴西社会民主党、自由阵线党、巴西工党和自由党组成的联盟提名为总统候选人的。在 2002 年 10 月巴西的大选中，劳工党领袖卢拉同中右政党自由党结盟，并选择巴西纺织业大企业家、亿万富翁何塞·阿连加尔作为副总统候选人，赢得了大选。哥伦比亚保守党安德烈斯·帕斯特拉纳在 1998 年 8 月就任总统后，组成了以保守党为主、自由党为辅和独立人士参与的"超党派"政府。

（二）政党格局发生变化，一些传统政党遭到"第三党"和独立派力量的挑战，影响下降，反对党和新党的力量上升，打破了"一党独大"或两党制格局。如在委内瑞拉 1993 年大选中，由 10 多个小党组成的全国汇合党获胜，打破了长期由民主行动党和基督教社会党两党轮流执政的格局。在 1998 年 12 月大选中，由"第五共和国运动"等组成的"爱国中心"候选人乌戈·查韦斯击败传统政党候选人，当选总统。在墨西哥，革命制度党在 2000 年 7 月 2 日举行的大选中败北，由反对党国家行动党和绿色生态党组成的变革联盟提名的候选人比森特·福克斯获胜，成为墨西哥现代史上第一位反对党总统，从而结束了革命制度党长达 71 年的一党统治和官方党长期执政的总统制政党政治模式，这标志墨西哥政坛已进入三大政党鼎立的新局面。秘鲁新成立的"秘鲁可行党"在 2001 年 6 月 3 日第二轮选举中击败传统政党阿普拉党（人民党）的候选人阿兰·加西亚，经济学家亚历杭德罗·托莱多当选总统，并于同年 7 月 28 日就任。在 2002 年 5 月 26 日哥伦比亚举行的大选中，独立人士阿尔瓦洛·乌里韦作为新成立的"哥伦比亚第一"的候选人击败传统的自由党和保守党的候选人获胜，并于同年 8 月 7 日就任。2002 年 10 月 27 日巴西左翼的劳工党领袖卢拉在大选中获胜，当选为总统。同年 11 月 24 日厄瓜多尔左翼军官、新成立的"1·21 爱国社团"党领导人卢西奥·古铁雷斯在大选中获胜，当选为总统。

（三）拉美政党的地区性和国际性组织活动日趋活跃，协调交流增加。目前拉美地区共有 6 个地区性政党组织。"拉美政党常设大会"由拉美各国中左翼民族民主政党于 1979 年建立，初建时有 22 个成员党，自 1986 年以来，该组织活动频繁，成员党不断增加，21 世纪初已有 50 多个成员党。"社会党国际拉美和加勒比委员会"在 1978 年成立时只有 10 个成员党，21 世纪初已增至 36 个。1986 年由 12 个没有参加社会党国际的拉美社会党建立的"拉美社会党协调委员会"，21 世纪初已扩大到 20 多个政党。1986 年创建的"拉美民主政党论坛"现已有 18 个国家的 40 多个政党参加。1947 年建立的"美洲基督教民主组织"21 世纪初已有 26 个国家的 31 个成员党。

由拉美左翼政党创建的"圣保罗论坛"在 1990 年创办时有 60 个成员党，到 21 世纪初已发展到 112 个成员党。2002 年 12 月 2—4 日，来自拉美国家以及欧洲、亚洲、非洲和大洋洲 44 个左派党和组织的近 700 名领导人或代表出席了在危地马拉首都危地马拉城举行的第 11 次圣保罗论坛会议。会议通过的最后声明批评拉美国家政府所奉行的新自由主义经济政策，反对美国倡议建立的美洲自由贸易区和"哥伦比亚计划"，谴责美国的单边主义将世界推向战争的边缘，反对美国在中东地区的战争政策，批评国际货币基金组织和世界银行对阿根廷危机见死不救的态度，对古巴革命表示声援，对拉美左派在巴西、厄瓜多尔等国大选所取得的胜利和委内瑞拉查韦斯政权的巩固表示祝贺。声明重申拉美左派党和组织反对帝国主义的决心与建立国际新秩序的愿望，并提出近期的斗争目标是争取和平与民主，寻求一种替代性拉美一体化模式。经过十多年的发展，圣保罗论坛已成为拉美地区最重要的左派政党和进步组织的论坛，圣保罗论坛每年一次的年会已成为拉美和世界左派政党的重要聚会。拉美各类政党呈现依靠地区性组织联合自强，不断巩固与扩展自身政治影响和活动空间的倾向。

第二节　拉美国家政党的分类

拉美各国政党林立、派别繁多，根据政党的性质，大致可分为资产阶级（包括小资产阶级）政党和无产阶级政党两大类。而前者又可划分为基督教民主主义政党和社会民主主义政党，此外，还有一些其他资产阶级或小资产阶级政党。

一　社会民主主义政党

拉美的社会民主主义思潮源于第二国际。20 世纪 60 年代以后，随着拉美民族民主运动的发展，这一思潮的影响逐步增加。拉美社会民主主义既批评资本主义，又反对共产主义，主张实现社会民主主义，即在政治、经济、社会和国际关系方面实现民主；宣称多元化和人权是社会民主主义思想的核心，主张实现社会和经济改革，巩固和完善民众参与的政治制度，积极推动拉美地区的一体化。

属于这类政党的有已加入社会党国际的拉美政党。20 世纪 60 年代拉美地区有 6 个政党加入了社会党国际；70 年代中期增加到 16 个；80 年代前半期增至 18 个（11 个正式成员，7 个咨询成员）；2002 年为 35 个（正式成员党 24 个，咨询成员党 8 个，观察员党 3 个）。截至 2018 年年底加入社会党国际的拉美地区政党有 28 个，分布在 17 个国家和 1 个未独立地区。28 个成员党是：阿根廷社会党、激进公民联盟，玻利维亚全国团结党，巴西民主工党，智利争取民主党、社会党、激进党，哥伦比亚自由党，哥斯达黎加民族解放党，危地马拉全国希望联盟，海地社会民主联盟党、人民斗争组织，牙买加人民民族党，墨西哥民主革命党、革命制度党，尼加拉瓜桑地诺民族解放阵线，多米尼加革命党，巴拿马民主革命党，巴拉圭民主进步党，秘鲁人民党（阿普拉党），波多黎各独立党，乌拉圭新空间党、社会党，委内瑞拉民主行动党、"争取社会主义运动"党、一个新时代党、人民意志党、争取社会民主党。另有 21 个政党曾是社会党国际成员（这些政党因各种原因退出或被中止成员国资格；有的是因为政党重新改组、与其他政党合并，有的是因为未缴纳相关费用，有的自愿退出）。这 21 个政党是：阿根廷人民社会党，阿鲁巴人民选举运动，安提瓜工党，巴巴多斯工党，玻利维亚左派革命运动，哥伦比亚民主变革中心，哥伦比亚"四·一九民主联盟"，多米尼加工党，厄瓜多尔民主左派党，萨尔瓦多民主党，危地马拉社会民主汇合党，海地民主运动全国大会党、民族主义革命进步党，巴拉圭国家团结党、二月革命党，圣卢西亚进步工党、圣卢西亚工党，圣基茨和尼维斯工党、圣文森特工党，圣文森特和格林纳丁斯团结工党，乌拉圭人民治理党[①]。近年来，由于社会党国际领导逐渐右倾，尼加拉瓜桑地诺民族解放阵线于 2019 年 1 月被开除出该组织。到 2019 年年底，社会党国际的拉美政党成员减少到 20 个。有一些党虽然没有加入社会党国际，但明确主张社会民主主义，也属于这类政党。有一些加入社会党国际的拉美政党并不叫社会党或社会民主党，而称作"运动""民族党"等。

二　基督教民主主义政党

拉美的基督教民主运动始于第一次世界大战前后，20 世纪 30 年代有

---

① 参见社会党国际官方网站资料，IS，"Partidos Miembrosde la Internacional Socialista"，http：//www. lainternacionalsocialista. org。

一定发展，第二次世界大战后逐渐发展成为拉美政治舞台上的一支重要政治力量。1947 年 4 月 23 日在乌拉圭蒙得维的亚成立"美洲基督教民主组织"。拉美基督教民主主义信奉基督教的社会伦理和人道主义原则，主张实行多元化的代议制民主，扩大民众的参与，建立"民主社会"和"共有社会"，积极推动拉美一体化。截至 2020 年 3 月，现已加入"美洲基督教民主组织"（Organizacion Democratica Cristiana de America，ODCA）的有拉美 20 个国家、3 个地区的 35 个成员党（正式成员党 30 个，观察员党 5 个）。30 个正式成员是：阿根廷基督教民主党、正义党，玻利维亚社会民主运动、基督教民主党，巴西民主党，智利基督教社会党，哥伦比亚保守党，哥斯达黎加基督教社会团结党，古巴基督教民主党等 4 个基督教性质的政党，厄瓜多尔基督教社会联盟，萨尔瓦多基督教民主党，海地全国进步民主组织，洪都拉斯基督教民主党，洪都拉斯民族党，墨西哥国家行动党，巴拿马人民党，巴拉圭基督教民主党，秘鲁基督教人民党，巴拿马基督教社会改革党，特立尼达和多巴哥民族团结大会党，乌拉圭基督教民主党，委内瑞拉基督教社会党，还有阿鲁巴等三个地区的 5 个政党。5 个观察员党是：巴西社会民主党、基督教社会民主党，危地马拉基督教民主党，秘鲁基督教民主党、委内瑞拉汇合党。其中有的党的名称并不是基督教民主党或基督教社会党，如阿根廷正义党、哥伦比亚保守党、墨西哥国家行动党等。其中有的党现正在执政，如阿根廷正义党等。拉美的基督教民主党还有：巴拿马的基督教民主党，厄瓜多尔的人民民主—基督教民主联盟，秘鲁的基督教民主联盟，多米尼加的基督教社会改革党等。

三　无产阶级政党

20 世纪 80 年代初，拉美各国各类共产主义政党，包括共产党和自称信奉马克思主义的政党有 50 多个，党员总数约 100 万人（其中古巴共产党党员约占一半）。80 年代末和 90 年代初东欧剧变和苏联解体对拉美共产党产生了强烈的冲击，有的改旗易帜，如巴西的共产党改名"社会主义人民党"，不再信奉马克思主义，自称是"工党和社会民主党的混合物"；有的则自行解散。但是，到 20 世纪末拉美仍有 30 个共产主义政党，它们坚持将马克思主义普遍真理同本国实际相结合，探索本国革命的道路。有的共产党如乌拉圭共产党同其他左翼政党一起组成广泛阵线，主张进行合法斗争，建立多党制和混合经济的社会。就政治地位而言，目前拉美地区的共产党大体有四类。第一类是执政党，古巴共产党是该国唯一合法政党，已连续执政近 60 年。第二类是参政党，巴西、委内瑞拉、智利等国家的共产党近年通过与执政党结盟参政，不仅在议会有席位，还有党员在政府内任职。第三类是合法的在野政党。阿根廷、哥伦比亚等国家的共产党有一定政治影响，一定时期在议会占有席位，或在地方或市镇层面执政。第四类是一些未进行合法登记注册的共产党。

四 其他政党

除以上三类政党外，拉美还有一些左翼政党和组织，如巴西劳工党、厄瓜多尔"1·21 爱国社团"党、委内瑞拉统一社会主义党、乌拉圭的广泛阵线、危地马拉革命团结组织、萨尔瓦多法拉本多·马蒂民族解放阵线、玻利维亚"争取社会主义运动"党等，其中不少左翼党曾经或仍在执政，另一些左派党和组织是本国第二或第三大政治力量，在本国政治舞台中起着举足轻重的作用。

拉美还有一些保守主义党，如哥伦比亚保守党、格林纳达新民族党、洪都拉斯国民党等，其中有的是传统的老党，有的是新成立的。有的拉美保守主义的政党加入了保守党国际（国际民主联盟）。有的保守主义党曾是或仍是执政党。此外，近些年来，拉美也出现了强调生态环境保护的绿党，如墨西哥"绿色生态党"、巴西"绿党"和圭亚那"美好绿色圭亚那党"等。

近年来，拉美国家出现一批新政党。这些党不同于传统政党，往往和某个政治家有密切关联，具有浓厚的个人主义特点，很难按照传统的政党划分标准进行分类。如 2014 年建立的"为了变革的秘鲁人"党（后改名"与你同行"党），2017 年建立的萨尔瓦多"新思想"党等。这类政党有较大不稳定性，意识形态的特色也不是很鲜明，其兴衰在很大程度上取决于建立这些政党的政治领袖的命运。

第三节　拉美国家的政党制度

一　政党制度的分类

政党制度是政党组织之间相互作用的形式和模式。政党制度的研究就是研究政党组织之间相互竞争作用的形式。关于政党制度的分类，长期以来，一般将政党制度分成一党制、两党制、多党制三种类型。所谓一党制，是"指在一个国家中执政党是唯一合法的政党，或只有一个政党在国家政治生活中占统治地位"；所谓两党制，是"一个国家内存在势均力敌的两个政党，它们通过控制议会多数席位或赢得总统选举而轮流上台执政"；所谓多党制，是"一国内多党并立、相互争夺政权的政党制度"。①

意大利著名政治学家乔范尼·萨尔托里在他 1976 年出版的《政党和政党制度》一书中，将政党制度分为非竞争体制和竞争体制两大类，前者又分成 2 类，后者又分成 5 类②。被萨尔托里列入非竞争体制的 2 类政党制度是：

（一）单一党制。根据对社会控制程度的不同，单一党制又可分为一党极权制，一党权威制和实用一党制。

（二）霸权党制。即一个国家中并不存在一个合法的政党，而是存在几个合法政党，但这些党都处于从属地位，不能与执政党进行平等的竞争。这种政党制度称为霸权党制。

被萨尔托里列入竞争体制的 5 类政党制度是：

（一）优势党制，指一个国家中有许多相互竞争的政党，但只有一个政党能够长期获得选民的支持，而其他政党因支持率相差太悬殊而没有执政的可能。

（二）两党制，指一个国家中有许多相互竞争的政党，但只有两个政党有能力单独获得多数选民的支持，而轮流执政的政党制度。

---

① 熊复主编：《世界政党辞典》，红旗出版社 1986 年版，第 609—610 页。

② Giovanni Sartori, *Parties and Party Systems: A Framework for Analisis*, Vol. I, p. 230, Cambridge University Press, 1976.

（三）温和多党制或有限多党制，指一个国家中有许多相互竞争的政党，其中有 3—5 个政党获得较稳定的支持，在相互的前提下联合执政的政党制度。所谓"温和"在于各政党之间的意识形态差距较小，有合作和联合的可能性。所谓"有限"是指能问鼎政权的政党数目有限。

（四）碎分化多党制，指一个国家中有许多相互竞争的政党，其中有 5 个以上的政党都有参与执政的现实可能的多党制联合体制。

（五）极化多党制，指一个国家中有许多相互竞争的政党，其中有 5 个以上有影响的政党之间在意识形态上尖锐对立，但又都有执政可能的政党体制。

二　拉美政党制度的分类

拉美政党制度大体可分成以下三类：

（一）多党制。拉美各国的政党制度不尽相同。拉美多数国家实行多党制，如智利、玻利维亚、秘鲁、厄瓜多尔、巴西等国。在这种政党体制的国家中，存在许多相互竞争的政党，其中有 2 个以上的政党能获得较为稳定的支持，但是，任何一个政党都无力单独执政，因此，常常由政见相近的几个政党组成联盟，联合执政。

（二）两党制。拉美有一些国家实行两党制。所谓两党制并非这些国家只有两个政党。一般来说，这些国家中存在多个政党，但其中只有两大政党有实力单独获得多数选民的支持而轮流执政，其他政党力量弱小，无力与两大政党抗争。目前拉美国家实行两党制的国家大部分为英联邦国家，如巴巴多斯、牙买加、格林纳达、圣卢西亚等国。此外，在过去相当长的时期里，哥伦比亚和委内瑞拉也曾实行两党制。自 19 世纪 40 年代至 2002 年 5 月，哥伦比亚一直由保守党和自由党轮流执政。1958—1974 年，根据两党领导人达成的协议，两党轮流担任总统，共同组阁，并且平分政府部长职位及各级议会的议席。1974 年后，两党协议期满，又各自参加大选。自 1974 年至 2002 年大选，仍一直由自由党人或保守党人担任总统。然而，在 2002 年 5 月举行的哥伦比亚大选中，独立人士乌里韦作为新成立的"哥伦比亚第一"的候选人击败了传统政党的候选人获胜。委内瑞拉在 1958—1993 年，也一直由民主行动党和基督教社会党两大政党交替执政，直至 1993 年大选，这一格局才被打破。

（三）一党制。拉美个别国家实行一党制。在这类国家中，宪法规定只有一个政党合法存在并执掌政权，对该国社会生活的各个领域进行全面影响和控制，如古巴。此外，也有人把 2000 年前的墨西哥看成实行一党制的国家。实际上，墨西哥在过去相当长时期内实行的是霸权党制。因为墨西哥并不只存在一个合法的政党（墨西哥较有影响的全国性政党就有十多个），但只有一个政党（墨西哥革命制度党）处于政坛霸主地位，长期垄断政权，其他政党处于从属地位，无力与霸主党平等竞争。墨西哥革命制度党自 1929 年成立后，至 2000 年连续执政 71 年。在 2000 年 7 月举行的大选中，革命制度党失利，结束了其在墨西哥长期垄断政权的地位。

第四节 拉美国家政党的功能

政党是当代拉美国家政治中的核心力量，在当代拉美政治和社会生活中发挥重要的功能和越来越大的作用。当代拉美政党有如下的主要功能：

一 参加选举

当代拉美政党都把参加选举作为自己基本的政治活动。它们正是通过选举这一合法途径，通过总统、议会选举和地方选举，追求执掌国家和地方政权，进入议会甚至控制议会的目标。

在拉美各国，许多政党特别是力量较强的主要政党，为了迎接选举、特别是全国性的选举，往往提前一年甚至两年就进行筹备。各政党在这期间整顿组织、酝酿候选人名单、树立领导形象、提出选举的纲领和口号，以争取更多的选票。为了赢得选举，有些政党还同政治立场和观点相同或相似的政党结成选举联盟。

在竞选运动中，各参加竞选的政党千方百计为本党的候选人筹集资金，组织集会，在媒体上频频亮相，进行鼓动和宣传。有的政党为了使自己提名的候选人能当选总统或议员，不惜一切手段筹集资金或收买选票，以至于丑闻时有发生。如在秘鲁 2000 年大选中，就出现了严重的舞弊丑闻。

总之，在当代拉美各国的选举中，政党始终占据各国政治舞台和选举舞台，起着主导作用。

二　控制议会

当代拉美各国政党把进入议会和控制议会作为自己的重要目标之一。在实行议会制的拉美国家中，政党正是通过选举（或地方议会选举）进入议会，并在议会中形成多数派，进而组织政府，成为执政党。因为这些国家的总理是从议会的多数派（党）中挑选，并由总理组成多数派（党）的政府。因此，进入议会和控制议会，成为实行议会制拉美国家政党执掌政权的跳板。在实行总统制的拉美国家中，进入议会和控制议会，对巩固政权（如是执政党）或制约行政权（如是在野党或反对党）起重要作用。

当某一拉美国家的政党进入议会或控制议会后，该党往往在议会中根据议会章程的条件组织议会党团，并通过议会党团参与议会的基本活动，组织常设委员会和非常设委员会，以及其他有关的机构，以便影响或操纵议会的各种工作和活动。

当某一拉美国家的政党进入议会或控制议会后，该党往往积极从事立法活动，以便实现自己的纲领和主张；或利用议会的监督职能对政府及其成员进行监督，以便预防政党和政府滥用职能和渎职。

拉美国家的一些左翼政党在进入或控制议会后，还可以利用议会，在一定程度上提出反映本国劳动人民和中下层民众愿望和要求的政策或建议。

三　执掌政权

当代拉美各国政党都把夺取政权和保持政权作为自己的最高目标。在实行总统制的拉美国家中，通过选举登上总统的宝座，是各政党的最高目标。在实行议会制的拉美国家中，通过立法选举成为议会中的多数党，然后出任总理并组织政府、进而领导政府，是各政党的主要任务。可以说，通过选举成为执政党，当选总统或总理，控制政府和议会，实现本党的政治纲领和主张，维护本党所代表的阶级和集团的利益，是拉美各国政党的重要目标和任务，无论是对右翼政党、左翼政党，还是对中间性的政党，都是如此。因此，当代拉美国家的政权，实际上就是"政党政权"，拉美国家的总统实际是"政党总统"。

然而，当代拉美国家的选举结果，常常是由几个党组成的选举联盟所提名的候选人当选总统；而新当选的总统在组阁时，往往也让一些在野党、反对党或独立人士担任一些部长；在议会选举中，当选的议员常常属几个党；有时候，甚至出现反对党在议会中占多数席位的情况。因此，尽管总统属于某一个政党，他往往不能完全按他所属政党的意志行事。如2000年7月2日，由国家行动党和墨西哥绿色生态党组成的变革联盟候选人福克斯当选为墨西哥总统。但是，无论是国家行动党还是变革联盟在墨西哥众、参两院中均未占绝对多数席位。在众议院500个席位中，变革联盟占224席，其中国家行动党占207席。而原执政党革命制度党占211席，民主革命党50席，其他党15席。在参议院128个席位中，变革联盟占51席，其中国家行动党46席。而革命制度党占59席，民主革命党16席，其他党2席。墨西哥议会两院中主要政党的力量对比表明，福克斯作为总统，其权力受到制约。过去革命制度党为执政党时，由于该党在众、参两院中均占绝对多数席位，总统的提案总能在议会中获得通过。而福克斯总统要想使议会通过其提案，除了国家行动党和绿色生态党的支持外，至少要得到革命制度党和民主革命党两党中其中一个党的议员的支持。此外，福克斯在一些问题上的立场同他所属的国家行动党也并不完全一致。

四 监督执政党及其总统和政府

当代拉美国家的政党，特别是反对党在国家的监督体系和监督机制中，占有重要的地位和起着重要的作用。

在议会中，当代拉美国家的政党，特别是反对党虽然属于少数党或少数派，但它们可以利用政治监督权和财政表决权对政府实现比较有效的制约和监督，挑政府甚至总统的毛病，审查和批评政府和总统所推行的方针和政策，尤其是那些会导致走向极端的，甚至可能导致走向独裁的方针和政策。

反对党还可以利用其控制的报刊和其他传媒，跟踪和监视执政党、总统和政府官员，揭发其腐败现象，批评其政策和侵犯公民利益的行为，甚至搞臭执政党和政府，以便取而代之。

反对党还常常利用自己所控制的选民对执政党、总统和政府官员进行监督，选民通过舆论和社会调查或其他渠道，定期和不定期反映对执政党、总统和政府官员的看法和意见，反映对当权者所推行政策的看法和意见。

五　从事各种政治活动和斗争

当代拉美国家的政党都是各社会阶级和阶层的政治代表，由拉美社会各阶级和阶层中最积极和最活跃分子组成。他们除了参加选举、争取进入和控制议会、执掌政权等重大的政治斗争，还从事日常各种政治活动和斗争。

自第二次世界大战后，拉美国家所发生的许多重大事件、社会运动、罢工和游行示威等，大多数与政党有关，甚至是由政党发动的。在右翼政党掌权的拉美国家，罢工和游行示威常常是由左翼政党及其所控制的群众组织所发动的；而在左翼政党掌权的拉美国家，罢工和游行示威则往往是由右翼政党及其所控制的群众组织所发动的。如自2002年12月初起，委内瑞拉反对党及其控制的企业家组织和工会举行了长达数月的大罢工，反对查韦斯左翼政府，要求查韦斯下台或提前举行大选，罢工曾使委内瑞拉石油生产和出口受到严重影响。

第五节　21世纪以来拉美政党政治的新发展

进入21世纪以后，拉美国家政党和政党政治继续发生新变化。传统政党的政治地位遭遇前所未有挑战，政治影响力出现不同程度下降，但仍是该地区最重要的政治力量；一批新型政党迅速崛起并成为执政党，但这些政党很快失去活力，短期执政后便一蹶不振。在政党声誉下降和面临严重合法性困境的同时，一些缺乏政党背景的"局外人"得到选民青睐，登上政治舞台，改变了地区政党政治的格局，进一步加剧传统政党的衰败趋势。

一 拉美政党发展的新特点

（一）传统政党感召力下降，执政地位受挫，有些党一蹶不振，在国家政治生活中进一步边缘化。许多国家的传统政党丧失执政地位，其政治生存空间受到新型政党的挤压。在 21 世纪以来的大选中，许多曾长期执政的传统政党雄风不在，完全沦为配角。哥伦比亚自由党和保守党不仅失去执政地位，完全失去对国家政治生活的主导权；委内瑞拉民主行动党和基督教社会党江河日下，政治影响力下降，在 2011—2017 年国会 165 个席位中，分别只有 15 席和 5 席。曾两度执政的秘鲁人民行动党及参与联合执政的基督教人民党影响力明显下降，在 2011—2015 年国会 130 个席位中分别仅有 5 个和 6 个席位。秘鲁人民党在失去执政地位后出现衰败趋势，在 2011—2015 年国会 130 个席位中仅占 4 席，没有资格单组国会党团；在 2020 年 1 月议会选举中，竟然没有获得席位。阿根廷激进公民联盟、厄瓜多尔基督教社会党等多国老牌执政党则长期陷于一蹶不振状态；这些党已多年在野，迄今既未提出有效治国方略，也缺乏有魅力的领袖，近期仍难摆脱低迷状态。

（二）政党的稳定性减弱，一批新型政党大起大落。在传统政党衰败的同时，一批新型政党和政治组织异军突起，并迅速在秘鲁、委内瑞拉、厄瓜多尔、哥伦比亚、巴拉圭等多个拉美国家执政。这类新型政党或组织的政治理念、组织形式、政治动员的手段与方式、政策主张等与传统政党有较大差异。许多传统政党在与新型政党的较量中败下阵来，传统政党主导拉美国家政治进程的局面被打破。然而，这些新型政党的发展并不稳定，在异军突起或短暂执政之后，不少党迅速衰落。厄瓜多尔"1·21 爱国社团"党、秘鲁民族主义党和"秘鲁可行"党、巴拉圭"爱国变革联盟"等都经历了从迅速崛起，一度成为执政党，到一蹶不振的类似轨迹。

（三）不少政党通过与其他党结盟的方式，恢复和扩大政治影响力。进入 21 世纪后，哥伦比亚自由党和保守党两大传统政党加入了执政联盟，力图对国内政治进程继续施加影响。2006 年两党均支持乌里韦连选连任，2010 年两党与民族团结社会党等结成竞选联盟，再次成为参政党。在委内瑞拉，民主行动党、基督教社会党、"争取社会主义运动"党等传统政党则通过加入反对派阵营发挥政治影响，扩大在政治社会中的话语权。巴西民主工党、民主运动党、社会党等也曾与执政的劳工党（2003—2017 年执政）结盟成为参政党。1990 年以后，智利社会党与基督教民主党、激进社会党等组成联盟连续执政 20 年；2013 年这些党等组成"新多数"联盟，联盟一直保留下来。

（四）缺乏传统政党背景的"局外人"作为新兴政治力量出现在政治舞台。进入 21 世纪后，拉美公众对执政党长期不能解决各种发展难题日益感到失望，对政党执政能力产生普遍质疑，并对其失去信心。民众对政党的信任度下降，导致拉美国家执政党普遍遭遇信任危机。拉美民众对政党的信任度徘徊在 20% 左右的水平上，远远低于对教会、媒体、武装部队等团体的信任度；执政党甚至成为无能和腐败的同义语和代名词，政党更是受到鄙视；党的领袖被视为没有信义的政客。民众的不信任削弱了政党的合法性，一些国家甚至出现"政党危机"，政坛黑马现象频繁出现。许多反传统政党或与传统政党缺少关联、毫无从政经验的人，赢得选民追捧，许多传统大党却陷于信任危机和组织危机，遭到选民唾弃。2015 年危地马拉大选中，喜剧演员吉米·莫拉莱斯以超 70% 的得票率当选总统；2016 年，在秘鲁大选中巴勃罗·库琴斯基击败主要政党候选人当选总统。在 2019 年萨尔瓦多和危地马拉大选中，具有"局外人"色彩的纳伊布·布克尔和政治新人亚历杭德罗·贾马特分别当选两国总统。在巴西 2018 年大选中，名不见经传但具有强烈民粹主义特质的波索纳罗作为右翼小党社会自由党候选人，不仅在总统选举中获胜，其所在小党一举成为众议院第二大政党。

二　拉美国家执政党面临的主要难题

拉美国家执政党普遍面临多重挑战和难题，其中最紧迫的是摆脱执政党兴衰的历史宿命，克服合法性难题，有效化解执政党建设和其他执政难题。

（一）摆脱执政党兴衰的历史宿命。20 世纪 90 年代后特别是进入 21 世纪以后，不少曾长期主导政治发展进程的拉美执政党最终走向衰败，政党兴衰成为拉美政治发展过程中司空见惯的现象。拉美传统政党衰落的主要原因是：一些政党在长期执政过程中，未能有效化解各种政治、经济和社会难题，致使治理危机加剧；不少政党在长期执政环境下忽视自身建设，思想混乱、组织涣散和凝聚力缺乏等固有弊端不断加剧；党内缺乏有效监督机制，党内精英阶层逐渐脱离一般党员和民众，滋生严重官僚主义作风和腐败习气，失去民众信任；许多传统政党因循守旧，不能根据内外环境变化推行制度和体制变革，不能代表广大民众的利益诉求，党的吸引力和感召力下降。如何与时俱进，保持生命力，加强党自身和执政能力建设，稳固政治根基，摆脱政党兴衰的历史宿命，是拉美政党特别是执政党需要认真应对的历史难题。

（二）克服执政的合法性难题。拉美民众曾经视政党为自己利益诉求的代表者。20 世纪 90 年代以前，虽然拉美国家执政党没完全解决好治理问题，但人们对执政党解决政治、经济和社会危机的能力曾抱有较大期待。许多民众相信，拉美国家的执政党能够在民主体制下解决长期困扰国家的政治稳定、经济增长和社会公平难题。进入 21 世纪以后，人们对执政党长期不能解决各种发展难题感到失望，对其执政能力产生普遍的质疑，并对其失去信心。民众的不信任削弱了政党的合法性，拉美国家政党普遍遭遇信任危机。拉美国家的执政党需要赢得公众信任，化解执政的合法性困境。

（三）有效化解其他执政难题。就目前情况看，拉美国家执政党程度不同地面临着能否消除自身建设缺陷，化解政治、经济和社会发展难题的考验。在政治经济和社会转型背景下，拉美国家的社会政治力量不断出现新组合，形成了新的利益集团，传统执政党曾长期赖以生存的社会基础和阶级基础已发生重大改变。新的历史条件对执政党提出新挑战和新要求，要求其对自己的传统理论、政治理念和政策主张进行适度调整，通过理论和思想创新，对拉美国家政治经济和社会的新变化做出切合实际的解释和应对。如果执政党对国内外形势的急剧变化不敏感或缺乏准备，不能合理采取应对措施，必然会在急剧政治和社会变革中手足无措，并失去多数民众的信任和支持。因此，消除自身建设缺陷和赢得多数民众信任，找出克服政治、经济和社会发展的脆弱性难题的切实对策，是拉美国家执政党的重要任务。

本章小结

拉美各国政党林立、派别繁多。在发展中国家和地区中，拉美不仅是政党数目较多的地区，也是政党产生最早的地区，比亚洲、非洲至少早半个世纪。本章介绍了拉美国家政党和政党制度的沿革、拉美国家政党的主要类型、拉美国家的政党制度和政党的主要功能，以及21世纪以来拉美地区政党和政党政治的新变化、新趋势。尽管拉美国家的政党面临着新挑战和新难题，但政党仍是当代拉美国家政治中的核心力量，在当代拉美政治和社会生活中发挥着重要的功能和越来越大的作用。

思考题

一、名词解释

政党　多党制　两党制　一党制　霸权党制

二、简答题

1. 拉美政党大致可分哪几类？

2. 拉美政党制度大致可分哪几类？

3. 意大利政治学家萨尔托里是如何将政党制度进行分类的？

4. 21世纪以来拉美政党和政党政治有哪些新变化和新趋势？

三、论述题

1. 简述拉美政党的发展进程。

2. 当代拉美政党有哪些主要功能？

3. 如何认识政党在拉美政治发展中的作用？

4. 21世纪以来拉美地区政党发展面临哪些新的挑战？

阅读参考文献

中共中央对外联络部拉丁美洲研究所：《拉丁美洲各国政党》，上海人民出版社1980年版。

袁东振、徐世澄：《拉丁美洲国家政治制度研究》，第七章，世界知识出版社2004年版，第149—167页。

祝文驰、毛相麟、李克明：《拉丁美洲的共产主义运动》，当代世界出版社2002年版。

肖枫主编：《社会主义向何处去》，当代世界出版社 2002 年版。

熊复主编：《世界政党辞典》，红旗出版社 1986 年版。

钟清清主编：《世界政党大全》，贵州教育出版社 1994 年版。

俞邃主编：《外国政党概要》，江苏人民出版社 2001 年版。

徐世澄：《拉美政党新趋向》，《当代世界》2000 年第 7 期。

康学同主编，王玉林、王家雷副主编：《当代拉美政党简史》，当代世界出版社 2011 年版。

袁东振、杨建民等：《拉美国家政党执政的经验教训研究》，中国社会科学出版社 2016 年版。

Alfredo Ramos Jiménez, *Los partidos políticos latinoamericanos*, Una segunda mirada, la Universidad de los Andes, Mérida, Venezuela, 2015.

Flavia, Freidenber, *Los Sistemas de Partidos en América Latina* 1978—2015, Tomo 1 y Tomo 2. UNAM, Mexico, 2016.

Robert J. Alexander, *Political Parties of the Americas*, Grenwood Press, 1982

Scott Mainwaring（ed.）, *Party Systems in Latin America：Institutionalization, Decay, and Collapse*, Cambridge, United Kingdom; New York, NY：Cambridge University Press, 2018.

Steven Levitsky, James Sydney, Brandon Van Dyck, and Jorge I. Dominguez（eds.）, *Challenges of Party – Building in Latin America*, New York：Cambridge University Press, 2017.

Torcuato S. Di Tella, *Historia de los partidos políticos en América Latina*, Fondo de Cultura Económica de Argentina, Buenos Aires, Segunda reimpresión, 1999.

Torcuato S. Di Tella, *Los Partidos Políticos* Teoría y análisis comparativo, A – Z editora, 1998.

第 五 章

拉丁美洲的思潮

内容提要

思潮是社会存在的产物，是一定时期内反映一定阶级、阶层的要求，得到广泛传播并对社会生活产生一定影响和作用的思想倾向、思想潮流。拉丁美洲是第三世界中独立较早、经济较发达的地区，也是社会政治思潮活跃、各种思潮纷繁复杂、政党和派别林立的地区。这是与拉美特殊的阶级结构、经济和社会发展以及外部影响不可分的。拉美与欧洲关系密切，与美国同处在西半球，拉美又属于第三世界，世界各地区的各种思潮都对拉美产生直接的影响。

拉美的思潮主要可分政治、经济和社会思潮。政治思潮大体可分两大类，一类是民族主义思潮，另一类是社会主义思潮。拉美的经济思潮主要有"中心—外围"理论、依附论、拉美新自由主义、拉美的结构主义和新结构主义等。拉美的社会思潮主要有"滴漏"或溢出理论、拉美新社会学、社会自由主义和社会凝聚论等。

思潮是社会存在的产物，是一定时期内反映一定阶级、阶层的要求，得到广泛传播并对社会生活产生一定影响和作用的思想倾向、思想潮流。拉丁美洲是第三世界中独立较早、经济较发达的地区，也是社会政治思潮活跃、各种思潮纷繁复杂、政党和派别林立的地区。这是与拉美特殊的阶级结构、经济和社会发展以及外部影响不可分的。拉美与欧洲关系密切，与美国同处在西半球，拉美又属于第三世界，世界各地区的各种思潮都对拉美产生直接的影响。

20 世纪 20 年代以来近百年中，随着拉美政治经济和社会的发展，拉美资产阶级和无产阶级都有较大的发展；与此同时，拉美中间阶层亦有较大增长。拉美的民族民主运动和共产主义运动在斗争中取得了发展。在拉美，政党和派别林立，各种思潮纷繁复杂。这是与拉美特殊的阶级结构、经济和社会发展以及外部影响不可分的。

拉美的思潮可分政治、经济和社会思潮。政治思潮大体可分两大类，一类是民族主义思潮，比较有代表性、影响较大的有：阿普拉主义（秘鲁）、庇隆主义（阿根廷）、瓦加斯主义（巴西）、桑地诺主义（尼加拉瓜）、革命民族主义（墨西哥）、拉美解放哲学和拉美解放神学等。另一类是社会主义思潮，其中包括主张科学社会主义的古巴社会主义，主张马克思主义要同秘鲁和拉美革命实际相结合的马里亚特吉主义，也包括其他类型的社会主义派别，如智利阿连德的社会主义、圭亚那的合作社会主义、委内瑞拉已故总统查韦斯和厄瓜多尔前总统科雷亚提出的21世纪社会主义、巴西劳工党提出的劳工社会主义、玻利维亚前总统莫拉莱斯提出的社群社会主义、拉丁美洲社会民主主义、拉丁美洲基督教社会主义和拉丁美洲的托洛茨基主义等。所有这些政治思潮的理论和实践对拉美的政治、经济、社会和文化的发展都产生重大影响。

拉美的经济理论产生时间比较迟，主要有第二次世界大战以后产生的"中心—外围"理论、依附论、拉美新自由主义、拉美的结构主义和新结构主义等。这些经济理论对拉美经济、政治、社会和文化的发展也有重大影响。

拉美的社会思潮主要有"滴漏"或溢出理论、新社会学、社会自由主义和社会凝聚论等。

需要指出的是，拉美的政治、经济和社会思潮是密不可分的，如依附论、拉美新自由主义等，既是经济思潮，又可视为政治思潮或社会思潮。

第一节 民族主义思潮

一 阿普拉主义（Aprismo）

阿普拉是美洲人民革命联盟（Alianza Popular Revolucionaria America-na，APRA）的西班牙语简称，阿普拉主义是秘鲁阿普拉党的创始人维克托·劳尔·阿亚·德拉托雷（Víctor Raúl Haya de la Torre，1895—1979）提出的一种具有拉美特色的社会民主主义理论。美国共产党前主席威廉·福斯特称之为"社会民主党在拉丁美洲特殊变种"。[①] 美国学者爱德华·J. 威廉斯认为阿亚"将修正了的马克思主义同土著主义思潮的要旨糅合在一起……实质上，人民党（即阿普拉党）所主张的是强调社会民主主义的改良主义和民族主义"，"人民党的社会民主主义理论，不仅在它的本国秘鲁传播到其他拉丁美洲国家"，"确实，人民党思想在 20 世纪中叶成了拉丁美洲最重要的一个思想体系"。[②]

阿亚生于秘鲁特鲁希略城。先后就读于自由大学、库斯科大学和圣马科斯大学。1918 年任圣马科斯大学联合会主席，领导秘鲁的大学改革运动并支持工人的斗争。1923 年因领导学生和工人反对独裁政府，被政府驱逐出境。1924 年 5 月 7 日在墨西哥创建美洲人民革命联盟，即阿普拉党。

1924—1931 年，阿亚访问了美国、德国、意大利、苏联、法国和许多拉美国家。在苏联，他曾会见列宁的夫人克鲁普斯卡娅、斯大林、布哈林和托洛茨基等。1927 年他出席在比利时布鲁塞尔召开的世界第一次反帝代表大会。1931 年回国，同年 9 月 21 日主持召开秘鲁阿普拉第一次代表大会。同年 10 月，他作为阿普拉党的候选人参加总统宣布失败。1932 年阿普拉党被宣布为非法后，他被捕入狱，一年多后被释放。1934—1945 年阿普拉党处于非法状态，阿亚也不能公开活动。1945 年根据秘鲁宪法不准国际性政党存在并参加国内竞选的规定，美洲人民革命联盟改名为人民党，取得合法地位。1945—1948 年再次活跃在政治舞台上。1948 年阿普拉党部分党员在卡亚俄策动起义，反对政变上台的独裁政府。起义失败后，1949—1954 年阿亚逃到哥伦比亚驻秘鲁使馆避难，后流放墨西哥。1962 年回国参加大选，他得票居首位，但由于军事当局阻挠，他未能当选。次年再次参加竞选遭到失败。

1978 年阿亚当选为立宪议会主席。次年病逝。150 万人参加了在秘

---

① ［美］福斯特：《美洲政治史纲》，人民出版社 1956 年版，第 525 页。

② ［美］爱德华·J. 威廉斯：《从发展角度看拉丁美洲的政治思潮》，商务印书馆 1979 年版，第 19—20 页。

鲁首都利马举行的悼念他的活动。

阿亚是政治家，也是思想家和理论家。他的思想被称为"阿普拉主义""阿亚主义"或"印第安美洲主义"。他著述甚多，主要有《争取拉丁美洲的解放》《论中等阶级的作用》《反帝主义和阿普拉》《关于历史时空的研究》《阿普拉主义30年》等。1977年秘鲁出版了《阿亚全集》，共7卷。

在不同的时期，阿亚的主张不尽相同。在阿普拉党成立初期，1926年阿亚曾提出阿普拉党的5点最高纲领，即反对美国帝国主义（后改为反帝）、争取拉美政治团结、实现土改和工业国有化、巴拿马运河国际化（后改为"大陆化"）、声援全世界被压迫民族和被压迫阶级。阿亚明确规定阿普拉党的性质是"拉美的革命反帝政党"，党的宗旨是谋求拉美解放。阿普拉党成立初期，与共产党人合作得比较好。

1927年，阿亚反对列宁关于帝国主义的论述。他认为，帝国主义在工业发达国家是资本主义的"最高阶段"，但在拉丁美洲，则是资本主义的"最初阶段"。拉美资本主义不发达，应先充分发展资本主义，将来再进行社会主义革命。阿亚还强调阿普拉党是多阶级的政党，中等阶级是革命的决定力量。1936年阿亚在《反帝主义与阿普拉》一书中说，阿普拉主义是"对马克思主义的一种真正的历史性的创新"，它"既否定又继续包含着马克思主义"。

20世纪50年代以后，阿普拉主义基本定型。这时的阿普拉主义，不再提"社会主义"，不再采取暴力斗争的手段，主张通过选举夺取政权；明确强调马克思主义已经"过时"，不再提阿普拉主义"继续包含着马克思主义"，他强调反对一切帝国主义（包括共产主义的、法西斯的、垄断资本主义的），争取实现"没有帝国的民主的美洲主义"。

阿普拉主义理论体系的核心是"印第安美洲主义"，这是阿亚关于拉丁美洲（主要是秘鲁等印第安人在本国人口中占比重比较大的国家）的社会经济现实及其未来发展道路的基本观点和主张。阿亚强调印第安人的存在是我们大陆的基本特征，它最合适的名称应当是"印第安美洲"这个概念，反映强烈的大陆民族主义思想。这一主义的要点是：

（一）认为拉美不像欧洲那样经历过野蛮时期到封建时期、再到资本主义时期的连续发展阶段，它同时具有世界社会经济发展的各种形态。

（二）关于拉美国家的阶级结构，阿亚认为必须建立"多阶级"联盟，或"体力劳动者和脑力劳动者的联盟"，认为拉美工人阶级"缺乏足够的觉悟去管理国家事务"，农民阶级"处于原始阶段，还不可能产生阶级觉悟"。而中等阶级是"反帝斗争的先驱"，是这个"多阶级"联盟的领导者。

（三）认为印第安美洲国家的主要敌人，在外部是帝国主义，在内部是半封建的地主寡头，而造成国家落后的主要根源是帝国主义。

（四）认为印第安美洲的发展道路是，"从资本主义的帝国主义到民族主义的资本主义，再到社会主义"。（20 世纪 50 年代以后，阿亚不再提"社会主义"）

（五）认为现阶段的任务和目标是建立"反帝国家"，在其保护下，完成资本主义的发展阶段。

（六）主张建立印第安美洲国家联盟，组织一个强大的拉美反帝运动，提倡"大陆性民族主义"。

阿亚生前，阿普拉党一直未能上台执政。1985 年，阿普拉党（人民党）主席阿兰·加西亚当选并就任总统至 1990 年。2006—2011 年加西亚再次就任总统，阿普拉党再次成为执政党。2019 年 4 月 17 日，面对涉嫌贪腐、洗钱的指控，加西亚开枪自杀。现阿普拉党为秘鲁反对党之一，党员人数已大为减少。

二　庇隆主义（Peronismo）

庇隆主义亦称正义主义，是阿根廷前总统胡安·多明戈·庇隆（Juan Domingo Peron，1895—1974）提出的一种资产阶级民族主义思潮。

庇隆生于阿根廷布宜诺斯艾利斯省洛沃斯城一个意大利移民家庭。1911 年入军校学习，1929 年毕业于高等陆军学校并留校任教官。1936—1938 年任驻智利使馆武官。1939 年赴意大利考察，并访问法国、德国、匈牙利等国。1941 年回国后在陆军山地部队任职，晋升上校。1943 年参与联合军团发动的政变，政变后先后任劳工和社会保险国务秘书、陆军部长和副总统。1946 年当选总统并晋升将军。1945 年庇隆为参加总统竞选组织了劳工党、激进公民联盟革新委员会和独立党 3 个政党。1947 年 3 党合并为唯一革命党。1949 年改名为庇隆主义党，

1964 年改名为正义党。

1951 年庇隆在大选中连任总统。1955 年被政变推翻后长期流亡国外。1973 年 6 月回国，同年 9 月再次当选为总统，次年病逝。首都布宜诺斯艾利斯市有百万群众冒雨为他送葬。

庇隆所提出的庇隆主义在阿根廷有广泛的影响。阿根廷有很多人自命为"庇隆主义者"，他们竞相争当"正统的"或"真正的"庇隆派。然而，庇隆也是一个颇有争议的人物，对他的评价褒贬不一，众说纷纭。

庇隆主义的核心是庇隆提出的"政治主权、经济独立、社会正义"和"要解放不要依附"等主张。庇隆主义的主要依据是所谓"第三立场学说"。

什么是"第三立场"呢？庇隆认为，它既是一种社会经济学说，又是一种哲学原则。

作为一种社会经济学说，"第三立场"主张既不实行资本主义，也不实行共产主义，而是实行"正义主义"。庇隆认为，无论是资本主义还是共产主义"都是已经过时的制度"，因此，"我们决定创立一个第三立场"，即正义主义。庇隆主张在经济上抛弃自由经济，而代之以社会经济。在社会方面，以社会正义为基础。在政治方面，注意寻求个人权利和公众权利之间的平衡。

作为一种哲学原则，"第三立场"主张与各种对抗的力量保持等距离，而处于"理想的协调状态"。庇隆说，"第三立场是一种哲学"，"可以用来解决当今世界上的政治、社会和经济问题"。

为推行庇隆主义，正义党建立了一个由工人、职业界、中小资产阶级组成的、以工会为主要支柱的全国性政治运动。在经济方面，加强了国家干预，限制甚至牺牲农牧业部门的利益，主持国有和本国私人工业的发展，以逐步改变经济结构，实现国民经济的现代化。同时，庇隆在世时提出由政府、工人和企业主达成社会契约，实行劳资合作，从而在一定限度内进行有利于劳工阶级的国民收入再分配以实行"社会正义"。在对外关系方面，在 20 世纪四五十年代庇隆主张在美苏之间搞"等距离"，声称"不偏向任何一方"。70 年代，庇隆再次执政后，他将"第三立场"，解释为"第三世界"，提出"必须摆脱对超级大国的依赖"，主张反对霸权主义。

从庇隆两度执政时期所实施的政策来看，庇隆进行了一些民族主义的改革，为维护阿根廷民族独立、加强第三世界团结反霸采取了一系列措施。正如 1974 年 7 月 3 日我国董必武代主席和周恩来总理在庇隆病逝后给庇隆夫人的唁电中所说的："庇隆总统是一位著名的政治活动家，生前曾为维护阿根廷的民族独立和加强第三世界的团结反霸事业进行了积极的努力。"

20 世纪 80 年代末以来，正义党在阿根廷长期执政。但不同的正义党政府实施的政策不尽相同。1989 年至 1999 年，正义党领导人卡洛斯·萨乌尔·梅内姆（1930—　）连任两届总统，正义党成为执政党和全国第一大党。梅内姆执政的十年期间（1989—1999），在外交上，实施亲美的政策；在经济上实行新自由主义的改革，扩大对外开放，减少国家干预，实行国有企业私有化、贸易自由化和货币局制度（可兑换计划），曾一度遏制了高通货膨胀并使经济恢复增长。然而，在梅内姆执政后期，这些新自由主义的政策的缺陷逐步暴露，为 2001 年年底的危机埋下了种子。2001 年 12 月，阿根廷爆发危机，激进公民联盟的德拉鲁阿总统被迫辞职。2003 年正义党人内斯托尔·卡洛斯·基什内尔（Néstor Carlos Kirchner，1950—2010）当选并就任总统至 2017 年。基什内尔任内，在政治和外交上，实施比较激进的政策，疏远美国、亲近古巴、委内瑞拉等左翼政府，采取了一系列旨在稳定政局、振兴经济的措施，经济快速复苏，民生改善，国际和地区影响力回升。2007 年至 2015 年，基什内尔的夫人、正义党人克里斯蒂娜·费尔南德斯·基什内尔（Cristina Fernandez de Kirchner，1953—　）担任两任总统，基本承袭基什内尔政府各项内外政策。2019 年 10 月 27 日，正义党人阿尔贝托·费尔南德斯和克里斯蒂娜作为左翼"全民阵线"总统和副总统候选人赢得大选胜利，分别当选总统和副总统，并于 12 月 10 日就任。正义党再次成为执政党。目前正义党党内派别林立，无论哪一派，其政策主张同当年庇隆的主张已有很大区别，但各派都没有放弃庇隆和庇隆主义的旗号，标榜自己仍坚持"政治主权、经济独立、社会正义"的主张。

三　瓦加斯主义（Varguismo）

瓦加斯主义是巴西总统（1930—1945，1951—1954）热图利奥·瓦加斯（Getulio Vargas，1883—1954）的思想，又称热图利奥主义或巴西民众主义。

瓦加斯是 20 世纪巴西任职时间最长、影响最大的总统。巴西国内外对瓦加斯的评价褒贬不一，有人称他是"穷人之父""天才的战略家"，也有人指责他是"权欲熏心的独裁者"。但是，总的说来，肯定他的人居多。

瓦加斯生于巴西南里约格朗德州圣博尔雅市一大牧场主家庭。1907 年毕业于阿雷格里港法学院，后回原籍当律师。1909—1921 年任州议员。1922 年任联邦众议员。1926—1927 任财政部长。1928—1930 年任南里约格朗德州州长。1930 年他领导自由主义者同盟推翻以佩雷拉·德索萨为代表的旧农业寡头政府后出任临时总统。1934 年正式当选总统。

任内，瓦加斯建立劳工工商部，大赦政治犯，实行 8 小时工作制，颁布退休法、稳定就业法，自上而下地组织工会，调解劳资纠纷。1937—1945 年推行"新国家"政策，实行专制统治。同时，努力发展民族工业，同美国保持友好往来，互相降低关税。第二次世界大战爆发后，最初保持中立立场，同德国联系甚密。后巴西商船遭德国袭击，1942 年 1 月宣布与德、意、日断交，同年 8 月派兵对轴心国开战。1945 年 5 月成立巴西工党，同年 7 月成立社会民主党。同年 10 月被迫辞职。同年 12 月当选联邦参议员。1950 年再次当选总统。次年 1 月就任。任内，建立巴西石油公司、巴西电力公司，限制外资在本国的活动，拒不出兵去朝鲜打仗，受到美国和巴西亲美势力越来越大的压力。1954 年 8 月 24 日自杀身亡。著有《巴西：民主的国度》等书。

瓦加斯主义主要包括以下几个内容：

（一）"新国家"理论。1937—1944 年瓦加斯的主要主张。1937 年，瓦加斯主张依靠军队的支持，改变现行制度，彻底修改宪法，建立一个有权威、有效率的，其领袖能一呼百应的政府。同年 11 月 10 日，他在军队的支持下，取消各个政党、解散议会、终止旧宪法、颁布新宪法，取消总统选举、建立以总统为政权核心的新的政治制度，即瓦加斯所称的"新国家"。瓦加斯建立"新国家"的目的是"恢复国家的权威和自由，并自由地建设国家的历史和未来"，与此同时防止共产主义在巴西的蔓延。

"新国家"建立初期，瓦加斯实行了比较严格的专制措施，提出"个人没有权利，只有义务"。但是，瓦加斯的"新国家"与德国纳粹和意大利的法西斯"组合国"不同，它没有走向"组合国主义"，而是走向工党主义。瓦加斯比较重视与群众的直接联系，注意改善工人的处境，先后颁布了最低工资法、新劳工法，主张扩大工会自主权。瓦加斯还十分重视人才，将有真才实学的人吸收到政府当部长、州长、市长。巴西学者雅瓜里贝认为，"新国家"虽然是"专断的、非法的，但从实质上看却是民主的，有代表性的，具有工党主义性质的"。

（二）工党主义。瓦加斯批评资本家对工人的过分剥削，劝说资产阶级要对无产阶级做出一定的让步。他主张政府要吸引、保护和保障资本。为此，需要把无产阶级变成一支与国家合作的力量。他主张"资本和劳动之间实现人道主义的妥协"。他认为劳资"不应是对立的东西，而应是为共同的福利联合起来的力量"。他主张工人应建立自己的工会，同时建议资本家也应成立自己的组织。他强调工会应独立自主，反对政府过多干预工会的活动。他强调工党主义是"资本主义和社会主义的中间站"，是"各阶级之间的协调一致，是在劳动和人民福利基础上的民主"。他给巴西工党规定的方针是"在工党主义的社会里，既不要无产阶级专政，也不要名流们的专政，不要任何类型的专政……它不搞社会革命，而是争取在更合理、更人道的观念上实现集体和睦"。1946年11月29日，他在一次演说中强调，巴西的最终出路是社会主义，但他求索的却是介于社会主义和资本主义之间的"第三条道路"。

瓦加斯首次提出"工党主义"是在1938年7月，但他对"工党主义"的系统论述和付诸实践主要是在第二次世界大战结束前夕至1954年逝世这一时期。

（三）民族主义。瓦加斯主张经济民族主义，主张保护民族工业、维护本国的自然资源，他认为："钢铁、煤炭和石油是所有国家经济解放的支柱"。他强调通过实现国家工业化增强民族自信心，摒弃殖民地自卑感，使巴西民族自立于世界民族之林。1941年他号召全国人民"让我们为一个强大的巴西而劳动"。瓦加斯主张实行指令性经济计划，加强国家对经济的干预和国家参与经济的能力，以保护和指导本国工业化，促进民族经济的迅速发展。在瓦加斯执政后期，他严厉谴责以美国企业为主的外国财团对巴西的巧取豪夺，下令限制外资利润过多外流，并把合资金融机构置于国家控制之下。

瓦加斯自杀去世已近70年，但是，作为巴西政治舞台上的一位重要活动家，他的影响依然存在。他所创建的巴西工党①，至今仍是巴西主要政党之一，活跃在巴西政治舞台上。以他的名字命名的基金会"热图利奥·瓦加斯基金会"（FGV）是巴西和拉美地区第一大智库。巴西学者认为，瓦加斯在整个一生中，"使巴西由一个农业国、权力分散的国家变成一个现代的、中央集权的、向工业化迈进的国家"，瓦加斯"唤起了全国广泛的爱国主义情绪"，他一生的活动成为巴西历史的"里程碑"。

四 桑地诺主义（Sandinismo）

奥古斯托·塞萨尔·桑地诺（Augusto César Sandino，1893—1934）是尼加拉瓜著名的民族英雄。桑地诺主义是指桑地诺本人的思想和业绩。此外，桑地诺主义通常也指1961年由卡洛斯·丰塞卡（1936—1976）创建的以桑地诺命名的桑地诺民族解放阵线（简称桑解阵）的理论与实践。

桑地诺出生在尼加拉瓜马萨亚省尼基诺莫村，其父是庄园主，母亲是家仆。1921—1922年他在洪多拉斯和危地马拉打工。1923年在墨西哥坦皮科一家美国石油公司当机械师，并参加当地反帝爱国斗争。1926年回国，在新塞哥维亚省率领爱国志士宣布起义，参加自由党反对亲美保守党政府的斗争。同年12月，以萨卡沙和蒙卡达为首的自由党人在卡贝萨斯港成立护宪政府，桑地诺立即响应并去该港会见他们，要求接济军火，未果。同月美军占领该港，护国军不战而退。桑地诺于1927年2月返回北部山区开展武装斗争，建立根据地。同年4月，桑地诺被任命为护宪军将军。他组织骑兵击败迪亚斯保守党政府军，打通了进军马那瓜的要道。然而，身为护宪军司令的蒙卡达率军向美军投降。

在护宪军将领中只有桑地诺拒绝投降。他在新塞哥维亚省创建尼加拉瓜保卫军，坚持抗战长达7年。保卫军占领了大西洋沿岸8个省的广大农村地区，控制了一半以上的国土，迫使美国侵略军于1933年1月全部

---

① 原巴西工党在1980年分成巴西工党和巴西民主工党两个党。巴西民主工党在1986年成为社会党国际咨询成员党，1989年6月成为社会党国际正式成员党。

撤出尼加拉瓜。美国撤出后，桑地诺应立宪政府萨卡沙总统的邀请赴首都马那瓜谈判，1934 年 2 月 2 日签订"和平协定"。2 月 21 日，第二次谈判的最后一天，国民警卫队头子索摩查（1896—1956）秉承美国旨意，派人杀害了桑地诺。

在抗击美国侵略军的斗争中，桑地诺逐步形成了他的民族革命的思想。主要内容为：

（一）提出"自由祖国"概念，以"要祖国，要自由"为革命誓言，反对民族压迫，明确指出美帝国主义是尼加拉瓜人民的主要敌人。

（二）采取以游击战为主要形式的人民武装斗争，在山区开展根据地，建立"尼加拉瓜主权保护军"，发动工农群众参加武装斗争。

（三）提出统一战线政策，建立各阶层和各派政治力量参加国内统一战线。

（四）积极争取建立中美洲和拉美各国团结一致共同反美的国际统一战线。桑地诺曾几次写信给拉美各国总统，主张成立拉美国家联盟，用玻利瓦尔的拉美主义对抗美国的门罗主义。

桑地诺主义反映了当时尼加拉瓜资产阶级中进步的民族主义思想。

在反对索摩查独裁政权的民族民主运动中，尼加拉瓜的革命者在新的历史条件下，根据尼加拉瓜的实际情况发展了桑地诺思想，使之在一定程度上突破了资产阶级民族主义思想范畴，赋予新的历史意义。这在桑地诺民族解放阵线的纲领、路线、政策和行动中都有体现。主要有：

（一）明确指出桑解阵是工人阶级及其同盟军农民的先锋队，革命领导力量是工人阶级，动力是工人、农民和小资产阶级，对象是亲美的独裁统治集团索摩查家属、地主寡头和资产阶级，方向是社会主义。

（二）在农村和山区建立根据地，通过以游击战为主要形式的武装斗争道路，而后发动全国起义，夺取政权。革命胜利后，解散旧军队，建立人民军队。

（三）建立以工农联盟为基础的统一战线，联合一切反索摩查的阶级、政党和群众组织进行斗争，并在联盟中保持桑解阵的领导权。

（四）积极争取拉美各国以及世界其他地区广泛的国际支援，以孤立索摩查集团。

正是因为桑解阵坚持并发展了桑地诺主义，桑解阵领导尼加拉瓜人民于 1979 年 7 月推翻了索摩查的独裁统治，取得了革命的胜利。

在尼加拉瓜革命胜利前夕，在 1979 年 6 月成立了由桑解阵全国领导委员会成员丹尼尔·奥尔特加（Daniel Ortega，1945— ）等 5 人组成的民族复兴执政委员会。革命胜利后，1980 年桑解阵召开第一次代表大会，宣布成立桑地诺主义党（仍沿用桑解阵名称）。1981 年执政委员会改组，奥尔特加担任协调员（政府首脑）。1984 年 11 月，尼加拉瓜举行大选，奥尔特加作为桑解阵候选人当选总统，1985 年 1 月 10 日就任至 1990 年 4 月。1985 年 8 月，奥尔特加担任桑解阵全国执行委员会协调员。1991 年 7 月当选为桑解阵总书记。奥尔特加首任总统期间，把政治多元化、混合经济和不结盟外交确定为建国三原则。由于尼加拉瓜连年战乱，美国封锁和禁运，国民经济发展停滞不前，人民生活得不到改善，再加上桑解阵政府在一些政策上的失误，以及 20 世纪 80 年代末东欧剧变、美国对尼加拉瓜反对派的支持等因素，桑解阵在 1990 年 2 月 25 日的大选中失利，同年 4 月 25 日交出政权，桑解阵成为国内第一大反对党。

在 2006 年 11 月 5 日大选中，奥尔特加作为桑解阵候选人当选总统，于 2007 年 1 月 10 日就任。桑解阵再次成为执政党。此后，奥尔特加又在 2011 年、2016 年大选中获胜，连选连任总统。2021 年 11 月，年已 76 岁的奥尔特加将作为桑解阵的候选人第 8 次参加竞选总统。尽管奥尔特加领导的桑解阵和桑解阵政府与古巴、委内瑞拉等左翼政府一直保持良好关系，并参加"美洲玻利瓦尔联盟""圣保罗论坛"等左翼组织，但是，奥尔特加已对其内外政策作了大幅度调整，从而引起桑解阵内部的分裂。

在奥尔特加首任总统期间，1985 年 12 月 7 日，中国和尼加拉瓜两国曾于建交。1990 年 11 月 6 日，尼加拉瓜反对派上台后，反对派政府与台湾"复交"，11 月 9 日，中国政府宣布中止与尼外交关系。此后，两国无外交关系。

五 革命民族主义（Nacionalismo revolucionario）

革命民族主义是墨西哥革命制度党的指导思想和原则。1910—1917 年墨西哥革命后，国内政党林立，统治集团内部派系斗争激烈。1928 年 9 月，卡列斯（1877—1945）总统倡议建立全国性政党，以走上体制化道路。1929 年 3 月，全国 200 多个党派团体的代表宣告成立国民革命党，大会发表了原则宣言，宣布党的纲领为 1917 年宪法。该党在成立时就宣称它是 1910—1917 年墨西哥革命的继承者和 1917 年宪法的执行者。1934—1940 年拉萨罗·卡德纳斯（Lázaro Cárdenas，1895—1970）执政期间，开展了土地改革，实行铁路和石油工业国有化，为墨西哥的现代化发展奠定了物质基础。与此同时，卡德纳斯对国民革命党进行了彻底改组，废除了各地方势力集团平行联合的政党体制，代之以垂直领导、行业分割、相互制约的比较严密的组织形式，总统为党的最高领袖，下设工人部、农民部、人民部和军人部。1938 年国民革命党改名为墨西哥革命党，卡德纳斯的社会改革实践了革命民族主义的基本主张。他被认为是墨西哥革命民族主义杰出的先驱者。

1946 年改名为革命制度党（Partido Revolucionario Institucional，PRI）。1972 年革命制度党第七次全国代表大会首次把革命民族主义列为党的基本纲领，正式把革命民族主义确定为党的指导思想和原则。其主要内容是：继承和发扬墨西哥独立战争、19 世纪中叶贝尼托·华雷斯（Benito Juárez，1806—1872）领导的改革运动和 1910—1917 年墨西哥革命的传统，捍卫民族独立与主权、自由与民主、正义与社会公正，反对殖民主义、帝国主义，建立"民主、公正、自由、平等"的社会。革命制度党正是在这一思想的指导下，赢得了民众的支持和拥护，维护了党的团结，发展了民族经济，保住了自己长期执政的地位。

1979 年该党"十大"的原则声明称，正是由于执行了革命民族主义纲领，才取得了今天的成果，今后仍须始终不渝地执行革命民族主义，才能最终实现他们向往的"新社会"。1982 年，米格尔·德拉马德里（Miguel De la Madrid，1934—　）总统（1982—1988）强调，"革命民族主义将指导我的一切行动"，"革命民族主义在今后许多年将继续是我国人民的基本指南"。[①] 然而，从德拉马德里政府开始，特别在卡洛斯·萨利纳斯（Carlos Salinas，1948—　）总统任内（1988—1994），革命制度党逐渐放弃了革命民族主义，以名为"社会自由主义"而实际为新自由主义取代革命民族主义。1992 年 3 月 4 日，萨利纳斯总统在纪念革命制度党成立 63 周年大会上的讲话中提出，"今天，民族主义很难用过去的、

---

①　Miguel de la Madrid, *Pensamiento Politico*, Mexico, PRI, 1982, p. 39.

同样的词语来表述"，"必须加以修改"，因此，他提出了"（20）世纪最后 10 年的新民族主义"。① 萨利纳斯在那次大会上还提出，要以社会自由主义作为 20 世纪末和 21 世纪初"党和政府实现历史目标、发展民族文化的指导思想"。同年 3 月 8 日，革命制度党在主要报刊上发表了题为《社会自由主义，我们的道路》的文章。② 同年 5 月，该党"十五大"又确认了这一主张。

革命制度党党内对党的指导思想的变更意见不一，分歧严重。1994 年 12 月埃内斯托·塞迪略（Ernesto Zedillo，1951— ）就任总统（1994—2000）后不久，墨西哥爆发了金融危机，墨西哥政局也出现动荡。在 1996 年 9 月革命制度党"十七大"上，不少代表对过去几年党的方针政策和指导思想的改变提出了尖锐的批评，并进行了深刻的反思。经过激烈的争论，大会决定重新恢复将革命民族主义作为党的指导思想，取消所有"社会自由主义"的提法。但是，党内关于党的指导思想的争论并没有结束。

从 1929 年至 2000 年革命制度党一直是执政党和官方党。然而，在 2000 年 7 月 2 日的大选中，由反对党国家行动党和墨西哥绿色生态党组成的变革联盟推举的候选人维森特·福克斯（Vicente Fox，1942— ）在大选中获胜，这一胜利使福克斯当选并就任为墨西哥现代史上第一位反对党总统（2000—2006），从而结束了革命制度党长达 71 年的统治，革命制度党首次失去总统职位，成为墨西哥第一大反对党。

革命制度党在大选失败后，于 2001 年 11 月召开了党的"十八大"，这次大会认真总结了经验和教训。大会所通过的党的《原则宣言》再次确定了党的民族主义的性质和党的革命民族主义的指导思想，强调革命制度党是"民族主义的、民主的、民众的政党"，"是城乡劳动者的政党"，"是工人、农民、民众阶级的政党"，"新自由主义模式给墨西哥带来了很大的伤害，使我党同社会阶层的传统联盟关系恶化。由于不执行

---

① Carlos Salinas de Gortari, *Tercer Informe de Gobierno*, Comercio Exterior, Noviembre de 1991, pp. 1069 - 1070.

② Carlos Salinas de Gortari, *Mexico Un paso difícil a la modernidad*, Plaza & Janes Editoriales, 2000, Barcelona, Espana, pp. 308 - 309.

革命民族主义，革命制度党在公民及党员面前丧失了它的特征。"①

革命制度党自 1929 年起连续执政 71 年。2000 年、2006 年原反对党国家行动党连续两次赢得大选。2012 年 7 月，革命制度党候选人培尼亚·涅托（Peña Nieto，1966—　）在大选中获胜，12 月 1 日正式就职，时隔 12 年后，革命制度党东山再起，重新执政。培尼亚·涅托在执政初期，实施了能源等改革，取得了一些成效，但在执政后期，由于政府和执政党内腐败盛行，国内暴力活动猖獗和经济增长缓慢，在 2018 年 7 月大选中，革命制度党失利，国家复兴运动党赢得大选，革命制度党又成为主要反对党之一。

六　美洲哲学（Filosofia Americana）

拉丁美洲哲学是指以墨西哥当代哲学家莱奥波尔多·塞亚（Leopoldo Zea，1912—2004）为代表的拉美哲学家的哲学思想。

墨西哥和拉美卓越的思想家和哲学家塞亚 1912 年 6 月 30 日生于墨西哥城，从小同其祖母一起生活，他获得奖学金在拉萨尔学校上小学。小学毕业后，因家境贫困被迫辍学，开始打工，以贴补家用。21 岁时当邮递员，开始为《自由人》日报撰稿并在夜校中学上学，后又入大学预科学校学习。24 岁塞亚改在晚上当夜班邮递员，上午在墨西哥国立自治大学（简称墨大）法律系学习，下午在哲学系学习。1939 年塞亚在墨大旁听关于西班牙哲学家奥特加－加森特的专修课时，认识了奥特加－加森特的学生、从西班牙流亡到墨西哥的哲学家何塞·高斯。高斯十分赏识这个出身贫苦、勤奋好学的学生，帮助塞亚在墨西哥的西班牙之家即后来的墨西哥学院争取到一份全额奖学金，使塞亚能全力从事哲学研究和学习。

1942 年塞亚在同年创刊的《美洲纪要》上发表了《关于美洲哲学》一文。1943 年塞亚在墨大哲学系获硕士学位，他的硕士学位论文《墨西哥的实证主义》于同年在墨西哥学院发表。1944 年塞亚获墨大哲学博士学位，其导师是高斯，他的博士学位论文《墨西哥实证主义的高潮和衰落》于同年在墨西哥学院发表。同年，塞亚在墨大讲授历史哲学课。

---

① 革命制度党《原则宣言》的全文请参见该党官方网站：http://www.pri.org.mx.

　　1945—1946 年塞亚获洛克菲勒基金会的资助，先后到美国和拉美国家考察，历时一年半之久。他广泛结识拉美各国的哲学思想家，并深入研究拉美各国的文化和哲学思想。1947 年塞亚在墨大哲学系开设美洲思想史课。1954 年任墨大哲学研究中心研究员。1959—1961 年主编《美洲思想史》杂志。1960—1965 年任墨西哥外交部文化关系司司长，任内，塞亚曾出访非洲和亚洲不少国家，这对他哲学思想的形成起重要作用。1966—1970 年任墨大哲学文学系主任。1970 年任墨大文化传播部主任和全国文化传播委员会代主任，1970—1976 年任墨大校刊主编。1980—1986 年任《我们的美洲》杂志主编，1982—1995 年任墨大拉美研究协调和传播中心主任。自 1982 年起担任国际拉美和加勒比研究联合会协调员（主席）和拉丁美拉洲拉美和加勒比研究学会协调员（主席）。1985 年任泛美哲学学会会长。1986—2004 年任《美洲纪要》杂志主编。2004 年 6 月 8 日病逝。

　　塞亚著述甚丰，主要有：《西班牙美洲思想的两个阶段》（1949）、《美洲的意识》（1953）、《历史上的美洲》（1957）、《拉丁美洲思想》（1965）、《美洲哲学是独树一帜的哲学》（1969）、《美洲意识的辩证法》（1975）、《美洲史的哲学》（1976）、《处在历史十字路口的拉丁美洲》（1981）、《美洲的哲学》（1983）、《来自边缘和野蛮的话语》（1988）、《拉丁美洲的发现和特征》（1990）、《以人的水准为高度的哲学》（1993）、《20 世纪末的思考：这是荒废的 100 年吗?》（1996）、《千年之末：边缘者的崛起》（2000）等。

　　从 1939 年到 20 世纪 60 年代末，被称为"1939 年一代"的拉美思想家利用第二次世界大战欧洲留下的空白，形成拉美自己的思想。这个阶段的代表人物有：墨西哥的萨穆埃尔·拉莫斯、何塞·高斯和塞亚，阿根廷的弗朗西斯科·罗梅洛、亚历杭德罗·科恩等。自 40 年代起，塞亚就开始成为领导、组织拉美各国哲学思想家共同形成拉美哲学思想的中心人物，在这一阶段，塞亚发表了多部重要哲学著作，如《西班牙美洲思想的两个阶段》《美洲的意识》《拉丁美洲思想》和《美洲哲学是独树一帜的哲学》等，从而奠定了他在拉美哲学界的地位。

　　20 世纪 60 年代末，塞亚等拉美一些哲学家提出了解放哲学，对西方哲学思想进行挑战。塞亚在《美洲哲学是独树一帜的哲学》等著作中，提出了"拉美哲学就是人的问题",拉美哲学是摧毁统治、争取解放的哲学,是批判的哲学。这一时期也是拉美思想最活跃的时期,涌现出一批著名的思想家,他们提出了各种新的理论和主张,如巴西卡多佐(曾任巴西总统)和智利法莱托的"依附论";巴西保罗·弗雷莱的"被压迫者的教育学";秘鲁古斯塔沃·古铁雷斯的"解放神学";古巴格瓦拉关于塑造"新人"的思想等。

从 20 世纪 80 年代末至今,拉美新的一代哲学思想家既接受了解放哲学揭露压迫的一面,又对它的排他主义和对抗的主张提出质疑,他们承认他人拥有创造自己推论的权利。这个时期塞亚的论著中有不少是涉及当代国际政治的,塞亚坚持第三世界立场,揭露和反对美国霸权主义。

直到病逝前夕,塞亚仍笔耕不辍。塞亚已发表的几十部专著和大量的文章是 20 世纪拉美哲学和思想发展轨迹的最好写照。塞亚继承了第一阶段的拉美哲学思想遗产,他组织并领导了第二阶段的拉美哲学思想潮流,他为第三阶段拉美的哲学思想奠定了基础,他代表了拉美的主流哲学思想。

由于塞亚对拉美和世界哲学的杰出贡献,自 1980 年以来他赢得了国内外多项重要奖项和众多的荣誉称号,其中比较重要的有:墨西哥国家科学和艺术奖(1980)、西班牙政府阿方索十世智者奖(1985)、美洲国家组织"加夫列拉·米斯特拉尔"泛美文化奖(1987)、委内瑞拉政府解放者勋章(1997)、墨西哥政府"贝利萨里奥·多明格斯"奖(2000);苏联莫斯科罗蒙诺索夫大学、法国巴黎第五大学名誉博士(1984);乌拉圭蒙得维的亚大学名誉博士(1985);阿根廷国立库约大学、俄罗斯科学院名誉博士(1993);希腊国立卡博迪斯特里亚大学、智利圣地亚哥大学、古巴哈瓦那大学名誉博士(1997)等。

塞亚的哲学思想既受到墨西哥哲学思想家安东尼奥·卡索、阿丰索·雷耶斯和萨穆埃尔·拉莫斯等的影响,又受到西班牙哲学家加赛特和从西班牙流亡到墨西哥的哲学家高斯等的影响。塞亚还博采众长,他广泛结交国内外的哲学家和思想家,深入研究欧美和拉美各国的哲学思想,并不断加以分析、梳理,去粗取精,取长补短,最终形成自己的拉美哲学思想。塞亚的拉美哲学思想主要包括以下几个方面:

(一)美洲哲学是使命,是承诺,是责任。塞亚认为:"美洲正处在一个需要履行其文化使命的历史时刻。这个使命是什么，这是我们称为美洲哲学所要阐明的另一个问题。"塞亚多次强调"拉美人的哲学使命""当代哲学的责任感""哲学是承诺，是对拉美各国人民具体处境的一种责任。"

（二）哲学是历史的真实，是人们反思和对话的结果。塞亚提出"历史哲学"的概念，他认为"哲学是历史的真实"，哲学是人们反思和对话的结果；哲学与历史的关系是同真实问题密切相关的。

（三）哲学应解决环境所提出的问题。塞亚提出"环境哲学"的概念，他认为："我们的不幸的渊源在于我们无视我们所处的环境和无视我们是美洲人"，"美洲哲学应解决我们的环境所提出的问题"，"美洲哲学就是美洲人，即处在美洲环境、扎根于美洲环境中的人，对所处的环境、对美洲提出的哲学。"

（四）拉丁美洲的意识。塞亚提出了"拉丁美洲意识"的概念，他认为："真正的拉丁美洲哲学的形成是环境哲学和批判哲学的结果。拉丁美洲哲学应该成为对拉美人民所处的受压迫境况清醒的意识"，"应该意识到要废除偏见、神话、偶像，意识到要揭露拉美人民受束缚和被侮辱的境况，因而，应该意识到必须摆脱束缚拉美人发展的桎梏"。

（五）具体的人道主义。这可以说是塞亚哲学著作的轴心。在这方面，塞亚的看法与马克思和恩格斯的看法相吻合。塞亚认为："马克思和恩格斯继续了黑格尔的思路，主张实现具体的人道主义，这一人道主义应该包括所有的人民，所有的人"，"我同意哲学的人道主义意义，我引用马克思和恩格斯的话作为我这部著作序言的开始"，"如相信人的自由、相信人民的自主权并捍卫这一权利是马克思主义者的话，那么我就是马克思主义者。"塞亚指出："在理性方面，人与人是平等的；但在理性的使用方面，人与人又是非常不平等的"，"这是有血有肉的人，是具体的人，他体现在我们每个人身上，人是历史的主角"。

（六）争取解放的哲学。塞亚认为："哲学就是觉悟，就是意识到依附状态、受压迫的地位，就是觉悟起来，争取解放。哲学已不是一个计划，而是一种态度，用这种态度来建立解放哲学，非异化的哲学。这种哲学必须通过批判，从欧洲哲学中解放出来"；塞亚引用阿根廷哲学家杜塞尔的话，说明拉丁美洲的哲学是争取解放的哲学："拉丁美洲的哲学是人类哲学的新的时刻，它产生在欧洲、俄罗斯和美国现代哲学之后，在非洲和亚洲后现代哲学之前，非洲和亚洲后现代哲学同拉美哲学代表了世界的未来：这是贫困人民的哲学，是争取人类—世界解放的哲学。"

塞亚对拉美和世界哲学的主要贡献是：

（一）塞亚创造性地继承和发展了拉美传统和现代哲学思想的精华，是拉美当代哲学的奠基人之一，阐明了拉美哲学的特征、使命。塞亚首先是墨西哥卓越的哲学思想家，是拉美卓越的哲学思想家，也是世界卓越的哲学思想家。

（二）强调哲学不是清谈，而是要行动。塞亚认为："哲学不只是清谈，而是要'做'"，"要去思考和行动，要做正在思考的东西"，"哲学始终是对现实挑战的回答。"

（三）鲜明的第三世界立场。塞亚认为："冷战已经结束，但是，一场肮脏的战争已开始普及"，"在欧洲发生的变化中，损失最大的是第三世界国家"；"冷战的结束，将欧洲和世界分割开的墙的倒塌……一个新的、强大的幽灵，边缘者的幽灵，不仅在欧洲，而且在全球出现，使1989年事件开始的全球化受到遏制。"正是由于塞亚鲜明的第三世界立场，塞亚的著作受到第三世界国家政府和人民的欢迎，同时也受到不少发达国家的称赞。当然，也不乏有人批评和指责塞亚是"马克思主义者"，"共产党人"，"用类似斯大林的辩解方法"来"捍卫社会主义革命"；更有甚者，有人甚至骂塞亚为"魔鬼"。塞亚的论著，特别是近几年的论著具有鲜明的反对美国霸权主义、同情和支持第三世界国家和人民正义斗争的立场，正因为这样，美国政府想方设法阻挠塞亚去美国访问，美国驻墨使馆的一位外交官、塞亚的朋友明确对塞亚说，"由于你写的内容"，所以美国给塞亚发放的是"美国的敌人的签证。"

七　解放神学（Teología de la Liberación）

解放神学是拉丁美洲一种激进的天主教神学理论。20世纪60年代，拉美教会中出现了要求将天主教神学理论同社会现实相结合的思潮。解放神学在拉美的出现有以下几个原因：

（一）罗马教廷方针的变化。1958年教宗约翰二十三世入主罗马教后，逐步摆脱了以前传统的保守的反动的方针，制定了天主教的改良主义方针。1962 年他发布《慈母与导师》通谕，表示要"对世界上的穷苦人负有责任"，主张社会正义，建立新秩序，摆脱现代资本的奴役。同年10 月，他召开了第二届梵蒂冈大公会议。在会上，他提出教会在新时代的使命是"面对现实，认真考虑现代世界中的新情况和生活方式"。教宗约翰二十三甚至还公开谴责新资本主义公司的剥削。罗马教廷的这一变化被称为"约翰二十三世的革命"，这一"革命"使拉美教徒对教会和社会采取了更为尖锐的批判态度。1963 年 6 月 3 日，约翰二十三去世后，他的继承者保罗六世继承并发展了新方针。1967 年 3 月 26 日，保罗六世发布《人民进步》通谕，公开谴责私有制和富人对穷人的剥削，主张合理地分配财富，彻底改变现行经济秩序，但是，通谕也反对革命斗争。

（二）1959 年年初古巴革命胜利的影响和拉美民族民主运动的蓬勃发展。在古巴革命的影响下，拉美各国一部分开明派教士和天主教左派积极投身到社会变革中去，甚至有些神职人员还参加游击斗争，有的献出了生命，如哥伦比亚"游击队神父"卡米洛·托雷斯（Camino Torres，1926—1966）在游击斗争中牺牲。

（三）拉美天主教的分化。罗马教廷方针的变化和拉美民族民主运动的发展加剧了拉美天主教会的分化，拉美不少国家的教会出现激进派，如巴西主教保罗·弗莱雷（Paulo Freire，1921—1997）建立的"基层社团"和所提出的"觉悟化运动"；巴西奥林达－累西腓教区的主教埃尔德尔·卡马拉（Helder Camara，1909—1999）提出"和平抵抗"的战略；秘鲁神学家古斯塔沃·古铁雷斯（Gustavo Gutierrez，1928—   ）在 1968 年 7 月发表《关于"解放神学"》一文，1971 年他又出版了《解放神学》一书。古铁雷斯在他的文章和书中阐述了"解放神学"的基本理论，主张从社会现实而不是从宗教教义出发探讨拯救穷人与人类解放的关系，把传播福音的使命与变革社会的斗争相联系。认为拉美只有从外国资本主义的支配下解放出来才能获得真正的发展；不能回避社会上的阶级斗争和暴力行为，不排斥通过暴力途径来获得社会解放。

"解放神学"这一理论在 1968 年 8 月 26 日至 9 月 6 日在哥伦比亚麦德林市召开的第二届拉丁美洲主教会议（即"麦德林会议"）上占据主导地位，推动了拉美各国教会参与社会改革，但遭到保守派的强烈反对。参加这次会议的有拉美各国和罗马教廷的 249 名代表。教宗保罗六世支持了会议的开幕式。会议的主题是"处于当今拉丁美洲变革中的教会"，会议讨论了有关和平、正义、贫困、发展和解放问题。会议通过的文件猛烈抨击拉美军人独裁统治以及地主、资产阶级和外国资本主义的剥削，指出了现行经济和政治制度是造成拉美贫富不均的根源，提出了立即进行深刻改革的主张。文件要求通过更加具体的行动来实现正义，但必须避免使用暴力手段，以求得社会的和平和安定。在会议文件中首次突出了"解放"的观念，如文件要求"出现这样一个时代，热心于完全解放的时代"，"拉丁美洲将不惜任何牺牲进行它的解放事业"。因此，一般认为，麦德林会议突出了"解放神学"的实践特点，奠定了"解放神学"的思想基础，是"解放神学"诞生的标志。

"解放神学"的主要代表除古铁雷斯外，还有巴西的卢本·阿尔维斯、乌戈·阿斯曼和莱昂纳多·博夫，阿根廷的何塞·米格尔·博尼诺和恩里克·杜塞尔，智利的加利莱亚和穆尼奥斯，乌拉圭的胡安·路易斯·塞贡多，墨西哥的巴列和比达尔等。

"解放神学"的主要观点是：

（一）强调拉美要从奴役下解放出来。解放神学家特别强调《圣经·旧约》中《出埃及记》的主旨，认为正如上帝从埃及的奴役中解放了以色列人一样，上帝也会将拉美的被压迫者从奴役中解放出来。解放神学家认为，拉美的真正问题在于对社会制度的改造，人们的出发点应是寻求解放。解放神学家所说的"解放"，有三个互相联系的层次：政治解放，即被压迫的人民和社会阶级要从经济、社会和政治的不平等地位中获得解放；历史发展过程的解放，即通过自己的整个生活和历史来造就自己，造就新人，造就本质上不同的生活，对自己的命运负起责任；基督的解放，即从基督教有关救赎的教义出发，参照耶稣基督的教诲，使人类得到改造。他们认为，解放是拯救的另一种说法，即在今天的具体条件下，把人的拯救从生活中表现出来。

（二）强调实践。即思考和行动之间的不断相互作用。解放神学还特别肯定穷人作为"上帝儿女"的地位，并站在穷人一边。解放神学提出"解放的灵性"是在对耶稣的观点，认为"解放的灵性"是在对耶稣的忠信和为穷人而献身这两者间辩证的相互作用中形成的。

（三）重新解读圣经。解放神学主张联系现实处境和实践重新解经读经。解放神学认为，基督表现了创造与拯救的联系，基督的拯救体现于人类历史中的解放，认识基督就是以行动跟随基督。

作为一种基督教神学思潮，解放神学的宗旨是主张基督教应争取使被压迫、被剥削而处于"非人"的贫困中的人们，获得物质和精神生活的解放。解放神学是把宗教信仰与社会解放联系起来的神学思想，其基本点是从社会现实而不是单纯从宗教教义出发，来探讨拯救穷人与人类解放两者之间的关系，把传播福音的使命与变革社会的斗争联系起来。解放神学的这些主张有一定的进步意义。但是，它毕竟是一种以宗教信仰原则为指导的改良主义思潮，有很大的局限性。

20 世纪 70 年代，在解放神学的影响下，拉美不少国家出现了激进的基督教运动和组织，如智利的基督教争取社会主义运动，墨西哥的人民教士运动，阿根廷的第三世界教士运动等。在尼加拉瓜，激进的神职人员直接参加推翻索摩查独裁统治的斗争。1979 年尼加拉瓜革命胜利后，在新政府中曾有三名神父担任了部长（外交、文化部长和全国扫盲运动委员会主任）。此外，在拉美解放神学的影响和鼓舞下，20 世纪 70 年代以后各地陆续出现了亚非的本色化神学（民众神学）、北美的黑人神学、妇女神学、菲律宾的斗争神学等。

麦德林会议后，拉美教会中激进派和保守派斗争趋于激烈。1978 年新上任的教宗约翰－保罗二世对拉美天主教教会内部分化的加剧和开明派教会人士的激进倾向日益感到不安，认为解放神学向左走得太远，必须把拉美教会拉回传统路线。另一方面，拉美教会内部的保守势力也重组力量。1979 年 1 月在墨西哥普埃布拉市召开的第三届拉丁美洲主教会议（即"普埃布拉会议"）上，教宗约翰－保罗二世亲自与会并为会议定下了保守色彩的基调。教宗约翰－保罗二世在会议开幕式上发表的文告中，明确摈弃麦德林会议通过的各项决议，全面否定解放神学，认为"教会不必在人类解放事业中进行合作"。在罗马教廷的支持下，保守派在普埃布拉会议上全面修改了麦德林会议的路线，激进派在会上遭到打击。普埃布拉会议标志着拉美天主教会又重新回到了保守的立场。当然，普埃布拉会议只是激进派和保守派斗争的一个回合，并不意味着斗争的结束。

普埃布拉会议后，罗马教廷又先后于 1984 年和 1986 年发表了两个谕旨，即《关于解放神学的若干方面的谕旨》和《基督教自由和解放的谕旨》。第一份谕旨谴责解放神学"掩盖了基督教的原则"，"以不适当的方式搬用了许多马克思主义思潮的观念"，从而造成了"离经叛道的现象"。第二份谕旨强调拯救应该是"整体性的"，即包括整个人类；神学家应按教会本身的经验来解释信仰；神职人员不要直接参与社会的政治和组织建设。罗马教廷对解放神学的批评和打击并没有使拉美天主教的激进派沉默，他们继续进行积极的活动和斗争。拉美天主教会中激进派和保守派斗争将长期进行下去。

解放神学遭到美国当局的反对。早在 1969 年，美国总统尼克松就派纳尔逊·洛克菲勒（Nelson Rockefeller）到拉丁美洲去调查解放神学有关情况，纳尔逊·洛克菲勒的调查报告说拉丁美洲教会正在变成"一种致力于——如果必要，就动用革命手段——改变的力量"。1982 年里根总统的顾问们所写的"圣塔菲文件"建议，"美国外交政策必须开始反击解放神学。"

时至今日，解放神学虽然不像 1968 年诞生时那样活跃，但它并没有消失，依然在拉美和其他地区产生影响。2005 年 1 月 21—25 日在巴西阿雷格里港在召开的第五次世界社会论坛的同时，召开了"解放神学世界论坛"，与会者总结了神学界解放思潮的发展，分析了这一思潮未来的前景。会议的结论认为，解放神学依然活着，它的内涵更加具有丰富的地区色彩，也更加广泛，它已成为众多信徒精神生活中的核心部分，具有足够能力迎接当代的挑战。拉美一些左翼领导人，如已故的古巴革命领导人卡斯特罗、委内瑞拉已故的总统查韦斯和现任总统马杜罗、玻利维亚前总统莫拉莱斯、厄瓜多尔前总统科雷亚、尼加拉瓜总统奥尔特加等都很推崇解放神学，他们的思想和政策主张都在不同程度上受到解放神学的影响。

2013 年 3 月 13 日，原阿根廷布宜诺斯艾利斯总主教、耶稣会士豪尔赫·马里奥·贝尔高利奥（Jorge Mario Bergoglio，1936—　）当选为教宗（称方济各 Papa Francisco）后不久，便于同年 9 月 11 日接见"解放神学之父"古斯塔沃·古铁雷斯，这次会见被认为是替解放神学平了反。2017 年 1 月，教宗方济各对西班牙《国家报》说，"解放神学对拉美来说，是积极的事物。"2018 年 5 月 28 日，教宗方济各还写信，祝贺古铁雷斯90岁生日，在信中称赞古铁雷斯为教会和人类所做的贡献。①

2015年7月方济各教宗访问了南美三国厄瓜多尔、玻利维亚和巴拉圭。7月9日，他出席了在玻利维亚圣克鲁斯召开的全球人民运动第二届聚会，教宗在会上讲话中强调，必须改变当今世界的经济制度，让团结互助全球化取而代之，并且保护母亲大地。教宗还指出，"土地、住所和工作是神圣的权利，值得为此奋斗"。面对众多没有土地的农民、失去住所的家庭和权利遭到践踏的劳工，教宗表示，必须"承认我们需要并渴望改变"。教宗问道："我们是否承认，当今经济制度所提出的利润至上逻辑不惜一切代价，毫不考虑社会排斥现象和大自然的毁坏？"为达到改变的愿景，教宗提出三项任务，首要任务是让经济为人民服务。第二项任务是"在和平与正义的道路上使人民团结合一"，"任何强权都不能剥夺贫穷国家充分行使主权的权利"。教宗揭露"危害和平与正义的新殖民形式"，教宗疾呼，"我们要抵拒新旧形式的殖民，促进各民族与文化的相遇。"第三项任务至关重要，即保护母亲大地。拉美和美国不少人认为，方济各教宗在拉美三国之行的言行表明，"他是一位解放神学者"，美国福克斯新闻电视台甚至称他为"地球上最危险的人"②。

八 解放教育学 (Pedagogía de la Liberación)

20世纪60—80年代，在拉丁美洲教育思想领域里，存在着两种不同的倾向。一种是基于"发展主义"经济政策之上的依附性教育思想，求助于外部模式和技术官僚和所谓"现代化"的教育哲学及方法论。另一种则建立在批判"依附"（穷国对富国的依附，贫穷阶级对富裕阶级的依附，经济落后地区对发达地区的依附）状态基础上的"解放教育学"。

解放教育学的杰出代表是巴西教育学家巴勃罗·弗莱雷（Paulo Freire，1921—1997）。巴西自20世纪20年代起，开始向现代化方向转换，传统社会发生变革。30年代瓦加斯总统倡导带有民众主义色彩的资

---

① https：//www.aciprensa.com/noticias/papa－francisco－saluda－a－gustavo－gutierrez－por－su－cumpleanos－90－41047.

② http：//www.cubadebate.cu/noticias/2015/07/16/televisora－de－estados－unidos－califica－al－papa－francisco－como－el－hombre－mas－peligroso－del－mundo/#.VakZ5tJAXX4.

产阶级革命，50 年代再次担任的瓦加斯继续奉行民众主义政策。1960 年当选的夸德罗斯总统和 1961 年继任的古拉特总统继续奉行民众主义，推行社会经济改革，但这一进程由于 1964 年巴西军人发生政变而中止。弗莱雷倡的"解放性"民众教育正是在这样一个变革的时代孕育、发展起来。1921 年弗莱雷出生于巴西的累西腓市，1997 年卒于巴西圣保罗。早年教授葡萄牙语，50 年代开始在巴西东北部进行成人扫盲工作，60 年代任"累西腓民众文化运动"成人扫盲计划的总协调员。因得到古拉特政府的大力支持，1963—1964 年他在全国各地组织扫盲协调员的培训工作，1964 年担任古拉特政府教育部全国扫盲计划协调员和巴西东北部累西腓大学教育史及教育哲学教授。1964 年，右翼军人才策动军事政变，全国扫盲计划遭到禁止，弗莱雷推行的民众教育实践被军政府定罪为"颠覆性活动"，他遭到监禁，出狱后被迫流亡国外。在 16 年的流亡期间，曾任智利大学和美国哈佛大学客座教授，并曾参与智利阿连德政府的农村教育工作。70 年代初，他在日内瓦被任命为"世界基督教教会委员会"教育顾问，后分别在几内亚（比绍）路易斯·卡布拉尔革命政府及非洲多国进步政府、尼加拉瓜革命政府、格林纳达毕晓普政府的民众教育顾问工作。1980 年弗莱雷返回巴西，在数所大学任教，担当各种教育顾问，并参与缔造了巴西"劳工党"（PT），担任过圣保罗州教育厅长。晚年通过各种会议和著述表达对全球化、新自由主义政策及环境保护批判性主张。

弗莱雷 1986 年获得联合国教科文组织的"和平与教育奖"，1992 年获得美洲国家组织的"安德烈斯·贝略大陆教育者"奖，并曾被提名为"诺贝尔和平奖"候选人。弗莱雷还被 30 所大学聘为终身荣誉教授。

弗莱雷一边从事民众教育实践，一边从事理论著述，并发表了大量谈话记录。他一共出版了 25 部著作。其中，1965 年出版的《教育是争取解放的实践》是弗莱雷早期思想的总结，被视为他教育思想的经典著作；1969 年出版的《被压迫者教育学》系弗莱雷根据智利农村实践经验的认识后的结晶，被视为弗莱雷最具代表性的著作，被译成 18 种文字在世界各地出版。他的最后一部著作《自主教育学》（Pedagogía de la Autonomía）出版于逝世当年，书中再次强调了教育是为了使受教育者重新认识他所处的真实环境，以便提高受教育者的政治觉悟。

弗莱雷"解放教育学"的主要观点是：

（一）教育是人通过实践、反思和行动对世界实行改造的一种活动。弗莱雷的教育思想具有强烈的批判性，对传统的资产阶级文化是尖锐的挑战。弗莱雷认为现行学校是一种传播和强制灌输统治阶级意识形态的场所，这种强制虽然不是肉体上的暴力，却是统治阶级象征性的暴力，因此在资本主义体制内无法进行任何改革。他认为，资产阶级创造了各种神话来维护体制，解放教育学的使命是解构这些神话。

（二）弗莱雷认为，传统教育的结果不是使受教育者获得解放性的觉悟，而是使其受到驯化、进而异化成为现存制度中的新成员。而新型的批判性的扫盲应该是群众"觉醒"的过程，应使群众成为"主体人"，进一步促进社会成为"主体社会"。为了促进巴西社会的真正民主进程，新型教育必须具有"批判精神"。新形势对教育工作者的主要挑战不是扫盲，而是扫除"非民主传统"，扫盲过程本身应体现这一"觉醒"与"民主化"进程。

（三）弗莱雷把教育分成"银行（储蓄）式教育"（educación bancaria）和"解放式教育"两种。前者指把人看作单向接受教育价值投放的"银行"；教育者向受教育者灌输"成捆的知识"，受教育者只是被动地接受知识，在获取知识的过程中没有人的知识追求；教育者是有知识者，学生是无知的。压迫者总是想改造被压迫者的大脑，但从不想改变他们的受压迫状况，以便更好地压迫和驯化后者。弗莱雷提倡对话式的教育。在教育过程中，对话是一种体验自由的实践，言说包含着行动的概念和思考的概念，每个人都有权利通过言说走向对话，与他人相遇，从而摆脱现实对人的限制。他提出了"教育者是受教育者，受教育者也是教育者"的观点。应将传统的"恩赐"转变为"对话"，应尊重人民群众的常识，与他们一起共同寻找对事实的严格、准确的理解。弗莱雷提出，改变旧的"教育者与受教育者的关系"并不是要前者停留于后者的水平，而是强调要以后者为起点"出发"，"为了到达彼岸必须从此岸出发"。为了彻底改变旧的教学被动局面，弗莱雷甚至倡导改变了旧的教学"术语"。在弗莱雷的扫盲运动中，"学校"易名为"文化讨论班"，"教师"易名为"讨论协调员"，"教学"易名为"对话"，"学生"易名为"讨论班成员"，等等。

（四）弗莱雷认为人与外部世界的关系是主体与客体的关系，在这一关系过程中人获得了知识，以及由语言表达的知识，进而由书面语言表达的知识。扫盲必须从文盲群众的实际情况出发，从内容到方式都应和他们的处境密切相关，而不是使他们"异化"于生存环境。应使他们感到他们所学习的并不是陌生的事物，而是温习、理解已知的事物。弗莱雷提出，人不仅从实践中获取知识，而且也从中发现事物的因果关系。对因果关系的认识程度导致不同的觉悟水平。深切的认识导致"批判意识"，进而导致"批判性行为"，而模糊认识导致"神秘意识""宿命论"，其结果只能是接受奴役。

弗莱雷的思想是一个庞杂的体系，兼有基督教人文主义、文化人类学、科学社会主义、西方马克思主义、拉美的依附论等。总的来说，弗莱雷的思想是一种资产阶级改良主义的思想，带有明显的资产阶级"人性论"的印记。

在几十年的民众教育实践活动中，弗莱雷的理论和实践都有了很大的发展。几十年的教育实践使弗莱雷的教育思想有了很大的发展。他的思想远远超出了民众扫盲运动的范围，指向包括教育学在内的各个人文社会学科。尽管有些评论家认为弗莱雷的观点太理想主义，认为他过高评价了日常生活境况的价值，对社会政治现实的分析中道德色彩太浓，有人认为他的理论是"改良主义"的、带有陈旧的"文化论"和"人性论"印记，还有些人抹杀了弗莱雷思想的革命性、批判性。但是，人们普遍认为他是 20 世纪最伟大的教育家，位于拉丁美洲最杰出的思想家之列。巴西作为拉丁美洲民众教育的摇篮、弗莱雷作为解放性民众教育思想先驱的作用是公认的。弗莱雷的思想理论在智利、秘鲁、墨西哥、坦桑尼亚、几内亚（比绍）得到广泛传播和应用，并获得成效。巴西圣保罗天主教大学建立了"巴勃罗·弗莱雷"研究生课程。1987 年联合国教科文组织授予他和平奖，以奖励他一生致力于发展中国家的教育事业。1992 年"巴勃罗·弗莱雷研究所"诞生，它专门研究和传播巴勃罗·弗莱雷关于教育、文化和传播的思想，该研究遍布世界 18 个国家。

巴勃罗·弗莱雷的影响从教育领域延伸到神学、哲学、社会学、艺术、戏剧乃至经济领域，拉丁美洲解放神学家也受到过弗莱雷思想的影响，例如，旨在培养基层民众领导人、印第安村社领导人和基层宗教团体积极分子的"传教与教育泛基督教服务中心"、巴西进步天主教力量协调机构"维护大地教区委员会"都是根据弗莱雷的民众教育思想起来建立的。古巴革命成功后的大规模的扫盲运动，20世纪70年代尼加拉瓜桑地诺民族解放执政时期由文化部长、耶稣会教士埃内斯托·卡德纳尔（Ernesto Cardenal，1925—2020）领导的全国扫盲运动和21世纪头十年委内瑞拉查韦斯政府的开展扫盲运动都体现了弗莱雷的教育是为了唤醒人民觉悟的思想。2000年2月23日在墨西哥召开了第8届"巴勃罗·弗莱雷"教育讨论会，在德国慕尼黑有"巴勃罗·弗莱雷协会"，在奥尔登堡有"巴勃罗·弗莱雷合作会"。弗莱雷的著述被译成各种文字在世界各国出版。

第二节　社会主义思潮

一　古巴社会主义（Socialismo cubano）

1953年7月26日，菲德尔·卡斯特罗（Fidel Castro，1926—2016）率领一批爱国青年，为反对巴蒂斯塔独裁统治，攻打东部的政府军蒙卡达兵营。行动失败后，卡斯特罗等被捕并被判处徒刑。1955年5月15日，卡斯特罗等因大赦出狱，同年6月12日，卡斯特罗和一些革命者在哈瓦那召开会议，组成了以1953年起义日命名的"七·二六运动"组织。7月7日，卡斯特罗等人被迫流亡墨西哥，在墨西哥为革命做准备。1956年11月25日，卡斯特罗率领81名革命者乘"格拉玛号"游艇从墨西哥出发，于12月2日在古巴东部奥连特省南岸红滩登陆，在与政府军激战后转入马埃斯特腊山区，在那里建立根据地，开展游击战争，不久，建立了起义军。卡斯特罗率领的起义军在全国反独裁力量和斗争的配合和支持下，于1959年1月1日推翻巴蒂斯塔独裁政府，取得古巴革命胜利。

古巴革命的特点是：第一，古巴革命是一次民族民主革命，领导这场革命的主要组织是卡斯特罗领导的、具有激进思想的"七·二六运动"，而不是1925年就已成立的古巴共产党（后改称人民社会党）；第二，古巴革命的道路是武装斗争的道路，而不是议会斗争或其他和平过渡的道路；第三，古巴革命的道路是在农村开展游击斗争、建立根据地，

从农村到城市，直至取得全国胜利；第四，古巴革命的胜利，是以
"七·二六运动"为核心，建立反对巴蒂斯塔独裁统治各种政治力量联合
统一战线的胜利。

革命胜利后，以"七·二六运动"为主体的革命政府领导古巴人民
在政治、经济、社会等方面实行了一系列重大的民主改革，主要有：在
政治方面，1959 年 2 月 7 日，颁布了《1959 年根本法》，起宪法作用，
以确保政治主权、经济独立、真正民主和社会公正；解散旧议会、所有
独裁政权的政治统治机构和行政管理机构；清除政府和文教部门中的巴
蒂斯塔分子；取缔一切反动政党；解散特务机关；废除反动法令，建立
革命法庭，镇压反革命分子，没收反动分子的财产；解散旧军队，由起
义军承担起武装力量的职责；驱逐了美国军事代表团。

在经济和社会方面，改变旧的经济制度，建立新的生产关系，实行
土地改革。1959 年 5 月 17 日，革命政府颁布《土地改革法》，这是革命
后颁布的第一个土改法，土改法规定废除大庄园制度，对每个自然人或
法人占有 30 卡瓦耶里亚（简称卡，1 卡等于 13.43 公顷，30 卡合 402 公
顷）以上的土地予以征收。这次土改分成两个阶段，第一阶段主要是没
收本国大庄园主的土地，第二阶段把在古巴的全部美国垄断资本所占有
的土地收归国有。政府没有将征收的大部分庄园的土地在大庄园的农业
工人中进行分配，而是成立国营人民农场和甘蔗合作社。对无地和少地
的个体农民，政府无偿地分给每户最多达 2 卡的土地。如果他们耕种的
土地超过 2 卡且不到 5 卡，则他们可无偿得到 2 卡的土地，而超出部分可
以分期购买。[①] 这次土改摧毁了大庄园制和外国垄断资本土地所有制，征
收了 217 万多公顷的土地，使 10 万农户得到了土地，并使 40% 的土地成
为国有。[②]

革命政府在头两年对本国和外国企业实行国有化。1960 年 1 月 28
日，颁布没收巴蒂斯塔分子全部财产的法令。10 月，宣布将本国资本家
经营的 382 家工商企业和全部私人银行收归国有。1960 年 6 月，政府接

---

① ［古巴］埃内斯托·切·格瓦拉：《古巴革命战争回忆录》，《古巴革命战争回忆录》，上
海人民出版社 1975 年版，第 277—278 页。

② Ministerio de Relaciones Exteriores. Direccion de informacion：Perfil de Cuba, 1966, p. 125.

管了3家美资炼油厂。8月，把36家美国公司收归国有。9月，没收了美国银行。10月，美国宣布对古巴实行禁运后，古巴把剩下的166家美资企业全部收归国有。至此，古巴革命政府共将价值约15亿美元的400多家美资企业全部收归国有。

革命政府于1960年10月14日颁布城市改革法，并且采取各种措施，确保充分就业并使所有劳动者享有社会保险，使全体人民享有免费医疗和免费教育，并开展大规模的扫盲运动。革命政府取缔并禁止赌博、贩毒、走私、卖淫。

随着民主改革的逐步深入，摆在古巴革命领导人问题是：古巴革命向何处去？是"继续处在帝国主义的统治、剥削和欺凌之下"，"还是进行一次社会主义革命？"① 古巴革命领导人坚定不移地选择了社会主义道路。

就在美国雇佣军入侵古巴的前一天，1961年4月16日，在古巴历史进程的关键时刻，以卡斯特罗为首的核心领导做出了决定，选择了将革命从民族民主革命转变为社会主义革命的正确道路。卡斯特罗在群众集会上庄严宣布，古巴革命"是一场贫苦人的、由贫苦人进行的、为了贫苦人的社会主义民主革命"。② 同年5月1日，卡斯特罗宣布古巴是社会主义国家。卡斯特罗在古巴共产党"一大"的报告中说："在英雄的反帝斗争中，古巴革命进入社会主义阶段。"③ 促使古巴向社会主义转变的主要因素是：

（一）美国对古巴的敌视政策。在巴蒂斯塔独裁统治末期，美国资本控制了古巴蔗糖生产的40%，铁路的50%，电力的90%，外贸的70%，镍矿的100%，铁矿的90%。古巴的银行和金融业也基本上操纵在美国资本手中。古巴革命胜利初期，美国同古巴仍保持正常关系。1959年4月，卡斯特罗曾访问美国。随着古巴革命的深入发展，美国开始对古巴采取敌对态度。艾森豪威尔政府就古巴惩处战犯和杀人犯一事发动了污蔑古巴革命的毁谤运动，接着，美国又对古巴施加压力，要求古巴对土改中

---

① 《卡斯特罗言论集》第二册，人民出版社1963年版，第265页。
② 《卡斯特罗言论集》第二册，第26页。
③ 《在古巴共产党第一、二、三次全国代表大会上的中心报告》，第36页。

被没收的美国企业的土地进行高价赔偿。美国还派飞机轰炸古巴城乡，并收买特务轰炸军火库和往古巴运送军火的轮船，策动和唆使古巴反革命分子进行破坏和颠覆活动。

在外交方面，美国竭力通过美洲国家组织孤立古巴，企图进行"集体干涉"。在 1959 年 8 月在智利圣地亚哥和 1960 年 8 月在哥斯达黎加圣何塞召开的第 5 次和第 7 次美洲国家外长协商会议上，美国竭力拼凑反古阵线。同年 9 月 2 日，古巴全国人民代表大会通过第一个《哈瓦那宣言》，针锋相对地谴责美国对古巴和拉美国家的干涉和侵略。1960 年 7 月 6 日，美国取消 95% 的对古巴糖的采购定额，同年年底，又取消了全部定额，并停止对古巴的一切援助，对古巴实行贸易禁运。1961 年 1 月 3 日，美国同古巴断交。

1961 年 2 月 3 日，刚就任总统不久的肯尼迪下令执行艾森豪威尔总统在任时批准的通过雇佣军武装入侵古巴的计划。同年 4 月 17 日，1500 多名雇佣军在美国飞机和军舰掩护下，在拉斯维亚斯省的吉隆滩（现属马坦萨斯省）登陆，对古巴进行武装侵略，企图颠覆和扼杀古巴革命。古巴人民在卡斯特罗亲自指挥下，经过 72 小时的激战，全歼入侵者，胜利地保卫了革命的成果。美国对古巴的敌视政策促使古巴走上社会主义的道路。

（二）社会主义国家对古巴的支援。在美国企图扼杀古巴革命时，古巴得到了社会主义国家及时的援助。1960 年 2 月，苏联答应向古巴提供 1 亿美元的贷款，并在 5 年内每年购买 100 万吨古巴糖。同年 7 月，苏联开始将武器运往古巴。1960 年 7 月，中国同古巴签订贸易协定。9 月 28 日，中古建交。11 月，中古两国签订了经济技术合作协定，规定中国向古巴提供 6000 万美元的无息贷款。中国还向古巴提供了军事援助。

（三）古巴革命的深入发展的结果。古巴革命胜利后，民主改革不断深入，工人的生活水平有了明显提高，贫苦农民分得了土地。工农大众积极拥护革命政府的改革措施，使革命不断深入发展。1960 年 10 月 15 日，卡斯特罗宣布："革命的第一阶段已告完成，革命现在进入第二阶段"，"革命政府在 20 个月中已完成了蒙卡达纲领"。[①] 半年后，卡斯特罗

---

① 《卡斯特罗言论集》第一册，第 291、298 页。

又宣布古巴革命是一场社会主义革命。正如卡斯特罗在后来所说："是革命的规律使我们树立了社会主义的信仰"。[①]

1963年10月4日，古巴革命政府颁布第二次土地改革法，规定征收超过5卡（67.15公顷）的全部私有土地。这次土改共征收了15000户富农的201.3万公顷的土地。经过两次土改，国有土地（主要为国有农场和甘蔗农场）占70%，小农和合作社的土地占30%。农村中的大庄园制和富农经济均被消灭。

1961年7月，古巴三个主要革命组织"七·二六运动"、人民社会党和"三·一三革命指导委员会"合并成革命统一组织。1962年5月，革命统一组织改名为古巴社会主义革命统一党。1965年10月3日，在古巴社会主义革命统一党的基础上建立古巴共产党，由卡斯特罗担任党的第一书记。

古巴的社会主义建设事业并非是一帆风顺的。从外部条件来看，自20世纪60年代初起，美国一直对古巴采取贸易禁运、经济封锁、军事威胁、外交孤立等敌视政策，千方百计企图扼杀古巴革命。1961年1月3日美国同古巴断交，4月17日美国雇佣军入侵，遭到惨败。1962年美国宣布对古巴实行经济、贸易全面封锁。1964年美国又唆使美洲国家组织成员国同古巴断绝外交关系，对古巴实行集体制裁。

自20世纪60年代初起，菲德尔·卡斯特罗、劳尔·卡斯特罗（Raúl Castro，1931— ），和米格尔·迪亚斯－卡内尔·贝穆德斯（Miguel Díaz－Canel Bermúdez，1960— ）先后领导古巴人民积极探索在古巴进行社会主义革命和建设、"更新"经济社会模式的新路子。革命胜利后60多年来的实践表明，古巴在这方面既有成功的经验，也有失败的教训。

在革命胜利初期，由于急于改变单一经济结构，古巴政府大幅度削减蔗糖生产，提出迅速实现农业多样化和短期内实现工业化的目标。1963年甘蔗种植面积比1958年减少了25%，致使蔗糖产量从1961年的677万吨减少到1963年的382万吨。1963年年底，古巴政府又提出了集中力量发展糖业的新的经济发展战略。

---

① ［古巴］菲德尔·卡斯特罗：《全球化与现代资本主义》，社会科学文献出版社2000年版，第26页。

1968 年 3 月，古巴政府发动"革命攻势"，接管了几乎所有的私人小企业、手工业作坊和商店，消灭了城市中的私有制。同时，扩大免费的社会服务，用精神鼓励代替物质刺激。后来，卡斯特罗在评价这场"革命攻势"时说："这一措施不一定就是这一时期社会主义建设的原则问题，而是我国由于处在帝国主义的严密的经济封锁的具体条件下，需要最有效地使用人力物力，再加上一部分城市资本家采取的消极政治行动阻碍了革命的发展。当然，这并不能使我国革命推脱掉由于对人力物力管理不善而造成的后果所应负的责任"①，"从 1967 年起，免费政策的实行开始进入高潮，1968 年至 1969 年达到顶峰。但在某些方面，实行免费是不妥当的"。②

1963 年年底，古巴政府提出要在 1970 年达到年产 1000 万吨糖的生产指标，强调要充分利用古巴生产蔗糖的有利条件和相对优势，集中力量发展糖业，"以糖为纲"，以增加外汇收入、增强进口能力，确保经济的持续发展。但由于计划指标订得太高，片面、过分强调发展糖业，致使国民经济各部门发展比例严重失衡，经济遭到破坏。1970 年糖的产量虽然达到创历史纪录的 854 万吨，但未能达到 1000 万吨的原定指标。后来，卡斯特罗在总结这一经验教训时说："国家把大部分力量集中在争取完成……甘蔗产量达到 1000 万吨的指标上"，"这一目标没能实现"，"这个严重的问题给国民经济其他部门造成了严重失调"，"我们在经济工作中无疑是犯了唯心主义的错误。我们有时看不到在现实中存在着我们必须遵循的客观经济规律。"③

20 世纪 70 年代，古巴参照苏联和其他社会主义国家的模式，进行了经济体制的改革。主要反映在以下方面：（一）1971—1972 年，古巴调低了糖业在国民经济中的比重，注重各部门的比例关系，逐步调整了国民经济结构；（二）自 1972 年起，加强宏观经济管理，执行由中央计划委员会制订的三年经济计划，1976 年起又开始执行五年计划；（三）恢复了

---

① ［古巴］菲德尔·卡斯特罗：《在古巴共产党第一、二、三次全国代表大会上的中心报告》，人民出版社 1999 年版，第 40 页。

② 《在古巴共产党第一、二、三次全国代表大会上的中心报告》，第 89 页。

③ 《在古巴共产党第一、二、三次全国代表大会上的中心报告》，第 40—41、87 页。

预算制度，并陆续设立了国家财政、统计、价格等委员会，建立了全国财会体系，整顿了银行；（四）1972 年古巴加入了经济互助委员会，并同苏联签订了到 1980 年的长期经济协定，实现了同苏联、东欧国家的经济一体化；（五）古共"一大"正式批准实施新的经济领导和计划体制。根据这一体制，古巴逐渐完善和加强国家计划体制，加强中央计划委员会的职权，注意发挥市场机制的作用；把企业作为基本核算单位，实行自筹资金制，使企业有较大的自主权；利用价值规律和其他经济杠杆来调节经济。

20 世纪 80 年代前半期，古巴全面推行经济领导和计划体制，放宽经济政策，如 1980 年开设农民自由市场，1981 年开设农副产品贸易市场；1980 年实行新的工资制度；同年，改革物价制度，减少物价补贴并取消一些免费的服务项目；1982 年 2 月，颁布了《外国投资法》，首次正式表示欢迎外资到古巴兴办合资企业，有限度地实行对外开放。

20 世纪 80 年代后半期，在全国掀起一场"纠正错误和不良倾向进程"即"纠偏进程"，展开"战略大反攻"。宣布关闭农民自由市场，恢复国家统购统销制度。同时，政府宣布限制向工人发放奖金并提高了部分劳动定额。6 月，宣布修改住宅制度，禁止私人买卖房屋；禁止出售手工艺品和艺术品；禁止私人行医；调低著作版权费等。卡斯特罗强调古巴不能照搬苏联、东欧的模式，"古巴环境特殊"，"它受帝国主义封锁、包围和入侵"，因此"不能抄袭别国的经验"，强调古巴建设社会主义需要"寻找一条新的道路"。纠偏进程虽然没有促进古巴经济的发展，但它保证了以卡斯特罗为首的古巴领导人坚持社会主义方向，使古巴没有像苏联、东欧那样搞所谓的"改革"和"公开性"，使古巴在 20 世纪 80 年代末、90 年代初经受住东欧剧变、苏联解体对它的巨大冲击。

20 世纪 80 年代末和 90 年代初，东欧剧变、苏联解体，这给古巴经济造成了严重困难。与此同时，美国又乘机加强对古巴的封锁，先后通过了"托利塞利法案"和"赫尔姆斯－伯顿"法案。古巴调整了经济发展战略和外交方针，开始执行改革开放的政策。90 年代初，古巴宣布进入"和平时期的特殊阶段"。1991 年 10 月，古巴共产党召开"四大"。这次大会是在古巴面临空前困难的形势下举行的，具有特殊意义。大会提出了"拯救祖国、革命和社会主义"的原则和口号，卡斯特罗在开幕式讲话中明确提出了古巴对外开放的政策："我们正在广泛的实行开放，广泛地对外资实行开放。"①古共"四大"将对外开放作为国策确定下来。"四大"通过的关于修改党章和党纲的决议指出，古巴革命的最高目标是在古巴建设社会主义，古巴共产党坚持共产主义的理想，古巴共产党是马列主义政党，是古巴社会的领导力量。② 古巴政府采取一系列应急措施，实行生存战略，维持国家经济的运转和居民的基本食品供应，同时，采取一些有长期发展战略意义的措施，加快纳入世界经济体系的进程。为解决食品短缺，古巴制订了食品计划。为解决外汇短缺，古巴改变过去重点发展重工业的经济发展战略，把经济发展的重点放在创汇部门，特别是旅游、医疗器材和生物制品的医药产品的生产和出口。

　　"四大"后，古巴加快了开放的步伐，采取了一系列改革开放的措施。1997 年 10 月，古巴共产党召开"五大"，"五大"制定的方针的要点是：坚持共产党领导和坚持社会主义；反击美国的经济制裁和政治及意识形态攻势；在不改变社会性质的前提下，继续稳步进行经济改革，并尽可能减少由此带来的社会代价。"五大"召开后，古巴又推出了改革的新举措。90 年代古巴所实行的改革政策取得了一定的成效，宏观经济恢复增长。1990 年至 1993 年 4 年古巴国内生产总值共计下降 34%，自1994 年起，古巴经济开始连续恢复增长，宏观经济恢复增长。1995 年至2005 年年均增长 3.6%。古巴经济结构和外贸结构开始多元化，古巴逐步改变了过去依赖蔗糖、镍和烟草等传统产品出口的经济结构，重点发展旅游、生物医药、技术服务等非传统产业。古巴的所有制和分配方式多样化，合资、外资、个体所有制已初具规模。古巴通过改革开放，经济逐步好转，政治社会基本稳定，人民的基本生活得到保障，古巴的国际环境不断改善。古巴逐步从巨大的灾难中摆脱出来，它不仅经受住了美国封锁和侵略的考验，而且也经受住了苏联东欧剧变的严峻的考验。

　　2006 年 7 月 31 日，因健康原因，卡斯特罗将他所担任的党政军最高

---

　　① Fidel Castro: Independientes hasta siempre, Discursos de inauguracion y en el acto de masas, Santiago de Cuba, Ⅳ Congreso del Partido Comunista de Cuba, 10 y 14 de octubre de 1991, *Editora Politica*, Cuba, 1991, p. 50.

　　② Resolucion sobre el Programa del Partido Comunista de Cuba, Este es el Congreso mas democratico, *Editora Politica*, Cuba, 1991, pp. 36－47.

领导职务暂时移交给劳尔·卡斯特罗。2008 年 2 月 24 日，在古巴第 7 届全国人民政权代表大会上，劳尔当选并就任古巴国务委员会主席兼部长会议主席，正式接替执政长达 49 年的卡斯特罗。

2011 年 4 月，古共召开"六大"，通过了《党和革命的经济与社会政策的纲要》（简称《纲要》）纲领性文件，正式开启了经济和社会模式"更新"（即古巴式的改革开放）进程。"六大"通过选举，产生了新的一届的中央委员会，劳尔正式接替卡斯特罗在党内的最高职务，当选为古共中央第一书记。2016 年 4 月，古共召开了"七大"，"七大"通过了《古巴社会主义经济社会模式的理念》（简称《理念》）《到 2030 年全国经济社会发展计划：国家的建议、轴心和战略部门》和《党和革命的经济和社会政策纲要的更新（2016—2021 年）》三个重要文件。古共"六大"和"七大"所通过的这些文件，特别是《纲要》和《理念》这两个文件为古巴社会主义经济和社会模式的更新指明了方向和道路，使全党和广大民众就更新经济和社会模式的方针政策，统一了思想，达成了共识。为落实这些文件，古巴党和政府采取了一系列新的称为更新经济和社会发展模式的改革措施。2016 年 11 月 25 日，古巴革命领袖卡斯特罗因病逝世。

2018 年 4 月 19 日，1960 年出生的迪亚斯－卡内尔在第 9 届人大成立会议上当选并就任古巴国务委员会主席兼部长会议主席，接替劳尔·卡斯特罗的行政职务。2019 年 2 月 24 日，古巴举行全民公决，通过了新宪法，4 月 10 日，新宪法正式生效。7 月 13 日，古巴全国人民政权代表大会又通过了新选举法。根据新宪法和新选举法。古巴全国人大于 10 月 10 日和 12 月 21 日先后选举迪亚斯－卡内尔为国家主席，选举曼努埃尔·马雷罗·克鲁斯为总理。

2021 年 4 月 16 日至 19 日，古巴共产党第八次代表人会在首都哈瓦那顺利召开，古共中央第一书记劳尔·卡斯特罗作中心报告。"八大"一致通过了《关于八大中心报告的决议》《关于古巴社会主义发展经济和社会模式理念的更新的决议》《关于 2021—2026 年纲要执行情况及其更新的决议》《关于党的运转、思想工作和与群众联系的决议》《对党干部政策的决议》等决议。"八大"选举产生了以迪亚斯－卡内尔为第一书记的新的中央委员会，迪亚斯－卡内尔在"八大"闭幕式上发表讲话，他肯定古共八大是历史性的大会，是团结的大会，是继往开来的大会。老一代将责任和事业传到新一代，古巴社会主义革命充满活力。他高度评价劳尔在古巴革命和社会主义建设、领导古巴经济社会模式的更新、恢复与改善与美国关系、促进拉美团结和一体化等方面的重要作用。他强调，今后在述及国家命运的战略性重大决策时，将继续请示劳尔。古巴人民正继承卡斯特罗的遗志，沿着社会主义和经济社会模式不断"更新"的道路前进。2021 年 5 月 6 日，习近平总书记同古共中央第一书记、国家主席迪亚斯－卡内尔通电话时表示，"古共八大对当前和今后一个时期古巴党和国家事业发展作出战略规划和部署，对古巴社会主义事业具有重大意义"。[1]

二 智利社会主义（El Socialismo Chileno）

智利社会主义是指 20 世纪 70 年代初萨尔瓦多·阿连德（Salvador Allende，1908—1973）人民团结阵线政府在智利推行的一套社会主义理论和所进行的一场试验。

智利是拉美资本主义比较发达的国家，智利也是具有民主传统的国家。1936 年，智利激进党、共产党、社会党等组织在反法西斯的旗帜下建立了人民阵线。在 1938 年的大选中，人民阵线获胜，成为拉美第一个有广泛群众基础的反帝联合政府。阿连德曾任人民阵线政府的卫生部长。

阿连德生于智利瓦尔帕莱索的一个中产阶级家庭。早年曾参加和领导学生运动。1932 年获智利大学医学博士学位。同年，马马杜克·格罗韦（Marmaduke Grove，1878—1954，阿连德的亲戚）等一部分军人夺取政权，宣布建立"社会主义共和国"。尽管它只存在了 12 天，但对阿连德触动较大。1933 年，阿连德参与创建智利社会党，先后担任该党的副总书记、总书记和主席。1937 年当选为众议员，1938 年任人民阵线政府卫生部长。1945 年起曾 4 次当选为参议员，并曾任参议院副议长、议长。阿连德曾作为社会党或人民行动阵线的候选人参加 1952 年、1958 年、1964 年的总统竞选，但均遭到失败。在 1970 年 9 月 4 日大选中，他作为人民团结阵线的候选人再次竞选总统获胜，于同年 11 月 4 日就任总统。

---

[1] 《习近平同古巴国家主席迪亚斯－卡内尔通电话》，《人民日报》2021 年 5 月 7 日第 1 版。

以阿连德为代表的智利社会主义的主要主张是：

1. 通过选举和平过渡到社会主义。智利人民团结阵线所设计的具体方案是，第一步通过选举取得行政权，第二步再通过选举赢得议会绝对多数而掌握立法权，然后实现政权的社会化即进行经济结构的改革。阿连德强调，"智利是地球上第一个负有使命要树立第二种向社会主义过渡的样式的国家"。

2. 在资产阶级法制范围内进行社会主义变革。阿连德在 1971 年 5 月向国会提交的第一个总统咨文中提出，要"开创法制化的途径来实现新形式的、具有多元化和自由的社会主义秩序，""在尊重法制、体制和政治自由的条件下，改变资本主义制度"。

3. 多元化的社会结构。阿连德在总统咨文中提出要在智利建立世界上"第一个以民主、多元化和自由样式的社会主义"。他认为多元化是马克思主义前辈预言过但没有具体实现的革命道路，是建设社会主义的一种新的方式。他主张要"在民主、多元化，特别是意识形态多元化中过渡到社会主义"。人民团结阵线所主张的多元化包括建立多党制政府，允许多元化的政治观念和意识形态，建立多元化的经济成分，以公有制为主，公有制、合营和私有制成分并存。

由智利社会党、共产党、激进党、社会民主党、独立民主运动和统一人民运动 6 个组织组成的人民团结阵线提名社会党领导人阿连德作为阵线候选人，在 1970 年 9 月 4 日大选中得票 36.3%，多于民族党的34.9% 和基督教民主党的 27.8%。根据选举法，在候选人得票均不超过半数的情况下，必须由议会在票数占前两位的候选人中决定总统人选。为了能获胜，阿连德接受了基民党提出的"宪法保障条例"作为交换条件，以取得其支持。"宪法保障条例"要求新政府尊重原有军警体制，不建立与之平行的武装组织。同年 10 月 24 日，在议会投票中，由于基民党的支持，阿连德当选总统，并于 11 月 3 日就任总统并成立人民团结阵线政府。人民团结阵线政府共执政了约 1000 天。这 1000 天，既取得了重大的政绩，也有不少失误。

阿连德的人民团结阵线执政后，实施了一系列改革措施，主要有：

1. 大规模实行国有化。1971 年 7 月在把外资在智利的最大铜矿公司塞罗、安那康达和肯奈科特收归国有后，又将 150 家本国私人大型企业

（包括银行、外贸公司和铁路运输公司）收归国有。

2. 大刀阔斧进行土地改革。到 1971 年 11 月征收的土地已达 240 万公顷。任内，共征收了 4287 个庄园的 822 万公顷土地。建立了大量的国营农场、合作社，农村的土地关系发生了变化。

3. 提高人民的收入和改善社会福利。1971 年年初把工人最低工资提高 50%，职工薪金提高 30%，工人最低退休金相当于最低工资的 80%。增加对劳动人民的各种补贴，改善医疗与妇幼保健待遇，如免费供应 300 万儿童和孕妇每天半公升牛奶等。

4. 在对外关系方面，加强了独立性。阿连德政府努力维护国家主权和民族独立，扩大对外政治和经济关系，支持亚非拉民族民主运动。1971 年 12 月在南美国家中率先同中国建交；恢复了同古巴的关系。

阿连德政府的这些改革措施具有重要的进步意义。它削弱和打击了帝国主义和本国大地主、大资产阶级的势力，使智利在经济上更加独立。在执政第一年，智利国内生产总值增长 8%。但是好景不长，由于改革步子过快、过急，打击面过宽，树敌过多，侵犯了中小资产阶级和中小农场主的利益，使经济发展受到影响。由于超越国力增加福利，提高工资，使国家财政开支激增，赤字增加，通货膨胀加剧，市场商品匮乏。美国对智利实行经济封锁，减少或停止向智利贷款和投资，压低铜价，同时极力支持智利国内反政府活动。随着改革的深入，基民党不再支持阿连德政府转而采取对抗态势。人民团结阵线各政党在一些问题上意见不一。再加上人民团结阵线虽然建立了政府，但阿连德只是掌握了行政权，而作为国家机器重要组成部分的军队、警察、立法机构国会、司法机构法院仍然掌握在反对派的手中。阿连德是在并没有真正掌握国家政权的情况下，开始执行他的社会主义，阿连德并无实权，政府的决定和意志很难实现。

国内外反动势力的破坏和国内各阶层人民的不满情绪的增长使智利政局日益动荡。1973 年 9 月 11 日以陆军司令皮诺切特为首的军内反对派策划了军事政变。政变部队袭击总统府，遭到阿连德顽强抵抗。最后阿连德以身殉职。阿连德的社会主义实践以失败告终，给人们留下了深刻的历史经验和教训。智利阿连德社会主义试验失败的主要原因之一是人民团结阵线政府和阵线内部的分裂；二是一些经济政策过于激进，脱离实际，触犯了中小资产阶级的利益，影响经济的发展和人民的生活；三是过于相信军队在政治上保持中立；四是美国对阿连德政府的干涉。

三 马里亚特吉思想（Mariateguismo）

马里亚特吉思想是指秘鲁和拉美杰出的马克思主义思想家何塞·卡洛斯·马里亚特吉（Jose Carlos Mariategui，1894—1930）所倡导的具有秘鲁和拉美特色的社会主义思想。

马里亚特吉生于秘鲁莫克瓜（一说利马）一职员家庭。他幼年丧父，家境清贫。上小学三年级时被迫辍学。14 岁时到《新闻报》社当学徒。他勤奋自学，经常给报刊撰稿。后任《我们的时代》报编辑，并创办《理性报》，对当时蓬勃开展的工人运动和大学改革运动表示声援。1917年 7 月 4 日，莱吉亚在美国支持下策动政变上台，《理性报》强烈谴责政变，招致镇压，被迫停刊。政变当局勒令马里亚特吉等人离开秘鲁，否则将予以监禁。同年 10 月至 1923 年马里亚特吉先后到过法国、意大利、德国、奥地利、匈牙利和捷克等国。在流亡期间，他接触了当时处在高潮的欧洲工人运动和革命运动，阅读了大量马克思、恩格斯、列宁、葛兰西等人的著作，接受了马克思主义，写下了许多政论文章。1923 年回国后，他热情宣传马克思主义，同时运用马克思主义方法研究秘鲁历史和现实，主张马克思主义的普遍真理同秘鲁本国实际相结合，摸索秘鲁革命的道路。1924 年他患了骨癌，被截去左腿，但仍坚持在轮椅上工作和写作。1926 年创办革命刊物《阿毛塔》和《劳动》杂志。同年，他加入美洲人民革命联盟。1928 年因思想分歧，同阿亚决裂，退出联盟。同年 10 月 7 日他创建秘鲁社会党（秘鲁共产党的前身）并任总书记。12 月出版《关于秘鲁国情的七篇论文》。1929 年创建秘鲁总工会。1930 年 4月 16 日病逝于利马，年仅 36 岁。

马里亚特吉的代表作《关于秘鲁国情的七篇论文》用马克思主义的立场、观点和方法，对秘鲁经济、印第安人、土地、教育、政体和文学等问题作了分析和论述，被公认为拉美马克思主义者的经典作品。

马里亚特吉认为，社会主义是一场世界性的运动，是人类的希望和前途，也是解决秘鲁和拉美问题的答案，"拉丁美洲的未来是社会主义的"。他充分肯定马克思主义对秘鲁和拉美革命的重大指导意义，非常重视把马克思主义同拉美革命实际相结合，并意识到要在拉美的现实中进一步发展马克思主义。他说："我们确实不想在美洲照搬照抄马克思主义，它应该是一种英雄的创造性事业。我们必须用自己的现实和自己的语言创造出印第安美洲的社会主义。"

马里亚特吉认为，西班牙对美洲的征服中断了印第安村社共有制经济的发展进程，建立起封建的生产方式，实行照搬奴隶制的发展进程，建立起封建的生产方式，实行半奴隶制的强迫劳动制度，从根本上堵塞了资本主义在秘鲁社会内部发展的可能性。

马里亚特吉认为，秘鲁的资产阶级是在民族国家形成后才开始发展的。它具有这样几个特征：首先，秘鲁的资产阶级是有产者和食利者，而非生产者。其次，它与外国资本联系在一起，成为外国资本在本地的延伸。最后，与封建贵族联系在一起。上述特点决定秘鲁的资本主义只能是外国垄断资本的附庸，不可能独立发展，也不可能根除封建庄园制等前资本主义的生产关系。因此，他认为，建立在旧的经济结构之上并依附于外国资本的秘鲁资本主义不具有历史的进步性。

马里亚特吉认为，随着历史的发展，秘鲁演变成为三种经济因素并存的半封建、半殖民地社会。这三种经济因素是：根植于西班牙征服时期的封建经济、山区残存的印第安村社经济和以沿海地区为先导的资本主义经济，其中以庄园制为基本特征的封建经济占统治地位。

马里亚特吉认为，在秘鲁通过发展资本主义消除封建制的道路是行不通的，只有进行社会主义革命。他认为，秘鲁革命只能是一场纯粹的社会主义革命，视情况可以加上各种形容词，如"反帝的""土地的""革命民族主义的"。在反对资本主义的范围内进行反封建的斗争，这就是秘鲁社会主义革命的两重性和特殊性。

马里亚特吉认为，秘鲁革命的中心问题是印第安人和土地问题。他指出，"不首先关心印第安人的权益问题，就不是秘鲁的社会主义，甚至不是社会主义"。他认为，印第安人问题不能仅从政治、法律、种族、文化和道德方面去追究原因，而应追根其土地占有制度，印第安人问题和土地问题实际上是同一个问题。它既是社会经济问题，又是政治问题，只有消灭封建制才能解决。他把印第安人的解放与深刻的社会革命联系起来，从而在秘鲁和拉美树立了第一个正确运用马克思主义分析本国实际问题的范例。

马里亚特吉认为,秘鲁的社会主义革命应由无产阶级来领导,以无产阶级和印第安人运动结成的联盟为基础,建立由受资本主义、前资本主义剥削的各个阶级组成的统一战线来共同完成。而无产阶级政党是引导这场革命的先锋力量。秘鲁共产党和秘鲁共产党(红色祖国)等秘鲁马克思主义政党都将马克思主义和马里亚特吉主义作为党的指导思想。

四 圭亚那合作社会主义(Cooperative Socialism of Guyana)

合作社会主义是圭亚那人民全国大会党(简称"人大党")及其领袖福布斯·伯纳姆(Forbes Burnham,1923—1985)于 20 世纪 70 年代提出的一种理论。

圭亚那位于南美洲大陆东北部,原为英国殖民地,1831 年起称英属圭亚那,1966 年取得独立后定国名为圭亚那。人大党成立于 1957 年。1970 年当时执政的人大党伯纳姆政府将圭亚那改名为圭亚那合作共和国(The Cooperative Republic of Guyana)。1974 年人大党领袖伯纳姆发表了《莎法亚宣言》,对合作社会主义进一步作了理论阐述,宣称人大党是社会主义政党,要在圭亚那建设合作社会主义。

伯纳姆生于圭亚那首都乔治敦附近基蒂镇。非洲黑人后裔。1947 年毕业于伦敦大学研究院法学系,获法学士学位。1948 年获律师职衔,加入英国格雷法学协会。1947—1948 年伦敦西印度大学生联盟主席。1949 年回国后在乔治敦开业做律师。1950 年与贾根共同创建人民进步党。1950—1955 年任该党主席。1953 年当选为议员,同年任教育部长。1952—1957 年和 1963—1965 年任英属圭亚那劳工联盟主席。1957 年与贾根决裂,另立人民全国大会党,任领袖。1959 年任乔治敦市市长、圭亚那律师协会主席。1964—1966 年任英属圭亚那总理。1966 年领导圭亚那独立后任总理至 1980 年。1980 年 12 月当选为总统。1985 年病逝。1975 年、1977 年和 1984 年三次访问中国。

圭亚那在历史上有搞合作社的传统,圭亚那人民普遍存在着向往社会主义的情感。圭亚那的两大政党人民进步党和人大党都主张在圭亚那建立"正义的社会主义社会",在人民群众中影响较大。为了同贾根领导的人民进步党的社会主义相区别,伯纳姆提出了合作社会主义。

伯纳姆合作社会主义的主要论点是：伯纳姆认为，合作社会主义是："第一，我们相信社会主义这一意识形态，并且争取建立这样一种制度；第二，我们利用合作制作为主要渠道或工具，来达到这一目标。"

伯纳姆认为，合作社会主义是以马克思主义为主导的，但他表示不愿意接受共产主义国家业已准备好的思想和答案，他认为要避免资本主义社会中普遍存在的人剥削人的异化现象，只有实行合作社会主义。

伯纳姆引用马克思和列宁关于合作制生产和合作社与共产主义、社会主义的关系的论述来证明人大党宣称的合作社会主义属于科学社会主义的范畴，而不是乌托邦。伯纳姆说，"按照我的理解和认识，只有一种社会主义，这就是以马克思的著作为基础的社会主义。当然，每个国家都可以自由地，我想也是必须根据自己本身的历史、传统和民族的特点，也就是像马克思所说的客观条件来选择达到社会主义的最好的道路"，而在圭亚那，这就是合作社会主义。

伯纳姆认为，合作社会主义的基础是合作社。合作社是一种团体，在这个团体中，每个劳动者能直接或间接贡献他的劳动力、技术和思想，最大限度地发挥智慧，有权参与决策和其他经济活动，从而使每个人能在收入和管理等方面处于平等地位。因此，合作社比国有制更为先进和公正。

伯纳姆认为，合作制原则有狭义和广义两层意思。狭义的合作制原则，指的是组织形式，如合作社。广义的合作制原则指的是"思想形式"，如合作精神，包括国有企业和各种机构的"民主管理"。后来，他还强调合作制"还应在社会领域和政治领域实行"，是"圭亚那民族得以全面发展的统一原则"。

伯纳姆认为，实行合作社会主义的途径是使用和平方式，要独立自主、自力更生走自己的道路，对外要坚持不结盟原则，"不做东方或西方的走卒"，要逐步向社会主义过渡。

在伯纳姆任总理和总统近20年间，伯纳姆政府为实现合作社会主义，对圭亚那的政治、经济和社会生活都进行了一系列的改革。

在政治方面，1980年2月20日圭亚那国民议会通过圭亚那新宪法，即圭亚那合作共和国宪法。宪法规定，圭亚那现为不可分割的、非宗教的、处在从资本主义向社会主义过渡过程中的民主主权国家，国名为圭亚那合作共和国。宪法规定，为了获得经济独立和政治独立，国家将对国民经济进行革命，国民经济将以生产资料社会所有制为基础，最终消灭人剥削人的关系；经济将依据社会主义的经济规律来发展，国民经济计划将成为经济发展和管理的基本原则；实践中的合作主义将成为进行社会主义变革的重要原则。新宪法还规定，政府官员和议员必须是圭亚那公民。人大党政府对政府官员实行圭亚那化，加强了人大党对政府的领导，在党内实行权力高度集中；注意缓和种族矛盾，特别注意搞好同印度族人的团结。

在经济社会方面，主张把外资控制的大企业收归国有。20世纪70年代，伯纳姆政府实行"拥有、控制和开发圭亚那资源"的政策，通过赎买等方式实现了铝土、蔗糖、林业、航运、机械工程、油漆等部门外资企业的国有化。至1977年国有经济约占国民生产总值的80%。伯纳姆政府把分散的劳动力组织起来，大力发展合作社。人大党政府专门设立了合作社部，管理和领导全国的合作化运动；成立国家合作银行，给予合作社财政支援和技术指导；建立合作学院，对全体人民进行有关合作化的教育。到1981年共建立1435个合作社，社员人数达13.5万人。但合作经济在国民经济中占的比重不大，5%—8%。人大党政府还实行从幼儿园到大学的免费教育和全民免费医疗。

在外交方面，奉行不结盟政策，主张同各国友好，支持各国民族解放运动，反对超级大国对外侵略扩张。1972年圭亚那同中国建交。

但是，在圭亚那推行合作社会主义的实践并未成功。由于缺乏管理和技术人才、分配制度不合理、政府因财政困难对合作社支援越来越少等原因，到1985年合作社数量减少了一半，合作社经济在圭亚那经济发展中所起的作用不大。由于参与收归国有的企业的管理者大多是政府官员，腐败问题严重，生产状况日趋恶化，因此，将国企改造成合作社企业的计划未能付诸实行。国家对免费教育和免费医疗缺乏足够的财力支持，实际效果不佳。

1985年伯纳姆去世后，继任总统和人大党领袖的休·德斯蒙德·霍伊特（Desmond Hoyte，1929— ）多次表示圭亚那不放弃"合作社会主义"；但在实际上，霍伊特在其任内（1985—1992）所采取的措施，如国有企业私有化、强调党政分开、注意发挥个人作用、关闭一些长期亏损的合作社等，同伯纳姆已有很大区别。1987 年 8 月，人大党召开第 7 次代表大会，霍伊特引用党章重申人大党是一个"社会主义政党"，忠于社会主义目标。1988 年霍伊特政府制定了新的投资法，规定所有经济领域向外资和国内私人资本开放，宣布"国有化时代"已结束。在 1992 年、1997 年、2001 年、2006 年和 2011 年大选中，人民进步党连续获胜，人大党连续失败，成为反对党。在 2015 年 5 月 11 日大选中，人大党领袖戴维·格兰杰（David Granger，1945—　　）当选并就任总统。2016 年 8 月，人大党召开第 19 次代表大会。人大党仍强调要继承伯纳姆的思想和主张。①

圭亚那现行 1980 年宪法（经多次修改，最新一次为 2007 年）第 1条规定，"圭亚那是一个独立的、世俗的和民主的主权国家，正处于从资本主义向社会主义过渡的过程中，其名称为圭亚那合作共和国。"②

五　拉丁美洲社会民主主义

拉丁美洲地区主要政治思潮之一。社会民主主义又称民主社会主义。拉美的社会民主主义思潮源于第二国际。19 世纪末 20 世纪初，社会民主主义开始从欧洲传入拉丁美洲。自 20 世纪 60 年代至 21 世纪初，社会民主主义在拉美的影响不断扩大。进入 21 世纪以来，社会党国际曾两次在拉美地区召开代表大会：2003 年 10 月 27—29 日在巴西圣保罗召开第 22次代表大会，2017 年 3 月 2—4 日在哥伦比亚卡塔赫纳召开第 25 次代表大会。目前，拉美地区属于这一思潮的政党约 60 个，有的党是执政党或参政党，有的党曾执过政。

根据拉美的实际情况，属于拉丁美洲社会民主主义思潮的政党有四类：

第一类是参加社会党国际的党。属于这类政党的有已加入社会党国际的拉美政党。2008 年召开社会党国际第 23 大时，加入社会党国际的拉

① Guyana – People's National Congress https：//www.globalsecurity.org/military/world/caribbe-an/gy – politics – pnc.htm.

② 《世界各国宪法》编辑委员会：《世界各国宪法　美洲大洋洲卷》，中国检察出版社 2012年版，第 504 页。

美政党有 39 个；而到 2019 年年底，社会党国际的拉美政党成员减少到 20 个。①

第二类是曾经加入社会党国际的党，约有 20 个。主要有：阿根廷社会党、阿鲁巴人民选举运动、巴巴多斯工党、玻利维亚左派革命运动、库拉索新安的列斯运动、厄瓜多尔民主左派党、墨西哥民主革命党、尼加拉瓜民族解放阵线、巴拉圭二月革命党、巴拉圭国家团结党、乌拉圭社会党、委内瑞拉民主行动党、委内瑞拉争取社会主义运动等。

第三类是未加入社会党国际的传统社会党，有 20 多个。主要有：阿根廷统一社会党、玻利维亚社会党、巴西社会党、哥斯达黎加社会党、厄瓜多尔社会党、厄瓜多尔革命社会党、马提尼克社会党、秘鲁革命社会党、苏里南社会党等。

第四类是既未加入社会党国际，也不属于传统社会党，但明确信奉社会民主主义的政党，如巴西劳工党、哥伦比亚坚定者运动等。

同欧洲社会民主主义一样，拉美社会民主主义既批评资本主义，又反对共产主义，标榜走"第三条道路"；主张阶级合作，反对阶级斗争，宣扬资产阶级民主和议会道路，认为资本主义可以"和平长入"社会主义。不同的是，欧洲社会党在最初以科学社会主义学说为指思想，甚至在共产国际成立后，还以拥护马克思主义作为幌子来反对列宁主义，而拉美的社会民主主义，除少数党以外，多数党从一成立起就是反对马克思主义的。另外一点不同的是，拉美社会民主主义的政党大多都提倡"第三世界民族主义"，不少党并不称作社会党或社会民主党，而称作"运动""民族党"等。拉美社会民主主义的政党有传统的社会民主党、具有民族主义倾向的政党和一批新兴的中产阶级政党。从这些政党的共同特点可以看出拉美社会民主主义的主张：

（一）主张多元政治，允许不同观点并存，允许各阶级参政，因此应实行多党制和竞选制。

（二）提倡混合经济，认为自由经济造成贫富悬殊，两极分化，而公有制经济会导致"极权主义"，而实现混合经济体制可以实现公有制和私

---

① Miembros - Socialist International，https：//www. internacionalsocialista. org/quienes - somos/miembros/.

有经济共处，国营、私人和合作社企业同时发展。

（三）倡导社会正义，强调国家应起调节者作用，要关心所有人，要尊重个人的权利和自由。

拉美社会民主主义政党认为，要实现民主社会主义，不能只依靠一个阶级，必须依靠"多阶级联盟"，其中包括工人、农民、企业主、农场主和中间阶层。主张用"革命的官吏"，即通过选举、思想教育、对现存社会结构进行和平改造的办法，来实现民主社会主义。

拉美社会民主主义政党认为，社会民主主义的最终目标是建立自由、民主、平等和正义的新社会，认为拉美社会民主主义理论的来源不是马克思主义的思想体系，而是根植于基督教伦理、人道主义和联盟民族解放运动领袖们的思想。拉美多数社会民主主义政党都自称主张第三世界民族主义，提倡拉美民族主义，主张拉美一体化。

拉美社会民主主义政党在执政期间，一般都实行改良主义和民族主义政策。它们把完善议会民主制作为一项首要任务，反对军人执政和个人独裁。对重要部门实现国有化或本国化，进行土地改革，推动工业化，发展民族经济，实行社会福利，对外实行多元外交和不结盟政策，强调拉美一体化和第三世界团结，把建立国际经济新秩序作为对外政策的重要目标。

20世纪80年代末和90年代初东欧剧变、苏联解体，拉美社会民主主义政党在拉美的影响进一步扩大，拉美社会民主主义政党也有左中右之分，近些年来，由于社会党国际领导逐渐右倾，一些原已加入社会党国际成员党的拉美左翼政党陆续退出该组织，有的政党如尼加拉瓜桑地诺民族解放阵线于2019年1月被开除出该组织。

六　拉丁美洲基督教民主主义

拉丁美洲基督教民主主义是拉美有重要影响的政治思潮之一。基督教民主主义于19世纪末开始在拉美传播，同时就有萌芽状态的基督教民主主义组织出现。20世纪30年代拉丁美洲基督教民主主义有一定发展，第二次世界大战后，逐渐发展成为拉美政治舞台上的一支重要政治力量。1947年4月23日，在乌拉圭蒙得维的亚成立"美洲基督教民主组织"（Organización Demócrata Cristiana de América，ODCA）。20世纪60年代以来，它在拉美的影响不断扩大。1964 年 9 月，智利基督教民主党爱德华多·弗雷·蒙塔尔瓦（Eduardo Frei Montalva，1911—1982）当选总统上台执政，成为拉美第一个执政的基督教民主党。随后，委内瑞拉基督教社会党、厄瓜多尔人民民主党、厄瓜多尔基督教社会党、哥斯达黎加基督教社会团结党、多米尼加基督教社会改革党、哥伦比亚保守党、乌拉圭民族党、墨西哥的国家行动党等均曾上台执政。目前，拉美地区属于这一思潮的政党已不下 40 个，其中有的党现正在执政，如阿根廷的正义党等。

属于拉美基督教民主主义思潮的政党有两类：

第一类是已加入"美洲基督教民主组织"或基督教民主国际（Internacional Demócrata Cristiana，IDC）的拉美政党。现已加入"美洲基督教民主组织"的有拉美 22 个国家和地区的 30 个成员党和 5 个观察员党[①]，其中大多数是基督教民主国际的成员党。它们中有些党的名称并不是基督教民主党或基督教社会党，如阿根廷的正义党、墨西哥的国家行动党、苏里南进步人民党等。

第二类是信奉基督教民主主义，但尚未加入美洲基督教民主组织或基督教民主国际的拉美政党。

拉美基督教民主主义宣称要走"第三条道路"，"既唾弃自由资本主义的人剥削人，又唾弃极权国家剥夺人的自由"，主张以社会正义反对资本主义，以自由反对共产主义，以天主教教义为其哲学观点和思想理论准则，通过合法的政治行动实现基督教的社会理想。拉美基督教民主主义政党自称是中间派政党，实际上，也有左中右之分。如目前阿根廷的正义党被认为是左翼或中左翼政党；而哥伦比亚的保守党，被认为是右翼政党；而墨西哥的国家行动党被认为是中右翼政党。

拉美基督教民主主义的基本主张是：

（一）认为历史是以"精神为本原"即"精神第一"，不承认经济起决定作用及社会发展有一定规律。

（二）主张建立不同于资本主义制度，也不同于社会主义制度的"共有社会"，即"自由、平等、互助、和平的社会"，对现有政治经济制度

---

① http://www.odca.cl/partidos.

进行改革。在政治上，实行"完全的民主"，即个人的民主、多元的民主、共有民主、参与的民主、有机的民主。在经济上主张建立"共有经济"以消灭阶级鸿沟，即限制私有制，多种所有制并存，在经济部门建立共有关系，鼓励工人自治企业发展，让工人入股，参与分红等。

（三）主张改良，反对暴力。

（四）主张国际正义，要求强国富国承担更多的义务，以利于穷国弱国的发展和建立国际新秩序。

从拉美基督教民主主义政党执政的实践来看，它们实行的是改良主义和民族主义政策。在政治上，信奉基督教的社会伦理和人道主义原则，主张实行多元化的代议制民主，扩大民众的参与，建立"民主社会"和"共有社会"，按宪法规定限期举行大选，允许反对党合法活动；在经济上，坚持发展民族经济，实行一些改革措施，如在20世纪六七十年代实施的土改、国有化、工业化，八九十年代的扶贫政策等。在对外关系方面，坚持民主民族主义，实行多元外交；侧重发展同美国的关系，争取美国援助，但力求摆脱对美国的依附，反对美国的控制和干涉；注意加强同欧洲国家的关系，积极推动拉美一体化，强调发展中国家的团结。

七　拉丁美洲托洛茨基主义

拉丁美洲托洛茨基主义是拉美比较有影响的政治思潮之一。托洛茨基主义在20世纪初在俄国工人运动中出现。早在20世纪20年代中期托洛茨基主义就流传到拉美。从20年代后期起，在阿根廷就出现了从共产党分裂出来的托派。到30年代，拉美的托派组织有一定的发展，拉美主要国家都出现了从共产党内分离出来的信奉托洛茨基主义的托派组织，即左翼反对派。

托洛茨基主义的主要代表列夫·托洛茨基（Leon Trotsky，1879—1940）是俄国布尔什维克主要领导人、十月革命指挥者、苏联红军缔造者。十月革命时，曾任俄国社会民主工党（布尔什维克）中央政治局委员、彼得格勒苏维埃主席。十月革命后，1917年11月至1918年3月任外交人民委员、1918年3月至1925年1月陆海军人民委员、苏联革命军事委员会主席、1919年3月至1927年8月任共产国际执行委员会委员，1917—1927年俄共/联共（布）中央委员，1919—1926年俄共/联共

（布）中央政治局委员等职。1926 年 10 月联共（布）中央全会决定，撤销他的中央政治局委员职务。1927 年 1 月共产国际执行委员会决定，撤销他的执行委员职务，同年 11 月被开除出党。1929 年 1 月被驱逐出苏联。1932 年被剥夺苏联国籍。1937 年年初，当时的墨西哥总统卡德纳斯亲自批准托洛茨基到墨西哥避难。同年 1 月，托洛茨基抵达墨西哥坦皮科港。同年 5 月，定居墨西哥城。1938 年 9 月 3 日，来自 10 个国家的 30 多名托派代表在巴黎成立第四国际即世界社会主义革命党。1940 年 8 月 20 日，托洛茨基在墨西哥城被暗杀。托洛茨基流亡墨西哥，无疑也扩大了托洛茨基主义对拉美的影响。托洛茨基提出和完善"不断革命论"以与斯大林主义的"阶段革命论"对立，并且提出发展不平衡原理与斯大林主义的"一国建成社会主义"论对立。

20 世纪 40 年代中期至 50 年代中期，除个别国家外，拉美托派处于衰落状态。六七十年代又趋活跃，有些国家的托派组织及其领导人领导了工人运动、农民夺地斗争和武装斗争，在国内生活中产生较大的影响。1953 年之后，托洛茨基建立的第四国际多次发生分裂。1962 年以阿根廷托派分子 J. 波萨达斯（J. Posadas，1912—1981，真名是奥米罗·罗慕洛·克里斯塔利·弗拉斯内利 Homero Rómulo Cristalli Frasnelli）在原第四国际拉丁美洲局的基础上，成立拉丁美洲第四国际书记处，又称波萨达斯国际，同原第四国际分裂，总部设在墨西哥。70 年代后，拉美多国军人上台执政，拉美托洛茨基主义政党和成员受到打压。90 年代以来，随着拉美左派的崛起，拉美托洛茨基主义又趋于活跃。

目前拉美地区的托派政党和组织有 30 多个，分布在十多个拉美国家。时至今日，拉美托洛茨基主义的一些口号和主张，在部分工农群众、青年学生和小资产阶级分子中仍有一定的影响。

拉丁美洲托洛茨基主义与老牌托洛茨基主义既有共同点，也有不同点。基本一致的方面有：

1. 宣扬超国家的世界主义，否认民族特点。认为任何一场革命都不可能单独取得成功并向社会主义发展，这一切只能在世界范围内发生。

2. 宣扬平均主义的社会主义，主张在社会主义条件下，"一切不平等都应铲除"。如波萨达斯主张在社会主义社会"谁都不应该拥有汽车，房屋不应属于个人，衣服、鞋子等一切都要实行分配"。

3. 主张争取社会主义是唯一的斗争内容。波萨达斯不同意单独进行民族的、种族的或其他类似的斗争，主张这些斗争"都要与推翻资本主义的斗争结合起来，只有打倒了资本主义之后，这些问题方可逐一解决"。

4. 鼓吹输出革命。20 世纪 60 年代，波萨达斯及其追随者曾提出要以"革命"的核战争消灭资本主义的主张。70 年代以后，他认为苏联出兵阿富汗、古巴派兵去非洲等都是为加速世界革命进程而采取的革命行动。这一主张同托洛茨基的"不断革命论"和输出革命的理论是一脉相承的。

拉丁美洲托洛茨基主义与老牌托洛茨基主义的不同点主要有：

1. 关于革命中心，老牌托派一直认为世界革命中心在欧洲，在发达资本主义国家。而拉美托派，特别是波萨达斯派认为，"殖民地革命在世界革命的总过程中始终处于中心地位"。

2. 关于农民问题，老牌托派一直认为"农民反动"，而波萨达斯派认为，"农民是革命阶级的中心和轴心"，认为农民是当代革命的领导力量。

3. 关于民族资产阶级和统一战线问题。老牌托派认为民族资产阶级"都是无产阶级的主要敌人"，反对与之建立任何形式的统一战线。而波萨达斯派认为，落后国家的民族资产阶级有革命的潜力，对这些国家的民族主义政府给予批评性的支持，可与之建立统一战线。

拉美托派同老牌托派一样，提出要实现"建立中南美苏维埃联邦"的基本目标和实行大陆革命，但不同意老牌托派在拉美直接进行社会主义革命的主张，认为第一步应先进行反帝的土地革命，然后再不间断地向社会主义前进。

从世界范围来看，拉美地区是托洛茨基主义影响较大的地区，几十年来其影响一直存在。拉美托洛茨基主义政党声称是马克思列宁主义思想、社会主义和共产主义事业的继承者，主张反对帝国主义和资本主义的政策，把消灭资本主义和建立一个没有剥削的新社会作为目标，认为自己是劳动者阶级的唯一真正代表。但是，拉美托洛茨基政党组织力量分散，缺乏统一性，分别属于不同的国际托派集团。拉美托洛茨基主义内部分成好几派，有波萨达斯派、统一书记处派、国际委员会派等。有人将坚持老牌托派观点的称为"无产阶级倾向派"，与老牌托派观点有所不同的称为"民族解放路线派"。

八　委内瑞拉查韦斯的"21世纪社会主义"

委内瑞拉总统乌戈·查韦斯·弗里亚斯（Hugo Chávez Frías，1954—2013）1975年毕业于委内瑞拉军事学院，1982年在军中创建"玻利瓦尔革命运动–200"，主张建立委内瑞拉民族英雄玻利瓦尔所倡导的"拉美国家联盟"和在委内瑞拉进行深刻的改革，改变不合理的政治经济体制。1992年2月，身为空降营中校营长的查韦斯策动兵变，企图推翻佩雷斯政府。兵变失败后，查韦斯被捕入狱，1994年获释。出狱后他于1997年7月将"玻利瓦尔革命运动–200"重组为"第五共和国运动"。在1998年12月6日举行的大选中，查韦斯作为由"第五共和国运动"等十多个左翼政党和组成的竞选联盟"爱国中心"的候选人参加大选获胜，于1999年2月就任总统，后连选连任，2012年10月，他第四次当选总统，但因病没能就任。2013年3月5日，因病逝世，享年58岁。

自2005年年初以来，查韦斯多次提出要在委内瑞拉实现"21世纪的社会主义"，为此，查韦斯所领导的委内瑞拉政府和委内瑞拉统一社会主义党（2008年由原"第五共和国运动"等左翼政党和组织合并而成）采取一系列的措施，以实现他所提出的"21世纪的社会主义"。查韦斯去世后，他的继承者、委内瑞拉现任总统尼古拉斯·马杜罗·莫罗斯（Nicolás Maduro Moros，1962—　　）声称继承查韦斯遗志，继续在委内瑞拉推行"21世纪的社会主义"，但是，由于遭到美国和西方国家的制裁和国内主要反对派政党的反对，马杜罗政府面临严重的政治经济危机，"21世纪的社会主义"在委内瑞拉的推行遇到巨大的困难。

从"第三条道路""玻利瓦尔革命"到"21世纪的社会主义"查韦斯曾一度是英国布莱尔"第三条道路"的热情追随者。1999年2月，查韦斯就任总统后，推行一场以和平民主的"玻利瓦尔革命"，旨在对国家的政治、经济和社会结构进行全面调整。在经济方面，兴办国有企业，把废弃的工厂收归国有，在城乡扶持建立各类合作社，以适当途径收回被非法占用或是长期闲置的土地，将其分配给缺地农民；在社会方面，查韦斯利用石油收入在教育、医疗、住房、就业等领域实施一系列社会"计划"，以改善中下层民众的福利。例如，对贫困居民实行免费医疗的"深入贫民区"计划，扫除全国文盲的"罗宾逊计划"；进行土地改革，把土地分给贫苦的农民的"萨莫拉计划"等，使中下层平民取得了实实在在的好处，使贫困人口的比例显著下降。在外交方面，查韦斯敢于同美国霸权主义抗衡，积极推动拉美地区经济一体化进程，在拉美能源合作进程中起"发动机"角色。他还注重加强与其他地区发展中国家的关系，推动世界格局朝着多极化方向发展，使委内瑞拉的国际地位显著提高。

查韦斯执政期间，委内瑞拉发生了一次未遂政变（2002 年 4 月 11日）、一次大规模的石油工人罢工（2002 年 12 月 2 日至 2003 年 2 月 3日）和多次示威游行、一次决定其去留的罢免性全民公决（2004 年 8 月15 日）和一次修宪公投的失败（2007 年 12 月）。但是，由于得到广大穷苦民众的支持，查韦斯不仅经受住这些考验，还赢得了一个又一个总统任期。

查韦斯首次明确提出"21 世纪的社会主义"是 2005 年 2 月 25 日在加拉加斯举行的第 4 届社会债务峰会开幕式上。他说，委内瑞拉的"革命应该是社会主义性质的，否则就不是革命"，"这一社会主义应该是 21世纪的社会主义"。之后，查韦斯多次表示，"我是 21 世纪的社会主义者"，"社会主义是我国人民和人类唯一的解决办法"，"解决目前世界上存在的问题，依靠资本主义是行不通的，而是要靠社会主义"。

2007 年 1 月 10 日查韦斯第三次就任总统后，加快了在委内瑞拉建立"21 世纪的社会主义"的步伐。他明确表示，他将努力把他所倡导的"玻利瓦尔革命"推向"21 世纪的社会主义"的新高度，并振臂高呼"社会主义革命万岁！一个新的时代已经开始"。

查韦斯"21 世纪的社会主义"的主导思想和主要主张。查韦斯领导的委内瑞拉统一社会主义党和他所提出的"21 世纪的社会主义"的指导思想比较杂。根据 2009 年 4 月 24 日该党第一次特别代表大会通过的党的原则声明、党章和党的基本纲领，党的思想原则是科学社会主义、基督教主义、解放神学和人道主义；党的主要动力和主角是工人、农民、中小企业主、城乡农业生产者、青年、学生、妇女、土著和非洲裔居民和进步知识分子等，斗争的方式是各种必要的方式，目前主要采用选举的、民主党方式，进行和平的、宪制的方式，由民众广泛参与民主和主角民主，行使主权；党是有组织的先锋队。党目前的中心任务是从玻利瓦尔革命过渡到社会主义革命；党主张自力更生的、内源的发展模式。党是统一革命和社会主义行动的工具，党和政府是人民革命政权完成战略任务的臂膀，党的宗旨是建设玻利瓦尔社会主义，进行反帝、反对资本主义的斗争，承认和巩固人民政权，巩固玻利瓦尔民主、参与民主和主角民主，同全世界被压迫的人民和人民社会运动结成团结联盟，进行反帝斗争，加强南南合作反对美帝国主义，主张社会主义社会上取代资本主义制度的唯一选择；强调党的价值观包括社会包容、社会正义、平等、友情团结和国际主义，强调党主张并推动美洲玻利瓦尔联盟、南美洲国家联盟、南方电视台等一体化的机制。

查韦斯曾多次号召执政党党员、政府官员和民众既要学习马克思、列宁著作，又要学习圣经。他强调，"空想的社会主义解决不了问题，只有在马克思和恩格斯发表《共产主义宣言》这部科学社会主义纲领之后，人们才找到解决的办法"。但他又说"耶稣基督是社会主义的先锋"，"我们可以从圣经中找到社会主义思想"。他强调，委内瑞拉的社会主义是"印第安—委内瑞拉的、本土的、基督教的和玻利瓦尔的"。他认为，委内瑞拉的社会主义的根源可追溯至美洲的印第安人社会。查韦斯还认为，西蒙·玻利瓦尔"是一名主张社会主义的思想家"，认为玻利瓦尔的老师西蒙·罗德里格斯的社会主义思想比玻利瓦尔更加深刻；查韦斯强调："我们在这里将建立委内瑞拉式的社会主义，一种独特的委内瑞拉模式"。查韦斯强调，委内瑞拉"21 世纪的社会主义"从本质上来说是民主的，是人民民主、参与民主和（人民当）主角的民主。

2009 年 11 月 20 日，查韦斯在加拉加斯举行的第一次左派党国际会晤上倡导成立"第五国际"，他主张"第五国际"应该将马克思、恩格斯、列宁的思想与玻利瓦尔、莫拉桑（1830—1840 年中美洲联邦总统、自由派领袖）、桑地诺（尼加拉瓜民族英雄）、格瓦拉以及主张"解放神学"的托雷斯、阿连德和毕晓普（格林纳达前总理、新宝石运动领导人）等人的拉丁美洲思想相结合。但他的主张并没有得到世界主要左翼政党的响应。

查韦斯本人说，早在 20 世纪 80 年代，他青年时代从军后就阅读了不少毛泽东著作，尤其是毛泽东关于政治、军事问题的深刻论断，受益匪浅。查韦斯执政后，继续学习毛泽东著作，他对毛泽东关于"在战略上藐视敌人"等论断，经常脱口而出，甚至还能说出某段语录出自《毛泽东选集》第几卷。2009 年 4 月 9 日，查韦斯在访问中国期间，在中共高级党校发表讲话时表示："少年时代，生活就使我成了毛泽东主义者。我是伟大舵手毛泽东的崇拜者和追随者"。

查韦斯"21 世纪的社会主义"的主要主张是：

1. 以"玻利瓦尔和平民主革命"替代"新自由主义改革"。查韦斯是一个坚定的反新自由主义者，他认为自己是一个玻利瓦尔主义者。他受玻利瓦尔思想影响，希望"彻底改革国家体制，实现真正参与式民主"，"建立自由、主权、独立的国家"和"造福于民"，进行"和平民主革命"。查韦斯执政后，在委内瑞拉实行大刀阔斧的反新自由主义的政治、经济和社会改革。

2. 以"美洲玻利瓦尔替代方案"（ALBA，后改名为"美洲玻利瓦尔联盟"）替代"美洲自由贸易区（ALCA）计划"。查韦斯把实现拉美国家的大联合作为他对外政策的最高目标，希望建立一个类似于欧盟的大联邦。查韦斯倡导"美洲玻利瓦尔替代方案"，得到古巴卡斯特罗等的积极响应。

3. 以"21 世纪的社会主义"替代"资本主义"。

4. 成立委内瑞拉统一社会主义党来一统革命力量。

查韦斯"21 世纪的社会主义"的实践。查韦斯认为，从他 1999 年当政到 2006 年，是玻利瓦尔革命的一个过渡时期。自 2007 年起，委内瑞拉进入一个新的历史时期，这就是建设"21 世纪的社会主义"时期。为在委内瑞拉建立"21 世纪的社会主义"，查韦斯在政治、经济、社会等采取了一系列措施。在政治方面，首先，建立人民政权社区委员会。以参与制和主角民主代替代议制民主，鼓励社会各阶层广泛参与国家决策。其次，查韦斯执政后，于 1999 年制定并颁布了新宪法，新宪法将国名改为"委内瑞拉玻利瓦尔共和国"。2009 年 2 月 15 日，他通过全民公决，通过宪法修正案，取消了对总统连选连任的限制。根据这一宪法修正案，他在 2012 年 10 月又第四次当选总统。最后，2008 年 3 月 14 日，正式成立委内瑞拉统一社会主义党，随后，又召开党特别代表大会，通过了《党章》《原则宣言》和《纲领性文件》。

在经济方面，首先，查韦斯加快了能源、电力和电信等行业的国有化。2001 年，查韦斯政府先后颁布《新油气资源法》和《石油法》，将委内瑞拉最重要的石油资源重新收回到政府手中，由此掌握了丰厚的石油收入，极大地增强了政府的财政动员能力。2007 年，查韦斯政府相继完成了电信、电力、水泥、钢铁等重要行业的国有化，2008 年进一步推动了通信、电力和运输行业的私营企业实现国有化。2009 年委内瑞拉又对国内外七家银行实行了国有化。这样，国有经济产值占委内瑞拉国内生产总值的比例上升到 30% 左右①。

其次，着手进行土地改革。2007 年 3 月 25 日查韦斯宣布没收大庄园的 200 万公顷空闲的土地，并表示作为向社会主义方向改革的一部分，该国政府计划实行"集体所有制"。

在社会方面，强调社会公正、平等和互助，开展扶贫工作，缩小贫富差距，实施新的社会保障制度，为所有公民提供非歧视性的终身保障。政府还实行了各种社会计划，如通过"食品商场计划"，政府建立了食品商场网，政府对这些商店的食品提供一定的补贴，使民众特别是低收入的民众能购买到廉价的食品；通过"罗宾逊计划"扫除了文盲，通过第二个"罗宾逊计划"，使数十万人达到小学毕业文化水平；通过实施"里瓦斯计划"和"苏克雷计划"使数十万成年人和青年开始中学和大学课程的学习；通过"深入贫民区计划"建立了国家公共卫生网，保障所有的委内瑞拉人都能免费得到医疗救助。政府还多次宣布提高委内瑞拉最低工资标准。

在外交方面，查韦斯反对美国的霸权主义政策，努力推动拉美一体化进程，2004 年 12 月，查韦斯与卡斯特罗共同签署了"美洲玻利瓦尔替代（计划）"的协议，2009 年，正式更名为"美洲玻利瓦尔联盟"；2011 年 12 月，在加拉加斯主持召开首届拉美和加勒比共同体峰会，会上正式宣告拉共体成立；他还积极开展"能源外交"，拓宽外交空间，加强南南合作。

在实施"21 世纪的社会主义"过程中遇到的阻力和问题。查韦斯任内，在实施"21 世纪的社会主义"过程中，遇到不少阻力和问题。2013

---

① 陈华：《委内瑞拉"21 世纪社会主义"》，载于洪君主编《当代世界研究文选（2012—2013）》，党建读物出版社 2013 年版，第 220 页。

年3月5日查韦斯去世后，马杜罗于2013年4月14日当选总统，4月19日正式就任。

马杜罗宣称他继承查韦斯的遗志，继续在委内瑞拉推行"21世纪社会主义"，继续履行查韦斯的政治遗嘱——2012年6月查韦斯提出的《祖国计划》。但是，马杜罗执政以来，查韦斯提出的"21世纪社会主义"在委内瑞拉的实施遇到巨大困难。2015年3月9日，奥巴马总统签署一项行政法令，宣布美委关系"处于紧急状态"，称委内瑞拉是对美国外交和国家安全构成"极大和非同寻常的威胁"，该法令还确定对7名委内瑞拉高官实施制裁。在国内，执政党在2015年国会选举中失败，反对派控制了国会。2018年5月20日，委内瑞拉举行大选，选举遭到主要反对派的抵制。大选结果，马杜罗以67.84%得票率的绝对优势获连选连任，并于2019年1月10日开启总统的第二任期。然而，1月11日，反对党人民意志党国会议员、35岁的瓜伊多就任反对派控制的国会新主席。1月23日，瓜伊多自封"临时总统"，美国特朗普政府立即予以承认，并宣布马杜罗总统为非法。委内瑞拉出现两个总统并存的局面，瓜伊多迅速得到美国等西方国家和拉美利马集团等50多个国家的承认。同年2月和4月，瓜伊多在美国和拉美一些国家支持下，两次企图策动政变遭到失败。在挪威政府斡旋下，委朝野双方先后在挪威奥斯陆和巴巴多斯进行了几次对话。8月5日，特朗普宣布对委实施全面制裁，冻结委在美的全部资产，马杜罗随即宣布中止与反对派的对话。马杜罗政府指责美对委实施"经济恐怖主义"。由于国际市场上石油价格大幅度下跌、美国加强对委内瑞拉的封锁和制裁，再加上政府经济政策的失误，自2014年以来，委内瑞拉经济连续出现负增长，2014—2019年国内生产总值下降了65%，通货膨胀高企，经济危机不断加剧，社会计划难以实施，人民生活水平下降，数百万居民移居国外。

2020年，委内瑞拉经济继续衰退，出现–30%的负增长，通货膨胀率高达2959.8%。同年12月6日，委举行全国代表大会（国会）选举，全国共有105个政党和组织参选，14000名候选人登记。这次共选举产生277名议员，比上届167名增加110名。与瓜伊多结盟的27个反对党宣布不参加选举。选举结果，执政党统一社会主义党等组成的大爱国阵线成员获256名议席，委内瑞拉共产党获1席，其余为参选的反对党成员。

新的国会于 2021 年 1 月 5 日正式成立，新国会成立后，反对派头目瓜伊多已无名分，难以得到多数民众支持，反对派内部矛盾重重；除美国和西方一些国家和拉美一些右翼政府继续承认瓜伊多为"合法总统"外，承认瓜伊多为合法总统的国家越来越少，委政局基本稳定。2021 年 8 月 13 日至 16 日，在挪威政府的斡旋下，委政府和反对派代表在墨西哥城举行第一阶段的对话，以克服政治和经济危机，双方达成谅解备忘录。委政府要求美国等西方国家取消对委的封锁和制裁等条件，反对派则提出要求举行自由、公正和透明的选举等条件。

对查韦斯"21 世纪的社会主义"的看法。查韦斯的"21 世纪社会主义"虽然冠名社会主义，也吸收了不少马克思主义的内容，但它不能称为科学社会主义。查韦斯的"21 世纪社会主义"是基督教教义、印第安主义、玻利瓦尔主义、马克思主义、卡斯特罗思想和托洛茨基主义等各种思想的综合体。查韦斯"21 世纪的社会主义"可以说是拉美新自由主义发展模式变革过程中产生的一种新社会运动，是用"另一个世界""替代资本主义"的社会思潮的反映。查韦斯和拉美一些左派人士试图以"21 世纪的社会主义"替代"新自由资本主义"，反映出社会主义对资本主义世界中那些追求社会进步的人们的吸引力和生命力。

九 厄瓜多尔科雷亚的"21 世纪的社会主义"

（一）科雷亚和厄瓜多尔主权祖国联盟

厄瓜多尔前总统拉斐尔·科雷亚（Rafael Correa，1963— ）毕业于厄天主教大学经济学专业，后在比利时获经济学硕士学位，1999 年又获美国伊利诺伊大学经济学硕士学位，两年后在该校获经济学博士学位。科雷亚 1987 年大学毕业后自愿到印第安人聚居的山区，在一所印第安人学校教数学，并协助当地发展农业项目。曾任大学经济学教授。20 世纪末和 21 世纪初，厄瓜多尔民众运动日趋高涨，印第安人、妇女、青年不断举行游行示威和抗议活动。2000 年 1 月，马瓦德总统被罢免，由副总统诺沃亚接任总统。2002 年 11 月，"1·21 爱国社团"领导人古铁雷斯当选总统，并于 2003 年 1 月就任。2005 年 4 月，厄瓜多尔再次爆发大规模民众示威游行，抗议古铁雷斯总统干预司法，古铁雷斯被迫辞职，由副总统帕拉西奥斯接任总统。帕拉西奥斯接任总统后，任命科雷亚担任经济和财政部长，但科雷亚只当了 4 个月的部长（2005 年 4 月至 8 月）。部长任内，科雷亚进行深刻的经济改革，引起右派和石油大亨的不满，但进步人士支持科雷亚。科雷亚因与帕拉西奥斯总统有分歧而辞职。2005 年 11 月，在科雷亚及其支持者创立了主权祖国联盟。2006 年，科雷亚被主权祖国联盟提名为总统候选人，在同年 11 月第二轮选举中获胜，当选总统。于 2007 年 1 月 15 日宣誓就职。2008 年 9 月 28 日，厄瓜多尔通过新宪法。根据新宪法，厄瓜多尔于 2009 年 4 月 26 日提前举行大选，他再次当选总统，并于 2010 年 1 月 15 日再次就任总统。2013 年 2 月 17 日，他第三次当选总统，执政至 2017 年 5 月 23 日，共 10 年零 4 个月。任内，他倡导了"21 世纪社会主义"，并推行了"公民革命"，他在制订的"2013—2017 年美好生活计划"中，还提出了"美好生活社会主义"。

科雷亚被称为拉美政坛的"年轻面孔"，是新兴左翼势力的代表人物。2007 年 1 月 15 日，科雷亚在就任总统时表示："一个拥有独立主权、受人尊敬、公正合理的社会主义的拉丁美洲正要诞生"，宣布厄瓜多尔也将推行"21 世纪的社会主义"，他说："新自由主义的漫漫长夜应当终结了！"

科雷亚认为，他所说的"21 世纪的社会主义"，"不是根据教科书，也不是根据教条主义"，"我们应该不断进行民主建设，来建设 21 世纪的社会主义"。他认为，实施 21 世纪的社会主义，必须根据厄瓜多尔的特点，"我们正在进行一场公民革命，一场政治、社会和经济结构发生激进、深刻和迅速的变革"，"为了进行公民革命，我们需要 21 世纪的社会主义"，"通过社会主义我们寻求正义、公正、生产型和创造就业的经济"。

科雷亚强调他提出的"21 世纪的社会主义"是具有厄瓜多尔特色的，是不同于委内瑞拉查韦斯等所提出的"21 世纪的社会主义"的。2007 年 11 月 21 日，科雷亚总统在访问中国期间，在中国社会科学院发表了题为《厄瓜多尔的"21 世纪的社会主义"》的演讲，对他提出的"21 世纪的社会主义"的背景、主要内容、特点和现实意义作了全面的论述。

科雷亚提出"21 世纪的社会主义"的背景和主要内容 科雷亚认为，新自由主义和"华盛顿共识"在拉美的失败，是厄瓜多尔"21 世纪的社会主义"产生的主要背景。科雷亚说："'华盛顿共识'在拉美

13 个国家都遭到了失败",""华盛顿共识"不仅仅是政治上的一个失败,在经济上和社会上也造成了失败",同时,"在拉丁美洲,正在尽力创造自己的思想,我们拉丁美洲的进步政府正在推行我们称之为'21 世纪的社会主义'"。

(二)科雷亚"21 世纪的社会主义"的主要内容

1. 科雷亚认为,"劳动比资本更重要。这也是我们在近 20 年到 30 年间所积累的经验。我们可以从新自由主义的失败中看到该原则的重要性,所以我觉得有时我们是从资本取得,利用资本,但这并不一定是好的。有的资本仅仅是为积累而积累,并未考虑人类工作,把人力资源仅仅作为一种资本,认为是一种生产途径。"

科雷亚认为,"我们积累的资本也应该是为人类而服务","我们新兴的 21 世纪的社会主义认为人类的劳动和劳动力是生产的结果而不是生产的手段,我们不应该按照资本来进行积累,我们应该让所有的生产过程,资本生产过程,必须按劳动力来进行定价"。

2. 科雷亚说,"我们认为和交换价值比,使用价值更重要。这也是马克思和恩格斯所提倡的","我认为物的价值首先是满足使用的需要。但市场经济和资本主义经济所提倡的是必须要创造交换价值","对于一个低收入的国家来说,市场这个机制并不是一个非常良好的机制。高的价格意味着产品只能被很少的人所接受。这样的现象在社会上造成了一个非常大的不平等和差距:谁能付更多的钱,谁就能买得起这个东西,但所付的钱并不能真正反映这件物品的价值,它反映的只不过是个人的支付能力","资本主义社会只满足了这样一个有支付能力的人的需求"。

3. 厄瓜多尔"21 世纪的社会主义"重视社会公正的这样一些基本作用,"因为拉丁美洲是世界上最不平等的地区"。

4. 厄瓜多尔"21 世纪的社会主义"提出新的发展观,"以前的发展观是不可持续,我们还有很多要做的"。

(三)科雷亚"21 世纪的社会主义"的特点

1. 科雷亚认为,厄瓜多尔"21 世纪的社会主义"是方法论,而不是固定的规律或教条;是原则,而不是任何预设定模式。厄瓜多尔"21 世纪的社会主义"的原则就是与资本主义不同。

2. 厄瓜多尔"21 世纪的社会主义"就是要不断革新创造。

3. 厄瓜多尔"21 世纪的社会主义"就是要结合厄瓜多尔的现实，具有厄瓜多尔的特色。

4. 厄瓜多尔"21 世纪的社会主义"是人民的参与和更加民主的社会主义。

科雷亚"21 世纪社会主义"与查韦斯"21 世纪社会主义"的异同科雷亚认为，"我们在厄瓜多尔提倡的 21 世纪的社会主义跟委内瑞拉、玻利维亚的不一样。我们在学术界也是提倡这个社会主义，但是我想这个社会主义永远是在自我建设过程中的，我们并不存在一些固定的规律或教条。比如说方法论方面的观点，我们讲的是一些观点，但并非模式，我认为我们的原则就是与资本主义不同，这是非常重要的。我们的社会主义是比较科学的，并没有一个固定的模式。我们本来就是不一样的国家。我们的社会，国情都不相同。一个智利的圣地亚哥人和委内瑞拉加勒比地区的人同我们厄瓜多尔的基多人对 21 世纪的社会主义模式的认识都是不一样的"。

（四）对厄瓜多尔"21 世纪的社会主义"的看法

1. 厄瓜多尔"21 世纪的社会主义"吸收了很多基督教社会主义的思想和一些原则。科雷亚说，"我们吸收了很多基督教社会主义的思想"，"基督教社会主义对拉丁美洲、对我们国家政府及对我本人都是非常重要的一种思潮，因为我也是基督教徒，我的很多政治、经济及社会政策的基础都来源于基督教社会主义、来源于基督教。所以拉丁美洲这个特殊的社会主义也包含基督教社会主义"。

2. 科雷亚认为，"厄瓜多尔'21 世纪的社会主义'同传统社会主义、古典社会主义的区别是：传统社会主义总是认为自己发现了最后的真理。比如：国家可以沿着一条道路取得发展，这个就是古典社会主义的认识。但我们只是提倡一个总的原则，并没有制定这个模式。比如我们认为人力资源很重要，我们认为这个使用价值很重要。"

3. 科雷亚认为，厄瓜多尔"21 世纪的社会主义""吸收了新的一些原则，我们认为社会生产力的发展和改变不应该是既定的方式，应该是通过一些和平的方式来进行改变"，"我认为对于我们的 21 世纪社会主义，一个挑战就是要提出一个新的社会主义发展观点，今天我们所理解的发展模式并不是可持续的。"

4. 科雷亚的厄瓜多尔"21世纪的社会主义"不赞成生产方式的完全国有化。科雷亚主张重要的基础设施应该由国家控制和管理，但工业、农业中小型企业和服务业应该实行产权的民主化。

（五）厄瓜多尔"21世纪的社会主义"与"公民革命"

科雷亚及其领导的"主权祖国联盟"为推行"21世纪的社会主义"，在其任内在厄瓜多尔推行了"公民革命"。根据科雷亚本人的解释，"公民革命"包括5个轴心："宪法革命""道德革命""生产力革命""社会教育和卫生革命""主权和拉美一体化革命"。第一个轴心"宪法革命"是要在厄瓜多尔实行真正的民主和参与式的民主，以对政治体制进行改革。为此，厄瓜多尔先后成立了立宪大会，制定了新宪法，进行公投，通过了新宪法。第二个轴心"道德革命"是要展开根除腐败的斗争，使所有公务员透明执法，严惩政府败类。第三个轴心"生产力革命"即经济革命，主张转变经济增长方式，结束投机钻营，征用闲置的土地，实行公有经济、私有经济、混合经济、合作经济、协作经济、社区经济和家庭经济共存的混合经济体制以促进生产的发展。第四个轴心"社会教育和卫生革命"是要建立医疗网络，推行普遍的医疗卫生制度；对教育进行全面改革并开展扫盲运动；推行公私组织的合作，加强对弱势群体的社会保障。第五个轴心"主权和拉美一体化革命"，反对外国在厄建立军事基地，不再延长美国在厄的曼塔海军基地的期限；重返欧佩克组织，不同美国签订自由贸易协议，倡议成立南方银行，加入南美洲国家联盟等一体化组织等。2009年6月，厄瓜多尔正式加入了"美洲玻利瓦尔国家联盟"（原"美洲玻利瓦尔替代计划"）。

科雷亚任内，在政治方面，厄瓜多尔政局相对稳定。立宪大会于2008年制定并顺利通过了新宪法，使国家的政治面貌发生重大变化，由此开辟了全面改革之路。借助新宪法，"主权祖国联盟运动"控制了行政和立法两大权力，在厄瓜多尔政治生活中确立了话语权。科雷亚领导的政府能顺应民众求变图新的要求，积极推动政治与经济变革。在经济社会方面，2007—2014年，经济年均增长4.3%，贫困率从2007年占总人口的36.7%减少到2014年的22.5%。社会保障的覆盖率从2007年的26%增加到2014年的44%。科雷亚主张重新分配社会财富，大力推行惠民政策，赢得了民众的，特别是广大中下层选民的坚定支持。科雷亚还借国际金融危机爆发、新自由主义经济政策弊端凸显之机，大力宣传其民族主义经济主张，并继续推行其经济和社会政策。在对外关系方面，在保持与美国正常关系的同时，大力发展与拉美其他国家，特别是与左翼执政的拉美国家，以及与中国、俄罗斯等国的关系。

然而，科雷亚任内遇到了内外诸多的严峻考验。在 2008 年国际金融危机的冲击下，厄财政捉襟见肘，其在住房、医疗及教育方面的惠民政策难以兑现。2010 年 9 月 30 日，厄瓜多尔部分军警策动了一场未遂政变。此外，厄美关系摩擦不断。

2007 年科雷亚任期届满，在科雷亚的积极支持下，曾于 2007—2013 年出任科雷亚政府副总统的莱宁·莫雷诺（Lenín Moreno，1953—　　）作为执政党主权祖国联盟的候选人，在 2017 年 4 月 2 日第二轮总统选举中获胜，当选总统，5 月 24 日就任总统，任期 4 年。莫雷诺的当选和就任总统曾使拉美左翼备受鼓舞。但是，莫雷诺执政后，采取了与其前任科雷亚截然不同的政策。在政治上，他与反对派领导人和持不同政见的非政府组织和媒体进行对话；起诉和逮捕科雷亚的支持者、副总统豪尔赫·格拉斯；通过 2008 年 2 月 4 日的公投，不让科雷亚在 2021 年再次竞选总统；同年 7 月 3 日，厄瓜多尔国家司法法院下令以涉嫌"非法结盟和绑架"为由，对科雷亚进行预防性监禁，并宣布向国际刑警组织递交申请，对现居于比利时的科雷亚进行逮捕和引渡。在经济上，莫雷诺政府削减公共开支、减少社会投入、向国际货币基金组织借贷；在外交上，退出南美洲国家联盟和美洲玻利瓦尔联盟，参加利马集团，公开反对委内瑞拉马杜罗政府，迫使古巴撤回在厄瓜多尔工作的古巴医生。莫雷诺已不再推行"21 世纪社会主义"和"公民革命"。

科雷亚提出的"21 世纪社会主义"由于厄瓜多尔政局的变化，现已不在厄瓜多尔实施。未来能否在厄瓜多尔实施，还有待今后厄瓜多尔政局的变化。总的来看，科雷亚提出的"21 世纪社会主义"不是科学社会主义。厄瓜多尔仍然是一个发展中的资本主义国家，"主权祖国联盟"也不是以马列主义为主导的社会主义政党。但是，应该说，科雷亚提出的"21 世纪社会主义"的一些主张，还是有一定的创新和进步意义。

十 玻利维亚莫拉莱斯的"社群社会主义"

（一）玻利维亚"争取社会主义运动"

玻利维亚"争取社会主义运动"创建于1995年3月27日。它的实体来源是争取人民主权政治组织，成立于1995年，是由玻利维亚古柯农、垦殖农和小农的工会组织为主体的新兴左翼政治力量。该组织成立后不久加入了左派联盟，参加了1997年的选举，争取人民主权政治组织领导人之一的埃沃·莫拉莱斯（Evo Morales，1959——）作为左派联盟的候选人当选为众议员。1998年，莫拉莱斯成为争取人民主权政治组织主席。1999年，该组织改名为"争取社会主义运动—争取人民主权政治组织"，简称"争取社会主义运动"。在2005年12月的大选中，莫拉莱斯作为"争取社会主义运动"的候选人以53.74%的选票当选为总统。并于2006年1月22日就任，成为玻历史上首位印第安人总统。莫拉莱斯兼任"争取社会主义运动"的主席。

（二）莫拉莱斯"社群社会主义"的主要内容

莫拉莱斯在就任总统时宣誓，要在玻利维亚建设"社群社会主义"（Socialismo Comunitario）。莫拉莱斯在就职演说中说，玻利维亚腐败和贫困问题仍然十分严重，这说明新自由主义模式绝不是解决经济和社会问题的灵丹妙药。因此，玻利维亚将彻底抛弃这种模式，根据本国国情来搞好自己的经济建设。他表示，新政府将严厉打击毒品走私等犯罪活动，主张实行"零可卡因"政策，但反对实行"零古柯"的做法，因为在玻利维亚要完全清除古柯是行不通的。

莫拉莱斯认为，"社群社会主义就是人民生活在社群与平等之中。从根本上看，农民社群里就存在社会主义"，"我认为我们的模式具有更深远的意义。这是一种建立在团结、互惠、社群与共识基础之上的经济模式，因为对我们来说，民主就是共识，在社群中，我们是协商一致"，"我们正在探索建立在社群基础之上的社群社会主义，我们认为，这就是建立在互惠与团结之上的社会主义"。

从玻利维亚"争取社会主义运动"的纲领、莫拉莱斯的就职演说和执政以来所采取的政策来看，莫拉莱斯的"社群社会主义"的主要主张是：在玻利维亚实现社会正义，以人为本，承认人的权利；主张参与民主，召开制宪大会，选举真正代表人民利益的议员；承认玻利维亚是多民族、多元文化的国家；以印第安文明和价值为根基、以独立战争英雄的思想为指导，建立"拉美大祖国"；反对帝国主义的企图，主张第三世界国家和人民的团结，声援正在为自由、正义和解放而斗争的力量和运动；反对新自由主义的新殖民主义政策，捍卫主权、经济主权和发展权。国家资源要掌握在国家的手中；公社、工会和家庭是"争取社会主义运动"的社会发展基础，政府将保护它们；解决人民的问题是"争取社会主义运动"和政府的宗旨；"争取社会主义运动"主张"社群社会主义"，发展社团民主；保障充足的粮食供应、有效的医疗和良好的教育，捍卫贫困和边缘居民的权益，不断提高人民的购买力，重视落后地区的开发等。莫拉莱斯承认，建设"社群社会主义"任重道远，资本主义只会伤害拉丁美洲，而社会主义意味着公平和公正，使拉美不再"像过去那样被种族主义或法西斯主义者统治"。

玻利维亚前驻中国大使路易斯·费尔南多·罗德里格斯·乌雷尼亚2008年10月9日在中国社会科学院拉美所做的《社群社会主义：对极端自由主义的回应》的报告中称，玻利维亚"争取社会主义运动"的原则是基于对历史记忆的重拾、认知和评价以及先烈们为了实现以下目标而进行的斗争：社会正义，消灭剥削和被剥削、压迫和被压迫，人类和宇宙以及一切生命形式都被认同并能够平衡共存，承认人权的普遍原则；以各种社会组织间的共识、尊重和认同为基础的参与式民主，消除贫穷、苦难和歧视；各个民族、人民和国家，无论其政府组织形式和社会、文化、政治、经济制度如何，都有其传统的哲学思想和千百年来形成的智慧；建立"拉美大祖国"，团结各国人民的力量摆脱新自由主义、帝国主义和跨国集团；重建玻利维亚，使之成为多民族、多文化互相尊重、和谐共存的国家，消除社会排斥；纪念为维护在玻利维亚植根已久的土著文化的独立性和久远价值而斗争的英雄；抵制各种干涉行为和帝国主义行径，反对建立"美洲自由贸易区"，将其视为一种左右玻利维亚人民意志、控制民族国家及其财富和命运的企图；强调第三世界各国人民的命运紧密相连，团结为实现自主决定的主权国家的自由、正义和解放而斗争的武装力量和社会运动；谴责霸权国家的军备竞赛，认为其强大的破坏性将威胁人类自身的生存；公社、工会和家庭是社会发展的基础，应受到政府制度的保护；充足而有保障的食物供给、有效的医疗服务和消除歧视的教育体制；弘扬社群社会主义价值观，认为人类、社会和土地等是"生活得好"的重要因素；保护被掠夺者和被边缘化的群体的社会经济和文化权利，捍卫经济、社会权利未受保护的中产阶级的权益要求，使其潜力得到发挥、生产能力得到发展；发展能够将政府和一切社会部门联系起来的、具有社会和经济内涵的参与式民主；关注在旧的发展模式下被忽视和边缘化的贫困地区的发展进程；使劳动者获得体面的工资、使本地产品有公正的价格，保护生态产品；实现土著民族自治，保障其集体人权和在平等的条件下行使公民权；建立"共识民主"，主张人与自身、社群、家庭和自然之间的本源认同与平衡；改变造成饥饿、贫穷和苦难的内部殖民主义、种族主义和歧视。重拾祖先的骄傲和智慧，树立自尊，克服几个世纪的内部殖民主义和外部殖民主义造成的自卑。

"争取社会主义运动"理念的价值观基础是：自由、尊严、平等、公平、对等、互补、团结、透明、社会责任、尊重生命、尊重人权、尊重文化多样性。

2008年4月21日，莫拉莱斯总统在纽约召开的联合国土著问题常设论坛第七次会议开幕式上提出了拯救地球、拯救生物与人类的"十诫"，这"十诫"也被看作"争取社会主义运动"的国内和国际政策的10点纲领性原则，"十诫"的主要内容是：

1. 消灭资本主义。莫拉莱斯认为，气候变化是由人类的活动造成的。要救治地球母亲就必须找出其病因，即资本主义世界体系。气候变化是人类活动作用于地球的结果，在此过程中还造成了贫富分化。资本主义体系追求利润的逻辑正在破坏地球，它向一切事物索取最大的利润。这是那些把增加利润、降低成本作为唯一追求的跨国公司的逻辑，是无限消费的逻辑，是利用战争夺取市场和自然资源的逻辑，它并不顾及对市场和利润的追求意味着破坏森林、剥削和解雇工人并把维持人类生活的基本服务私有化。在资本主义体系下，没有什么事物是神圣而不可侵犯的，一切都变成了商品：水、土地、人体基因、传统文化、正义、道德、死亡和生命本身。就连气候变化也可能最终变成商品。只要资本主义尚存，二氧化碳的排放量就会继续增加、农业边境就会继续延伸、垃圾将继续充斥全球。不要自欺欺人，关于自由、体面的生活的理想与资本主义的生活方式是格格不入的。为了保护地球、生命和人类，必须消灭资本主义。

2. 放弃战争。

3. 建设一个没有帝国主义和殖民主义的世界。

4. 水是一切生命的权利。没有水就没有生命。为了拯救地球、人类和生命，保障水资源成为人类和一切生物的权利已是刻不容缓。

5. 发展绿色能源，杜绝能源浪费。必须控制全球能源的过度消耗并寻找替代能源。太阳能、地热能、风能和中小规模的水力发电是我们的选择。发展环境友好型的清洁能源是拯救地球、人类和生命的又一项基本任务。

6. 尊重大地母亲。大地不仅是一种自然资源，也是生命本身。不能继续污染地球母亲了。

7. 享有基本服务是一项人权。享有教育、卫生、水、电、通信、交通和信息等基本服务是人的基本权利，不能被私有化。全社会应使上述种种成为普及全民的公共服务。要拯救地球就必须保证全民享有上述人权。

8. 反对消费主义，遏制奢侈浪费。

9. 尊重文化和经济的多样性，使各种文化和经济模式和平、和谐的互补发展，对拯救地球、人类和生命是至关重要的。

10. 要过好的生活。建设与地球母亲和谐相处的"社群社会主义"是立足世界的方式。印第安民族主张推动建设一个公正、多样、包容、平衡、与自然和谐共处的世界，使所有民族都能生活得好。生活得"好"，不能以牺牲他人利益和大自然为代价。"生活得好"就是不能仅仅考虑人均收入，还要关注文化认同、社群和人们之间以及人与地球之间的和谐。印第安民族相信与自然和谐相处的社群社会主义，其基础是人民和社群，而非把自身利益凌驾于社会全体利益之上的国家官僚。社群社会主义为社群集体谋利益，而非为少数有权人谋特权。与以往那些失败的模式不同，社群社会主义不仅顾及人也将自然和多样性融入其中。它不再遵循单一的发展主义的模式，不再不惜一切代价实行工业化。反对毫无节制的发展，而主张人与人、人与地球母亲之间的平衡与互补。

（三）"社群社会主义"的实践

为实施"社群社会主义"，莫拉莱斯执政期间主要采取了以下政策措施：

1. 实行石油和天然气国有化。2006 年 5 月 1 日，莫拉莱斯总统颁布天然气和石油国有化法，宣布对本国石油和天然气资源实行国有化。法令的主要内容是：国家恢复对石油天然气资源完全和绝对的控制和所有权；从 2006 年 5 月 1 日起，所有在玻从事石油和天然气生产活动的外国公司，都应向玻利维亚国家石油公司（YPFB）交出所有的石油天然气生产经营权；在法令发布后 180 天内，所有在玻利维亚运营的外国公司必须按照宪法和法律所要求的条件，与玻国家石油公司重新签订合同。根据国有化法令，在规定的 6 个月期限到期之前，玻政府已于同年 10 月先后同在玻经营的所有 12 家外国石油公司重新进行了谈判，达成了协议，共签订了 44 项新的合同。玻利维亚国会已于 11 月底正式批准了这些合同。外国公司已向玻政府及玻国家石油公司移交了多数控制权。与此同时，玻政府也允许外国公司可以从投资中获利，但不能具有控制权。2012 年 5 月 1 日，莫拉莱斯总统颁布最高法令，宣布对西班牙电网集团所属的国际电网公司实行国有化，并命令军队正式接管该公司所有设施。通过这项国有化措施，玻国家电力公司已对玻利维亚的电力生产、运输和销售业务体系恢复了控制权。

2. 召开立宪大会，制定并通过了新宪法。2006 年 7 月 2 日，玻利维亚举行立宪大会选举，执政的"争取社会主义运动"获得了立宪大会 255 个代表席位中的 137 席，超过 60%。2007 年 12 月 8—9 日，立宪大会通过了新宪法草案。2009 年 1 月 25 日，就新宪法草案举行全民公投，约 60%的玻民众支持新宪法。新宪法使玻利维亚人民，尤其是印第安土著居民和农民、矿工等低收入阶层的政治和社会地位得到提高。在国家统一的前提下，印第安人将被赋予行政、法律、经济、宗教和文化方面更多的自决权。在印第安人传统居留地上，土著社群可根据自己的传统选举领导人。此外，将成立由参众两院组成的"多民族立法大会"，土著社群将获得更大的参与权。新宪法共有 400 余条款项，赋予了玻利维亚中央政府更多的权力，并规定各级政府机构应向占玻利维亚人口大多数的印第安人打开大门。

3. 进行土地改革。2006 年 6 月 3 日，莫拉莱斯总统在东部圣克鲁斯市将第一批土地国家所有权的证书交给贫穷的农民，从而开始一场他所说的真正的土地革命。莫拉莱斯宣布，政府将分配 200 万公顷国家的土地给农民，在开始阶段分配土地不包括征收私人的土地，以后将会影响到庄园主不生产的土地，政府准备将其收回归国家所有。同年 11 月 28 日，在参议院通过土地改革法以后，莫拉莱斯正式颁布新土改法，根据新土改法，国家有权向庄园主征收部分闲置土地，并按一定比例分配给无地的贫民和土著居民。莫拉莱斯宣布将把大量私有空置土地的所有权收归国有并重新分配给贫民和土著居民，但这一法律遭到一些省，特别是东部省的大庄园主的拒绝。

4. 改变新自由主义的经济模式。莫拉莱斯制订了国家发展 5 年计划，计划强调要改变新自由主义的发展模式，指导计划的四项原则是要使玻利维亚成为一个"发展生产的、有尊严的、民主的和主权的国家"。除前面已提到的石油国有化、土改等措施外，计划共分四个部分，一是战略部门，包括石油天然气、矿业、能源、环境资源等；二是就业和收入；三是基础设施和生产；四是生产服务。计划提出经济年增长率达 7%。在扶贫方面，制订了扶贫计划和支持团结互助计划，此外，还制订了扫盲计划。莫拉莱斯主张打击贩毒活动，但允许农民种古柯。莫拉莱斯称玻利维亚将实现"零可卡因，零贩毒，但并非零古柯"。莫拉莱斯强调要改变新自由主义的经济模式，必须从结构上解决问题，建立适合于玻利维亚的经济体制。他宣布取消自 1985 年 8 月 29 日开始实施的推行新自由主义计划的 21060 法令，将改变国有企业和私人企业自由裁员的做法，将取消自由进口商品。

5. 奉行独立自主的外交政策。在对外政策方面，莫拉莱斯奉行独立自主的、多元化的外交政策。莫拉莱斯执政后，加强了同古巴和委内瑞拉的关系。他多次访问古巴和委内瑞拉，2006 年 4 月 29 日他访问古巴时，与古巴和委内瑞拉领导人签署了抵制美国支持的美洲自由贸易协定的"人民间贸易条约"，并把这一条约纳入"美洲玻利瓦尔替代计划"框架之内。莫拉莱斯努力发展同巴西、阿根廷及邻国的良好关系，努力促进拉美地区的一体化。莫拉莱斯政府重视发展同欧洲的关系，曾多次访问欧洲一些国家。莫拉莱斯政府对美国的霸权主义政策持批评态度，谴责美国对玻利维亚内政的干涉。2008 年 9 月 10 日，莫拉莱斯总统下令驱逐美驻玻大使菲利普·戈德堡，理由是戈德堡在当地煽动反政府抗议，鼓励分裂活动。2009 年 1 月奥巴马就任美国总统后，玻美关系有所改善。

（四）莫拉莱斯实施"社群社会主义"遇到的挑战和问题

莫拉莱斯任内（2006—2019）遇到的主要挑战和问题有：

1. 地方分裂势力和反对党的挑战。玻利维亚 4 个比较富裕的省，即东部圣克鲁斯、贝尼、潘多省和南部塔里哈省在反对党的支持下，不断进行分裂活动，它们要求包括独立的立法权、分享能源税收等内容的"完全自治"。此外，在反对派的队伍中，除大资本家和大庄园主外，还有一些中小企业主和一些工会组织和民间团体，他们的利益受到莫拉莱斯所推行的改革措施的影响。

2. 美国的敌视和跨国公司的挑战。莫拉莱斯曾多次指责美国企图派人暗害他，指责美国在背后支持反对派反对莫拉莱斯政府。此外，莫拉莱斯的国有化、土改等改革措施，也触犯了一些在玻利维亚经营的跨国公司的利益，他们对莫拉莱斯政府仍然持观望和保留的态度。

3. 莫拉莱斯想第四次连选连任，遭到反对派和相当一部分民众的反对。2016 年 2 月玻利维亚举行全民公决，公决结果否定莫拉莱斯第四次竞选总统。但莫拉莱斯拒绝接受公决的结果，他通过宪法法院的裁决，执意要参加第四次竞选总统。2019 年 10 月 20 日，玻利维亚举行大选，据最高选举法庭宣布的选举结果，莫拉莱斯得票率为 47.8%，反对派公民共同体候选人、前总统梅萨得票率为 36.51%，莫拉莱斯超过梅萨 11.29%。按照选举法规定，得票居首位的候选人若得票率超过 40%，并且比得票第二位的候选人得票多于 10%，即当选总统。因此，最高选举法庭宣布莫拉莱斯当选总统。但是，反对派拒绝承认选举结果，认为选举进程有舞弊，连续三周举行抗议，起初要求进行第二轮选举，进而要求废除大选结果，重新举行大选。11 月 10 日，玻利维亚警察总司令和武装部队总司令要求莫拉莱斯总统辞职，在军警头目的压力下，同一天，莫拉莱斯被迫宣布辞去总统职务。12 日，莫拉莱斯乘墨西哥空军的飞机抵达墨西哥政治避难，后又去阿根廷避难。11 月 12 日，反对派成员、参议院第二副议长珍尼娜·阿涅斯在国会宣誓就任临时总统。后玻利维亚国会各党派议员达成协议，同意重新举行大选。11 月 24 日，临时总统阿涅斯签署并颁布了一项新选举法案，该法案废除了 10 月 20 日大选的结果。

在国内外的压力下，临时政府不得不于 2020 年 10 月 18 日举行大选，选举结果左翼争取社会主义运动党候选人、前经济部长路易斯·阿尔塞（Luis Arce）得票 55.1% 获胜，当选总统，并于同年 11 月 8 日就职。第二天，11 月 9 日在阿根廷避难的前总统莫拉莱斯从阿根廷回国。11 月 17 日，莫拉莱斯在争取社会主义运动党全国领导会议上当选为该党主席。玻利维亚左派东山再起，和此前墨西哥、阿根廷左翼的执政，标志着拉美"左退右进"的政局发生改变，拉美呈现"左右博弈"的新局面。

莫拉莱斯"社群社会主义"被称为"21 世纪拉美的第一场革命"，也有人称之为"玻利维亚的第二次革命"。在玻利维亚国内外，对莫拉莱斯"社群社会主义"所采取的措施评价不尽相同，但毫无疑问，莫拉莱斯的"社群社会主义"在玻利维亚的试验既有成功的经验，也有失败的教训。

十一　巴西劳工党的"劳工社会主义"

（一）巴西劳工党及其创始人卢拉

巴西劳工党是巴西的执政党，它成立于 1980 年 2 月 10 日。主要起源于 20 世纪 70 年代末圣保罗的工会运动。劳工党的成立是巴西城市和农村地区劳工为改善劳动和生活条件和争取言论和组织自由而长期斗争的结果。

到 2019 年 11 月，劳工党共召开了 7 次代表大会，1991 年 12 月劳工党召开"一大"，2019 年 11 月召开"七大"[1]。此外，劳工党还召开过多次全国代表会议。劳工党的党章第一条规定，"劳工党是巴西男女公民自愿结合的组织，为争取民主、多元化和团结，为进行旨在消灭剥削、统治、压迫、不平等、不公正和贫困的政治、社会、制度、经济、司法和

---

① Congresso Nacional do PT | Partido dos Trabalhadores https：//pt. org. br/7o – congresso – na-cional – do – pt/.

文化改革而斗争，目的是建设民主的社会主义"。① 劳工党自称是真正的左翼政党，同时又是一个民主的政党。劳工党的纲领目标是在巴西建立"一个既没有剥削者也没有被剥削者的社会"，党的长远目标是实行社会主义，要通过选举取得政权。党主张改变现存的财富分配模式，实现社会的公正与公平。要求进行深刻的土地改革，实现耕者有其田。

劳工党的创始人、首任主席和领袖路易斯·伊纳西奥·卢拉·达席尔瓦（Luiz Inácio Lula da Silva，1945— ）。卢拉出生于一个贫苦的农民家庭，由于家境贫困，他只上了 5 年小学，从小就到街上擦皮鞋，12 岁到洗染店当学徒，14 岁成为一家五金厂的正式工人。1975 年，卢拉成为圣保罗地区拥有 14 万成员的冶金工会主席。自 1978 年起，卢拉组织了巴西最大规模的罢工运动，抗议军政府的独裁统治。1980 年 2 月，卢拉与一些工会领袖、进步人士和知识分子创建了劳工党，同年 9 月当选为党的主席，并使该党很快发展成为巴西最大的反对党。1983 年，卢拉参与组建"劳工统一中心"。他领导的工会运动为加快军人独裁在 1985 年下台做出了重要贡献。2002 年 10 月，卢拉第四次参加总统选举并获胜，当选巴西第 40 任总统，2003 年 1 月 1 日任职，任期 4 年。他是巴西历史上第一位工人出身的总统。随着卢拉的就职，巴西劳工党首次成为巴西的执政党。2006 年 10 月，卢拉再次当选为巴西总统，成为巴西历史上第二位通过直接选举获得连任的总统，卢拉第二任于 2011 年 1 月 1 日任期届满，接替总统职位的是劳工党人迪尔玛·罗塞夫（Dilma Rousseff，1947— ），她在 2010 年 10 月 31 日第二轮大选中获胜，当选总统。2014 年 10 月 27 日，罗塞夫在大选中成功蝉联总统，2015 年 1 月 1 日再次就任总统。2016 年 8 月 31 日，罗塞夫被指控其政府财政存在违法行为，作为政府首脑她犯有"渎职罪"，正式遭到参议院弹劾，被罢免总统职务，代总统巴西民主运动党人特梅尔正式就任总统。随后，劳工党成为反对党。

（二）劳工党政府（2003—2016）的内外政策

卢拉和罗塞夫执政 13 年期间，在政治上，实行温和左派的政策，较

---

① https：//pt. org. br/wp － content/uploads/2018/03/estatuto － pt － 2012 － versao － final － alterada － junho － 2017. pdf.

好地保持了巴西民主体制的稳定和完善。卢拉和罗塞夫先后组建了包括左翼、中左翼、中右翼、右翼政党在内的 10 多个政党组成的执政联盟，这是巴西历史上规模最庞大的执政联盟。

在经济方面，努力修改新自由主义经济政策，建立以推动社会发展为核心的发展模式，通过降低利率、税制改革、增加出口、加大基础设施投资等措施使巴西经济增长步伐加快，对外资的依赖减少。卢拉执政 8 年期间，共提出两个"四年计划"和两个以基础设施为主的"经济增长计划"，政府坚持将初级财政盈余目标制、浮动汇率和控制通胀作为其经济政策的三大支柱，使巴西经济实现持续的增长，可以说在巴西创造了经济"奇迹"。2003—2008 年，巴西经济年均增长率达 4%，国内生产总值达 2.48 万亿美元，占拉美的 38% 左右，成为拉美国家公认的"领头羊"，使巴西加入世界经济十强行列。同期，人均国内生产总值从 2002 年的 2800 美元增至 2008 年的将近 7000 美元。罗塞夫任内（2011—2016），实施了"加速经济增长战略"，采取许多振兴经济的具体措施，包括刺激工业发展、保护汽车业、提高进口税、扩大内需、允许低成本信贷、增加对基础设施的投资等。但是，由于受国际金融危机的冲击和国际市场上初级产品价格下降等影响，巴西经济增速明显放缓。

在社会方面，卢拉在 2002 年竞选期间曾提出"帮巴西穷人实现一日三餐"的"零饥饿计划"是自己的最大使命。卢拉和罗塞夫政府推行一系列以扶贫为主的社会政策，如"家庭救助计划""基本药品援助计划""无贫困计划"等，取得了较好的效果：巴西贫困人口逐步减少，劳工党政府使 3000 多万人脱贫。

在外交方面，巴西劳工党政府积极开展外交活动，以新兴大国姿态走向世界，积极倡导世界多极化和国际关系新秩序，在处理与美国、欧盟国家关系时，采取了务实合作的态度，实现了巴西出口市场的多元化和出口产品的多样化，增强了巴西经济发展的自主权；提升了巴西在拉美地区的领导国地位，推进了南美地区一体化的发展，扩大了巴西在联合国改革和世界贸易组织多哈回合谈判等国际事务上的国际影响力，提升了巴西在国际上的地位，使巴西成为新兴国家在国际贸易谈判中的代言人，成为南方共同市场、南美洲国家联盟在和南美防务委员会等南美洲一体化的积极推动者。巴西还在"金砖国家"的框架内，加强同中国、俄罗斯、印度和南非的关系；巴西在 20 国集团的峰会上，为应对国际金融危机提出了积极的建议，同中国等发展中国家一起，发挥了积极的作用。

（三）劳工党"劳工社会主义"的主要内容

1990 年 5 月 31 日至 6 月 3 日，劳工党召开的第 7 次全国会议，通过了"劳工社会主义"（Socialismo petista）的决议，首次明确提出"劳工社会主义"①。后来，在 1999 年 11 月 24—28 日召开的劳工党"二大"又重申党的指导思想是"劳工社会主义"。

2007 年 8 月 31 日至 9 月 2 日劳工党在圣保罗市举行"三大"，来自巴西全国各地的 1000 多名党员代表代表全国 90 万党员参加了大会。"三大"是卢拉执政以来，作为执政党，劳工党首次召开党代会。"三大"又一次专门通过了有关"劳工社会主义"的决议②，重申劳工党在新的历史条件下，在 21 世纪面临的挑战是"重建社会主义的选择"，确定把社会主义事业作为党的基本的、历史性的和理论性的任务。

劳工党"三大"通过的有关"劳工社会主义"的决议共 20 点，其主要内容如下：

1. 劳工党成立于 20 世纪 70 年代末和 80 年代初，它是城市和农村地区劳工为争取改善劳动和生活条件和言论和组织自由而斗争的产物。在同军事独裁斗争中，在受剥削的困难条件下，从一开始，在建党过程中，劳工们得到了知识分子、自由职业者、人权捍卫者、基层教会组织、青年、学生、由妇女、环保者、黑人、同性恋者等组织参与的社会运动组织的支持和参与。同军事独裁进行过斗争的左派组织的党员起了很大作用。

2. 劳工党反独裁和争取巴西社会民主化的斗争出自反对资本主义的信念，民主是与不公正、社会排斥、饥饿、暴力、战争和自然的被毁坏

---

① O - socialismo - petista. pdf http：//www. enfpt. org. br/acervo/documentos - do - pt/encontros - nacionais/1990/O - socialismo - petista. pdf.

② 劳工党"三大"决议原文的全文，请参见 https：//pt. org. br/wp - content/uploads/2014/03/Resolucoesdo3oCongressoPT. pdf。

不相容的；对民主的承诺使我们都成为反资本主义者，把我们的民主斗争看成反资本主义的选择。

3. 苏联的解体和东欧的剧变、东欧的颜色革命并没有带来社会主义的革新，而是给野蛮的资本主义的建立打下基础；而欧洲的民主社会主义逐渐放弃了过去改革的思想并开始取消第二次世界大战后建立起来的福利国家。

4. 新自由主义并没能掩盖其保守主义和倒退的本质；全球化的概念被用来否认民族国家；以激进的个人主义名义，用消费者取代公民，否认阶级斗争，宣布"历史的终结"，取消任何资本主义的取代计划，攻击民主，否认国家主权。

5. 柏林墙倒塌后，人类处在唯一的霸权强国美国的统治下，在"华盛顿共识"的影响下，新的国际秩序在外围国家推动了经济战略部门的私有化。

6. 在资本主义外围国家，特别在拉美国家，这一共识的影响是强烈的，新自由主义意味着金融资本把持着生产活动。新自由主义想克服拉美国家通胀加剧、外债增加的财政危机。经济的调整没有达到主要目标：解决宏观经济的失衡，反而使宏观经济形势恶化，造成非工业化和土改的倒退，使贫困和社会排斥增加。

7. 新自由主义在巴西的影响比较晚，在拉美大多数国家是从 20 世纪 80 年代开始，在巴西，由于工人的和中产阶级的抵制，推迟了十年。90 年代新自由主义对巴西的影响要小于拉美。巴西的社会运动、左派党和中左政党在抵制新自由主义方面功不可没，特别是劳工党。自 2002 年起，形势发生了变化。

8. 2002 年劳工党候选人卢拉在大选中获胜，使劳工党在一个资本主义国家和阶级社会中成为执政党。在巴西，权力不仅是政治权力，还包括经济权力、媒体权力和军事权力。建立一个超越资本主义秩序的新社会的理想使我们的党员和领导人认识到，建立一个主权和民主的国家是为在巴西建立社会主义而斗争的组成部分。

9. 尽管近四年巴西和拉美其他国家都发生了变革，但是，无论是在巴西，还是在拉美，新自由主义思想仍占主导地位。今天我们生活在一个过渡时期，这一时期将多长还不清楚，我们的任务是提出一个新自由主义的替代方案。克服新自由主义的思想，要通过具体的替代方案，这具有十分重要的意义，我们在 21 世纪面临的挑战是重建社会主义的选择。

10. 世界金融危机说明资本主义的脆弱性，但危机本身不一定会引发革命和社会进步的变革。常常会兴起反动、反革命的运动。

11. 卢拉首任期间和第二任以来在完成民主任务、捍卫国家主权方面的成就是力量积累重要的一步，它不仅使巴西社会公正，而且是巴西独立民主。巴西和 20 国集团在世界贸易组织中保持坚定的立场，反对保护主义，积极呼吁改革国际金融体系，主张加强发展中国家在世界经济决策中的作用。

12. 同社会民主党和共产党进行批判性对话，从建党时起，"劳工社会主义"是一个理论和政治建设的进程。在 1990 年党的第七次全国会议上通过的"劳工社会主义"的文件对资本主义进行了批判，对 20 世纪社会主义的进步和倒退进行了反思。我们这一反思在同全世界几十个政党和组织，特别是拉美的政党和组织的接触中得到了丰富，重新思考资本主义的替代方案。

13. 与 20 世纪许多占优势地位的思潮不同，劳工社会主义没有一个单一的政治和哲学模式，它包括左翼阵营广泛的多元思想；它将反对资本主义社会乃至所谓社会主义的社会里的经济剥削和一切压迫的形式；劳工社会主义反对一切形式的种族歧视、性别歧视、宗教歧视和意识形态等方面的歧视。

14. 民主不仅是实现人民主权意愿的工具，还是目的，是目标，是我们政治行动的固定的价值；劳工社会主义是彻底民主党，因为它要求政策社会化。它意味着将民主扩大到所有人，将政治、个人化集体自由和经济、社会权利相结合。

15. 劳工社会主义捍卫发言权和表达权，使民众拥有物质财富和象征财富，具有文化和知识生产条件；捍卫和扩大人权；主张尊重法制民主国家，将代议制民主与建设保证公民参与方式的公共空间相结合，使社会能控制国家；劳工社会主义意味着与民主不可分的共和国实践；

16. 劳工社会主义建立一种新的经济，使经济增长与收入分配相协调，发挥国家在民主计划经济中的作用；使国有制、非国家公有制、私有制和集体私有制共同存在；在巴西，要特别重视土地改革的深化，和家庭农业与农业企业的关系。

17. 劳工社会主义应该关注劳动关系，尽管由于科技的巨大变化，生产率发生巨大变化，但工作时间仍几十年没有变化。应当减少日工作时间。应该充分就业。

18. 劳工社会主义主张自然资源集体民主所有，不能私有化，要保护生态，为后代着想。

19. 劳工社会主义将本国建设与国际主义的前景相结合，国际关系应进行彻底的改革，我们需要一个多边的和多极的世界，减少经济和社会发展的不平衡，不应屈从于大国的霸权主义。我们需要一个民主的世界，各国都应保障和平，建立一个没有饥饿、疾病，没有遗弃的孩子，对男女来说都有前景和希望的世界；为大陆团结，特别是南美洲团结而斗争。

20. 劳工社会主义以劳工为本，不断取得经济、社会、政治和文化新的成果，为新的成果开辟道路；在不忽略现在的前提下，将目光投向未来。

根据劳工党的党章，劳工党公开允许并承认党内的各种流派，目前党内至少有 6 种主要流派，从中间派到激进左派，其主张不尽相同。但各种流派有一个共同点，就是一致反对资本主义，主张社会主义。卢拉认为劳工党最重要的任务，就是要塑造一个巴西的社会主义模式，而不是照抄照搬其他国家的经验。劳工党认为，工人阶级的解放"要求在一个社会主义的世界上实行反对资产阶级的彻底的民主"。劳工党相信，只有社会主义才有真正的民主；同时，没有民主便没有社会主义。劳工党认为，社会主义事业"应该吸纳反对各种形式压迫的不同社会运动的观点，例如妇女的、黑人的、青年的、同性恋的……这些观点是推翻资产阶级统治基础所不可或缺的，也是争取巴西人口大多数投入革命进程所不可或缺的"。社会主义还应吸纳文化和环保运动，因为资产阶级对这些运动的利用使它们"失去了批判的品格"。

劳工党有关"劳工社会主义"的决议重申劳工党在新的历史条件下，在 21 世纪面临的挑战是"重建社会主义的选择"，确定把社会主义事业作为党的基本的、历史性的和理论性的任务，这对统一党的思想，明确党今后的任务有着重要的意义。

（四）对劳工党"劳工社会主义"的看法

巴西劳工党是拉美最有影响的左派党之一，在 20 世纪 90 年代初东欧剧变、苏联解体，国际共产主义和社会主义运动出现低潮时，它与古巴共产党等拉美一些左派党一起，于 1991 年创建了"圣保罗论坛"，为拉美左派的重新崛起和拉美和世界社会主义运动的振兴起了积极的作用。2001 年 1 月，以卢拉为领袖的巴西劳工党还倡导发起"世界社会论坛"，与"世界经济论坛"分庭对抗，它汇集了世界上反对"新自由主义全球化"的广泛阶层，探讨有关世界发展的重大问题，产生了重大的国际影响。首次"世界社会论坛"是由巴西劳工党主办，在巴西的阿雷格里港举行的。后来，又在阿雷格里港召开了多次"世界社会论坛"。

劳工党的"劳工社会主义"可以说是具有巴西特色的社会主义。需要指出的是，尽管劳工党在巴西执政长达 13 年，但劳工党任内，并不认为巴西是一个社会主义国家，而认为巴西仍然是一个资本主义国家；劳工党也并没有认为，卢拉和迪尔玛政府所执行的政策是社会主义的政策。劳工党认为，为治理国家，劳工党不得不同巴西的中右力量结盟。但是，劳工党执政期间提出，劳工党在 21 世纪所面临的挑战是重建社会主义的选择。劳工党强调，"建立一个超越资本主义秩序的新社会的理想使我们的党员和领导人认识到，建立一个主权和民主的国家是为在巴西建立社会主义而斗争的组成部分"。

巴西劳工党常常被认为是属于社会民主党性质的政党，劳工党提倡的"劳工社会主义"被认为是民主社会主义在拉美和巴西的变种。然而，迄今为止，巴西劳工党并没有加入社会党国际。巴西劳工党自成立起，一直同社会党国际和各国社会民主党保持定期的联系。劳工党"一大"通过的文件中强调，"劳工党同社会民主党保持着，并将继续保持着公开和坦诚的关系"，"但是，劳工党不把社会民主党看作解决巴西社会困难的一个出路"。2003 年 10 月，已是巴西总统的卢拉出席了在圣保罗召开的社会党国际"二十二大"，并在开幕式上致辞。应该说，巴西劳工党"劳工社会主义"的理论和实践还不是很完备，劳工党的一些主张同民主社会主义确实有不少相似之处，如主张政治多元化、多党制，奉行改良主义等。因此，它尚不能说是科学社会主义。

（五）巴西劳工党的"劳工社会主义"面临的挑战和问题及其现状和前景

1. 劳工党失去了执政地位。在 2018 年 10 月 28 日巴西第二轮大选中，巴西右翼社会自由党候选人雅伊尔·弥赛亚·博索纳罗（Jair Messias Bolsonaro，1955— ）战胜巴西劳工党候选人费尔南多·阿达德（Fernando Haddad，1963— ）当选为新一届（第 38 任）巴西总统。2019 年 1 月 1 日，博索纳罗宣誓就职，劳工党失去了执政地位，成为反对党。

2. 劳工党政府和党的领导层腐败现象严重。劳工党原主席热诺伊诺、原总书记西尔维奥·佩雷拉，劳工党党员、政府第二号实权人物、总统府办公室主任若泽·迪尔塞乌、党的司库德卢维奥·苏亚雷斯等多位党的领导人纷纷卷入腐败事件，使党的威信大受影响。就连卢拉本人也因涉嫌腐败于 2018 年 4 月 7 日被判处 12 年另 11 月徒刑、被捕入狱。2019 年 11 月 8 日入狱 1 年零 7 个月后被释放出狱。2021 年 4 月 15 日，巴西联邦最高法院全体会议投票，正式同意撤销在"洗车行动"贪腐调查中对前总统卢拉的指控，这一结果意味着卢拉将有资格参加 2022 年举行的总统大选。卢拉本人也已正式表示，他将作为劳工党总统候选人参加 2022 年的大选。

3. 2019 年 11 月 23—24 日，巴西劳工党在圣保罗召开党的"七大"，558 名代表与会。刚被释放出狱的劳工党领袖卢拉在会上发表讲话，强调劳工党的进步性质和反对博索纳罗右翼政府的斗争战略。在"七大"上，54 岁的众议员格莱茜·霍夫曼（Gleisi Hoffmann）再次当选为党的主席。劳工党现有党员 160 万人，依然是巴西具有实力的主要政党，在国会两院中有一定数量的议席。在未来，劳工党仍有可能再次上台执政。

第三节　经济思潮

拉丁美洲的经济思潮是不同时期特定的经济、政治和社会状况的反映。与此同时，经济思潮的产生和发展反过来又对拉美的经济、政治和社会的进程产生影响。早期的拉美经济思潮或理论还没有形成自己的一套体系。拉美独立的经济思潮或理论的形成是在第二次世界大战之后。

从第二次世界大战结束至今，拉美主要的经济思潮有"中心—外围"

论（又称发展主义、拉美经委会主义或拉美结构主义）、依附伦、拉美新自由主义、后新自由主义、新发展主义等。

一 "中心—外围"论（Teoría de Centro‑eriferia）

以阿根廷经济学家劳尔·普雷维什（Raul Prebisch，1901—1986）为代表的一批拉美经济学家，他们以联合国拉丁美洲经济委员会为中心，从 20 世纪 40 年代后期至 80 年代中期所提出的一整套关于拉美经济发展道路和方针、政策的思潮或理论，又称发展主义（Desarrollismo）、拉美经委会主义（Cepalismo）或结构主义（Estructuralismo）。其主要代表除普雷维什外，还有巴西的塞尔索·福尔塔多、墨西哥的胡安·诺约拉、智利的奥斯瓦尔多·松凯尔等。

普雷维什的"中心—外围"论认为，拉美不发达的根源是"中心"（西方工业大国）和"外围"（不发达国家或发展中国家）之间在经济上的不平等，以及中心国家对外围国家的剥削。1949 年普雷维什发表《拉丁美洲的经济发展及其主要问题》一文，文中提出了被称为"普雷维什命题"的论点，分析了"外围"和"中心"之间不平等的关系。普雷维什认为，贸易比价一贯以不利于以生产初级产品为主的"外围"地区，技术进步和提高生产率带来的好处主要落入"中心"手中，"外围"得益甚少，因此双方资本积累能力和生活水平都存在着显著的差别。"中心—外围"的国际经济结构的运转服从于"中心"的利益，"外围"国家处于依附的、被剥削的状态。因此，"外围"国家（包括拉美国家在内）经济发展战略的目标首先是从各方面打破"中心—外围"结构。普雷维什的这篇文章被称为"拉美经委会宣言"。

普雷维什生于阿根廷北部萨尔塔。1923 年毕业于布宜诺斯艾利斯大学经济系，获经济学博士学位。1925—1948 年任该校政治经济学教授。1930—1932 年任财政部副国务秘书。1935—1943 年任阿根廷共和国中央银行行长。1948—1962 年任联合国拉美经委会首任执行秘书，1962—1964 年和 1969 年任拉美经济与社会计划研究所所长，1964—1969 年任联合国贸易与发展会议首任秘书长并兼任联合国副秘书长。1976 年起任拉美经委会理论刊物《拉美经委会评论》主编。1983 年起任劳尔·阿方辛（Raúl Alfonsín，1927—2009）总统特别经济顾问，1984 年访问中国。

1986 年病逝。著有：《外围资本主义：危机与改造》《普雷维什在拉美经委会的著作》上、下两卷，《普雷维什全集》三卷本等。

关于普雷维什和拉美结构主义的理论渊源，一般认为，结构主义是在批判新古典主义经济学的基础上形成的，对结构主义产生有直接或间接影响的理论主要有凯恩斯主义、李斯特主义、马克思主义、制度主义、现代化理论等。

普雷维什的经济理论体系的形成和发展可分为 5 个阶段。在每个时期，普雷维什根据拉美经济发展的具体情况和所遇到的问题，提出了有针对性的主张：

第一阶段（1948—1953），初步形成"中心—外围"论，并提出进口替代工业化发展战略。

50 年代初，普雷维什提出外围工业化，即进口替代工业化发展战略的理论。他认为，工业化是拉美国家摆脱"外围"地位的唯一手段和根本出路，是"外围"国家经济发展的发动机。要实现工业化应具备 3 个条件，一是进行大量的投资，二是实施保护主义政策和严格的外汇管制，三是调整国家在税收、工资、利润和就业方面的政策，以刺激本国私人企业的发展。具备了这三个条件便可进行内向发展的进口替代工业化。在工业化过程中，外围国家应限制本国已能生产的商品进口，以便节省外汇去购买进口替代工业化所必需的机械设备和原材料。

第二阶段（1953—1958），强调各国应制定集中统一的经济发展规划，主张国家应在经济发展中起协调和指导作用。50 年代中期，普雷维什认为，国家应对经济进行干预，国家应制定统一的、具有连贯性的、深思熟虑的长期规划的目标体现到具体政策中去。国家应进行大规模的公共投资以弥补私人投资的不足，在私人企业无力经营的部门直接经营国有企业，统管大规模基础设施和公共工程，国家通过采取它掌握的财政、税收、货币、信贷等政策来调节国家资本与私人资本的关系，并发挥其指导作用。

第三阶段（1958 年至 60 年代初），提倡拉美地区经济一体化，促进本地区经济合作。50 年代后期和 60 年代初，普雷维什提出，由于拉美不少国家的国内市场狭小，生产设备能力闲置，投资不能发挥最佳效益，只有通过地区经济一体化，形成一个广阔的市场，以集体的力量来与

"中心"国家抗衡。工业制品在地区内部的自由交换可以克服国内市场狭小的局限性，解决内向型发展带来的不平衡。普雷维什认为，国际市场的自由竞争原则只适用于结构相似的国家之间，而不适用于结构完全不同的"中心"国家和"外围"国家之间。因此，"外围"国家组成集团既可促进互惠贸易，又可通过专业分工是工业化政策更加合理。

第四阶段（60年代至70年代初），主张改变现有国际贸易格局，使工业大国在国际经济关系中对拉美等地区的发展中国家做出一定的让步，以改善拉美各国的外贸地位，促进经济的发展，提出改变国际经济旧秩序的主张。

第五阶段（70年代初至1986年），普雷维什提出"改造外围资本主义"的问题，主张"社会主义和自由主义的结合"。70年代后期，由于进口替代工业化的发展模式的弊病日益明显，普雷维什又及时提出要"改造外围资本主义"。

1980年，他在第六届世界经济学家大会上作了《外围资本主义的动力及其改造》的发言，提出外围资本主义改造的方法是"社会主义和自由主义的结合"。他解释说："社会主义是指由国家调节积累和分配。自由主义是指在本质上尊重经济自由，而经济自由又是与其哲学本意上的政治自由紧密结合的。"[①]

1981年普雷维什正式出版《外围资本主义：危机与改造》一书，他在书中在肯定进口替代工业化的历史作用的同时，提出"替代政策不能无限期地继续下去"："工业化赖以获得推动力的外部条件迫使实行替代进口。替代进口尽管有其缺陷，但它所取得的总产值增长速度比主要来自初级产品出口的进口能力的增长速度要高得多"，"但是，替代政策不能无限期地继续下去"，"当中心国家漫长的繁荣年代——结束于70年代前半期——到来时，拉丁美洲简单替代的可能性已行将耗尽"，"一项及时的促进制成品出口的政策也获得了非常有利的结果"。[②] 这里，他提出了模式的转换问题。

---

① Comercio Exterior, agosto de 1980.

② ［阿］劳尔·普雷维什：《外围资本主义：危机与改造》，商务印书馆1990年版，第227—228页。

普雷维什对"中心"的霸权提出批评。他指出："在中心国家日益增长其技术、经济和政治权力的同时，外围就始终落在后头。这种不断增长的权力还伴随着观念、意识形态和新的文化形式。这些东西在扩散和辐射过程中逐渐向外围扩散……总之，这是中心国家，特别是那个已成为资本主义超级大国，使用这些不同的行动和诱导方式，使外围国家程度不同地服从于在中心国家做出的决定，或者采取本来不应该采取的决定，或者被迫放弃哪怕是对本国利益有利的决定"。①

20世纪五六十年代普雷维什的"中心—外围"论在拉美普遍受到重视和欢迎。"中心—外围"论为推动战后拉美经济的发展做出了贡献，它是拉美精神宝库重要组成部分。然而，自60年代后期起，由于进口替代工业化模式的弊端越来越显露，这一理论受到左右两方面的攻击。一方面，激进的依附伦学派批评"中心—外围"论所主张的模式造成了社会弊端；另一方面，新自由主义思潮主张以外向型模式替代原有模式。此外，也有些年轻的经济学家在普雷维什结构主义理论的基础上，强调经济目标与社会目标相结合，实行兼顾个社会集团利益的收入分配政策，强调将经济增长和社会公正作为长期发展目标，这些主张被称为"新结构主义"理论，被一些拉美国家政府所采纳或部分采纳。

二　依附论（Teoría de dependencia）

依附论是20世纪60年代初至70年代中期在拉美、非洲和美国等地出现的关于拉美和第三世界发展问题的一种理论。巴西著名依附论学者特奥多尼奥·多斯桑托斯（Theotônio dos Santos，1936—2018）认为，"'依附论'出现于20世纪60年代的拉丁美洲。它企图解释在拉丁美洲已经确立的依附发展的新特点"，"20世纪60年代下半期出现的'依附论'就代表了为理解一种发展的局限性而做出的批判性努力。这种发展是在这样的历史时期开始的：在巨大经济集团和强大的帝国主义力量掌握霸权的情况下，即使其一部分陷入危机，开辟了非殖民地进程的机会，

---

① ［阿］劳尔·普雷维什：《外围资本主义：危机与改造》，商务印书馆1990年版，第193—194页。

还是形成了世界经济"。①

　　20 世纪 50 年代末，古巴革命取得胜利，拉美国家一些独裁政府相继垮台。拉美国家面临进行社会主义革命还是资本主义工业化的历史选择。"依附论"正是在这一过程中诞生的。依附论的重要特点是从资本主义体系中外围国家的角度研究帝国主义问题，认为帝国主义现象包括了相互联系、互为条件的两个方面：向外扩展的经济中心和作为扩张对象的附属国。依附论学者认为，帝国主义论研究了帝国主义中心的扩展过程和对世界的统治，而依附论则研究帝国主义扩张的后果和扩张对象国内部社会经济结构的形成与变化的规律。依附论另一个特点是在于把依附对象放到帝国主义论的总框架中来考虑，又把它看作帝国主义世界总进程的一个特殊现象来研究，以揭示垄断资本在世界范围内的扩张同扩张对象国内部经济和社会结构变化之间的关系，以及资本主义生产方式的运动规律在外围的特殊表现形式。依附论指出在资本主义体系中，拉美国家这样的外围国家不可能按照发达工业国的发展模式进入发达阶段，这是因为拉美社会的不发达不是资本主义发展不足的结果，而是世界资本主义扩张的产物。这一理论着重分析不发达的外围社会对发达的中心国家的依附关系。依据这一理论，殖民主义和依附性是第三世界不发达的原因。有人把依附论看作帝国主义论的补充和有机组成部分，并把它称为"新帝国主义论"。

　　依附论分成好几派。一些人把依附论分成四派：改良主义派、非马克思主义派、马克思主义派、新马克思主义派。② 另一些人把依附论主要分成两大派：狭义上的依附论和结构主义依附论。狭义上的依附论是指运用马克思和列宁主义关于殖民地和经济落后国家对发达资本主义国家的从属关系的论点为依据，研究战后国际关系中新的依附形式的理论，集中包括巴西学者特奥托尼奥·多斯桑多斯的新依附论，巴西学者鲁伊·马里尼的超级剥削理论、秘鲁学者阿尼瓦尔·基哈诺的边缘化理论、

———————————

　　① 特奥多尼奥·多斯桑托斯："'依附论'的历史与理论总结"，载〔巴西〕弗朗西斯科·洛佩斯·塞格雷拉主编《全球化与世界体系》，社会科学文献出版社 2003 年版，第 52—53 页。

　　② 〔巴西〕弗朗西斯科·洛佩斯·塞格雷拉主编：《全球化与世界体系》，社会科学文献出版社 2003 年版，下册，第 668—669 页。

巴西的费尔南多·卡多佐和智利学者恩佐·法莱托的依附性发展理论、巴西学者瓦尼娅·班比纳的依附论资本主义理论构成等。而结构主义依附论则包括智利学者阿尼瓦尔·平托的结构异类化理论、智利学者奥斯瓦尔多·松凯尔的支配—从属关系理论、巴西学者塞尔索·福尔塔多的外部依附理论、智利学者佩德罗·布斯科维奇的收入集中理论等。

依附论派别很多，观点也不尽相同。它们比较一致的论点有：

（一）资本主义已经发展成为"中心—外围"的世界体系，"外围"（发展中国家）对"中心"（工业大国）具有依附性，即其发展受外国和外部因素所制约；依附性国家和地区在世界资本主义经济体系中始终处于从属地位；它们不能对自身经济的基本决策施加重大影响。有些依附论学者也是结构主义和发展主义学者。

（二）外围国家的发展是"不发达的发展"，它们向工业国家提供原料和廉价劳动力，在经济结构上不可能像工业国家那样实行工业化，它们越发展，对中心国家依附越深，因此不可能出现自由资本主义的前景。

（三）发达与不发达都是资本主义制度的产物，是互为因果的。中心国家的发达正是由于外围国家的不发达，前者以牺牲后者的利益而得利。外围国家并非因贫困而造成依附，而是因依附而造成贫困。

（四）中心国家的农业革命先于工业革命，而外围国家则在农业革命尚未实现之前就输入了工业革命。因此，在外围国家里，前资本主义的农村关系没有崩溃，而是向畸形发展。

（五）拉美等第三世界国家在资本主义国际经济体系中所处的地位，决定了其资产阶级必然要依赖外国资本而不得不向外国利益做出妥协。因此，这种社会不可能进行重大改革。这些国家若不脱离世界资本主义体系，不走向社会主义，就不可能摆脱中心国家的基本依附，这一观点被称为"脱钩论"。

依附论揭露了发达国家与发展中国家之间剥削与被剥削的关系，有一定的进步意义和可取之处。例如，它指出了南北关系的本质（即发达国家剥削发展中国家），从而为后者建立国际经济新秩序的主张提供了有力的理论依据。依附论在非洲、亚洲、欧洲、北美有一定的影响，如埃及著名经济学家萨米尔·阿明（Samir Amin，1931—2018）也是依附论学者。但是，依附论的局限性在于它并没有正确地运用辩证唯物主义和历史唯物主义的方法科学地分析和解释当代国际关系中的各种相互关系和矛盾，而是将许多复杂的现象过于简单化，依附论学者虽然看到了发展中国家在国际经济关系中所处的不利地位，但并没有找到和指出摆脱这种地位的途径。依附论常常忽略了发展中国家进行内部制度、体制与思想观念变革和更新的必要性，过分强调发展中国家贫穷落后的外部根源，有些依附论学者还提出了脱离现实和不合历史潮流的"脱钩"论，在当今全球化趋势汹涌而来之时，"脱钩"更是一种幼稚的想法。依附论学者虽然看到了发展中国家在国际经济关系中处于不利地位，但并没有找到和指出摆脱这种地位的途径。

三 拉美新自由主义（Nuevo Liberalismo 或 Neo – liberalismo en América Latina）

新自由主义是 20 世纪 30 年代以后发展起来的一个西方经济学流派，它在产生后一度遭到冷遇，70 年代以后新自由主义重新得到发展，其声势之大，影响之广，为过去所鲜见。新自由主义发展到今天，形成了以哈耶克为代表的新奥地利学派，以米尔顿·弗里德曼为代表的芝加哥学派即货币主义学说，以科斯为代表的新制度经济学派，以罗伯特·卢卡斯为代表的新古典宏观经济学派，以布坎南为代表的公共选择学派，以路德维希·艾哈德为代表的弗莱堡学派即社会市场经济学派等。新自由主义的代表人物哈耶克、弗里德曼、布坎南、科斯、卢卡斯曾获得诺贝尔经济学奖。新自由主义虽然有各种流派。但万变不离其宗，这些流派的基本理论，就是宣扬资本主义和市场自由的普遍性，反对社会主义，维护资本主义私有制度，这是新自由主义的实质和核心。新自由主义经济思想的特点和主要内容是：

（一）从主观的假设出发。认为每个人都是很理性的人，市场内部是完全自由竞争的。这实质上是撇开人们的社会属性和在生产关系中的地位不谈，脱离现实的经济基础和政治上层建筑，制造一种抽象的"理想人""理想市场"作为理论前提。

（二）鼓吹极端个人主义。认为每个人在经济活动中都是利己的，不可能有利他的动机和行为，都是为了追求自己最大的利益。这反映了资产阶级单个的人狭隘自私、力图攫取最大限度的财富的本性。

（三）提倡自由放任的市场经济。认为自由选择是经济和政治活动最基本的原则。应当自由地拥有私人财产，自由地交易、消费和自由地就业，自由选择的程度越高，经济活动的效率越高。

（四）崇拜"看不见的手"的力量。认为市场的自动调节是最优越和最完善的机制，通过市场进行自由竞争，是实现资源最佳配置和充分就业均衡的唯一途径。

（五）反对国家干预经济。认为由国家来计划经济、调节分配，破坏了经济自由，扼杀了"经济人"的积极性，只有让市场自行其是才会产生最好的结果。因此，只要有可能，私人活动都应该取代公共行为，政府不要干预，即使不得不干预，也是越少越好。

（六）主张私有化。认为私有化是保证市场机制得以充分发挥作用的基础，私人企业是最有效率的企业。要求对现有公共资源进行所有制改革，明晰产权、国家从法律上制度上必须给予保障。

新自由主义各个流派的政策主张也大体相同或近似，如对政府的活动进行限制，资产私有化，解除对金融和企业的管制，减少公共支出和投资，削减社会福利，实行紧缩的货币政策；排斥工会，声称要反对"妨碍经济自由的垄断力量"的工会，限制工会的作用；为追求利润和效率而大量裁员，增加失业；实行国际自由贸易；实行金融自由化，实现国际货币自由流动等。新自由主义的主要流派有：新奥地利学派、芝加哥学派（又称货币主义学派）、新制度经济学派、公共选择学派、弗莱堡学派（称社会市场经济学派）等。

新奥地利学派的领衔人物为哈耶克。他原是费边社会主义思潮的成员，1950—1962 年任教于美国芝加哥大学。代表作《通往奴役之路》的中心思想是：实行国家干预或计划经济必然导致国家权力的专制和奴役。反映了他对社会主义的偏见和阶级的偏见。新奥地利学派承袭了米瑟斯的自由放任思想，并进一步提出仅有自由放任是不够的，政府还必须确保自由放任。这个学派认为用中央计划管理经济，无法知道何种生产计划在经济上是可行的，因此无法实现资源的最佳配置；认为人类的经济活动能自发地产生一种"自然秩序"，只有它能使经济活动协调一致；否定劳动价值论、生产费用论。对商品价值的认定采取完全主观主义的和个人主义的立场；特别强调市场和私人企业的功用。认为只有通过市场才能有效地配置资源，从而提高效率，形成经济增长的原动力。价格体系是市场的信息收集器和发散器；提出"货币非国家化"的政策主张。认为靠私人发行货币可以抑制通货膨胀，反对政府通过中央银行垄断货币的供给，要求把货币的发行权下放给私人，由私人通过竞争来解决货币供给。

芝加哥学派又称货币主义学派，以美国经济学家米尔顿·弗里德曼为代表。其信条是唯有货币重要。弗里德曼的货币主义对里根政府的政策取向起了非常关键的作用。这个学派认为货币影响产量、就业和物价等实际经济变量，是决定国民收入水平首要的和最重要的因素；认为通货膨胀无论何时何地都应归结为"货币现象"，是流通中的货币数量过多引起的，货币政策的最终目标应该是制止通货膨胀。而不必过多考虑经济增长和就业；认为私人经济本身就具有稳定性，靠市场供求关系自动调节就够了，无须政府干预；认为政府的作用只能是为经济的正常运行提供稳定的货币体系，在经济的其他一切领域最好是都放任自流；认为政府应该实行"固定不变的货币增长率"，使货币供应量的增长同经济增长率保持一致，大体上在4%—5%。

新制度经济学派以科斯为代表，包括诺斯、福格尔等人。他们主张完全的自由放任，反对政府干预经济，强调制度创新。科斯的新制度经济学是目前最受推崇、影响最广的新自由主义，核心是交易成本理论（科斯定理）和产权理论，尤其强调所有权或产权制度对于经济增长的重要性。独联体、东欧和拉美一些国家变卖国有产权，主要依据其产权理论。

新古典宏观经济学派代表人物是1995年获诺贝尔经济学奖的罗伯特·卢卡斯。其理论观点建立在一系列主观假设上面，宣扬市场是万能的，市场不会失灵，政府对经济的任何干预都无效。公共选择学派以布坎南为代表，主要成员也出身于芝加哥大学。所谓公共选择，是相对于单个人的选择而言的，指两个以上的个人对共享的公共物品的选择。该学派的主要特点，是将自由市场经济理论推广到政治领域，认为政府无能，为"市场失灵"辩护。

弗莱堡学派又称社会市场经济学派。这是在西德成长起来的新自由主义，代表人物是路德维希·艾哈德。该学派主张在自由放任和国家干预之间走出一条"中间道路"。

其中，伦敦学派是最彻底的自由主义，现代货币学派是新自由主义中影响最大的学派。而在这些学派中，对拉美影响较大的是现代货币学派。这些学派之所以都归入新自由主义的学说范围，是因为它们具有以下的共同主张：（1）主张非调控化（desregulación），反对国家干预。他们推崇"市场万能"的市场机制作用，主张国家对经济运行和经济活动的调控与干预越少越好，一切顺从自由市场的利润最大化原则，这是新自由主义理论的核心内容。（2）主张私有化，反对公有制。（3）主张全球自由化，反对建立国际经济新秩序。（4）主张福利个人化：强调保障的责任由国家向个人转移，反对福利国家。

新自由主义并不是拉美国家的发明。但是，新自由主义对拉美经济的发展影响很大。早在20世纪50年代中期，在新自由主义的发祥地之一美国芝加哥大学就专为来自拉美的学生开设了一个经济学博士学位计划，其导师是弗里德曼的同事、芝加哥大学教授哈伯格。哈伯格本人是新自由主义的积极推崇者，他曾为拉美三代学生当过导师。芝加哥大学培养的学生，被称作"芝加哥弟子"（Chicago Boys），其中有不少人回到拉美各国后，担任过或正担任着主管经济的部长、中央银行行长或大企业家，如20世纪70年代中期，从芝加哥大学回到智利的一些学生在皮诺切特军政府（1974—1990）中担任重要职务，为推行新自由主义模式立下了汗马功劳。

20世纪70年代中期和80年代，由于原来实施的进口替代工业化的模式越来越失灵，一些拉美国家，如智利、阿根廷和乌拉圭等开始新自由主义的试验，在不同程度上实行由内向型发展战略即进口替代战略向外向型出口发展战略的转移。但是，新自由主义并不是什么"灵丹妙药"，70年代在阿根廷的新自由主义试验并没有成功。在军政府统治下的智利，新自由主义的试验则收到了显著的成效。

到20世纪80年代后期，由于拉美国家债务危机和经济危机的加剧，国际货币基金组织和世界银行为保持国际金融体系的稳定，在向拉美和其他发展中国家提供贷款的同时，向拉美和其他发展中国家提出"华盛顿共识"（Consenso de Washington），要求它们根据"华盛顿共识"的十条，调整经济政策，开放经济。所谓"华盛顿共识"，是指英国经济学家、华盛顿国际经济研究所高级研究员、国际货币基金组织顾问约翰·威廉森（John Williamson，1937— ）1989年在《拉美政策改革的进展》（*The Progress of Policy Reform in Latin America*）一书中所提出的十条：（1）遵守财政纪律；（2）削减公共开支；（3）实行税制改革；（4）金融自由化；（5）竞争性汇率；（6）贸易自由化；（7）对外国直接投资开放；（8）私有化；（9）放松调控；（10）牢固确立资产所有权。"华盛顿共识"这十条，被称为"新自由主义的政策宣言"，成为指导"七国集团"和国际金融机构把握世界经济的信条。"华盛顿共识"的核心为"自由市场和币值稳定"。威廉姆森对"华盛顿共识"的定义是："由华盛顿为基地的机构设计给拉丁美洲国家的各种政策建议的最低公分母"，即财政戒律、谨慎的公共开支方向和供给方面的税收改革。有人把"华盛顿共识"称作市场原教旨主义，认为"华盛顿共识"是指这样一种教条："主张政府的角色最小化、快速的私有化和自由化"。

拉美国家是"华盛顿共识"的最初试验区。以美国为首的发达国家，主要是美国通过国际货币基金组织和世界银行将发展中国家，特别拉美国家拉入自己控制的世界经济体系中，使拉美各国的经济在自由主义的迷人幌子下，一步步地陷入不依附美国就不能自拔的困境，以致使后者近年来已普遍陷入乌云密布的萧条状态和金融危机之中。2001年12月阿根廷暴发的金融危机以及由此引起的一场波及乌拉圭、巴西、秘鲁、哥伦比亚和厄瓜多尔等国的拉美金融风暴就是新自由主义在拉美引起的恶果。

关于拉美国家经济改革的指导思想是什么？有两种看法。多数人认为，拉美大多数国家经济改革的指导思想是新自由主义，是"华盛顿共识"。他们把拉美的改革直接称为"新自由主义的结构改革"或"新自由主义改革"。

也有人认为，拉美国家经济改革的指导思想是"新自由主义和新结构主义思想相结合的、具有拉美特点的新自由主义"。20世纪90年代以来，联合国拉美经委会先后发表了关于拉美必须"有公正的发展""稳定的发展"的主张，这些主张在一定的程度上受到拉美国家的重视。

应该说，大部分拉美国家经济改革的主导思想是新自由主义，但在拉美不同国家，或在某一国家的不同时期，在采用新自由主义经济政策的同时，也采取了一些可称为新结构主义的经济政策。即使实行新自由主义政策，在具体做法上、程度上也不尽相同。

值得一提的是，尽管拉美国家实行新自由主义的经济改革，但不少拉美国家领导人都不承认自己实行的改革是新自由主义的。连威廉森本身也声明，他本人不属于新自由主义学派。

1996 年和 1999 年，威廉森先后对"华盛顿共识"的十条进行了修改，提出了新的十条。可以说，新的十条针对十年改革中所出现的缺陷和问题，提出了补救的措施。新的十条与原十条不同之处是，强调增加储蓄，强调公共开支投向社会计划，强化银行监督，要使全社会都有可能获得产权，增加教育开支等。

拉美多数国家在 20 世纪八九十年代推行的新自由主义经济改革取得了一定成效，80 年代拉美国内生产总值只增长了 1.2%，人均国内生产总值增长为 -0.9%；通过经济改革拉美各国国民经济的活力增强，宏观经济失衡的局面得以恢复，经济有一定的增长，1991—2000 年年均增长率为 3.2%；通货膨胀率降低，财政赤字减少；经济结构和经济体制经历了改革。但是，不可否认，拉美国家的新自由主义经济改革也产生了以下一些副作用：使拉美民族工业的发展遭到了致命的打击，政府控制国内经济和金融活动的能力大大削弱，经济安全、民族独立和国家主权不断弱化；收入分配不公越来越明显，社会问题日益严重；随着国内市场的开放，许多竞争力弱的民族企业陷入了困境；在降低贸易壁垒后，进口大幅度增加，从而使国际收支经常项目处于不利的地位；国有企业私有化使私人资本和外国资本的生产集中不断加强。此外，私有化使失业问题更为严重；不成熟的金融自由化和过早开放资本项目增加了金融风险，在推进金融自由化的过程中，政府未能有效地对金融部门加以监管，这无疑是 1994 年墨西哥金融危机，1999 年巴西的金融动荡以及 2001 年阿根廷危机的主要原因之一。

拉美各国对本国所进行的改革的经验和教训以不同的方式作了总结，对国际货币基金组织、世界银行所开出的药方，对新的"华盛顿共识"一般也不再言听计从。随着拉美左派的崛起，自 20 世纪末开始，新自由主义在拉美开始"退潮"。委内瑞拉、玻利维亚、厄瓜多尔、阿根廷、尼加拉瓜等国的左翼政府公开宣布与新自由主义决裂，实施新自由主义的替代模式，有的提出要进行"改革的改革"（reforma de las reformas），即进行"第二代改革"或"第三代改革"；有的提出要用新结构主义和新发展主义来取代新自由主义。2018 年 12 月 1 日，墨西哥左翼总统洛佩斯（Lopez Obrador）执政后，多次表示将结束新自由主义 30 年的统治，实施新的发展模式。

新自由主义虽然在拉美已开始退潮，但它在拉美依然顽强地存在着。古巴经济学家奥斯瓦尔多·马丁内斯认为，新自由主义"已经失败但还没有被击溃，新自由主义仍然在拉美存在，战胜它还需要时间"，"新自由主义已经失败，它需要由新的思想来代替，这样的思想已经有了，但还没有完全形成"，"新自由主义毫无争议的主导地位已经成为过去"。①

四 拉美新结构主义（Nuevo estructuralismo 或 neoestructuralismo en America Latina）

拉美新结构主义是在结构主义式微和新自由主义的经济结构调整政策遇到挫折的背景下于 20 世纪 80 年代末和 90 年代初逐渐形成的一种新的经济发展思想，它是在总结第二次世界大战后的半个多世纪以来拉美经济发展的经验教训的基础上，在世界经济一体化、全球化趋势加速的国际环境下，继承传统结构主义理论的内核，吸纳新自由主义理论中的合理成分，对两者加以综合而提出来的，并在 90 年代经济发展的实践中不断得到完善，逐渐扩大其影响。

新结构主义是在拉美国家陷入债务危机之后，传统的结构主义思想在新形势下的更新和发展，它既保留了传统的结构主义思想的一些内核，同时又吸收了新自由主义的一些合理成分，是结构主义思想与新自由主义思想调和的产物。

通常把以劳尔·普雷维什为代表的在拉美经委会工作的经济学家在 20 世纪 50 年代提出的"中心—外围"论称作拉美结构主义，而把形成于 20 世纪 70 年代中期和 80 年代、以批判新自由主义和更新结构主义理论为特征的经济理论称作新结构主义。新结构主义认为拉美面临的经济问题主要是由历史的、内源的和结构性原因造成的；新结构主义既反对结

---

① 《拉丁美洲研究》2007 年第 6 期。

构主义过分相信国家干预的作用，又反对新自由主义过分否定国家干预的作用，主张"一种选择性的、战略性的、对市场起补充作用的新型国家干预模式"，强调国家干预的合理性和有效性，以及为此目的建立一个在政治上日益民主的、在经济参与上日益合理的新型国家；在发展概念方面强调收入分配和社会公正，主张不同于"内向发展"的"内部发展"经济发展方针；提出把短期调整同长期发展有机地结合起来，调整中包含促进工业发展和实现社会正义的目标以及与这两个目标相一致的贸易、财政、信贷、兑换、价格和工资政策；主张通过社会协议方式解决短期经济问题，实现兼顾社会各阶层近期和长远利益的收入分配政策；要求在国际范围内实行制度变革，要求国际货币基金组织、世界银行和关税及贸易总协定修改其传统观点和金融、贸易政策，使之适应产业结构转变和发展的需要。

1988 年 4 月号的《拉美经委会评论》中发表了两篇专题文章，初步勾勒出了拉美早期新结构主义的大致轮廓。一篇是智利经济学家[①]里卡多·弗伦奇·戴维斯题为《新结构主义思路的轮廓》，文章对新结构主义与新自由主义的进行了比较分析；另一篇是智利经济学家塞尔希奥·比塔尔写的《拉美的新保守主义与新结构主义》，文章认为，为保证实现自主增长和提高制成品的国际竞争力，拉美需要拥有自己的生产和技术基地以及协调核心；必须为拉美一体化注入新的活力；必须改变国际货币基金组织的调整形式；必须尝试建立基础广泛的社会联盟以便长期支持新的发展战略；文章归纳了新结构主义在外贸、生产结构、金融、储蓄和投资、收入分配、国家作用、政治和社会因素等方面与新自由主义的区别。这两篇文章实际上是对 20 世纪 80 年代中后期拉美早期新结构主义思路的一个概括总结。

1990 年拉美经委会发表的《生产改造与社会公正相结合》的报告[②]是对新结构主义思想所进行的比较系统全面的阐述，它代表了拉美经委

---

① Ricardo Ffrench – Davis："An Outline of A Neo – Structuralist Approach"，Cepal Review No. 34（April 1988），pp. 37 – 44；Sergio Bitar："Neo – Conservatism Versus Neo – Struturalism in Latin America" Cepal Review No. 34（April 1988），pp. 45 – 62.

② ECLAC：Changing Production Patterns with Social Equity，UN，ECLAC，Santiago，Chile，1990.

会对发展理论的重新定向，第一次希望把经济增长、社会公正和政治民主三者结合在一起制定发展战略。[①] 而智利学者由奥斯瓦尔多·松克尔主编的《从内部发展：对拉美新结构主义思路的探讨》一书以及拉美经委会陆续出版的一些研究成果，则进一步深化和完善了新结构主义的思路。

　　新结构主义，又称"新的拉美经委会主义"的主要观点是：（1）20世纪80年代是拉美"失去的十年"，拉美发展经历了大倒退，1989年实际人均GDP倒退到了13年前的水平。但从历史的角度看，80年代又是一个转折点。当进入90年代后，拉美面临着摆脱危机和解决诸多问题的新挑战。拉美国家面临的首要共同任务是：在社会公正日益改善的形势下变革本地区的生产模式。（2）在微观经济方面，拉美在变革生产模式时，必须基于系统和周密地吸收技术进步。变革生产模式必须强调竞争力的系统性；工业化是生产模式变革的中心；变革生产模式应该与保护自然环境相适应。为此，新结构主义提出促进生产发展、技术进步和可持续发展等一系列政策建议。（3）在宏观经济方面，拉美在变革生产模式时，为保证稳定和持续的增长，保持宏观经济的平衡是关键。拉美新结构主义提出保持宏观经济平衡、提高投资率、促进储蓄和财政改革的政策。保持宏观经济平衡必须与变革生产模式结合起来，使宏观经济政策导向经济增长的目的；经济政策必须有利于对生产性投资和出口的强调；人均消费的增长必须逐渐慢于人均产出。同时，有必要扩大征税范围和金融工具，以便促进储蓄和投资。促进那些低于贫困线以下人口的消费的恢复，限制高收入阶层的消费水平以及政府消费的增长，是促进储蓄的重要内容；为加强本地区的资本形成，有必要增加国内储蓄和限制资源流向国外，利用有利于保持稳定和增长的经济政策，推动竞争性的金融体系和资本市场的形成。（4）在社会发展方面，拉美新结构主义认为，变革生产模式需要一种社会凝聚力，否则不会持久，而这种社会凝聚力的形成则需要更多的社会公正，但没有经济增长社会公正又是空谈；为此，提出了创造生产性就业、教育改革、社会一体化和克服贫困的政策建议。经济增长和社会公正相结合思路的支柱之一是创造不断增

---

　　① Osvaldo Sunkel, (1995) (comp.), El desarrollo desde dentro. Un enfoque neoestructuralista para la América Latina, México, Serie Lecturas del Fondo núm. 71.

加生产率的就业；提高公民素质和国际竞争力是教育改革中的两个主要目的；社会一体化是实现社会公正的重要内容；克服贫困需要专门的补偿性政策，增加社会开支；把扶贫仅仅寄托于经济的持续增长所带来的就业机会和工资的提高是不够的。（5）在改善拉美在国际经济中的地位方面，拉美新结构主义主张加强拉美和加勒比地区的一体化及地区内部的合作，主张实行开放的地区主义。（6）在政治体制改革和国家作用方面，拉美新结构主义认为，必须建立一个民主的、多元的、共同参与的政治体制；任何国家意图的协议必须通过建立共识来达成，社会冲突必须保持在民主制度能够控制的范围之内；国家干预的形式应该发生新的变化，国家必须通过在竞争力和社会公正领域发挥其更大的战略性能量来改变其干预的方式，国家要保证促进稳定和增长的合适的规则和空间的存在。新结构主义建立在传统的结构主义基础之上，同时吸收了新自由主义的一些长处，为拉美各国提出了另外一种可供选择的新的发展思路和政策。拉美的新结构主义是对新自由主义的修正，是在新的历史现实下，对传统的结构主义的变通和发展，拉美新结构主义思想正在不断被发展和完善，并在实践中走向成熟。拉美一些中左翼政府如委内瑞拉查韦斯总统和巴西卢拉总统在其任内就接受并实践新结构主义。尽管新结构主义存在某些缺陷，但是，它不失为拉美各国替代新自由主义理论和政策的一种选择。

五　后新自由主义（Postneoliberalismo）

21 世纪以来，由于新自由主义模式在拉美不少国家越来越不得人心，拉美一些进步学者提出后新自由主义理论，以取代新自由主义理论。

2008 年 9 月，巴西左翼学者、时任拉美社会科学理事会执行秘书埃米尔·萨德尔（Emir Sader）发表了《重建国家　拉丁美洲的后新自由主义》一书①；2010 年 4 月，古巴哲学研究所研究员希尔韦托·瓦尔德斯·古铁雷斯主编的《后新自由主义与反体制运动》一书出版。这两本书的出版在拉美世界引起不小的反响，并将后新自由主义理论带进人们的

---

① Emir Sader, refundar el Estado. El Posneoliberalismo en América Latina, Buenos Aires, septiembre de 2008 archivo. cta. org. ar/IMG/pdf/Posneoliberalismo -_ Emir_ Sader. pdf.

视野。

后新自由主义性质　拉美左翼学者提出的后新自由主义，是替代新自由主义的一种理论。也有人把拉美的新左派称为"后新自由主义左派"。巴西埃米尔·萨德尔、墨西哥国立自治大学经济研究所研究员安娜·埃斯特尔·塞塞尼娅、阿根廷布宜诺斯艾利斯大学经济学教授和社会活动家克劳迪奥·卡兹、古巴的古铁雷斯、危地马拉社会学家卡洛斯·菲格罗阿·伊瓦拉、墨西哥经济学家塞尔希奥·萨尔达尼亚·索里利亚等纷纷著书立说，对拉美新自由主义发展模式提出了批评，并提出了后新自由主义的主张。他们认为，后新自由主义是反资本主义的，但它不是社会主义。

后新自由主义特点　后新自由主义否定新自由主义模式和力图实现拉美一体化，其弱点是尚未形成新的模式，离社会主义理想还很遥远，实现拉美团结还面临着很多挑战。但是，这是一个不容否认的进步。在巴西、委内瑞拉、玻利维亚、厄瓜多尔等拉美一些左派执政的国家，正通过民主的机制重建国家，将国家建成多民族、多种族的，更加公正、更加团结的社会，他们将把新自由主义彻底抛弃，建立一个新的世界，建立后新自由主义。有的学者指出，拉美后新自由主义在有关未来发展道路问题上，存在着走向社会主义还是新发展主义（利用国家发展民族资本）的争论。有的学者认为，后新自由主义有八个特征：（1）后新自由主义是反新自由主义及其精英的人民运动的产物；（2）后新自由主义政府是拉美国家发生的深刻的经济和社会危机的产物；（3）后新自由主义政府推行了一系列鼓励国有的经济政策，但并没有没收本国私人银行和外国银行的资产，也没有使私人企业重新国有化；（4）后新自由主义依然维持了新自由主义的阶级不平等，但实施了反贫困、贴补失业者、支持中小企业和促进就业的计划；（5）后新自由主义要求跨国公司支付更多的资源开发税，提高农工业产品的出口税，但在重新分配土地和收入方面没有作出努力；（6）建立了国有企业与私人企业的合资企业，同外国跨国公司建立了联盟，特别是在矿业和能源方面；（7）政治机构取代了人民运动，成功地推动了国家、企业和人民运动三方的协调进程，实施了建立在"社会契约"基础上的"职团政治"，以调整工资，而不是调整收入；（8）后新自由主义政府提出了发展主义战略，这一战略的基础是扩大出口和使出口多样化，实施严格的货币主义的财政政策和增加收入。① 有的学者认为，当今世界的经济危机已经引导人们进入一个新的时代——后新自由主义时代，拉美出现了一系列左派执政的国家，这些国家现正在实施后新自由主义模式。

同年，危地马拉社会学家卡洛斯·菲格罗阿·伊瓦拉出版了《处在后新自由主义门槛？拉美左派和政府》一书。伊瓦拉认为，拉美现在出现了一个新的社会模式，即后新自由主义模式，这是因为旧的新自由主义模式已经失败，拉美左派正在拉美建立新的模式。

巴西学者萨德尔认为，拉丁美洲正在通往后新自由主义。目前拉美的分界线不在于一个好的左派和一个坏的左派，而在于有些国家同美国签署了自由贸易协议，而另一些国家则重视地区一体化和建设一个多极化的世界。他认为，在拉美一些国家正在建立一个新的世界，建设一个后新自由主义。萨德尔认为，克服新自由主义不仅要建立一个新的经济发展模式，而且要建立一个新的政治模式，使国家结构深刻地民主化，以适应社会完全民主化需要的模式。

三种不同的后新自由主义 墨西哥学者安娜·埃斯特尔·塞塞尼娅在《拉美后新自由主义及其分岔》一文②中认为，后新自由主义有多种可能，拉美后新自由主义可分为"资本后新自由主义""国家替代后新自由主义"和"人民后新自由主义"。所谓"资本后新自由主义"是指新自由主义在拉美失败后，拉美一些右翼执政国家的资本家正在调整政策，强化国家机器，使国家军事化。所谓"国家替代后新自由主义"是指拉美一些国家（委内瑞拉、玻利维亚和厄瓜多尔等）实施的国家的、替代的后新自由主义。这些国家的政府宣称自己正在实施社会主义或正在过渡到社会主义，它们反对世界银行和国际货币基金组织提出的新自由主义政策。所谓"人民后新自由主义"是指拉美人民，特别是拉美印第安人反对资本主义和新自由主义的抵抗和起义。墨西哥经济学家塞尔希

---

① James Petras, Las nuevas clases medias dominantes de Latinoamérica: Estabilización, crecimiento y desigualdad https：//rebelion. org/las – nuevas – clases – medias – dominantes – de – latino-america – estabilizacion – crecimiento – y – desigualdad/.

② Ane Esther Ceceña, El postneoliberalismo y sus bifurcaciones – Rebelion https：//rebe-lion. org/el – postneoliberalismo – y – sus – bifurcaciones/.

奥·萨尔达尼亚认为，后新自由主义不是反新自由主义，而是修正新自由主义引起的问题。他认为，2018 年 12 月 1 日，墨西哥左翼总统洛佩斯·奥布拉多尔在就职演说中就宣告新自由主义在墨西哥已经死亡，主张在墨西哥进行"第四次变革"，以建立后新自由主义发展模式。① 还有学者认为，左翼莫拉莱斯总统任内在玻利维亚奉行的也是后新自由主义。②

六　新发展主义（Neodesarrollismo）

新发展主义是拉丁美洲左翼学者提出的一种取代发展主义和新自由主义的理论。最早于 1987 年由巴西经济和社会学家、依附论的创始人之一鲁伊·毛罗·马里尼（Ruy Mauro Marini，1932—1997）提出。1987 年，马里尼在墨西哥《墨西哥社会学》杂志发表了《新发展主义的理由》一文③，提出要用新发展主义取代发展主义。21 世纪初，拉美一些国家的进步学者再次提出新发展主义，以替代 20 世纪八九十年代在拉美盛行的新自由主义。巴西、阿根廷、厄瓜多尔、委内瑞拉和玻利维亚等国的进步学者，在讨论如何用"21 世纪社会主义"来替代新自由主义发展模式时，出现了两种主张：一种主张进行不断的、激进的变革；另一种主张在实施"21 世纪社会主义"之前，先经历一个新发展主义的资本主义阶段。

（一）新发展主义的两种不同的战略

阿根廷经济学家克劳迪奥·卡兹（Claudio Katz，1954—　）指出④，"在讨论'21 世纪社会主义'时，两种战略发生了对立"，一种是"开展民众斗争，鼓励社会改革。这一过程需要剖析中左领导人的两面性、质疑新发展主义的出路，并把玻利瓦尔美洲替代计划，作为实现地区后资

① Post‑neoliberalismo‑Los Ángeles Press，https：//losangelespress. org/post‑neoliberalismo/.

② The political economy of post‑neoliberalism in Bolivia：Policies，elites，and the MAS government https：//www. erlacs. org/articles/abstract/10. 32992/erlacs. 10468/.

③ Neodesarrollismo http：//www. marini‑escritos. unam. mx/056_ neodesarrollismo. html.

④ Página Oficial de Claudio Katz：¿Qué es el neo‑desarrollismo? I‑Una visión crítica. Economía https：//katz. lahaine. org/? p =232.

本主义一体化的有利环节加以强化。"另一种战略"倾向于新发展主义，积极推动南方共同市场，期望地区企业界的壮大，倡导社会运动和中左政权的联合阵线，而把社会主义作为实现国家管控新资本主义之后的发展阶段"。"而走新发展主义的道路必将在对抗资本主义的斗争中摇摆不定"，"许多拉美左派认同在社会主义之前必须实践资本主义模式的'革命阶段论'。支持者提出，在开始任何社会主义变革前必须清除封建遗毒，而这一点必须求助于各国的民族资产阶级。另有观点认为不应局限于促进国家资本主义的壮大，还应形成地区企业主集团。民族资本主义在 20 世纪并未盛行，在目前亦有许多阻碍。南美资产阶级不仅要同北美和英法的公司竞争，还要同地区性帝国主义集团和全球化中的金融对手较量。拉美资本主义要复兴也就意味着在接下来的数十年中，国际多极化的趋势将占主导，那么谁将是失败者，帝国主义列强？或是其他依附地区？地区资本主义的战略回避了这些问题。尽管新发展主义在拉美并非完全不可行，但拉美外围集团欲通过此路径实现整体提升的希望不大，且这一路径的牺牲者和受益者显而易见。任何资本主义的代价都将由人民承担，而银行家和工业资本家只会分享利润，因此，社会主义者主张反资本主义的模式。"

（二）新发展主义的理论基础及主要代表人物

新发展主义的理论基础之一是古典政治经济学，主要是亚当·斯密的《国富论》和马克思的《资本论》。因此，社会结构和制度是最基本的因素。此外，新发展主义还吸取了 20 世纪初德国历史学派关于制度学方面的观点和美国制度学派的观点，认为制度很重要，制度改革是一种长期需要，经济活动和市场都需要不断地进行调整。因此，新发展主义是一种改革学派。

新发展主义的主要代表人物是巴西经济学家路易斯·卡洛斯·布雷塞尔－佩雷拉（Luiz Carlos Bresser – Pereira, 1934—　）他曾任巴西财政部长、国家改革部长、科技部长，现为《圣保罗报》专栏作家，《政治经济学》杂志主编。其主要代表作是：专著《停滞的宏观经济》（2007）和论文《新发展主义中的国家与市场》。

（三）新发展主义的主要观点

布雷塞尔－佩雷拉比较全面地阐述了新发展主义[①]，他认为，新自由主义失败后，一个新的发展战略正在拉美兴起，这就是新发展主义。布雷塞尔－佩雷拉有关新发展主义的主要观点是：

1. 新发展主义是一种国家发展战略：新发展主义不是一种单纯的经济学理论，而是一种国家发展战略，"它基于现有的经济学理论，试图提出一种能使所有外围国家逐渐达到中心国家发展水平的战略。它以市场为基础，但它将主要作用赋予国家"。

新发展主义与20世纪50年代拉美盛行的奉行进口替代战略的发展主义都强调国家作用的重要性，但它认为国家要实现发展目标必须得到稳定的融资和实施有效的行政管理，它没有为保护弱小的工业制定广泛的措施。新发展主义不认为市场能够解决一切，也不认为制度仅仅应该保障私有财产及合同的实施。

2. 新发展主义是"第三种理论"：新发展主义是介于国家发展主义和新自由主义之间的"第三种理论"，它既区别于民众主义提倡的发展主义，又区别于新自由主义，它是为巴西、阿根廷等中等发达国家在21世纪赶上发达国家而提出的一整套制度改革和经济政策的建议。新发展主义已经在整个拉美兴起，它在阿根廷等国正在实践。但是，只有在国内达成共识，新发展主义才有意义，才能成为一种真正的发展战略。新发展主义可以在企业家、劳动者、政府专家和中产阶级自由职业者之间达成共识，达成国家契约，以建立一个能够推动经济发展的国家。

新发展主义认为，要实现发展，提高投资率和引导经济向出口转向很重要，而投资的增加取决于降低利率和有竞争力的汇率。货币的高估趋势的原因有三，一是"荷兰病"，它出现在主要生产廉价的自然资源性产品的国家，其汇率高估影响其他工业部门；二是汇率的民众主义倾向；三是缺乏国家规划而使发展变得复杂，收入的集中不仅不公正，还是形形色色民众主义的温床。

（四）新发展主义与发展主义有所区别

发展主义所处的是资本主义的"黄金时期"，而新发展主义所处的是

---

① http：//www.visiondesarrollista.org/el－nuevo－desarrollismo－segun－bresser－pereira/.

全球化时代，因此它们的时代背景不同。此外，新发展主义不是保护主义，但它强调竞争性汇率的必要性。它需要对汇率进行管制，既要维持浮动机制，又要避免市场的严重失误。新发展主义不把增长的基础建立在低附加值初级产品的出口上，而是主张出口工业制成品和高附加值的初级产品。新发展主义摈弃把增长建立在需求和公共赤字的基础上，它主张财政平衡，减少公共债务，变短期债务为长期债务；认为国家是最好的集体行动的工具，国家具有战略意义的作用，应该加强国家的作用。

新发展主义与发展主义都承认国家重要的经济作用是保证市场的良好运作，为资本积累提供一般的条件：教育、卫生保健、交通、电信设施和能源。发展主义认为，国家可以推动强制储蓄，并在某些战略领域内进行投资。但新发展主义认为，现在私人部门已经拥有资源，企业有足够的能力来进行投资。

（五）新发展主义与新自由主义有所区别

新自由主义是市场原教旨主义，而新发展主义则相反。新发展主义认为，市场可以充分协调经济体制的有效机制，但它具有局限性。在经济资源的配置方面，市场可以发挥作用；但在鼓励投资和创新方面，市场的作用远非那么理想，而且在收入分配方面，市场也并不是令人满意的工具。因此，新发展主义主张建设一个强大的政府，但不是以牺牲市场为代价，而是使市场得到加强。新发展主义反对新自由主义关于国家已经失去这些资源的论调，因为这一资源取决于国家管理公共财政的形式。但新发展主义认为，在那些存在合理竞争的领域，国家不应成为投资者，而应成为竞争的保护者。因此，新发展主义把市场看作能够协调经济体系的有效机制，但并不像新自由主义正统学派那样信奉市场万能。

在宏观经济政策方面，新自由主义强调控制公共债务和通货膨胀，为确保宏观经济的稳定，国家应实现财政的盈余，将债务与 GDP 的比重控制在债权人可以接受的范围内，中央银行唯一的职责是反通货膨胀，使用的唯一工具是短期利率。新发展主义更加关注利率和汇率，认为财政调整不仅是为了实现财政盈余，而且还要实现公共储蓄，除了要减少经常性支出，还要降低利率；认为中央银行有两个工具，一是利率，二是购入储蓄或对资本收入进行监督；认为中央银行有三项职能：控制通货膨胀；将汇率保持在既有利于国际收支平衡又能刺激投资出口所需要的水平上，主张浮动汇率，但应受到管制，以防止"荷兰病"；促进就业。

在经济发展战略方面，新自由主义主张弱化国家，强化市场，在投资和工业政策方面，赋予国家很小的作用，主张开放资本项目和依赖外部储蓄的增长。而新发展主义主张不仅要强化市场，而且要强化国家，因为一个拥有高效率的政策工具和法律制度的国家才能成为社会的工具。国民（团结的国民社会）是发展的基本力量。为了实现发展，不仅要保护财产与合同，而且还必须制定国家发展战略，鼓励企业家投资，优先发展出口和具有高附加值的知识和技术密集型的产业。

（六）拉美左翼眼中的新发展主义

2007 年 11 月 21 日，厄瓜多尔总统科雷亚在中国社会科学院发布了《厄瓜多尔的"21 世纪的社会主义"》的报告①，在报告中，他强调要提出"新的发展观"，他说："西方的发展模式、发展观对我们是很有害的。所以我认为，传统社会主义的缺陷在于没有提出新的发展观，而只是提到经济要发展、生产力要提高等。我们现在要做的是提出新的发展观，以前的发展观是不可持续的"。

巴西社会学家若泽·毛里西奥·多明格斯认为："拉美抛弃了新自由主义，但不清楚是否会做出克服新自由主义的选择"，"拉美现在谈论新发展主义，但不知道它能不能运转"。② 阿根廷学者卡兹认为，巴西总统卢拉和阿根廷总统基什内尔所奉行的政策就是新发展主义，认为新发展主义与新自由主义之间差别往往并不明显："卢拉和基什内尔为首的中左政府是新发展主义在南美的集中体现。支持者们认为，这些政府代表了工业力量对金融投机者的反对、进步势力对右翼寡头的抵制。但新发展主义和新自由主义之间有明显的区分吗？工业家和金融家之间不存在千丝万缕的联系吗？两者间有很强的交叉，如新发展主义者卢拉，目前同金融资本的关系就比同工业部门更为密切。就算接受了这两派资本主义间有很大的不同，那么新发展主义又会在多大程度上靠近贫苦大众的社

---

① 科雷亚演说的译文参见《拉丁美洲研究》2008 年第 1 期，第 8 页。

② http：//edant. clarin. com/suplementos/zona/2010/02/07/z－02135149. html.

会主义目标呢？在现有的制度下，强权者的利益从来都不会惠及社会，而是引发更激烈的剥削竞争和更大的危机，再转嫁给民众。目前，被压迫人民缺少为社会主义斗争的行动纲领是他们最大的障碍"；另外，卡兹认为，"走新发展主义的道路必将在对抗资本主义的斗争中摇摆不定。"①

第四节　社会思潮

拉美地区社会思潮较丰富，其中"滴漏"或溢出理论及相关思想、新社会学、社会自由主义、社会凝聚论等较有影响。

一　"滴漏"或溢出理论

在战后发展问题研究中，"滴漏机制"和溢出（Spillover）理论非常流行。该理论认为增长一旦得到推动，增长的效应就能逐步扩展，通过滴漏效应或溢出效应而使各个阶层都能最终受益。拉美国家曾深受上述理论和学说影响，不少人认为"经济增长足以解决包括就业和贫困在内的其他问题"。甚至拉美经委会也曾以为，不需要大的变革就能加速拉美的发展步伐，"重要的是发展"，"确信社会不公将会在强大的发展动力中逐步消除"。在这种思想主导下，收入分配问题受到忽视，建立合理收入分配机制的问题没有引起足够重视。

德尔芬·内托（Antônio Delfim Netto, 1928—　）提出了蛋糕论。内托是巴西经济学家，曾为圣保罗大学教授，曾任联邦财政部长（1967—1974 年）、农业部长（1979 年）和计划部长（1979—1985 年）。内托理论的核心是必须先经济增长，然后再收入分配；要先发展经济，把蛋糕做大，然后才能考虑收入分配的问题。如果经济不发展，经济发展这块蛋糕很小，即使分配再合理，每个人的所得也十分有限；如果把蛋糕做大，即使收入分配不合理，每个人也有可能得到不小的份额。

西蒙森（Mário Henrique Simonsen, 1935—1997 年）提出了"积累优先论"。西蒙森也是巴西经济学家，曾在多处执教，曾任财政部长

---

① Socialismo o neodesarrollismo Claudio Katz La Haine https：//studylib. es/doc/3788217/social-ismo－o－neodesarrollismo－claudio－katz－la－haine.

（1974—1979 年）和计划部长（1979 年）。西蒙森主张，经济要增长，就要把财富相对集中；要把经济增长放在优先地位，就要接受收入分配两极分化的现实（当然收入分配两极分化是短期的）；而要把改善收入分配和提高福利水平作为基本目标，就会影响积累和增长的潜力。

战后几十年拉美国家收入分配一直向不公平方向发展，然而，积累率和投资率却始终处在较低水平。先增长、后分配的主张看似强调积累，而实际上推迟了向低收入阶层的分配，助长了高收入阶层的模仿性消费行为。"滴漏"或溢出理论遭到越来越多批评，失去影响力。

二 拉美新社会学

拉美新社会学是在 20 世纪 60 年代后拉美传统发展理论的缺陷日益暴露、"发展主义"发展模式出现危机、社会冲突不断加剧、拉美各界寻求新发展思想的大背景下出现的。新社会学在对拉美传统社会学理论和思想进行批判的基础上，就拉美发展和不发达问题提出了自己的一套解释。20 世纪 80 年代末以后，新社会学的影响力逐渐下降。

拉美新社会学是对传统社会学进行批判的所有思想和思潮的统称，因此又被称为"批判的社会学"。代表人物基本上有三类。第一类是属于依附论学派的学者和社会学家，这些人既是经济学家，又是社会学家；第二类是天主教会中思想比较激进的人物，如卡米洛·托雷斯等；第三类是社会科学家，如墨西哥的巴勃罗·冈萨雷斯·卡萨诺瓦、巴西的弗洛雷斯坦·费尔南德斯等。

国内学者在评介依附论时，主要把它作为经济思潮，其实依附论也是社会思潮，依附论的许多代表人物是拉美地区有影响的社会学家，如特奥托尼奥·多斯桑托斯、恩里克·卡多佐、恩佐·法勒托等。依附论严厉批评传统发展思想，特别是以欧美为中心的发展理论，强调西方发达国家的经济和政治影响是造成发展中国家不发达的主要根源，并据此提出了反对帝国主义的主张。依附论学者们虽然接受了拉美经委会对"中心—外围"不平等国际结构的分析，但批评以普雷维什为代表的拉美经委会主义是资产阶级的官方社会科学，认为其政策主张不足以透彻解释拉美和第三世界不发达的现实。

依附论是一个相当庞杂的体系，包含不同思想流派，各派间论战和交锋十分激烈。虽然不是所有依附论者都能归于新社会学的范畴，但一些依附论者（如卡多佐和法勒托等）的主张和观点的确与拉美新社会学有相同或类似之处，分析方法和手段也类似。概括地说其主张有以下几点：(1) 对依附本质的解释。依附并不是单纯指一种与外界的关系或一种外部因素，也指不发达国家某种内部结构的状态。(2) 对依附和不发达原因的分析。发达和不发达是资本主义制度的产物，二者互相联系并同时发生。发达或不发达不是指各国发展的不同阶段，而是指各国在世界经济体系中所处的不同地位，并由此形成发达的工业化国家（中心）和不发达的落后国家（外围）之间的国际分工。(3) 摆脱依附和不发达的方式和道路。发展中国家的不发达是资本主义造成的，摆脱不发达的办法不是发展资本主义或改造资本主义，而是消灭资本主义。

新社会学在宗教界特别是在解放神学中也有代表人物，其中最著名的是哥伦比亚的卡米洛·托雷斯·雷斯特雷波（1929—1966）。托雷斯是20世纪60年代国际抗议神学和拉美解放神学的代表人物之一，他所理解的基督教主义就是要建立一个平等和公正的社会；为此就需要开展深刻的革命，剥夺剥削者和富人（寡头）的权力，为社会主义开辟道路。托雷斯的最主要思想包括：(1) 为了实现国家和社会变革，增进民众阶层福利，必须把国家从美国帝国主义，以及为其利益服务的本国寡头的压迫下解放出来。(2) 必须把发动、动员、联系贫苦民众的工作与建立新国家的斗争结合起来。(3) 基督教徒不仅可以参加革命，而且有义务参加革命。"所有基督徒的意志都是革命的，所有革命者的意志是发动革命"。(4) 基督教主义和马克思主义是可以调和的。主张在社会财富公平分配的基础上，建立一个具有基督教特点和社会主义特点的社会。"马克思主义者为建立新社会而奋斗，而我们基督教徒应该与他们站在一起"。托雷斯的思想至今在拉美地区学生、工人和农民中仍有影响。

墨西哥社会学家卡萨诺瓦是拉美新社会学最有代表性的人物。他曾担任墨西哥国立自治大学校长（1970—1972）、拉美社会学学会主席（1969—1973）。其主要学术贡献和观点包括：(1) 提出了有标识性的社会学概念，如"内部殖民主义""边缘性""新社会学"等。他把"新社会学"作为反对欧美社会学和拉美现代化理论的一场运动。(2) "内部殖民主义"理论。卡萨诺瓦认为，墨西哥是一个可以一分为二的两元社会：

一部分是能够参与发展的墨西哥人；一部分是所谓的边缘人。他把土著人的社会（社区）称为"我们的内部殖民地"，因为这些社区没有真正地融入国家政治体系中。他把"内部殖民地"的特征归结如下：没有自治政府；存在不平等现象；行政管理和行政责任完全由国家负责；居民不能参与相关行政管理机构的选举；公民的权利、经济状况及社会福利由国家来安排和调整；造成这种状况的原因不是出于自然的联系，而是出于人为因素；居民与统治者属于不同的种族，属于不同的文化，甚至连语言都不一样。内部殖民主义在很大程度上是由于文化或文明的差异所致，它阻碍墨西哥成为发达国家。（3）民主的评价标准。卡萨诺瓦认为，民主包括社会经济和政治两个方面，"应该用民众对收入、文化和权力的参与来衡量民主：任何其他标准都是口头的或浮夸的民主"。（4）对帝国主义经典理论进行民族主义解释。卡萨诺瓦认为，和"内部殖民主义"一样，帝国主义也是实现社会民主和国家发展进程中决定性和最终的障碍。自决、反帝和民族解放比个人的自由权利更有意义、更有价值。在他看来，在殖民地和半殖民地社会，占主导地位的是资本主义，然而，剥削却包括奴隶制＋封建主义＋资本主义，是一种"联合的超级剥削"。第三世界剥削问题的特点不是受特殊阶级的剥削，而是表现为发达国家对贫穷国家的剥削与控制。

新社会学作为拉美社会学发展的重要阶段，为拉美社会学发展做出了特殊贡献。但作为拉美社会学发展的一个流派，自身也不可避免地具有很大缺陷。从20世纪60年代开始，拉美许多国家出现军事独裁统治，拉美许多社会科学家在欧洲度过长期的流亡生活。在拉美民主化进程中，社会学家们又积极参加了对现存体制进行改造的活动。在这种历史条件下，民主化成为首要课题，拉美新社会学开始衰落。

三　社会自由主义

社会自由主义是墨西哥前总统、时任革命制度党领导人卡洛斯·萨利纳斯提出的关于墨西哥经济、政治和社会发展的理论主张，也是20世纪90年代前半期墨西哥执政党的指导思想，曾对墨西哥政治、经济和社会发展进程产生深远影响。

20世纪80年代以后，墨西哥经济、社会和政治发展也开始发生深刻变革。长期在墨西哥执政的革命制度党及其主要领导人认为，应对党的传统理念和指导思想进行修正。1991 年 11 月 1 日，萨利纳斯总统在其国情报告中提出要修改执政党的指导思想，并详细阐述了其"新民族主义"的思想和主张。1992 年 3 月 4 日，在纪念墨西哥革命制度党成立 63 周年纪念大会上的讲话中，萨利纳斯又提出并阐述了"社会自由主义"的思想主张，提出要把社会自由主义作为 20 世纪末和 21 世纪初"党和政府实现历史目标、发展民族文化的指导思想"。同年 3 月 8 日革命制度党将社会自由主义宣布为党的指导思想。同年 5 月，该党召开"十五大"，确认了社会自由主义的主张。至此，社会自由主义取代革命民族主义，成为墨西哥执政党的指导思想。

社会自由主义的特点是：（1）强调墨西哥特色。认为社会自由主义是"具有墨西哥特色的自由主义"，"不同于拉美大陆任何其他的自由主义"。（2）强调独特性。宣称既不同于国家干预主义，也与当时拉美国家盛行的新自由主义有所区别。（3）强调现实性。认为无论是新自由主义还是国家干预主义，都不适合墨西哥实际，只有社会自由主义才"具有充分的可行性和现实意义"。（4）强调创新性。宣称社会自由主义的目标是"实现主权、公正、自由和民主"，"不能拘泥于过去的做法"，必须实现创新。

社会自由主义的基本主张是：（1）主权观。既反对新自由主义国家主权弱化的观点，也反对国家干预主义忽视国际形势变化、固守过去规则的做法。认为主权是国家最根本的因素，应该加强主权，要通过与世界各地区的积极合作巩固主权。（2）国家观。不认同新自由主义把国家规模减到最小、职能减至最低的主张，反对国家干预主义的国家观，主张建立一个能够保证社会公正、能够在法律制度的框架内运转、能依法进行变革、能够严格保护人权的国家。（3）社会公正观。公正既是目标也是明确的义务，"应该在保护增长和稳定的同时推进公正的实现"。（4）自由观。一方面强调自由是人类公正的根本，另一方面强调恢复个人的道德价值，"并使之与社会的道德价值相结合"；要实现自由，首先要尊重法律和法规；要实现自由，还要具备公正的机会和物质基础。（5）民主观。民主是在法律规定的框架内，各政党和公民共同负责、尊重选举结果的政治体制；民主是建立在国家经济、社会和文化不断改善基础上的生活制度；民主始于选举，但绝不仅仅局限于选举，应在关注各社会阶层自主权的前提下，尊重自由，推进社会公正，扩大社会福利，增强社会凝聚力。（6）教育观。应推行一种自由的国家教育制度，使各地方以及全社会广泛参与教育的发展；教育的内容要反映新形势；国家负责推进免费和世俗教育，实行小学义务教育制度，动员社会力量办教育，给教师提供应有的生活条件；提高教育质量，为自由和公正的实现创造条件。（7）农村和农业发展观。有效地推动和实现农村地区的公正，使农民在各种发展计划的支持下获得自由，鼓励合作并保护村社集体，使农村得到公正和自由，农民家庭获得尊严和福利。（8）土著人发展观。所有土著人拥有按照自己的生活方式生活的权利；法律要保护土著人的语言、文化、风俗习惯、资源和特殊组织形式，并推动其发展；消除土著人遭受的不平等待遇，尊重他们在自己社会里的自由、生活和尊严。（9）人民生活观。政府在食品和住宅、保健、生活质量方面负有全面的责任；但在政府无力彻底解决问题的情况下，要考虑社会的共同责任，推动各种社会力量更加广泛地参与解决上述问题，并且在透明和公平的基础上不断提高服务的质量。（10）新民族主义观。在新的历史条件下，墨西哥的民族主义继承了历史的基本原则，但改变了自己的表现形式。新民族主义具有民主性、参与性和包容性的特点。

墨西哥社会各界对社会自由主义有质疑，许多人对其提出尖锐批评。1996年9月革命制度党决定重新举起革命民族主义的旗帜，正式摈弃社会自由主义的主张。

四　社会凝聚论和社会融入论

21世纪初，欧盟和一些国际组织率先提出和使用社会凝聚的理念，对拉美国家经济社会发展产生重大影响，也推动拉美经委会提出社会凝聚或社会融入的理论思想。

（一）社会凝聚论和社会融入论的提出。2007年1月，联合国拉美经委会发表《社会凝聚：在拉美和加勒比的融入与归属感》的文件，对拉美的社会凝聚论或社会融入论做了充分论述。该文件认为，社会凝聚是指各社会成员在社会中的归属感以及对社会发展目标的认同感，与社会融入机制、社会成员的行为和对社会价值的判断密切相关。社会融入机制包含就业、教育，以及确保社会公平的政策；社会成员的行为和对社会价值的判断涉及人们对制度、社会资本、社会团结和社会规则的信任，以及社会每一个成员参与社会发展进程的意愿和集体努力。

（二）社会凝聚或社会融入的衡量方法。拉美经委会认为，可以用两个指标体系来衡量。一是用物质能力来测定，主要包括收入水平、贫困化程度、失业率、入学率、预期寿命、儿童免疫接种的普及率、能否居住在拥有卫生设施的住房、社会保障的覆盖面以及数字鸿沟（如儿童和成年人在学校和家庭能否使用互联网）。二是通过主观判断来衡量，即通过民意测验等方式取得人们对下述问题的主观判断：能否尊重文化的多样性、人与人之间的信任度，以及民众对政治和集体活动的参与程度。

与社会凝聚相对立的是社会排斥。拉美经委会认为，任何社会总有部分社会成员因受教育机会少或收入水平低而处于社会底层。这些人长期被排斥在国家政治、经济、社会和文化生活之外，容易成为社会不稳定的根源。强化社会凝聚的目的，就是要使每个人都成为社会大家庭的一员，以社会融入取代社会排斥。

（三）社会凝聚或社会融入的特点。拉美经委会认为，社会凝聚是"现行社会融入或社会排斥机制，与公民对于这些机制运行方式的反映、认知和态度之间的辩证关系"，其有三个基本特点：（1）多方位：努力将各种观点综合在一起，超越并包容社会资本、社会整合、社会融入、社会伦理等概念。（2）强调公民与制度的互动：既强调参与者对制度的适应问题，也包含参与者的维度，强调公民对于现行体制的回应、感觉、态度，也会对现行体制的运行产生影响，从而对社会凝聚产生影响，两者互为依存、相互作用。（3）双重性：强调社会凝聚或社会融入既是手段，也是目标。

（四）社会凝聚或社会融入的三大支柱。拉美经委会的上述文件认为，"机遇、能力和保护是社会凝聚的三大支柱"。

1. 所谓机遇主要指就业。拉美经委会主张通过大力发展经济来扩大就业，"经济增长决定就业的质量和数量、工资和收入的多少；就业是经济发展和社会发展之间的趋势最主要纽带"。为了使劳动者摆脱经济周期变化对劳动力市场的负面影响，在经济周期进入低潮后应实施某些紧急就业计划，创造短期就业机会。紧急就业计划既可以改善基础设施，又可以创造就业机会，进而减少对社会凝聚的负面影响。

2. 所谓能力是指教育。拉美经委会主张发展教育，认为"教育对减贫至关重要"；政府必须在发展教育事业的过程中发挥主导作用；应为贫困阶层和落后地区儿童接受正规、高质量和公平的义务教育提供财政支持。

3. 所谓保护是指社会保护。拉美经委会主张加强社会保护，认为"社会保护是社会凝聚的重要组成部分"；政府应把社会政策和福利更多地向弱势群体倾斜；如果社会把不同的人分为不同等级的公民，社会凝聚就无法得到强化。

拉美经委会提出的社会凝聚论得到拉美国家和国际社会普遍认可，对指导此后拉美国家减贫、落实联合国千年目标等发挥了一定引领作用。然而拉美地区也不乏对其质疑之声。查韦斯在2007年11月召开的第17届伊比利亚美洲国家首脑会议上讨论社会凝聚的概念时认为，"与其使用'社会凝聚'的概念，倒不如使用'变革与公正'更合适"。与会的古巴、厄瓜多尔等国家的领导人也对社会凝聚的概念提出了质疑。对"社会凝聚"的态度不同，在一定程度上体现了拉美国家在经济社会发展战略优先选择方面的差异。

本章小结

本章介绍了拉美的两大政治思潮即民族主义思潮和社会主义思潮以及拉美的主要经济思潮和社会思潮。

思考题

一、名词解释

阿普拉主义　庇隆主义　瓦加斯主义　桑地诺主义　革命民族主义　拉美哲学　解放教育学　智利社会主义　马里亚特吉思想　圭亚那合作社会主义　厄瓜多尔科雷亚"21世纪社会主义"　玻利维亚莫拉莱斯"社群社会主义"　巴西劳工党"劳工社会主义"　依附论　拉美新结构主义　后新自由主义　新发展主义　社会自由主义　新社会学　社会凝聚论　社会融入论　"滴漏"或溢出理论

二、简答题

1. 古巴社会主义有些什么特点？

2. 何为"解放神学"？

3. "中心—外围"理论的主要论点是什么？

4. 简述拉美的社会思潮的发展。

三、论述题

1. 拉丁美洲社会民主主义主要主张是什么？它与欧洲社会民主主义主张有哪些不同？

2. 委内瑞拉查韦斯"21 世纪社会主义"的主要主张是什么？如何评价其实践？

3. 拉美新自由主义有哪些主张和实践？如何评价拉美新自由主义？

阅读参考文献

邢贲思主编：《当代世界思潮》，中国中央党校出版社 2003 年版。

李明洲主编：《现代西方思潮概论》，高等教育出版社 2001 年版。

肖楠等：《当代拉丁美洲思潮》，东方出版社 1998 年版。

郝铭玮、徐世澄：《拉丁美洲文明》，中国社会科学出版社 1999 年版，第四编第一章，第 274—309 页。

徐世澄主编：《拉丁美洲现代思潮》，当代世界出版社版 2010 年。

杨志敏主编：《回望拉丁美洲左翼思潮的理论与实践》，中国社会科学出版社 2018 年版。

徐世澄主编：《拉美左翼和社会主义理论思潮研究》，中国社会科学出版社 2017 年版。

郑秉文主编：《社会凝聚：拉丁美洲的启示》，第三章社会凝聚：一个新的政策理念

袁东振：《对拉美国家经济与社会不协调发展的理论分析》，《拉丁美洲研究》2005 年第 3 期。

［美］爱德华·J. 威廉斯：《从发展角度看拉丁美洲政治思潮》，商务印书馆 1979 年版。

A. Shulgovski y otros, *Corrientes ideológicas contemporáneas en América Latina*, Editorial Progreso, Moscú, 1998.

Harold E. davis, *Latin American Thought*：*A Historical Introduction*, Lousiana State University Press, 1972.

Harold E. Davis, *Latin American Social Thought*, University Press of Washintong, D. C. , 1961.

Leopoldo Zea, *El Pensamiento Latinoamericano*, Editorial Ariel, Barcelona, España, 1976.

Nikolas Werz, *Pensamiento Sociopolítico en América Latina*, Editorial Nueva Sociedad, Caracas, Venezuela, 1995.

W. Rex Crawford, *A Century of Latin – American Thought*, Frederick A. Praeger Publishers, New York, 1996.

第 六 章

拉丁美洲的工会和
其他社会团体

内容提要

工会和其他社会团体也是拉美政治的重要参与者，在拉美政治发展中发挥着重要影响力。工会是拉美地区政治、社会、经济政治生活中的一支重要力量。拉美工会诞生于19世纪中期，工人运动和工会的历史悠久，各个工会政治倾向不尽相同。目前拉美工运遇到一系列挑战，正在采取措施，调整工会的战略和政策。在拉美各国，除工会组织外，还有农民、妇女、青年、学生等社会团体，各种各样的非政府组织，教会组织，以及新社会运动等。

第一节　拉丁美洲的工会组织

一　工会组织的产生和发展

拉丁美洲的工会是拉美社会经济政治生活中的一支重要力量，在拉美人民争取和维护民族独立、促进民主化进程以及发展民族经济的斗争中发挥举足轻重的作用。

拉丁美洲工人运动历史悠久。至21世纪初，拉美工人运动和工会发展大致可分为4个阶段。

（一）19世纪40年代至19世纪末

这是拉美工人运动诞生，工会组织在各国初步建立时期。这一阶段的拉美工运主要受空想社会主义和无政府工团主义思潮的影响。最早在拉美成立的工会有：阿根廷布宜诺斯艾利斯印刷工人协会（1857）、墨西哥纺织工、泥瓦匠和裁缝等行业工人协会（19 世纪 60 年代）、墨西哥有组织劳动者中心（1870）、乌拉圭工人联合会（1875）等。

（二）19 世纪末至第二次世界大战

这是工会运动在整个拉美大陆普遍兴起，并在寻求各国工运相互声援的基础上开始建立地区性组织的时期。19 世纪末和 20 世纪初，在秘鲁、古巴、阿根廷、巴西、智利、墨西哥、玻利维亚、萨尔瓦多和乌拉圭等国建立了全国性的工会组织。在这个时期的拉美工运中，社会民主主义和共产主义的思想影响逐渐取代了无政府工团主义。此外，天主教会在拉美工运中也有一定的影响。

随着拉美各国相继建立工会，1918 年由美国劳工联合会发起，建立了地区性的工人组织——泛美工人联合会。而第一个真正拉丁美洲的工会组织是 1929 年在乌拉圭首都蒙得维的亚成立的拉丁美洲工会联合会，1936 年这个组织解散后，1938 年在墨西哥成立拉丁美洲劳工联合会（简称"拉美劳联"），拉美劳联积极参与了世界工联的建立。

（三）第二次世界大战后至 20 世纪 80 年代中期

战后，随着拉美政治、经济形势的发展，拉美工会运动取得了很大发展。主要表现在两个方面：从数量上来看，工人入会率大大提高；从功能来看，工会在各国的政治、经济和社会生活中越来越发挥重要作用。

战后初期，拉美工人阶级的队伍并不强大，1950 年前后，在人数有限的工资劳动者中，加入工会的仅占 8%—9%。到 1980 年，工会会员率上升到 30%。

工会运动自身力量的壮大，大大加强了拉美工运在该地区政治和社会生活中的地位和作用，成为一支有影响的、重要的社会力量。拉美工人运动与政党关系密切，拉美各国的工会既受本国政党的影响，又是党内一个具有一定独立性的实力派别。如曾长期执政的墨西哥革命制度党的三大组成部分之一，就是拥有 500 多万会员（20 世纪 80 年代中期）的墨西哥工人联合会等工会组织。阿根廷总工会是阿根廷唯一的全国性总工会，一直是正义党的两大支柱之一。拉美一些工会在本国的政治权力机构中拥有较大实力。如墨西哥 1984 年墨工联的领导人有 14 人是参议员，48 人是众议员。在委内瑞拉，1985 年工会领导人当选为参、众议员的有 23 人。

在战后拉美反帝反霸、维护民族独立、发展本国经济和争取工人经济和社会权益的斗争中，拉美各国和各派工会发挥了很大作用。拉美各国工会坚决反对帝国主义和霸权主义对拉美国家的干涉和侵略，如支持阿根廷拥有和捍卫马岛主权，反对美国入侵格林纳达，要求美苏不要插手中美洲事务等。拉美各国工会坚决支持本国政府所采取的维护民族独立、保护本国自然资源的正义立场，坚决要求建立国际经济新秩序，发展民族经济。1981 年 10 月，在南北国家首脑坎昆会议召开之际，拉美工人中央工会向与会首脑提交了一份题为《没有工人参与就没有真正发展》的文件，主张建立一种"新型的，基于平等、不干涉内政和互利原则的国际经济新秩序"，提出在发展问题上，要"实行工人参与"。

在 20 世纪 60—80 年代初拉美各国反对独裁争取民主的斗争中，拉美各国工会充当了主力军。阿根廷、巴西、乌拉圭、智利的工会在促使本国军政府"还政于民"的民主化运动中，起了重要作用。拉美各国工会组织积极开展解决外债问题的斗争，拉美各国工会通过各种形式为争取本国劳动者的经济社会权益而斗争。

这一阶段拉美工运存在的主要问题是工会运动的分裂。1948 年，拉美劳联内部一些亲西方的工会，借口抵制共产主义影响，在利马开会，另组泛美工人联合会。1951 年，国际自由工会联合会以泛美工人联合会为基础，建立了包括美国、加拿大和拉美国家的美洲区域工人组织，美国劳联产联在该组织内有相当重要的影响。

拉美各国天主教系统的工会于 1954 年在智利圣地亚哥召开会议，决定成立拉丁美洲天主教工会联合会。1971 年 11 月，该会在委内瑞拉首都加拉加斯开会，决定改名为拉丁美洲工人中央工会。

1949 年以后，随着世界工会联合会的分裂，拉美各国的工运也发生分裂。1962 年，拉美劳联的活动已不多，逐步趋于消亡。1964 年 1 月，一些属于世界工会联合会的拉美国家的会员组织在巴西首都巴西利亚开会，决定建立拉丁美洲工人工会团结常设代表大会。

到 20 世纪 70 年代初，拉美工会运动形成了三足鼎立的局面。在拉美各国，差不多都有这三个区域性组织的成员组织，再加上未参加上述三个区域性组织的工会,各国一般都有三四个全国性工会组织。

（四）20 世纪 80 年代中期至 21 世纪初

20 世纪 80 年代,拉美各国相继爆发了债务危机,经济严重衰退。1989 年以来,东欧剧变、苏联解体,世界格局发生深刻的变化,使国际工运和拉美工运产生动荡、分化和重组。

原来以苏联、东欧工会为主体的世界工会联合会面临严重危机,与其关系密切的拉美工人工会团结常设代表大会及其所属的拉美各国成员组织受到沉重打击。

随着世界工会联合会影响的缩小,国际自由工会联合会的力量显著增长,力图主宰国际工运。自由工联和美洲区域工人组织积极扩展自己势力,积极拉拢拉美国家一些独立工会,如巴西总工会等入会。

拉美各国劳动者工会化程度和工会组织的代表性差异很大,发展很不平衡。据 1988 年的一项调查,在拉美 18 个主要国家中,经济自立人口总数为 1.374 亿,参加工会组织的人数为 3760 万,占经济自立人口的 27.4%。但是,拉美各国工会化程度差异很大,阿根廷最高为 68%,其次是委内瑞拉 49%,墨西哥 42%,巴拿马 25%,尼加拉瓜 21%,巴西 20%。哥伦比亚和萨尔瓦多均为 9%,危地马拉最低为 5.2%。在这 18 个国家中,共有 118 个领导各种工会运动的联合会或总工会,其中墨西哥有 33 个,智利有 31 个,其他国家一般有 2—4 个。另据统计,这 18 个国家共有 42260 个工会,拥有工会最多的国家是墨西哥 8500 个,其次是委内瑞拉 7000 个,智利 5391 个,秘鲁 3979 个。

二　21 世纪后拉美工会运动的新发展

进入 21 世纪后,拉美地区政治格局发生重要变化。一批左翼政党相继在多个拉美国家执政。左翼政党执政后修正新自由主义政策,进行替代新自由主义模式的实践探索。在新的政治和社会环境下,拉美工会运动的发展也呈现一些新特点。

（一）21 世纪后拉美工会运动发展的新特点

拉美工会运动出现联合的趋势。2008 年美洲区域工人组织（La Organización Regional Interamericana de Trabajadores, ORIT）和拉丁美洲工人中央工会（La Central Latinoamericana de Trabajadores, CLAT）合并,组

成美洲工人工会联合会（Confederación Sindical de Trabajadores y Trabajadoras de las Américas，CSA）。美洲工人工会联合会总部设在巴拿马城，包括 32 个国家的工会组织，会员总数 5000 万。联合会宣称自己的目标是与新自由主义斗争，为劳动者争取权利。该联合会负责人表示反对自由贸易协定，因为它侵犯和忽视劳动者基本权利，主张塑造"美洲劳动者的声音"。世界工联所属的拉美工人工会团结常设代表大会（Congreso Permanente de Unidad Sindical de los Trabajadores de América Latina，CPUSTAL）没有参加合并，拉美工会运动仍处于分裂状态，但拉美工会运动传统的三足鼎立局面发生了变动。

拉美国家工会运动的差异性依然明显。巴西、乌拉圭等国家的左翼政府执政期间，加大公共政策实施力度，劳动者的条件有所改善。对于广大劳动者来说，集体合同是对他们最大的保护，但拉美国家集体合同的比重相差较大。巴西、阿根廷、乌拉圭工会会员集体合同比重较高，达到 90%；有些国家较低，如危地马拉只有 1.5%。墨西哥集体合同比重只有 10%，其他都是雇主和劳动者直接签合同，劳动者长期斗争的成果受到剥夺。培尼亚政府（2012—2018 年执政）对联邦劳动法进行修改，分包合同合法化，对劳动者权益造成消极影响。

拉美地区工会化水平总体不高。阿根廷（30%）、乌拉圭（30%）、巴西（16%）工会化水平较高。洪都拉斯曾经是中美洲地区最强大的独立劳工运动发源地，目前其工会化水平不足 10%；危地马拉工会化程度只有 3%。有些国家建立工会的诉求仍受到压制，在哥伦比亚和危地马拉等国家，工会领导人甚至受迫害和暗杀，人身安全得不到保护，对工会发展造成较大程度制约。

（二）21 世纪后拉美工运的主要困难和挑战

21 世纪后拉美工运遇到一系列新困难和新挑战，其中最主要的包括：1. 工会组织的力量遭到削弱。自 20 世纪 80 年代末以后，拉美各国普遍推行新自由主义经济政策和实行全面私有化，大量政府机构和国有企业人员被裁减，失业人数剧增，使各国工会组织力量遭到不同程度的削弱。21 世纪后，拉美国家左翼执政也未能改变整个地区工会力量继续弱化的总体趋势。据国际劳工组织统计，21 世纪初拉美的失业率为 9.5%，有的国家如阿根廷，失业率高达 25%，阿根廷产业工会会员减少 20%—50%，建筑业工会会员减少 1/3。

2. 在非正式部门的劳动者、城市中间阶层和女工中实现工会化的任务更为艰巨。20 世纪 90 年代以来,随着拉美各国失业和半失业人数增加,在非正式部门的就业人数增加,据统计,2000 年在非正式部门就业的工人达 60%。如何使在非正式部门就业的劳动者参加工会运动,这是拉美工运遇到的新问题,安第斯国家的工会在这方面已取得一些成功的经验。拉美工运未来的命运,在某种程度上还取决于能否将非传统部门的劳动者如自由职业者、技术员、职员等城市中间阶层组织到工会队伍中来。有的拉美国家的中间阶层工会,如乌拉圭银行职员联合会、阿根廷商业职员联合会、哥伦比亚教育工作者联合会、墨西哥国家工作人员工会联合会等已在本国社会经济舞台上扮演了重要角色。拉美的女工占劳动力的 30%,但工会中女会员只占 10%,在工会领导层中妇女所占比重很小。因此,积极将女工吸收到工会运动中来,已成为拉美工会运动的中心任务之一。

3. 一些国家的工会与政府的矛盾加深。阿根廷总工会原是 1989—1999 年执政的正义党政府的支柱之一,然而,由于该工会对政府执行的新自由主义政策日益不满,工会与政府之间矛盾和冲突加剧。在委内瑞拉,最有影响的委内瑞拉工会联合会与政府常常处在对立状态,2003 年 12 月 2 日,该工会参与组织了长达 63 天的全国性大罢工。在墨西哥,工会在传统上受国家保护,在国家政治社会生活中有较大影响力。进入 21 世纪后,独立工会运动不断发展,对传统的工会与国家关系造成严重冲击。

4. 斗争方式需要更新。面对拉美各国政府执行的新自由主义政策、社会保险私有化、劳动力市场灵活化趋势以及经济全球化、跨国公司迅猛扩张,拉美工运过去最有效的武器之罢工往往失去了原有的威力。由于失业人数增加,大量产业后备军的存在,缺乏就业保障的广大中下层劳动者,为维护现有生活水平,保住就业机会,对参加工会的抗议活动日益持消极态度。

5. 工会自身的危机。目前拉美多数国家的工会运动依然处于分裂状态,拉美工会分成不同派别,它们之间互相争夺,不能形成坚强的力量。一些国家(如墨西哥、委内瑞拉)的工会的官僚化及其领导人的腐败,严重影响了工会同工人的联系以及工会在工人群众中的威信。

面对严峻的挑战，拉美工会一直就如何有效地维护劳动者的利益、增强工会的影响进行探索，以便为工会的运动制定新的战略和对策，主要采取的措施有：

1. 反对新自由主义的经济政策作为各国工会斗争的主要目标，正是由于这种政策导致财富分配不均、两极分化加深、失业率上升和工人生活水平下降。

2. 调整工会的战略和政策。不少拉美工会提出了"社会政治工会运动"和"劳动者运动"等主张，在维护工人切身权益的同时，关注全社会和全局的利益；给"劳动者"一个新的定义，将劳动者的范围扩大到所有从事体力劳动和脑力劳动的劳动者。墨西哥工人联合会等提出了"工会现代化"的口号，美洲区域工人组织强调必须促进工会运动政治化，不少拉美工会调整了它们与政府及政党的关系：同政府既有斗争、对抗，又有合作、谈判；对有关政党，不再采取从属的政策，既维持同有关政党的传统联系，又保持一定的距离。

3. 做好工会的组织工作，努力提高入会率。拉美各国工会正在把工作重点放在做好妇女和青年工人的工作上；与此同时，还努力在白领工人、小企业的工人以及非全日制工人等群体中开展工作，吸引他们加入工会。

4. 加强拉美各派工会在一国范围内和在地区范围内的联合和统一行动，开展国际工会之间的声援活动。近年来，拉美各派工会纷纷举行会议研究"经济全球化和工会对策""经济全球化和就业"等问题。

5. 发展同国内各种社会运动的联系与合作。

目前拉美各国工会组织正立足现实，面向未来，不断研究工会运动面临的新情况和新问题，积极应对21世纪的新挑战。

三 拉美工会组织的类别

在传统上，拉美影响较大的工会组织分成三大类，分别由三大类型政党所控制：

第一类是社会民主主义的工会，它是拉美工运中力量和影响最大的工会派别，它的地区性工会组织是美洲区域工人组织。受拉美社会民主主义控制或影响的拉美工会主要有：哥斯达黎加民主工人联合会、多米尼加工人总联盟、牙买加全国工人工会、委内瑞拉工人联合会、哥伦比亚工人联合会、秘鲁工人联合会、墨西哥劳工大会、墨西哥工人联合会、巴巴多斯工人工会、阿根廷总工会等。从工会组织体系来看，上述工会在传统上属于美洲区域工人组织的会员组织，其主要领导人一般均为拉美各国社会民主主义政党的领导人。但也有些加入这一组织的工会，如哥伦比亚劳工联盟，也被视为社会民主主义工会，尽管控制或影响这些工会的哥伦比亚保守党等不是社会民主主义政党。

第二类是受拉美基督教民主主义控制和影响的工会，这类工会组织是20世纪50年代开始出现的。它的区域性工会组织原名拉丁美洲天主教工会联合会，1971年改称拉丁美洲工会中央工会。属于这类工会组织的拉美工会有：墨西哥真正劳工阵线、危地马拉全国工人中央工会、洪都拉斯工人总工会、萨尔瓦多工人中央工会、尼加拉瓜工人中央工会、哥斯达黎加工人中央工会、巴拿马地峡工人中央工会、多米尼加阶级工会自治联合会、委内瑞拉自治工会联合会、哥伦比亚总工会、厄瓜多尔阶级组织中央工会、秘鲁全国劳工联合会、智利工人统一阵线，等等。上述这些组织都是拉丁美洲工人中央工会的会员组织。1972年"非教会化"以后，这类工会极力否认自己的政治背景和宗教色彩，自称其在国际工运中持"第三立场"。

第三类是受传统共产党控制和影响的工会，它的地区性组织是拉丁美洲工人工会团结常设代表大会。20世纪80年代末和90年代初，由于受东欧剧变、苏联解体的影响，拉美有一些共产党宣布解散或改变名称，使拉美这类工会也受到影响。属于这类工会的工会组织主要有：古巴工人联合会、危地马拉工会自治联合会、洪都拉斯工人统一联合会、萨尔瓦多工人统一联合会、哥斯达黎加工人统一中央工会、巴拿马全国工人中央工会、多米尼加工人统一中央工会、委内瑞拉工人统一中央工会、哥伦比亚工人工会联合会、厄瓜多尔工人联合会、秘鲁总工会、智利工人统一中央工会、乌拉圭工会大会，等等。

此外，拉美各国还有一些受其他政党控制和影响的工会组织，以及一些没有政党背景的独立工会组织。

如前所述，上述第一类和第二类工会出现联合之势。2008年，社会民主主义倾向的美洲区域工人组织和基督教民主主义倾向的拉丁美洲工会中央工会两大组织合并，在一定程度上改变了拉美地区工会运动的格局。

四　拉美工会组织的特点和作用

拉美的工会是拉美社会积极政治生活中的一支重要力量，在拉美人民争取和维护民族独立、促进民主化进程以及发展民族经济的斗争中发挥着举足轻重的作用。

在发展中国家和地区，拉美地区的工会组织出现比较早、工会组织形式多种多样。在 20 世纪之前，拉美工会组织具有互助的特点，是在缺乏政府保护和社会保障条件下组成的集体保障性质的机构或慈善性质的机构，还没有很强的政治性。20 世纪初，随着大批欧洲移民的到来，拉美工会运动开始了新的阶段，特别是在移民较多的阿根廷、乌拉圭、巴西和古巴，工会运动的发展迅速。当时在工会运动中占主导地位的思想是无政府工团主义和马克思主义思想。

拉美地区工会的另一个特点是政治化倾向比较强。几乎所有拉美国家重要的工会组织都与政党、政府或有影响的政治家有密切联系。有些工会组织本身就是由某政党、政府或政府领导人建立起来的。拉美国家的工会之所以从一开始就带有政治性和党派特征，这首先是由拉美经济发展的基本特征决定的。拉美工会组织在与资方进行劳动合同的谈判时，往往获得本国一些重要政党、政府或有影响的政界人士的支持。按照拉美的法律传统，工会在获得集体谈判的权力前，首先要获得政府承认。如果一个工会组织不能获得政府承认，它的权力和影响就会很受局限。为了获得更高的法律地位，同时也是为了获得更大的影响，拉美国家的工会组织必然会向获得政府承认的政治性方向发展。而许多国家的政府也不失时机地通过各种手段，力图控制工会运动的发展。

拉美一些国家的工会组织对本国政府的决策常常产生比较大的影响。主要表现在：第一，许多拉美国家的工会领导人在政界担任要职（如国会议员和高级行政职务），与主要政党有密切联系，这些人可以对政府的决策施加比较直接的影响，甚至直接参与政府的决策。第二，以和平请愿、罢工和示威等传统手段向政府施加压力，维护自己的权益。通过斗争，有组织的劳工阶层不仅在最低工资、最高工时和社会保障等方面赢得了不同程度的权益，而且获得了普选权，直接参与了国家的政治生活。许多大规模的罢工足以使国家正常的政治和经济生活秩序受到冲击，政府常常被迫做出让步。

但是工会组织对拉美国家政府的决策的影响是有限的。拉美地区有组织的工人比重较低，进入 21 世纪以后整个地区组织起来的工人只有10%—20%，绝大多数工人还处于分散状态。特别是在新自由主义经济改革的过程中，由于劳工法的修改、劳工集体谈判制度的取消或修正以及劳资关系的调整，工会的权利受到削弱或限制，工会失去了政府的保护，工会的一些设施甚至遭到剥夺，已不能为工人提供直接的福利；工会会员人数减少，工会组织的地位出现了下滑趋势；在新的历史条件下，许多工会组织发生危机，派别林立，不能形成统一的力量；工会组织没有适应就业结构多样化的现实，参与国家政治生活的能力以及对政府决策的影响能力下降。

第二节   拉丁美洲的教会

在新大陆被"发现"之前，土著居民信奉形式各异的原始宗教。15世纪末以后，天主教逐渐成为拉美占统治地位的宗教。20 世纪 20 年代后拉美天主教会内出现一些变化；60 年代后开始分化，出现"解放神学"和"穷人教会"。与此同时，来自欧美的基督教各新教派在拉美的影响逐渐扩大。一些国家印第安人和黑人中间还产生了将传统信仰与天主教结合起来的混合型宗教。一些国家还存在印度教、犹太教、伊斯兰教等其他宗教。

一   拉美地区的传统宗教信仰

在欧洲人抵达前，拉美地区居民信奉形式各异的原始宗教，其宗教既有共同之处，也有各自不同的特点。有的土著部落保持着图腾崇拜，有的则相信魔法和巫术的力量，并广泛流传着自然崇拜、祖先崇拜以及与生产活动相关的各种祭祀礼仪和活动。经济和社会发展水平较高的阿兹特克人、玛雅人和印卡人，不仅创造出了相当的物质和精神文明，且拥有较高形式的宗教信仰，即多神崇拜，其信奉的各个神灵开始出现等级的高低；社会上还出现了专事宗教活动的祭司。

二　拉美地区天主教

天主教在拉美的发展可分为以下阶段：

（一）传入与发展

哥伦布刚一"发现"美洲大陆，罗马教皇便于 1493 年把新大陆确定为天主教的世界。欧洲的天主教也随殖民者进入拉美，在漫长的殖民征服和殖民统治进程中，天主教变成新大陆占统治地位的宗教。在罗马教皇的支持下，西葡王室凭其统治力量，把天主教强加于新大陆，使宗主国在拉美的统治打上了天主教的烙印。在殖民统治时期，尽管国家和教会有时也发生一些有限的矛盾，但是从总体上说，在整个殖民统治时期，教会同世俗政权紧密地结合在一起，共同支撑着等级森严的殖民统治秩序。

1504 年，西班牙国王得到教皇的许可，在圣多明各建立了第一个主教区组织。从此以后，在美洲大陆，每开拓一个新的殖民区域，就会建立一个新的教会组织。在西属美洲，至殖民统治的末期，共建立 10 个大主教区和 38 个主教区。到 1700 年，巴西共设立了 4 个主教区和 1 个大主教区；至殖民地末期，主教区增加到 9 个。

天主教会从一开始就成为西葡王室殖民统治的工具。征服伊始，为了使在殖民地的统治权力不受分割，西葡王室就不断同罗马教皇交涉，获得对美洲的"保教权"和许多直接管理殖民地教会的权力。殖民地教会有一套自上而下的、与殖民地行政机构并行的组织机构，它是殖民地统治制度的重要组成部分之一。在西属美洲，大主教、主教等高级教会人士由国王任命，地位较低的神甫等则由总督指派，他们是王室官僚机构的成员，许多教会的高级人物还在殖民地被正式授予官职。

天主教会参与并控制社会生活及文化教育事业，而且也是重要的世俗统治者。未经教会的严格审查，外来书籍很难进入。拉美出版的书籍多与宗教有关。殖民地的各级学校，或由教会建立，或由其监督。教会还控制着医院、孤儿院以及济贫所等慈善事业。天主教会拥有大量的财产，在殖民统治后期，它占有拉美 1/3 以上的土地，成为最大的地主；

它还征收什一税，经营各种商业、工厂和矿场，放高利贷，接受赔偿，贩卖赎罪券，没收"异教徒"财产以及收取婚丧费和洗礼费等。

（二）独立后拉美天主教的发展演变

拉美许多国家独立后，开始采取措施，限制教会的权利、财产和世俗权力。到 19 世纪下半叶，许多国家的天主教会丧失了世俗权力和各种特权；教会的经济资产也在缩减，许多国家的教会在独立后不再征收什一税。在与世俗权力斗争的过程中，天主教会通常同保守派结盟，因而其政治思想在 19 世纪中期变得更加保守。然而，在 19 世纪最后 20 年，教会在适应世俗国家、革新教会体制、增加教士人数和改进教士培训工作等方面有一些新思考。墨西哥、阿根廷等国家还出现了天主教社会运动，许多国家的天主教会采取了一些面向社会的行动。到 20 世纪 30 年代，拉美的天主教会开始更多地谈论资本的职责、劳工的权利和国家的作用等现实问题。

（三）拉美天主教会革新与解放神学的发展

拉美第二届主教会议于 1968 年在麦德林召开，会议确立了拉美教会革新的路线。会后，拉美天主教会革新势力根据会议"优先关注穷人"的思想，把注意力转向下层民众，教会的活动与社会现实更紧密地结合起来，教会也更加关注社会现实问题。

在拉美天主教会革新过程中，出现了一些比较激进的人物，他们在强调原始基督教传统的基础上，试图把宗教信仰和世俗生活结合起来，把基督徒的使命与人的解放结合起来，在此基础上逐渐形成"解放神学"理论。秘鲁神学家古斯塔沃·古铁雷斯被公认为解放神学的创始人。1968 年 7 月他在秘鲁神职人员全国大会上作了题为《走向一种神学》的报告，报告内容于 1971 年以"解放神学——前景"为题出版。解放神学比较著名的代表人物有：巴西的莱昂纳多·博夫、克劳多维斯·博夫、卢本·阿尔维斯、乌戈·阿斯曼，阿根廷的米格尔·博尼诺、恩里克·杜塞尔，智利的加利莱亚和穆尼奥斯，乌拉圭的路易斯·塞贡多，墨西哥的巴列和比达尔，萨尔瓦多的乔恩·索夫里诺，等。

解放神学理论在很大程度上是在罗马教皇约翰二十三世改良方针的推动下诞生的，但其激进内容却超越了罗马教廷所能忍受和接受的程度。由于解放神学宣称或被认为与马克思主义有某种联系，因而被天主教会内部的保守分子作为异端邪说。自 1979 年起，解放神学受到教廷的批评。1984 年罗马教廷发出《关于解放神学的若干敕令》，明确地谴责了解放神学，一些解放神学的代表人物随后受到不公正的处分。

然而，直到今天，解放神学理论和实践的影响依然存在。实际上，面对罗马教廷对解放神学的批评，在天主教主流神学的压力下，拉美神学家们对解放神学的观点已有所修正，使它变得温和多了。

近年来，罗马教廷对解放神学的态度又出现新变化。2013 年 3 月 13 日，阿根廷布宜诺斯艾利斯原总主教豪尔赫·马里奥·贝尔高利奥当选为教宗，称方济各（Papa Francisco）；当年 9 月 11 日他接见"解放神学之父"古铁雷斯。有评论认为，这次会见等于为解放神学平反。2017 年 1 月，教宗方济各对西班牙新闻媒体说，对拉美来说，解放神学是积极的事物。2018 年 5 月 28 日，方济各写信祝贺古铁雷斯 90 岁生日，称赞其为教会和人类所做的贡献。

三　新派宗教的传入与发展

拉美国家独立后，来自新教国家的移民增多，新教传教活动扩大。19 世纪末 20 世纪初，随着美国在拉美的扩张，新教宗派在拉美得到前所未有的发展。1916 年，美国的 40 个宗教团体在巴拿马组织召开泛新教徒大会，旨在扩大和协调新教在拉美的传播活动。20 世纪 60 年代中期以后，伴随美国对拉美政策的调整，来自美国的各新教宗派大量涌入拉美。许多新派宗教人士在解放神学的影响下，针对拉美的现实，提出了"面向现实，立足穷人"的口号，一些人深入农村和下层居民中，支持他们的某些社会改革要求，从而扩大了新派宗教在群众中的影响。

20 世纪 90 年代末，活跃在拉美的新教教派有 300 多个；拉美总人口中约 10% 是新教信徒，其中 1980 年以后入教的新教徒占一半以上；新教发展最快的有危地马拉（新教徒超过全国总人口 1/4）、巴西（近 20%）、智利（超过 20%）、海地（18%）、萨尔瓦多（17%）、尼加拉瓜（14%）。2020 年前后，在拉美总人口中，天主教约占 70%，新教徒占 20%，其他宗教信徒占 10%；中美洲地区新教徒比重较高，如危地马拉接近总人口的 50%。巴西新教徒增长较快，目前约占总人口的 30%，阿根廷和墨西哥新教徒比重较低，但也接近 10%。

第三节　拉丁美洲的非政府组织

对于非政府组织，现在还没有一个得到普遍认可的界定。20 世纪 40 年代末，在联合国的文件中首次对非政府组织作了界定。联合国经济社会理事会 1950 第 288（X）号决议指出："任何国际非政府组织，凡是不经由政府间协议而创立的，都被认为是为此种安排而成立的非政府组织。"① 但是，联合国这一定义只是强调非政府组织的"非政府"性，并没有对非政府组织究竟是什么，干什么做出说明，而且这一定义是针对国际非政府组织（International Non Governmental Organizations，INGOs 或 NGOs）。拉美各国对非政府组织的定义各不相同。秘鲁称之为"私人发展协会"或"促进中心"；乌拉圭称之为"私人性质的集体管理的协会"；多米尼加共和国定性为"私人社会机构"；尽管很多人都把非政府组织说成是"私人机构"，但也有人认为，非政府组织是"既非公共，又非私人的第三类机构"；墨西哥将其定性为"自治的社会促进和发展组织"，智利称之为"民众支持和教育中心"，玻利维亚称之为"专门进行批评"的组织。②

一　拉美非政府组织的发展

拉美国家的多数非政府组织（NGO）是在 20 世纪 60 年代和 70 年代建立的，尽管各国国情不同，但拉美各国的非政府组织有一些共同的特性，即它们都是在激烈的政治和思想斗争过程中出现的，其主流代表追求民主和平等发展的一种努力，都对占统治地位的政治制度和发展模式提出批评和质疑。在 80 年代后政治民主化进程中，拉美非政府组织起了一定的推动作用。90 年代以来，拉美各国非政府组织十分活跃是拉美国家政治与社会发展进程中的重要现象，丰富了拉美国家政治与社会发展的内容。

---

① Mario Padron：Cooperacion al desarrollo y movimiento popular，DESCO，Lima Peru，1982.

② Alfredo Stein：*Las organizaciones no gubernamentales（ONGs）y su rol en el desarrollo social de America Latina*，Revista Pensamiento Iberoamericano，Enero – junio 1991，numero 19，pp. 346 – 347.

　　早在殖民统治时期，拉美就出现了非政府组织，最初的非政府组织带有宗教色彩，受教会的影响，大多是慈善、救助、卫生或教育性质的机构。20世纪上半期，拉美国家陆续出现了致力于为城乡贫困阶层民众提供非正规教育、技术援助和服务的非政府组织。

　　20世纪六七十年代，拉美非政府组织如雨后春笋大量涌现，主要原因是：（一）公共机构的低效率促使非政府组织勃起。（二）拉美一些国家军人专制统治促进了非政府组织的出现和发展。1964年巴西发生军事政变后，拉美一系列国家如秘鲁、厄瓜多尔、玻利维亚、智利、阿根廷、乌拉圭、危地马拉、萨尔瓦多、洪多拉斯等国先后发生军事政变，军人上台执政，左派政党被宣布为非法，工人和农民运动受到压制，进步的知识分子、专业人员和学生运动均遭到无情镇压和迫害。在军人专制政权的统治下，人们通过公共机构追求平等、追求民主发展模式的正常途径被堵塞，建立非政府组织和开展活动成为民众的重要抉择。（三）新政治和社会思想的出现为非政府组织的发展提供了理论条件。60年代后，拉美国家出现了一些新的政治和社会思想，如天主教会革新思想即解放神学的思想和巴西教育家保罗·弗莱雷提出的把大众教育与享有政治权力结合起来的思想。这些思想对拉美非政府组织的发展产生了重大影响，而NGO的实践活动又极大地推动了这些思想的进一步发展。（四）拉美农村的土地改革运动和农村社区发展运动为非政府组织的发展提供了动力。20世纪五六十年代，拉美国家的农民运动异常活跃，为了平息农村的不稳定，从60年代初开始不少国家在农村实施土地改革。尽管拉美国家的土地改革并不彻底，但土改本身对一些知识分子和农民的思想产生了重大影响，激发了他们对平等发展目标的追求，拉美国家的不少非政府组织就是由这些人建立起来的。

　　拉美非政府组织同基层民众有密切联系，许多非政府组织被作为反对政治压迫、要求社会改革、要求恢复民主政治这样一种政治抵抗的标志，有的非政府组织把恢复民主制度作为自己的主要工作之一。在一些军人专制统治的国家，非政府组织在开展工作时面临许多困难，还常常遭到镇压。即使在墨西哥、委内瑞拉和哥伦比亚等资产阶级代议制民主国家，非政府组织的活动也遇到不少困难，甚至遭到镇压，如1968年墨西哥当局就派军警对学生运动进行了镇压。

20世纪80年代拉美的政治经济发生了巨大变化。政治上，原军人统治的国家陆续实现"还政于民"；经济上，拉美国家爆发了债务危机和经济危机。这些变化为拉美非政府组织提供了新的机遇，也提出了新的挑战。民主政治制度的恢复扫除了拉美非政府组织与国家机构之间发展关系的主要障碍，但民主制度的恢复并不一定会自动地导致国家与非政府组织之间和谐的关系，不一定自动导致政府决策的民主化和透明。在一些国家，非政府组织与政府之间的不信任仍然存在，民主制度的建立也不一定意味着政府会消除对非政府组织的不信任和停止对非政府组织的镇压。总之，政治民主化无疑为非政府组织与国家机构之间建立建设性关系提供了机会，但这些机会还是有限的。债务危机爆发后，拉美国家普遍开始了以经济自由化、减少公共开支和私有化为主要内容的经济结构的调整和改革，这一调整和改革使拉美国家付出了沉重的社会代价，几乎所有的非政府组织都对经济调整计划和新自由主义的改革持批评的态度。

20世纪80年代以来，拉美虽然获得了有利的发展条件，但也面临前所未有的挑战，能否应付这些挑战，是非政府组织能否在拉美国家政治与社会发展中发挥更积极作用的关键。

由于对非政府组织的定义难以统一，拉美非政府组织的数量无法精确统计，各研究机构对非政府组织的统计数据相差悬殊，官方注册数据也不完全可靠。资料显示，20世纪90年代初拉美有6000多个非政府组织；世纪之交约有5万个非政府组织，但严格意义上的非政府组织有5000—10000个。

二　拉美非政府组织面临的挑战与发展趋势

拉美非政府组织面临的第一个挑战是如何维护自身的合法性。非政府组织规模的泛滥在一定程度上侵蚀了其合法性。20世纪80年代拉美国家非政府组织数量极度膨胀。这虽然与宽松的政治环境有关，但主要还是与经济结构的调整有关。建立非政府组织是很具吸引力的选择。因为国际机构急于同非政府组织建立联系，社会对非政府组织的服务需求也在增加，通过建立非政府组织很容易就能得到国际机构提供的资金。非政府组织的泛滥侵蚀了其合法性和可信性。

拉美国家非政府组织面临的第二个挑战是如何维持和协调与政府部门的关系。拉美一些国家的政府一直试图控制非政府组织。如玻利维亚政府规定，所有非政府组织都应向政府注册，国家机构将参与对非政府组织的评估；另外，国家还要向非政府组织征收一种特别税。另外，非政府组织同公共机构以及国际机构共同执行社会基金计划，也对非政府组织提出了挑战，把其与国家的关系推到了一种矛盾的境地。与国家机构建立密切联系给非政府组织提供了接近各种资源的机会，但一些人担心，非政府组织从公共部门接受资源可能会减少其对政府进行批评的能力。在社会基金计划实施的过程中，非政府组织所扮演的角色通常是帮助政府消除民众的不满，这有可能使非政府组织陷入这样一种境地：当计划的实施出现问题时，人们要责难的是非政府组织而不是政府。

拉美国家非政府组织面临的第三个挑战是如何克服自身的局限性和缺陷。迄今，拉美国家非政府组织的作用仍受到很大限制。政府一般只赋予非政府组织一种服从的地位和次要作用。国家似乎只希望非政府组织去实施国家已经设计好的方案，而在计划的设计和监督过程中，并不给非政府组织多少实际权力。在多数情况下并没有实现计划决策和实施的民主化，国家在决策方面对非政府组织的态度没有根本改变，因此非政府组织与公共机构之间的分歧并没有缩小。

非政府组织本身在组织方面也存在不少缺陷。如许多拉美国家非政府组织的数量多且不稳定。如在秘鲁，据估计，1990 年非政府组织有500—600 个，其中大多数集中在利马（67%）。规模较大的非政府组织的雇员有时可以达到百人，有些非政府组织已经成为全国性的组织，在全国各地区设有办事处、分部或附属机构。但大多数非政府组织只是规模较小的组织，工作人员一般只有 10—15 人，这些非政府组织的扩张或缩小主要取决于能取得多少经济援助。有时候一些非政府组织会因资金等原因暂时关闭，过一段时间后又重新开展活动。

概括地说，在经历了 20 世纪 80 年代的非政府组织迅速膨胀之后，拉美国家非政府组织的发展呈现出了以下发展趋势：

（一）稳定发展的趋势。非政府组织在拉美国家的发展曾大起大落，发展速度在不同时期差异大。1976—1985 年是拉美非政府组织扩张速度最快的时期，现存的非政府组织有 70% 是这一时期建立的。有关统计表明，1970 年以前建立的非政府组织只占 3%，1971—1975 年建立的占 2%，1976—1980 年建立的占 26%，1981—1985 年建立的占 43%，1986—1990 年建立的占 25%。20 世纪 80 年代末，据统计，拉美一些国家的非政府组织的数量已相当可观：阿根廷 115 个，巴西 1010 个，墨西哥 400 个，洪多拉斯 125 个，多米尼加共和国 119 个，哥伦比亚 300 个，危地马拉 600 个，智利 300 多个，巴拉圭 30 个。① 90 年代以后，非政府组织的发展速度明显减缓。这说明，非政府组织的发展已经摆脱主要受外来因素影响、单纯表现为数量膨胀的局面，而步入稳定发展的时期。

（二）联合与协调的趋势。20 世纪 80 年代后，在非政府组织迅速发展的基础上，出现了把非政府组织联合起来的尝试，其最高形式是建立非政府组织的协调机构，例如 1990 年秘鲁就有约 15 个这样的协调机构。

（三）活动领域不断扩大的趋势。起初拉美国家的非政府组织主要以慈善事业为主。随着其组织规模的扩张，所从事的活动领域也不断扩大，逐渐扩大到地区发展、农村与农业发展、维护人权、学术研究、参与社会发展计划和环境保护等，目前其活动领域仍有不断扩大的趋势。

（四）本土化趋势。例如在中美洲地区，1970 年以前的大多数非政府组织来源于国外的有关组织，是国际性质的，本土性的非政府组织并不多见，目前这种状况得到很大改变。NGO 本土化趋势的加强说明其已趋于向更加成熟的方向发展。

应该指出，国际机构如世界银行和美洲开发银行从一开始就积极推动拉美非政府组织的发展，高度重视非政府组织的作用。它们一方面认为非政府组织在实施有关计划时可以起到国家不能发挥的作用，另一方面认为非政府组织具有灵活和高效的特征，不会增加公共预算的负担，而公共部门却做不到这一点。国际机构对非政府组织的支持也有政治考虑，它们公开地表示，民主化不仅是发展进程所必需的，而且是自己追求的目标。非政府组织所从事的基层工作会大大提高民主化的程度。这些国际机构在向公共部门提供资金时通常附加了政治条件，即资金接受国必须尊重民主化进程。

---

① Alfredo Stein：*Las organizaciones no gubernamentales*（*ONGs*）*y su rol en el desarrollo social de America Latina*，Revista Pensamiento Iberoamericano，Enero – junio 1991，numero 19，pp. 348 – 349.

　　伴随 20 世纪 90 年代后世界经济全球化和美洲一体化进程的发展，拉美各国的非政府组织不仅对本国政府的决策影响越来越大，而且对联合国及各种世界性或地区性会议产生越来越大的影响。在 1992 年在巴西里约召开的联合国环境与发展会议期间，包括拉美国家在内的世界许多国家的非政府组织派人参加了"非政府组织论坛"。2001 年，在巴西南里奥格兰德州和阿雷格里港市政府倡议下，成立了"世界社会论坛"，作为达沃斯"世界经济论坛"的对立面，"世界社会论坛"自称是世界"平民百姓"的集会，论坛的参加者主要是世界各大洲中左政党和非政府组织。拉美国家的非政府组织更是积极参加了论坛的活动。自 2001 年首届论坛在阿雷格里港市召开以来，"世界社会论坛"基本定期举行。由于巴西和拉美政局急剧变化，最近些年论坛处境艰难。第 16 届"世界社会论坛"2018 年 3 月在巴西萨尔瓦多市进行，主题是"抵抗、创造、变革"；本次论坛的目的是回应拉美政治现实，重振论坛的影响力；来自世界各大洲共 6 万人参加了论坛的 1300 场活动。2020 年 6 月世界社会论坛首次以线上方式举行，论坛的主题是"变革的经济"。2021 年 1 月 23—29 日世界社会论坛在线上举行，论坛的口号是"另一个世界是可能、必须和紧迫的"；主要议题包括生态与环保、和平与战争、社会和经济公正、民主、社会多样性、通信与教育、文化、妇女、印第安人、反对种族主义、抗击新冠肺炎、世界社会论坛的前景等。

　　2004 年 7 月 25 日至 7 月 30 日，第一次拉美社会论坛在厄瓜多尔首都基多举行。来自拉美加勒比地区和世界其他地区 44 个国家的 814 个组织的 1 万多名代表参加了这次论坛。拉美国家大多数有代表性的社会运动和非政府组织都参加了这次论坛活动。此后拉美社会论坛又召开数次会议，其中 2006 年 1 月 24—29 日在委内瑞拉首都加拉加斯召开第二次拉美社会论坛；2006 年 10 月 7—12 日，在危地马拉召开第三次拉美社会论坛，2010 年 8 月在巴拉圭首都亚松森召开第四次拉美社会论坛。由于拉美地区形势的变化，近年来该论坛影响力有所下降。

　　拉美国家非政府组织的代表通过拉美社会论坛和世界社会论坛，对世界和拉美国家发展中的许多重大问题，如全球化的影响、新自由主义、美洲自由贸易区的建立、拉美国家印第安人的命运、伊拉克战争、反对恐怖主义、消除社会暴力、气候变化与环境保护等问题发表了意见。通过这些活动，拉美国家的非政府组织不仅交流了经验，而且扩大了影响。

三 拉美国家对非政府组织的管理

20世纪80年代以来，拉美国家的NGO虽然获得有利发展条件，但也面临前所未有的挑战，需要政府出台相关的法律和法规，引导其健康发展，规范其运行，充分发挥其在政治、经济和社会发展中的积极作用，抑制其不良影响。拉美国家对非政府组织的管理主要体现在以下方面：

（一）加强对非政府组织的立法。20世纪90年代以后，一些拉美国家先后制定或颁布专门的非政府组织立法。巴西、墨西哥、秘鲁、哥伦比亚、智利、委内瑞拉都就非政府组织进行立法。萨尔瓦多、危地马拉、阿根廷、乌拉圭等国也出台或酝酿非政府组织的专项立法。拉美国家通过相关立法，确定了非政府组织的身份、社会角色、义务和责任，为政府引导和管理非政府组织提供了法律依据，使非政府组织的运行更加透明。

（二）坚强对非政府组织的行政管理。拉美各国政府相继设立了非政府组织的主管机构（内政部、司法部或专门机构），对非政府组织实施"强制注册登记"等制度。政府在加强行政监管的同时，对非政府组织的建设也提出一定要求。例如，萨尔瓦多政府要求每个非政府组织都应建立相应的内部监管和行政机制，设立领导委员会或全体大会，然后视情况增设协调或执行委员会和财产监察委员会。在巴西等国，要取得"公共利益性公民社会"资格，应满足一系列条件。

（三）通过资金支持等手段引导非政府组织的活动和发展。拉美地区政府越来越多地拥有了通过资金支持引导非政府组织发展的能力。目前，拉美的非政府组织主要依赖国家、公共机构、企业、金融机构、慈善捐助、外国援助等外部资源，对国家和公共机构的资金依赖日渐加强。此外，政府在税收、投资、利率、汇率等方面的宏观经济政策也对非政府组织的成本—收益构成重大影响。

（四）加强对非政府组织的实践引导。拉美国家注重引导非政府组织参与适宜的、特别是政府能力相对不足的项目和领域，使非政府组织成为政府作用的有益补充，使政府和非政府组织最大限度地发挥各自的职能。

第四节　拉美的其他社会团体

在拉丁美洲各国，除了工会组织，还有农民、妇女、青年和学生、印第安人等社会团体和组织，以及新社会运动。

一　拉美的农民组织和农民运动

拉美的农民可分为传统庄园和种植园的农民、现代农业企业的工人、传统的小农、流动的农民、与种植园主和庄园主之间或保持分成制租佃关系或采用传统的劳务地租关系的农民、印第安农民等。

20世纪50年代以后，拉美农民的政治意识加强，农民运动开始发展。60年代在古巴革命胜利的鼓舞下，有些由左派领导的农民运动提出了改革土地占有制度、改革国家政权结构的主张。六七十年代巴西、秘鲁、厄瓜多尔、洪多拉斯、哥伦比亚、委内瑞拉等拉美许多国家爆发大规模的农民夺地斗争，有些国家甚至爆发了武装斗争。还有一些比较温和的农民运动主张对社会秩序进行局部改革。在拉美一些国家，农民和农民组织日益成为具有重要影响的政治和社会力量，一些国家的农民运动更是此起彼伏。如，1994年年初，以印第安贫困农民为主体的萨帕塔民族解放军在墨西哥揭竿而起。在巴拉圭，自1994年以来农民每年都举行游行示威，要求政府关注农民的处境和利益，要求政府改变农业政策，并提出重新分配土地、提供新的农业保障等主张。巴西的无地农民运动已经发展成具有相当社会影响的力量，厄瓜多尔和玻利维亚的农民运动也不断发展。所有这些都说明，农民的政治和自主意识在不断增长。随着农民政治意识和自主的增长，拉美的一些政治组织和政党开始注意农民群众中所蕴藏的巨大的政治力量。

拉美国家的农民群体虽然人数众多，但在政治上仍然比较软弱，政治潜力的发挥受到许多限制。首先，农民阶层的组织性较差，这有利于大土地所有者和其他富者维护既得利益。其次，农民的土地占有方式和耕作方式具有多样性，农村具有分散的性质，农民的文盲率高，要把农民组织起来，发动强大的农民运动是很困难的。最后，尽管一些拉美国家的农民提出了公平分配土地的主张，并采取了一些革命性的行动，但从总体上看，农民主要是从属于政治制度，还不是这一制度积极的参与者。城市历来是拉美政治权力的中心，农村与城市的地理差距也增添了在农村进行变革的难度。最后，寡头们成功地阻止了进行土地改革的要求，也说明农民阶层在现存体制下谋求自己利益的艰难，说明这一集团在国家政治生活中仍基本处于边缘的地位。

二　拉美的学生组织与学生运动

学生参与政治是拉美国家的政治传统，不仅大学生甚至中学生也有积极参与国家政治的传统。20 世纪六七十年代拉美不少国家爆发大规模的学生运动。1968 年墨西哥爆发了有数十万人参加的学生示威游行，反对政治迫害和争取民主权利，遭到当局的镇压。1977 年 5 月，巴西十几万学生在 12 个城市开展斗争，反对军事独裁统治。90 年代以来，拉美不少国家的学生组织举行各种活动，反对新自由主义的经济改革。2011 年智利中学生运动和 2015 年智利大学生运动抗议教育的私有化趋势。

拉美学生和学生组织对政治的参与及其在国家政治生活中的影响主要表现在以下方面。第一，大学生和学生组织具有较高的社会地位。虽然各国的情况不同，但据估计，拉美国家的大学生人数占适龄人口的 3% 左右。拉美国家主要的大学都坐落于首都和主要城市，城市是拉美国家政治的主要舞台，这为大学生们参与政治提供了良好的条件。拉美国家的大学享有自治的传统，军队和警察不能随意进入校园抓人（即使是参加了反政府活动的人），这在一定意义上是对学生参与政治的一种鼓动。因此，大学生的政治和社会影响是非常巨大的。

第二，大学生和学生组织历来是各政党和政治组织争夺的对象。各种意识形态不同的政党都试图把学生掌握在自己的领导和影响之下，每个政党都乐意在学校和学生中建立属于自己的组织或学生支部。各政党还为一些"专职学生"作保证人，这些专职学生的主要任务不是学业，而是组织、发动和争取学生，为本党利益服务。各政党之所以都重视学生工作，是基于对学生和学生组织政治能力的认知。但从拉美国家的传统看，学生运动更多的是作为政府的反对派，而不是支持者。

第三，学生组织是重要的政治团体，学生是重要的政治力量。在拉美国家的历史上，当经济、政治和社会形势不稳时，学生经常与工人或一部分军人结盟，在建立和推翻政府方面发挥重要作用。

　　第四，学校是培养白领劳动者、政府机构工作人员和私营企业管理人员的主要场所。学生在学校期间的政治态度可能会影响其未来的政治价值取向，对未来国家政治力量对此产生重大影响。

　　但是，拉美国家的学生组织和学生运动有明显的弱点，与其他政治组织相比，力量和影响力都比较小。首先，学生组织派别林立，这有损于其在国家政治生活中发挥更大的作用。其次，学生组织的成员具有临时的特性，每隔3—5年学生要全部更换一遍，对一个政治性组织来说，这无论如何也不是一个有利的因素。最后，不少学生把接受大学教育看作社会升迁和提高社会地位的手段，因而不大关心政治，这也使学生组织难以发挥更大影响。

三　拉美新社会运动

　　20世纪八九十年代以来，由非政府组织发起或与其相关的拉美新社会运动持续高涨。拉美新社会运动包括工人运动、农民运动、妇女运动、青年学生运动、印第安人运动、市民运动、生态环保运动、民权运动、和平运动、反核运动、反全球化运动、消费者运动、新左派运动、宗教运动等；其诉求各异，规模不等，形式多样，彼此相应相求，互渗互动，绵延不绝。

　　拉美新社会运动与过去的社会运动不同，它是拉美国家社会结构转型的结果。发起这些新社会运动的非政府组织众多，其中最主要的有：巴西的无地农民运动，玻利维亚的左翼政治团体，厄瓜多尔全国印第安人联合会、帕恰库蒂克多元文化运动等；阿根廷"拦路者"（皮克特piqueteros，又译为皮克特）运动、"五月广场的母亲"；哥伦比亚的农民贷款使用者联合会，墨西哥恰帕斯州以印第安农民为主体的萨帕塔民族解放军，等等。许多拉美非政府组织的名称就称为"运动"。

　　抗议活动是拉美新社会运动的重要活动方式之一。拉美新社会运动包括了广泛的社会阶层，它们组织和发起各种形式的抗议或声援活动，有的活动声势浩大，甚至迫使本国总统下台，如2000年1月，厄瓜多尔印第安人运动迫使马瓦德总统下台；2001年年底，在阿根廷民众运动一片抗议声中，阿根廷先后出现了5位总统；2003年10月，玻利维亚民众运动抗议政府将天然气出售给智利，迫使桑切斯·洛萨达总统辞职。但是，拉美非政府组织和社会运动数量多，运动内部社会成分复杂，各种思潮泛滥，政治背景、思想倾向和意见不尽相同，左、中、右都有，难免鱼龙混杂；但应该说，拉美新社会运动的主流还是积极的、进步的。

拉美新社会运动的主要主张是：反对新自由主义的经济改革；反对新自由主义的全球化；反对建立美洲自由贸易区；反对美国干涉拉美和委内瑞拉；反对美国对古巴的封锁；反对美国提出的哥伦比亚计划；要求惩治腐败、恢复民众权益；提出新自由主义的替代方案等。拉美新社会运动日益壮大，在反对帝国霸权主义、迫使本国政府改变新自由主义政策、维护国家主权和独立、捍卫国家资源和维护民众权益方面发挥重要作用。

进入 21 世纪以后，拉美新社会运动仍不断发展。2019 年 10 月以后，拉美地区出现新一轮社会抗议浪潮。厄瓜多尔、哥伦比亚、智利等多国相继发生大规模社会抗议活动，上百万民众走上街头。在此轮社会抗议浪潮中，新社会运动依然是主要力量。值得注意的是，新社会运动的社会动员方式发生显著变化。与以往相比，此轮社会抗议活动既没有明确的领导者，也没有鲜明的派别标识，缺乏严密的组织体系；但抗议者分布广泛，通过社交网站自发组织，利用数字信息技术等新传媒手段，实现信息共享，进行快速的沟通和联络，实现即时的组织和调度。拉美新社会运动的这种发展态势，可以使抗议运动实现规模与影响力的迅速蔓延，增加了政府应对社会抗议活动的难度。

本章小结

本章第一节介绍了工会和拉美工人运动的产生和发展、拉美工会组织的类别、拉美工会组织的特点和作用。第二节介绍了拉丁美洲的宗教和教会组织的发展。第三节介绍了拉丁美洲非政府组织的发展及拉美国家对非政府组织的管理。第四节介绍拉美国家的其他社会团体，如农民组织和农民运动、学生组织与学生运动、新社会运动的情况。

思考题

一、名词解释

非政府组织　世界社会论坛　美洲区域工人组织　拉丁美洲工会中央工会　拉丁美洲工人工会团结常设代表大会　美洲工人工会联合会拉美新社会运动

二、简答题

1. 拉美的工会大致可分哪几类？

2. 简述拉美非政府组织的形成和发展、特点和作用。

3. 简述拉美工人运动历史。

4. 拉美工会组织有哪些特点？其作用如何？

5. 简述拉美天主教会的发展和解放神学。

三、论述题

1. 世界社会论坛是何时创建的？其作用和影响如何？

2. 如何评价拉美新社会运动？

3. 新派宗教在拉美地区的传播及其影响。

4. 拉美国家管理非政府组织的主要经验和做法。

阅读参考文献

徐世澄主编：《拉美左翼和社会主义理论思潮研究》，中国社会科学出版社 2017 年版。

周克明、王玉先、周通、程清林主编：《当代世界工人和工会运动》，辽宁大学出版社 1990 年版。

中国工运研究所国际工运研究室编：《国际工人运动知识手册》，工人出版社 1987 年版。

李静芳：《拉美工会运动的现状及中国工会对拉美工会的工作》，《拉丁美洲研究》2002 年第 5 期，第 15—17 页。

袁东振、徐世澄：《拉丁美洲政治制度研究》，第十二章，世界知识出版社 2004 年版，第 294—313 页。

关达等：《第二次世界大战后拉丁美洲政治》，第四章第五节，中国社会科学出版社 1987 年版，第 120—130 页。

郭元增：《世人关注的"世界社会论坛"》，《拉丁美洲研究》2002 年第 5 期。

白凤森：《世界社会论坛面面观》，载江时学主编《拉丁美洲和加勒比发展报告 2002—2003》，社会科学文献出版社 2003 年版，第 93—112 页。

李明德主编：《简明拉丁美洲百科全书》，第十五编宗教，中国社会科学出版社 2001 年版。

袁东振：《拉美国家管理非政府组织的基本经验》，《拉丁美洲研究》2010 年第 4 期。

Adrián Albala（ed.），*Civil Society and Political Representation in Latin America*（2010 – 2015），Cham：Springer International Publishing AG，2018.

Alfredo Stein，Las organizaciones no gubernamentales（ONGs）y su rol en el desarrollo social de América Latina，Revista Pensamiento Iberoamericano，Enero – junio 1991，número 19，pp. 346 – 347.

Carlos H. Waisman，Richard Feinberg，Leon Zamosc（eds.），*Civil Society and Democracy in Latin America*，New York：Palgrave Macmillan，2006.

Eduardo Cáceres Valdivia，El rol de ONG en America Latina：Los desafíos de un presente cambiante，Mesa de Articulación de Plataformas Nacionales y Redes Regionales de América Latina y el Caribe，2014.

Eloy Anello，Exploratory Discussion paper on NGDOs in Latin America，mimeo，DESCO，Lima，Peru，1989.

Godofredo Sandoval，Organizaciones no gubernamentales de desarrollo en América Latina y el Caribe，UNITAS，La Paz，Bolivia，1988.

James Petras，Henry Veltmeyer，*Social Movements in Latin America：Neoliberalism and Popular Resistance*，Palgrave Macmillan，2011.

José Luis Pérez Guadalupe，y Sebastian Grundberger（editores），Evangélicos y Poder en América Latina，Konrad Adenauer Stiftung（KAS），Instituto de Estudios Social Cristianos（IESC），2018.

Leonidas Oikonomakis，*Political Strategies and Social Movements in Latin*

America：*the Zapatistas and Bolivian Cocaleros*，Cham，Switzerland：Palgrave Macmillan，2019.

Tom Gatehouse，*Voices of Latin America*：*Social Movements and the New Activism*，Monthly Review Press，2019.

第 七 章

拉丁美洲的国际政治

内容提要

早在 1815 年南美独立运动领袖西蒙·玻利瓦尔就提出拉美统一和团结的思想，他被称为"拉美一体化之父"。拉美是第三世界中率先倡导经济一体化的地区。20 世纪 60 年代以来，拉美一体化运动在曲折中不断发展，形成了多种全地区和小地区的一体化组织。拉美一体化运动取得了重大的进展和成就，同时也面临着各种各样的阻力和困难，但拉美一体化的前景还是美好的。

战后 70 多年拉美的外交政策和对外关系发生了根本性的变化，从"单向依附"美国到外交独立自主倾向不断增强，外交关系逐渐多元化。与此同时，拉美地区内部团结合作也在增强。拉美国家在国际上的地位不断提高，作用不断扩大。

第一节　玻利瓦尔的拉美团结思想与拉美一体化运动

一　玻利瓦尔的拉美团结思想

委内瑞拉民族英雄、南美独立运动领袖西蒙·玻利瓦尔（Simón Bolívar，1783—1830）被称为"拉美团结之父"和"拉美一体化之父"。早在 1815 年他在《牙买加来信》中就提出，西班牙美洲各国独立后，应结成美洲共和国联盟。他充满激情地憧憬拉美的统一和团结："我比其他任何人都更强烈地希望在美洲建立起一个世界上最强大的国家"，"使新世界组成一个国家，依靠一种联系将各部分同整体连接起来，这是一个伟大的理想"。玻利瓦尔十分强调团结的重要性："只有团结才能驱逐西班牙人，建立一个自由的政府"。他认为，西属美洲殖民地的团结是有基础的，因为"美洲有着共同的语言、相同的宗教，本来应该建立一个政府来联合各个国家"。

然而，独立后，拉美并没有成为一个国家。正如玻利瓦尔预料的那样，"因为不同的气候、各种各样的形势、对立的利益、迥异的特点使美洲四分五裂"。从独立后当时拉美已形成许多独立国家的现实出发，玻利瓦尔主张拉美各国建立同盟。1819 年他创建了哥伦比亚共和国，之后，他又于 1822 年将哥伦比亚与委内瑞拉和厄瓜多尔联合组成了大哥伦比亚共和国。1822—1824 年，大哥伦比亚共和国先后同秘鲁、智利和墨西哥签订了友好和同盟条约。1824 年 12 月 7 日，玻利瓦尔作为大哥伦比亚共和国总统向拉美国家和美国发出邀请，请它们派代表到巴拿马（当时属于哥伦比亚哥伦比亚）参加美洲大陆会议，商讨有关成立一个反对神圣同盟的、"真正的、兄弟民族组成的联盟"。1826 年 6 月 22 日至 7 月 15 日，美洲大陆会议在巴拿马举行，但与会者只有大哥伦比亚、秘鲁、中美洲联邦和墨西哥 4 国（当时拉美共有 9 个国家），美国代表直到会议快结束时才到会。4 个与会国签订了一项《团结、联合和永久同盟条约》，条约规定各缔约国互相承认公民权；任何缔约国遭到外国攻击时，其他缔约国应以海陆军给予援助，各缔约国允许盟国的军队自由通过其领土和领海；任何缔约国不得单独与侵略国缔结和约；共同维护各缔约国的主权和独立；缔约国互相协作，共同发展贸易和福利；各缔约国之间的争端通过调解和仲裁来解决；努力发展外交政策的共同基础，但不干预各缔约国自己的决定。4 个与会国还签订了关于防御的军事协定，该协定倡议建立一支包括陆海军的联合部队，共同保卫美洲国家的独立。

巴拿马美洲大陆会议是拉美的第一次国际会议。当时与会的 4 个拉美国家相当于现在拉美的 11 个国家。但是，会后，只有大哥伦比亚批准了巴拿马会议的协议。玻利瓦尔成立美洲联邦的理想没有能实现。这次会议虽然没有收到玻利瓦尔所预想的成效，但它是寻求拉美各国之间团结合作的一次大胆尝试，会议所倡导的拉美各国团结合作的思想至今仍有现实意义。1976 年 12 月 17 日，联合国为纪念巴拿马会议召开 150 周年举行了一次专门会议，会议通过的一项决议认为，巴拿马会议是 19 世纪国际上最突出、最有胆识的团结尝试，会议所倡导的拉美各国团结合作的思想至今仍有现实意义。

二 拉美的一体化运动的发展和问题

第二次世界大战结束后，联合国拉美经济委员会提出了通过"工业化、经济一体化"来摆脱拉美在世界经济体系中"外围"地位的主张。20 世纪 60 年代以来，拉美国家为争取本国的经济独立和增强本地区的集体自主能力，采取了一系列加强相互之间的合作、推进地区一体化的措施。拉美国家许多领导人和有识之士认识到，本地区各国联合起来，实现一体化，是发展本国经济，实现国家现代化，摆脱对超级大国的依附，增强本地区各国政治和经济独立地位的必由之路。委内瑞拉卡尔德拉总统（1969—1974 年，1993—1998 年执政）说，所谓"一体化进程，用我们新近的提法，叫作'拉美多元化的团结'"，这是一种"多元化的联合"，是"通过尊重每一个国家的自主自决权，把我们各个共和国组成一个大家庭"。哥斯达黎加奥杜维尔总统（1970—1978 年执政）说："拉美国家必须用一个声音来对付工业大国，如果拉美不能用一个声音来同美国和欧洲进行谈判，那么我们各国对付工业大国的努力将是徒劳的"，他强调说，只有一体化，"才能制定共同的政策对付大国或强国"。正是基于上述认识，自 60 年代以来，拉美建立了一批地区或小地区的一体化组织，为一体化运动的发展、壮大奠定了基础，拉美各国之间的团结也得到了进一步的加强。

拉美是第三世界中率先倡导经济一体化的地区。20 世纪 60 年代初，拉美国家为减少对美国在经济上的依赖，发展民族经济，先后建立了拉美自由贸易协会（1960 年，1980 年改称拉丁美洲一体化协会）和中美洲共同市场（1960 年）。随后，各种形式的一体化组织相继诞生，主要有：拉普拉塔河流域协定组织（1969 年）、安第斯条约组织（1969 年，1997 年改称安第斯共同体）、加勒比共同体和共同市场（1973 年）、拉美经济体系（1975 年）、亚马孙合作条约组织（1978 年）、三国（墨西哥、哥伦比亚和委内瑞拉）集团（1989 年）、加勒比国家联盟（1994 年）、南方共同市场（1995 年）等。拉美一体化经历了长期、曲折、复杂和反复的过程。

进入 21 世纪，拉美一体化运动呈现由初级向高级、从单一向复合型方向发展的趋势，进入全面升级阶段，传统一体化组织焕发出新的活力，与此同时，又涌现出一批新兴一体化组织，如美洲玻利瓦尔替代计划组织（2004 年，2009 年改为美洲玻利瓦尔联盟）、南美洲国家联盟（2008 年）、拉美和加勒比国家共同体（2011 年，简称拉共体）和太平洋联盟（2012 年）等。

拉美一体化组织在共同对外关税、投资待遇、反倾销立法、保护知识产权、服务贸易、竞争政策等方面加强了政策协调与沟通。此外，拉美一体化不仅成为当今经济全球化的重要组成部分，而且还成为促进经济全球化浪潮的重要推力，并为发展中国家开展南南合作、南北合作的发展道路提供了有益的尝试。拉美全地区及次地区的一体化，对于促进拉美各国之间的贸易往来和多方面的经济合作，推动拉美各国的经济发展起了积极作用。尽管拉美一体化进程遇到诸多困难，并非一帆风顺，但是，随着时代的发展，拉美一体化已成为拉美国家团结的凝聚剂。经过半个多世纪的能量积蓄，正在开始进入一个"合纵连横"、全面升级的新阶段，但一体化进程仍存在不少问题，需要该地区各国保持政治意愿，以合作共赢的态度携手推进全区域经济、政治、社会一体化的深入发展。

拉美一体化的特点　拉美一体化呈现出广泛性、多层次、机制化和开放性等特点。在拉美和加勒比 33 个国家中，几乎每个国家都以某种形式加入了一个或多个区域性组织。在拉美和加勒比四个小地区（墨西哥和中美洲、加勒比、安第斯地区和南锥体）中，都建立了一体化组织（中美洲共同市场、加勒比共同体、安第斯共同体、南方共同市场、太平洋联盟等）。同时，拉美一体化组织不仅包括单一关税联盟（如安共体、南共市）、能源一体化组织（加勒比石油组织、南方石油公司）和金融一体化组织（南方银行），还有许多经济合作机制（如拉美经济体系、拉丁美洲一体化协会），甚至还有政经合一的复合型一体化组织（如美洲玻利瓦尔联盟、南美洲国家联盟、拉共体等）。这些一体化组织定期召开国家首脑或部长会议，分析地区和全球经济形势，协调各国宏观经济政策，制订共同行动方案。拉美一体化不仅增进了国与国之间的相互了解和彼此信任，而且提高了各国之间、次区域之间的经贸依存度，进而极大地提升了整个地区的综合实力。

拉共体涵盖整个拉美和加勒比地区，总面积2070万平方公里，6亿多人口，国内生产总值将近6万亿美元。拉共体的成立是拉美和加勒比地区一体化进程中的重要里程碑，是该地区现代史上具有历史意义的大事。拉美和加勒比地区33个国家政治倾向不尽相同，经济发展模式也有差异，但本着协商一致的原则和求同存异、谋求团结的宗旨，最终达成共识，一致同意建立新的共同体组织以推动本地区的发展和一体化进程。拉共体的成立为推动拉美地区一体化进程创造了一个很好的平台，使拉美和加勒比地区一体化进程得到有力的组织保障。

拉美和加勒比地区具有推进区域一体化的优势：

（一）拉美经济理论观念不断调整，政治愿望强烈。20世纪90年代的新自由主义的经济改革加重了该地区的社会问题，致使多个国家开始寻求政治合作，将注意力转向一体化，并在公开场合呼吁力求将一体化议程从贸易开放延伸到其他领域，特别是政治和社会领域。尤其是2008年爆发的全球金融危机，使各国认真反思经济新自由主义，开始重视国家的作用，认为国家不能只是监管者，而应成为产业政策的积极协调者。此外，全球化和世界各地区经济一体化的迅猛推进，导致国际竞争在更高层次和水平上激烈展开，拉美单个国家难以单独应对，迫切需要加强区域合作以保护自身利益。20世纪90年代以来，联合国拉美经委会提出"开放的地区主义"，2020年4月初，拉美经委会执行秘书巴尔塞娜呼吁拉美各国加强拉美一体化和地区合作，共同应对新冠肺炎的大流传。

（二）由于国际力量对比发生变化，拉美地区的自主性增强。拉美地区长期以来被美国视为"后院"，在政治、经济上受美国影响较大。但是，随着中国、印度等新兴国家在世界经济中的崛起，不仅极大地改变了该地区的传统贸易格局，也对该地区的一体化产生了间接影响。中国逐渐成为该地区主要的外部资金来源地之一。贸易、金融对美国依赖度的减弱，给予拉美国家，特别是南美洲国家越来越多的政治自主权，使得制定一体化战略成为可能。

（三）拉美国内市场巨大，自然禀赋优良。拉美形成内部市场方面拥有特殊的资产。首先，国内市场极具吸引力。随着拉美地区经济的发展，拉美中等收入的人口从2003年的1.03亿增至2009年的1.52亿，预计到

2030 年中等收入人口的比例将达 42%。中等收入人口的增长，使地区消费市场不断扩大。拉美自然资源丰富，拥有全球的 20% 的石油储量；矿产资源种类繁多、储量丰富，是世界铜、银、锡、铅、铁矿石等矿产的重要产地；粮食生产能力巨大，淡水储量占世界的 1/3，耕地占世界的 15%，大豆产量占全球的 52%，牛肉和玉米占 16%，牛奶占 11%，是全球主要的农业生产区，并被誉为 21 世纪的粮仓。

目前拉美一体化也面临一些问题和挑战：

（一）在一些次地区一体化组织之间在一体化目标方向、路径、重点方面，存在明显的分歧。在以古巴、委内瑞拉、尼加拉瓜等左翼执政国家为主的美洲玻利瓦尔联盟、南美洲国家联盟与以中右翼执政国家为主的太平洋联盟之间，在目标和路径方面存在明显差异。2015 年之后，由于拉美政治生态发生"左退右进"的变化，一些拉美国家右翼纷纷上台执政，宣布退出以左翼执政国家为主的一体化组织。2018 年 4 月，南美洲 6 国哥伦比亚、巴西、阿根廷、秘鲁、巴拉圭、智利宣布停止参加南美洲国家联盟的活动，随后，哥伦比亚（2018 年 8 月）、厄瓜多尔（2019 年 3 月）、巴西（2019 年 4 月）、乌拉圭（2020 年 3 月）等国宣布正式退出年美洲国家组织。厄瓜多尔（2018 年 8 月）、玻利维亚（2019 年 11 月）宣布退出美洲玻利瓦尔联盟。2020 年 1 月，巴西宣布退出拉共体。2019 年 3 月 22 日，阿根廷、巴西、智利、哥伦比亚、巴拉圭、秘鲁、厄瓜多尔和圭亚那 8 国在智利成立南美进步和一体化论坛，评论认为，南美进步和一体化论坛成立的目的，显然是想取代已名存实亡的南美洲国家联盟。

（二）在拉美一些国家之间还存在着一些历史上遗留下来的边界、海界等领土、领海争端。如玻利维亚与智利在玻利维亚出海口问题上、秘鲁与智利在海疆划分问题上、委内瑞拉与圭亚那在领土问题上、尼加拉瓜与哥伦比亚在海域问题上仍存在边界或领土、领海争端。这在一定程度上影响拉美一体化的发展。

（三）区域内贸易水平较低，贸易溢出效应难以发挥。区域市场是拉美和加勒比，特别是南美工业出口的关键，但该地区并未充分利用其市场的潜在优势。

（四）次区域一体化组织交叉存在，复杂多样，呈"碎片化"，增加了实现更高层级一体化的难度。该地区国家政治主张、发展水平和发展模式不尽相同，不少国家同时属于多个一体化组织。由于区域、次区域一体化组织间的重叠，相关国家必须同时执行多个一体化协定，削弱了相关协定的效力。此外，不同次区域一体化组织侧重点不同，致使成员在不同的一体化组织之间做出的承诺产生冲突。更重要的是，各次区域一体化进展不一，新成立的太平洋联盟进展迅速，而南共市则进展缓慢，矛盾重重，增加了将整个区域整合为一个一体化组织的难度。本来南美洲国家联盟涵盖了所有 12 个南美洲国家，但由于政治分歧，半数以上成员国的退出，使南美洲国家联盟名存实亡。

三　拉美一体化的前景

为深入推进拉美和加勒比地区一体化进程，拉美经委会先后提出了多项报告和建议，如 2014 年在《区域一体化：通往包容性价值链战略之路》报告中拉美经委会提出了十条建议，建议拉美国家要充分认识推进拉美地区一体化的重要意义，推进区域一体化必须利用现有次区域一体化的成果，坚持务实合作的态度，坚持灵活性，要保持政治意愿，必须把推进区域一体化作为国策。2020 年 4 月初，拉美经委会又发表《拉美和加勒比面对 Covid - 19 大流行经济和社会影响》报告，号召拉美和加勒比国家加强一体化和国际合作，共同应对新冠肺炎疫情的蔓延。

半个多世纪来，拉美地区区域一体化无论是在政治、经贸、社会、文化领域，还是在投资、商品和服务、通信和人口流动（移民和游客）等方面，都取得了显著的成就和进展，使拉美地区相互依存度达到了历史最高水平。民调查显示拉美地区 70% 以上的民众支持经济一体化。尽管在前进的道路上，拉美一体化进程面临着各种各样的阻力和困难，并非一帆风顺，但拉美一体化的前景还是美好的。

第二节　拉美国家外交政策和对外关系的演变

拉美国家外交政策和对外关系的发展大致可分为两个阶段。第一阶段从拉美独立战争结束至第二次世界大战，第二阶段从第二次世界大战结束至 21 世纪第二个十年。

一　从拉美独立战争结束至第二次世界大战

这一阶段拉美国家的外交政策缺乏独立性，除少数国家、在某一时期（如墨西哥 1934—1940 年卡德纳斯总统执政时期）以外，拉美国家尚未形成自己独立的外交政策。

（一）独立战争结束至第一次世界大战拉美的外交政策和对外关系

原法国殖民地海地于 1804 年宣布独立，是拉美第一个获得独立的国家。1808—1826 年原西班牙美洲殖民地爆发了独立战争，战争结束后，建立了 16 个国家。原葡萄牙殖民地巴西于 1822 年宣布独立。至此，拉美共建立了 18 个独立国家。

从独立到第一次世界大战，拉美国家的外交政策和对外关系的重点和主要特点是：

1. 防止西班牙卷土重来和防止及抵御欧洲其他国家的侵略。拉美各国独立后，新生的共和国的外交政策的重点是防止西班牙卷土重来，重新征服拉美；同时也要防止和抵御欧洲其他国家的侵略。西班牙在 1829 年曾试图侵入墨西哥，遇到墨西哥政府和军民的反抗，遭到失败。1861—1865 年西班牙曾重新统治多米尼加共和国。1864 年西班牙还在秘鲁海岸外夺取了一些岛屿，并同厄瓜多尔、玻利维亚、智利等国发生过短期战争。1861—1862 年，西班牙还同英国和法国一起一度占领过墨西哥的韦拉克鲁斯城。

英国对拉美独立运动曾表示同情并给予一定的支持。拉美国家在独立后不久，也积极争取英国的支持，以反对神圣同盟武装干涉的危险和反对西班牙重返拉美。1826 年英国曾应邀派观察员列席了巴拿马美洲大陆会议。1823 年英国外交大臣坎宁发表声明，反对西班牙镇压拉美独立运动。坎宁还提出，西班牙恢复其殖民地是没有希望的。1825 年英国正式承认阿根廷、哥伦比亚和墨西哥。英国虽然不像西班牙、葡萄牙对拉美进行赤裸裸的殖民扩张和奴役，但也不乏对拉美国家入侵和干涉的例子。如 1833 年，英国占领了马尔维纳斯群岛（即福克兰群岛）。1838—1850 年，英国和法国等国经常在拉普拉塔河流域进行干涉。1862 年，英国曾同西班牙、法国一起占领韦拉克鲁斯。在西班牙和英国军队撤出墨西哥后，法国军队继续留在墨西哥，并一度占领墨西哥，扶持其傀儡奥地利大公马克西米利亚诺当墨西哥皇帝，法国的武装干涉遭到了胡亚雷斯总统领导的墨西哥合法政府和人民的顽强抵抗和反击。

2. 拉美各国相互间的战争和冲突不断。拉美各国在独立之后，由于欧洲殖民主义者在拉美的争夺，加上殖民地时期拉美原各行政区之间往往缺乏明确的界线，给独立后拉美国家埋下了纠纷的种子。独立后，一些拉美国家之间，常常由于边界等历史遗留下来的问题兵戎相见，相互之间的战争和冲突不断。如 19 世纪 20 年代、40—50 年代的两次乌拉圭战争，19 世纪六七十年代的巴拉圭战争（又称三国联盟战争），19 世纪 30 年代、七八十年代以秘鲁和玻利维亚为一方，智利为另一方，所进行的两次太平洋战争等。

3. 拉美各国逐渐看清美国门罗主义的实质。拉美国家在独立初期，曾对美国抱有幻想。对 1823 年 12 月美国总统门罗所提出的"门罗主义"即"美洲是美洲人的美洲"的口号，拉美各国曾普遍表示欢迎。面对虎视眈眈的欧洲列强，拉美国家认为，门罗主义多少给它们一种保护。但是，随着 19 世纪 40 年代美国并吞墨西哥的得克萨斯、1846—1848 年发动对墨的侵略战争和并吞大片墨西哥领土、美西战争后美国对古巴的军事占领和美国强加给古巴的普拉特修正案、美国一手制造的巴拿马"独立"、20 世纪初美国对中美洲和加勒比地区多次的武装干涉，使拉美各国逐渐看清门罗主义的实质。如墨西哥胡亚雷斯总统在抗击法国侵略军时曾得到美国的支持，对此，他表示欢迎。但与此同时，胡亚雷斯对美国的用心保持警惕，他说："我从来没有这种幻想，即这个强国会给我们以真诚帮助"。

4. 拉美各国为拉美团结所作的努力和泛美主义的产生。巴拿马会议后，1831 年墨西哥曾倡议召开第二次拉美国家会议，因响应者寥寥无几而没开成。此后几十年间，拉美国家召开过 3 次区域性国际会议。即 1847 年秘鲁、智利、新格拉纳达、玻利维亚和厄瓜多尔 5 国在利马召开的会议，1856 年智利、秘鲁和厄瓜多尔 3 国在智利圣地亚哥召开的会议和 1864 年 11 月至 1865 年 3 月秘鲁、哥伦比亚、玻利维亚、委内瑞拉、厄瓜多尔、智利和危地马拉 7 国在利马召开的会议。这 3 次会议的结果并不尽如人意，会议所签订的条约、决议未能付诸实施，但体现了拉美国家团结、联合共同抵御欧洲干涉和防止美国扩张的思想。

19 世纪八九十年代，美国为把欧洲势力排挤出拉美，篡改玻利瓦尔等人提出的拉美团结、联合的思想，打出泛美主义的旗号。在美国倡议下，在第一次世界大战爆发之前，美洲国家先后于 1889 年、1901 年、1906 年和 1910 年召开了 4 次美洲国家会议，在这 4 次会议上，拉美国家在建立关税同盟和强制性仲裁体制、国际法、贸易等问题上同美国展开了激烈的争论和斗争。但与此同时，拉美国家又同美国达成协议，决定建立"美洲共和国联盟"，并设立其常设机构"美洲各国商务局"（后先后改名为"美洲各国国际事务局"和"泛美联盟"），美国通过这些机构企图控制拉美。

5. 第一次世界大战期间拉美国家的立场。第一次世界大战期间，巴西、古巴、哥斯达黎加、危地马拉、海地、洪都拉斯、尼加拉瓜和巴拿马 8 个拉美国家对德国宣了战，秘鲁、玻利维亚、乌拉圭、厄瓜多尔和多米尼加共和国 5 国同德国断绝了关系。而拉美两个重要国家阿根廷和墨西哥，以及智利、哥伦比亚、委内瑞拉和萨尔瓦多等始终保持中立。第一次世界大战期间，德国丧失了它在拉美的全部投资，英法对拉美的投资减少，与拉美的贸易额下降，而美国则乘机扩张它在拉美的经济势力。美国还在拉美频频挥舞大棒，对墨西哥、中美洲和加勒比地区进行干涉和侵略，激起这些国家政府和人民的不满和反抗。

（二）第一次世界大战结束至第二次世界大战拉美的外交政策和对外关系

这一时期拉美国家外交政策和外交关系的重点和特点是：

1. 20 世纪 20 年代拉美国家对美国推行的"大棒政策"表示强烈不满。在 1928 年举行的第 6 届美洲国家会议上，萨尔瓦多代表要求会议通过一项关于"任何国家均不得干涉他国内政"的决议草案，这一决议草案得到墨西哥、阿根廷等 13 个拉美国家的支持，由于美国的反对，没被会议通过。但是，会议根据墨西哥代表建议，通过另一项决议，宣布"一切侵略都是非法的"，"美洲各国必须通过仲裁来和平解决法律性质的争端"。30 年代美国被迫调整它对拉美的政策，提出了"睦邻政策"，受到拉美各国欢迎。

2. 一些拉美国家开始同苏联建立外交或经贸关系。1924 年墨西哥率先同苏联正式建交。1926 年乌拉圭同苏联建交。此外，阿根廷、巴拉圭、智利等国同苏联积极发展经贸关系、民间友好往来和文化交流。然而，1930 年年初和 1935 年年底墨西哥和乌拉圭又先后同苏联断交。

3. 20 世纪 30 年代，玻利维亚和巴拉圭之间进行了长达 3 年的查科战争；秘鲁和哥伦比亚之间因莱蒂西亚的归属问题发生了一场武装冲突。

4. 第二次世界大战期间拉美国家的立场。第二次世界大战初期，拉美国家持中立政策。1941 年 12 月 7 日太平洋战争爆发后不久，中美洲 6 国（哥斯达黎加、洪都拉斯、萨尔瓦多、危地马拉、尼加拉瓜和巴拿马）、加勒比 3 国（古巴、海地和多米尼加）、墨西哥、南美洲 2 国（委内瑞拉和哥伦比亚）共 12 国与轴心国断绝了外交关系。1942 年 1 月底，又有 6 个拉美国家（巴西、乌拉圭、玻利维亚、巴拉圭、秘鲁和厄瓜多尔）宣布同轴心国断交。智利是在 1943 年 1 月正式宣布同轴心国断交。而阿根廷在第二次世界大战期间，一直坚持亲德立场。直到 1944 年 1 月，在美国压力下，阿根廷宣布同轴心国断交，并于 1945 年 3 月 27 日向日本和德国宣战。

值得一提的是，墨西哥于 1942 年 5 月向轴心国宣战，并派遣由 300 名志愿人员组成第 201 航空大队赴菲律宾前线参战。此外，还有 1.4 万旅美墨西哥人随美军开赴前线。巴西于 1944 年 7 月派遣由 5000 多名士兵组成的巴西远征兵团开赴欧洲反法西斯战场。拉美国家为支援反法西斯战争，还向美国提供了大量的战略物资，向美国提供军事基地及各种便利条件。拉美国家为反法西斯战争做出了重大贡献。

二 从第二次世界大战结束至 21 世纪第二个十年

战后 70 多年拉美的外交政策和对外关系发生了根本性的变化。

第二次世界大战结束至 21 世纪第二个十年，拉美的外交政策和对外关系大体可分为两个时期。

（一）第二次世界大战结束至 20 世纪 60 年代末的拉美对外政策和对外关系

这一时期拉美对外政策和对外关系的特点是：

1. 第二次世界大战期间和战后初期，西欧、日本在拉美国家经济政治势力大大削弱，而美国则乘机向这一地区进一步扩张，迅速取代了西欧老牌殖民主义，称霸拉丁美洲。拉美多数国家在经济上严重依赖美国，在政治上受美国的严密控制，在对外政策上，绝大多数拉美国家都秉承美国的旨意，在联合国等国际机构中，成为美国手中的"表决机器"。如1951年2月1日，在联合国大会讨论诬蔑中华人民共和国"侵略"朝鲜的决议时，拉美20个国家均追随美国，投了赞成票。1945年联合国成立后，其初期的活动基本上被美国所控制。美国之所以能操纵联合国，拉美国家起了重要作用。联合国的创始会员国总共有51个，拉美就占了20个。在联合国最初10年的表决中，除有关殖民地等少数问题外，在许多重大问题上，拉美绝大多数国家都支持美国的政策，同美国投一致的票。

2. 第二次世界大战结束至20世纪60年代初，大多数拉美国家执行同美国结盟和"单向依附"美国的政策。1947年八九月间，拉美国家同美国在里约热内卢举行关于大陆和平与安全的泛美特别会议，签订了《美洲国家间互助条约》，通过这一条约，同美国结成地区性军事集团。随后，1948年3—5月，在波哥大举行的第9次美洲国家会议上把泛美联盟改为美洲国家组织，并通过了该组织的宪章。《美洲国家间互助条约》的签订和美洲国家组织的建立，标志着拉美与美国政治军事集团的形成和美国在拉美霸权地位的确立。1952—1958年，13个拉美国家同美国签订了双边军事协定。

3. 战后，随着民族经济的发展和民族民主运动的高涨，一些拉美国家对外政策中的独立自主倾向逐步增长。1944年危地马拉革命后成立的民主政府（1944—1954年），推行了具有独立倾向的外交政策。阿根廷庇隆政府（1946—1955年，1973—1974年）奉行"第三立场"，反对美国在美洲国家组织中发号施令，拒绝支持第10次美洲国家会议通过的反共决议。墨西哥政府坚持"不干涉"和"民族自决"原则，拒同美国签订双边军事协定，拒支持美国提出的上述反共决议。

4. 1959年1月初古巴革命的胜利，使美国在拉美霸权地位开始受到挑战。20世纪60年代，拉美国家对外政策独立性不断增强。由于美国对古巴采取封锁、禁运、武装侵略等敌视政策，古巴加强了同社会主义国家的关系。1961年年初，美国同古巴断交。1962年美国企图在第8次美洲国家外长会议上通过将古巴排除出美洲国家组织的决议，遭到了墨西哥、巴西、阿根廷、智利、玻利维亚等6国的反对。1964年，美国再次迫使美洲国家组织通过对古巴实行集体制裁的决议，也遭到了墨西哥、智利、玻利维亚、乌拉圭的反对。在集体制裁古巴的决议通过后，墨西哥坚决顶住美国压力，始终同古巴保持着外交关系。

5. 20 世纪 60 年代后期，拉美与美国的离心倾向发展成为矛头主要针对美国的民族主义浪潮。这一浪潮在经济上主要表现在许多拉美国家掀起了没收或征收外资企业，主要是美资企业的国有化运动的高潮。在对外政策方面，拉美国家强烈地表现出摆脱美国的控制，按照自身的意愿和利益处理对外事务的倾向。

1969 年 5 月，拉美各国的外长、经济和财政部长在智利的比尼亚德尔马举行了排除美国参加的拉丁美洲特别协调委员会会议，通过了《比尼亚德尔马协议书》，要求"深刻变革"拉美同美国的经济贸易关系。协议书强调，"应当采取具体、有效的措施，以利于消除损害拉美国家加速发展的外部障碍"，这些措施应能"保障有关国家的政治和经济独立。特别应当遵循各国在法律上平等的原则，不得通过任何有损于别国国格及其政治、经济和文化的方式来干涉他国的内外事务……各国有权自由支配其自然资源主权的原则以及经济合作不能附带政治和军事条件的原则"，协议书还重申"拉丁美洲本身的特点"，要"按自己的观点制定反映其民族特点的解决方案"。这次会议及通过的协议书是拉美外交独立性增强的重要标志。

（二）70 年代初至 21 世纪第二个十年拉美的外交政策和对外关系

70 年代　70 年代拉美外交政策和对外关系的显著特点是独立自主倾向增强，主要表现在以下几个方面：

1. 拉美国家对美国离心倾向的增长，在一些问题上同美国抗衡，开展反对美国控制的斗争。70 年代，拉美大多数国家针对以美国为主的外国跨国公司的剥削和掠夺，纷纷掀起国有化的浪潮。如秘鲁贝拉斯科政府（1968—1975 年）共没收或征收了 17 家外资大公司，收回了 3100 多个矿山租让地。智利阿连德政府（1970—1973 年）征收了两家最大的美资安那康达和肯奈科特铜矿公司及其他外资铜矿、硝石矿企业，实现了铜和硝石这两个重要经济部门的国有化。委内瑞拉先后于 1971 年、1975 年和 1976 年实现天然气、铁矿和石油国有化，征收了 19 家外资石油公司的全部资产，收回了 228 万公顷石油租让地、1.2 万口油井、6000 多千米长的输油管道。

拉美国家还针对美国尼克松政府 1971 年 8 月宣布的对所有进口的制成品和半制成品征收 10% 附加税的限制及美国国会 1974 年 12 月通过的《1974 年贸易法》对拉美等发展中国家强制性和歧视性措施展开了坚持不懈的斗争。在委内瑞拉等国要求下，美洲国家组织常设理事会和美洲国家组织第 5 次大会于 1975 年先后通过决议，要求美国取消其贸易法中把委内瑞拉、厄瓜多尔等石油输出国组织成员国排除在普遍优惠制之外的条款。在 1976—1979 年召开的美洲国家组织第 6、第 7、第 8 和第 9 次大会上，许多拉美国家继续抨击美国的贸易保护主义政策。1980 年 3 月，美国卡特政府在拉美国家的压力下，不得不取消了《新贸易法》中对委内瑞拉、厄瓜多尔等国的歧视性条款。

70 年代，拉美国家维护 200 海里海洋权，反对超级大国海洋霸权的斗争达到了新的高潮。1970 年 5 月，智利、秘鲁、萨尔瓦多、厄瓜多尔、尼加拉瓜、阿根廷、巴拿马、乌拉圭和巴西 9 个拉美国家在乌拉圭首都蒙得维的亚签署了《蒙得维的亚海洋法宣言》。同年 8 月，20 个拉美国家又在利马召开拉丁美洲海洋法会议，发表了《拉丁美洲国家关于海洋法的宣言》。1972 年 6 月，加勒比地区 15 个国家在圣多明各举行地区性海洋法会议，有 10 个国家同意并签署了《圣多明各宣言》。除召开国际会议外，一些拉美国家还对非法闯入其 200 海里海域的美国等外国船只采取拘捕、罚款等措施，打击了海洋霸权主义的嚣张气焰。

70 年代，巴拿马人民收回运河主权的斗争进入新的阶段。1972 年托里霍斯执政后，宣布废除前政府于 1967 年同美国商定的关于运河问题的 3 个条约，明确提出收回运河主权。1973 年，应巴拿马邀请，联合国安理会在巴拿马举行了特别会议，会上，秘鲁、墨西哥、智利等拉美国家代表和中国等许多其他地区国家代表表示坚决支持巴拿马人民收回运河主权的斗争和立场。1977 年 8 月 10 日，巴拿马和美国就新运河条约的基本内容达成原则协议。同年 9 月 7 日，巴、美两国正式签署了《巴拿马运河条约》和《关于巴拿马运河永久中立和营运条约》。新的《巴拿马运河条约》规定，在 1999 年 12 月 31 日期满后，巴拿马将完全控制运河和运河区。

2. 承认国际关系中多种意识形态，逐步突破和放弃了"意识形态边疆"政策，对外关系趋于多元化。70 年代，随着国际形势和拉美形势的变化，拉美不少国家调整了对外政策，选择了新的外交立足点，承认国际关系中的多种意识形态，这具体反映在同古巴和其他社会主义国家关系的松动。1970—1975 年，智利、秘鲁等拉美 11 国先后同古巴复交或建交。1975 年 7 月，美洲国家组织召开了修改《美洲国家间互助条约》的特别大会，通过《圣何塞协议书》，在条约中增加了"政治多样化"等原则。随后，又立即召开了第 16 次外长协商会议，按照修改后的《美洲国家间互助条约》，以简单多数票通过了墨西哥等 11 国提案，授权各成员国以各自认为适当的级别和方式处理同古巴的关系。1975 年后，又有格林纳达、苏里南、尼加拉瓜、厄瓜多尔、圣卢西亚 5 国同古巴复交或建交。

阿根廷拉努塞军政府（1971—1973）于 1971 年表示放弃"意识形态边疆"政策，主张拉美国家协调一致，努力采取对全地区有利的共同行动。墨西哥埃切维里亚政府（1970—1976）明确提出"意识形态和政治多样化"的原则。"废除所谓'意识形态边疆'"，从而为其开放的、多元化的、积极的外交方针奠定了基础。巴西的盖泽尔政府（1974—1979）强调，巴西的外交政策应"根据巴西自己的利益来决定"，最大限度地谋求实效，废除"意识形态边疆"政策，使外交关系"多元化"。委内瑞拉总统佩雷斯强调，拉美国家不要听凭美国摆布，应独立自主地发展"多元外交"。

70 年代，大多数拉美国家主张不同社会政治制度国家和平共处，开展"多元外交"，在拉美地区内部加快了一体化、首先是经济一体化的步伐，并迅速恢复和发展同西欧、日本的关系，积极发展同苏联、东欧社会主义国家的关系以及同亚非发展中国家（包括中国）的关系。"多元外交"标志拉美国家对外独立性的增强。

70 年代，拉美各国之间的团结合作进一步加强。许多拉美国家领导人认识到，拉美国家必须联合起来，"必须用一个声音来对付工业大国"，实现"多元化的团结"即"一体化"。70 年代，拉美国家新成立了 3 个经济一体化组织即加勒比共同体和共同市场（1973）、拉美经济体系（1975）和亚马孙合作条约组织（1978）。1970—1979 年拉美地区内各国之间的贸易往来和经济合作不断加强。

拉美国家提出的"多元外交"方针的核心，是希望摆脱或减少对美国的单一依附，实现对外关系多元化首先采取的步骤是发展同西欧和日本各种领域的关系，特别是经贸关系。在贸易方面，拉美从欧共体的进口 1970—1980 年 10 年中增长近 4 倍，同期拉美向欧共体出口增长 3.6 倍。到 70 年代末，欧共体已成为拉美第二大贸易伙伴。在资金流动方面，西欧对拉美的投资总额从 1970 年的 95.75 亿美元增至 1980 年的 150 亿美元，西欧成为在拉美的第二大投资者。拉美同日本的贸易总额从 1970 年的 25.6 亿美元增至 1980 年的 146.17 亿美元，增长了 4.7 倍，日本已成为拉美的第三大贸易伙伴。70 年代初，拉美成为日本在海外投资的热点地区。日本在拉美的直接投资从 1970 年的 5.5 亿美元增至 1980 年的 61.7 亿美元，增加了 10.2 倍。

拉美同苏联、东欧的关系在 20 世纪 70 年代发展比较迅速。1970 年，只有 9 个拉美国家同苏联建交或复交，到 1979 年增加到 19 个。1969 年，苏拉贸易额只有 1.24 亿美元（不包括古巴，下同），到 1980 年增加到 24.08 亿美元。拉美同东欧国家的贸易总额 1970 年只有 4.5 亿美元，1979 年增加到 25.83 亿美元。

70 年代，许多拉美国家调整了对外政策，在外交指导思想上把立足点从西方转移到南方，认同第三世界立场，把发展问题摆到了前面。如墨西哥总统埃切维里亚明确宣布墨西哥同习惯称为"第三世界"的发展中国家的基本利益一致，他积极倡导"第三世界主义"，强调发展同第三世界国家的关系。1973—1976 年庇隆再度在阿根廷执政后，将原先他提出的"第三立场"解释成"第三世界"，强调"第三世界必须形成一个实体来说话"。巴西盖泽尔总统执行"普遍、负责的实用主义"外交路线。1979 年上台执政的巴西总统菲格雷多强调巴西放弃了以往同美国"自动结盟"的政策，多次表明巴西"既是西方国家，又是第三世界国家"。委内瑞拉佩雷斯执政期间（1974—1979）积极维护和促进拉美与第三世界的团结。

70 年代，加入不结盟运动的拉美国家日益增多。1970 年不结盟运动中的拉美正式成员国为 4 国（古巴、圭亚那、牙买加、特立尼达和多巴哥），观察员为 7 国（阿根廷、玻利维亚、巴西、智利、秘鲁、委内瑞拉、哥伦比亚）。到 1979 年，拉美的正式成员国增加到了 7 国（古巴、阿根廷、圭亚那、巴拿马、秘鲁、特立尼达和多巴哥、牙买加），观察员增加到了 8 国（巴巴多斯、玻利维亚、巴西、委内瑞拉、格林纳达、哥伦比亚、墨西哥、厄瓜多尔）。

在反帝、反霸、反殖和争取建立国际新秩序的共同斗争中，拉美同亚、非发展中国家的关系不断发展。1974 年 4—5 月，在墨西哥等国推动下，第六届特别联大通过了《关于建立国际经济新秩序的宣言》和《行动纲领》；同年 12 月，第 29 届联大又通过了墨西哥倡议的、"77 国集团"提出的《各国经济权利和义务宪章》草案。

70 年代拉美国家同中国关系发展迅速。1970 年智利同中国建交，成为同中国建交的第二个拉美国家。到 1980 年，同中国建交的拉美国家增加到 14 国。与此同时，拉美同中国的经贸往来也有迅速发展。1969 年中拉贸易额只有 1.3 亿美元（不包括古巴，下同），到 1979 年增加到 12.6 亿美元，与中国有经贸往来的拉美国家和地区扩大到 36 个。

80 年代　80 年代拉美国家外交政策的特点是：外交政策目标更加明确，外交政策渐趋稳健和务实，外交独立性进一步增强。

80 年代是拉美地区为争取和平、发展和民主进行不懈努力的年代。80 年代拉美地区发生了一系列重大事件，如中美洲冲突加剧，英国和阿根廷之间爆发马尔维纳斯群岛战争（1982），拉美爆发债务危机；美国入侵格林纳达（1983）和巴拿马（1989）；拉美各国民主化进程加快等。围绕这些重大事件的发生和发展，世界各种势力都在拉美舞台上施加自己的影响，开展频繁的外交活动。这些国际和国内的新因素使拉美外交政策呈现出新的特点：

1. 外交政策目标更加明确，即：一是争取和平，特别是中美洲地区的和平；二是解决发展的主要障碍债务问题。

70 年代后期至 80 年代后期，中美洲地区的局势持续动荡不安，成为美苏争夺的"热点"地区之一。为了解决中美洲地区冲突，拉美国家先后成立了由墨西哥、哥伦比亚、委内瑞拉和巴拿马 4 国组成的孔塔多拉集团（1983 年 1 月）、由阿根廷、巴西、乌拉圭和秘鲁 4 国组成的利马支持集团（1984 年 4 月）和里约集团（由上述两个集团联合组成的 8 国集团，1986 年 12 月）。这 3 个集团进行了长达 4 年半之久的不懈努力，一方面积极调解中美洲各国之间及各国内部各派之间的矛盾和冲突，另一方面又坚决顶住美国的压力，排除美国的干涉、干扰和破坏，终于取得了积极的成果。1987 年 8 月，中美洲 5 国在危地马拉再次举行首脑会议，达成了中美洲和平协议，签署了以哥斯达黎加阿里亚斯总统提出的《十点建议》为基础的《在中美洲建立稳定和持久和平的程序》。这一文件的签署为中美洲实现和平奠定了基础。

从 1982 年 8 月墨西哥宣布无力偿还到期外债本息开始，拉美国家普遍发生债务支付危机和经济危机。为了克服这一危机，拉美国家一方面制订并实施了各种不同模式的经济计划力图摆脱衰退，恢复发展；另一方面，在对外关系领域内又同债权国和债权银行进行了艰苦、旷日持久的谈判，以推迟到期债务本息的支付时间，减轻债务负担，为恢复和发展经济获得尽可能多的、必不可少的资金。为协调行动，研究共同战略，1984 年年初，拉美和加勒比地区 30 多个国家在基多召开了拉美经济会议，会议制定了一项重新谈判外债的新战略；同年 6 月，阿根廷、巴西、墨西哥等 11 个拉美主要债务国的外长和财长在哥伦比亚的卡塔赫纳召开会议，会议通过了《卡塔赫纳协议书》，提出了公正合理地解决债务危机的建议和要求，组成了卡塔赫纳集团。该集团曾先后召开多次会议，1987 年该集团 11 国总统曾致函西方 7 国首脑，提出富有建设性的克服债务危机的要求和建议。拉美经济体系、里约集团等组织也在债务问题上提出了共同的主张。

拉美国家的建议和主张主要包括：争取政治解决外债问题；强调还债要与提供新贷款联系起来，"以发展促还债"；要把还债与对外贸易联系起来。在包括拉美国家在内的发展中国家债务国共同斗争下，美国和其他西方工业国家及国际金融机构在债务问题上的立场逐步有所变化，在一定程度上采纳了拉美国家提出的"以发展促还债"的主张和承认债务国不可能完全付清债款的客观事实，在 80 年代后期，债权银行同拉美一些债务国达成减债协议。

2. 80 年代，随着世界格局的变化和拉美地区"民主化进程"的发展，温和、稳健和务实的外交政策已成为拉美地区对外关系中的主要特点之一。一些原来执行比较亲美、保守外交路线的国家，如中美洲的哥斯达黎加、危地马拉、洪都拉斯、萨尔瓦多等，在不同程度上拉开了同美国的距离，对美国不再唯命是从，在解决中美洲问题上，采取了相对独立的立场，与有关国家认真进行谈判，为达成协议做出了贡献。而古巴、尼加拉瓜等执行比较激进外交政策的国家，也顺应世界的潮流，逐步调整其外交政策，采取了比较灵活、务实的政策。拉美国家所执行的稳健、务实的外交政策为中美洲问题和债务问题的解决创造了良好的前提。

拉美国家的务实外交还体现在它们同苏联、中国等国的关系上。巴西、阿根廷等军人执政的政府，在 80 年代在强调意识形态方面同苏联、中国有分歧的同时，实行政经分离的方针，积极发展同苏联、中国的经贸往来。巴西菲格雷多总统还明确提出执行"普遍、负责的实用主义"外交政策。80 年代，这种务实外交已成为拉美多数国家对外关系中的基调和主流。在一定意义上说，所谓"务实外交"，就是将外交的重点从政治、军事为主，逐渐转到以经济为主。

3. 80 年代，拉美外交政策的独立自主性进一步增强。1982 年 4—6 月阿根廷和英国之间爆发的马尔维纳斯群岛战争对这一趋势有重要影响。战争期间，美国偏袒英国，并同英国和西欧国家一起对阿根廷进行制裁，引起拉美国家的强烈不满，它们指责美国拒不履行《美洲国家间互助条约》中所承担的义务，使它们认识到泛美体系的实质。马岛战争之后，美国对拉美的影响减弱，威信下降，美拉关系一度趋于冷淡。在一些重大问题上，拉美国家不再唯美国的马首是瞻，看美国的眼色行事，而是更加强调"拉美的事情应该由拉美各国自己来解决"，并付诸实践。

中美洲 5 国总统对里根总统抛出的"6 点和平计划"不予理睬，并排除美国的种种阻挠，终于在 1987 年 8 月达成与美国愿望相悖的中美洲和平协议。同年 11 月，拉美 8 国又撇开美国，自主地召开了 8 国首脑会议，这是拉美外交关系中独立自主倾向进一步增强的重要标志。

拉美国家外交独立自主性还反映在古巴和尼加拉瓜与苏联的关系上。80 年代后期，古、尼两国公开流露出对苏联的种种不满，并不时表示与美国改善关系的意愿。

90 年代 90 年代是世界政治经济形势发生重大转变的时期，也是拉美政治经济和外交政策发生重大变化的时期。东欧剧变和苏联解体，冷战的结束，世界从两极向多极化过渡，形成"一超多强"的局面；世界经济全球化、区域化迅速发展。90 年代拉美外交政策的特点是：

1. 拉美国家之间团结合作加强，一体化取得新的进展。

90 年代拉美国家之间团结合作加强，其突出表现是：

（1）拉美一体化取得新的进展。原有的区域一体化组织如中美洲共同市场、加勒比共同体、安第斯共同体、里约集团等活动频繁；建立了一些新的一体化组织，如南方共同市场（1991 年签约，1995 年 1 月正式成立），墨西哥、哥伦比亚和委内瑞拉三国自由贸易区（亦称 3 国集团，1994 年签约，1995 年 1 月生效），加勒比国家联盟（1994 年成立）等；拉美区域经济一体化在一定程度上已成为整个西半球经济合作的组成部分。2001 年 3 月 12 日，墨西哥总统福克斯提出了《墨西哥和中美洲经济发展走廊计划》即《普埃布拉—巴拿马计划》或《3P 计划》实施建议，提出墨南部 9 个经济落后州和中美洲七国建立经济发展区。智利与秘鲁和阿根廷在贸易和投资、能源输送及运输网络的一体化进一步加深。智利与玻利维亚准备共同修建天然气管道和液化厂。2003 年 12 月 16 日，南方共同市场（南共市）在蒙得维的亚举行第 25 次首脑会议。会上，拉美两大经济一体化组织，南共市和安第斯共同体（安共体）签署了自由贸易协定，这意味着向最终创建南美自由贸易区的目标迈出了重要的一步。

（2）一些有边界冲突或争议的国家达成了和平解决边界问题的协议。1998 年 10 月 26 日，秘鲁和厄瓜多尔签署了《全面和最终和平协议》即《巴西利亚总统条约》，1999 年 5 月 3 日，秘、厄两国总统又签署了《边界划定纪要》，使两国边界正式划定，边界问题最终得到解决。1998 年 1 月，中美洲洪都拉斯和萨尔瓦多签署协议，解决了由边民问题引起的冲突。同年 12 月，阿根廷和智利签署协议，永久性地解决了冰区地带的争端。

然而，拉美一些国家之间仍存在边界冲突或争议，如哥伦比亚与尼加拉瓜、尼加拉瓜与洪多拉斯、哥伦比亚与委内瑞拉、委内瑞拉与圭亚那之间仍存在边界领土（领海）争端，有待解决。

2. 加强同欧盟、亚太地区国家的关系，积极推行多元外交。

冷战结束后，随着世界经济全球化、集团化的发展，拉美国家尽力发展同欧洲联盟（1993 年 11 月 1 日前为欧洲共同体）的关系，特别是经济贸易关系，拉美与欧盟的跨地区经贸合作关系不断得到巩固和发展。

90 年代，中美洲国家外长同欧共体（欧盟）外长共举行了多次会议，主要讨论欧盟国家如何帮助中美洲国家实现民主和促使经济恢复与增长。

90 年代加勒比国家和欧盟国家在《洛美协定》的框架内加强关系。2000 年 6 月 23 日，欧盟与 77 个非（洲）加（勒比）太（平洋）国家签署了有关贸易与援助的《科托努协定》，取代了实施 25 年的《洛美协定》。

1999 年 6 月，欧盟 15 国和拉美 32 国（包括古巴在内）领导人在里约热内卢举行了首届欧盟—拉美首脑会议。欧盟提出的关于同拉美建立战略性政治和经济联盟的建议得到拉美国家的积极响应。

从 1991 年到 2000 年，拉美 19 国讲西班牙语或葡萄牙语国家同欧盟成员国、地处伊比利亚半岛的西班牙和葡萄牙先后举行了 10 次伊比利亚美洲国家首脑会议。这些会议的召开使拉美这些国家同西班牙、葡萄牙的传统关系，以及同欧盟其他国家的关系得到加强。

拉美与欧盟国家也同样存在一些矛盾与分歧。在贸易方面，欧盟国家实行农业补贴政策，拒绝开放农产品市场，对拉美农产品设置关税和非关税壁垒，影响了拉美向欧盟农产品的出口，欧盟与拉美国家发生的"香蕉战"就是一个典型的例子。

随着俄罗斯政局的逐步稳定和经济的恢复发展，拉美国家与俄罗斯的往来增加，双边关系取得进展。俄罗斯加强了在拉美的经济攻势。2000 年 12 月俄罗斯总统普京访问古巴，这是俄国家元首首次访问拉美国家。

90 年代，拉美国家重视发展同亚太地区国家的关系，拉美和亚洲国家高层领导人互访频繁，经贸往来加强。1993 年、1994 年和 1997 年墨西哥、智利和秘鲁 3 国先后正式加入了亚太经济合作组织。自加入该组织后，上述 3 国总统先后参加了该组织历届领导人非正式会议。1999 年 9 月，在新加坡召开了由政府官员参加的首届"东亚—拉美合作论坛"，包括中国、日本、韩国在内的东亚和拉美共 27 个国家参加了论坛，并正式成立了"东亚—拉美论坛"机构。

90 年代，拉美同中国的政治关系全面、健康、持续地发展；90 年代来拉美地区先后有近 20 多位国家元首或政府首脑访问了中国。1990 年中国国家主席杨尚昆出访拉美 5 国，1993 年国家主席江泽民访问巴西、古巴，1997 年江泽民主席访问墨西哥，国务院总理李鹏等中国其他高层领导人也多次出访拉美国家。高层互访加深了彼此了解，有力地推动了双边关系全面发展。拉美与中国经济合作、贸易往来、文化科技交流更趋密切；双边关系出现多渠道、多层次、官民并举、全面发展的新局面。

3. 拉美国家同美国的关系有所改善，双方的合作加强，但在一系列问题上依然存在矛盾和分歧。

90 年代，拉美国家调整了对美国的政策，大多数拉美国家主动改善对美国的关系，对 1990 年老布什总统提出的关于建立美洲自由贸易区的"美洲倡议"表示欢迎。除古巴外，拉美地区所有的国家领导人与美国和加拿大领导人一起，于 1994 年 12 月和 1998 年 4 月在美国迈阿密和智利圣地亚哥先后举行了第 1、第 2 次美洲首脑会议。

一些拉美国家，如阿根廷、墨西哥等主动与美国"结盟"或靠近。绝大多数拉美国家都把与美国的关系放在其国际关系的首位，其领导人频繁访问美国。墨西哥加入北美自由贸易协定后，它同美国经济政治关系更趋密切；阿根廷梅内姆政府（1989—1999）主动与美国结成战略同盟；巴西卡多佐政府（1995—2002）积极争取美国支持，以克服 1999 年 1 月出现的本国金融动荡。

美国克林顿总统在其第一任期内（1993—1997）对拉美比较冷落，没有出访任何一个拉美国家。但在其第二任期内（1997—2001），他 5 次出访拉美国家，访问了墨西哥、中美洲国家和南美洲一些国家。

90 年代，美国与拉美国家在政治上逐步由主从关系向伙伴关系过渡，在经济上逐步由不平等往来转向对等合作，从对抗多于合作，逐渐变为合作多于对抗。然而，美国的霸权主义和干涉主义行径在拉美仍常有表现。拉美国家与美国之间在贸易、农业补贴、人权、缉毒、环保、移民及对古巴态度等一系列问题上仍存在不少矛盾和分歧。不少拉美国家对美国一年一度的"人权报告"和"缉毒评估"中对它们的无端指责甚为不满，认为这是对它们内政的粗暴干涉。此外，越来越多的拉美国家批评美国对古巴采取的封锁和禁运政策。

世纪之交之际，由于拉美国家充分利用世界多极化和经济全球化的有利因素，积极开展多元外交和经济外交，加强地区内部团结，进一步拓宽了国际活动空间和扩大了外交回旋余地，使拉美对外关系出现比较活跃的局面，并给本国经济和社会的发展提供了较为有利的国际环境。

21 世纪以来 21 世纪的头 20 年，是世界发生大发展大变革大调整时期，国际格局历经复杂和深刻的调整与变化，和平与发展仍然是时代主题；世界多极化、经济全球化、社会信息化、文化多样化在曲折中深入发展；全球治理体系和国际秩序变革加速推进，各国相互联系和依存日益加深，国际力量对比更趋平衡，与此同时，世界面临的不稳定性不确定性突出，世界经济正由传统的工业经济向知识经济转变，以互联网为核心的信息技术革命赋予了经济许多新特征；地区热点问题此起彼伏，恐怖主义、网络安全、重大传染性疾病、气候变化等非传统安全威胁持续蔓延，人类面临许多共同挑战；多边主义和单边主义之争更加尖锐，保护主义和民粹主义逆流涌动，强权政治和霸权主义行径四处横行。

21 世纪的头 20 年是危机和变革的二十年，也是合作和发展的二十年。在这 20 年里，发生了许多重大的事件，如"9·11"恐怖袭击事件、伊拉克战争、2008 年国际金融危机、新兴经济体总体实力上升、影响加大；贸易保护主义、单边主义持续蔓延；奥巴马第二任期，美古复交；特朗普上台执政、英国脱欧、新冠肺炎疫情在全球蔓延等，这推动国际关系、国际格局发生了重大的变化。在 21 世纪头 20 年，拉美的政治经济和社会形势也发生了深刻的变化，从 21 世纪初到 2015 年的 15 年是拉美左翼力量在拉美政坛占优势的 15 年，但是，2015 年之后，拉美政坛出现了"左退右进"的局面。2003 年至 2012 年拉美经济增长比较快，被称为"黄金十年"，然而，2013 年之后经济增长缓慢。全球和地区形势的变化使拉美的对外关系也发生了重要的变化，主要的变化有：

1. 拉美一体化进程呈波浪式发展。2001 年 3 月 12 日，墨西哥总统福克斯提出了《墨西哥和中美洲经济发展走廊计划》即《普埃布拉—巴拿马计划》或《3P 计划》实施建议，提出墨南部 9 个经济落后州和中美洲七国建立经济发展区。2003 年 12 月 16 日，南方共同市场（南共市）在蒙得维的亚举行第 25 次首脑会议。会上，拉美两大经济一体化组织，南共市和安第斯共同体（安共体）签署了自由贸易协定，这意味着向最终创建南美自由贸易区的目标迈出了重要的一步。美洲玻利瓦尔联盟（Bolivarian Alliance for the People of Our America，ALBA）是一个以拉丁美洲及加勒比地区政治、经济、社会一体化为宗旨的地区性合作组织。2004 年，由委内瑞拉和古巴发起，在古巴哈瓦那成立美洲玻利瓦尔替代计划组织，旨在加强拉美和加勒比地区国家间的经贸合作和一体化进程，抵制美国倡导建立的美洲自由贸易区，2009 年 6 月，改名为美洲玻利瓦尔联盟。2011 年 4 月，南美洲 4 国智利、秘鲁、墨西哥、哥伦比亚在秘鲁组成太平洋联盟，2012 年 6 月 6 日，4 国正式签署太平洋联盟框架协议。2011 年 12 月 2 日，拉美和加勒比 33 个国家在委内瑞拉首都加拉加斯成立拉美及加勒比国家共同体（简称拉共体），拉共体是拉美最大的区域性政治组织，其首要任务是通过独立和可持续发展在民主、均衡和社会公正基础上改善共同体各国人民的生活质量。该组织致力于维护地区和平，保障地区安全，就拉美地区政治、经济、社会和文化等重大议题进行磋商，协调立场，深化拉美一体化进程，促进地区团结、独立和发展。

然而，由于在一些次地区一体化组织之间在一体化目标方向、路径、重点方面，存在明显的分歧；再加上 2015—2018 年拉美政治生态发生"左退右进"的变化，一些拉美国家右翼纷纷上台执政，宣布退出以左翼执政国家为主的一体化组织。拉美国家在政治生态调整上的不同步使拉美地区一体化进程陷入困境，部分地区组织面临支离破碎的局面。南美洲 12 国中有 8 国宣布退出或停止参加南美洲国家联盟的活动，厄瓜多尔、玻利维亚退出美洲玻利瓦尔联盟，巴西退出拉共体，南美洲 8 国另立山头，成立南美进步和一体化论坛，拉美一体化呈"碎片化"。2017 年以来，针对委内瑞拉国内形势的变化，拉美国家呈现两派对立的立场。以古巴、委内瑞拉等左翼国家为主的美洲玻利瓦尔联盟成员国支持委内瑞拉马杜罗政府；而 2017 年 8 月在秘鲁的倡议下成立的由 13 个拉美国家和加拿大组成利马集团中的 12 国则从质疑马杜罗政府转为不承认马杜罗合法政府、承认美国支持的反对派领导人瓜伊多自封的"临时总统"。拉美国家在委内瑞拉问题上选边站队，严重危及拉美地区的团结，给拉美地区一体化造成巨大的负面影响。然而，2018 年以来，拉美政治生态再次发生变化，中左翼先后就在墨西哥、阿根廷和秘鲁执政。2019 年 1 月、2021 年 3 月，墨西哥和阿根廷先后退出利马集团。2021 年 7 月 28 日，秘鲁左翼卡斯蒂略就任总统后不久，就宣布退出利马集团，至此，利马集团已名存实亡。

2. 对外关系继续朝着多元化方向发展。拉美国家利用世界多极化和经济全球化的有利因素，积极开展多元外交和经济外交，进一步拓宽了国际活动空间和扩大了外交回旋余地，对外关系继续朝着多元化方向发展，并给本国经济和社会的发展提供了较为有利的国际环境。

拉美与欧盟关系深入发展。拉美国家与欧盟召开多次首脑会议。拉美与欧盟的首脑会议第2届（2002年，西班牙马德里），第3届（2004年，墨西哥瓜达拉哈拉），第4届（2004年，奥地利维也纳），第5届（2016年，秘鲁利马），第6届（2018年，西班牙马德里），第7届（2010年，巴拿马巴拿马城）。2010年之后，拉美与欧盟的首脑会议由拉共体与欧盟首脑会议取代。2013年和2015年拉共体和欧盟先后在智利圣地亚哥和比利时布鲁塞尔召开了第1届和2届拉共体—欧盟首脑会议。

拉美讲西班牙语和葡萄牙语的19个国家与伊比利亚半岛3国西班牙、葡萄牙和安道尔举办的"伊比利亚美洲首脑会议"在2000—2021年共召开了19次伊比利亚美洲首脑会议，在2014年以前是每年召开一次，自2014年第24届峰会起，改为每两年召开一次。2021年4月21—22日，在安道尔以线上和线下结合的方式召开了第27届伊比利亚美洲首脑会议。

欧盟是拉美第二大贸易伙伴及外国直接投资和发展援助的主要来源，两个地区正在构建包括自由贸易区在内的跨地区战略伙伴关系。2019年6月28日，经过近20年的30余轮谈判，南方共同市场与欧盟于在布鲁塞尔签署了自由贸易协定备忘录，南共市与欧盟建立自贸关系将创造一个人口超过8亿、双边货物和服务贸易总额达1000多亿美元和产值占全球GDP 1/4的巨大市场，将有望成为世界上最大的自由贸易区，对全球经济发展也具有重大意义。欧盟与古巴的关系明显改善。2008年，欧盟解除了对古巴的制裁；2014年2月10日，欧盟28个成员国外长在布鲁塞尔举行会议，正式核准欧盟与古巴展开双边政治对话及合作协议谈判的动议；2016年12月12日，古巴与欧盟在布鲁塞尔正式签署了首份双边关系框架协议"政治对话与合作协议"。

1991年年底苏联解体后，90年代拉美与俄罗斯交往减少。进入21世纪以来，拉美与俄罗斯的关系取得恢复性的发展，俄罗斯重返拉美。俄罗斯重点发展与古巴、委内瑞拉和尼加拉瓜拉美左翼执政国家的关系，同时，在经贸方面，重点发展与巴西、墨西哥、阿根廷等拉美经济大国的关系。2001 年 12 月，俄罗斯总理卡西亚诺夫访问巴西和委内瑞拉。2003 年 12 月，俄罗斯外长伊凡诺夫访问阿根廷、巴西、委内瑞拉、智利和乌拉圭 5 国。2008 年 11 月，俄罗斯总统梅德韦杰夫先后访问了秘鲁、巴西、委内瑞拉和古巴四国。2009 年古巴国务委员会主席和部长会议主席劳尔·卡斯特罗、智利总统巴切莱特、阿根廷总统克里斯蒂娜、尼加拉瓜总统奥尔特加、玻利维亚总统莫拉莱斯等接踵访问俄罗斯。委内瑞拉总统查韦斯生前和马杜罗总统多次访问俄罗斯。俄罗斯总统普京 2010 年访问委内瑞拉，2014 年访问古巴、尼加拉瓜、阿根廷和巴西，2018 年到阿根廷参加 20 国集团峰会。2018 年和 2019 年，古巴新领导人卡内尔主席两次访问俄罗斯。2019 年俄罗斯总理梅德韦杰夫访问古巴。俄罗斯外长拉夫罗夫于 2014 年访问古巴、尼加拉瓜和智利，2020 年 2 月访问古巴、墨西哥和委内瑞拉 3 国。

21 世纪以来，拉美国家与亚洲的关系进一步发展。2001 年 3 月，在智利圣地亚哥举行了"东亚—拉美合作论坛"首届外长会议。迄今为止，共召开了 9 届外长会议。第 9 届外长会议于 2019 年 11 月在多米尼加圣多明各举行。到目前为止，成员国已发展到 36 个（其中拉美增至 20 国）。墨西哥、秘鲁和智利是亚太经合组织的成员国。21 世纪，2002 年 10 月亚太经合组织第 10 次领导人非正式会议在墨西哥洛斯加沃斯举行；2004 年 11 月亚太经合组织第 12 次领导人非正式会议在智利圣地亚哥举行；2008 年 11 月和 2016 年 11 月，亚太经合组织第 16 次和第 24 次领导人非正式会议在秘鲁利马举行。众多亚太地区领导人在到墨西哥、智利和秘鲁与会的同事，也顺访多个拉美国家。与此同时，墨、智、秘 3 国领导人到亚太国家与会时，也顺访多个亚太国家。其他拉美国家的领导人也频频出访亚太国家。21 世纪以来，拉美国家与亚太国家的经济贸易往来得到加强。

进入 21 世纪以来，拉美国家与美国的关系发生了深刻的变化。小布什总统任内（2001—2009），小布什于 2001 年 2 月和 2002 年 3 月两次访问墨西哥，同墨西哥福克斯总统达成了关于建立《美墨边境同盟》协议和关于建立《美墨争取繁荣联盟》协议，发表了联合声明。2002 年访墨之后又访问秘鲁、萨尔瓦多，并在短短 4 天时间里会见了拉美 13 个国家的领导人。

　　小布什总统 2001 年 4 月在加拿大魁北克召开的第 3 次美洲首脑会议上，同拉美国家达成协议，企图在 2005 年与拉美国家达成建立美洲自由贸易区的协议。但是，由于自 20 世纪 90 年代末起，拉美左翼崛起，左翼在委内瑞拉、阿根廷、巴西、玻利维亚、乌拉圭等国上台执政，在 2005 年 11 月在阿根廷马德普拉塔举行的第 4 次美洲国家首脑会议上，在委内瑞拉等上述左翼执政的国家的强烈反对下，美国关于达成美洲自由贸易区协议的计划遭到失败。

　　2001 年 9 月 11 日美国遭恐怖袭击后，包括古巴在内的拉美各国领导人和政府立即发表声明或致电小布什政府，强烈谴责在美国发生的一系列恐怖主义的袭击事件，对事件中遭到重大损失的美国政府和人民表示慰问和声援。但在美国以反恐名义于 2001 年 10 月对阿富汗发动的反恐战争问题上，不少拉美国家持保留态度。智利、巴西、厄瓜多尔、委内瑞拉和古巴明确反对美国用战争手段对付恐怖主义。对美国在 2003 年 3 月对伊拉克发动的战争拉美国家的反映不尽相同，大体可分为三种：第一种，巴西、委内瑞拉、厄瓜多尔、智利、墨西哥、阿根廷、古巴、巴拉圭、乌拉圭和秘鲁等国对美国对伊拉克开战表示谴责或遗憾。第二种，哥伦比亚、玻利维亚、萨尔瓦多、洪都拉斯、尼加拉瓜、巴拿马、哥斯达黎加、多米尼加等国对美国对伊拉克开战表示全力支持。第三种，一些拉美国家采取观望态度，没有明确表态。

　　"9·11"事件后，拉美在反恐安全方面合作加强。但拉美各国与美国在反恐和安全方面也存在不少矛盾和斗争。不少拉美国家反对美国以反恐和帮助扫毒为名，加强对拉美国家的控制，甚至派军队到拉美有的国家去干涉他国内政。美国对支持它的哥伦比亚和中美洲国家增加了援助。2003 年 4 月 10 日，布什专门邀请中美洲 5 国元首访问美国，并于同年 12 月同中美洲达成了自由贸易协议。

　　"9·11"事件后，布什政府对古巴继续采取强硬政策，美国国务院在自 2002 年起历年的《全球恐怖主义形势报告》中，一而再、再而三地无端指责古巴为"支持恐怖主义的国家"，并加强了对古巴的制裁。小布什政府在 2002 年 4 月委内瑞拉发生的企图推翻查韦斯政府的未遂政变中，扮演了一个极不光彩的角色，明目张胆地支持反对派策动政变。

　　在民主党人奥巴马总统任内（2009—2017），奥巴马对美国对拉美的政策进行了调整，提出要建立新"平等伙伴关系"，表示要开启与古巴关系的"新开端"，力图改善与拉美左派政府的关系。与此同时，拉美国家，尤其是左翼执政的拉美国家，在与美国的关系，呈现出更大的自主性和独立性。在政治上，不少拉美国家极力抵制美国的控制、干涉；在全球和地区议题上，绝对多数拉美国家不再一味附和和顺从美国的政策倡议，而是坚持符合本地区现实情况和利益的政策立场。在奥巴马第二任期间，2015年7月20日，美古两国正式恢复外交关系，古美关系的正常化迈出了第一步。2016年3月，奥巴马访问古巴，成为88年来，首位访问古巴的在位美国总统。奥巴马任内，美古关系取得了一定的进展，但是，美国对古巴的经济、贸易和金融封锁政策并没有改变。美古关系的改善也使美拉关系出现了向更为合作和建设性方向发展的转机。

在共和党人特朗普任内（2017—2021），随着拉美地区政治生态的变化、中美竞争加剧和中拉关系的快速推进，美拉关系体现出明显的"排他性"。打压古巴、委内瑞拉、玻利维亚和尼加拉瓜等拉美左翼政府成为特朗普政府与拉美多国互动的核心议题。而拉拢拉美右翼政府，排斥域外力量成为美国对拉美政策的重要关注。

特朗普政府在移民问题上，采取"零容忍"政策，实施非人道的移民隔离措施激起拉美国家的公愤。在贸易问题上，采取贸易保护主义政策，对墨西哥、巴西和阿根廷等国出口的钢铝产品加税，引起有关国家的强烈不满。

2021年1月20日，民主党人拜登就任美国总统后，继续奉行对古巴、委内瑞拉等左翼国家打压、制裁和封锁的政策，但具体方法有所变化，他不再叫嚣军事威胁，而是更多使用"颜色革命"和"软政变"的手腕。在对待拉美移民政策上，略有松动；拜登宣布不再修建美墨边境的隔离墙；更加重视与北三角中美洲3国的关系；他在拉美推行"美洲增长"倡议，企图阻止中国"一带一路"倡议在拉美的推行。

进入21世纪以来，拉美与中国的关系走上新的台阶，中拉关系呈现全方位、多层次、宽领域发展的新局面。到2020年年底，中国已与拉美的24个国家建立外交关系。与巴西、委内瑞拉、墨西哥、阿根廷、智利、秘鲁、厄瓜多尔、玻利维亚、乌拉圭、哥斯达黎加、牙买加和苏里南12国建立战略伙伴关系，同前7国建立全面战略伙伴关系。中国同拉美各国的政治关系全面、健康、持续地发展，双方高层交往更加频繁，政治互信日益加深，经贸、科技、文教等领域合作不断深入，在国际事务中相互支持、密切配合。中拉关系以经促政、政经结合成绩显著。中国国家主席江泽民、胡锦涛多次访问拉美。2013 年 3 月习近平就任中国国家主席后，到 2019 年年底，已 5 次访问拉美。绝大多数与我国建交的拉美和加勒比国家领导人也都先后访问中国。

2014 年 7 月，在习近平主席访问巴西期间，在巴西首都巴西利亚举行了首次中国—拉美和加勒比国家领导人会晤，习近平同与会各国领导人一致决定建立平等互利、共同发展的中拉全面合作伙伴关系，共同宣布成立中国—拉共体论坛。2015 年 1 月和 2018 年 1 月，第 1 和第 2 届中拉部长级会议先后在北京和智利圣地亚哥举行。到 2020 年年底为止，拉美 19 国与中国签署了关于"一带一路"合作备忘录或框架协议。中国与拉美的贸易额从 2000 年的 126 亿美元增加到 2020 年的 3166.4 亿美元，中国稳居拉美—加勒比地区第二贸易伙伴国地位，拉美地区已成为全球对华出口增长最快的地区之一。中国在拉美的直接投资从 2003 年的 46.2 亿美元，增加到 2018 年的 4067.7 亿美元，占中国对外投资总量的 22%，拉美成为仅次于亚洲的中国海外投资第二大目的地。截至目前，在拉美投资的中国企业 2500 家。

2020 年以来，习近平主席同拉美十多个国家元首通电话或互致信函，表达守望相助、共克时艰的坚定意愿，亲自引领中拉同心抗疫，共促发展。中国已向拉美 30 国捐赠急需的医疗物资设备 3400 多万件，举办抗疫经验视频交流会 50 余场，向拉美 10 多国提供疫苗，受到热烈欢迎。

应该看到，中拉关系的发展并不是一帆风顺的，也遇到不少挑战和问题，如美国政府对中拉关系发展的干扰，使中拉关系中"美国因素"凸显。美国特朗普政府和拜登政府对中拉关系的迅速发展深感不安，持有酸葡萄心态；美国政府鼓吹"新门罗主义"，不容其"后院"接近中国。美国加紧打"拉美牌"，公开诋毁中国，给中国戴上"新帝国强权""捕食者""修正主义"等帽子；指责中国"给拉美国家制造不可持续的债务负担，威胁其经济发展"，打压与中国走近的国家，抹黑中拉合作，排斥华为等中国企业在拉美的发展和中国 5G 等技术在拉美的推广，挑拨离间中拉关系，逼迫拉美国家选边站队，千方百计阻挠拉美国家发展与中国的关系。但是，中拉关系的发展符合双方的利益，美国阻碍中拉关系的企图绝不会得逞。

第三节　拉美国家的国际关系和国际法理论

从 19 世纪初独立后至今，拉美国家先后创建了一些有关国际关系和国际法理论，这些理论在国际上产生了一定的影响。现按照时间先后列举如下：

一　卡尔沃主义（Doctrina Calvo），又称"卡尔沃条款"或"卡尔沃原则"

1868 年由阿根廷外交家和国际法学家卡洛斯·卡尔沃（Carlos Calvo，1824—1906）在其所著的《欧洲和美洲国际法的理论和实践》一书中所提出的国际法原则。为使拉丁美洲免遭欧洲国家以保护本国侨民为名进行的干涉，保卫国家主权，卡尔沃提出，国家管辖外国公民或侨民和索取赔款的规则，应该平等地适用于所有大小国家；凡在拉美国家拥有财产的外国公民或侨民，如对所在国政府提出赔偿要求，应诉诸所在国的法庭，不得谋求本国政府外交或其他方式的干涉。该原则在 1902 年阿根廷外长德拉戈提出的德拉戈主义中得到发展。

二　德拉戈主义（Doctrina Drago），又称德拉戈原则

1902 年阿根廷外长路易斯·马里亚·德拉戈（Luis Maria Drago，1859—1921）提出的国际法原则。针对英国、德国、意大利三国为向委内瑞拉索债出动海军封锁委内瑞拉的"委内瑞拉事件"，1902 年 12 月 29 日德拉戈致函美国政府，提出公债不能成为武装干涉、更不能成为实际占领美洲国家领土的理由。这同美国门罗主义吻合，因此得到美国的支持。在 1907 年第二次海牙国际和平会议上，通过了阿根廷代表德拉戈和美国代表波特提出的德拉戈 – 波特公约，公约在德拉戈主义基础上作了修改，规定一国政府不得以武力向另一国政府索取各种契约债务，但在债务国拒绝接受国际仲裁或否认经国际仲裁做出的决定时，债权国可以使用武力。

三 托瓦尔主义（Doctrina Tobar）

1917 年由厄瓜多尔外长卡洛斯·鲁道夫·托瓦尔（Carlos RodolfoTo-bar，1854—1920）提出的一种国际法理论。1907 年托瓦尔建议为结束拉美各国不幸的内战，美洲国家应签订一项公约以间接方式予以干涉，但这一干涉最多只能是拒绝承认通过违反宪法的政变而建立的事实上的政府。1907 年和 1923 年中美洲 5 国签订的两个和平条约中引用了这一原则，规定缔约国不承认通过政变或革命而又未经按宪法自由选举产生的人民代表会议批准的政府。

四 埃斯特拉达主义（Doctrina Estrada）

1930 年 9 月 27 日由墨西哥外长赫纳罗·埃斯特拉达（Genaro Estra-da，1887—1931）在《关于新政府承认的公报》中提出的一种国际法理论，认为各国对新政府的承认是自然而然的，不必专门发表声明，因为这类声明本身即意味着一个国家对另一个主权国家的政府或政制形式和其合法性按自己的意愿做出评价，因此是对他国的干涉；取代承认宣言的应是派驻国的不同级别的代表。这一主张自提出后即得到许多国家的支持。墨西哥一直坚持这一原则，如在 1964 年美洲国家组织做出"制裁"古巴政府的决定后，墨西哥仍与古巴政府保持外交关系。

五 负责的实用主义外交（Diplomacia del pragmatismoresponsable）

巴西埃内斯托·盖泽尔（Ernesto Geisel，1908—1996）政府（1974—1979）和若奥·菲格雷多（João Figueiredo，1918—1999）政府（1979—1985）所推行的外交方针和政策。盖泽尔是负责的实用主义外交方针的设计者。1974 年 3 月 19 日，盖泽尔在内阁会议上提出：巴西的外交政策应当是"建设性的、实用的、负责的和普遍的"，"巴西的对外方针将依据一种负责的实用主义"，巴西"要以一个成熟的大国的责任感使人们听到它的声音；要对和平和进步的普遍问题具有合作精神；要树立起勇于分担各国人民之间相互帮助的义务的信念；要对以地理要求和数世纪相同的历史遭遇为基础的大陆团结抱有信心，这是巴西在当今不平静和复杂的世界上应该遵循的的方针"，① 并规定巴西将优先发展同兄弟国家和邻国的关系，从而修正了自 1964 年 3 月巴西军事政变后连续三届政府（卡斯特卢·布朗库、科斯塔－席尔瓦、梅迪西政府）所奉行的同美国"自动结盟"的外交方针。盖泽尔提出的负责的实用主义外交被其继任者菲格雷多总统加以发展。菲格雷多总统在 1980 年国情咨文中明确提出："巴西外交政策的目的是同世界各国建立平等关系"，"既面向工业国，也面向发展中国家"，"既不接受奴役，也不接受霸权"。② 按照巴西人的解释，所谓"负责的"，是指巴西"是一个坚持西方价值观念的国家"，它将永远按照西方道德标准行事，不会动摇或者抛弃它的传统观念；所谓"实用主义"，就是巴西的外交必须结合国内的情况，以谋求本国的实际利益为最终目标，在平等的基础上，同所有国家发展友好关系。

　　巴西的负责的实用主义外交主要体现在以下几个方面：（一）废除与美国自动结盟的传统政策，表现出强烈的外交独立性。巴西不顾美国的强烈反对，在 1975 年同西德签订了核协定；顶住美国的压力，于 1977 年断然废除了 1952 年同美国签订的军事协定。（二）实行"欧洲选择"，即在抛弃与美国自动结盟的传统政策的同时，加强同西欧与日本等发达资本主义国家的联系。（三）打破"意识形态边疆"界限，1974 年同中华人民共和国建立外交关系，承认安哥拉人运政府，加强同苏联东欧国家的经济联系。（四）发展和加强同拉美其他国家和非洲国家的关系，认为"同这边的邻国（拉美其他国家）和同大洋那边的邻国（非洲国家）发展关系是巴西外交特别重要的使命。（五）在中东问题上，从对以色列－阿拉伯争端持严格的"等距离"立场转为亲阿疏以，确立了反对犹太复国主义，支持巴勒斯坦人民收复失地、重建家园的明确立场，从而密切了同阿拉伯国家的关系。

　　负责的实用主义外交的提出和实施表明巴西的外交方针和政策发生了重要变化，从追随美国，转为不甘为美国附庸；从否认第三世界的存在，到承认第三世界的存在；从自称属于西方世界，到宣布自己也是第三世界的一员。总之，从过去的"一边倒"，转为左右逢源、周旋于超级

---

① 巴西众议院：《总统国情咨文》（1965—1979），第 58 页。
② 巴西《圣保罗州报》1981 年 3 月 3 日。

大国和东西方之间。负责的实用主义外交是巴西根据国际形势的变化对其外交方针和政策所做出的及时和重要的调整，由于巴西自 20 世纪 70 年代中期起执行负责的实用主义外交，它赢得了朋友，扩大了影响，争取了外资，开拓了市场，为巴西的经济发展和社会进步创造了良好条件，并对建立国际政治和经济新秩序产生了积极作用。

六 外围现实主义（Realismo periferico）

阿根廷学者卡洛斯·埃斯库德（Carlos Escude，1948—2021）于 1992 年提出的指导阿根廷制定外交政策和处理外交关系的一种理论。埃斯库德生于阿根廷布宜诺斯艾利斯，曾就读于英国剑桥大学和美国耶鲁大学，并在耶鲁大学获政治学博士学位。曾任阿根廷外交部顾问。现为阿根廷国家科技研究委员会研究员、贝尔格拉诺大学研究生院教授。在对阿根廷外交政策的历史和现状进行十余年研究后，1992 年他出版了《外围现实主义》一书①，对外围现实主义这一理论作了全面的论述。

埃斯库德提出的外围现实主义的基本原则是：（一）像阿根廷这样一个依附、脆弱和贫穷的、不具有战略重要性的外围国家，应该消除与大国的政治对抗；在出现本国政策与大国政策相矛盾的问题时，弱国应尽可能采取低调，并使自己的政治目标与本地区大国的政治目标一致。（二）在制定外交政策时，不仅应仔细权衡可能付出的代价和实际收益，也应考虑可能承担的风险。在政治上对大国的挑战可能不会立即造成负面效应，但却几乎总是蕴含着有可能付出代价的危险。（三）自治权的概念应根据一国的对抗能力，应根据一国因对抗所要付出代价的承受能力来重新确定，自治权不等于行动的自由权。应该根据针对某一具体问题采取自由行动可能付出的代价来衡量一个国家的自治权。

埃斯库德认为，阿根廷 1889 年至第二次世界大战期间 50 多年的与美国对抗政策是一个战略错误，它源于对自己的国家力量及在世界上的地位的一种不切的估计。受埃斯库德外围现实主义的影响，90 年代执政的阿根廷梅内姆政府（1989—1999）主动调整了同美国的关系，提出"同

① Carlos Escude, *Realismo Periferico Fundamentos para la nueva poliica exterior argentina*, Planeta Politica y Sociedad, 1992, Buenos Aires, Argentina.

美国结成战略同盟是阿根廷新外交政策的支柱"，时任外长迪特拉认为，"我们在结束行不通的反美主义传统方面发生了本质的变化"，他甚至称阿美关系是"血肉关系"，并表示，接受美国的政治领导绝不是屈辱，而是明智之举。实际上，20 世纪 90 年代冷战结束后，拉美大多数国家如阿根廷、墨西哥、巴西等都奉行现实主义外交政策，主动接近和改善同美国的关系。埃斯库德的外围现实主义在一定程度上反映了 90 年代初拉美国家外交政策的调整和变化。埃斯库德的外围现实主义在阿根廷和拉美一些国家也引起了激烈的争论。

第四节　拉丁美洲地区的安全问题与安全合作

在拉丁美洲，同世界其他地方一样，传统的观点是把安全定为保卫国家避免受外来的颠覆和攻击。然而，近十多年来，安全的内涵不断扩大。由领土、资源、民族矛盾等因素引发的军事对抗与冲突尚未消除，以恐怖主义为代表的各种非传统的安全问题又日渐突出。安全问题已不再是单纯的军事问题，已经涉及政治、经济、金融、社会、科技、文化等诸多领域。

正如墨西哥国际问题专家莫尼卡·塞拉诺所说，"在拉丁美洲，同世界其他地方一样，冷战的结束修改并扩大了关于安全概念的含义，使人们摆脱了传统的认为安全只局限于军事方面的概念，而把视线扩大到包括各种威胁在内。"[①] 美国拉美问题专家安德烈·赫里尔和约瑟夫·图尔钦也认为，拉美越来越多的人承认，毒品走私、移民和难民、环境恶化、公共秩序遭破坏等各种新问题对国家和地区安全是十分重要的。

我们一般把以军事安全为核心的安全观称为传统安全观，把军事威胁称为传统安全威胁，把军事以外的安全威胁称为非传统安全威胁。关于非传统安全威胁有着各种解释，但一般是指传统安全威胁以外的其他对主权国家及人类生存与发展构成威胁的因素，主要包括恐怖主义、贩毒走私、跨国犯罪、非法移民、严重传染性疾病、环境与生态安全、经

---

① Monica Serrano："Orden público y seguridad nacional en América Latina"，Foro Internacional，enero－marzo，1998.

济安全、金融安全、能源资源安全、粮食安全和网络安全等方面对各国的安全威胁。

拉美地区所面临的安全问题和安全形势包括国际和国内两个方面，国际安全方面的主要威胁和问题有：恐怖主义、毒品走私、非法移民和难民、边界和领土（领海）的争端和冲突、霸权主义和强权政治的威胁、敌对势力的颠覆和破坏活动等。国内安全方面的问题有：近些年，拉美一些国家政治脆弱性明显增加，一些当政者失去治理能力，政局动荡；经济出现危机，贫困人口和失业人口增加，社会不平等加剧引起社会动乱等。

一 拉美和加勒比地区的安全形势

与世界其他地区相比，拉美加勒比地区是安全形势比较稳定、恐怖主义活动相对比较少的地区，其主要原因和表现是：

（一）拉美很久没有发生战乱。两次世界大战都没有波及拉美本土。拉美多数国家摆脱了传统的军事威胁。近三四十年拉美各国之间以及拉美国家与地区外国家之间没有发生过大规模的战争。1982 年，阿根廷和英国之间曾因对马尔维纳斯群岛（英国称福克兰群岛）的主权争端发生过一场马岛战争。1989 年 12 月，美国老布什政府曾以扫毒、恢复巴拿马"民主秩序"为借口，直接派兵悍然入侵巴拿马。拉美国家之间最近一次较大规模的武装冲突发生在 1995 年 1—2 月，秘鲁与厄瓜多尔之间因历史遗留下来的边界问题引起了这场冲突，历时 50 天，死伤数百人。1998 年 10 月 26 日，经调停，两国总统和外长在巴西首都巴西利亚签署了象征两国边界永久和平的《巴西利亚总统条约》。

（二）拉美各国文化宗教种族相对融合，共性因素比较多，相似的地方很多，发生冲突的概率不高。

（三）近些年来，拉美国家之间很少用武力来解决争端。拉美一些国家也存在领土、领海争端，除个别发生过边界小规模冲突外，多数情况通过和平谈判来搁置争议，达成和解。如 2014 年 1 月 27 日，海牙国际法庭对已持续数十年的秘鲁与智利之间的领海纷争做出了判决。根据国际法庭判决结果，在秘智领海交界处 3.8 万平方公里的有争议海域，1.7 万平方公里归属智利，2.1 万平方公里归秘鲁所有。由于这片有争议海域目前由智利管控，因此智利称对判决感到遗憾，但表示将尊重并逐步执行有关判决；而秘鲁则对判决感到满意。

二 拉美地区的安全问题

但是，拉美地区依然面临着许多安全问题，其中大部分是非传统的安全问题和安全威胁，主要有：（一）哥伦比亚和平协议虽然已正式签署，但是，和平进程并不平坦。哥伦比亚长达半个多世纪的国内武装冲突一直是哥伦比亚本国和南美洲地区的"动荡源"，由两支反政府游击队哥伦比亚革命武装力量（简称"哥武"）和民族解放军、贩毒分子和右翼准军事组织联合自卫队构成的"恐怖三角"，不仅威胁哥伦比亚的安全，而且威胁整个拉美地区的安全。哥伦比亚反政府游击队活动由来已久，已有六七十年历史，游击队的力量和影响比较大，一度控制哥伦比亚不小地区。多年来，哥伦比亚历届政府与游击队打打停停，先后举行了多次对话和谈判，但和平进程一直极不平静。自 2012 年 8 月起，哥伦比亚政府与国内最大的反政府武装组织"哥武"在古巴哈瓦那等地进行了 4 年多长期和艰难的谈判。2016 年 9 月 26 日，时任总统桑托斯与"哥武"总司令罗德里格·隆多尼奥·埃切韦里（Rodrigo Londoño Echeverri，外号蒂莫莱翁·希门尼斯 Timoleón Jiménez 或蒂莫琴科 Timochenko）在哥伦比亚卡塔赫纳签署和平协议，协议规定"哥武"成员需在 180 天内完成缴械，"哥武"将以一个新的合法组织的身份存在等。但是，在同年 10 月 2 日举行的全民公决中，和平协议以 49.8% 赞同、50.2% 反对的结果遭到否决。然而，10 月 5 日，因在推动哥国内和平进程方面的贡献，桑托斯荣获 2016 年诺贝尔和平奖。11 月 24 日，政府与"哥武"经过一个多月的重新谈判，对原协议进行了多处重大修改，双方再次签署修改后的和平协议。11 月 30 日，呈交国会，并获一致通过。12 月 1 日起，新的和平协议正式生效，这标志着哥伦比亚和平进程取得了实质性的进展，这对拉美地区的和平稳定具有重大意义。"哥武"于 2017 年 6 月 17 日正式放下武器。8 月 31 日，原"哥武"转变为合法的政党"大众革命替代力量"（Fuerza Alternativa Revolucionaria del Común，其缩写也是 FARC），召开成立大会。据统计，约有 1.1 万名前"哥武"成员在联合国的监督下缴出了武器，但仍有 1000 多名前"哥武"武装人员仍继续盘踞在部分山区，从事非法暴力活动。2018年8月7日右翼民主中心党人杜克新总统上台后，他主张修改和平协议，上百名已缴出武器的前"哥武"人员遭到暗杀。2019年8月底，曾担任"哥武"与哥政府和谈的首席谈判代表伊万·马克斯等3名前"哥武"领导人宣布，因对政府没有履行和平协议感到失望，决定开始"武装斗争新阶段"，并沿用"哥武"这一称号。

哥伦比亚政府与该国第二大游击队组织民族解放军（ELN）的代表于2017年2月8日开始在厄瓜多尔基多举行谈判，于同年9月4日达成"百日停火协议"。后来，双方又在古巴哈瓦那继续和谈。但因民族解放军多次发动袭击，政府进行反击和镇压。2019年1月18日，民族解放军成员袭击波哥大南部一所警校，造成21人死亡，68人受伤。哥政府宣布中断谈判，并下令抓捕民族解放军领导人。

（二）阿英马岛主权争端仍未解决。1982年4月2日，英阿两国因马岛主权归属问题爆发战争，最终以英国胜利告终，此后两国一直就马岛主权问题争议不断。在马岛战争中，阿根廷共有649名士兵丧生，千余人受伤。2012年2月25日，阿根廷议会发表《马岛文件》，重申阿方的马岛主权，并谴责英国将"马岛"主权争端军事化。2013年1月初，阿根廷总统克里斯蒂娜在写给英国首相卡梅伦的公开信中要求英国将马岛归还给阿根廷。同年2月4日，阿根廷外长齐默尔曼在访问英国期间接受《卫报》专访，称阿根廷将在20年内重新控制马岛。2013年3月11日马岛举行公投，公投结果，98.8%的选民支持继续保留英国"海外属地"政治地位。其中除了3个人反对，1个人弃权，还有一票作废，剩下的1000多人是都赞成。当天，阿根廷总统克里斯蒂娜和外长齐默尔曼明确表示公投"没有法律效力"，"完全是英国政府的市场营销"。阿根廷政府认为，马岛现在的岛民是占领者而非居民，不能由他们来决定马岛归属。

2016年6月9日，阿根廷外交部9日发布公报，重申对马尔维纳斯群岛（简称马岛，英国称福克兰群岛）的主权要求，并呼吁英国重启对话以解决马岛主权归属问题。2017年4月2日是马岛战争爆发35周年纪念日。当天，阿根廷总统马克里在总统官邸接见了参加马岛战争的阿根廷老兵，共同缅怀那些在战争中丧生的阿根廷士兵。马克里在会面中重申，阿根廷不会放弃对马岛主权的要求。2020 年 1 月 3 日，阿根廷总统阿尔贝托·埃尔南德斯发表讲话，阿根廷外交部发表公报，重申阿根廷对马岛的主权要求。

（三）国际恐怖主义活动在拉美的渗透活动风险加大。拉美地区恐怖活动也时有发生。如 1992 年，恐怖分子在布宜诺斯艾利斯袭击以色列驻阿根廷大使馆，造成 22 人死亡。1994 年，恐怖分子又在布宜诺斯艾利斯用炸药炸毁了旅居阿根廷的犹太人活动中心以色列互济会大楼，造成 35 人死亡，143 人受伤。1996 年 12 月 17 日至 1997 年 4 月 27 日，秘鲁恐怖主义组织"图帕克·阿马鲁革命运动"在秘鲁首都利马攻占日本驻秘鲁大使的官邸并扣留秘鲁政府高级官员和外国驻秘鲁使节 72 名人质长达四个半月之久，后秘鲁政府派军警对日驻秘大使的官邸实施突袭，解救了人质，并将那里的恐怖分子全部击毙。2016 年以来，国际恐怖主义组织"伊斯兰国"在叙利亚、伊朗等中东国家遭到沉重打击后，试图将触角转向拉美，加强对拉美的渗透，甚至企图对美欧及以色列等驻拉美使馆、重要机构发动袭击。美国南方司令部前司令约翰·克里表示，越来越多的拉美裔伊斯兰极端分子在中东接受军事训练，一些人正在参加叙利亚战争。据纽约私人情报公司苏凡集团（Soufan Group）披露，南美洲地区共有 76 名青年加入了"伊斯兰国"。阿根廷也有 23 人参加了叙利亚战争。2016 年 4 月，美洲国家组织秘书长阿尔马格罗称，一些参加叙利亚战争的拉美裔恐怖分子开始回归，有可能在拉美发动袭击。

（四）墨西哥、中美洲、巴西、哥伦比亚等国暴力活动猖獗。暴力犯罪给拉美地区发展带来沉重的代价，所造成的直接和间接损失约占全地区国民生产总值的 12%。据墨西哥官方统计，自 2012 年 12 月 1 日至 2017 年 3 月 31 日，墨西哥因暴力死亡人数高达 79344 人。拉美和加勒比是世界上暴力最多的地区，其谋杀的指数（每 10 万人分别发生 22.1 起）是世界的平均数（每 10 万人 4.4 起）高出五倍。另据全球最大城市数据库网站 NUMBEO 公布的 2017 年上半年《全球犯罪率指数国别（或地区）排名》，拉美国家不仅拔得"头筹"，而且在全球犯罪率最高的前 10 位中，拉美国家占 5 席；在前 50 位中，拉美国家占 16 席。而同期发布的《全球犯罪率指数城市排名》显示，最不安全的城市为拉美洪都拉斯的圣佩德罗苏拉市。在全球犯罪率最高的前 10 个城市中，拉美国家城市占 5

个；在前 50 排名中，拉美城市占 19 个。面对旷日持久的暴力问题，各国政府普遍都采取了"铁拳政策"，如墨西哥的"国家公共安全计划"、萨尔瓦多的"铁拳计划"、洪都拉斯的"蓝色自由计划"，又称"零容忍计划"，以及危地马拉的"清扫计划"。其策略大致相同，即实行大规模的社会控制，包括政府在街头加强警力、部署安全部队，或是成立特别机构打击武装团伙等。这些强硬的安全政策，取得了一定的效果，但社会暴力指数仍旧居高不下。究其原因，其症结在于政府安全政策的目的仅仅是在短期内大幅度减少犯罪行为，却无法在中长期保障公民的人身安全。

（五）在拉美不少国家，毒品走私活动猖獗，并常常与暴力恐怖活动和有组织犯罪活动结合在一起，对国家安全构成威胁。最主要的毒品生产和走私国是哥伦比亚、秘鲁、墨西哥、玻利维亚、巴拿马、危地马拉、洪都拉斯等国，形成了地区安全的主要威胁。毒品的非法生产和走私严重影响拉美国家政治社会的稳定和经济的健康发展。在政治上，贩毒集团凭借其巨额非法收入，形成强大的社会势力，建立"并行国家"，无孔不入地深入社会各个领域，千方百计贿赂和腐败政府官员，为其非法活动开绿灯。拉美一些国家的大毒枭拥有巨额资产和飞机、轮船、汽车和现代化的交通和通信工具，还有的专业化的武装武卫队伍，甚至建立"国中之国"。与此同时，贩毒集团常常施用各种手段恫吓、暗杀那些坚决禁毒的人，绑架政府要员、议员、企业家、外国记者和游客，贩毒集团还与游击队组织和跨国犯罪集团勾结在一起，从而直接威胁拉美国家的安全和政局的稳定。联合国毒品和犯罪问题办公室拉美地区代表认为，贩毒活动和有组织犯罪是当前拉美地区安全的最大威胁。

1993 年 12 月 2 日，世界头号大毒枭、哥伦比亚人巴勃罗·埃斯科瓦尔在美国和哥伦比亚警方联合行动中被击毙。2016 年 1 月，墨西哥大毒枭华金·古斯曼被捕，后被引渡到美国受审。2017 年 4 月，厄瓜多尔大毒枭普拉多·阿拉瓦在哥伦比亚被捕，他是美国市场上大部分可卡因的提供者。

（六）一些国家国内发生大规模抗议和骚乱。拉美一些国家政治治理出现问题，国内政局动荡。2009 年 6 月 28 日，中美洲的洪都拉斯发生政变。2010 年 9 月 29 日，厄瓜多尔发生未遂政变。2012 年 6 月 21 日和 22

日，巴拉圭众、参两院先后投票通过对总统卢戈的弹劾议案，由副总统佛朗哥接任总统，完成剩余任期。南美各国纷纷表示谴责这次"议会政变"并抵制佛朗哥政府。卢戈遭弹劾引发了政治危机，损害了巴拉圭民主体制的运转，增加了巴拉圭政局走向的不确定性。2013 年以来，巴西曾多次爆发大规模民众抗议浪潮。2016 年 8 月 31 日，巴西劳工党总统迪尔玛被巴西国会弹劾。自 2014 年 2 月起，委内瑞拉反对派煽动部分民众进行抗议示威，要求马杜罗政府下台，抗议演变成暴力行动，酿成政治危机，造成 43 人死亡，800 多人受伤和数百人被捕。2019 年，厄瓜多尔、智利、玻利维亚、委内瑞拉、海地和哥伦比亚等拉美多国爆发了大规模的抗议和骚乱，暴力活动加剧，玻利维亚左翼总统在军队和警察司令威逼下被迫辞职，流亡国外；智利政府不得不取消本该由其主办的亚太经合组织第 27 次领导人非正式会议和 12 月《联合国气候变化框架公约第 25 次缔约方会议 COP25》大会。

（七）拉美地区连续暴发传染病。如 2010 年 10 月中旬海地霍乱的暴发和传播，曾一度向邻国多米尼加共和国、委内瑞拉、古巴等国蔓延。据联合国负责应对霍乱的主要协调员 Pedro Medrano 2015 年 2 月称，霍乱仍继续是西半球主要传染病。到 2015 年 2 月初，在海地共有霍乱病例 75 万人，海地因霍乱死亡人数已达 8000 多人，病例 28 万多人。海地卫生部门负责人认为，霍乱对海地来说，不仅是传染病，而且已经成为国家安全问题。此外，2009 年年初在墨西哥等国流行的 AH1N1 禽流感，后又在墨西哥再次流行。据墨西哥卫生部统计，自 2013 年 10 月 1 日起至 2014 年 3 月 31 日，墨西哥又有 14236 人感染 AH1N1 禽流感，死亡人数已达 1163 人。在巴西等国，还暴发登革热、塞卡等传染病。2015 年 6 月，巴西卫生部公布的数据显示，巴西有约 77% 的城市发现了登革热病例，1563 个城市则达到疫情大暴发的水平。数据显示，在巴西现有的 5570 个城市中，4265 个城市至少发现了一例病例；而有 1563 个城市登革热发病率超过了千分之三。根据世界卫生组织的定义，一旦登革热发病率超过这个比例，即为传染病疫情大暴发。2015 年巴西发现登革热病例 88.68 万例，大大超过 2014 年全年的 59.1 万例。在阿根廷、巴拉圭和古巴等国也发现登革热的病例。2016 年 1 月 25 日，世界卫生组织警告说，塞卡病毒（Zika virus）快速传播，已波及中美洲和南美洲 21 个国家。巴西、洪都拉斯等国宣布处于塞卡疫情紧急状态，2017 年 5 月 11 日巴西宣布解除塞卡疫情紧急状态。但 2017 年 5 月 2 日，巴西卫生部发表最新公报显示，从 2016 年 12 月出现新一轮黄热病疫情以来，到 2017 年 4 月 27 日，巴西全国共确诊 715 例黄热病病例，其中 240 人因病死亡。自 2020 年 2 月 26 日在巴西出现新冠肺炎第一例确诊病例起，新冠肺炎先后在所有 33 个拉美和加勒比国家和 12 个未独立地区迅速蔓延，对地区各国的经济和社会发展造成巨大负面影响。

（八）墨西哥是受网络攻击最厉害的拉美国家。闻风丧胆的新型比特币勒索病毒 WannaCry，属于蠕虫式勒索软件，通过利用编号为 MS17 - 010 的 Windows 漏洞（被称为"永恒之蓝"）主动传播感染受害者。自 2017 年 5 月 12 日起，由它发起的一次迄今为止最大规模的勒索病毒网络攻击席卷全球。至少有 150 个国家受到网络攻击，而墨西哥是这次受勒索病毒攻击最厉害的拉美国家，其次是巴西、厄瓜多尔、哥伦比亚和智利。

（九）领土和领海争端。拉美国家之间相当一部分的领土和领海争端已经得到解决，但仍遗留一些争端尚未解决，如玻利维亚的出海口问题。1879—1883 年，玻利维亚、秘鲁与智利之间爆发了一场太平洋战争，玻、秘失败，玻失去出海口。2013 年 4 月 24 日，玻利维亚向海牙国际法院提出与智利谈判出海口问题的要求。2014 年 4 月 15 日，玻利维亚政府发表出海口问题的备忘录。2014 年 11 月 3 日，玻利维亚总统莫拉莱斯在第二届联合国无出海口发展中国家会议上，再次要求智利向玻利维亚提供主权的、和平的出海口。2015 年 9 月 24 日，海牙国际法庭做出裁决，认为智利提出的"国际法庭对此事不具有管辖权"的意见不成立，国际法庭有权就此事进行裁决。但截至目前，国际法庭尚未就玻利维亚出海口问题做出裁决。对此，玻利维亚感到比较满意，而智利总统巴切莱特表示，智利同玻利维亚不存在悬而未决的领土问题，认为海牙国际法庭的裁决对智利的领土完整没有任何影响。

2016 年 3 月底，玻利维亚和智利因为两国边境地区西拉拉（Silala）河河水的使用问题产生矛盾。玻利维亚总统莫拉莱斯宣布，玻利维亚将为向海牙国际法庭起诉智利"偷水"组织一个专家团队。而智利则坚持他们对国际河流水资源的使用是合理合法的，并扬言一旦被起诉，必将反诉。此次诉讼将是玻利维亚继太平洋出海口问题之后，第二次将智利告上国际法庭。智利方面认为西拉拉河是一条国际河流，其上游在玻利维亚境内，下游在智利境内，智利对该河流水资源的使用不需要玻利维亚批准，也不需要向玻利维亚支付任何费用。玻利维亚则认为，所谓"西拉拉河"不是一条自然河，而是玻利维亚境内的一处由大约90个泉眼组成的高原湿地，湿地的水在1908年被智利方面人为开挖的河道引向智利境内。今天智利方面对该水源的实际使用与1908年玻利维亚政府批准的用途大相径庭。因此智利必须为使用玻利维亚的水而支付一定的费用。玻智两国2009年曾就西拉拉河水源使用问题达成过一项共识。两国初步同意对西拉拉河河水的流量、分别归属两国的百分比等问题进行深入的勘探和划分，智利方面也同意就水源的使用支付给玻利维亚一定的费用。这个共识后来因为在两国国内都遭到反对而没能付诸实践。目前玻利维亚不仅主张智利为今后使用西拉拉河河水支付费用，还要智利为1908年以来一个多世纪"免费"用水给予玻利维亚一定的补偿。2017年3月19日，在西拉拉河两国交界处，智利逮捕了2名玻利维亚军人和7名海关官员。玻方称，这9人是在玻境内执行反走私任务时被捕的，而智方称，这9人是在智境内偷窃汽车时被捕的。玻总统要求智利立即释放这9人，但至今这9人仍未被释放。玻智两国自1978年断交以来，一直因出海口争端问题没有复交。

此外，秘鲁与智利、委内瑞拉与圭亚那、哥伦比亚与尼加拉瓜之间也有领土或领海争端。2012年11月19日，海牙国际法院对哥伦比亚与尼加拉瓜在加勒比海西部海域的主权争端作出最终裁决。根据裁决，圣安德烈斯群岛中的7个岛屿被判归属哥伦比亚，而哥、尼两国海上边界将向东移动，使得尼加拉瓜的领海面积相应增加。但是，哥伦比亚"不接受"国际法庭这一裁决，并宣布退出《波哥大公约》。

（十）霸权主义和强权政治的影响。美国对古巴采取经济、贸易和金融封锁已60年。尽管在奥巴马任内，古美两国已于2015年7月20日正式复交，2016年3月，奥巴马总统还访问了古巴，但是，美国并没有取消对古巴的经济、贸易和金融的封锁。特朗普任内，美国对古巴采取了243项新的制裁和封锁措施，其中有50项是在2020年3月新冠肺炎在拉美蔓延后采取的。拜登2021年上台后，不仅没有取消特朗普对古巴的任何一项制裁，反而变本加厉加强了对古巴的封锁和制裁。自奥巴马起，

特朗普和拜登政府对委内瑞拉马杜罗政府采取各种制裁措施。自 2019 年
1 月起，特朗普政府和拜登政府不承认马杜罗为合法政府，承认反对派领
导人瓜伊多为"合法"总统，对委内瑞拉实行贸易禁运和经济封锁，对
包括总统在内的委内瑞拉党政军主要领导人实施制裁。

三　美洲国家之间在安全和反恐方面的国际合作与矛盾

近年来，拉美国家之间以及拉美与美国和加拿大之间在安全和反恐
方面的合作在加强，其表现是：（1）1999 年 6 月在危地马拉开会的美洲
国家组织正式批准成立泛美反恐委员会（Comité Interamericano contra el
Terrorismo，CICTE）。2019 年 5 月在美国华盛顿召开了第 19 次会议，会
议主题是"通过保护和合作更好地实践加强韧性"。加拿大担任 2019—
2020 年该委员会的轮值主席。（2）2011 年 12 月，拉美和加勒比共同体
正式成立。2014 年 1 月 29 日，在古巴哈瓦那召开的第 2 届拉共体峰会，
会议通过了《地区和平声明》，宣布拉美与加勒比地区为和平区，各成员
国承诺有必要全面彻底消除核武器和其他大规模杀伤性武器，并承诺在
解决国家之间争端时不使用武力，这是世界上第一个在拥有 6 亿人口的
稠密区宣布建立无核的和平区。（3）为加强在反恐和安全方面的合作，
自 1995 年起，每两年召开一次的美洲国家国防部长会议（Conferencia de
Ministros de Defensa，CDMA）。第 13 届会议于 2018 年 10 月 7—8 日在墨
西哥坎昆举行。第 14 届会议将于 2020 年在智利举行。（4）2008 年 12 月
16 日，南美洲国家联盟特别首脑会议正式宣布成立南美洲防务理事会
（El Consejo de Defensa Suramericano，CDS）。2016 年 11 月 24 日，第 7 次
南美洲国家防务理事会会议在委内瑞拉首都加拉加斯举行，会议决定进
一步加强合作，在打击恐怖主义、贩毒、有组织犯罪等方面采取联合行
动，为本地区的安全与稳定做出贡献。然而，由于政局的变化，2018—
2019 年，半数以上成员国宣布停止或退出南美洲国家联盟，南美洲国家
联盟和南美洲防务理事会已处于瘫痪状态。（5）2017 年 11 月，应巴西总
统特梅尔邀请，美国、巴西、哥伦比亚和秘鲁在亚马孙地区塔巴廷加举
行名为"联合的美洲"为期 10 天的军事演习，这在南美洲是史无前例
的。这一演习遭到一些左翼执政的拉美国家的质疑。

美国从自身的利益出发，需要与拉美国家在安全和反恐斗争进行协

调和合作，拉美国家在维护国家和国际安全方面，也需要美国的支持。然而，在拉美国家之间，特别是在拉美各国与美国之间，在安全和反恐方面存在不少矛盾和斗争。拉美不少国家反对美国以帮助扫毒为名，派军队到拉美有关国家去干涉他国内政，此外，美国还不断地以反恐或扫毒为名，直接或间接对古巴、委内瑞拉和尼加拉瓜等国搞一系列的颠覆和破坏活动。

第五节　拉美地区的主要区域组织

拉美和加勒比国家共同体（Comunidad de Estados Latinoamericanos y Caribeños，CELAC）

【成立经过】2010年2月，第21届里约集团峰会暨第二届拉美峰会（统称"拉美和加勒比团结峰会"）在墨西哥举行，会议决定筹建涵盖所有33个拉美和加勒比独立国家的新地区组织，并定名为"拉美和加勒比国家共同体"（简称"拉共体"），以替代里约集团和拉美峰会。会后，里约集团和拉美峰会成立"统一论坛"，负责拉共体的筹建工作，由里约集团时任轮值主席国智利和拉美峰会时任轮值主席国委内瑞拉担任论坛共同主席。2011年12月2—3日，拉美和加勒比地区33国国家元首、政府首脑或代表在委内瑞拉首都加拉加斯举行会议，宣布正式成立拉共体。

【宗旨】在加强团结和兼顾多样性基础上，深化地区政治、经济、社会和文化一体化建设，实现本地区可持续发展；继续推动现有区域和次区域一体化组织在经贸、生产、社会、文化等领域的对话与合作，制定地区发展的统一议程；在涉拉共体重大问题上进行协调并表明成员国共同立场，对外发出"拉美声音"。

【成员】33个正式成员：安提瓜和巴布达、阿根廷、巴哈马、巴巴多斯、伯利兹、玻利维亚、巴西、智利、哥伦比亚、哥斯达黎加、古巴、多米尼加、多米尼克、厄瓜多尔、萨尔瓦多、格林纳达、危地马拉、圭亚那、海地、洪都拉斯、牙买加、墨西哥、尼加拉瓜、巴拿马、巴拉圭、秘鲁、圣卢西亚、圣基茨和尼维斯、圣文森特和格林纳丁斯、苏里南、特立尼达和多巴哥、乌拉圭、委内瑞拉。2020年1月20日，巴西外长埃内斯托·阿劳若表示，巴西决定暂停参加拉共体。他指责说，拉共体既未在捍卫民主领域，又未在其他领域取得成果，并称其为"委内瑞拉、古巴和尼加拉瓜等非民主政权的橱窗"。

【主要负责人】暂未设秘书处，实行轮值主席国制。2020 年轮值主席国是墨西哥。

【组织机构】

1. 国家元首和政府首脑会议：最高机构，由轮值主席国在本国召开，经与成员国协商可召开特别峰会。

2. 外长会：负责筹备拉共体峰会并执行会议有关决定，协调各成员国在拉美一体化等重要问题上的立场，每年召开 2 次会议。

3. 轮值主席国：拉共体机制建设、技术和行政辅助机构，负责筹备和召开首脑会议和外长会等。

4. 各国协调员会议：负责各成员国和轮值主席国的联系沟通，国家协调员直接负责议题的跟踪和协调。

5. 特别会议：轮值主席国可根据需要召开特别会议，就涉地区团结、一体化与合作的重大和优先议题进行协商。

6. "四驾马车"：由现任、前任、候任拉共体轮值主席国和加勒比共同体轮值主席国组成。2019 年下半年"四驾马车"为玻利维亚、萨尔瓦多、墨西哥和圣卢西亚。

7. 紧急磋商机制：在出现紧急情况时，任何一个成员国可向轮值主席国提交声明或公告，并由轮值主席国向"四驾马车"成员散发，由"四驾马车"决定是否对上述事件采取共同立场。

【主要活动】2011 年 12 月，拉美和加勒比地区 33 个独立国家的国家元首、政府首脑或代表在委内瑞拉首都加拉加斯举行会议，宣布正式成立拉共体。会议通过了《加拉加斯宣言》《2012 年行动计划》《拉共体章程》和《维护民主和宪政的特别宣言》等重要文件，就拉共体的宗旨、行动原则及发展目标进行了系统阐述。会议决定由智利出任拉共体首任轮值主席国，古巴和哥斯达黎加分别任 2013 年和 2014 年轮值主席国。

2013 年 1 月 27—28 日，拉共体首届峰会在智利首都圣地亚哥举行，地区 32 国的国家元首、政府首脑及高级代表与会，巴拉圭因国内政局原因未获邀而缺席会议。会议通过《圣地亚哥宣言》和《拉共体章程修订案》等文件，决定加勒比共同体轮值主席国作为加勒比国家代表同拉共体"三驾马车"一起组成"扩大的三驾马车"。会后，古巴接替智利出任轮值主席国。

2014 年 1 月 28—29 日，拉共体第 2 届峰会在古巴首都哈瓦那举行，地区 33 国政府首脑或代表出席，联合国秘书长潘基文、美洲国家组织秘书长因苏尔萨等国际或地区组织负责人与会。会议通过《哈瓦那宣言》《拉共体 2014 年行动计划》及包括《宣布拉美和加勒比为和平区的公告》在内的近 30 份成果文件。会议决定将"扩大的三驾马车"更名为"四驾马车"，组成不变。会后，哥斯达黎加接替古巴出任轮值主席国。

2015 年 1 月 28—29 日，拉共体第 3 届峰会在哥斯达黎加首都附近小镇贝伦举行，地区 33 国政府首脑或代表出席，联合国、美洲国家组织、欧盟、伊比利亚美洲峰会秘书处代表作为嘉宾与会。会议以"共同建设"为主题，围绕消除贫困、饥饿和不平等等议题展开探讨，发表了《贝伦政治宣言》《拉共体 2015 年行动计划》和 20 多份特别声明。会后，厄瓜多尔接替哥斯达黎加出任轮值主席国。

2016 年 1 月 27 日，拉共体第 4 届峰会在厄瓜多尔首都基多举行，33 个成员国的国家元首、政府首脑或代表，以及联合国、世界粮农组织、伊比利亚美洲首脑会议等国际组织代表与会。会议以"为未来加强联盟"为主题，围绕提振地区经济、消除贫困、促进地区一体化等议题展开讨论，并发表《基多政治声明》《2016 年共同行动计划》和 20 项特别声明。会后，多米尼加接任拉共体轮值主席国。

2017 年 1 月 24—25 日，拉共体第 5 届峰会在多米尼加卡纳角举行，古巴、委内瑞拉等 12 国元首和政府首脑及联合国拉美经委会、世界粮农组织、世界银行、伊比利亚美洲首脑会议等国际和地区组织代表与会。会议就维护地区和平稳定和独立自主、增强域内外合作以推动经济发展、加强社会领域合作等达成共识，发表《卡纳角政治声明》《2017 行动计划》和 20 项特别声明。2020 年墨西哥为轮值主席国。

【对外关系】与欧盟关系：2013 年 1 月 26—27 日，首届拉美和加勒比国家共同体—欧盟峰会（拉欧峰会）在智利首都圣地亚哥举行，来自拉美和加勒比地区及欧盟（含克罗地亚）61 个国家的国家元首、政府首脑及高级代表与会，欧盟委员会主席范龙佩、欧洲理事会主席巴罗佐、联合国拉美和加勒比经济委员会执行秘书巴尔塞纳等应邀出席。会议以"为了可持续发展的联盟：促进在社会和环境领域高质量的投资"为主题，强调推进和深化两地区战略伙伴关系，探讨双边贸易和投资、性别平等、民主人权、科技创新和可持续发展等议题。会议通过了《圣地亚哥宣言》和《拉共体—欧盟行动计划（2013—2014）》。

2015年6月10—11日，第二届拉欧峰会在布鲁塞尔举行，拉共体和欧盟61国国家元首、政府首脑或高级代表及欧洲理事会、欧盟委员会主席等与会。峰会以"塑造我们共同的未来：为民众创造繁荣、有凝聚力和可持续发展的社会"为主题，讨论了两地区战略伙伴关系、经贸投资合作、消除贫困、维护人权、可持续发展等议题。会议通过了《政治宣言》《布鲁塞尔宣言》和《拉共体—欧盟行动计划（2015—2017）》。

2017年9月，拉共体内部围绕委内瑞拉局势产生严重对立，决定推迟原定于当年10月在萨尔瓦多举行的第三届拉共体—欧盟峰会。后经协商，双方于2018年7月在布鲁塞尔举行第二届拉共体—欧盟外长会，会议发表《联合声明》，重申双方支持以联合国为核心的多边体系和以世贸规则为基础的多边贸易体制，反对贸易保护主义。

与俄罗斯关系：2013年5月，拉共体"扩大的三驾马车"外长访问俄罗斯。双方决定加强经济、工业、教育、文化、学术和人道主义等领域合作，宣布将建立"合作与对话常设机制"。2014年1月，拉共体古巴峰会决定支持建立拉共体—俄罗斯政治对话机制。2015年9月，拉共体与俄罗斯建立政治对话与合作常设机制。2016年11月，拉共体"四驾马车"外长访问俄罗斯，双方宣布将加强在联合国框架下合作，反对干涉他国内政，支持世界多极化发展，并在安全、禁毒、外交官培训和自然灾害防控等领域加强人员往来和经验交流，深化经贸合作，扩大高附加值产品贸易，增进双向旅游。2017年9月，拉共体"四驾马车"外长同俄外长拉夫罗夫在纽约会晤。双方同意加强在治理、经济、贸易、教育、科技、应对自然灾害和气候变化等领域的交流与合作。

与中国关系：2015年1月，在北京举行第一届中国—拉共体部长级论坛。2018年1月，在智利圣地亚哥举行第二届中国—拉共体部长级论坛。

安第斯共同体（La Comunidad Andina）

【成立经过】1969 年 5 月，秘鲁、玻利维亚、厄瓜多尔、哥伦比亚和智利政府代表在哥伦比亚的卡塔赫纳城举行会议，讨论本地区经济一体化问题，同月 26 日在哥首都波哥大签署了《卡塔赫纳协定》。同年 10 月 16 日，该协定生效。因成员国均系安第斯山麓国家，故称安第斯集团或安第斯条约组织。1973 年 2 月 13 日，委内瑞拉加入。1976 年 10 月 30 日，智利退出。1992 年 9 月，秘鲁中止对伙伴国承担经济义务。1995 年 9 月 5 日，安第斯集团总统理事会第 7 次会议决定建立安第斯一体化体系。1996 年 1 月，秘鲁政府宣布全面加入安第斯一体化体系，承担成员国所有义务。同年 3 月 9 日，更名为安第斯共同体（简称"安共体"）。1997 年 8 月 1 日，安共体开始正式运作。

【宗旨】充分利用本地区资源，促进成员国之间平衡和协调发展，取消成员国之间的关税壁垒，组成共同市场，加速经济一体化进程。

【成员】4 个：秘鲁、玻利维亚、厄瓜多尔和哥伦比亚（2006 年 4 月，委内瑞拉宣布退出）。巴西、阿根廷、乌拉圭、巴拉圭、智利和乌拉圭是联系国。西班牙和摩洛哥为观察员国。

【主要负责人】现任秘书长何塞·埃尔南多·佩德拉萨（Jorge Hernando Pedraza），哥伦比亚人，2019 年 1 月当选，任期至 2023 年。

【总部】设在秘鲁首都利马。

【网址】http://www.comunidadandina.org

【出版物】《安第斯集团》（Grupo Andino）月刊，西班牙文。

【组织机构】

1. 总统理事会（1995 年以前称卡塔赫纳协定委员会）：最高决策机构，确定该组织一体化进程的方向。每年召开 1 次会议。

2. 外长理事会：由成员国外交部长组成，负责协调成员国的对外政策。每年至少举行 2 次会议。

3. 总秘书处：取代原卡塔赫纳协定委员会，是安共体的执行机构，有权代表安共体同其他一体化组织对话。秘书长由各成员国外长选举产生，任期 4 年，最多可连任 1 届。秘书长任职期间，不得兼任他职，不得要求、接受任何国家政府和国际机构的指示；若犯有严重错误，经全体成员国同意可予撤换。

4. 安共体委员会：由各成员国总统任命的全权代表组成。同外长理事会一同负责制定一体化政策，协调和监督该政策的落实，并可以召集其他各部部长举行扩大会议，研究制定有关部门政策。

5. 安第斯议会：1979 年 10 月 25 日成立，系安共体的咨询机构。由每个成员国议会各派 5 名议员组成，任期不得超过 5 年。每年召开 1 次例会，总部和常设秘书处设在哥伦比亚首都波哥大。2013 年 9 月 20 日，安共体第 37 届外长理事会决定取消安第斯议会。有关决定将在各成员国议会批准后生效。

【主要活动】

2007 年 6 月 14 日，安共体第 17 届首脑会议在玻利维亚塔里哈市举行，玻利维亚、哥伦比亚、厄瓜多尔、秘鲁和智利与会，会议共同签署了《塔里哈宣言》，包括正式宣布接纳智利为安共体联系国，宣布启动与欧盟的贸易谈判。

2008 年 10 月 14 日，安共体特别首脑会议在厄瓜多尔的瓜亚基尔市举行，厄瓜多尔、秘鲁、玻利维亚三国元首及哥伦比亚外贸副部长与会，主要讨论了加强安第斯地区一体化、与欧盟开展贸易谈判等议题。

2010 年 2 月 5 日，安共体四国外交部长和外贸部长通过了安第斯地区一体化进程指导方针及加强地区合作的战略议程。

2011 年 5 月，安共体委员会决定加强对移民、人员和商品运输的统计工作，建立促进中小企业发展委员会等。

2011 年 8 月，安共体成立文化和多元文化部长委员会，负责推进地区文化政策并对文化产业发展、文化遗产价值评估等提出建议。

2011 年 11 月 8 日，安共体总统理事会特别会议在哥伦比亚首都波哥大召开，哥伦比亚、厄瓜多尔、玻利维亚和秘鲁四国元首出席，会议发表联合声明，表示安共体将继续致力于推进次区域一体化进程，加强共同体内部现有规则的执行，深化各成员国在能源、安全和环境保护等领域的合作。

2013 年 9 月 20 日，安共体在利马举行第 37 届外长理事会，鉴于安第斯议会运行和维持经费高昂，为进一步提高组织运行效率，会议决定取消安第斯议会，并将未来安共体工作重点放在区内贸易一体化和人员流动等务实合作领域。有关决定将在各成员国议会批准后生效。

2014 年 10 月 14 日，安共体在利马举行第 38 届外长理事会。会议就"重塑安共体一体化进程"所取得的进展，如何加强地区一体化，使之重新焕发活力等进行了讨论。

2016 年 1 月 11 日，安共体在利马举行第 39 届外长理事会。会议选举瓦尔克·圣米格尔·罗德里格斯为新任秘书长，任期至 2018 年。

2018 年 10 月 15 日，安共体在利马举行第 43 届外长理事会。会议选举埃克托尔·金特罗·阿雷东多为新任秘书长，任期至 2023 年。

2019 年 1 月 11 日，安共体在利马举行第 44 届外长理事会。会议选举何塞·埃尔南多·佩德拉萨为新任秘书长，任期至 2023 年，接任因健康原因辞职的原秘书长阿雷东多。

2019 年 5 月 26 日，安第斯共同体 4 成员国（秘鲁、哥伦比亚、玻利维亚和厄瓜多尔）总统在利马举行第 19 届峰会，庆祝共同体成立 50 周年。峰会发表声明，决定振兴这一次地区一体化组织。

南方共同市场（Mercado Común del Sur，MERCOSUR）

【成立日期】1991 年 3 月 26 日，阿根廷、巴西、巴拉圭和乌拉圭 4 国总统在巴拉圭首都签署《亚松森条约》，宣布建立南方共同市场（简称"南共市"）。该条约于当年 11 月 29 日正式生效。1995 年 1 月 1 日南共市正式运行。

【宗旨】通过有效利用资源、保护环境、协调宏观经济政策、加强经济互补，促进成员国科技进步和实现经济现代化，进而改善人民生活条件，推动拉美地区经济一体化进程。

【成员】正式成员国为阿根廷、巴西、巴拉圭、乌拉圭、玻利维亚（尚未完成"入市"程序）、委内瑞拉（因国内局势自 2017 年 8 月起被无限期中止成员国资格）。联系国为智利、秘鲁、哥伦比亚、厄瓜多尔、苏里南、圭亚那。

【组织机构】

1. 共同市场理事会：最高决策机构。由成员国外交部长和经济部长组成。理事会主席由各成员国外长轮流担任，任期半年。现任轮值主席国为巴西。每年至少举行 1 次成员国首脑会议。

2. 共同市场小组：执行机构。负责实施条约和理事会决议，就规划贸易开放、协调宏观经济政策、与第三国商签经贸协定等提出建议。

3. 秘书处：行政机构，设在乌拉圭首都蒙得维的亚。

4. 议会：立法机构，设在乌拉圭首都蒙得维的亚。实行一院制，设有 139 个议席。

5. 仲裁法院：司法机构，解决成员国间争端。

6. 贸易委员会：主管贸易事务，下设 8 个分委会。

【网址】http：//www. mercosur. int/

【主要活动】截至目前，南共市举行了 58 届首脑会议。

2017 年 12 月，南共市第 51 届首脑会议在巴西利亚举行。会议就促进区内贸易投资便利化、扩大对外合作、推动与欧盟签署自贸协定、加强同太平洋联盟联系、敦促委内瑞拉尊重民主人权等议题展开讨论，签署《南共市公共采购议定书》。

2018 年 6 月，南方共同市场第 52 届首脑会议在巴拉圭举行。会议就推进南共市对外自贸谈判进程、委内瑞拉和尼加拉瓜局势等进行讨论。

2018 年 12 月，南方共同市场第 53 届首脑会议在乌拉圭举行。会议讨论了地区经济融合和民主政治等议题。

2019 年 7 月，南方共同市场第 54 届首脑会议在阿根廷举行。会议讨论了推进地区一体化、捍卫民主人权、打击腐败、促进可持续发展和委内瑞拉等议题。

2019 年 12 月，南方共同市场第 55 届首脑会议在巴西举行。会议讨论了南共市对外合作、打击边境犯罪、委内瑞拉形势等议题。

2020 年 7 月，南方共同市场第 56 届首脑会议以视频方式举行，轮值主席国巴拉圭总统主持了会议。

2021 年 3 月，南方共同市场第 57 届首脑会议以视频方式举行，轮值主席国阿根廷总统主持了会议，会议庆祝南方共同市场成立 30 周年，并讨论了共同应对新冠肺炎疫情问题。

2021 年 7 月，南方共同市场第 58 届首脑会议以视频方式举行，轮值主席国乌拉圭总统主持了会议，会议重点讨论成员国能否单独与非成员国签署自由贸易协定问题。

【对外关系】南共市重视发展同其他国家或区域组织的关系，已同中国、欧盟、东盟、日本、俄罗斯、韩国、澳大利亚、新西兰等建立了对话或合作机制。

与欧盟关系：1995 年 12 月南共市与欧盟签署了《区域性合作框架协议》，决定 2005 年建成跨洲自由贸易区。1998 年 7 月 22 日，欧盟委员会决定启动与南共市四国和智利建立自由贸易区的谈判。1999 年 6 月，欧盟与南共市宣布将于当年 11 月就建立自由贸易区谈判的原则、方式和非关税问题正式开始磋商，2001 年 7 月 1 日启动关税和敏感商品的谈判。2002 年 5 月，在第二届欧拉首脑会议上，南共市与欧盟决定于 7 月开始新一轮自贸谈判，至 2002 年 11 月，南共市与欧盟共进行了八轮贸易谈判，并取得了重大进展。2004 年因在农产品和工业产品市场准入问题上分歧严重，南共市与欧盟中止自贸谈判，2010 年 5 月双方宣布重启自贸协定谈判。2013 年 1 月，双方在首届欧盟—拉美和加勒比国家共同体峰会期间就自贸谈判举行部长级会议，决定于 2013 年第四季度前提交各自谈判条件。同年 12 月，应欧盟请求，双方推迟谈判进程。2014 年 7 月，南共市第 46 届首脑会议共同声明中表示，南共市方面已形成与欧盟谈判的共同立场，愿与欧盟早日完成条件交换。2015 年 7 月，南共市第 48 届首脑会议决定加快推进与欧盟自贸谈判，于当年第四季度与欧方互换减免关税商品清单，力争早日达成共识。2016 年 5 月，南共市和欧盟在比利时首都布鲁塞尔正式互换减免关税商品清单。6 月，双方在乌拉圭首都蒙得维的亚举行协调员会议，就清单进行首轮磋商。2019 年 6 月，双方宣布就以自贸为主要内容的战略伙伴协定达成一致。8 月，南共市同欧洲自由贸易联盟宣布完成自贸谈判。

与安共体关系：2003 年 12 月南共市第 25 届首脑会议上，南共市与安共体正式签署自由贸易协议，商定在未来 10—15 年内逐步取消关税，并自 2004 年 4 月开始制定减免关税产品清单。

与其他国家关系：南共市于 1996 年与智利、2002 年与墨西哥签署经济互补协议。1998 年 7 月，南共市与南非总统曼德拉签署了关于扩大南共市与南部非洲发展共同体（SADC）贸易的谅解备忘录。2004 年，南共市分别与印度和南部非洲关税同盟（SACU）签署贸易优惠协定，与摩洛哥签署贸易框架协议。2005 年，南共市与海湾合作委员会签署经济合作框架协议。2010 年 12 月，南共市同古巴、印度、印尼、马来西亚、韩国、埃及、摩洛哥 7 国在发展中国家全球贸易优惠制度框架（SGPC）内签署关税优惠协定，同叙利亚和巴勒斯坦签署自贸框架协议。南共市分别于 2007 年与以色列、2010 年与埃及、2011 年与巴勒斯坦签署自贸协定。2014 年 12 月，南共市同黎巴嫩、突尼斯就深化双方经贸关系签署合作协议。2017 年至今，南共市先后启动同加拿大、韩国、新加坡自贸谈判。

南美国家联盟（Unión de Naciones Suramericanas，UNASUR）

【成立经过】前身为南美国家共同体。2000 年，巴西在首届南美国家首脑会议上提出建立南共体的倡议。2004 年 12 月南共体正式成立。2007 年 4 月，南共体首届能源会议决定将该组织更名为南美国家联盟（简称"南美联盟"）。2008 年 5 月，南美 12 国元首在巴西利亚签署《南美国家联盟组织条约》，宣告南美联盟正式成立。

【宗旨】增进南美国家间政治互信，实现地区政治、经济、社会和文化领域全方位一体化，强化南美国家特性。优先促进政治对话并深化在社会政策、教育、能源、基础设施、金融、环境等各领域合作。

【成员】创始成员 12 个：阿根廷、巴西、乌拉圭、巴拉圭、委内瑞拉、玻利维亚、哥伦比亚、厄瓜多尔、秘鲁、智利、圭亚那和苏里南。墨西哥和巴拿马为观察员国。玻利维亚为现任轮值主席国。2018 年 4 月，巴西、阿根廷、哥伦比亚、智利、秘鲁、巴拉圭 6 国外长联名致函现任轮值主席国玻利维亚表示，鉴于各成员国始终未能就秘书长人选达成共识，影响联盟正常运转，决定暂停参与联盟活动。2018 年 8 月以来，哥伦比亚、厄瓜多尔、巴拉圭、阿根廷、智利、巴西、秘鲁和玻利维亚临时政府相继宣布退盟。2020 年 11 月，玻利维亚阿尔塞政府宣布重返南美联盟。

【主要负责人】前任秘书长埃内斯托·桑佩尔（哥伦比亚前总统，任期 2014 年 8 月至 2017 年 1 月）卸任后，秘书长一职空缺至今。

【网址】http：//www. unasursg. org/

【组织机构】

1. 国家元首和政府首脑委员会：最高决策机构，每年举行 1 次例会。

2. 外长委员会：负责筹备国家元首和政府首脑委员会会议并执行其决定，协调南美一体化等重要问题的立场，每半年召开 1 次例会。

3. 代表委员会：由各成员国派 1 名代表组成，负责筹备外长委员会会议，并执行国家元首和政府首脑委员会会议及外长委员会会议决定，每 2 个月召开 1 次例会。

4. 秘书处：设在厄瓜多尔首都基多，负责处理日常事务。

5. 理事会：目前，联盟共有防务、卫生、能源、反毒、选举、基础设施和规划、社会发展、教科文与技术创新、经济金融、公民安全、司法与打击有组织犯罪等 12 个理事会。

6. 南美国家联盟议会：根据 2008 年 5 月签署的《南美国家联盟组织条约》建立，总部设在玻利维亚科恰班巴。2008 年 10 月，智利总统巴切莱特和玻利维亚总统莫拉莱斯为议会总部奠基，标志着南美联盟议会诞生，此后一直处于筹建中。

7. 南方银行：2009 年 9 月宣布成立，总部设在委内瑞拉首都加拉加斯。由阿根廷、巴西、巴拉圭、乌拉圭、厄瓜多尔、玻利维亚、委内瑞拉 7 国共同组建，启动资金 200 亿美元。尚未正式启动。

【主要活动】

2008 年 5 月，南美联盟特别首脑会议在巴西首都巴西利亚召开，12 个成员国元首或代表与会并共同签署《南美国家联盟组织条约》，完成该组织建章立制。

2008 年 12 月，南美联盟领导人特别会议在巴西举行，宣布成立"南美防务理事会"和"南美卫生理事会"。

2009 年 8 月，南美联盟年度首脑会议在厄瓜多尔首都基多举行，会议讨论了国际金融危机、洪都拉斯局势、美国在哥伦比亚设立军事基地等议题，发表了《基多声明》，并宣布成立南美反毒、基础设施和计划、社会发展和教育、文化和科技创新四个专门委员会。

2010 年 2 月，南美联盟特别首脑会议在基多举行，宣布设立总计 3 亿美元的海地震后重建基金，其中 1 亿美元自筹，2 亿美元将寻求美洲开发银行贷款。

2010 年 5 月，南美联盟特别首脑会议在阿根廷布宜诺斯艾利斯省卡达莱斯镇举行，会议以协商一致方式推举阿根廷前总统基什内尔担任联盟首任秘书长。会议还就南美能源战略及行动计划和南美能源条约框架达成一致。

2010 年 11 月，南美联盟年度首脑会议在圭亚那首都乔治敦举行，各方签署了《民主议定书》，规定对发生政变等违宪行为的成员国采取外交、政治和贸易制裁。各方就加强团结推进地区一体化、推动能源可持续发展、应对气候变化等议题进行了讨论。厄瓜多尔和哥伦比亚宣布全面恢复 2008 年 3 月以来中止的外交关系。

2011 年 3 月，南美联盟外长会在厄瓜多尔首都基多举行，宣布具有宪章性质的《南美国家联盟组织条约》生效，标志着联盟成为具有国际法人地位的地区组织。决定由哥伦比亚前外长梅希亚和委内瑞拉电力部长罗德里格斯轮流担任联盟秘书长，任期各一年。会后，各国外长还出席了联盟秘书处大楼奠基仪式。

2011 年 10 月 24 日，南美联盟获得联合国观察员地位。29 日，南美联盟在巴拉圭首都亚松森举行第五届首脑会议，会议发表联合声明，决定成立南美联盟选举理事会。

2012 年 6 月，南美联盟在阿根廷门多萨市召开首脑特别会议，讨论因巴拉圭总统卢戈突遭弹劾带来的问题和影响，会议要求巴遵守民主秩序，决定在 2013 年 4 月巴举行民主大选前暂停巴会员国资格，并由秘鲁临时接替巴担任轮值主席国。

2012 年 11 月，南美联盟在秘鲁首都利马召开第六届首脑会议。会议以"一体化与社会融合、地区和平与安全"为主题展开探讨，决定成立公民安全、司法与打击有组织犯罪理事会，加强区内基础设施一体化建设和各领域合作，进一步消除贫困和不平等，促进共同防务。会议发表包括《利马宣言》在内的多个文件。

2013 年 8 月 30 日，南美联盟在苏里南首都帕拉马里博举行第七届首脑会议。会议围绕推动南美一体化、完善联盟机制建设、深化各领域合作、构建南美共同身份及更好开发利用自然资源等议题进行讨论，并就叙利亚局势发表声明。会议通过《帕拉马里博宣言》，会后苏里南接替秘鲁担任联盟轮值主席国。

2014 年 7 月 16 日，南美联盟同金砖国家领导人对话会在巴西利亚举行。与会各国领导人围绕"包容性增长的可持续解决方案"这一主题展开讨论，共商加强南美国家和金砖国家合作。

2014 年 12 月 4—5 日，南美联盟先后在厄瓜多尔瓜亚基尔和首都基多两地举行特别首脑会议。其间,举行了联盟常设秘书处总部揭幕仪式。会议重点讨论了完善联盟机制建设、推进务实合作、构建南美共同身份等议题。

2015 年 3 月,南美联盟在厄瓜多尔首都基多举行外长特别会议,呼吁美国尊重委内瑞拉主权,同委政府开展建设性对话。

2016 年 4 月,南美联盟在厄瓜多尔基多举行外长会,宣布对厄瓜多尔启动自然灾害与风险管理协调互助机制,并关注巴西总统弹劾案进程。

2018 年 4 月,阿根廷、巴西、智利、巴拉圭、秘鲁决定停止参与南美联盟的活动。2018 年 8 月,哥伦比亚正式退出,2019 年 3 月,厄瓜多尔正式退出,2019 年 4 月,阿根廷、巴西、智利、巴拉圭正式退出。2020 年 3 月,乌拉圭正式退出。2020 年 10 月,阿根廷总统阿尔贝托·费尔南德斯号召重建南美联盟。同年 11 月,玻利维亚阿尔塞政府宣布玻利维亚重返南美联盟。

美洲玻利瓦尔联盟（Alianza Bolivariana para los Pueblos de Nuestra America，ALBA）

【成立经过】前身为"美洲玻利瓦尔选择"（又译为"美洲玻利瓦尔替代计划"）。2001 年 12 月,委内瑞拉总统查韦斯在第 3 届加勒比国家联盟峰会上首次提出成立"美洲玻利瓦尔选择"的倡议。2004 年 12 月,查韦斯访问古巴,与古国务委员会主席卡斯特罗发表关于创立该组织的联合声明并签署实施协定。2009 年 6 月 24 日,"美洲玻利瓦尔选择"第 6 届特别峰会在委内瑞拉阿拉瓜州府马拉凯举行,宣布该组织更名为"美洲玻利瓦尔联盟"。

【宗旨】公正、互助、平等、合作、互补和尊重主权,以南美解放者玻利瓦尔的一体化思想为指导,通过"大国家"方案,加强地区政治、经济和社会合作,发挥各国优势解决本地区人民最迫切的社会问题,消除贫困和社会不公,推动可持续发展,实现人民的一体化和拉美国家大联合,抵制和最终取代美国倡议的美洲自由贸易区。

【成员】10 个:安提瓜和巴布达、玻利维亚、古巴、多米尼克、尼加拉瓜、圣文森特和格林纳丁斯、委内瑞拉、圣基茨和尼维斯、格林纳达、圣卢西亚。洪都拉斯原为成员国,2010 年 1 月正式退出。厄瓜多尔于

2018 年 8 月宣布退出。2019 年 11 月，玻利维亚"临时政府"宣布退出。2020 年 11 月，玻利维亚阿尔塞政府重返联盟。观察员国 3 个：乌拉圭为观察员国，海地为长期受邀成员国，苏里南为特别受邀观察员国。

【主要负责人】执行秘书长萨查·洛伦蒂（Sacha Llorenti），2020 年 12 月就任。

【网址】http：//alba－tcp.org

【组织机构】最高领导机构是总统理事会，下设部长理事会和社会运动理事会，另设政治、社会、经济、投资金融、能源、环境、青年等委员会。2009 年 10 月第七届峰会决定成立地区主权和防务常设委员会。上述机构定期召开会议，研究成员国间及与本地区其他国家发展与合作的相关问题。

【主要活动】

2004 年 12 月，委内瑞拉总统查韦斯访问古巴，与古巴国务委员会主席卡斯特罗发表关于创立"美洲玻利瓦尔选择"的联合声明并签署实施协定。两国创立该组织后，委古签署了涉及贸易、能源、农业、通信、医疗卫生、教育等领域的 49 项合作协定。

2006 年 4 月，古巴、委内瑞拉和玻利维亚领导人在古巴首都哈瓦那签署了三国间经济一体化协议，玻利维亚正式加入"美洲玻利瓦尔选择"。

2007 年 1 月，尼加拉瓜总统奥尔特加、委内瑞拉总统查韦斯、玻利维亚总统莫拉莱斯和古巴国务委员会副主席马查多在尼加拉瓜首都马那瓜签署联合声明，尼加拉瓜正式加入"美洲玻利瓦尔选择"。4 月，第 5 届"美洲玻利瓦尔选择"首脑会议在委内瑞拉拉腊州州府巴基西梅托举行。会议呼吁拉美地区左翼政府加强合作，寻求新的国际合作机制，共同解决成员国内部和拉美国家的贫困问题，以巩固左翼政权。

2008 年 1 月，第 6 届"美洲玻利瓦尔选择"首脑会议在委内瑞拉召开，委内瑞拉、玻利维亚、尼加拉瓜总统、多米尼克总理和古巴国务委员会副主席出席。会议宣布成立"美洲玻利瓦尔选择"银行，并接纳多米尼克为正式成员。

2008 年 8 月，洪都拉斯总统塞拉亚在洪首都特古西加尔巴签署决议书，宣布洪都拉斯正式加入"美洲玻利瓦尔选择"。

2009 年 6 月，"美洲玻利瓦尔选择"特别峰会在委内瑞拉阿拉瓜州府马拉凯举行，接纳厄瓜多尔、安提瓜和巴布达以及圣文森特和格林纳丁斯三国为正式成员。会议决定在政治、经济和社会等领域成立由各国相关部长组成的 4 个理事会，并发表了最终声明。

2009 年 10 月，第 7 届峰会在玻利维亚科恰班巴市举行，9 个成员国元首或代表、4 个观察员国及俄罗斯、多米尼加等国代表出席。会议围绕建立地区统一货币机制"苏克雷"、设立区域仲裁机构、洪都拉斯局势及美国与哥伦比亚签订军事协议等议题进行了讨论，并发表共同声明。会议宣布将于 2010 年正式启用地区统一货币机制"苏克雷"。

2009 年 12 月，第 8 届峰会在古巴首都哈瓦那举行，古巴、委内瑞拉、玻利维亚、尼加拉瓜四国元首与会，厄瓜多尔、洪都拉斯外长及多米尼克、安提瓜和巴布达、圣文森特和格林纳丁斯等国代表出席。会议总结了 ALBA 成立 5 周年来在经济、社会领域加强合作所取得的进展，各方围绕地区统一货币机制"苏克雷"、人民贸易协定、粮食安全、气候变化等议题进行讨论。

2010 年 4 月，第 9 届峰会在委内瑞拉首都加拉加斯举行，委内瑞拉、古巴、玻利维亚、尼加拉瓜四国元首和联盟其他成员国代表与会，阿根廷和多米尼加总统作为特邀嘉宾出席。会议围绕"加勒比石油计划"、大型跨国企业、地区统一货币机制"苏克雷"等议题进行了讨论，并就加强 ALBA 银行及文化和体育领域合作进行交流。此外，与会各国领导人和代表还出席了委内瑞拉独立 200 周年庆祝活动。

2010 年 6 月，第 10 届峰会在厄瓜多尔奥塔瓦洛举行，厄瓜多尔、委内瑞拉、玻利维亚 3 国总统、古巴国务委员会副主席及其他成员国代表与会。会议重点讨论了建设包容性社会、尊重多元文化、促进种族融合和保护环境等议题。

2012 年 2 月，第 11 届峰会在委内瑞拉首都加拉加斯举行。会议就建立 ALBA 经济政策委员会、社会政策委员会和执行秘书处等问题达成一致，决定设立 ALBA 经济区以协调各成员国经济货币政策，推动相互间经贸往来，加快生产领域联合等。会议还就 ALBA 支持阿根廷声索马岛主权、支持古巴参加当年 4 月在哥伦比亚举行的第六届美洲峰会、支持波多黎各人民独立自主权利、谴责有关国家试图颠覆叙利亚政府的行径以及增加各成员国对海地援助等问题发表特别声明或公报，决定在 ALBA 银行框架下建立储备基金。

2013 年 7 月，第 12 届峰会在厄瓜多尔瓜亚基尔举行。联盟成员国领导人和高级代表与会，圣卢西亚及乌拉圭、阿根廷、巴西、苏里南、圭亚那和海地等国代表应邀出席。会议讨论了强化 ALBA 贸易协定、扩大地区统一货币机制"苏克雷"和增加社会民生领域的项目等议题，决定成立"常设跨领域咨商小组"为有关国家提供社会经济领域风险预警；决定研究关于建立由 ALBA、南方共同市场及"加勒比石油计划"（PETRO-CARIBE）等组织和机制组成"互补经济区"的提议；批准接纳圣卢西亚为 ALBA 第九个成员国；峰会还通过了《ALBA 太平洋宣言》。

2013 年 12 月，"美洲玻利瓦尔联盟"和加勒比石油计划（PETRO-CARIBE）成员国在委内瑞拉首都加拉加斯召开特别峰会，地区 18 国国家元首、政府首脑或代表出席。会议决定探讨构建 ALBA、PETROCAR-IBE 与南方共同市场（MERCOSUR）和加勒比共同体（CARICOM）之间的互补经济区，以整合各次区域一体化组织之间的交通与通信、生产培训、旅游、贸易和一体化及社会和文化资源。会议并成立由牙买加、厄瓜多尔、委内瑞拉、多米尼加和尼加拉瓜等国代表组成的"互补经济区"建设领导小组，以协调同 MERCOSUR 和 CARICOM 的关系。

2014 年 10 月，"应对埃博拉"特别峰会在古巴首都哈瓦那举行，成员国领导人、泛美卫生组织等国际和地区组织代表出席，旨在推动地区合作，防范埃博拉在拉美蔓延。

2014 年 12 月，第 13 届峰会在古巴首都哈瓦那举行。古巴、委内瑞拉、玻利维亚、尼加拉瓜、多米尼克、圣文森特和格拉纳丁斯、安提瓜和巴布达等 11 国成员国国家元首、政府首脑或代表出席。峰会围绕一体化机制建设、成员国间深化经贸、社会、医疗等领域合作展开讨论，决定接纳格拉纳达、圣基茨和尼维斯为新成员，并发表《峰会最终声明》。俄罗斯总统普京就峰会成功举办向劳尔主席发贺电。

2015 年 3 月，在委内瑞拉首都加拉加斯举行特别峰会，古、委、玻、尼总统和厄外长等联盟成员国领导人和代表出席。会议发表联合声明，反对美国视委为"国家威胁"，要求美停止对委敌对行动。

2016 年 12 月 14 日，美洲玻利瓦尔联盟成立 12 周年庆祝活动在古巴哈瓦那举行。古巴国务委员会主席兼部长会议主席劳尔·卡斯特罗和委内瑞拉总统马杜罗出席活动。劳尔在发言中回顾了 ALBA 自成立以来在医疗、扫盲、教育等领域取得的突出成绩，高度评价其创立者菲德尔·卡斯特罗和查韦斯的历史功绩，称他们是"维护美洲家园不可逾越的战壕"，并重申对委政府的坚定支持。

2017 年 3 月 5 日，第十四届美洲玻利瓦尔联盟特别峰会在委内瑞拉首都加拉加斯举行。古巴、玻利维亚、尼加拉瓜、圣文森特和格林纳丁斯、圣基茨和尼维斯等国领导人及其他成员国代表出席。峰会选举玻前外长乔克万卡为联盟新秘书长并通过成果文件《维护美洲团结、尊严和主权》，决定深入发展联盟内经济生产和社会民生，重启援助基金为在美拉美裔移民提供法律咨询和援助，并要求美政府停止对委政府和委副总统的制裁。

2018 年 3 月 5 日，第十五届美洲玻利瓦尔联盟特别峰会在委内瑞拉首都加拉加斯举行。委内瑞拉总统马杜罗、古巴国务委员会主席兼部长会议主席劳尔·卡斯特罗、玻利维亚总统莫拉莱斯、尼加拉瓜总统奥尔特加、多米尼克总理斯凯里特等 12 个成员国领导人或代表出席。峰会同时也为纪念查韦斯逝世五周年。与会代表发表共同声明，声援委政府，反对美西方干涉委内政，支持加勒比国家灾后重建。

2018 年 12 月 14 日，第十六届美洲玻利瓦尔联盟峰会在古巴哈瓦那召开。古巴国务委员会主席兼部长会议主席迪亚斯－卡内尔、委内瑞拉总统马杜罗、玻利维亚总统莫拉莱斯、尼加拉瓜总统奥尔特加、多米尼克总理斯凯里特、圣文森特和格林纳丁斯总理冈萨维斯等 6 国领导人出席，安提瓜和巴布达等 6 国亦派代表参会。会议发表宣言，呼吁拉美和加勒比国家加强团结、坚定推进一体化进程；积极探讨加强同中国等域外国家合作；支持古巴、委内瑞拉人民自主选择发展道路，谴责美国霸权主义行径，敦促美解除对古封锁。峰会未形成具体合作成果，也未对厄瓜多尔"退盟"表态。

2019 年 2 月 14 日，在哈瓦那召开第十七届美洲玻利瓦尔联盟峰会，庆祝联盟成立 15 周年。

2020 年 12 月 14 日，第十八届美洲玻利瓦尔联盟峰会以视频方式举行，主要讨论共同抗击新冠肺炎疫情问题。

2021年6月24—25日，第十九届美洲玻利瓦尔峰会在加拉加斯在线下举行，主要讨论拉美团结与一体化和抗击新冠肺炎疫情问题。

太平洋联盟（Alianza del Pacífico）

【成立日期】2011年4月28日，智利、哥伦比亚、墨西哥、秘鲁四国总统在秘鲁首都利马举行峰会，签署《太平洋协定》，宣布成立太平洋联盟。2012年6月，联盟第四届首脑会议在智利安托法加斯塔举行，签署《太平洋联盟框架协议》，宣告联盟正式成立。2015年7月20日，《框架协议》生效。2018年7月，成员国间96%的货物和服务贸易实现零关税，剩余关税将逐步取消。

【宗旨】加强拉美太平洋沿岸国家贸易政策协调，促进联盟内货物、服务、资本和人员自由流通，致力于将联盟打造成为对亚洲最具吸引力的拉美次区域组织和亚洲进入拉美市场最便利的入口。

【成员】正式成员国：智利、哥伦比亚、墨西哥、秘鲁。观察员国（59个）：哥斯达黎加、巴拿马、澳大利亚、新西兰、加拿大、乌拉圭、西班牙、日本、危地马拉、厄瓜多尔、萨尔瓦多、洪都拉斯、巴拉圭、多米尼加、法国、葡萄牙、中国、美国、韩国、土耳其、英国、德国、瑞士、荷兰、意大利、芬兰、印度、以色列、摩洛哥、新加坡、特立尼达和多巴哥、比利时、印度尼西亚、泰国、格鲁吉亚、奥地利、海地、瑞典、丹麦、匈牙利、希腊、波兰、挪威、捷克、斯洛伐克、乌克兰、罗马尼亚、埃及、阿根廷、斯洛文尼亚、立陶宛、克罗地亚、阿联酋、塞尔维亚、白俄罗斯、亚美尼亚、阿塞拜疆、菲律宾和哈萨克斯坦。候选联系国（6个）：加拿大、澳大利亚、新西兰、新加坡、韩国、厄瓜多尔。

【组织机构】各成员国以国名字母先后顺序轮流担任轮值主席国，任期一年。现任轮值主席国为智利。联盟尚未设秘书处，但已形成包括首脑会议、部长理事会（外交部长和贸易部长）、高级别工作组（副外长和主管贸易的副部长）及技术工作组的基本架构。

【网址】http://alianzapacifico.net/

【主要活动】

2011年4月，首届首脑会议在秘鲁利马举行，决定成立太平洋联盟。

2011年12月，第2届首脑会议在墨西哥梅里达举行。墨西哥、智利、哥伦比亚总统和秘鲁外长出席，巴拿马总统应邀出席。会议发表《梅里达宣言》，承诺将加快一体化建设步伐，要求各成员国共同努力尽快制定《联盟宪章条约》，欢迎更多拉美国家入盟。

2012年3月，第3届首脑会议以视频方式举行，各方就促进人员、服务和资本流通，推进贸易及一体化等问题取得重要进展，就《框架协议》达成一致。巴拿马和哥斯达黎加总统与会，巴方表示将加快同联盟成员国商签自贸协定，以尽快"入盟"。

2012年6月，第4届首脑会议在智利安托法加斯塔举行。联盟成员国总统、巴拿马及哥斯达黎加外长与会，西班牙国王受邀出席。会议发表《框架协议》，联盟正式成立。

2012年11月，第5届首脑会议在西班牙加的斯伊比利亚美洲峰会期间举行。联盟成员国总统出席。会议决定吸收哥斯达黎加和巴拿马为候选成员国，接纳西班牙、加拿大、澳大利亚、新西兰和乌拉圭5国为联盟观察员国。

2013年1月，第6届首脑会议在智利圣地亚哥拉美和加勒比国家共同体峰会期间举行。联盟成员国总统出席。会议决定接纳日本和危地马拉为联盟观察员国，确定当年第一季度内结束成员国间互免关税谈判，上半年结束其余领域谈判。

2013年5月，第7届首脑会议在哥伦比亚卡利举行。联盟成员国总统出席。会议一次性吸收厄瓜多尔等7国为观察员国，宣布自当年6月30日起盟内90%货物贸易实现零关税，决定简化四国公民出入境手续，宣布设立共同使馆及联合贸易办事处。

2014年2月，第八届首脑会议在哥伦比亚卡塔赫纳举行。联盟成员国及候选成员国哥斯达黎加总统出席。会议接纳芬兰等5国为观察员国，通过《框架协议补充议定书》，明确盟内92%货物及服务贸易零关税，剩余8%将于未来逐步落实。

2014年6月，第9届首脑会议在墨西哥蓬塔德米塔举行。联盟成员国总统出席。会议接纳特立尼达和多巴哥、比利时为观察员国，在明确盟内92%货物及服务贸易零关税基础上，重申于2030年前落实剩余8%。会议期间，举行首次联盟外长、经贸部长与观察员国代表对话会。

2015 年 7 月，第 10 届首脑会议在秘鲁帕拉卡斯举行。联盟成员国总统出席。会议宣布《框架协议》及其附加协议、《设立合作基金协议》自2015 年 7 月 20 日起生效，标志着联盟成为国际法主体。会议在加快整合证券市场、互免公民短期签证、共享海外使领馆资源等领域通过更多具体举措，决定加快候选成员国巴拿马和哥斯达黎加入盟进程，并吸收印度尼西亚、泰国、格鲁吉亚、奥地利、海地、瑞典、丹麦、匈牙利、希腊、波兰 10 个新观察员国。会后，秘鲁接替墨西哥任轮值主席国。

2016 年 7 月，第 11 届首脑会议在智利巴拉斯港举行。4 个成员国以及候选成员国哥斯达黎加和观察员国阿根廷总统，其他 47 个观察员国和美洲开发银行、拉美开发银行、联合国拉美经委会等金融机构和组织代表，以及 700 多名企业家与会。会议围绕深化联盟一体化进程、增进公私部门合作、扩大对外合作等议题展开讨论并达成共识，通过《巴拉斯港宣言》。会后，智利接任轮值主席国。

2017 年 6 月，第 12 届首脑会议在哥伦比亚卡利市举行，4 个成员国总统出席，围绕贸易便利化、金融一体化、"联系国"机制等议题进行讨论。会议决定设立联盟基础设施投资基金，削减成员国间养老基金投资壁垒，吸纳加拿大、澳大利亚、新西兰、新加坡四国为候选"联系国"，并于同年 9 月启动联盟同上述"联系国"自贸谈判。会后发表《卡利宣言》，哥伦比亚接任联盟轮值主席国。

2018 年 7 月，第 13 届首脑会议在墨西哥巴亚尔塔港举行，4 个成员国总统出席，会议通过《巴亚尔塔港宣言》，强调将坚持多边主义和自由贸易，深入推进地区一体化进程，持续推进同候选联系国加拿大、澳大利亚、新西兰、新加坡间的贸易谈判，启动研究韩国和厄瓜多尔成为候选联系国。会后，秘鲁接任联盟轮值主席国。联盟峰会框架下还举行了太平洋联盟和南方共同市场首次峰会，双方发表了《联合宣言》和《共同行动计划》。

2019 年 7 月，第 14 届首脑会议在秘鲁利马举行，秘、智利、哥伦比亚 3 国总统和墨西哥外长（总统全权代表）出席，厄瓜多尔总统作为特邀代表与会。会议通过《利马宣言》，表示将促进区内自由贸易，推动成员国一体化、包容性发展。会议还通过维护多边贸易体制、加强塑料制品可持续管理的总统声明及深化媒体合作谅解备忘录等文件。接纳厄瓜多尔为候选联系国，吸收菲律宾、哈萨克斯坦、亚美尼亚和阿塞拜疆为观察员国，使观察员国增加到 59 个。会后，智利接任联盟轮值主席国。联盟人口 2.253 亿，占拉美 GDP 的 38%，出口的 40%，外资的 40%。

加勒比共同体（Caribbean Community，CARICOM）

【成立经过】根据特立尼达和多巴哥、巴巴多斯、牙买加和圭亚那四国总理 1973 年 7 月签署的《查瓜拉马斯条约》发起创建，同年 8 月 1 日加勒比共同体（简称"加共体"）正式成立。

【宗旨】将推动经济一体化、加强外交政策协调、促进人文社会发展和深化安全合作为四大支柱，促进地区一体化和成员间合作。

【成员】15 个：安提瓜和巴布达、巴哈马、巴巴多斯、伯利兹、多米尼克、格林纳达、圭亚那、海地、牙买加、蒙特塞拉特（英属）、圣基茨和尼维斯、圣卢西亚、圣文森特和格林纳丁斯、苏里南、特立尼达和多巴哥。

准成员 5 个：安圭拉（英属）、英属维尔京群岛、特克斯和凯科斯群岛（英属）、开曼群岛（英属）、百慕大（英属）

观察员 8 个：阿鲁巴（荷属）、哥伦比亚、多米尼加、墨西哥、圣马丁（荷属）、库拉索（荷属）、波多黎各（美属）、委内瑞拉。

【主要负责人】秘书长欧文·拉罗克（Irwin LaRocque，多米尼克人），2011 年 7 月上任，2016 年 2 月连任，任期 5 年。

【总部】秘书处设在圭亚那首都乔治敦。

【网址】http：//www.caricom.org

【组织机构】

1. 政府首脑会议：最高权力机构。由成员政府总理组成（圭亚那和苏里南为总统，蒙特塞拉特为首席部长）。主要职责：制定共同体方针政策；代表共同体对外缔结条约，与其他国际组织或国家建立关系；负责共同体财务安排。1992 年 10 月，政府首脑特别会议决定设立首脑会议局，由政府首脑会议本届、上届和下届主席及共同体秘书长 4 人组成，主要负责推动落实各项决议。

2. 部长理事会：权力仅次于政府首脑会议，由各成员国负责共同体事务的部长或其他部长组成，主要负责制订共同体战略计划，协调地区经济一体化，开展合作和对外交往。

3. 专业部长理事会：下设贸易与经济发展、外交与共同体事务、人文与社会发展、金融与规划和国家安全五个理事会，由各成员国主管相应事务的部长部长组成。

4. 专门委员会：包括法律事务、预算、央行行长、使节等委员会。

5. 秘书处：常设行政机构，职责是提供会议服务，落实会议决定；收集信息，开展专题研究；协调与其他国际地区组织交往；制订预算草案等。设秘书长和副秘书长各 1 人。秘书长为加共体首席行政长官，由政府首脑会议根据部长理事会推荐任命，任期 5 年，可连任。

【主要活动】截至目前，加共体举行了 40 届首脑会议和 30 次届间首脑会议。

加共体第 30 次届间政府首脑会议于 2019 年 2 月在圣基茨和尼维斯举行。会议围绕推进加共体单一市场和经济建设、应对气候变化等挑战、委内瑞拉问题、打击犯罪等议题进行讨论。

加共体第 40 届政府首脑会议于 2019 年 7 月在圣卢西亚举行，会议重点讨论了委内瑞拉局势、建设加共体单一市场和经济、成员国被列入洗钱国家"黑名单"、建设打击犯罪与安全体系等议题。

【与古巴关系】古巴虽不是加共体成员，但同加共体关系密切，双方一致将每年 12 月 8 日定为"古巴—加勒比日"。1972 年 12 月 8 日，加勒比四国（牙买加、圭亚那、巴巴多斯及特立尼达和多巴哥）冲破美国在美洲国家组织中对古巴实施的孤立政策阻碍，率先与古建交。此后，拉美国家陆续与古巴恢复外交关系。1993 年，古巴—加共体联合委员会成立。2002 年起，双方政府首脑每 3 年会晤一次。2017 年 12 月 8 日，第六届加共体—古巴峰会在安提瓜和巴布达举行。2020 年 12 月 8 日，第七届加共体—古巴峰会以视频方式举行，古巴主持了这次峰会。

【与墨西哥关系】墨西哥与加勒比国家重视发展与对方关系，双方建有首脑会议机制。首届峰会于 2010 年 2 月在墨西哥举行。2012 年 5 月，第二届峰会在巴巴多斯举行。2014 年 4 月，第三届峰会在墨西哥举行。2017 年 10 月，第四届峰会在伯利兹举行。

加勒比国家联盟（Association of Caribbean States，ACS）

【成立经过】1993 年 6 月，加勒比共同体第 14 届政府首脑会议决定以加共体为核心建立加国联。1994 年 7 月 24 日，加勒比地区 25 个国家和 12 个未独立地区的代表在哥伦比亚卡塔赫纳签署纪要，正式成立加勒比国家联盟（简称"加国联"）。

【宗旨】加强成员间政治、经贸、文化等各领域协调与合作，推动地区一体化进程，共同保护加勒比海环境，促进大加勒比地区可持续发展。

【成员】25 个：安提瓜和巴布达、巴哈马、巴巴多斯、伯利兹、哥伦比亚、哥斯达黎加、古巴、多米尼克、多米尼加、萨尔瓦多、墨西哥、格林纳达、危地马拉、圭亚那、海地、洪都拉斯、牙买加、尼加拉瓜、巴拿马、圣基茨和尼维斯、圣文森特和格林纳丁斯、圣卢西亚、苏里南、特立尼达和多巴哥、委内瑞拉。

准成员 11 个：阿鲁巴（荷属）、博内尔（荷属）、库拉索（荷属）、圭亚那（法属）、瓜德罗普（法属）、马提尼克（法属）、萨巴（荷属）、圣巴托洛缪（法属）、圣马丁（法属）、圣尤斯特歇斯（荷属）、圣马丁（荷属）、维尔京群岛（英属）。

观察员 28 个：阿根廷、白俄罗斯、玻利维亚、巴西、加拿大、智利、厄瓜多尔、埃及、芬兰、印度、意大利、哈萨克斯坦、荷兰、韩国、摩洛哥、沙特、秘鲁、俄罗斯、塞尔维亚、斯洛文尼亚、西班牙、土耳其、乌克兰、英国、乌拉圭、日本、阿联酋、巴勒斯坦。

【主要负责人】秘书长琼·苏莫尔（June Soomer，圣卢西亚人），2016 年 6 月就任，任期至 2020 年。

【总部】秘书处设在特立尼达和多巴哥首都西班牙港。

【网址】http：//www.acs-aec.org

【组织机构】部长理事会为主要决策机构，每年举行一次会议。下设贸易发展和对外经济关系、预算和行政、可持续旅游和发展、交通、减灾五个专门委员会。

【主要活动】截至目前，加国联共举行了 8 届首脑会议和 24 届部长理事会会议。

2016 年 6 月 2—4 日，加国联第 7 届首脑会议在古巴首都哈瓦那举行。峰会以"推动大加勒比可持续发展"为主题，就发展贸易、交通、旅游、共同应对气候变化和自然灾害等进行讨论，通过《哈瓦那声明》和《2016—2018 行动计划》。

2017 年 3 月 10 日，加国联第 22 届部长理事会和首届合作会议在古巴首都哈瓦那举行。会议就加强内部团结、推动一体化进程、共同应对贫困、气候变化等议题进行讨论，会上接纳日本、阿联酋、巴勒斯坦为观察员。

2018 年 3 月 14—16 日，加国联第 23 届部长理事会和第 2 届合作会议在委内瑞拉玛格丽特岛举行。会议就携手应对气候变化挑战，开展防灾减灾合作，促进地区发展等议题进行讨论。

2019 年 3 月 29 日至 3 月 31 日，加国联第 8 届首脑会议、第 24 届部长理事会暨第三届合作会议在尼加拉瓜首都马那瓜举行。会议以"加勒比共同努力应对气候变化"为主题，围绕促进区内贸易、运输、旅游、防灾等领域合作进行讨论，并通过《马那瓜宣言》和《2019—2021 行动计划》。

拉丁美洲经济体系（Sistema Económico Latinoamericano y del Caribe，SELA）

【成立经过】1975 年 10 月 17 日，拉美 23 国政府代表签署《巴拿马协议》，宣告成立拉丁美洲经济体系。1976 年 6 月 7 日协议正式生效。

【宗旨】本着平等、主权、独立、团结、互不干涉内政、互相尊重各国政治、经济和社会制度差异的原则，促进拉美地区合作，推动地区一体化进程，制定和执行经济、社会发展规划与项目，协调拉美各国有关经济和社会问题的立场与战略，切实维护拉美国家的合法权益，为建立公正、合理的国际经济新秩序而努力。

【行动准则】平等、主权、独立、团结、互不干涉内政、互相尊重各国政治、经济和社会制度差异。

【成员】26 个：阿根廷、巴巴多斯、巴哈马、巴拉圭、巴拿马、伯利兹、巴西、秘鲁、玻利维亚、多米尼加、厄瓜多尔、哥伦比亚、古巴、圭亚那、海地、洪都拉斯、墨西哥、尼加拉瓜、萨尔瓦多、苏里南、特立尼达和多巴哥、危地马拉、委内瑞拉、乌拉圭、牙买加和智利。42 个拉美、欧洲和联合国的政治、经济和社会组织为观察员。

【主要负责人】常任秘书哈维尔·保林尼奇（Javier Paulinich，曾任秘鲁外交部经济司司长），2017 年 8 月就职，任期 4 年。

【总部】常设秘书处设在委内瑞拉首都加拉加斯。

【网址】http：//www. sela. org/

【出版物】西文季刊《战略性记录》（NOTAS ESTRATÉGICAS），西、英文季刊《拉丁美洲经济体系在美国的天线》（ANTENA DE SELA EN EE. UU.），西文月刊《拉美和加勒比一体化公报》。

【组织机构】

1. 拉丁美洲理事会：最高机构。由各成员国政府任命 1 名全权代表组成，每年举行 1 次部长级例会，确定拉美经济体系的总政策。如理事会作出决定或不少于 1/3 的成员国提出要求，可举行部长级或非部长级特别会议。理事会设主席 1 人、副主席 2 人、报告员 1 人（共同组成主席团），由各国代表轮流担任。

2. 行动委员会：临时性的合作机构。每个委员会至少由 3 个成员国组成，其他成员国可以自由加入或退出。任务是就一些专门问题制定共同纲领和计划，并协调行动。任务完成后，委员会可解散或转变成常设机构。

3. 常设秘书处：执行机构。常任秘书长由理事会选举产生，任期 4 年。

【主要活动】

在维护拉美国家合法权益方面，1976 年理事会第 1 次特别会议协调了拉美国家出席 77 国集团会议的立场，反对美外贸法的限制和歧视性条款，要求各国对该法在拉美产生的消极后果采取共同行动，互相声援。1977 年理事会第 3 次例会声援危地马拉反对美阻挠其发展本国商船队。1978 年第 4 次例会通过声援玻利维亚反对美抛售战略储备锡的决议。1982 年因英国和阿根廷马尔维纳斯群岛冲突，成立援阿行动委员会并通过决议给阿以经济援助和贸易优惠，对欧共体对阿的经济制裁表示遗憾。同年该组织第 8 次例会通过《拉美经济安全和独立战略》，决定当拉美经济体系成员国遭到经济制裁时应采取必要措施，尽快作出反应。会议谴责欧共体对阿实行经济制裁。1985 年该组织第 5 次特别会议要求美国取消对尼加拉瓜的贸易禁运。

在推动地区一体化方面，1982 年拉美经济体系同卡塔赫纳协定委员会共同组织拉美各区域一体化组织会议。会议指出，必须扩大拉美内部贸易，坚持拉美经济合作和一体化，决定加强协调各区域一体化组织信息的工作。

在解决拉美外债问题方面，1983 年第 9 次例会通过决议，强调拉美国家在解决沉重债务方面需加强合作，采取共同行动；指责美国对尼加拉瓜的经济制裁。1990 年成员国财长和央行行长举行会议，讨论地区外债问题，决定成立由 11 国组成的部长级委员会，旨在"在拉美和加勒比地区关于外债问题提案规定的范围内，对债权国采取地区性协调行动"。1991 年第 17 次例会决定重新设立部长级外债委员会。

在促进社会发展方面，1983 年，该组织 18 个成员国签署成立支持中美洲经济、社会发展行动委员会纪要，决定帮助中美洲的经济和社会发展进程，促进经济、技术和贸易合作，援助和加强该地区一体化机构。1997 年，第 23 次例会通过《关于经济增长与就业的声明》，强调各国要更好地将消除贫困和就业政策联系起来，在保证经济持续增长的同时，减少社会不公平现象。

在古巴问题上，1995 年第 21 次例会发表声明反对美封锁古巴。1997 年第 23 次例会通过决议，对"赫尔姆斯—伯顿法"和美国强化该法的企图表示最强烈的反对，要求美国立即解除对古巴的封锁。1998 年第 24 次例会通过决议，对"赫尔姆斯—伯顿法"和美国对古巴的封锁表示"强烈愤慨"，要求美国终止孤立古巴的政策。

在消除金融危机影响和建立经济新秩序方面，1998 年第 24 次例会通过《哈瓦那声明》指出，拉美国家应加快金融体制改革，推进地区一体化进程，各国应加强合作，共同迎接全球化挑战，谋求建立开放、非歧视和照顾发展中国家需要的世界贸易新体制。声明呼吁发达国家和国际金融机构采取积极措施，消除金融危机的不利影响。要求世界贸易组织成员，特别是发达成员履行承诺，不再新增贸易障碍。

2005 年 11 月，第 31 届拉美理事会例会在加拉加斯举行，提出进一步推动地区一体化进程，向遭受自然灾害的成员国提供帮助，并呼吁美国停止对古巴的经济贸易金融封锁。

2007 年 3 月，第 32 届拉美理事会例会在加拉加斯举行，继续呼吁美国停止对古巴的经济贸易金融封锁。

2007 年 11 月，第 33 届拉美理事会例会在加拉加斯举行，要求进一步推动地区一体化进程，呼吁美国停止对古巴的经济贸易金融封锁。

2008 年 11 月，第 34 届拉美理事会例会在加拉加斯举行，会议就呼吁美国停止对古巴经济贸易金融封锁及应对国际经济危机对拉美和加勒比地区影响发表声明。

2009 年 10 月，第 35 届拉美理事会例会在加拉加斯举行，会议就呼吁美国停止对古巴经济贸易金融封锁及应对气候变化发表声明。

2010 年 10 月，第 36 届拉美理事会例会在加拉加斯举行，会议发表声明，呼吁国际社会为海地、伯利兹、危地马拉灾后恢复和重建提供援助并加强在此问题上的南南合作，反对破坏厄瓜多尔民主秩序的行为，坚决维护地区和平与民主，呼吁美国停止对古巴经济封锁。

2011 年 12 月，第 37 届拉美理事会例会在加拉加斯举行，会议就当前国际经济危机及拉美和加勒比地区面临的挑战等问题发表声明。

2012 年 10 月，第 38 届拉美理事会例会在加拉加斯举行，会议就呼吁美国停止对古巴经济贸易金融封锁发表声明。

2013 年 11 月，第 39 届拉美理事会例会在加拉加斯举行，会议就呼吁美国停止对古巴经济贸易金融封锁和呼吁在厄瓜多尔的跨国企业遵守当地环保法律等发表声明。

2014 年 11 月，第 40 届拉美理事会例会在加拉加斯举行，会议就呼吁美国停止对古巴经济贸易金融封锁发表声明。

2015 年 11 月，第 41 届拉美理事会例会在加拉加斯举行，会议就呼吁美国停止对古巴经济贸易金融封锁发表声明。

2016 年 10 月，第 42 届拉美理事会例会在加拉加斯举行，会议发表《拉美和加勒比一体化指数》。

2017 年 11 月，第 43 届拉美理事会例会在加拉加斯举行，会议就呼吁美国停止对古巴经济贸易金融封锁发表声明。

2018 年 11 月，第 44 届拉美理事会例会在加拉加斯举行，会议就呼吁美国停止对古巴经济贸易金融封锁发表声明。

2019 年 11 月，第 45 届拉美理事会例会在加拉加斯举行，会议建议设立工作组，就单边制裁对人民生活造成的影响进行研究。

2020年11月，第46届拉美理事会例会在加拉加斯举行，会议讨论了抗击新冠肺炎疫情及疫后经济复苏问题。

拉丁美洲一体化协会（Asociación Latinoamericana de Integración，ALADI）

【成立经过】拉丁美洲一体化协会的前身是1960年成立的拉美自由贸易协会。1980年8月12日，该协会11个成员国的外交部长在乌拉圭首都蒙得维的亚签署了《蒙得维的亚条约》，宣告拉丁美洲一体化协会成立。1981年3月18日《条约》正式生效，拉美自由贸易协会自行停止活动。该协会是拉美地区最重要的政府间促进一体化组织。

【宗旨】促进和协调成员国相互间的贸易，扩大出口市场和经济合作，在双边和多边合作的基础上，实现地区经济一体化，最终建立拉美共同市场。基本职能是为拉美地区一体化组织和拉美国家双边协定提供保护，为双边和多边贸易提供方便和咨询。

【成员】13个：阿根廷、玻利维亚、巴西、哥伦比亚、智利、厄瓜多尔、墨西哥、巴拉圭、秘鲁、乌拉圭、委内瑞拉、古巴和巴拿马。各成员国按经济发展水平分为三个等级，巴西、墨西哥、阿根廷为经济"高等发展"水平，智利、哥伦比亚、秘鲁、乌拉圭、委内瑞拉、古巴和巴拿马为"中等发展"水平，厄瓜多尔、巴拉圭和玻利维亚为"低等发展"水平。

向该协会派常驻观察员的国家有：萨尔瓦多、洪都拉斯、西班牙、葡萄牙、危地马拉、多米尼加、哥斯达黎加、尼加拉瓜、意大利、瑞士、俄罗斯、罗马尼亚、中国、韩国、日本、乌克兰、圣马力诺、巴基斯坦。

向该协会派常驻观察员的国际组织有：联合国拉美和加勒比经济委员会、美洲国家组织、美洲开发银行、联合国开发计划署、欧盟、拉美经济体系、拉美开发银行、泛美农业合作委员会、泛美卫生组织、世界卫生组织、伊比利亚美洲峰会秘书处。

【主要负责人】秘书长亚历杭德罗·德拉培尼亚（Alejandro de la Peña，墨西哥人），2017年9月就任，任期3年。

【总部】设在乌拉圭首都蒙得维的亚。

【出版物】《拉美一体化协会概况》（Síntesis ALADI）月刊，西班牙文；《时事通讯》（*News Letter*）双月刊，英文。

【网址】http：//www. aladi. org/

【组织机构】

1. 外长理事会：最高决策机构。

2. 代表委员会：常设政治机构，由各成员国派一名代表和一名副代表组成，每15天举行一次会议。该协会下设协助机构和工作组。协助机构下设金融货币事务委员会（由成员国中央银行行长组成）、金融货币事务顾问委员会和各国海关关长会议等机构。工作组下设规则和纪律、贸易便利化和商品市场准入等小组。

3. 评审和汇总会议：由各成员国政府的全权代表组成。

4. 秘书处：行政技术机构。设一名秘书长和两名副秘书长，任期均为3年，可连任。

5. 商会理事会：1986年10月成立，负责协调企业间贸易活动等。

【主要活动】协会的首要任务是协调成员国之间的经济发展战略，推动地区一体化进程向前发展。

2004年10月，第13届外长理事会在蒙得维的亚召开，选举乌拉圭外长奥佩蒂为拉美一体化协会新任秘书长。

2005年9月，秘书长奥佩蒂出席首届南美洲共同体首脑会议。12月，第60届联大通过决议，接受拉美一体化协会为观察员。奥佩蒂出席第29届南共市首脑会议。

2006年5月，奥佩蒂出席第4届欧拉首脑会议。7月，奥佩蒂出席第30届南共市首脑会议。

2008年3月，第14届外长理事会在蒙得维的亚召开，选举巴拉圭资深外交官萨吉尔为新任秘书长。

2010年5月，第43届金融和货币理事会在布宜诺斯艾利斯召开。

2011年8月，第16次外长理事会在阿根廷召开，选举阿根廷前副总统卡洛斯·阿尔瓦雷斯为拉美一体化协会新任秘书长。

2012年5月，由拉美一体化协会、联合国拉美和加勒比经济委员会（CEPAL）和拉美开发银行（CAF）共同倡议的"亚太—拉美关系观察站"正式成立。

2012年8月，召开拉美主要地区组织协调会，旨在加强各组织在拉共体框架内的合作和相互协调，更有效地推进地区一体化进程。

2013 年 9 月，代表委员会通过关于 2014 年下半年在乌拉圭举办面向成员国进出口企业的首届拉丁美洲一体化协会博览会（EXPO ALADI）的决议。

2014 年 8 月，第 17 次外长理事会在乌拉圭召开，现任秘书长卡洛斯·阿尔瓦雷斯获得连任，任期 3 年。

2015 年 6 月，第二届 EXPO ALADI 在阿根廷举行。

2016 年 10 月，第三届 EXPO ALADI 在墨西哥举行。

2017 年 8 月，第 18 次外长理事会在乌拉圭召开，选举亚历杭德罗·德拉培尼亚为新任秘书长。

2017 年 10 月，第四届 EXPO ALADI 在玻利维亚举行。

2018 年 10 月，第五届 EXPO ALADI 在秘鲁举行。

2019 年 10 月，第六届 EXPO ALADI 在哥伦比亚举行。

2020 年 11 月，第七届 EXPO ALADI 在厄瓜多尔以视频方式举行。

中美洲一体化体系（Sistema de la Integración Centroamericana，SICA）

【成立经过】前身为 1951 年成立的中美洲国家组织。1991 年 12 月中美洲国家第 11 次首脑会议通过《特古西加尔巴协议》，决定成立中美洲一体化体系，取代中美洲国家组织，1993 年 2 月 1 日正式运作。

【宗旨】推动中美洲一体化，建立和平、自由、民主和发展的中美洲。

【成员】共有 8 个成员国：伯利兹、哥斯达黎加、多米尼加、危地马拉、洪都拉斯、尼加拉瓜、巴拿马、萨尔瓦多。有 33 个观察员，其中区域内观察员 12 个，区域外观察员 21 个。

【主要负责人】现任秘书长马科·比尼西奥·塞雷索·阿雷瓦洛（Marco Vinicio Cerezo Arévalo），危地马拉人，2017 年 6 月当选，任期 4 年。

【总部】设在萨尔瓦多首都圣萨尔瓦多。

【网址】www. sica. int

【组织机构】

1. 中美洲国家首脑会议：最高决策机构，每半年召开一次会议，必要时召开特别首脑会议。

2. 总秘书处：常设机构，秘书长由首脑会议任命，任期 4 年。

其他重要机构还有部长理事会、执行委员会、中美洲议会、中美洲法院、中美洲经济一体化银行等。

【主要活动】截至 2019 年 8 月，共举行了 53 次中美洲国家首脑会议。

2000 年以来，中美洲一体化体系在推动中美洲地区一体化进程和开展区内交往方面发挥了积极作用。在中美洲共同市场基础上，体系通过首脑会议加强对地区宏观经济政策的协调并协商解决分歧，区内经济交往进一步活跃。

2007 年 12 月，第 31 次中美洲国家首脑会议上，成员国签署了《建立中美洲关税同盟的框架协议》，该地区一体化迈出重要一步。

2009 年 6 月，洪都拉斯因发生政变被中止成员资格，2010 年 7 月，中美洲首脑特别会议就洪都拉斯恢复成员资格达成一致。

2013 年 6 月，第 41 次中美洲国家首脑会议通过《关于中美洲一体化体系改革问题的决议》，并吸纳多米尼加为正式成员国。

2014 年 6 月，第 43 次中美洲国家首脑会议通过"中美洲教育政策"。

2015 年 6 月，第 45 次中美洲国家首脑会议就推进农村土地发展战略和海洋港口发展战略达成共识。

2015 年 12 月，因大量古巴移民滞留哥斯达黎加问题未获解决，哥方宣布退出该组织政治活动。2016 年 6 月，第 47 次中美洲国家首脑会议期间，哥方宣布恢复参加该组织政治活动。

2016 年 12 月，第 48 届中美洲国家首脑会议上，除尼加拉瓜外的其他 7 个成员国签署了支持保障中美洲北三角国家在美非法移民权益的联合声明。

2017 年 6 月，第 49 届中美洲国家首脑会议通过题为"制定地区战略议程，实现可持续发展目标"的《圣何塞宣言》，批准了中小微企业生产协作地区战略，强调加紧制定战略优先议程，强化秘书处作用，跟进落实峰会决议。

2017 年 12 月，第 50 届中美洲国家首脑会议一致通过《中美洲交通物流区域政策框架》，以促进人员、资金和货物流动。会议还呼吁洪都拉斯各方在宪法体制框架内通过对话协商和平解决因总统选举结果产生的分歧。

2018年6月,第51届中美洲国家首脑会议通过了《圣多明各宣言》《加强中美洲一体化体系体制建设特别声明》《关于尼加拉瓜局势特别声明》等,并就域内外热点问题协调立场。

2018年12月,第52届中美洲国家首脑会议通过了《伯利兹宣言》和《关于咖啡种植、贸易的特别声明》,批准吸纳加拿大、玻利维亚、俄罗斯、瑞典、埃及、格鲁吉亚为观察员。

2019年6月,第53届中美洲国家首脑会议在危地马拉举行,会议通过了《危地马拉宣言》,正式吸纳加拿大成为该组织第33个观察员。

2020年12月,第54届中美洲国家首脑会议在萨尔瓦多举行。

2021年6月,第55届中美洲国家首脑会议在哥斯达黎加举行,会议讨论了疫后经济恢复、移民、气候变化、合作体系现代化问题,并庆祝体系成立30周年。

【对外关系】

2005年10月,中美洲5国尼加拉瓜、洪都拉斯、萨尔瓦多、危地马拉、哥斯达黎加及多米尼加与美国签署了自由贸易协定。

2007年,中美洲一体化体系与日本、韩国及加勒比共同体建立合作论坛。

2007年6月,第30次中美洲国家首脑会议通过《圣佩德罗宣言》,宣布将启动中美洲与欧盟伙伴关系协定谈判,协定由自由贸易协定、政治对话机制、合作机制三部分组成。2010年5月谈判结束。2012年6月,中美洲6国尼加拉瓜、巴拿马、洪都拉斯、萨尔瓦多、危地马拉、哥斯达黎加与欧盟在洪都拉斯最终签署协定。2013年12月协定正式生效。

2013年12月,欧盟宣布将在未来6年提供12亿美元支持中美洲经济一体化、安全和气候变化等领域合作项目。

美洲国家组织(西文 Organización de Estados Americanos,OEA;英文 Organization of American States,OAS)

【成立经过】1890年4月14日,美国同拉美17个国家在华盛顿举行第一次美洲会议,决定建立美洲共和国国际联盟及其常设机构——美洲共和国商务局。4月14日被定为"泛美日"。1948年在波哥大举行的第9次美洲会议上，通过了《美洲国家组织宪章》，联盟遂改称为"美洲国家组织"。

【宗旨】加强美洲大陆的和平与安全；确保成员国之间和平解决争端；成员国遭到侵略时，组织声援行动；谋求解决成员国间的政治、经济、法律问题，消除贫困，促进各国经济、社会、文化合作；控制常规武器；加速美洲国家一体化进程。

【成员】正式成员35个：阿根廷、安提瓜和巴布达、巴巴多斯、巴哈马、巴拉圭、巴拿马、巴西、秘鲁、玻利维亚、多米尼加、多米尼克、厄瓜多尔、哥伦比亚、哥斯黎达加、格林纳达、古巴、海地、洪都拉斯、加拿大、美国、墨西哥、尼加拉瓜、萨尔瓦多、圣卢西亚、圣文森特和格林纳丁斯、圣基茨和尼维斯、苏里南、特立尼达和多巴哥、危地马拉、委内瑞拉、乌拉圭、牙买加、智利、圭亚那、伯利兹。

古巴系美洲国家组织成员国，1962年被中止成员国资格。2009年美洲国家组织第39届大会一致通过废止中止古巴成员国资格的决议，但古拒绝重返该组织。

委内瑞拉政府于2019年4月宣布正式退出该组织。同月，该组织强行通过决议接受委"临时总统"瓜伊多委任的常驻代表。

常驻观察员70个：欧盟、德国、法国、西班牙、希腊、意大利、比利时、英国、芬兰、瑞士、瑞典、丹麦、挪威、荷兰、葡萄牙、爱尔兰、卢森堡、梵蒂冈、奥地利、塞浦路斯、冰岛、俄罗斯、波兰、捷克、斯洛伐克、罗马尼亚、匈牙利、保加利亚、克罗地亚、波黑、斯洛文尼亚、塞尔维亚、乌克兰、亚美尼亚、阿塞拜疆、格鲁吉亚、哈萨克斯坦、拉脱维亚、爱沙尼亚、土耳其、埃及、摩洛哥、阿尔及利亚、尼日利亚、突尼斯、安哥拉、赤道几内亚、加纳、贝宁、卡塔尔、沙特阿拉伯、以色列、黎巴嫩、也门、日本、韩国、菲律宾、印度、巴基斯坦、斯里兰卡、泰国、中国、瓦努阿图、立陶宛、阿尔巴尼亚、马其顿、马耳他、摩纳哥等。此外，该组织还视情邀请一些国家作为特别观察员出席全体会议。

【主要负责人】秘书长路易斯·莱昂纳多·阿尔马格罗·莱梅斯（Luis Leonardo Almagro Lemes），乌拉圭人，2015年5月就职，任期5年。

2020 年 3 月 20 日，阿尔马格罗连选连任秘书长，任期 5 年。

【总部】设在美国华盛顿。在日内瓦设有驻欧洲办事处，在成员国设有办事机构。

【网址】http://www.oas.org

【组织机构】

1. 大会：最高权力机构。各成员国外长参加，每年举行 1 次。经 2/3 成员国同意，可召开特别大会。

2. 外长协商会议：《美洲互助条约》规定，常设理事会绝对多数票赞成即可召集会议，就共同关心的紧急问题进行协商。如涉及军事合作问题，则同时召集由各成员国最高军事代表参加的防务咨询委员会会议。

3. 大会直属机构：（1）常设理事会，由成员国各派 1 名大使级代表组成。正、副主席由各国代表轮流担任，任期半年；（2）美洲一体化发展理事会，原则上每年召开一次成员国间部长级会议。

4. 咨询机构：美洲法律委员会、美洲人权委员会。

5. 秘书处：常设行政机构。正、副秘书长均由大会选举产生，任期 5 年，可连任 1 次。

6. 专门机构：美洲开发银行、美洲儿童协会、美洲妇女委员会、美洲农业合作协会、泛美卫生组织、泛美史地协会。

7. 自治机构：美洲人权法院、美洲防务委员会、美洲控制毒品委员会、美洲通讯委员会、美洲反恐委员会、美洲法学中心、泛美发展基金等。

【主要活动】截至目前，美洲国家组织已举行 49 届年会。

2017 年 6 月，美洲国家组织第 47 届年会在墨西哥坎昆市举行。各成员国外长围绕"加强对话协商，促进共同繁荣"的主题，就加强西半球全面发展与繁荣、美洲妇女领导地位、法制社会与民主安全等议题进行讨论。

2018 年 6 月，美洲国家组织第 48 届年会在华盛顿举行。与会各方就促进西半球民主人权、安全与发展等进行讨论。委内瑞拉局势成为会议焦点，美国呼吁对委实施进一步制裁，暂停其成员资格，直至恢复民主宪政。

2019 年 6 月，美洲国家组织第 49 届年会在哥伦比亚麦德林举行，与会各方围绕"通过创新加强西半球多边主义"的会议主题及共同关心的地区问题进行讨论。

2020 年 10 月，美洲国家组织第 49 届年会在华盛顿举行，会议通过决议，要求尼加拉瓜举行自由、公正的选举。

美洲开发银行（Inter – American Development Bank，IDB）

【成立日期】1959 年 12 月 30 日成立。该行是美洲国家组织的专门机构，其他地区国家也可加入。非拉美国家不能使用该行资金，但可参加该行组织的项目投标。

【宗旨】集中各成员国的力量，对拉丁美洲国家的经济、社会发展计划提供资金和技术援助，并协助它们单独和集体为加速经济发展和社会进步做出贡献。

【成员】48 个。其中美洲 28 个：阿根廷、巴巴多斯、巴哈马，巴拉圭、巴拿马、巴西，秘鲁、玻利维亚、多米尼加、厄瓜多尔、哥伦比亚、哥斯达黎加、圭亚那、海地、洪都拉斯、墨西哥、尼加拉瓜、萨尔瓦多、苏里南、特立尼达和多巴哥、危地马拉、委内瑞拉、乌拉圭、牙买加、智利、伯利兹、加拿大、美国。欧洲 16 个：奥地利、比利时、丹麦、德国、法国、芬兰、荷兰、挪威、葡萄牙、瑞典、瑞士、西班牙、意大利、英国、克罗地亚和斯洛文尼亚。亚洲 4 个：日本、以色列、韩国、中国。

【主要负责人】行长美国人毛里西奥·克拉韦尔 – 卡罗内（Mauricio J. Claver – Carone），2020 年 9 月当选，10 月 1 日就任，任期 5 年。

【总部】设在美国华盛顿。

【网址】http：//www.iadb.org/

【出版物】《年度报告》（*Annual Report*），英文，在美国出版；《拉美一体化》（Integración Latinoamericana），月刊，西班牙文，在阿根廷出版。

【组织机构】

1. 理事会：最高权力机构，由各成员国委派 1 名理事组成，每年举行 1 次会议。理事通常为各国经济、财政部长、中央银行行长或其他担任类似职务者。

2. 执行董事会：理事会领导下的常设执行机构，由 14 名董事组成，其中拉美国家 9 名，美国、加拿大各 1 名，其他地区国家 3 名，任期

3 年。

3. 行长和副行长：在执行董事会领导下主持日常工作。行长由执行董事会选举产生，任期 5 年，副行长由执行董事会任命。

4. 分支机构：在拉美各成员国首都及马德里和东京设有办事处。

5. 投资机构：（1）美洲投资公司（Inter – American Investment Corporacion—IDB INVEST），1989 年成立，为美洲开发银行全资附属公司，旨在通过向中小型企业提供融资以促进该地区发展。现有 45 个成员国，26 个为拉美和加勒比地区国家。美洲开发银行自 2013 年起在该投资公司基础上成立新公司，并于 2015 年向新公司注资 20. 3 亿美元，其中各成员国新注资 13. 05 亿美元。（2）多边投资基金（Multilateral Investment Fund—MIF），1993 年成立，主要目的是为私营企业创造更好的投资环境，促进其发展，由 39 个成员国集资建立，由美洲开发银行管理。

6. 拉美一体化研究所：1964 年成立，设在阿根廷首都布宜诺斯艾利斯，负责培养高级技术人才，研究有关经济、法律和社会等重大问题，为该行成员国提供咨询。

【银行资本】1. 成员国分摊；2. 发达国家成员国提供；3. 在世界金融市场和有关国家发放债券。1960 年开业时拥有 8. 13 亿美元资金。截至 2018 年年底，该行总资产为 1295 亿美元。认缴股份较多的国家有：美国占 30. 006%，阿根廷和巴西各占 11. 354%，墨西哥占 7. 299%，日本占 5. 001%，加拿大占 4. 001%，委内瑞拉占 3. 403%，智利和哥伦比亚各占 3. 119%。各成员国的表决权依其加入股本的多寡而定。按章程规定，拉美国家表决权在任何情况下不得低于 50%。中国在美洲开发银行投票权为 0. 004%，美洲投资公司为 5. 01%，多边投资基金为 4. 76%。

【主要活动】提供贷款促进拉美地区的经济发展、帮助成员国发展贸易，为各种开发计划和项目的准备、筹备和执行提供技术合作。银行的一般资金主要用于向拉美国家公、私企业提供贷款，年息通常为 8%，贷款期 10—25 年。特别业务基金主要用于拉美国家的经济发展优惠项目，年息 1%—4%，贷款期 20—40 年。银行还掌管美国、加拿大、德国、英国、挪威、瑞典、瑞士和委内瑞拉等政府及梵蒂冈提供的"拉美开发基金"。

20 世纪六七十年代，该行主要为卫生和教育等公共项目提供资金，

90 年代起逐渐加大了对私营企业的投资贷款。50 多年来，该行的贷款规模增长迅速，1961 年贷款额为 2.94 亿美元，1998 年增至 100.63 亿美元，2000 年为 52.66 亿美元，2001 年为 79 亿美元，2002 年为 45.5 亿美元，2008 年为 122 亿美元，2014 年为 138.43 亿美元，2015 年为 112.64 亿美元，2016 年为 92.64 亿美元，2018 年为 132.02 亿美元。

该行每年举行年会。2006 年 4 月，第 47 届年会在巴西贝洛奥里藏特举行。会议呼吁各国抓住近几年本地区经济转好的时机，建立更有效的公共管理机制，加快基础设施建设，努力缩小贫富差距，推动可持续发展。各方强调应加大扶持私营部门发展的力度，使之成为消除地区贫困和不平衡发展的重要力量。

2007 年 3 月，第 48 届年会在危地马拉首都危地马拉城举行，承诺将大力消除拉美地区的贫困问题，让更多人从经济增长中获益。

2008 年 4 月，第 49 届年会在美国迈阿密举行。会议强调，气候变化和社会发展使拉美国家能源消耗增加，必须通过能源多样化战略应对挑战，同时要提高能源使用效率，减少环境污染。

2009 年 3 月，第 50 届年会在哥伦比亚麦德林举行，重点讨论拉美和加勒比国家如何制定经济和社会政策以应对全球经济危机。

2010 年 3 月，第 51 届年会在墨西哥坎昆举行，通过《坎昆宣言》，就美洲开发银行增资、援助海地等达成一致。

2011 年 3 月，第 52 届年会在加拿大卡尔加里举行，会议向各成员国报告了有关普遍增资和发展战略的落实情况，并选举出 2011—2014 年各选区执行董事。

2012 年 3 月，第 53 届年会在乌拉圭首都蒙得维的亚举行，会议讨论了有关增资事宜，承诺将开拓更多融资渠道和工具来应对金融危机，帮助弱小经济体渡过难关。

2013 年 3 月，第 54 届年会在巴拿马首都巴拿马城举行，重点分析拉美和加勒比地区面临的经济挑战，尤其是基础设施建设需求。

2014 年 3 月，第 55 届年会在巴西绍伊皮海滨举行，重点讨论改善拉美和加勒比地区教育和卫生设施，提高中小企业效率和专业化程度，加大同私营部门合作，扩大对可持续能源和节能领域投资等。

2015 年 3 月，第 56 届年会在韩国釜山举行，重点讨论该行私营部门改革、金融政策和机构战略更新等。

2016年4月，第57届年会在巴哈马首都拿骚举行，会议围绕地区经济形势、气候变化、能源挑战及"巴拿马文件"事件进行讨论，发布年度宏观经济报告，呼吁地区国家深度改革财税制度，削减公共开支，以遏制经济颓势，宣布美开行将增加对气候变化领域融资，由当前占总融资的14%提升至2020年的25%—30%。该行行长莫雷诺重申欢迎古巴加入美开行。

2017年3月，第58届年会在巴拉圭首都亚松森举行，会议围绕拉美地区经济形势、推进经济一体化、应对气候变化、加强同私营部门合作等议题展开讨论。莫雷诺行长强调称，为应对保护主义，应继续深化全球化和一体化。去年该行共为地区提供120亿美元贷款，为涉及应对气候变化项目提供了27亿美元融资。

2018年3月，第59届年会在阿根廷门多萨举行，重点讨论了该行未来发展、重点支持领域等议题。

2019年3月，原定于在成都市举行的第60届年会因故取消。7月，第60届年会在厄瓜多尔瓜亚基尔举行，会议围绕平等包容、第四次工业革命、气候变化和移民等议题展开讨论。9月，美洲开发银行成立60周年执董会会议和成员国国家元首和政府首脑会议在美国华盛顿举行。

2021年3月，因新冠肺炎疫情推迟一年举行的第61届年会在哥伦比亚巴兰基利亚以视频方式举行，会议讨论了数字改革、清洁技术、气候变化、司法和发展现代化等问题。

拉美开发银行（Banco de Desarrollo de América Latina，CAF）

【成立日期】成立于1970年，原称安第斯开发银行（Corporación Andina de Fomento，CAF），2010年改名拉美开发银行（简称"拉开行"，西文简称仍沿用CAF）。初衷为促进安第斯地区一体化，现已成为拉美地区主要的多边开发金融机构之一。

【宗旨】通过向成员国政府、公共和私营部门提供金融支持和服务，推动各国可持续发展和区域一体化。

【成员】阿根廷、巴巴多斯、玻利维亚、巴西、智利、哥伦比亚、哥斯达黎加、多米尼加、厄瓜多尔、牙买加、墨西哥、巴拿马、巴拉圭、秘鲁、特立尼达和多巴哥、乌拉圭、委内瑞拉、西班牙、葡萄牙等 19 个国家以及 13 家安第斯地区私营银行。

【主要负责人】执行主席，任期五年，可连任一次。现任行长为秘鲁前经济财政部长路易斯·卡兰萨（Luis Garranza），2017 年 4 月 1 日上任，任期 5 年。

【总部】总部设在委内瑞拉首都加拉加斯。

【网址】www. caf. com

【出版物】《年度报告》（Annual Report）

【组织机构】主要有：股东大会、董事会、执行委员会、审计委员会和执行主席办公室。下设有负责环境和气候变化、经济分析和发展知识、人力资源、战略通讯、法律咨询、监察与审计、机构发展、企业信贷与风险、后勤与行政服务、运营与技术、秘书及外事等部门。拉美开发银行在布宜诺斯艾利斯、拉巴斯、基多、波哥大、蒙得维的亚、利马、巴西利亚、巴拿马城、马德里、墨西哥城、亚松森、西班牙港设有分支机构。

【银行资本】截至 2016 年，该行注册资本为 150 亿美元，资产规模为 381 亿美元。2015 年 11 月，该行批准 45 亿美元增股方案，使其具备在 2016 年至 2022 年放贷 1000 亿美元的能力。已有阿根廷、巴拉圭、秘鲁、多米尼加、乌拉圭和委内瑞拉等拉美国家签署认购协议。拉开行是拉美地区债券发行商信用评级最高的机构之一，截至 2019 年 4 月，惠誉、穆迪和标准普尔三家国际信用评估公司对拉开行长期信用等级评级分别为 AA－、Aa3、A＋，短期信用等级评级分别为 F1＋、P－1、A－1。

伊比利亚美洲首脑会议（Cumbre Iberoamericana）

【召开经过】为纪念哥伦布"发现"美洲新大陆 500 周年，西班牙国王胡安·卡洛斯一世倡议召开伊比利亚美洲（简称伊美）首脑会议，拉美西、葡语国家和葡萄牙给予热烈响应和支持。在西班牙赞助和墨西哥积极组织下，首届首脑会议于 1991 年在墨西哥举行。此后每年召开一届首脑会议，截至目前已举行 25 届。2003 年，第 13 届首脑会议决定在西班牙首都马德里设立常设秘书处。

【宗旨】建设互信的多边交流论坛，使各国在其框架内分享经验、协调立场，共同建设和平、民主、人权、经济和社会可持续发展的伊美社会。

【成员国】由拉美19国和伊比利亚半岛3国组成：阿根廷、巴拉圭、巴拿马、巴西、秘鲁、玻利维亚、多米尼加、厄瓜多尔、哥伦比亚、哥斯达黎加、古巴、洪都拉斯、墨西哥、尼加拉瓜、萨尔瓦多、危地马拉、委内瑞拉、乌拉圭、智利以及西班牙、葡萄牙和安道尔。意大利、比利时、菲律宾、法国、摩洛哥、荷兰、海地、日本和韩国等为其联系观察员国。

【主要负责人】秘书长蕾维卡·格林斯潘（Rebeca Grynspan，女，哥斯达黎加人），2014年3月任职，任期4年。2018年，格林斯潘任期续延4年。

【总部】常设秘书处设在西班牙马德里。每年由首脑会议主办国设立临时秘书处。

【网址】http：//www. segib. org

【组织机构】

首脑会议：每年举行一次，由成员国元首或政府首脑参加。2013年第23届峰会决定自2014年后每两年举行一次峰会。

外长会议：在每次首脑会议前举行，协商首脑会议相关事宜。

部长会议：不定期举行，由成员国各部长及伊美合作项目高级负责人参加。

【历次峰会时间和地点】

前26届峰会先后在墨西哥（1991）、西班牙（1992）、巴西（1993）、哥伦比亚（1994）、阿根廷（1995）、智利（1996）、委内瑞拉（1997）、葡萄牙（1998）、古巴（1999）、巴拿马（2000）、秘鲁（2001）、多米尼加（2002）、玻利维亚（2003）、哥斯达黎加（2004）、西班牙（2005）、乌拉圭（2006）、智利（2007）、萨尔瓦多（2008）、葡萄牙（2009）、阿根廷（2010）、巴拉圭（2011）、西班牙（2012）、巴拿马（2013）、墨西哥（2014）、哥伦比亚（2016）、危地马拉（2018）、安道尔（2021）举行。

【近年主要活动】

2008 年 10 月，第 18 届伊比利亚美洲首脑会议在萨尔瓦多圣萨尔瓦多市举行，会议以"青年与发展"为主题，就青年教育和金融危机等问题进行讨论，发表《圣萨尔瓦多宣言》及《圣萨尔瓦多行动计划》。

2009 年 11 月，第 19 届伊比利亚美洲首脑会议在葡萄牙埃斯托里举行，峰会以"创新与知识"为主题，就气候变化等问题展开深入讨论，发表《里斯本宣言》《里斯本行动计划》及《洪都拉斯局势特别公报》。

2010 年 12 月，第 20 届伊比利亚美洲首脑会议在阿根廷马德普拉塔举行，主题为"教育推动社会包容"，会议通过了《马德普拉塔宣言》，重申反对美国对古巴的封锁，在马岛问题上支持阿根廷；各方签署了"2021 年教育目标行动计划"，承诺增加教育投入，促进社会公正；发表了《捍卫民主和宪政宣言》，承诺采取集体行动抵制本地区政变行为。

2011 年 10 月，第 21 届伊比利亚美洲首脑会议在巴拉圭亚松森举行，主题为"转换国家角色和发展模式"，会议发表《亚松森宣言》，要求与会各国加强公共管理、推动经济可持续发展、促进社会公平与公正；要求美国履行联大决议，停止对古巴封锁；呼吁英国和阿根廷尽快通过谈判解决马岛问题问题。

2012 年 11 月，第 22 届伊比利亚美洲首脑会议在西班牙加迪斯举行，主题为"《加迪斯宪法》诞生两百周年之际的全新关系"，会议发表《加迪斯宣言》，承诺将致力于共同发展繁荣，构建平等伙伴关系；进一步深化务实合作，大力推进交通、电信、能源、基础设施建设等，实现水资源可持续利用；扶植中小企业发展；改善民生等。

2013 年 10 月，第 23 届伊比利亚美洲首脑会议在巴拿马巴拿马城举行，会议以"伊美国家在世界新格局下扮演的政治、经济、社会和文化角色"为主题，就深化会议机制改革、加强成员国间政治、经贸、文化领域合作等议题进行讨论，会议通过《巴拿马宣言》《行动计划》《伊比利亚美洲会议革新决定》3 个文件；会议决定自第 24 届峰会起，峰会由每年一届改为每两年一届举行；峰会并接纳日本为观察员国。

2014 年 12 月，第 24 届伊比利亚美洲首脑会议在墨西哥韦拉克鲁斯市举行，主题为"21 世纪的伊比利亚美洲——教育、文化与创新"，会议发表了《韦拉克鲁斯宣言》《行动纲领》和 11 个特别声明。

2016 年 10 月，第 25 届伊比利亚美洲首脑会议在哥伦比亚卡塔赫纳召开，主题为"青年、创新与教育"，会议发表了《卡塔赫纳宣言》《伊美青年协定》及多项特别声明，呼吁改善教育，特别是注重技术教育，大力推动青年和弱势群体就业。

2018 年 11 月，第 26 届峰会在危地马拉安提瓜市举行，主题为"繁荣、包容、可持续发展的伊比利亚美洲"，会议通过《危地马拉宣言》《行动计划》，并就移民和难民等问题发表 20 项特别声明。

2021 年 1 月，第 26 届伊比利亚美洲首脑会议在安道尔以线上和线下结合的方式召开，会议的主题是："为持续发展而创新，伊比利亚美洲：应对新冠肺炎疫情的挑战"。

东亚－拉美合作论坛（Forum for East Asia and Latin America Cooperation，FEALAC）

【成立经过】1998 年 10 月，新加坡与智利倡议建立东亚—拉美论坛，以促进两区域交往。1999 年 9 月，论坛成立大会暨首次高官会在新加坡召开，会议暂定论坛名为东亚—拉美论坛。2001 年 3 月，论坛首届外长会决定将论坛正式定名为东亚—拉美合作论坛。

【宗旨】论坛是目前唯一跨东亚和拉美两区域的官方多边合作论坛，旨在增进两区域之间的了解，促进政治、经济对话及各领域合作，推动东亚和拉美国家之间建立更为密切的关系。

【成员】36 个：中国、日本、韩国、蒙古国、新加坡、印度尼西亚、马来西亚、泰国、菲律宾、文莱、越南、老挝、柬埔寨、缅甸、阿根廷、巴西、智利、哥伦比亚、委内瑞拉、玻利维亚、巴拿马、巴拉圭、秘鲁、乌拉圭、厄瓜多尔、墨西哥、哥斯达黎加、萨尔瓦多、古巴、尼加拉瓜、危地马拉、多米尼加、苏里南、洪都拉斯、澳大利亚和新西兰。

【网址】http：//www.fealac.org

【主要机制】论坛每两到三年召开一届外长会，每年召开一次高官会，会议在亚拉地区轮流举办。论坛在东亚、拉美各指定一协调国，负责协调、承办论坛各级别会议，每届外长会改选一次，现任东亚地区协调国为老挝，拉美地区协调国为多米尼加。

论坛下设社会、政治合作和可持续发展，贸易、投资、旅游和中小微企业，文化、青年、性别和体育，科技、创新和教育4个工作组，原则上每年各举行一次会议，通常与高官会在同一地点连续举行。工作组主席分别由两地区各推选一个国家共同担任，任期同协调国。

此外，论坛还设前瞻小组和网络秘书处。2011年论坛第五届外长会设立前瞻小组，全面评估论坛现状，就论坛未来发展战略提出建议，2012年3月至2013年6月召开了4次会议，形成最终报告并在论坛第六届外长会上通过。第六届外长会后，前瞻小组机制不再运行。

论坛网络秘书处成立于2011年3月，设在韩国，负责论坛网站日常运营，整理发布论坛相关会议文件和合作项目情况，为论坛各成员国间沟通提供便利。

2010年1月，论坛第四届外长会通过决议，设立论坛协调委员会，由协调国、副协调国、各工作组主席国以及网络秘书处主办国韩国组成，负责协调论坛事务、推动落实外长会有关决议。

2015年8月，论坛第七届外长会通过决议，设立论坛届间协调会机制，邀请现任协调国、前任协调国、候任协调国、各工作组主席国及论坛网络秘书处出席。2016年5月，首次届间协调会在韩国首尔召开。

2016年9月，首届"三驾马车"外长会在第71届联大期间举行。2017年8月，论坛第八届外长会通过决议，正式建立"三驾马车"（前任、现任和候任地区协调国）机制，原则上每年在联大期间举行"三驾马车"外长会。2017年、2018年、2019年联大期间，亚拉论坛分别举行第2届、第3届、第4届"三驾马车"外长会。

【主要会议和成果】论坛迄今已举行9届外长会。

2001年3月，首届外长会在智利首都圣地亚哥举行，通过论坛《框架文件》，规定了论坛宗旨、目标和运作方式，并将论坛正式定名为东亚－拉美合作论坛。会议决定论坛下设政治/文化、经济/社会、教育/科技3个工作组。会议接纳哥斯达黎加、萨尔瓦多和古巴三个新成员。

2004年1月，论坛第2届外长会在菲律宾首都马尼拉举行，通过《马尼拉行动计划》，决定将原有3个工作组调整为政治/文化/教育、经社和科技工作组。会议接纳尼加拉瓜和危地马拉两国为新成员。

2007年8月，论坛第3届外长会在巴西利亚举行，通过《巴西利亚部长宣言及行动纲要》，确认贸易和投资为论坛的合作重点，决定在经社工作组内成立旅游小组。会议接纳多米尼加为新成员。

2010年1月，论坛第4届外长会在东京举行，通过《东京宣言》。为进一步提高论坛工作效率，会议通过三项举措，一是成立协调委员会；二是设立论坛网络秘书处；三是决定今后工作组会议原则上与高官会在同一地点连续举行。会议接纳蒙古国为新成员。

2011年8月，论坛第5届外长会在阿根廷布宜诺斯艾利斯举行，通过《布宜诺斯艾利斯宣言》。会议决定成立"前瞻小组"，接纳苏里南和洪都拉斯为新成员。

2013年6月，论坛第6届外长会在印度尼西亚巴厘岛举行，通过《乌鲁瓦图宣言》。会议决定将论坛原有3个工作组和1个次工作组调整为4个工作组，分别为：社会、政治合作和可持续发展，贸易、投资、旅游和中小微企业，文化、青年、性别和体育，科技、创新和教育工作组。

2015年8月，论坛第7届外长会在哥斯达黎加圣何塞举行。会议以"两个地区，一个愿景"为主题，重点讨论了亚拉两地区合作、论坛机制建设和未来发展方向等议题。会议通过了《圣何塞宣言》和《论坛工作流程指南》两个成果文件。

2017年8月，论坛第8届外长会在韩国釜山举行。会议以"共同的愿望，崭新的行动"为主题，回顾论坛合作现状，规划论坛未来发展方向。会议通过《釜山宣言》，决定提升对话合作水平，完善机制建设，设立亚拉论坛基金，建立"三驾马车"对话机制。

2019年11月，论坛第9届外长会在多米尼加圣多明各举行。会议以"20年携手前行，共创美好未来"为主题，回顾论坛20年合作历程，探讨机制建设新举措，规划下阶段发展方向。会议通过成果文件《圣多明各宣言》。

中国担任2019—2021年共同主席国。

中国—拉共体论坛（China – CELAC Forum，CCF）

【成立日期】2014年7月17日，国家主席习近平出席在巴西利亚举行的中国—拉美和加勒比国家领导人首次会晤。会晤通过《中国—拉美和加勒比共同体领导人巴西利亚会晤联合声明》，宣布建立中国—拉共体论坛（中拉论坛）并尽早在北京召开论坛首届部长级会议。2015年1月8—9日，中拉论坛首届部长级会议在北京举行，标志着论坛正式启动。

【宗旨】促进平等互利、共同发展的中拉全面合作伙伴关系发展。

【成员】中国和拉共体33个成员国，即：安提瓜和巴布达、阿根廷、巴哈马、巴巴多斯、伯利兹、玻利维亚、巴西、智利、哥伦比亚、哥斯达黎加、古巴、多米尼加、多米尼克、厄瓜多尔、萨尔瓦多、格林纳达、危地马拉、圭亚那、海地、洪都拉斯、牙买加、墨西哥、尼加拉瓜、巴拿马、巴拉圭、秘鲁、圣卢西亚、圣基茨和尼维斯、圣文森特和格林纳丁斯、苏里南、特立尼达和多巴哥、乌拉圭、委内瑞拉。

【会议机制】中拉论坛首届部长级会议上通过的《中拉论坛机制设置和运行规则》规定，中拉论坛定位为由中国和拉共体成员国外交部牵头的政府间合作平台，主要机制包括部长级会议、中国—拉共体"四驾马车"外长对话、国家协调员会议（高官会）。1. 部长级会议：原则上每3年在中国和拉共体轮值主席国或中拉双方商定的其他成员国轮流举行，必要时可召开特别会议。主要研究讨论在区域及次区域层面加强中国和拉共体成员国互利合作事宜，审议通过相关决定和行动计划等成果文件，作为双方合作的指南。2. 中国—拉共体"四驾马车"外长对话：通过在联合国大会期间会晤或互访等方式，就中拉论坛事务以及共同关心的国际和地区问题保持磋商。3. 国家协调员会议：主要职责为筹备部长级会议，跟踪落实部长级会议成果，制定中拉论坛阶段性工作规划。该会议原则上每年至少举行一次，由中国和拉共体轮值主席国或中拉双方商定的拉共体其他成员国轮流承办。4. 各专业领域论坛和会议：包括中拉农业部长论坛、中拉青年政治家论坛、中拉民间友好论坛、中拉智库论坛、中拉企业家高峰会、中拉科技创新论坛、中拉基础设施合作论坛、中拉政党论坛、中拉地方政府合作论坛、中国—拉美环境与发展政策圆桌对话等，并将视情在工业、金融、航天技术发展与合作等领域建立新的分论坛。

【中方后续行动委员会】承袭论坛中方筹备委员会，主要负责中方内部协调，推进中拉论坛部长级会议后续工作。目前共有40家成员单位。后续委由外交部、国家发展与改革委员会和商务部组成中方"三方领导机制"共同牵头。外交部长、发改委主任、商务部长担任后续委共同主任，三部（委）主管部（委）领导为共同副主任，其他成员单位副部级或司局级主管领导担任委员。后续委下设秘书处，由外交部牵头，负责内外联系和组织协调工作。外交部拉美司司长任秘书长，发改委、商务部、财政部和文化部有关司局领导任副秘书长。秘书处设办公室，为日常办事机构，工作地点设在外交部拉美司。

【网址】http：//www. chinacelacforum. org

【主要活动】2015 年 1 月 8—9 日，中国—拉共体论坛首届部长级会议在北京举行。中国国家主席习近平同拉共体轮值主席国哥斯达黎加总统索利斯、候任轮值主席国厄瓜多尔总统科雷亚、委内瑞拉总统马杜罗和拉共体"四驾马车"成员国巴哈马总理克里斯蒂出席会议开幕式。习近平主席发表题为《共同谱写中拉全面合作伙伴关系新篇章》的致辞。李克强总理集体会见与会拉方代表团团长。拉共体成员国中 29 国外长、部长或高级代表出席，联合国拉美经委会、美洲开发银行、拉美开发银行等地区组织和机构代表作为嘉宾与会。会议通过《中国—拉共体论坛首届部长级会议北京宣言》《中国与拉美和加勒比国家合作规划（2015—2019)》《中国—拉共体论坛机制设置和运行规则》等三个成果文件。

2015 年，首届中拉基础设施合作论坛、首届中拉科技创新论坛、中拉政党论坛首次会议、第二届中拉青年政治家论坛、第九届中国—拉美企业家高峰会、第五届中拉民间友好论坛等分论坛陆续举办；中拉双方就中方 350 亿美元对拉一揽子融资安排保持密切沟通，中方发布相关实施方案；中国政府向拉共体成员国增加奖学金和培训名额、首期"未来之桥"中拉青年领导人培训交流营等人文交流计划有序开展。

2016 年，成功举办第 2 届中拉基础设施合作论坛、第 3 届中拉青年政治家论坛、第 10 届中拉企业家高峰会、第 3 届中拉智库论坛和首届中拉地方政府合作论坛。"2016 中拉文化交流年"取得圆满成功，中方宣布增加对拉培训名额、设立中拉新闻交流中心、为拉方培训媒体从业人员等新举措。"未来之桥"、对拉政府奖学金、地方交流等倡议顺利开展。

2017 年成功举办第 3 届中拉基础设施合作论坛、第 4 届中拉青年政治家论坛、第 4 届中拉智库论坛、中国—拉美环境与发展政策圆桌对话和第 11 届中拉企业家高峰会。

2018 年 1 月 19—22 日，中国—拉共体论坛第二届部长级会议在智利圣地亚哥举行。习近平主席专门致函表示祝贺，智利总统巴切莱特出席开幕式并致辞，外交部长王毅率中方代表团与会。拉共体 31 个成员国的外长或高级别代表，以及联合国拉美经委会等四个重要地区组织和多边机构代表出席。会议通过了《圣地亚哥宣言》《中国与拉共体成员国优先领域合作共同行动计划（2019—2021）》和《关于"一带一路"倡议的特别声明》3 个成果文件。双方商定下届部长级会议将于 2021 年在中国举行。

2018 年，第 4 届中拉基础设施合作论坛、第 2 届中拉政党论坛、第 5 届中拉青年政治家论坛、第 12 届中拉企业家高峰会、第 2 届中拉地方政府合作论坛、第 2 期中拉融资合作专项培训班成功举办。

2019 年第 5 届中拉基础设施合作论坛、第 3 期中拉融资合作专项培训班、中拉青年发展论坛、第 5 届中拉智库论坛、第 13 届中拉企业家高峰会成功举办。

2020 年 7 月 23 日，中国与拉美和加勒比国家举行应对新冠肺炎疫情特别外长视频会议并通过联合声明。9 月 30 日，第 2 届中国—拉美和加勒比国家科技创新论坛以视频会议方式举行，中国科技部部长王志刚和拉共体轮值主席国墨西哥外长埃布拉德共同主持，20 个拉美和加勒比国家科技及相关部门负责人出席会议。本次会议通过了《中拉科技创新论坛联合声明》。12 月 2—3 日，第 6 届中国与拉美加勒比国家基础设施合作论坛在澳门成功举办。

2021 年 2 月 25 日，第二届中国—拉丁美洲和加勒比农业部长论坛以视频会议方式举行，中国农业农村部部长唐仁健致开幕词并发表主旨演讲，27 个拉美和加勒比国家农业部门负责人、联合国代表及联合国粮农组织总干事出席会议。

拉丁美洲议会（Parlamento Latinoamericano，PARLATINO）

【成立日期】1964 年 12 月 7—11 日，在秘鲁国会倡议下，阿根廷、巴西、哥伦比亚、哥斯达黎加、智利、萨尔瓦多、危地马拉、尼加拉瓜、巴拿马、巴拉圭、秘鲁、委内瑞拉和墨西哥等 13 国的 119 名议员在秘鲁利马召开会议，决定成立拉丁美洲议会。

【宗旨】促进拉美和加勒比国家的团结和地区一体化。

【成员】由拉美和加勒比的 23 个国家和地区的议员组成：阿根廷、玻利维亚、巴西、智利、哥伦比亚、哥斯达黎加、古巴、多米尼加、厄瓜多尔、萨尔瓦多、危地马拉、洪都拉斯、墨西哥、荷属阿鲁巴、荷属库拉索、荷属圣马丁、尼加拉瓜、巴拿马、巴拉圭、秘鲁、苏里南、乌拉圭和委内瑞拉。每个成员国议会各选出 12 名议员作为拉美议会议员参加活动，其任期由各成员国议会确定。

【主要负责人】现任议长智利人豪尔赫·皮萨罗·索托（Jorge Pizarro Soto），2019 年 6 月当选，任期两年。

【总部】设在巴拿马首都巴拿马城。

【网址】http：//www. parlatino. org

【组织机构】

1. 大会：最高权力机构，1995 年以前每两年举行一次会议，1995 年修改后的新章程规定每年举行一次会议。

2. 领导委员会：大会休会期间负责日常工作，每六个月举行一次会议，必要时可举行特别会议。由议长、候补议长（2 名）、副议长（每成员国 1 名）、秘书长、候补秘书长（1 名）、秘书（3 名）、前议长和协商理事会等组成。议长由各成员国议员轮流担任。

3. 总秘书处：办事机构，兼有协调和监督的职能。负责召集会议，协助领导委员会准备大会议程和起草工作文件，散发协议、提案或声明，执行预算并向大会提出财政报告等。

4. 常设委员会：负责分析、研究和调查工作，分别为农业、畜牧业和渔业，经济、社会债务和区域发展，政治、市政和一体化，人权、司法和监狱政策，教育、文化、科技和通信，能源和矿产，性别平等、儿童和青年，劳动、社会保障和司法事务，环境和旅游，土著人和民族，卫生，公民安全、打击和预防贩毒、恐怖主义及有组织犯罪，公共服务与保护用户和消费者等委员会。

5. 协商理事会：咨询机构，负责立法和政治咨询工作。

6. 特别委员会：经济紧急状况委员会，拉美监狱政策委员会，美洲自由贸易区研究委员会。

【主要活动】截至 2019 年 12 月，共举行了 35 次年会。

2007 年 12 月，拉美议会第 23 届年会在巴拿马城召开，决定把改善民生等社会问题和推动地区一体化进程作为会后工作重点。

2008 年 1 月，拉美议会总部由巴西圣保罗市迁址至巴拿马首都巴拿马城。

2008 年 12 月，拉美议会第 24 届年会在巴拿马城召开，主要就国际金融危机对拉美的影响，欧洲新移民政策对拉美移民的影响等议题进行了讨论。

2009 年 12 月，拉美议会第 25 届年会在巴拿马城举行，着重就国际金融危机对拉美的影响、拉美社会经济政策以及消除贫困和不公平议题进行了讨论。

2010 年 12 月，拉美议会第 26 届年会在巴拿马城举行，重点就拉美议会在拉美和加勒比地区一体化中应发挥的作用进行了讨论，表决通过洪都拉斯重返拉美议会，选举冈萨雷斯为拉美议会新议长。

2011 年 12 月，拉美议会第 27 届年会在巴拿马城举行，会议就世界经济形势对拉美各国影响、拉美地区移民问题及拉美各国如何实现联合国千年发展目标等议题进行了深入讨论。

2012 年 11 月，拉美议会第 28 届年会在巴拿马城举行，会议就严峻的世界经济形势及食品安全问题进行了深入讨论。

2013 年 10 月，拉美议会第 29 届年会在巴拿马城举行，会议就地区卫生、检疫、医疗等领域的问题进行了深入讨论。

2014 年 12 月，拉美议会第 30 届年会暨拉美议会成立 50 周年庆祝大会在巴拿马城举行，会议高度评价拉美议会成立 50 年来在加强拉美国家政治对话、巩固地区民主体制、促进地区稳定发展、推动地区国家团结及一体化等方面发挥的积极作用，同时强调需着重应对有组织犯罪、非法移民等挑战。

2015 年 11 月，拉美议会第 31 届年会在巴拿马城举行，会议重点围绕落实 2030 年可持续发展议程进行了讨论。

2016 年 12 月，拉美议会第 32 届年会在巴拿马城举行，会议就推动收入平等、改进安全政策、打击毒品犯罪、提升民主质量等议题进行了讨论。

2017 年 6 月，拉美议会第 33 届年会在巴拿马城举行，会议以"拉美和加勒比地区移民现状"为主题,深入探讨在世界经济持续低迷,"逆全球化"浪潮背景下移民问题给地区带来的政治、安全和社会影响。呼吁地区国家以联合国通过的《关于难民与移民的纽约宣言》为契机,继续推进政府间谈判进程,为在2018年达成"安全、有序和正常移民"的全球契约作出积极努力。其间,还举行了移民问题各国议会间高级别对话会。11月,拉美议会第34届年会在巴拿马城举行,会议主题为"增加透明度,打击腐败"。

2019年6月,拉美议会第35届年会在巴拿马城举行,会议围绕落实2030年可持续发展目标、促进地区一体化、应对气候变化等主题进行讨论,选举豪尔赫·皮萨罗·索托为拉美议会新任议长。

【对外关系】拉美议会和欧洲议会于1974年建立对话关系。1999年3月第14届欧盟—拉美议会间大会发表《最后声明》,研究并提出了有关发展拉美同欧盟未来关系的建议,并决定将之提交首届欧拉首脑会议。辛赫尔议长应邀出席了5月20日首届欧洲—伊比利亚美洲经济会议并代表拉美议会发言。欧洲议会和拉美议会均派代表出席了2000年2月第九次欧盟—里约集团外长例会和2003年4月第108届世界议联大会。2003年5月,双方举行了第16次对话,就两地区议会21世纪合作前景,跨地区贸易一体化进程和移民等问题交换了意见。2005年6月,双方举行第17次对话,就加强两地区一体化进程、推动经济与社会发展及环保等问题进行讨论。

南美洲进步和一体化论坛(Foro para el Progreso e Integración de América del Sur,PROSUR)

【成立经过】2019年3月22日,在智利首都圣地亚哥召开南美洲进步论坛成立峰会,南美洲7国阿根廷、巴西、智利、哥伦比亚、厄瓜多尔、巴拉圭和秘鲁总统和圭亚那驻智利大使共同签署了一项南美洲进步和一体化论坛成立声明。除上述8国外,玻利维亚、乌拉圭、苏里南3国派观察员与会,会议没有邀请委内瑞拉马杜罗政府参加,理由是委内瑞拉没有民主,不尊重人权。与会的玻利维亚副外长卡门、乌拉圭副外长阿里埃尔和苏里南驻古巴大使埃德加尔没有在声明上签字。委内瑞拉反对派领导人、"临时总统"瓜伊多收到邀请,但没有与会。上述声明指出，加入该组织的条件是"有充分的民主、宪法秩序、尊重三权分立原则、促进保护和确保人权和基本自由"，声明指出，"南美洲进步论坛结构灵活、精干、节俭，运作规定明确，可灵活做出决定，推动南美洲一体化的具体计划的实施。"重点是：基础设施、能源、卫生、防务、安全、与犯罪斗争、预防和救助自然灾害等。2019 年智利担任首届轮值主席国，2020 年巴拉圭担任轮值主席国。

【宗旨】为更新和加强南美洲一体化，成立一个新的南美洲协调和合作空间南美洲进步论坛，以有效推进一体化，促使南美洲的增长、进步与发展。智利总统皮涅拉强调，该论坛是没有意识形态的论坛，对所有南美洲国家开放，是一个尊重多样性和不同的论坛，各国人民有权选择自己的政府，是一个没有过度官僚机构的论坛，是一个追求实际效果的论坛，是一个承诺民主和尊重人权的论坛。

【成员国】阿根廷、巴西、智利、哥伦比亚、厄瓜多尔、巴拉圭、秘鲁和圭亚那 8 国。

【主要活动】2020 年 3 月 16 日，南美洲进步和一体化论坛成员国阿根廷、智利、哥伦比亚、厄瓜多尔、巴拉圭、秘鲁总统和巴西外长，以及乌拉圭总统和玻利维亚临时总统举行视频会议，讨论如何应对新冠肺炎疫情的蔓延，10 国领导人决定共同进行卫生控制和采取措施促进经济发展。2020 年 12 月 12 日，智利总统皮涅拉主持视频论坛首脑会议，将轮值主席国移交给哥伦比亚总统杜克。

利马集团（Grupo de Lima）

【成立经过】2017 年 8 月 8 日，在秘鲁牵头下，拉美 13 国（巴西、阿根廷、智利、墨西哥、哥伦比亚、巴拿马、秘鲁、危地马拉、圭亚那、巴拉圭、洪都拉斯、哥斯达黎加和圣卢西亚）和加拿大 14 国外长或代表在秘鲁首都利马开会，签署了《利马宣言》，成立利马集团。

【宗旨】为了协调在委内瑞拉问题上的立场。

【成员国】除参加 2017 年 8 月 8 日利马会议的 14 国外，后来圣卢西亚也加入该集团。现有 15 个成员国。2019 年 1 月，墨西哥退出，同年 12 月 22 日玻利维亚右翼临时政府宣布加入，2020 年 10 月，玻利维亚左翼阿尔塞政府宣布承认马杜罗政府为合法政府，不再支持利马集团的协议。

2021年3月，阿根廷宣布退出；7月28日，左翼卡斯蒂略就任秘鲁总统后，8月6日，时任外长贝哈尔宣布秘鲁退出利马集团；随后，圣卢西亚新政府也宣布退出。利马集团已名存实亡。

【主要活动】利马集团成员国均不承认委内瑞拉2018年5月20日大选的结果，不承认再次当选的马杜罗为委内瑞拉合法总统。2019年1月4日（马杜罗新任期开始前夕），利马集团在利马举行外长会议并发表联合声明，拒绝承认马杜罗新任期的合法性，要求马杜罗放弃宣誓就职，并威胁将重新评估与委外交关系，对委政府高官实施制裁。声明要求委内瑞拉政府将权力移交给委内瑞拉全国代表大会，直到举行新的民主选举。利马集团14个成员国中有13国签署该声明，只有墨西哥拒绝签署，并表示希望通过外交渠道解决分歧。不是利马集团成员国的美国国务卿蓬佩奥通过视频方式参加会议。

2019年1月4日，委内瑞拉外长阿雷亚萨在电视讲话中严厉谴责利马集团当天发表的声明严重干涉委内政，称利马集团在美国的指使下公然拒绝承认委通过民主、合法选举程序产生的政府，企图对委发动政变，是对委主权的严重干涉。因此无论发生什么，马杜罗将于10日按照宪法规定宣誓就任总统。1月10日，马杜罗宣誓就任第二任总统。

2019年1月23日，委反对派领导人、国会主席瓜伊多在美国支持下，自任临时总统。除墨西哥外，利马集团其余13个成员国跟随美国总统特朗普在第一时间承认瓜伊多"临时总统"的合法性。

2019年2月4日，利马集团在加拿大渥太华召开紧急会议，会议发表声明，承认瓜伊多为委内瑞拉合法总统，欢迎瓜伊多委任的代表加入利马集团。墨西哥和乌拉圭未派代表与会。东道国加拿大总理特鲁多与会，指责马杜罗是"不可接受的独裁"。

2019年2月25日，利马集团在哥伦比亚首都波哥大召开第11次外长会议，美国副总统彭斯、委反对派领导人瓜伊多与哥伦比亚总统杜克等与会，会议通过的声明要求马杜罗立即下台，停止篡权，尊重委国会及其主席瓜伊多。

2019年4月15日，利马集团在智利发表声明，呼吁国际社会支持委"民主重建"努力，并敦促中国、古巴、俄罗斯、土耳其等承认马杜罗为合法总统的国家加入这一行列，同时指称上述国家对马杜罗政府的支持给拉美地区带来负面影响。对此，中国外交部发言人陆慷 4 月 17 日回应称，指称中委合作对地区造成负面影响与事实不符。

2019 年 5 月 3 日，利马集团 12 国（包括瓜伊多代表）在利马举行紧急外长会议，讨论委内瑞拉局势。会议发表声明强调，利马集团支持委反对派瓜伊多 4 月 30 日所采取的未遂政变行动，支持委人民以和平方式恢复国家民主。声明说，利马集团决定进行必要的斡旋，以便吸收古巴参与寻求解决委内瑞拉危机，声明呼吁俄罗斯、土耳其等所有支持马杜罗政府的国家支持委民主过渡进程。声明还呼吁国际社会和联合国协调接收委难民国家的合作。墨西哥和乌拉圭没有派代表与会。

2019 年 5 月 6—7 日，利马集团在哥斯达黎加召开委内瑞拉问题国际联络小组第三次部长级会议，欧盟与拉美 12 国外长或代表与会。

2019 年 6 月 3 日，利马集团及委内瑞拉问题国际联络小组代表于在纽约举行了会谈，各方支持继续向委方及其邻国提供人道主义援助。6 月 4 日电秘鲁外交部长内斯托尔·巴尔达莱斯表示，利马集团将研究俄罗斯如何能协助调解委内瑞拉政治危机的问题。

2019 年 7 月 25 日，利马集团在阿根廷首都布宜诺斯艾利斯召开第 15 次外长会议，10 个成员国在声明上签名，与会的圭亚那、巴拿马和圣卢西亚代表没有签名，厄瓜多尔和萨尔瓦多作为观察员与会。委内瑞拉由反对派的代表与会并签名。墨西哥、乌拉圭没有与会。会议声明强调由委内瑞拉人民自己、和平解决委内瑞拉危机。声明强调，利马集团支持以和平方式解决委内瑞拉危机。声明指出，来自欧盟、厄瓜多尔以及萨尔瓦多的委内瑞拉问题特别顾问正在努力为解决委内瑞拉危机找到一个政治的、和平的、民主的解决方法。

2019 年 8 月 6 日，由利马集团发起的关于委内瑞拉问题的"争取委内瑞拉民主国际会议"在利马举行。东道国表示，会议主办方曾向支持马杜罗的俄罗斯、古巴、中国、土耳其等国发出邀请，但没有一个支持马杜罗政府的国家派代表与会。据会议组织方公布，包括利马集团成员在内的 59 个国家（这个数字与支持委反对派的国家数字相符）代表与会，但只有 8 个国家派外长与会，其余大多为各国驻秘使节。国际联络小组发起者欧盟派代表出席，一直致力于劝和促谈的墨西哥、乌拉圭未派代表参会。会议按事先安排未发表声明，仅由秘鲁外长向媒体吹风。

尽管会议组织者承诺不邀请委朝野两派代表出席，但事实上，委自封总统瓜伊多的代表登堂入会，引起部分国家代表不满和抗议。会议本应由各国代表围绕委和平重建问题展开讨论，各抒己见，但因会议主办方邀请美国总统国家安全助理博尔顿与会并让他在会上大放厥词，其他与会者只能洗耳恭听。博尔顿在长篇发言中重弹不惜任何代价、不排除任何手段推翻马杜罗政权，"由委人民民主选择的临时总统瓜伊多取而代之"的老调，宣布"对话已经结束"，今后关于委问题的一切谈判都只能有一个议题，即"马杜罗政权下台"。

2019 年 11 月 8 日，利马集团外长或代表在巴西首都巴西利亚召开会议，决定加强对马杜罗政府的压力，重申对瓜伊多"临时总统"的支持。

2020 年 4 月 3 日，利马集团发表声明，支持美国特朗普政府提出的关于成立委内瑞拉过渡政府的建议。

2021 年 3 月，阿根廷宣布退出；7 月 28 日，左翼卡斯蒂略就任秘鲁总统后，8 月 6 日，时任外长贝哈尔宣布秘鲁退出利马集团；随后，圣卢西亚新政府也宣布退出。利马集团已名存实亡。

第六节　拉丁美洲在国际政治中的地位和作用

在第二次世界大战以前及战后初期，拉美大多数国家在对外关系方面缺乏独立性。战后，特别是自 60 年代以来，随着拉美各国经济实力的增强和捍卫民族权益斗争的发展，拉美各国在外交上的独立性增强，在国际政治中的地位和作用日益重要。主要表现在以下方面：

一　带头掀起捍卫本国海洋权的斗争，为反对海洋霸权主义做出重大贡献

早在 1952 年 8 月，智利、秘鲁和厄瓜多尔就联合发表了《关于领海的圣地亚哥宣言》，宣布对距其海岸 200 海里的海域"享有专属主权和管辖权"。1970 年 5 月，智利、秘鲁、萨尔瓦多、厄瓜多尔、尼加拉瓜、阿根廷、巴拿马、乌拉圭和巴西 9 个拉美国家签署了《蒙得维的亚海洋法宣言》，宣布"对邻接其海岸的海域、海床及其底土的主权或专属管辖权延伸到距离领海基线 200 海里的地方"，还通过了海洋法 6 条基本原则。

同年 8 月，20 个拉美国家在利马举行拉丁美洲海洋法会议，发表了《拉丁美洲国家关于海洋法的宣言》。此外，在 70 年代，不少拉美国家对于非法闯入其领海、专属经济区捕鱼的美国、苏联等国船只，采取了拘捕、罚款等措施。

拉美国家捍卫海洋权的斗争为广大发展中国家捍卫各自国家的海洋权，反对海洋霸权主义起了带头和示范作用，赢得了它们的广泛支持和响应。1973 年 5 月，非洲统一组织第 21 届部长理事会讨论并通过了《非洲统一组织关于海洋法问题的宣言》。包括中国在内的亚洲地区不少发展中国家的政府也纷纷支持拉美国家这一正义斗争，从而在世界各地区汇成了一股声势浩大的国际正义潮流。拉美国家和广大发展中国家的长期斗争，对于联合国先后于 1958 年、1960 年和 1973 年 3 次召开海洋法会议起了促进作用，并在 1982 年 4 月召开的第三届海洋法会议等 11 次会议上，终于通过了基本上体现了包括拉美各国在内的广大发展中国家的利益和要求的新的《海洋法公约》。

二 积极参与创建和参加各种原料生产国和出口国组织

为共同对付跨国公司的掠夺，委内瑞拉于 1960 年同沙特阿拉伯等亚、非产油国一起，创建了世界上第一个原料出口国组织——石油输出国组织（欧佩克）。1973 年，委内瑞拉、厄瓜多尔同欧佩克其他成员国一道，以石油为武器所进行的斗争，震撼了西方世界，迫使西方工业大国重新认识发展中国家的力量和作用，不得不重视同发展中国家的谈判，并作出一定的让步。

在石油斗争的鼓舞下，原料生产国和出口国组织纷纷出现，其中由拉美国家发起或有拉美国家参与的就有 10 多个，主要有：可可生产国联盟、铜出口国政府间联合委员会、国际铝土生产国协会、肉类生产国组织、香蕉出口国联盟、拉美和加勒比食糖出口国协会、拉美咖啡多国组织、铁矿砂出口国协会、乌砂生产国协会、拉美国家石油互助协会、锡生产国协会、国际产棉国协会等。这些组织在维护原料产品出口价格、改善初级产品出口国的贸易条件、保卫发展中国家的资源主权等方面的斗争中起了重要作用。

三 积极倡导和推动建立国际经济新秩序

20 世纪 40 年代后期，以阿根廷著名经济学家劳尔·普雷维什为代表的拉美发展主义理论，反映了拉美新兴资产阶级对西方发达资本主义国家（"中心"）控制、剥削和掠夺广大发展中国家（"外围"）的不满，以及发展民族经济的愿望。普雷维什提出的贸易比价不公正、不平等问题，后来成为第三世界国家反对经济霸权和争取建立国际经济新秩序的理论根据之一。

1964 年，拉美国家联合亚、非发展中国家，促成了联合国贸易和发展会议的建立，普雷维什担任第一任秘书长。1964 年 6 月 15 日，在日内瓦召开的第一次贸发会议上，拉美国家同亚、非发展中国家团结一致，组成了"77 国集团"，"用一个声音讲话"，反对工业大国的掠夺。在该集团 77 个创始国中，拉美国家占了 20 个。77 国集团正式成立，成员国都是发展中国家，其宗旨在于扭转发展中国家在国际贸易中被动地位。自 77 国集团成立以来，拉美国家一直是该集团的中坚力量。2000 年 4 月，在古巴哈瓦那举行了由 77 国集团发起的首届南方国家首脑会议。2014 年 6 月 14—15 日，77 国集团成立 50 周年之际，在玻利维亚圣克鲁斯市召开举行"77 国集团 + 中国"峰会，27 位国家元首、3 位副总统和 4 位总理等高级领导人率领的 94 个国家代表团抵玻与会。这次峰会的主题是"建立世界新秩序"，习近平主席特使、全国人大常委会副委员长陈竺代表中国参加会议。到这次峰会召开时，成员国已经发展到 133 个成员国，但集团名称沿用旧名。2020 年 4 月 3 日，"77 国集团和中国"这个联合国最大、最具影响力的发展中国家政治集团就新冠肺炎疫情发表声明，呼吁国际社会团结协作，合力减缓疫情影响。

1972 年 4 月，墨西哥在联合国第 3 次贸发会议上倡议制定各国经济权利和义务宪章。1974 年 4—5 月，在墨西哥等国推动下，第 6 届特别联大通过了《关于建立国际经济新秩序的宣言》和《行动纲领》。同年 12 月，第 29 届联大又通过了墨西哥倡议、"77 国集团"提出的《各国经济权利和义务宪章》草案。上述 3 个文件是发展中国家争取国际经济新秩序的纲领性文件，它们既是发展中国家长期进行的反对经济霸权、争取独立自主地发展民族经济斗争的丰硕成果，又有力地推动了这一斗争的深入发展。拉美国家是这一斗争的重要方面军，发挥了积极的作用。

"南北对话"是发展中国家为维护自身利益，建立公正合理的经济新秩序，与发达国家进行谈判和斗争的重要场所。拉美国家积极推动"南北对话"，促成了 1975—1977 年在巴黎举行的"国际经济合作会议"（"即"南北会议"），迫使工业大国，特别是美国，在对第三世界贸易、投资、贷款、技术转让等问题上，做出一定的让步。委内瑞拉是"国际经济合作会议"的"南方"主席。参加这次会议的有 19 个发展中国家和 8 个发达国家。

1981 年 10 月，在墨西哥总统波蒂略和奥地利总理克赖斯基的共同倡议下，14 个发展中国家和 8 个发达国家的国家元首或政府首脑出席了在墨西哥坎昆举行的"国际经济合作和发展会议"，即南北首脑会议。由于历史、经济、文化和种族等方面的原因，拉美在发达国家和发展中国家之间处于一种比较特殊的地位，起着沟通南北的桥梁作用。

四　拉美国家在不结盟运动和南南合作中的作用增强

战后初期，拉美国家在外交上受制于美国，在军事上被拉入美国所控制的《泛美互助条约》，大多数国家还同美国签订了双边军事互助条约。因此，当时的拉美大多数国家同美国实际上存在着一种政治、军事同盟关系。1961 年不结盟运动举行第 1 次首脑会议，拉美只有古巴 1 国作为正式成员国与会，巴西、玻利维亚和厄瓜多尔 3 国以观察员身份参加了会议。

60 年代后期，特别是 70 年代以后，随着拉美国家对美国离心倾向的增长、加勒比一批国家的陆续独立和不结盟运动本身的发展，不少拉美国家调整了对外政策，从同美国实际结盟逐渐转向不结盟，加入不结盟运动的拉美国家日益增多。1970 年不结盟运动举行第 3 次首脑会议时，拉美的正式成员国已增加到 4 国（古巴、圭亚那、牙买加、特立尼达和多巴哥），观察员增加到 7 国（阿根廷、玻利维亚、巴西、智利、秘鲁、委内瑞拉和哥伦比亚）。1979 年，不结盟运动第 6 次首脑会议在古巴首都哈瓦那召开，这是首次在一个拉美国家举行不结盟运动首脑会议。与会的拉美正式成员国增加到 7 国（古巴、阿根廷、圭亚那、巴拿马、秘鲁、特立尼达和多巴哥、牙买加），观察员增加到 8 国（巴巴多斯、玻利维亚、巴西、委内瑞拉、格林纳达、哥伦比亚、墨西哥、厄瓜多尔）。这说明，到 70 年代末，拉美许多国家以这种或那种方式加入了不结盟运动，成为不结盟运动的一支重要力量。

1995 年 10 月 18—20 日，不结盟运动第 11 次首脑会议在哥伦比亚卡塔赫纳举行。这次会议重申了运动的宗旨和原则，确定了在冷战后错综复杂的形势下不结盟运动的行动准则和发展方向。与会的拉美正式成员国已增加到 20 国（巴巴多斯、巴哈马、巴拿马、秘鲁、玻利维亚、伯利兹、厄瓜多尔、哥伦比亚、格林纳达、古巴、圭亚那、洪都拉斯、尼加拉瓜、圣卢西亚、苏里南、特立尼达和多巴哥、危地马拉、委内瑞拉、牙买加、智利）。这说明，尽管个别拉美国家如阿根廷梅内姆政府由于执行和美国"自动结盟"政策，于 1991 年宣布阿根廷退出不结盟运动，但从总体来看，越来越多的拉美国家正式加入了这一运动，拉美国家在不结盟运动中的作用增强。

2006 年 9 月，第 14 届首脑会议在古巴首都哈瓦那举行。会议通过了《关于当前国际形势下不结盟运动的目的、原则和作用的宣言》等 5 个文件。来自 110 多个国家的元首、政府首脑或代表，以及 15 个观察员国、31 个特约国和 23 个国际组织的代表出席了会议。这次会议为确定不结盟运动在新时期的历史地位奠定了基础。会议重新确立了不结盟运动的历史地位，使不结盟运动在沉寂多年后再度活跃起来。

2016 年 9 月 13—18 日，第 17 届不结盟国家首脑会议在委内瑞拉玛格丽塔岛举行，峰会通过了指导不结盟运动未来 3 年发展的《玛格丽塔岛宣言》。轮值主席国委内瑞拉总统马杜罗表示，不结盟运动将继续推动世界向多极化和"去帝国主义"方向发展。

在 1989 年 9 月在贝尔格莱德召开的不结盟运动第 9 次首脑会议上，秘鲁总统阿兰·加西亚根据南方委员会主席尼雷尔提出的建议，提出了定期举行南南首脑磋商会议的具体设想。这次首脑会议经过讨论，决定宣布成立南南磋商与合作首脑级集团，因最初为 15 个成员，故称"15 国集团"。其宗旨是更有效地推进"南南合作"，制订南南合作行动计划，促进发展中国家的经济发展，协调发展中国家对发达国家所采取的立场，促进南北对话。"15 国集团"又称"南南磋商与合作首脑级集团"（Summit Level Group for South – South Consultation and Cooperation），是继不结

运动和"77 国集团"之后的又一个发展中国家合作组织。是一个完全由
发展中国家组成的跨洲国家集团，这些国家分属于亚洲、非洲和拉丁美
洲，共有 17 亿人口，具有广泛的代表性。有 5 个拉美国家是 15 国集团创
始成员，它们是：阿根廷、巴西、墨西哥、秘鲁、委内瑞拉；1992 年智
利加入，使拉美成员国增加到 6 国，占 15 国集团成员的 1/3 以上。

1991 年 11 月 27—29 日在委内瑞拉加拉加斯举行了 15 国集团第 2 届
首脑会议，会议讨论了南方国家在海湾战争、苏联东欧剧变后新的国际
格局中的地位和经济发展问题；1995 年 11 月 6—7 日，15 国集团第 5 届
首脑会议在阿根廷布宜诺斯艾利斯举行，会议通过的联合声明呼吁深化
南南合作，加强南北对话。声明认为，在经济日益全球化的当今世界，
发展中国家要想保持稳定和经济增长，首先要加强彼此之间的合作。
2004 年 2 月，第 12 届 15 国集团首脑会议在委内瑞拉首都加拉加斯举行，
并通过了《加拉加斯宣言》。宣言指出，与会者就能源与发展问题达成了
共识，各成员国将制订计划并通过加强在能源领域的合作，促进公共和
私营部门的投资，推动各国经济的增长。

**五　拉美国家积极参与、推动全球治理改革和维护地区和世界和平，
在联合国等国际组织中的独立性和作用增强**

战后初期，拉美国家曾是美国在联合国"表决机器"的最重要的组
成部分，在联合国等国际组织中基本上没有自己独立的立场。从 60 年代
初起，拉美国家的立场逐渐转变，在一些重大经济问题和有关维护世界
和平、反对殖民主义的问题上，不再唯美国之命是从。

在 1960 年联合国第 15 届大会上，除多米尼加以外的所有拉美成员国
都投票赞成《给殖民地国家和人民以独立的宣言》。在 1965 年联合国第
20 届大会上，拉美国家提出了《不许干涉别国内政及保障各国独立和主
权的宣言》草案。拉美许多国家拥护普遍和全面裁军、禁止核武器和其
他大规模杀伤性武器。在 1970 年联合国第 25 届大会上，所有拉美国家都
投票赞成禁止核军备竞赛和一切试验以及禁止扩大核武器进攻和防御体
系的决议案。在 1971 年联合国第 26 届大会上，所有拉美国家都支持审议
《彻底禁止化学武器和细菌和其他大规模杀伤性武器条约》。

随着拉美经济的发展和经济实力的增加，拉美在国际事务中和国际

格局中的地位提升，作用加大。拉美一些国家积极申办和成功举办了一些重要的国际会议，如 1992 年 6 月在巴西里约热内卢举行了联合国环境与发展大会首脑会议，世界各国的国家元首或政府首脑几乎都出席了这次大会；2000 年 4 月，在古巴哈瓦那举行了由 77 国集团发起的首届南方国家首脑会议；2003 年在墨西哥筹资大会和世界贸易组织部长级会议；2004 年在巴西圣保罗举行了联合国贸发会议第 11 届大会；1993 年、1994 年和 1997 年墨西哥、智利和秘鲁 3 国先后正式加入了亚太经济合作组织。亚太经济合作组织领导人非正式会议先后在墨西哥圣卡沃斯（第 10 届，2002 年）、智利圣地亚哥（第 12 届，2004 年）、秘鲁利马（第 16 届，2008 年；第 24 次，2016 年）举行。巴西于 2009 年成为金砖国家合作机制的成员，2010 年、2014 年和 2019 年先后在巴西利亚、福塔莱萨和巴西利亚举行了第 2 届、第 6 届和第 11 届金砖国家峰会。2008 年，阿根廷、巴西和墨西哥 3 国成为 20 国集团的成员国，20 国集团第 7 届和第 13 届峰会先后于 2012 年在墨西哥洛斯卡沃斯和阿根廷布宜诺斯艾利斯举行。2010 年在墨西哥坎昆，2014 年在秘鲁利马先后召开了第 16 届和第 20 届《联合国气候变化框架公约》缔约方会议（即联合国气候变化大会）。

拉美是维和世界和平的积极力量。拉美是世界上唯一的无核区。1962 年 10 月 29 日，在加勒比海危机（即古巴导弹危机）处在紧张的时刻，巴西、智利、玻利维亚和厄瓜多尔等拉美国家向第 17 届联大首次提出了建立拉美无核区的决议草案，大会把这一提案的审议推迟到下届联大。1963 年 3 月 21 日，墨西哥总统洛佩斯·马特奥斯致函拉美 15 个国家，提出了一项在拉美禁止核武器的建议，很快得到了一些国家的响应。同年 4 月 29 日，由墨西哥、巴西、智利、厄瓜多尔和玻利维亚总统在各自本国首都同时发表声明，要求拉美国家缔结一项多边协定，使拉美尽快成为无核区，保证"不制造、不接受、不储存和不试验核武器或核发射装置"。紧接着，上述 5 国向 18 国裁军委员会递交了一份声明，要求有核国家禁止向拉美输送核武器。同年 11 月第 18 届联大通过了拉美 11 国（上述 5 国、哥斯达黎加、萨尔瓦多、海地、巴拿马、乌拉圭和洪都拉斯）关于建立拉美无核区的提案。

1964 年 11 月，17 个拉美国家在墨西哥城开会，决定成立拉美非核化筹备委员会。经过该委员会多次讨论，1967 年 2 月 14 日，拉美 14 国

（巴拿马、秘鲁、玻利维亚、厄瓜多尔、哥伦比亚、哥斯达黎加、海地、洪都拉斯、墨西哥、萨尔瓦多、危地马拉、委内瑞拉、乌拉圭、智利）在墨西哥城签署《拉丁美洲禁止核武器条约》即（《特拉特洛尔科条约》）。该条约于 1969 年生效。为保证履行条约的各项义务，根据该条约规定，缔约国在条约生效后成立了拉丁美洲禁止核武器组织。1985 年第 9 届例会决定今后将在正式文件中使用"拉丁美洲和加勒比禁止核武器组织"的名称。《拉丁美洲禁止核武器条约》的签订，是拉美国家同超级大国的核讹诈和核威胁进行斗争的结果，它使拉美成为世界上第一个无核武器地区，为世界和平做出了贡献。

2014 年 1 月 28 至 29 日，在古巴哈瓦那举行的拉共体第 2 届峰会通过《宣布拉美和加勒比为和平区的公告》，宣布拉美与加勒比地区为和平区，各成员国承诺有必要全面彻底消除核武器和其他大规模杀伤性武器，并承诺在解决国家之间争端时不使用武力。这是世界上第一个在拥有 6 亿多人口的稠密区宣布建立无核的和平区，其意义十分重大。

巴西、墨西哥、阿根廷、哥伦比亚和乌拉圭等拉美国家还积极参与联合国在动乱地区和国家，如海地、安哥拉、莫桑比克、刚果（金）、东帝汶等的维和行动。

总的来看，拉美国家在国际上的地位不断提高，作用不断扩大。但是，近年来，由于拉美国家之间在对待委内瑞拉等问题上产生严重的分歧，立场难以协调；美国政府又千方百计拉拢一些拉美国家，打压古巴、委内瑞拉、尼加拉瓜等左翼执政的国家，离间拉美国家与中国、俄罗斯等国的关系，再加上 2003 年以来拉美经济增长乏力，2020 年由于受新冠肺炎疫情蔓延的影响，拉美经济出现 −7.7% 的衰退，使拉美地区在国际政治中的地位和作用受到一定的影响。

本章小结

本章共六节，第一节介绍了玻利瓦尔的拉美团结思想和拉美的一体化运动，第二节介绍了拉美国家的外交政策和对外政策的演变，第三节介绍了拉美国家的国际关系和国际法理论，第四节介绍了拉美地区的安全问题与安全合作，第五节介绍了拉美地区的主要区域组织，第六节介绍了拉美在国际政治中的地位和作用。

思考题

一、名词解释

门罗主义 德拉戈主义 托瓦尔主义 埃斯特拉达主义 拉丁美洲和加勒比共同体 美洲国家组织 南方共同市场 美洲开发银行 太平洋联盟

二、简答题

1. 何为外围现实主义？

2. 简述拉美一体化运动的发展。

三、论述题

1. 概述 20 世纪 90 年代以来拉美国家的对外关系和对外政策的变化和特点。

2. 如何评价第二次世界大战后拉美在国际政治中的地位和作用？

阅读参考文献

洪育沂主编、徐世澄副主编：《拉美国际关系史纲》，外语教学与研究出版社 1996 年版。

徐世澄主编：《美国和拉丁美洲关系史》，社科文献出版社 2007 年第 2 版。

徐世澄主编：《帝国霸权与拉丁美洲 战后美国对拉美的干涉》，世界知识出版社 2002 年版。

曾昭耀主编：《现代化战略选择与国际关系 拉美经验研究》，社会科学文献出版社 2000 年版。

徐宝华、石瑞元：《拉美地区一体化进程：拉美国家进行一体化的理论和实践》，社会科学文献出版 1996 年版。

王萍：《走向开放的地区主义：拉丁美洲一体化研究》，人民出版社 2005 年版。

林华、王鹏、张育媛编著：《拉丁美洲和加勒比地区国际组织》，社科文献出版社 2010 年版。

［委］D. 博埃斯内尔：《拉丁美洲国际关系史》，商务印书馆 1980 年版。

SELA, *Dynamics of the External Relations of Latin American and Caribbean*, *Buenos Aires*, 1998.

Abraham F. Lownthal and Gregory F. Trererton (ed.), *Latin America in the New World*, Westview Press, 1994.

Roberto Russell, *Política exterior y toma de decisiones en América Latina*, Grupo Editor Latinoamericano, Buenos Aires, Argentina, 1990.

Jaime Behar, Rita Giacalone y Noemi B. Mellado (ed.), *Integración regional de América Latina Procesos y actores*, *Instituto de Estudios Latinoamericanos*, Universidad de Estocolmo, Suecia, 2001.

第 八 章

拉丁美洲与其他地区
和国家的关系

内容提要

拉丁美洲与美国的关系在政治上逐步由主从关系向伙伴关系过渡，在经济上逐步由不平等往来转向对等合作，然而，美国的霸权主义和干涉主义仍常有表现。随着世界经济全球化的发展，拉美的外交关系逐渐多元化，拉美与欧盟、亚太地区国家的关系不断得到巩固和发展。冷战结束前，苏联对拉美的战略是支持古巴、尼加拉瓜等"革命的国家"，重视政治和意识形态渗透，鼓吹"非资本主义道路"和在中美洲和加勒比地区同美国进行争霸。冷战结束后初期，俄罗斯无力同美国在拉美争夺，自20世纪90年代后期起，逐步恢复和发展与拉美的关系。自80年代后期起，拉美越来越重视发展与亚太地区的关系。拉美同非洲的关系在南南合作的框架内也得到一定的发展。

拉美国家和中国的关系源远流长，悠久的历史、古老的文化和相似的发展经历等许多共同点，把拉美和中国紧密联系在一起。中国和拉美国家在政治上彼此信赖，经济上互通有无，在国际事务中相互支持。中国和拉美国家，社会政治稳定，经济持续发展，随着各自对外开放的扩大，随着科技、资源开发和农业等合作领域的拓展，中国与拉美的互利合作呈现出更广阔的前景。

第一节　泛美主义和拉美与美国的关系

拉丁美洲在美国的全球战略中占有重要地位。拉丁美洲是美国南面的屏障，中美洲和加勒比地区，特别是巴拿马运河，是美国西海岸与欧洲之间，东海岸与日本、中国及亚洲其他国家之间的重要通道，对美国具有十分重要的战略意义。拉丁美洲又是美国重要的原料供应地、出口市场和投资场所。对美国来说，在拉丁美洲，美国有重要的经济利益需要保护。因此，美国一直把拉丁美洲视作自己的传统势力范围，不容其他外来势力染指。从 20 世纪初起，特别是在第二次世界大战后，对拉丁美洲来说，同美国的关系在其对外关系和对外政策中一直居优先地位。多年来，美国是拉美第一大贸易伙伴，头号投资国和最主要的债主。

拉丁美洲与美国关系的发展大体可分为以下四个阶段。

一　从独立运动至第一次世界大战

19 世纪初拉美国家独立后不久，纷纷同美国建立了外交关系：1822 年 6 月 19 日大哥伦比亚（大哥伦比亚分裂后，美国分别于 1832 年、1835 年和 1836 年承认哥伦比亚、委内瑞拉和厄瓜多尔）同美国建交；随后，墨西哥（1822）、拉普拉塔联合省（即阿根廷，1823）、乌拉圭（1824）、玻利维亚（1848）、巴拉圭（1852）、海地（1862）、多米尼加（1866）先后同美国建交。

刚刚获得独立的拉美国家仍然面临西班牙殖民势力和神圣同盟侵略的威胁，存在着被颠覆的危险，迫切希望能得到美国的支持。

美国以美洲各国具有共同利益应该联合为名在拉丁美洲推行泛美主义这一实质上是一种霸权主义的思想。1823 年 12 月 2 日，美国总统门罗提出"美洲是美洲人的美洲"，即"美洲是美国人的美洲"的"门罗宣言"，旨在抵制西欧列强对拉美的干涉。从客观上说，门罗宣言的发表对于当时已经独立和正在争取独立的拉美国家具有一定的积极作用，但是，从本质上说，它为美国的扩张奠定了理论基础，是美国把西半球划成美国势力范围的一个正式声明。

门罗宣言发表后的前 20 年，美国因国力有限还没有能力对外大举扩张。美国在购买墨西哥得克萨斯的企图落空后，于 1836 年策划得克萨斯"独立"，并于 1845 年将得克萨斯合并到美国。紧接着，1846—1848 年美国又挑起美墨战争，墨西哥战败后，被迫同美国签订瓜达卢佩—伊达尔戈条约。19 世纪 40—50 年代，美国通过战争、掠夺、"购买"，使墨西哥丧失了 230 万平方千米领土，占全国总面积 55% 以上。

19 世纪 40 年代，门罗宣言渐渐形成门罗主义，从门罗主义衍生出种种扩张主义理论。1845 年，美国纽约《联邦杂志和民主评论》主编约翰·奥萨利文提出"天定命运"的理论，鼓吹"上帝赋予我们（指美国）在整个大陆发展的权利是天定命运"。

19 世纪 80 年代，为适应美国资本的扩张要求，美国又篡改玻利瓦尔等拉美独立运动领导人提倡的拉美团结、联合的思想，提出召开美洲国家会议。1888 年 3 月 5 日在纽约《晚邮报》上登载的一篇评论中，首次使用了"泛美主义"一词。1889—1890 年美国打出泛美主义的招牌，在华盛顿同拉美国家举行举行了第一届美洲国家会议，建立美洲共和国国际联盟，其常设机构为"美洲各国商务局"（1910 年改名为"泛美联盟"）。之后，美国通过一系列这类会议和条约，形成所谓"泛美体系"，成立了泛美联盟等机构，加强了对拉美的控制。

1898 年，正当古巴起义军已解放全国 2/3 的土地，即将取得独立战争胜利的时刻，美国和西班牙之间爆发了一场争夺殖民地的大规模战争，已进入帝国主义阶段的美国打败了老牌殖民帝国西班牙。战争的结果是：西班牙放弃对古巴的主权和所有权的要求，将波多黎各、关岛和菲律宾割让给美国。西军于 1899 年 1 月 1 日撤出古巴，而美军随之占领古巴直至 1902 年。1901 年美国又将普拉特修正案强加给古巴，修正案同意美国行使干涉古巴的权利。1902 年美国承认古巴的"独立"，1903 年美国利用普拉特修正案中有关条款，租借了古巴的关塔那摩湾和翁达湾为海军基地。

1900 年，当时任副总统的西奥多·罗斯福在一次演说中引用了东非的一句谚语："手持大棒口如蜜，走遍天涯不着急。"后来，"大棒政策"成了当时美国在拉美，特别在中美洲和加勒比地区高压政策的代名词。

1903 年，美国挥舞大棒，支持巴拿马分离主义者脱离哥伦比亚而独立，随之，美国顺利地同巴拿马签订了海约翰—布诺—瓦里亚条约，即美巴条约，这一条约使美国夺取了巴拿马运河的开凿权和控制权。

1912 年 12 月 3 日，为加强美国在拉美的经济势力和政治影响，美国总统塔夫脱在国情咨文中提出"以金元代替枪弹的政策"，即"金元外交"。实际上，金元并没有代替枪弹，而是金元与枪弹并用。据统计，1898—1932 年美国干涉加勒比 10 个国家达 34 次之多，美国还两次出兵干涉墨西哥 1910—1917 年革命。

第一次世界大战期间，美国利用欧洲列强无暇顾及拉美的绝好机会，趁机扩大自己在拉美的势力。美国在拉美的投资 1913 年为 12.4 亿美元，1919 年增至 24 亿美元；美国与拉美的贸易额从 1913 年的 7.43 亿美元，增至 1919 年的 30 亿美元。美国和英国 1913 年在拉美进口中所占比重分别为 25% 和 24.4%，1917 年分别为 54.8% 和 14.4%；同期，美、英在拉美出口中所占比重从 30.8% 和 21.2% 分别上升或下降为 51.7% 和 21%。

二　从 20 世纪 20 年代至 50 年代末

20 世纪 20 年代，美国公开在拉美推行"大棒政策"，随意干涉拉美国家内政，明目张胆地对拉美国家进行武装干涉。美国的干涉政策引起拉美国家的强烈不满。1928 年 1 月在哈瓦那召开的第 6 次美洲国家会议上，萨尔瓦多代表提议通过一项关于"任何国家均不得干涉他国内政"的决议草案，得到墨西哥、阿根廷、智利等 13 个拉美国家的支持。1926—1933 年尼加拉瓜人民在民族英雄桑地诺领导下展开反美武装斗争，终于迫使美军撤回本国。

在拉美民族民主运动的强大压力和 1929—1933 年资本主义世界经济危机的冲击下，美国不得不调整对拉美的政策，1933 年 3 月，美国民主党人富兰克林·罗斯福在就职演说中正式提出"睦邻政策"，他说："在对外政策方面，我认为我国应该奉行睦邻政策，决心尊重自己，从而也尊重邻国的权利，珍视自己的义务，也珍视与所有邻国和全世界各国协议中所规定的神圣义务"。

在"睦邻政策"指导下，美国与拉美国家的关系明显改善。在 1933年 12 月召开的第 7 次美洲国家会议上，美国改变了过去的态度，投票赞同古巴、海地等国提出的《各国权利和义务公约》，该公约明确规定"任何国家都无权干涉他国的内政或外交"。会上，美国缓和了同阿根廷的紧张关系。1934 年 5 月，美国同古巴签订一项条约，废除了普拉特修正案，但仍继续占据古巴关塔那摩海军基地。

对墨西哥卡德纳斯政府 1938 年 3 月 18 日宣布的石油国有化措施，美国虽然宣布中止执行 1936 年的美墨白银协定、坚持要求墨方必须迅速对原主进行充分、有效赔偿，但被迫接受墨方对美国公司实行的国有化。

1936 年 12 月，罗斯福总统亲赴阿根廷首都布宜诺斯艾利斯，参加在那里举行的美洲国家维护和平会议，会议通过了《维护、保持和重建和平的公约》，公约第一次提出了对付来自美洲以外的对和平的威胁的问题。1938 年 12 月在利马举行的第 8 次美洲国家会议上，美国与拉美国家共同发表了《美洲国家团结宣言》即《利马宣言》和《关于美洲原则的宣言》等重要文件，为美洲国家在战争期间协调行动提供了法律依据和运行机制。

在第二次世界大战期间，拉美国家与美国作为"战争伙伴"，密切配合，相互关系得到加强。拉美多数国家同美国一样，在战争开始的头两年多时间里，采取中立立场。与此同时，拉美国家（除阿根廷外）分别同美国签订协议，允许美国军队因战争需要可过境去援助他国。巴西、墨西哥等国还同美国达成协议，允许美国飞机飞越本国领空和在本国机场着陆、补充给养和维修。

1941 年 12 月太平洋战争爆发后，随着美国的参战，拉美多数国家也纷纷向轴心国宣战并同轴心国断交。墨西哥和巴西等国还直接派兵参加反法西斯战争。拉美国家向美国提供了大量战略物资。拉美国家为反法西斯战争做出了贡献，同时，在战争期间，拉美同美国关系在政治、经济、军事等各方面都得到加强。美国在拉美出口总额中所占比重从 1939 年的 34.9% 增至 1944 年的 53.4%，同期在拉美进口总额中所占比重从 40.5% 增至 56.9%。

第二次世界大战结束至 50 年代末，拉美多数国家的政府奉行亲美的外交政策，在政治、经济等多方面受制于美国。如在联合国，大多数拉美国家在投票时都同美国投同样的票；在美洲国家组织中，多数国家跟随美国。在 50 年代，美洲国家组织成为美国控制、干涉拉美的工具。美国操纵该组织于 1954 年强行通过了一项反共决议。这一时期，美国在经济、政治、军事和文化等各方面对拉美进行全面扩张。在经济上，1945

年3月在墨西哥召开的美洲国家外长会议通过以鼓吹"自由贸易""自由投资"和"自由企业"的克莱顿计划为基础的《美洲经济宪章》，为美国商品向拉美的倾销和美国资本向拉美的输出创造了有利的条件，使美国与拉美的贸易以及美国对拉美的投资急剧增加。到1956年，在拉美的进口总额中，美国已占60%；在拉美的出口总额中，美国占53%。1954年，美国在拉美的私人直接投资已达65亿多美元，占美国私人对外投资总额的37%，超出西欧的整个投资11亿美元。

在军事上，美国通过《美洲国家间互助条约》（1947年）即《里约热内卢条约》和在泛美联盟基础上于1948年成立的美洲国家组织，组成了一个符合美国称霸全球目标的政治军事集团。从50年代初期至50年代末期，先后有13个拉美国家同美国签订了双边军事互助协定。

然而，在这一时期，拉美国家对外政策中已出现了独立的倾向。这表现在历届美洲国家会议上，阿根廷、玻利维亚、墨西哥等国在一些重大问题上为捍卫不干涉原则进行斗争。在派军队去朝鲜问题上，除一国（哥伦比亚）以外，其余拉美国家都没有派兵去朝鲜参战。

在50年代，拉美反美反独裁斗争普遍高涨。50年代玻利维亚发生革命，1956年秘鲁发生反独裁暴君奥德利亚的军事政变，1957年哥伦比亚独裁者罗哈斯·皮尼利亚在人民运动压力下被迫辞职。1958年年初，委内瑞拉希门尼斯独裁政权垮台。同年4—5月，美国副总统尼克松在出访乌拉圭、阿根廷等8个拉美国家时，遭到拉美国家人民群众的强烈反对。1959年1月1日古巴革命的胜利把拉美人民反美反独裁的斗争推向新的高潮。

三　20世纪60年代初至90年代末

1959年年初古巴革命的胜利及此后美古之间干涉与反干涉、颠覆与反颠覆的斗争对拉美和美国关系产生重大影响。1960年5月，美国宣布停止对古巴的一切经济援助；7月，美国取消古巴对美国的食糖出口份额；8月，美国操纵美洲国家组织通过决议，干涉古巴内政；10月，美国对古巴实行禁运。1961年1月，美国同古巴断交；4月，美国雇佣军入侵古巴，遭到失败。

古巴革命的胜利和拉美各国民族民主运动的蓬勃发展迫使美国不得

不调整其对拉美的政策，以修补美拉关系，遏制古巴革命对拉美的影响。
1961 年 3 月 13 日，美国总统肯尼迪正式提出"争取进步联盟"的国际合作纲领，强调美国和拉美国家共同努力，在民主体制下同时发展经济和进行社会改革。"争取进步联盟"的提出和推行，暂时缓和了美国同拉美各国之间的矛盾，使美国能够拉拢一些拉美国家政府反对古巴，并于 1962 年 1 月把古巴排除出美洲国家组织。肯尼迪政府还利用拉美出现的对美国较有利的形势，在 1962 年 10 月古巴导弹危机中，挡回了苏联在拉美地区对美国霸主地位提出的一次严重挑战。

1963 年 11 月肯尼迪总统遇刺身亡，使"争取进步联盟"计划的执行受挫。林登·约翰逊继任美国总统之后，便奉行"约翰逊主义"，镇压巴拿马人民反美爱国正义斗争（1964 年 1 月）；操纵美洲国家组织通过对古巴进行"集体制裁"的决议，要求美洲国家政府不保持同古巴的外交和领事关系，中断同古巴的一切贸易往来；镇压多米尼加反对美国武装干涉的斗争（1965）。

60 年代末 70 年代初，国际格局发生重大变化。美国由于侵越战争失败，被迫进行国际战略调整。1969 年 1 月尼克松就任美国总统后，开始进行战略收缩，推行多极均势外交。对拉丁美洲，尼克松政府采取"低姿态"的新政策，强调同拉美国家建立一种"少指手画脚，多倾听意见"的"更加成熟的伙伴关系"。

自 60 年代末至 70 年代末。随着民族民主运动的蓬勃发展，拉美不少国家在经济上奉行民族主义，对以美资为主的外国企业实行国有化；在外交上，要求摆脱或减少对美国的依赖，离心倾向越来越明显。1969 年 5 月，拉美各国的外交、经济和财政部长在智利比尼亚德尔马举行了排除美国参加的拉丁美洲特别协调委员会会议，会议通过了《比尼亚德尔马协议书》，强调拉美各国同美国的经贸关系应当建立在各国平等、不干涉别国内政外交、各主权国家有权自由支配本国资源等原则之上，经济合作不应当以任何政治或军事要求作为条件，而应有助于加强有关国家的政治和经济独立。

美洲国家组织自 1948 年正式成立至 20 世纪 70 年代初，一直是美国在"泛美主义"外衣下，为推行其侵略政策，控制和干涉拉美各国事务的美洲区域性组织。70 年代以来，拉美国家要求改组美洲国家组织的呼声日益强烈。在拉美国家的强烈要求下，1973 年美洲国家组织第 3 次大会通过了《美洲国家关系原则宣言》，提出各国有权自由选择管理形式和经济、社会制度。

在委内瑞拉等国的要求下，美洲国家组织常设理事会于 1975 年 1 月通过决议，反对美国 1974 年贸易法的歧视性条款。同年 5 月，美洲国家组织第 5 次大会通过决议，要求美国取消其贸易法中把委内瑞拉、厄瓜多尔等石油出口国排除在普遍优惠制之外的条款。

1975 年 7 月，在拉美国家的要求下，召开了修改《泛美互助条约》的特别大会，通过《圣何塞议定书》，在条约中增加了"政治多元化""集体经济安全"和反对"经济侵略"等原则。不久，又通过决议撤销了对古巴的集体制裁。在第 5、第 6、第 7 届大会上，拉美国家一致支持巴拿马收复运河主权的要求。1978 年第 8 届大会通过了有关跨国公司行为准则，反对贸易保护主义等决议。

1979 年美洲国家组织外长协商会议通过关于要求在尼加拉瓜建立民主政府取代索摩查政权的决议。80 年代，在拉美国家要求下，历届大会和特别大会先后讨论了中美洲局势，拉美外债，拉美民主化进程，阿、英马岛争端，玻利维亚出海口等问题。90 年代，先后讨论了有关海地局势，危地马拉民主进程，巩固民主，扫毒，消除贫困，经济一体化，经济发展，反对腐败，古巴重返美洲国家组织，谴责加强对古巴封锁的"赫尔姆斯—伯顿法"等问题，并通过了相应的决议。

60 年代末和 70 年代，拉美多数国家出现了国有化运动的高潮。拉美国有化运动削弱和打击了以美国为主的外国垄断资本势力。对拉美国有化运动，美国采取了削减配额、限制进口、停止贷款、贸易禁运、经济制裁和施加政治、军事压力等报复性措施，如美国通过中央情报局支持智利右翼军人于 1973 年 9 月发动政变推翻曾采取铜矿国有化、土改等民族主义措施的阿连德政府。

1974 年 12 月，美国国会通过了《1974 年贸易法》，这一贸易法是由尼克松政府酝酿起草由福特总统签署生效。该贸易法将参加石油输出国组织的委内瑞拉和厄瓜多尔，以及参加其他原料生产国和出口国组织的拉美国家和发展中国家排除在享受优惠国待遇的国家之外。因此，这一贸易法遭到了拉美国家普遍的谴责和反对。

1977 年 1 月卡特就任美国总统。卡特政府（1977—1981）调整了对拉美的政策，对拉美采取一种比较积极主动的"新方针"，拉美和美国的关系得到一定改善。

1977 年 9 月 7 日，卡特总统同巴拿马政府首脑托里霍斯正式签署巴拿马运河新条约；同年 5 月，卡特总统还签署了拖延多年未签署的拉丁美洲禁核条约第 1 号附加议定书；卡特政府增加了对拉美国家的经济援助，积极改善和加强同拉美地区的经贸关系，1980 年 3 月取消了《1974 年贸易法》中对委内瑞拉、厄瓜多尔等国的歧视性条款；1978 年卡特出访委内瑞拉时，提出了以资本援助、建立合理贸易制度、保证初级产品价格稳定、能源合作和提高发展中国家技术能力为主的 5 点计划，以缓和同拉美国家的矛盾。卡特政府采取了一些改善同古巴关系的措施，如停止间谍飞机对古巴的侦察飞行，取消美国公民到古巴旅行的限制，美古双方在对方的首都互设"照管利益办事处"等；卡特政府还打出"人权"旗帜，加强美国同拉美代议制政府的联系，并迫使拉美一些军政府适当改变统治方式，以稳定拉美局势。由于卡特政府停止向智利和阿根廷军政府提供军援和停售武器，限制向阿根廷和巴西军政府转让核技术，致使美国同南美这 3 个军人执政的国家关系一度恶化。

1981 年 1 月至 1989 年 1 月美国共和党的极端保守派代表里根连任两届美国总统。80 年代，里根政府从维护美国全球利益出发，力图扭转美国在西半球霸权衰落的局面，把遏制苏联在拉美的扩张作为其对外政策的中心环节之一。

里根政府对中美洲和加勒比地区政策的核心是不惜代价维护该地区安全，防止出现第二个古巴。为此，里根政府在军事上步步进逼，1983 年美国同洪都拉斯搞大规模军事演习；出钱支持尼加拉瓜反政府武装反对桑地诺民族解放阵线政府；1983 年 10 月，美国直接出兵入侵格林纳达。在经济上软硬兼施，1981 年 2 月，里根政府提出了"加勒比地区倡议"计划，但将古巴、格林纳达（在美国入侵前）和尼加拉瓜 3 国排除在该倡议的受援国之外。在政治上施加压力，成立"中美洲民主共同体"（1982），恢复中美洲防务委员会。在外交上进行周旋，成立中美洲问题两党委员会，派遣特使出访有关国家等。

里根政府把打开墨西哥的石油市场、争取墨西哥对美国中美洲政策的支持、劝说墨西哥加入"北美共同市场"作为其对墨西哥外交的主要目标，采取了一系列行动来改善和加强同墨西哥的关系。墨西哥波蒂略政府（1976—1982）和德拉马德里政府（1982—1988）也将与美国保持良好关系作为其外交政策的基础，但是，墨美两国在移民、贸易、能源和中美洲政策等问题上仍有不少分歧和矛盾。

里根政府执政初期，注意修复同巴西、阿根廷、智利等军政府的关系，以确保南大西洋海上通道安全。美国撤销了禁止向阿、智军政府提供军援的法令，同时在核技术转让等问题上向阿根廷、巴西作出重大让步。由于美国在 1982 年 4—6 月马尔维纳斯群岛战争中偏袒英国，使拉美国家与美国的关系普遍削弱和恶化。为弥合美拉关系产生的裂痕，里根总统于同年 11 月底至 12 月初访问了巴西、哥伦比亚、哥斯达黎加和洪都拉斯等国。80 年代，南美洲大多数军人政权迫于形势，先后让位于民选政府，里根政府表示支持并促进南美的民主化。

对 80 年代拉美国家为解决债务危机所提出的建议和要求，美国政府在 1984 年前基本上是置若罔闻，坚持债务国的债务问题须通过与国际货币基金组织的债务谈判"逐步"解决。在债务谈判中，美国常常逼迫拉美国家为偿还外债作出牺牲，甚至牺牲主权和发展。在以卡塔赫纳集团为标志的拉美各国团结合作的努力和斗争下，1985 年 9 月，美国财政部长贝克提出了解决债务问题的新战略即"贝克计划"，美国改变僵硬态度，开始承认美国在解决债务问题上也负有责任，部分采纳了拉美国家提出的"以发展促还债"的合理要求。但是，拉美多数国家对"贝克计划"持保留态度，认为该计划虽比过去进了一步，但还是远远不够。

美国总统老布什执政的 4 年（1989—1993），即 80 年代末 90 年代初，正是世界格局发生重大转折的时期。东欧剧变、华约解散，苏联从危机四伏到最终解体，冷战结束，世界朝着多极化方向发展。在世界格局新旧交替的形势下，老布什政府对其对外政策，包括对拉美的政策，作了重大调整。

老布什执政初期，尽管多次强调要同拉美国家建立"新伙伴关系"，主张改善美拉关系，以改变里根执政期间美国的干涉主义的形象，但是，当时美国对拉美政策的重点仍是国家安全。1989 年 12 月 20 日，美国悍然入侵巴拿马，以武力推翻了桀骜不驯的诺列加政权，这是美国强权政治和霸权主义的又一次大暴露。

老布什政府调整了对尼加拉瓜政策，把支持的重点从反政府武装转到尼加拉瓜国内反对派，并且改变了里根的"低烈度战争"战略，更侧重于用"民主化"和"和平演变"手段，迫使桑地诺解放阵线政府不断作出让步，在1990年2月大选中，尼加拉瓜反对派全国联盟获胜，其候选人查莫罗夫人于同年4月25日就任总统。当天，老布什政府就宣布取消80年代美国对尼加拉瓜实行的经济和贸易制裁。

老布什政府还对萨尔瓦多政府施加压力，促使其同游击队进行和谈。由于国际社会和萨尔瓦多冲突双方的共同努力，1992年1月，萨尔瓦多政府与"法拉本多·马蒂"民族解放阵线终于签署和平协议，从而基本结束了长达12年的内战。老布什政府对古巴施加高压，1990年3月开播"马蒂电视台"，对古巴加强颠覆性宣传攻势。1992年2月，美国国会提出了加强对古巴全面禁运的"托里切利法"，同年9月，美国国会通过此法，10月23日经老布什总统批准后成为美国一项正式法律。古巴对此表示强烈抗议。

老布什政府任内，美国和墨西哥的关系明显改善。墨西哥萨利纳斯政府（1988—1994）改变了前两届政府反对同美国就建立北美自由贸易区进行谈判的立场，1992年8月12日，墨西哥同美国、加拿大达成关于建立北美自由贸易区的协定，同年12月17日，3国领导人分别在各自首都签署了《北美自由贸易协定》。经3国国会批准后，该协定在克林顿就任总统后，于1994年1月1日起正式生效。

老布什政府任内，美国财政部长布雷迪宣布了一项旨在减轻拉美及其他地区发展中国家债务国财政负担的新方案，即"布雷迪计划"，根据这一方案，墨西哥、哥斯达黎加、委内瑞拉和阿根廷等拉美债务国先后与债权银行达成了减债协议。

老布什政府积极开展扫毒外交。1990年2月和1992年2月，美国同拉美一些国家先后在卡塔赫纳（哥伦比亚）和圣安东尼奥（美国）召开了第1和第2次美洲缉毒首脑会议。美拉双方都逐步认识到在扫毒问题上相互协调行动、加强合作的重要性，尽管双方在这一问题上仍存在着不少矛盾和分歧。

1990年6月27日，老布什总统在白宫向拉美国家外交使团提出"美洲倡议"，表示要同拉美国家建立一种"新的伙伴关系"。"美洲倡议"提出要扩大贸易，建立一个包括整个美洲在内的自由贸易区。"美洲倡议"的提出，标志美国对拉美政策的重大调整，说明美国对拉美政策的重点已从安全问题转到经济问题，倡议迎合了拉美国家的一些要求和主张，因此，得到了拉美多数国家领导人和政府的欢迎。阿根廷、智利、委内瑞拉等国领导人先后访美，同老布什讨论与"美洲倡议"有关的事项。8 个拉美国家同美国签订了建立自由贸易区的框架协议。老布什总统也于 1990 年 11 月、12 月间两次出访拉美，先后访问了墨西哥、巴西、乌拉圭、阿根廷、智利和委内瑞拉 6 国，主要就落实倡议同 6 国领导人进行磋商。

克林顿于 1993 年 1 月就任美国总统，1997 年 1 月又连选连任至 2001 年 1 月。克林顿政府在总体上延续了布什执政后期对拉美的政策，但在某些方面作了一定的调整。克林顿政府以复苏美国经济、保持和加强美国在世界上的"领导地位"为目的，以建立美洲自由贸易区为基础，并以"民主""人权"和"市场经济"为原则，进一步发展同拉美国家的关系。

克林顿政府以北美自由贸易区为依托，提出并开始实施在 2005 年建立一个以美国居主导地位的美洲自由贸易区的战略目标。1994 年 12 月，在克林顿倡议下，美洲国家（不包括古巴）在美国迈阿密举行了第一次美洲国家首脑会议。会议宣布要在 2005 年建立一个拥有 8.5 亿人口、13 万亿美元国内生产总值的世界最大的自由贸易区——美洲自由贸易区。美国想以此来同欧盟和亚洲经济圈抗衡。1998 年 4 月，克林顿和加拿大、拉美各国首脑又在智利首都圣地亚哥举行了第二次美洲国家首脑会议，会议宣布正式启动有关建立美洲自由贸易区的谈判。

克林顿政府将建立和巩固拉美地区"民主体制"作为冷战后美国拉美安全政策的基石。苏联解体后，俄罗斯无力在拉美同美国抗衡，中美洲的热点已冷却。美国调整了美国拉美安全战略，将以"反对共产主义扩张"为重点转为以打击贩毒和国际恐怖主义活动为重点。1995 年美国国防部发表《泛美安全战略报告》，将"巩固西半球的民主体制"置于美国在拉美地区 5 大战略目标的首位，报告还提出要增加拉美地区防务合作的透明度，建立增加信任措施与和平解决争端的机制。为此，美国国防部长佩里多次出访拉美。1995 年 7 月，美洲国家首次召开了国防部长会议，会议决定每年召开一次地区安全会议，同年 11 月，美洲国家组织又首次召开了旨在建立泛美信任和安全措施的会议。美国和拉美国家逐步达成共识：维护代议制民主是巩固地区安全的基础。1994 年 9 月，美国克林顿政府为了恢复海地民选政府，不惜派遣 20 艘军舰和上万名军队对政变当局施加压力，同时又通过前总统卡特去海地游说，终于使政变当局放弃了权力。

克林顿政府调整军售政策，取消对拉美国家出口高技术武器的禁令，放松对拉美国家的军售管制，扩大对拉美军火市场占领。1997 年 4 月，克林顿总统批准美国军火商向智利出售喷气式战斗机。同年 8 月 1 日，克林顿总统正式宣布取消已执行了 20 年的对拉美出售尖端武器的禁令。同年 10 月，克林顿在访问阿根廷时，正式宣布给予阿根廷"非北约军事盟友"的地位。美国这么做的目的，一是同西欧及俄罗斯争夺拉美军火市场，以保持其在拉美地区武器销售的优势；二是在拉美国家制造不和，产生一种不平衡和不协调感，以便从中获利。

克林顿对古巴继续采取以压促变的政策。冷战结束后，克林顿政府继续对古巴采取高压政策，旨在促使古巴和平演变，最终融入以美国为主体的西方社会。1996 年克林顿签署了旨在强化对古巴经济制裁的"赫尔姆斯－伯顿法"。1994 年，在大量古巴人涌入美国的"筏民事件"之后，克林顿政府被迫和古巴就阻止非法移民问题进行会谈并达成协议；1995 年 10 月，克林顿政府曾一度放松了对美古两国民间交往的限制；1998 年 3 月，在教皇访问古巴后不久，克林顿总统又宣布部分放松对古巴的经济制裁。但是，与此同时，美国政府再次强调，美国并没有改变对古巴现政府的政策。

克林顿在其第一任期（1993 年 1 月至 1997 年 1 月）忙于应付欧洲和亚洲的事务，在一定程度上冷落了拉美。但是，在第二任期（1997 年 1 月至 2001 年 1 月）一开始就着手修补同拉美的关系。1997 年 5 月，克林顿访问了墨西哥、哥斯达黎加和巴巴多斯，这是他当总统以来首次访问拉美。在这次访问中，他会晤了中美洲和加勒比地区的 22 国首脑，极力创造美国重视同拉美关系的气氛。同年 10 月，他又访问了委内瑞拉、巴西、阿根廷 3 国。1998 年 4 月，克林顿总统在参加在智利圣地亚哥举行的第 2 次美洲国家首脑会议之前，又正式访问了智利。在 1998 年 5 月哥伦比亚保守党领袖帕斯特拉纳当选总统后，哥伦比亚和美国双方都采取积极态度改善两国关系。美国作为 4 个保证国之一，在促使秘鲁和厄瓜多尔于 1998 年 10 月签订边界和平协议方面起了积极作用。克林顿政府在 1994 年年底墨西哥爆发金融危机之后，迅速决定给予墨西哥提供 200 亿美元的贷款保证金，并促使国际货币基金组织等国际金融机构向墨西哥提供巨额贷款，为墨西哥迅速摆脱金融危机起了积极作用。1998 年 10 月，当巴西面临国际金融危机的强大压力时，美国力促国际货币基金组织和西方国家给巴西提供 415 亿美元的巨额资助，以支持巴西恢复国际收支平衡。1999 年 2 月和 3 月，克林顿总统又先后访问了墨西哥和中美洲 4 国（尼加拉瓜、洪都拉斯、萨尔瓦多和危地马拉）。

四　21 世纪初至今

自 2001 年 1 月小布什入主白宫以来，美国对拉美的政策先后作了较大的调整。小布什执政初期，对拉美比较重视。2001 年 1 月布什入主白宫后，第一个出访的国家是墨西哥。布什声称，他将同拉美国家一起，共同开创一个"美洲世纪"。上台后不久，小布什于同年 4 月参加了在魁北克召开的第 3 次美洲首脑会议，会议达成协议决定，美洲国家（除古巴外）将于 2005 年 1 月初步完成关于建立美洲自由贸易区协议的谈判，于 2005 年 12 月底以前使协议生效。

2001 年 9 月 11 日美国遭恐怖袭击后，包括古巴在内的拉美各国领导人和政府立即发表声明或致电布什政府，强烈谴责在美国发生的一系列恐怖主义的袭击事件，对事件中遭到重大损失的美国政府和人民表示慰问和声援。9 月 21 日，在巴西的倡议下，美洲国家组织第 24 次外长会议一致通过一项反对恐怖主义的决议。

在如何配合美国对付恐怖主义，拉美国家的态度不尽相同。阿根廷、巴西等国主张根据美洲国家间互助条约（又名泛美互助条约），采取集体行动。该条约规定，当某一成员国遭到本地区以外的武装攻击时，成员国应采取集体防御的行动。但墨西哥政府认为该条约不是用来对付威胁本地区安全挑战的合适机制（墨西哥后于 2002 年 9 月 6 日退出该条约）。

"9·11"事件后，美国对拉美一度有所忽视。对美国 2001 年 10 月对阿富汗发动的反恐怖战争，不少拉美国家持保留态度。智利、巴西、厄瓜多尔、委内瑞拉和古巴明确反对美国用战争手段对付恐怖主义。美国在阿富汗的军事行动基本结束后，加强了对拉美的控制战略。2003 年 3 月 20 日，美国未经联合国授权又对伊拉克开战，巴西、墨西哥、阿根廷、委内瑞拉、智利等拉美主要国家对此表示谴责或遗憾，美国对拉美这些国家的态度表示不满。随着伊拉克战争的结束，布什政府对拉美不同国家采取又拉又打、以拉为主的政策。2001 年 12 月，阿根廷发生经济危机，美国对阿根廷经济危机采取袖手旁观、无动于衷的冷漠态度，遭到拉美舆论界的批评。美国加快了建立美洲自由贸易区的步伐，美拉关系有所改善，但美拉之间的矛盾和斗争仍将继续下去。

美国加强了对拉美的控制战略。美国以反恐和扫毒为中心，通过《哥伦比亚计划》《安第斯倡议》和《安第斯关税优惠法》等，加强了同拉美，特别同安第斯国家的军事、政治、经贸关系，增加了对哥伦比亚等国的军事援助，并扩大美国在拉美的军事存在。美国在 1999 年年底撤离巴拿马霍华德空军基地后，又在拉美开辟了 3 个空军基地：厄瓜多尔的曼塔、萨尔瓦多的科纳拉帕和荷属阿鲁巴。"9·11"后，2001 年 10 月，美国在曼塔空军基地新配备了空中预报机，从而加强了防空体制。

2002 年 1 月 16 日，布什在美洲国家组织举办的《美洲的未来》的研讨会上发表了关于美国对拉美政策的重要讲话，提出要建立"一个繁荣、自由和民主的西半球"。布什认为，西半球的未来取决于三项承诺：第一项承诺是政治民主和自由，第二项承诺是安全，第三项承诺是经济稳定增长，为此，必须继续进行以市场经济为导向的经济改革。

2002 年 3 月，布什出席了在墨西哥蒙特雷召开的联合国发展筹资国际会议，会后又出访了墨西哥、秘鲁和萨尔瓦多拉美 3 国，会见了拉美 13 个国家的领导人，同他们就反恐、扫毒、签订自由贸易协议等问题进行了讨论，并达成了一些协议，加强了同这些拉美国家的关系。然而，美国在 2002 年 4 月 14—16 日委内瑞拉所发生的企图推翻查韦斯政府的未遂政变中，扮演了一个极不光彩的角色。

2002 年 8 月 6 日，美国国会批准了贸易促进权法案，授予总统在同其他国家进行贸易谈判时的快速处理权。为了改变其干涉委内瑞拉内政的形象，美国于 2003 年年初参加了由巴西、墨西哥、智利、西班牙、葡萄牙组成的"委内瑞拉之友"小组，该小组的宗旨是帮助推动委政府与反对派之间的对话。

美国对支持它的哥伦比亚和中美洲国家增加了援助，2003年4月10日和5月19日，布什先后邀请全力支持美国的中美洲5国元首和多米尼加总统访问美国，2003—2004年，美国与中美洲和多米尼加共和国达成自由贸易协定。2003年6月美国与智利签署了自由贸易协议。

为加快建立美洲自由贸易区的步伐。小布什于2001年2月和2002年3月两次访问墨西哥，同墨西哥福克斯总统达成了关于建立《美墨边境同盟》协议和关于建立《美墨争取繁荣联盟》协议，发表了联合声明。2002年访墨之后又访问秘鲁、萨尔瓦多，并在短短4天时间里会见了拉美13个国家的领导人。2003年6月20日布什会见到访的巴西左翼总统卢拉。同年7月23日，布什又会见了到访的阿根廷新总统基什内尔。

布什政府对古巴继续采取强硬政策，美国无端指责古巴在研制生化武器。布什宣布，除非古巴举行"自由和公正的选举"、释放所有政治犯、允许反对派合法活动和建党，否则美国将继续并加强对古巴的封锁和颠覆活动。美国国务院在2001年、2002年和2003年的《全球恐怖主义形势报告》中，无端指责古巴为"支持恐怖主义的国家"。2004年5月，布什政府宣布采取一系列新措施，加强对古巴的经济封锁和制裁，并明目张胆地支持古巴国内外反对派对古巴现政府的颠覆和破坏活动。

自90年代末起，拉美左翼崛起，左翼在委内瑞拉、阿根廷、巴西、玻利维亚、乌拉圭等国上台执政。2005年11月在阿根廷马德普拉塔举行的第4次美洲国家首脑会议上，由于委内瑞拉、阿根廷、巴西、玻利维亚等左翼政府的强烈反对，美国关于达成美洲自由贸易区协议的计划遭到失败。

奥巴马总统上台伊始，提出要重塑美国在美洲的领导地位。任内（2009—2017）对美国对拉美的政策进行了调整，提出要建立新"平等伙伴关系"，表示要开启与古巴关系的"新开端"，力图改善与拉美左派政府的关系，继续把贸易、扫毒、反恐和移民作为美拉关系的重点议题。但是，奥巴马第一任期间和第二任头两年，美国对拉美政策调整幅度并不大。

在第二任期间的后期，奥巴马开始践行他重塑美国在拉美领导地位的诺言,加速调整对拉美的政策,其中最重要的调整是恢复与古巴中断了半个多世纪的外交关系。2014 年 12 月 17 日,奥巴马和古巴国务委员会主席兼部长会议主席劳尔·卡斯特罗分别在各自首都发表声明,宣布两国将就恢复两国外交关系展开磋商。2015 年 4 月 11 日,奥巴马与劳尔·卡斯特罗在巴拿马举行的第 7 届美洲国家首脑会议期间举行了首次正式会晤。同年 7 月 20 日,两国正式恢复外交关系,美国将古巴从支持恐怖主义的名单中删除,使古美关系的正常化迈出了第一步。2016 年 3 月,奥巴马对古巴进行了历史性访问,奥巴马成为 88 年来,首位访问古巴的在任美国总统。但是,奥巴马政府并没有改变美国对古巴的经济、贸易和金融封锁政策。

美古关系的改善也使美拉关系出现了向更为合作和建设性方向发展的转机,奥巴马政府希望通过美古关系正常化成为撬动美拉关系一张牌。因为美国对古巴政策一直遭到拉美国家的诟病。奥巴马政府力图实施与拉美的地区合作战略,使拉美成为美国"一体两翼"战略,即以北美自由贸易区(NAFTA)为躯干,以"跨太平洋伙伴关系协议"(TPP)和"跨大西洋贸易与投资伙伴关系"(TTIP)为两翼战略的一部分,企图将拉美逐步纳入其全球区域合作战略之中。

墨西哥是美国打造"一体两翼"战略最重要的一环。2013 年,奥巴马政府与墨西哥培尼亚·涅托政府建立了"美墨高层经济对话",美国决心深化与墨西哥的合作,力图打造"北美制造业、能源、环境和安全的合作平台",从而使美国国内更强大并加强外部影响力,把"北美作为美国推行全球政策的大陆基地"。

奥巴马政府利用美国的能源优势,推动与加勒比和中美洲国家的能源一体化。2014 年 6 月 19 日,美国正式提出加勒比能源安全计划(Caribbean Energy Security Initiative,CESI)。2015 年 1 月 26 日,美国副总统拜登在华盛顿组织召开了加勒比能源峰会,2016 年 5 月 4 日,"美国—加勒比—中美洲能源峰会"举行,能源合作扩大到中美洲。自 2005 年,委内瑞拉通过加勒比石油计划(Petrocaribe)以优惠条件每天向包括古巴在内的 17 个加勒比和中美洲国家提供 10 万桶石油。随着国际石油价格下跌,委内瑞拉经济陷入困境,因此逐步减少了对加勒比石油计划国家的能源及经济援助。这给经济单一、能源短缺的中美洲和加勒比国家带来巨大冲击。美国通过上述计划，趁机扩大其对加勒比和中美洲国家的影响。奥巴马政府还加强了与 2011 年成立的太平洋联盟国家的合作。

奥巴马政府努力修复和重新定位与巴西的关系，试图与巴西建立一种"意味深长的战略伙伴关系"。2009 年 3 月，巴西总统卢拉访问美国，会见奥巴马。卢拉是奥巴马首次任职后所会见的第一位拉美国家元首。2011 年 3 月 19—23 日，奥巴马连任后不久，便出访巴西，与新上任的罗塞夫总统会谈，并与巴西签署了 10 项合作协议。同年 6—7 月，两国先后举行了第二届全球伙伴对话、经济与金融对话和能源战略对话。7 月 12 日，巴西与美国又在联大框架内共同发起"开放政府伙伴协议关系"倡议，这充分表明奥巴马对发展与巴西关系的重视。2012 年 4 月，罗塞夫总统访美，两国将 2011 年建立的"美巴面向 21 世纪的伙伴关系"从部长级提升到总统级，除经济和金融对话外，又增加防务合作对话。2013 年 5 月，美国副总统邦登访问巴西，称"2013 年是美巴关系新时代的开始。"然而，由于美国对罗塞夫总统本人及巴西国家石油公司等机构进行情报监视活动并迟迟不做解释，罗塞夫总统决定推迟原定 10 月的访美日程，并在联大公开批评美国的监控计划违反国家间友好关系和国际法原则。2015 年 1 月，拜登副总统参加罗塞夫第二任就职典礼。

贸易、环境及安全是美国推进与巴西战略合作的三个主要领域。在贸易方面，美国表示，对与巴西建立战略经济关系的大门永远敞开着，为表示美国对改善美巴贸易关系的诚意，美国向巴西开放了牛肉市场。在气候变化、网络治理等全球治理议题上，美国逐步认识到巴西的地位和作用，2015 年 6 月，两国签署了气候变化声明。在安全方面，美国扩大了与巴西在军事及国防领域的合作，两国建立了部长级国防对话机制，并启动了国防工业对话。

奥巴马政府加强了对委内瑞拉的制裁。奥巴马上台初期，美国在处理与委内瑞拉查韦斯等左派政府关系时，实行低调、接触及避免对抗的政策。2009 年 4 月，在美洲国家首脑会议上，奥巴马与查韦斯握手言和，宣布两国关系正常。但是，由于查韦斯政府和 2013 年 3 月 5 日查韦斯去世后继任的马杜罗政府在委内瑞拉实施"21 世纪社会主义"和"玻利瓦尔革命"，在内外政策方面进行了重大改革，触犯了美国的战略利益，奥巴马在改善与古巴关系的同时，加大了对委内瑞拉的制裁。2014 年 12 月

18 日，美国通过了"捍卫委内瑞拉人权和公民社会法案"，对美国认定的违反人权以及涉及公共腐败的委内瑞拉官员进行制裁。2015 年 3 月 9 日，奥巴马政府签署一项对委内瑞拉的制裁令，称委内瑞拉的形势是对美国国家安全及外交政策构成"非同寻常和特别的威胁"，宣布美委关系"处于紧张状态"。马杜罗政府表示坚决反对，要求奥巴马取消这一政令，并在国内外征集了 1300 万个签名，要求奥巴马立即撤销这一政令。美国对委内瑞拉挥舞大棒的强制制裁政策在同年 4 月在巴拿马召开的第 7 届美洲国家峰会上遭到拉美许多国家领导人的谴责。由于美国反对在巴拿马峰会的最后宣言中写入委内瑞拉提出的要求美取消对委的制裁等内容，巴拿马峰会的《巴拿马宣言》最终未能出台，这表明美委之间和美拉之间仍然存在巨大分歧。

共和党人特朗普任内（2017—2021），美国的外交政策发生了显著的变化。特朗普强调"美国优先"和"美国再强大"，这对世界政治、经济和安全格局产生了令人瞩目的影响，其"后院"拉丁美洲更是首当其冲。特朗普在拉美的战略目标是推行"新门罗主义"，企图把中国、俄罗斯等"外来强权"从拉美地区挤出去，重建美国独霸的西半球体系。其理论基础是重新拾起臭名昭著的门罗主义。特朗普政府在拉美打压的重点是委内瑞拉和古巴，特朗普本人和他的主要助手副总统彭斯、两任国务卿蒂勒森和蓬佩奥等不仅不计后果地加强了对委内瑞拉和古巴的封锁和制裁，甚至不惜鼓励发动军事入侵和政变推翻马杜罗政府，不择手段地操纵美洲国家组织通过决议开除委内瑞拉，在拉美组建反委联盟（拉美 14 国组成的"利马集团"），破坏拉美国家的团结和一体化。

特朗普任内，主要采取以下影响美拉关系的政策：

1. 宣布退出跨太平洋伙伴关系协定。2017 年 1 月 23 日，特朗普总统签署行政命令，正式宣布美国退出跨太平洋伙伴关系协定（TPP）。拉美有三个国家是 TPP 的签字国，智利是 TPP 的发起国之一，此外还有墨西哥和秘鲁。美国退出 TPP 无疑将损害上述拉美三国的经济利益。

2. 与墨西哥、加拿大重新谈判，通过 13 个月的漫长谈判，经历 7 轮三边谈判和多轮双边谈判，终于在 2018 年 9 月 30 日达成美墨加三国贸易协议（USMCA），取代原北美自由贸易协定。

3. 驱逐在美国的非法移民，力阻中美洲新移民潮。特朗普上台后，于 2017 年 1 月 25 日签署了行政命令，扩大将被遣返的移民群体。2 月初，美国移民及海关执法局在美国多个城市首次采取大规模抓捕非法移民的行动。美国驱逐非法移民的行动引起了有关拉美国家的忧虑，它们担心，大量移民的回国会带来就业等一系列问题，同时也会减少侨汇的收入。此外，特朗普还扬言要禁止在美国打工的拉美裔移民汇出侨汇。2018 年 1 月 12 日，特朗普在内部讨论移民问题的时候，竟然称海地、萨尔瓦多两个拉美国家及一些非洲国家为"茅坑国家"（Shithole），这引起了拉美和一系列国家的强烈抗议。特朗普政府在移民问题上，采取"零容忍"政策和"激进式疗法"，即对全部非法进入美国的外国公民一律予以起诉，并一度实行将非法移民父母与其年幼子女强行隔离的非实施非人道手段，激起拉美国家的公愤。同年 10 月 30 日，特朗普下令，终止非法移民子女在美出生即自动享有美国国籍的法规。11 月 9 日，特朗普又发布政令，禁止给予非法移民的政治避难权。

4. 减少对拉美国家援助。2017 年 5 月 23 日，特朗普向国会提交了 2018 年财政年度（自 2017 年 10 月起至 2018 年 10 月）的预算报告，报告大幅度削减了美国对拉美国家的援助，从 2016 年财政年度的 17.07 亿美元，减少到 2018 年财政年度的 10.93 亿美元。与 2016 年美国财政年度对拉美国家的援助相比，墨西哥从 1.601 亿美元减少到 8770 万美元，古巴从 2000 万美元减少到零，委内瑞拉从 650 万美元减少到零，危地马拉从 1.312 亿美元减少到 8070 万美元，洪都拉斯从 9820 万美元减少到 6780 万美元，萨尔瓦多从 6790 万美元减少到 4630 万美元，尼加拉瓜从 1000 万美元减少到 20 万美元，哥斯达黎加从 180 万美元减少到 40 万，巴拿马从 330 万美元减少到 120 万美元，哥伦比亚从 2.994 亿美元减少到 2.514 亿美元，秘鲁从 7490 万美元减少到 4960 万美元，智利从 670 万美元减少到 50 万美元，巴西从 1280 万美元减少到 81.5 万美元，厄瓜多尔从 200 万美元减少到零，多米尼加共和国从 2160 万美元减少到 1050 万美元，海地从 1.907 亿美元减少到 1574 万美元，2018 年财政年度对阿根廷的援助为 50 万美元，对乌拉圭和巴拉圭各为 40 万美元。从以上援助数额不难看出，特朗普政府对左翼执政的拉美国家基本上不再提供援助，它援助的重点国家是哥伦比亚、海地、墨西哥、秘鲁、危地马拉、洪都拉斯和萨尔瓦多等国，主要用于扫毒、边境控制、军事基地、遏制非法移民和发展援助等。①

5. 扶持拉美亲美政府和亲美势力。特朗普政府的主要官员副总统彭斯、两任国务卿蒂勒森和蓬佩奥、总统国家安全事务助理博尔顿、国防部长马蒂斯等多次访问亲美的巴西、厄瓜多尔、秘鲁、哥伦比亚、危地马拉、智利、巴拿马以及墨西哥等国。2018 年彭斯副总统代表特朗普出席在秘鲁利马举行的第 8 届美洲国家首脑会议，试图拉拢秘鲁、哥伦比亚等盟友，打压古巴、委内瑞拉等国，进一步分裂拉美。2019 年 4 月 11—15 日，国务卿蓬佩奥访问秘鲁、智利、巴拉圭和哥伦比亚，同年 7 月 19—21 日，蓬佩奥访问了阿根廷、厄瓜多尔、墨西哥和萨尔瓦多四国。2020 年 1 月 17—23 日，蓬佩奥对拉美进行了他任国务卿后对拉美的第 7 次访问，访问了哥伦比亚、哥斯达黎加和牙买加。

6. 持续打压古巴、委内瑞拉和尼加拉瓜等拉美左翼政府，维护美国在西半球的战略利益和霸主地位。博尔顿公开指责古巴、委内瑞拉和尼加拉瓜三国为"暴政三驾马车"。特朗普执政 4 年期间，共对古巴采取了 243 项新的制裁措施，其中包括自 2020 年新冠肺炎疫情蔓延以来，对古巴采取的 50 项制裁措施。2017 年 6 月，特朗普大幅度修改奥巴马政府对古巴的政策、致使美古关系出现大倒退之后，同年八九月，美国政府又指责古巴对美国驻古外交官进行"声波攻击"。随后，美国政府大幅度削减美国驻古使馆人员。2019 年 3 月，国务卿蓬佩奥宣布实施"赫尔姆斯 - 伯顿法案"的第三条，准许美国公民起诉古巴政府在革命胜利后实施"国有化"的财产所牵涉的获利公司。特朗普 2021 年卸任前，又将古巴纳入"支持恐怖主义国家"的黑名单。

特朗普就任美国总统后不久，美国以"民主和人权"问题为由不断扩大对委经济和金融制裁。特朗普任内，先后对包括委内瑞拉总统、副总统和政府大部分高官实行制裁。2019 年 1 月 10 日，马杜罗宣誓就任第二任总统，美国拒不承认马杜罗政府为合法政府。同年 1 月 23 日，美国支持时任国会轮值主席的反对派胡安·瓜伊多（自封的"临时总统"为委合法总统）。1 月 28 日，美国宣布制裁委内瑞拉石油公司，冻结这家国

---

① https://www.helloforos.com/t/recorta - trump - ayuda - a - mexico - y - latinoamerica/ 266644［2017 - 11 - 24］.

有企业在美国的资产并截留它对美国石油出口的收益，以施压马杜罗政府。4 月 5 日，美国财政部制裁委内瑞拉石油公司 34 艘油轮以及关联委内瑞拉向古巴运送石油的两家外国企业，这意味着禁止美方企业与它们从事任何交易。2020 年 2 月 6 日，特朗普总统在白宫会见了委反对派领导人瓜伊多，并强调美国将致力于结束马杜罗政府。2 月 7 日，美财政部宣布对委内瑞拉联合航空公司实施制裁，委内瑞拉政府已向国际法院提起诉讼。美国借口古巴派兵支持委内瑞拉马杜罗政府，通过制裁运输委内瑞拉石油的公司，企图切断委对古的原油供应。3 月 26 日，美国司法部宣布对委内瑞拉总统马杜罗等人提出多项指控，罪名包括毒品恐怖主义、跨国贩卖可卡因等，并正式发出了通缉令，悬赏金高达 1500 万美元，以奖励那些对抓捕马杜罗提供有用信息者。同年 5 月，委内瑞拉马杜罗政府粉碎了美国支持的、有美国人参与的雇佣军海上入侵。

7. 推行保护主义，损害拉美经贸利益。2018 年 3 月，特朗普宣布将对进口钢铁和铝产品分别征收 25% 和 10% 的关税，称进口钢铁和铝产品危害美国"国家安全"。巴西、阿根廷等部分国家随后同意对出口到美国的钢铁或铝产品实行配额限制，以换取关税豁免。

8. 恢复和加强美国在拉美地区的军事存在。2018 年美国国防部长马蒂斯访问巴西、阿根廷、智利和哥伦比亚，宣布 2018 年为"美洲年"，承诺与拉美共建"自由而安全的西半球"。美国开始在阿根廷建立军事基地。美国国民警卫队与拉美 24 国建立并实施"伙伴合作计划"。美国企图恢复其在厄瓜多尔的军事基地，并计划在巴西建立军事基地。2019 年 1 月，美国南方司令部司令克雷格·法勒访问阿根廷，与此同时，南方司令部陆军部司令马克·斯泰默访问哥伦比亚，1 月 23—29 日，美国与哥伦比亚在哥伦比亚进行军事演习。4 月，美国南方司令部与拉美多国在加勒比海和太平洋以扫毒名义进行大规模军演。在美国支持下，继哥伦比亚于 2018 年 6 月成为北约首个拉美"全球合作伙伴国"后，2019 年巴西总统博索纳罗访美期间，特朗普总统公开表示支持巴西成为北约"全球合作伙伴国"。

2021 年 1 月 20 日，民主党人拜登就任美国总统后，继续奉行特朗普对拉美的基本政策，对古巴、委内瑞拉、尼加拉瓜等左翼政府打压，拜登政府不仅没有取消特朗普对古巴的任何一项制裁措施，反而变本加厉对古巴采取新的制裁；但在一些具体政策上，拜登的做法略有变化，如他宣布不再在美墨边境修建隔离墙，在对待在美的拉美移民政策有所松动，更加重视中美洲北三角三国的关系，对古巴和委内瑞拉更多使用"颜色革命"和"软政变"的手段，千方百计离间中国与拉美的关系。

总的来看，美国和拉美国家的关系发生了重大的变化，不少拉美国家不再对美国"言听计从"，美国对拉美的指挥棒已屡屡失灵。拉美国家对美国的离心倾向日益明显，拉美国家的对外关系有利于多元化。但是，应该看到，美国在拉美的影响还是主要的，美国仍将是拉美多数国家的外交重点。美拉贸易在拉美外贸中的比重从 2000 年的 53.9% 下降到 2017 年的 37.9%，但美国仍一直是拉美的第一大贸易伙伴。2014 年美拉贸易达创纪录的 8441 亿美元，美国向拉美出口 4081.99 亿美元，从拉美进口 4359.61 亿美元，美拉贸易为当年中拉贸易的 3.2 倍。2017 年，美拉贸易下降到 7542.78 亿美元，2018 年为 8157 亿美元。美国仍然是拉美第一大投资国，2018 年，美国对拉美直接投资 1840 亿美元，占在拉美的外国直接投资总数的 20%。据联合国拉美经委会关于 2020 年拉美外国直接投资报告，美国占对拉美外国直接投资的比重上升到 37%。

尽管美国建立包括整个美洲地区的美洲自由贸易区的计划由于拉美左翼国家的反对遭到失败，但是，迄今为止，美国已同 11 个拉美国家签署了自由贸易协议。无论是共和党还是民主党执政，美国政府将会继续以反恐和安全为名，加强对拉美的控制。美国仍将以军援和经援、签订双边或多边自贸协议等为诱饵，拉拢一些拉美国家，改善同另一些拉美国家的关系；拉美各国对美国的态度不尽相同。与此同时，美国又会以种种借口，打击那些对美国不顺从的国家。美国同拉美多数国家在反恐、扫毒和经贸方面的合作会有所发展，美拉关系有可能得到一定的改善。美拉之间在政治上逐步由主从关系向伙伴关系过渡，在经济上由不平等往来转向对等合作，美拉之间相互依存和互相合作的趋势正在加强。但美拉之间在反恐、扫毒、贸易、移民、人权、环保等问题上的矛盾和分歧会长期存在。美拉之间并没有真正建立以互相尊重主权和领土完整、互不侵犯、互不干涉内政、平等互助、和平共处原则作基础的新型国际关系，美国的霸权主义仍时有表现，美拉关系"脱而不离、斗而不破"的复杂局面将长期存在，美拉之间干涉与反干涉、控制与反控制的斗争将会继续存在下去。

第二节　拉美与欧洲的关系

一　拉美与西欧的关系

西欧国家与拉美有传统的历史、文化联系，西欧列强西班牙、葡萄牙、英国、法国、荷兰等国曾统治拉美300多年。时至20世纪末，在拉美还有4个英国殖民地：特克斯和凯科斯群岛、开曼群岛、英属维尔京群岛、蒙特塞拉特；3个法国殖民地：瓜德罗普、马提尼克、法属圭亚那；2个荷兰殖民地：荷属安的列斯、阿鲁巴。①

第二次世界大战期间，西欧国家在拉美的政治、经济势力因战争而大为削弱，英、法、德、意等国对拉美的投资和商品输出大为削减，而美国在拉美的势力倍增，它进一步排挤英国等竞争对手而称霸拉美。

从20世纪50年代末起，随着西欧经济实力的恢复和增强，西欧国家提出"西欧重返拉美"的口号，与美国展开了激烈的角逐。

20世纪六七十年代，拉美与西欧的关系有了较大的发展。拉美和西欧基于抗衡两个超级大国的共同利益，相互接近，寻求合作。拉美国家为摆脱美国的控制，提出"拉美的欧洲选择"口号，积极寻求资金、技术和出口市场的多样化，西欧国家在这几方面对拉美很有吸引力。而西欧国家在经济复兴后，迫切需要有可靠的原料和燃料来源，稳定的投资场所和广阔的商品销售市场，拉美国家在这几方面都较理想。

80年代，拉美与欧洲关系的发展势头曾一度受阻。1982年阿根廷和英国因对马尔维纳斯群岛（英国称福克兰群岛）的主权争端引起的马岛战争不仅使阿英之间中断了近8年的外交和贸易关系（两国直至1990年2月才恢复外交和贸易关系），而且由于在马岛战争期间，西欧大部分国家站在英国一方，对阿根廷实行经济制裁和武器禁运，引起支持或同情阿根廷的拉美大多数国家的强烈不满，拉美国家一度中断同欧共体的对话，使拉美与西欧经济贸易关系发展遇到阻碍。80年代中期，拉美与西

---

① 阿鲁巴原为荷属安的列斯的一部分，1986年1月1日宣布正式脱离荷属安的列斯，成为荷兰王国的一个单独的政治实体，荷兰继续负责该岛的防务和外交事务。

欧政治关系有所改善和加强，西欧国家支持拉美国家和平解决中美洲危机的立场，支持拉美经济一体化，对拉美一些国家提供财政援助并加强与拉美的经济技术合作。

20 世纪 90 年代和 21 世纪头十年，随着世界政治、经济格局变化和经济区域化、集团化的发展，以及拉美国家逐步摆脱 80 年代债务危机的影响经济开始复苏，拉美国家不断扩大同西欧国家的政治、经济关系。

然而，21 世纪第二个十年，由于欧洲右翼民粹主义盛行、经济发展缓慢，与此同时，拉美国家政治生态发生变化、自 2014 年起经济发展停滞不前等原因，欧拉关系的进展受到一定的影响。

（一）拉美与西欧的政治关系

1. 高层互访不断。20 世纪 60 年代到 80 年代，法国总统戴高乐、德斯坦，联邦德国总理施密特，英国女王伊丽莎白二世和首相撒切尔夫人，西班牙国王卡洛斯以及意大利、葡萄牙、荷兰、瑞典和丹麦等西欧国家领导人出访拉丁美洲。与此同时，巴西总统盖泽尔、菲格雷多、萨尔内，墨西哥总统埃切维里亚、波蒂略、德拉马德里，委内瑞拉总统佩雷斯、埃雷拉、卢辛奇，哥伦比亚总统图尔瓦伊，秘鲁总统加西亚，萨尔瓦多总统杜阿尔特等拉美国家总统也访问了西欧不少国家。

90 年代，拉美国家与西欧国家的高层互访比较频繁。西班牙国王卡洛斯，首相冈萨雷斯、阿斯纳尔多次访问拉美各国；德国总理科尔于 1991 年、1996 年两次出访拉美；德国总统赫尔佐克于 1996 年访问委内瑞拉、尼加拉瓜；法国总统希拉克 1997 年访问巴西、乌拉圭、玻利维亚、巴拉圭和阿根廷 5 国；此外，意大利、芬兰、葡萄牙、瑞典、比利时、瑞士等西欧国家领导人也访问了拉美一些国家。与此同时，巴西总统卡多佐，阿根廷总统梅内姆，玻利维亚总统桑切斯，秘鲁总统藤森，墨西哥总统萨利纳斯、塞迪略，智利总统弗雷，哥伦比亚总统桑佩尔，委内瑞拉总统卡尔德拉、查韦斯，古巴国务委员会主席菲德尔·卡斯特罗等拉美各国领导人也访问了西欧不少国家。双方高层互访的增加，加深了相互的了解，密切了国与国之间的关系。

21 世纪以来，拉美国家与欧洲国家保持密切的交往。巴西总统卢拉、迪尔玛、特梅尔和博索纳罗先后访问欧洲多国；墨西哥总统福克斯、卡尔德龙和培尼亚，智利总统巴切莱特、皮涅拉，厄瓜多尔总统科雷亚、莫雷诺，阿根廷总统基什内尔、克里斯蒂娜、马克里、埃尔南德斯，玻利维亚总统莫拉莱斯，哥伦比亚总统乌里韦、桑托斯和杜克，委内瑞拉总统查韦斯、马杜罗等曾访问欧洲多国。德国总理默克尔曾 7 次访问拉美，其中 4 次访问巴西。2017 年她访问了阿根廷、墨西哥，2018 年到阿根廷出席 20 国集团（G20）领导人第 13 次峰会。法国总统希拉克于 2006 年、萨科齐于 2009 年、奥朗德于 2015 年和马克龙于 2017 年和 2018 年访问拉美。西班牙国王卡洛斯、费利佩和西班牙首相阿斯纳尔、萨帕特罗、拉霍伊和桑切斯及其他欧洲国家领导人曾多次访问拉美多国和出席在拉美国家召开的伊比利亚美洲首脑会议。

2. 拉美国家同欧共体（欧盟）① 的双边和多边关系不断发展。欧共体于 1971 年同拉美国家建立了大使级对话关系。20 世纪 80 年代初，有 17 个拉美国家向欧共体派驻使团，欧共体同 26 个拉美国家建立了正式关系，并同阿根廷、巴西、墨西哥和乌拉圭签订了双边协定。欧共体在委内瑞拉首都加拉加斯设立办事处。自 1974 年起，拉丁美洲议会同欧洲议会定期举行联席会议，讨论共同感兴趣的问题。拉美一些区域性的组织，如拉丁美洲经济体系、拉丁美洲一体化协会、加勒比共同体、中美洲共同市场和安第斯集团（后改名为安第斯共同体）等同欧共体（欧盟）保持着正式接触。90 年代，欧共体（欧盟）同里约集团、南方共同市场等组织进行定期对话和磋商。进入 21 世纪，欧盟与拉美国家举行了多次峰会。

欧共体（欧盟）与中美洲国家举行多次外长会议。中美洲国家同欧共体（欧盟）自 80 年代以来一直保持合作关系。自 1983 年起，欧共体国家通过欧洲理事会会议或欧洲议会的声明和决议，支持孔塔多拉集团为和平解决中美洲危机所作的努力。1984 年 9 月，欧共体国家外长首次同中美洲国家外长及孔塔多拉集团外长在哥斯达黎加首都圣何塞举行会议，欧共体国家明确支持中美洲和平进程，并愿意为中美洲国家结束战乱、恢复和发展经济提供援助。此后，中美洲国家经常与欧共体（欧盟）

---

① 1991 年 12 月，欧共体 12 国首脑在马斯特里赫特会议上达成了建立欧洲货币联盟和政治联盟的条约，统称《马斯特里赫特条约》（简称《马约》）。1993 年 11 月 1 日，该条约生效，欧共体正式易名为欧洲联盟（简称《欧盟》）。

国家举行外长会议。中美洲和平实现后，恢复和发展经济成为欧美与中美洲外长会议的主要内容。

3. 在《洛美协定》框架内促进欧共体（欧盟）与加勒比地区国家的关系。《洛美协定》全称《欧共体（欧盟）—非洲、加勒比和太平洋（国家）洛美协定》，第一个《洛美协定》是 1975 年 2 月 28 日由欧共体 9 国同非、加、太地区 46 个发展中国家在多哥首都签订的，该协定规定 5 年内欧共体向非加太地区国家提供 33.6 亿欧洲货币单位（又称埃居，约合 42 亿美元）的经济援助，1976 年 4 月 1 日起生效，有效期 5 年。

1979 年 10 月 31 日，欧共体 9 国和非加太地区 58 个国家（其中加勒比国家 12 个）在多哥续签了第二个《洛美协定》，1980 年 4 月起生效，有效期 5 年。欧共体在 5 年内向非加太地区国家提供的援助增至 56.07 亿欧洲货币单位（约合 74.57 亿美元）。

1984 年 12 月 8 日，欧共体 10 国①和非加太 65 国续签了第三个《洛美协定》，1986 年 5 月 1 日起生效，有效期 5 年。该协定确认了双方之间的平等伙伴和相互依存关系。根据协定，欧共体在 5 年内向非加太地区国家提供财政援助 85 亿欧洲货币单位（约合 93.5 亿美元）。

1989 年 12 月 15 日，第四个《洛美协定》在多哥续签，有效期 10 年。1990 年 3 月 1 日，其贸易条款生效。根据协定，欧共体在头 5 年向非加太地区国家提供财政援助 120 亿欧洲货币单位（约合 132 亿美元）。鉴于缔约国对第四个"洛美协定"的批准程序进展缓慢，欧共体部长理事会决定将其正式全面实施日期由原定的 1991 年 3 月 1 日推迟到 7 月 1 日，同时决定将第三个协定的截止日期延长至 1991 年 6 月 30 日。

1995 年 6 月，欧盟经过协商商定 1995—2000 年对非加太援助总额为 146.25 亿欧洲货币单位。同年 10 月 31 日至 11 月 5 日，欧盟 15 国与非加太 69 国召开部长理事会会议，双方就上述援助额达成协议，但欧盟也提出了一些附加条件。

1997 年 11 月 6—7 日，"洛美协定"非加太 71 个成员国在加蓬首都利伯维尔举行第 1 次首脑会议。1999 年 11 月 25—26 日，非加太成员国

---

① 1981 年希腊加入欧共体，使其成员国增至 10 个。1986 年，西班牙、葡萄牙加入欧共体，成员国增至 12 个。1995 年 1 月 1 日，奥地利、芬兰、瑞典加入欧盟，欧盟成员国增至 15 个。

又在圣多明各举行第 2 次首脑会议。这两次首脑会议总结了"洛美协定"的执行情况，并提出了签订新"洛美协定"的共同建议。截至 1999 年，参加"洛美协定"的加勒比地区国家有 16 个：安提瓜和巴布达、巴巴多斯、巴哈马、伯利兹、多米尼加、多米尼克、格林纳达、圭亚那、圣基茨和尼维斯联邦、圣卢西亚、圣文森特和格林纳丁斯、苏里南、特立尼达和多巴哥、牙买加、海地、古巴。① 2000 年 6 月 23 日，欧盟与非加太签署了有关贸易与援助的"科托努协定"（Cotonou Agreement），取代了实施了 25 年的"洛美协定"。经欧盟 15 国和非加太集团 76 国政府的正式批准，《科特努协定》自 2003 年 4 月 1 日起正式生效。古巴于 2003 年 5 月成为该协定的观察员国。

4. 举行欧盟—拉美首脑会议。1999 年 6 月 28—29 日，第 1 届欧盟—拉美国家首脑会议（ALC – UE）在巴西里约热内卢举行。会议通过了两个基本文件：《里约热内卢声明》和《优先共同行动计划》。声明阐述了发展欧盟与拉美"战略协作关系"的政治意愿和对一些重大国际问题的共同立场，而行动计划则对一些短期合作行动作出了安排。会议期间，欧盟同南方共同市场成员国阿根廷、巴西、巴拉圭和乌拉圭及联系国智利进行了首脑会议，双方同意于 1999 年 11 月开始非价格方面的贸易谈判，2001 年 7 月开始农产品价格方面的贸易谈判，整个谈判进程将在 2005 年完成。欧盟还同安第斯共同体举行了首脑会晤。首次欧拉首脑会议虽然未能消除双方之间在一些问题上的分歧，成果有限，但为拉欧之间建立跨大西洋自由贸易区迈出了第一步，双方决定在 21 世纪建立新型的战略伙伴关系。这次会议有利于欧盟打破美国在拉美的霸权，对拉美国家来说，有利于减少对美国的依附，实行对外关系多元化。

第 2 届欧盟—拉美国家首脑会议于 2002 年 5 月在西班牙马德里举行。第 3 届欧盟—拉美国家首脑会议于 2004 年 5 月在墨西哥瓜达拉哈拉市举行，会议通过的《瓜达拉哈拉声明》强调，建立在国际法准则基础上的多边体制是世界和平与可持续发展的重要保证，联合国在其中扮演着重

---

① 1998 年 8 月 21—22 日加勒比论坛特别会议通过《圣多明各文件》，正式邀请古巴作为其正式成员参加《洛美协定》的谈判。古巴国务委员会副主席拉赫参加了 1999 年 11 月在圣多明各召开的非加太成员国第 2 次首脑会议。

要角色，欧盟和拉美将承诺继续在避免冲突、危机控制、维护和平和反恐等方面与联合国加强合作，这次会议在推进多边主义、促进社会发展和双边合作等方面达成多项共识，欧盟与拉美加勒比地区的"战略合作伙伴关系"得到进一步加强。

欧盟与 2011 年成立的拉共体于 2013 年 1 月在智利举行了首届拉共体—欧盟峰会（CELAC–UE），这次峰会也是原定的第 4 届欧盟—拉美国家首脑会议，由于拉共体成立，拉共体—欧盟峰会取代了原来的欧盟—拉美国家首脑会议。2015 年 6 月，在布鲁塞尔举行了第 2 届拉共体—欧盟峰会。

5. 定期举行伊比利亚美洲首脑会议。20 世纪 90 年代初，为纪念哥伦布"发现"美洲新大陆 500 周年，西班牙国王胡安·卡洛斯一世倡议召开伊比利亚美洲首脑会议，即地处伊比利亚半岛的欧共体成员国西班牙、葡萄牙和曾是西、葡殖民地的拉美讲西语的 18 个国家、讲葡语的巴西的首脑会议。这一倡议得到有关国家的热烈响应和支持。在西班牙赞助和墨西哥积极组织下，首届伊比利亚美洲首脑会议于 1991 年 7 月 18—19 日在墨西哥瓜达拉哈举行。此后至 2013 年每年召开一次会议，2013 年第 23 届峰会决定自 2014 年起，每两年举行一次峰会。截至 2018 年已举行了 26 届首脑会议。第 2 至第 9 届会议分别在西班牙马德里（1992）、巴西萨尔瓦多市（1993）、哥伦比亚卡塔赫纳（1994）、阿根廷巴里洛切（1995）、智利圣地亚哥—比亚德尔马（1996）、委内瑞拉玛格丽塔岛（1997）、葡萄牙波尔图（1998）、古巴哈瓦那（1999）、巴拿马巴拿马城（2000）、秘鲁利马（2001）、多米尼加巴瓦洛（2002）、玻利维亚圣克鲁斯（2003）、哥斯达黎加圣何塞（2004）、西班牙萨拉曼卡（2005）、乌拉圭蒙得维的亚（2006）、智利圣地亚哥（2007）、萨尔瓦多圣萨尔瓦多市（2008）、葡萄牙埃斯托里（2009）、阿根廷马德普拉塔（2010）、巴拉圭亚松森（2011）、西班牙加迪斯（2012）、巴拿马巴拿马城（2013）、墨西哥韦拉克鲁斯市（2014）、哥伦比亚卡塔赫纳市（2016）、危地马拉安提瓜市（2018）、安道尔（2021）举行。历届首脑会议就伊比利亚国家加强团结合作、促进地区一体化、教育现代化、社会发展、贸易、民主治理国家、道德价值、克服经济危机、全球化及其对策等重要问题进行讨论并通过相应声明。伊比利亚美洲历届首脑会议的成功举行使拉美讲西、葡国家同西、葡以及同欧盟其他成员国的关系得到加强。

（二）拉美与西欧的经济贸易关系

在拉美国家的对外经济贸易关系中，西欧国家一直占据重要地位。多年来，西欧国家一直是拉美国家第一大投资者，第二大贸易伙伴，第二大债权人，对于拉美经济的发展起重要作用。而拉美地域辽阔，资源丰富，经济发展比较迅速，具有巨大发展潜力，是西欧国家重要的商品销售市场、投资场所和原料产地。

1. 贸易

长期以来，西欧国家（欧盟）一直是拉美的第二大贸易伙伴。西欧国家同拉美贸易的发展大致可分三个阶段。从战后至1980年呈上升趋势，20世纪80年代呈下降趋势，90年代呈上升趋势，21世纪以来呈波浪式发展。但是，从拉美在欧共体（欧盟）对外贸易中所占的比重来看，战后这半个多世纪，呈下降趋势。

欧共体对拉美的出口，1958年有21.8亿美元，1968年增加到30.67亿美元，1978年为140.34亿美元，1980年增加到197.79亿美元。但是，拉美在欧共体出口中的比重，却从1958年的10.03%，下降到1980年的6.48%。欧共体从拉美的进口，1958年只有26.37亿美元，1968年增加到37.24亿美元，1978年为138.3亿美元，1980年增至232亿美元。但是，拉美在欧共体进口中的比重，从1958年的11.11%下降到1980年的5.87%。[①]

80年代，由于西欧贸易保护主义抬头和拉美国家发生债务危机，经济出现衰退，导致拉欧贸易下降。欧共体对拉美的出口，从1980年的197.79亿美元，减少到1985年的118亿美元，1989年又进一步减少到98.8亿美元。欧共体从拉美的进口，从1986年的232亿美元，减少到1985年的227亿美元，1989年又减少到181亿美元。拉美在欧共体进出口总额中所占的比重从1980年的6%，下降到1989年的4.5%。

90年代，拉美经济逐渐好转。与此同时，西欧（欧盟）国家经济实力不断加强，拉美与西欧（欧盟）的贸易总额逐渐增加。拉美与欧盟的

---

① 拉美经济体系：《1984—1985年拉美与欧共体的经济关系》，1987年，布宜诺斯艾利斯，西文版，第35页。

贸易总额从 1991 年的 583.38 亿美元，增至 1995 年的 822.32 亿美元和 1997 年的 903 亿美元。同期，欧盟对拉美的出口增加速度比较快，但欧盟从拉美的进口增加比较慢。据欧拉关系研究所统计，从 1990 年到 1997 年，欧盟对拉美的出口额增长了 164%，而同期，欧盟从拉美的进口额只增长了 29%。[①]

90 年代，尽管欧拉贸易额绝对数呈上升趋势，但欧盟在拉美出口总额中所占比重从 1990 年的 24% 下降到 1997 年的 13.5%，同期在拉美进口总额中所占比重从 21% 下降到 16%。[②]

进入 21 世纪，2001—2016 年，欧盟一直是拉美第二大贸易伙伴。欧拉贸易 2001—2007 年欧盟有逆差，2007 年之后，欧盟有顺差，2007 年欧拉贸易额为 1600 亿欧元。然而，由于中国与拉美贸易发展的速度超过欧盟，到 2017 年，欧盟与拉美的贸易额为 2426.48 亿美元，同年，中国与拉美的贸易额为 2765.73 亿美元，中国超过欧盟成为拉美第二大贸易伙伴，欧盟退居第三。2018 年欧盟与拉美的贸易额为 2634 亿美元。欧盟在拉美外贸中所占的比重从 2000 年的 13.1% 降到 2017 年的 12.2%。拉美占欧盟出口总额的 6.5% 左右，占欧盟进口的 6% 左右。

欧盟与拉美的贸易主要集中在少数几个国家。欧盟在拉美的主要贸易伙伴是阿根廷、巴西、智利、墨西哥，其次是哥伦比亚和委内瑞拉。这 6 国约占拉美向欧盟出口的 84%，占拉美从欧盟进口的 80% 以上。拉美在欧盟的贸易伙伴主要集中在德国、西班牙、法国、比利时、荷兰、意大利和英国，这 7 国占拉美同欧盟贸易的 90%。欧盟与拉美的贸易构成集中在几类产品。欧盟对拉美的出口主要是运输机器和设备、制成品和化工产品等，欧盟从拉美进口的主要是食品、初级产品等。

欧盟与拉美贸易的发展的主要问题是欧盟国家对拉美国家的产品，特别是农产品实行贸易保护主义，致使在欧拉贸易中，拉美国家的逆差在近些年来迅速增加。欧盟国家对拉美农产品的平均关税有所降低，但

---

① IRELA：Dossier No 65 América Latina y Europa más allá del ano 2000，septiembre 1998，p. 17.

② IRELA：Dossier No 65 América Latina y Europa más allá del ano 2000，septiembre 1998，p. 17.

仍对拉美多种农产品继续课以高关税，从而影响了拉美对欧盟的农产品的出口。20世纪90年代，欧拉之间还发生一场"香蕉战"。欧盟对配额内的拉美香蕉征收20%的关税，配额外的课以170%的关税。这一限制措施给拉美香蕉生产国和出口国带来巨大损失，因而遭到这些国家的强烈反对。经过多年谈判，1998年2月，欧盟颁布了新的香蕉配额制，根据这一配额制，欧盟国家再次把每年从拉美地区进口香蕉的限额定为220万吨，每吨征收75欧洲货币单位的关税，对超出部分每吨征收300欧洲货币单位的关税。欧盟新的香蕉配额制遭到厄瓜多尔、危地马拉、洪都拉斯、墨西哥、巴拿马等拉美香蕉出口国的反对，它们批评欧盟的规定严重违反了世界贸易组织的精神和国际贸易惯例，助长了贸易保护主义，损害了拉美香蕉出口国的利益。

拉美地区几乎所有的一体化组织都同欧盟建立了经济贸易关系，其中南方共同市场（简称"南共市"）同欧盟的关系最为密切。1995年12月，南共市同欧盟签署了《合作框架协议》。2019年6月28日，经过近二十年的30余轮谈判，南共市与欧盟于在布鲁塞尔签署了自由贸易协定备忘录。欧盟与南共市自贸协定的签署对南共市成员国具有里程碑式的意义，标志着南共市国家将进一步融入国际市场和全球产业链、扩大对外贸易、获得更多的投资和先进的科技支持、全面提升其经济的竞争力、促进其经济发展和增加就业。这一自贸协定还需经过南共市和欧盟各自成员国的议会审议通过方能正式生效。协定生效后，双方关税将逐年递减，将让需要大量进口欧洲高附加值工业产品和高科技产品的南共市成员国获得巨大收益。2000年欧盟与墨西哥、智利、秘鲁、哥伦比亚签署了一体化伙伴协议。2014年与厄瓜多尔签署贸易协议。2016年12月，欧盟与古巴在布鲁塞尔正式签署了首份双边关系框架协议"政治对话与合作协议（PDCA）"，这一协议的签署标志着双方关系的正常化。欧盟有13个国家是拉美太平洋联盟的观察员国。

2. 投资

自20世纪60年代后期起，随着经济的复苏，西欧对拉美进行大量投资。西欧在拉美的私人直接投资累计总额1967年为47.26亿美元，1970年为95.75亿美元，1981年增加到159亿美元。同期，西欧在外国对拉美直接投资总额中所占的比重分别为23%、26%和40%，也呈上升趋势。

80 年代，西欧对拉美直接投资增加速度有所放慢，主要是由于拉美国家发生债务危机。从 1980 年至 1989 年，西欧累计向拉美投资 122.07 亿美元，年均只有 12.21 亿美元。

90 年代，拉美执行对外开放政策，采取各种吸引外资的措施，西欧对拉美的直接投资迅速增加，从 1990 年的 18.01 亿美元，增至 1994 年的 51.7 亿美元，1996 年的 70.99 亿美元。1990 年至 1996 年累计投资 258.28 亿美元，年均增长率达 25.7%。1997 年欧盟对拉美的直接投资增加到 170 亿美元。90 年代，欧盟是拉美第二大投资者，仅次于美国，约占拉美外国直接投资的 30%。

进入 21 世纪，欧盟逐渐成为拉美第一大投资者。欧盟对拉美的直接投资从 2007 年累计 4000 亿欧元，增加到 2017 年的 7846 亿欧元。2020 年欧盟对拉美的直接投资比 2019 年减少了 49%，在同年在拉美的外国直接投资总额的比重从 2015—2019 年的 51% 下降到 38%，略高于美国的 37%。2020 年欧盟在拉美的累计直接投资占在拉美的累计外资总额中的比重为 34%，超过美国的 20.7%，居首位。在欧盟国家中，西班牙、德国、英国、意大利、法国、荷兰是拉美主要的投资国。在欧盟对拉美总投资中，西班牙居首位，其次是英国和德国。在拉美国家中，巴西、阿根廷和墨西哥是吸收欧盟直接投资最多的国家。巴西、墨西哥、阿根廷和委内瑞拉等一些拉美国家在 20 世纪 90 年代也开始向欧盟输出自己的资本，主要向葡萄牙、英国、德国、瑞士、意大利，主要投资部门是纺织、石油、制鞋、食品、水泥和玻璃制造等。

3. 援助及其他

多年来，欧共体（欧盟）向拉美提供发展基金，这是欧盟加强同拉美合作的重要方式之一。1985 年欧共体对拉美提供发展援助 1.47 亿欧洲货币单位，其中对南美洲 0.6 亿，对中美洲 0.87 亿，主要以赠款形式用于低国民收入的拉美国家，包括财政和技术援助、粮食援助、紧急援助和难民援助等。

90 年代，欧盟主要通过"促进发展的合作"和"经济合作"两种形式来向拉美提供援助。前者的对象是拉美经济比较落后的国家和地区，合作的内容包括财政与技术合作、食品援助、人道主义援助、反毒品以及防治艾滋病等。后者的对象是经济实力较强、发展潜力较大的拉美国家和地区，合作的内容包括促进双边贸易，投资和技术转让，兴办合资企业，开展科技、能源、工业和城市生态保护等方面的合作等。1993 年，欧盟向拉美国家提供了 1.68 亿欧洲货币单位的援助、4900 万欧洲货币单位的食品援助、7780 万欧洲货币单位的经济合作基金和 5490 万欧洲货币单位的科技教育资金。1996 年欧盟对拉美的官方发展援助高达 25.3 亿美元。但是，1997 年减少了 1/3，为 17.16 亿美元。

欧盟（欧共体）同中美洲国家之间合作由来已久。从 1979 年至 1990 年欧共体向中美洲国家共提供了 9.1 亿美元的援助。90 年代以来，欧盟增加了对中美洲的经济援助，从 1993 年至 1997 年欧盟共向中美洲国家提供了 34 亿美元的官方发展援助。[①]

1998 年 10 月，中美洲国家，特别是洪都拉斯和尼加拉瓜遭受了"米奇"飓风袭击，损失严重。1999 年 4 月，欧盟通过一项 4 年计划，向中美洲提供 2.5 亿欧元用以重建工程。欧盟及其成员国还承诺向中美洲提供 10 亿美元资金。西班牙、法国、荷兰宣布免除洪都拉斯和尼加拉瓜所欠的大部分债务。2012 年 6 月 29 日，欧盟与中美洲签署了伙伴协议（Acuerdo de Asociación）。2013 年 8 月 1 日，欧盟与洪都拉斯、尼加拉瓜巴拿马签署双边伙伴协议。同年 10 月 1 日与哥斯达黎加、萨尔瓦多，12 月 1 日与危地马拉签署双边伙伴协议。伙伴协议签署后，欧盟在关税等方面给予中美洲国家一定的优惠，以促进中美洲国家的经济和一体化的发展。2016 年欧盟与中美洲的贸易额为 107 亿欧元，欧盟逆差 1.3 亿欧元。

1999 年 3 月 9 日，欧盟委员会向欧盟理事会提出 2000—2006 年同拉美合作的建议《21 世纪初的欧盟—拉美新伙伴关系》，拟将合作的重点转向教育和培训、地区一体化、南北相互依存（环保、扫毒、能源）3 个方面。[②]

进入 21 世纪后，欧盟对拉美的官方援助在欧盟对外援助总额中所占比重逐渐减少，从 2001 年的 16%，减少到 2011 年的 13%。但欧盟对拉

① Informe de IRELA，INF – 99/7 – SIC：Las Relaciones Economicas Unión Europea – América Central：Balance y perspectivas，20 de mayol 1999，p. 3.

② Informe de IRELA，INF – 99/5 – AOD：Cooperación al Desarrollo con América Latina：Hacia un menor protagonismo europeo？，31 de marzo de 1999，p. 1，p. 7.

美援助的绝对值还是逐渐增加，2014—2020 年欧盟对拉美的援助增加一倍，2020 年增至 9.25 亿美元。据统计，1994—2017 年欧盟共向拉美提供了 10 亿欧元的人道主义援助。2019 年欧盟向拉美提供了 1520 万欧元的人道主义援助。2000—2020 年 20 年间欧盟共向拉美提供了 12 亿欧元的人道主义援助。值得注意的是，欧盟在向拉美国家提供援助时，往往附加人权、民主等方面的政治条件，从而引起拉美一些国家的不满。

2004 年 5 月 1 日，爱沙尼亚、拉脱维亚、立陶宛、波兰、匈牙利、捷克、斯洛伐克、斯洛文尼亚、塞浦路斯和马耳他 10 个中东欧国家正式加入欧盟。2007 年 1 月 1 日，保加利亚和罗马尼亚正式加入欧盟。2013 年 7 月 1 日，克罗地亚正式成为欧盟第 28 个成员国。2020 年 1 月 31 日，英国正式"脱欧"，欧盟成员国减少到 27 国。欧盟东扩对拉美经济的影响要大于政治影响。对拉美经济的影响主要集中在贸易、外国在拉美的直接投资、对外发展援助和自由贸易谈判 4 个方面。影响的结果不都是正面的，负面影响大于正面影响。

二 拉美与俄罗斯、东欧的关系

拉美与苏联（俄罗斯）和东欧的关系大体可分冷战前和冷战后两个时期。

（一）冷战结束前拉美与苏联、东欧的关系

1. 拉美与苏联的关系

第二次世界大战前，同苏联建交的拉美国家只有 3 个：墨西哥（1924 年）、乌拉圭（1926 年）和哥伦比亚（1935 年）。墨西哥、乌拉圭两国又分别于 1930 年和 1935 年与苏联断交。当时苏联与拉美交往很少，影响甚微。

第二次世界大战期间和战后初期，由于苏联在战时同美、英等国结盟，而拉美大多数国家在珍珠港事件后都支持盟国，反对轴心国，这使苏联逐渐打开同拉美国家的关系。1942—1946 年，苏联先后同古巴、墨西哥、乌拉圭、哥斯达黎加、尼加拉瓜、智利、多米尼加、委内瑞拉、巴西、玻利维亚、危地马拉、厄瓜多尔和阿根廷等 13 个拉美国家建交或复交。

第二次世界大战结束不久，1947 年之后，由于美国对苏联执行"冷战"政策，上述13国中的多数国家迫于美国的压力，先后同苏联断交。到50年代末，又只剩下阿根廷、乌拉圭、墨西哥3国仍同苏联保持外交关系。

1959年年初，古巴革命的胜利给苏联扩大在拉美的影响提供了契机。1960年古巴与苏联复交。另一方面，拉美国家为了摆脱对美国的依赖，自60年代以来，对外政策独立性逐渐增强，力求对外关系多元化。因此，从60年代初起，同苏联复交或建交的国家逐渐增多。从50年代末只有3国，到1970年增加到9国，到1979年年初，又增至18国，到80年代末，增至19国。智利于1964年与苏联复交，1973年与苏联断交，直至1990年再次复交。

随着同苏联建交的拉美国家的增多，拉美同苏联之间高级领导人的互访也逐渐增多。20世纪60年代，访问苏联的只有古巴总统多尔蒂科斯和总理菲德尔·卡斯特罗。70年代访问过苏联的有菲德尔·卡斯特罗总理①（多次）、智利总统阿连德、墨西哥总统埃切维里亚和波蒂略、委内瑞拉总统佩雷斯、圭亚那总理伯纳姆、牙买加总理曼利；80年代访问过苏联的有古巴国务委员会主席菲德尔·卡斯特罗（多次）、阿根廷总统阿方辛、巴西总统萨尔内、乌拉圭总统桑吉内蒂、尼加拉瓜民族复兴政府执政委员会协调员奥尔特加（4次）、特立尼达和多巴哥总理威廉斯、秘鲁总理哈林等。苏联领导人在60年代访问过拉美的有：部长会议第一副主席米高扬访问古巴（1960、1961）、部长会议副主席柯西金访问阿根廷（1960）；70年代，苏共中央总书记勃列日涅夫访问古巴（1974）；80年代，苏联外长谢瓦尔德纳泽先后访问了墨西哥（1986）、巴西、阿根廷和乌拉圭（1987）；苏共中央总书记、最高苏维埃主席戈尔巴乔夫访问古巴（1989）；等等。

20世纪60年代至80年代初，苏联对拉美战略的主要特点是：

（1）着重支持古巴、尼加拉瓜等"革命的国家"，并通过古、尼两国扩大苏联在拉美的势力和影响。古巴一直是苏联对拉美外交的重点。在政治方面，两国党政军领导人互访频繁。苏古之间存在一些分歧和矛盾，如1962年加勒比海危机（又称"古巴导弹危机"或"十月危机"）时，

---

① 1976年以来，卡斯特罗任国务委员会主席兼部长会议主席。

苏联在美国压力下，单方面宣布接受美国提出的让联合国派人到古巴"现场监督"和核实苏从古巴撤走导弹情况的建议，遭到古巴的断然拒绝。随后，由于古巴在经济上依赖苏联，苏古关系逐渐改善。在一些重大问题上，古巴支持苏联的立场，如公开支持苏联侵占捷克斯洛伐克，在联大多次投票反对要求苏从阿富汗撤军等。而苏联则在经济上、军事上给予古巴大量援助。苏联以低于国际市场的价格向古巴供应石油，又以高于国际市场的价格购买古巴的蔗糖。据统计，苏联平均每年要向古巴提供 30 亿美元以上的经援。截至 80 年代初，苏联向古巴提供了 50 亿美元的军援。苏联派驻古巴的军事顾问和其他军事人员总数达 1.5 万人。

冷战结束、东欧剧变、苏联解体后，卡斯特罗的胞弟、古巴国务委员会和部长会议的第一副主席劳尔·卡斯特罗曾于 1993 年 3 月和 1994 年9 月两次对报界谈话。在谈到过去 30 年古苏关系时，劳尔认为苏联欠古巴的更多。劳尔说："我们过去从苏联无偿得到的武器装备是对我们国家的援助，对此，我们是永远感激的。但是，应该指出的是，在社会主义和资本主义两种制度对抗的情况下，苏联和古巴的军事关系对苏联是非常上算的，这才是公正的评价。其次才是互惠互利的。当存在着两个超级大国、两个世界和永久对抗时，应该了解这个小岛的战略意义……从这个意义上看，如果我们所给予苏联的援助以及我们所经历的风险能够用物质的价值来计算的话，那么对苏联来说，应该是他们欠古巴的，而不是古巴欠他们的"。①

1979 年 7 月 19 日尼加拉瓜革命胜利后，苏联在政治、经济、军事等方面加紧同尼加拉瓜发展关系。据统计，到 80 年代中期，苏联向尼加拉瓜提供了 14 亿美元的经援，22 亿美元的军援。

（2）重视政治和意识形态，鼓吹拉美国家走"非资本主义道路"。苏联重视同拉美各国共产党和左派党组织发展关系，60 年代后期，苏联把秘鲁贝拉斯科军政府（1968—1975 年执政）所采取的土地改革、国有化和社会所有制等民族主义措施，说成第三世界走"非资本主义道路"的"秘鲁样板"；70 年代初，苏联又把智利阿连德人民联盟政府（1970—

---

① ［古］《格拉玛周报》1993 年 5 月 12 日；另见徐世澄《冲撞：卡斯特罗与美国总统》，东方出版社 1999 年版，第 157—158 页。

1973 年执政）的上台和所采取的一些民族主义措施，看成和平长入社会主义的"智利道路"。苏联把秘鲁、智利（阿连德政府）等民族主义倾向较强，同美国矛盾比较尖锐的国家，作为它提供经援的重点国家。

（3）在中美洲和加勒比地区同美国进行激烈争夺，使这一地区成为世界"热点"地区之一。

1985 年 3 月戈尔巴乔夫就任苏共中央总书记至 1991 年 12 月苏联正式解体，在"新思维"指导下，苏联调整了总的外交政策，苏联对拉美的政策也作了调整。80 年代后期和 90 年代初，苏联对拉美政策的调整，主要表现在以下几个方面：

（1）减少乃至完全取消对古巴、尼加拉瓜等国的援助，重点同政治上较温和、经济实力较强、影响较大的拉美大国发展关系。1989 年 4 月戈尔巴乔夫访古期间，同卡斯特罗代表两国签署了为期 25 年的古苏两国友好与合作条约。但不久，由于国际形势和苏联国内形势的急剧变化，上述条约成了一纸空文。1991 年 9 月 11 日，戈尔巴乔夫在莫斯科同美国国务卿贝克会晤后举行的记者招待会上表示："我们打算在贸易和经济联系的基础上，在互利合作的范围内发展苏联同古巴的关系。以此为重点，解除这种关系在另外的时间、不同的时代所形成的其他成分，为此我们要尽快同古巴领导人讨论撤出部署在那里，并在自己角色的范围内完成了自己任务的军事训练旅的问题。"

80 年代后期，苏联已将对拉美外交的重点转移到墨西哥、巴西、阿根廷等拉美几个经济大国和有影响的国家。

（2）由重视政治和意识形态转向重点发展经济贸易关系。戈尔巴乔夫认为，"承认各国人民有权选择自己的社会发展道路，不干涉他国内政，尊重其他国家，同时用客观的和自我批评的眼光看待本国社会。人民既可以选择资本主义，也可以选择社会主义。这是他们的主权。"苏联领导人不再号召拉美国家走"非资本主义道路"，并多次声明，苏联在拉美的目标不是"发动一系列社会主义革命"。

苏拉贸易总额 1955 年只有 6600 万美元，1969 年增加到 1.24 亿美元（不包括古巴，下同）。70 年代有较快的发展，1980 年迅速增加到 24.08 亿美元。但是，苏拉贸易一直是不平衡的，苏联逆差较大，1960 年逆差不到 400 万美元，只占苏拉贸易的 6%，1980 年逆差高达 21 亿美元，占苏拉贸易总额的 87%。

戈尔巴乔夫执政期间，苏联把发展同拉美关系的重点放在发展经贸关系上，通过领导人的互访和外交关系的发展，扩大贸易往来和经济合作，并力图扭转连年逆差的局面。1985 年苏联从阿根廷进口 10.46 亿美元，向阿根廷出口仅 0.53 亿美元，苏联逆差近 10 亿美元。1986 年 1 月，经过双方的谈判，阿决定向苏购买 5 亿美元的工业制成品，苏联则同意 1986—1990 年每年购买 450 万公吨的阿根廷谷物，以使两国逆差缩小到 10%。

苏联在拉美进出口贸易中所占比重不大，但从 60 年代到 80 年代中呈上升趋势。苏联在拉美出口中所占的比重 1960 年只有 1.3%，1970 年为 3.5%，1980 年增至 4.9%，1986 年又增加到 6%；苏联在拉美进口中所占的比重，1960 年只有 1%，1970 年为 3.5%，1980 年下降为 2.9%，但 1985 年又增加到 6%。

（3）从 80 年代初在拉美地区同美国争霸中咄咄逼人的进攻态势转为尽力保住拉美阵地、避免同美国对抗的守势。

2. 拉美与东欧的关系

拉美国家与东欧社会主义国家的关系在 20 世纪 60 年代初开始发展。70 年代发展得比较快，到 80 年代初，大多数拉美国家同东欧国家建立了外交关系。

东欧剧变前，古巴同东欧国家关系密切，领导人之间互访比较频繁。70 年代和 80 年代初，拉美其他国家同东欧国家领导人之间互访逐步增多。罗马尼亚总统齐奥塞斯库曾多次出访拉美一些国家；保加利亚国务委员会主席日夫科夫于 1979 年访问了墨西哥，保、墨两国签订了 6 项关于经济和文化合作的协议；匈牙利主席团主席洛松齐·帕尔于 1976—1977 年访问了巴拿马、秘鲁、委内瑞拉、厄瓜多尔和墨西哥；波兰国务委员会主席雅布翁斯基访墨。与此同时，古巴国务委员会主席和部长会议主席卡斯特罗、墨西哥总统波蒂略、圭亚那总统伯纳姆等也在 70 年代访问了东欧一些国家。80 年代访问拉美的东欧国家领导人有：东德国务委员会主席昂纳克访问墨西哥（1981 年），南斯拉夫联邦共和国主席团主席舒克里亚访问尼加拉瓜（1985 年）；与此同时，圭亚那伯纳姆总统访问了保加利亚（1984 年），尼加拉瓜总统奥尔特加访问了保加利亚、波兰、罗马尼亚、捷克斯洛伐克、东德等东欧国家（1984 年、1985 年）。拉美国家同东欧国家的贸易在拉美进口和出口中所占比重不大，一般只占 1%—2%。东欧国家在拉美出口中所占比重 1960 年为 1.3%，1970 年增加到 2.3%，1980 年又降到 1.7%，1986 年增加到 2.2%。但是，从绝对额来看，增加还比较快。双边贸易额 1960 年只有 2.9 亿美元（不包括古巴），1969 年增加到 4.2 亿美元，1970 年为 4.59 亿美元，1979 年增加到 25.93 亿美元。80 年代由于拉美出现债务危机和东欧政局动荡，双边贸易发展受到影响。

1972 年古巴正式加入了经济互助委员会（简称"经互会"）。墨西哥于 1975 年 8 月同经互会签订了合作协议，并已于 1976 年生效。1983 年 9 月，尼加拉瓜同经互会签订协议，尼加拉瓜成为经互会的观察员。80 年代，经互会国家同安第斯集团、拉美经济体系等拉美一体化组织以及香蕉出口国联盟等拉美原料生产国和出口国组织加强了联系和合作。

20 世纪七八十年代，拉美国家同东欧国家的经济合作有较多发展。如波兰在采煤业方面同阿根廷、巴西、哥伦比亚、秘鲁和委内瑞拉进行合作，在渔业方面同阿根廷、巴西、哥伦比亚、墨西哥和秘鲁进行合作。捷克斯洛伐克在动力、采矿、冶金、机器制造和纺织工业方面；匈牙利在农机、食品和制药工业机械等方面；保加利亚在农产品加工工业方面；民主德国在建筑材料和机电工业方面；罗马尼亚在石油加工、肥料生产和木材加工工业方面同拉美国家进行合作。拉美与东欧经济合作的形式多种多样，有援助拉美国家进行工程建设、建立合资企业、加强多边合作等。

（二）冷战后拉美与俄罗斯、独联体和东欧国家的关系

20 世纪 80 年代末，东欧政局发生剧烈动荡。1990 年 10 月 3 日，民主德国正式加入联邦德国，德国实现统一。1991 年 4 月 1 日东欧政治军事同盟"华沙条约组织"宣告解散。1991 年 12 月 8 日，俄罗斯联邦与白俄罗斯、乌克兰 3 个共和国签署《独立国家联合体（简称"独联体"）协议》，宣布组成"独联体"；12 月 21 日，原苏联 11 个加盟共和国签署《阿拉木图宣言》和《独立国家联合体协议议定书》，12 月 25 日，苏联宣告解体，俄罗斯联邦成为完全独立的国家。

1. 拉美与俄罗斯的关系

冷战结束后至 1994 年年底，由于俄罗斯国内政局动荡，经济大幅度下滑，对外政策处在形成阶段，俄罗斯失去了超级大国的地位，无力同美国在拉美争夺，"匆忙从拉美特别是从古巴撤退"。

苏联解体后，俄罗斯宣布停止对古巴的一切援助，贸易关系仅限于以国际市场价格用石油交换古巴的糖，而糖和石油的交易额也大幅度下降。俄罗斯向古巴提供的石油从 1989 年的 1200 万吨降至 1992 年的 600 万吨，使古巴能源短缺。由于古巴的能源主要靠苏联的原油，石油的短缺，发电量显著下降，大批工厂被迫关闭或减产，大批农机闲置，客运货运大幅度减少，居民生活用电经常中断。由于燃料短缺和缺少外汇进口化肥、除虫剂等原因，蔗糖产量和收入锐减。由于俄罗斯不再向古巴出口粮食，使古巴政府不得不一再降低居民的食品定量。据估计，苏联的解体使古巴遭受的直接经济损失约 40 亿美元。东欧的剧变和苏联的解体使古巴在政治上失去了重要的战略依托，经济上陷入危机，1990—1993 年古巴国内生产总值累计下降 34%。1992 年 9 月 16 日，古巴同俄罗斯就俄罗斯撤出原驻古巴的苏联军队达成协议。根据协议，原苏联军事教练旅军事人员及其家属于 1993 年上半年全部撤出古巴。

从 1992 年下半年起，古俄经贸关系逐步恢复。同年 11 月，古巴部长会议副主席索托访俄，双方签订了政府间经济、贸易和航运合作协议。成立了政府间经贸和科技合作委员会，并签订了贸易和支付协议书，规定俄罗斯以 310 万吨石油交换古巴 150 万吨糖。1993 年 5 月和 7 月，俄罗斯副总理舒梅科和古巴索托先后进行互访。

90 年代前半期，拉美与俄罗斯交往明显减少。1992 年 6 月，俄国副总统鲁茨科伊访问了委内瑞拉、阿根廷、巴西等国。拉美国家领导人访问俄罗斯为数不多。1993 年智利总统艾尔文访问俄罗斯，双方签署了相互关系与合作原则宣言、贸易与经济合作协定。1994 年 10 月，巴西外长访俄，与俄外长签署了《巴俄伙伴关系条约》。拉美与俄罗斯的贸易额也明显下降。

90 年代后半期，拉美与俄罗斯的交往增多。古巴同俄罗斯的关系逐步有所恢复。1995 年 5 月，古巴外长罗瓦伊纳在苏联解体后首次访问俄罗斯，同俄罗斯签订了用古巴 100 万吨蔗糖交换俄罗斯 300 万吨石油的协

议。俄罗斯决定向古巴提供贷款，恢复古巴核电站的工程建设。同年 10
月，俄罗斯第一副总理索斯科韦茨访古，两国签署了 1996—1997 年贸易
协定书，规定 1996 年俄以 450 万吨石油换取古巴 150 万吨蔗糖，签订了
关于延长俄向古核电站提供的 3000 万美元贷款期限的议定书等文件。
1996 年 5 月，俄罗斯外长普里马科夫访古，同古巴签署了两国相互关系
准则声明和文化、教育和科技合作协定。古巴外长于 1998 年、1999 年再
度访俄。1999 年 1 月，当时已任总理的普里马科夫对到访的古外长表示，
俄罗斯同古巴的关系是俄罗斯在拉美地区的重点之一。2000 年 12 月，俄
罗斯总统普京访问古巴，这是苏联解体后，第一位访问古巴的俄罗斯总
统。普京访古期间，古俄两国签署了 5 项合作协议，两国国防部还签署
了一项技术—军事合作计划，古俄两国关系明显升温。然而，"9·11"
事件后不久，2001 年 10 月 17 日，普京总统单方面宣布俄罗斯将关闭在
古巴的洛尔德斯电子监听站，古巴对此表示极大不满，两国关系再度降
温。2002 年 1 月底，监听站正式关闭。古俄贸易在 20 世纪 90 年代后半
期有所回升，1993 年为 5.39 亿美元，1995 年降为 4.67 亿美元，1996 年
增加到 8.77 亿美元。

从 90 年代后半期起，俄罗斯同其他拉美国家的交往也逐渐增加。俄
罗斯想扩大其外部市场，摆脱外交孤立的局面，重返拉美，使其外交关
系多元化；拉美国家也想摆脱对美国的依赖，显示其外交的独立性。
1996 年 5 月，外长普里马科夫访问了墨西哥、委内瑞拉和古巴。这是苏
联解体后俄外长首次出访拉美，被视为俄重返拉美的标志。访问期间，
俄墨签订了航天、文教、科技等 5 项协议，同委签订了合作协议。1997
年 11 月，普里马科夫外长再次出访拉丁美洲，这一次他访问了哥斯达黎
加、巴西、阿根廷和哥伦比亚。在哥斯达黎加，俄外长会见了中美洲 5
国和多米尼加外长，同他们就加强俄罗斯同这些国家的政治对话和经济
合作等问题达成共识；通过对南共市两个主要成员国巴西、阿根廷和安
第斯共同体成员国哥伦比亚的访问，俄罗斯加强了同这些国家及有关一
体化组织的经贸合作。同年 12 月，俄罗斯第一副总理鲍里斯·涅姆佐夫
访问了墨西哥、委内瑞拉和智利。

1999 年 2 月，查韦斯在委内瑞拉上台执政，以及随后劳工党领袖卢
拉在巴西、正义党主席基什内尔在阿根廷先后上台执政，标志着左翼在

拉美群体性崛起的开始。尽管俄罗斯已不再是社会主义国家，但俄罗斯在拉美的重点还是加强与委内瑞拉、尼加拉瓜等拉美左翼政府的关系以及与巴西、阿根廷、墨西哥等大国的关系，以对抗美国。2001 年，俄罗斯总理卡西亚诺夫访问巴西和委内瑞拉，与巴西签署了一系列的合作协定，其中包括一项民用核能协定。俄罗斯与委内瑞拉签署了 5 项双边协定。2003 年 12 月俄罗斯外长伊万诺夫访问阿根廷、巴西、委内瑞拉、智利和乌拉圭 5 国，并出席了在乌拉圭首都召开的南方共同市场首脑会议，同到访的有关拉美国家领导人举行了会谈。2004 年 6 月，普京访问了墨西哥、智利和巴西。2008 年梅德韦杰夫总统访问秘鲁、巴西、委内瑞拉和古巴。2010 年普京总统访问委内瑞拉，2014 年普京总统访问古巴、尼加拉瓜、阿根廷和巴西，2018 年普京到阿根廷参加 20 国集团峰会。2019 年俄罗斯总理梅德韦杰夫访问古巴。俄罗斯外长拉夫罗夫于 2014 年访问古巴、尼加拉瓜和智利，2020 年 2 月访问古巴、墨西哥和委内瑞拉 3 国。

与此同时，拉美国家领导人对俄罗斯的访问也有所增加。1998 年，阿根廷总统梅内姆访俄，同叶利钦总统签署了两国关系原则协定以及有关航空、文化和教育交流、鼓励和保护投资等多项协定。2000 年，巴西副总统马西埃尔访问俄罗斯，2001 年委内瑞拉总统查韦斯首次访俄，2002 年巴西总统卡多佐访俄。哥伦比亚、委内瑞拉、古巴和巴拉圭议会代表团先后访问了俄罗斯。墨西哥、古巴、委内瑞拉、秘鲁、智利和哥斯达黎加的外长先后访俄。海地、危地马拉、洪都拉斯、萨尔瓦多、多米尼加等国同俄罗斯恢复了正常关系。2009 年古巴国务委员会主席和部长会议主席劳尔·卡斯特罗、智利总统巴切莱特、阿根廷总统克里斯蒂娜、尼加拉瓜总统奥尔特加、玻利维亚总统莫拉莱斯等接踵访问俄罗斯。委内瑞拉总统查韦斯生前和马杜罗总统多次访问俄罗斯。2018 年和 2019 年，古巴新领导人卡内尔主席两次访问俄罗斯。

俄罗斯与拉美国家的贸易往来及经济合作逐步得到加强。1992 年俄拉贸易额为 13.3 亿美元，2000 年增加到 30.17 亿美元，2017 年为 135.89 亿美元。2006—2016 年俄拉贸易增加了 44.1%（同期中拉贸易增加了 200% 多，美拉贸易增加 38%）。2018 年俄拉贸易额为 148 亿美元。俄拉贸易绝对额虽然有所增加，但在拉美贸易总额中所占的比重很小，2000 年只占 0.4%，2009 年占 0.7%，2017 年仍为 0.7%。最近 20 年，俄拉贸易在拉美贸易总额的比重均未超过 1% 。2000 年俄拉贸易占俄罗斯外贸总额的 3.38% ，2017 年减少到 2.28% 。

巴西、墨西哥、厄瓜多尔、阿根廷、智利、委内瑞拉为俄罗斯在拉美的主要贸易伙伴。在俄拉贸易中，军售占较大的比重。俄罗斯向委内瑞拉、秘鲁、墨西哥、阿根廷和巴西等国出售常规武器和军事装备。俄罗斯与拉美国家的经济合作也有所加强。1991 年 9 月，俄政府颁布《外国投资法》，允许外国资本在俄罗斯建立独资企业。与此同时，俄罗斯也在拉美一些国家建立合资或独资企业。到 2018 年 6 月，俄罗斯在拉美累计直接投资共 530.38 亿美元。总的来说，拉美还不是俄罗斯外交的重点地区，俄罗斯对拉美的影响仍十分有限。

2. 拉美与独联体及东欧国家的关系

拉美国家（包括古巴）均承认俄罗斯为苏联的继承者，并先后承认所有独立的苏联加盟共和国并同它们保持正常的外交和经贸关系。东欧的剧变，使古巴过去同东欧国家的密切关系受到很大影响，但对拉美大多数国家同原东欧国家的往来不多。

（1）古巴与独联体及东欧国家的关系

东欧剧变、苏联解体后，古巴尽力同所有的苏联加盟共和国维持并发展关系。1992 年古巴先后同独联体多数国家建交。

东欧剧变前，古巴外贸的 85% 是同苏联和东欧社会主义国家进行的，其中东欧占 10% 。在 1988—1989 年古巴的出口商品中，有 63% 的糖、73% 的镍、95% 的酸性水果和 100% 的电器零配件是向经互会市场出口的；在古巴的进口商品中，则有 63% 的食品、86% 的原料、98% 的燃料、80% 的机器设备、72%—75% 的制成品来自经互会国家。这说明，在 80 年代后期，古巴在经济上对苏联、东欧国家的依赖是多么深。

东欧剧变后，经互会解散，古巴同东欧的经贸关系几乎已不复存在。1990 年 10 月德国统一后撤销了过去民主德国同古巴签订的一切协议，使古巴失去了民主德国这个仅次于苏联的重要经贸伙伴。90 年代后半期，古巴同东欧有些国家，如捷克、匈牙利等在一定程度上恢复了经贸往来。但是，在政治上，古巴同东欧一些国家分歧很大。古巴与独联体的白俄罗斯、哈萨克斯坦等国保持一定的交往。2016 年 4 月，哈萨克斯坦总统纳扎尔巴耶夫访问古巴，2019 年 10 月古巴卡内尔主席访问白俄罗斯，并到阿塞拜疆参加第 18 届不结盟运动首脑会议。

（2）拉美其他国家与独联体及东欧国家的关系

东欧剧变、苏联解体后，先后访问拉美国家的东欧国家和已独立的苏联加盟共和国领导人有：1991 年匈牙利总统根茨·阿尔帕德访问厄瓜多尔；1992 年亚美尼亚总统列翁·捷尔—彼得罗相访问乌拉圭；1995 年爱沙尼亚总统梅里访问墨西哥；1996 年立陶宛总统阿尔吉尔达斯访问乌拉圭；1996 年捷克总统哈韦尔访问智利；1997 年匈牙利总统根茨访问巴西、阿根廷、巴拉圭；乌克兰总统库奇马访问墨西哥等。2003 年 4 月，波兰总统克瓦斯涅维奇回访巴西。2017 年白俄罗斯总统卢卡申科访问委内瑞拉。与此同时，2002 年巴西总统卡多佐先后访问乌克兰和波兰。委内瑞拉总统查韦斯曾 5 次访问白俄罗斯，马杜罗总统 2013 年、2017 年和 2019 年访问白俄罗斯。2019 年 10 月，马杜罗总统到阿塞拜疆参加第 18 届不结盟运动首脑会议。

90 年代，东欧国家在拉美进出口贸易中所占的比重很小。在东欧国家中，波兰是拉美最大的贸易伙伴，其次是捷克、匈牙利、罗马尼亚和保加利亚；在拉美国家中，除古巴以外，同东欧国家贸易较多的是巴西、阿根廷。拉美国家向东欧出口的主要商品是食品（占 68%），其次是矿产品和制成品等；从东欧国家进口的主要商品是制成品（55%），其次是燃料和食品。1997 年 10 月，南方共同市场同独联体国家间经济委员会签署了共同宣言，双方就扩大相互贸易和发展投资合作问题达成一致。

2004 年，原东欧国家波兰、匈牙利、捷克、斯洛伐克和苏联的爱沙尼亚、拉脱维亚、立陶宛加入欧盟；2007 年，原东欧国家罗马尼亚、保加利亚也加入了欧盟，苏联的乌克兰正在申请加入欧盟，所以，一般不再使用东欧国家的名称。由于土库曼斯坦（2005 年）、格鲁吉亚（2009 年）、乌克兰（2014 年）先后退出独联体，独联体已名存实亡。

第三节　拉美与亚洲和非洲的关系

拉丁美洲同亚洲、非洲的关系源远流长。据墨西哥权威的历史学家称，早在 3.5 万年前亚洲人便越过冰封的白令海峡，先到北美洲，然后呈扇状繁衍到整个美洲。① 有文学记载的拉美与亚洲的早期贸易始于 16 世纪中期。从 19 世纪初至 20 世纪初，西方列强从中国、朝鲜半岛、印度、印度尼西亚等亚洲国家掳掠和贩卖大批契约劳工到拉美各地。自 19 世纪中叶起，日本也开始向中南美洲移民。据记载，第一批非洲黑奴早在 1502 年就被西班牙、葡萄牙殖民者运到拉美。据美国著名黑人历史学家杜波伊斯估计，在殖民地时期，被运到美洲的黑奴总人数共约有 1500 万人。②

然而，拉丁美洲同亚洲、非洲国家在政治、经济贸易等关系上有了比较全面的发展，还是在第二次世界大战之后，特别是 20 世纪 60 年代以后。

一　拉美与亚洲的关系③

根据中外文献的明确记载，拉丁美洲和亚洲的早期贸易往来，开始于 16 世纪中期，距今已 400 多年。西班牙殖民者于 1521 年攻占墨西哥的特诺奇蒂特兰城（今墨西哥城），1535 年在墨西哥城设立新西班牙总督辖区，统治墨西哥等地区。30 多年后，1570 年西班牙又占领了亚洲菲律宾群岛首府马尼拉，并于 1571 年在马尼拉建立菲岛殖民地首府，1585 年菲岛设立都督府，归新西班牙（墨西哥）总督府管辖。西班牙在太平洋上开辟了一条新的航线：塞维利亚（西班牙）—阿卡普尔科（墨西哥）—马尼拉（菲律宾）—闽粤口岸（中国），这条西班牙海上帝国的"大商帆贸易"航线，是当时亚洲和拉美之间联系的主航线。

自 19 世纪中叶起，在明治年间（1867—1912）日本开始向中南美洲大批移民。与此同时，西方列强从 19 世纪初到 20 世纪初从中国、朝鲜半岛、印度、印度尼西亚等亚洲国家掳掠和贩卖大批契约劳工到拉美国家，如到古巴等西印度群岛、圭亚那、特立尼达和多巴哥种植甘蔗，到秘鲁开采鸟粪，到巴拿马开凿运河，到墨西哥修筑铁路等。

直至 20 世纪 80 年代中期，亚洲并不是拉美大多数国家对外关系的重

① ［墨］丹·科·比列加斯等：《墨西哥历史概要》，中国社会科学出版社 1983 年版，第 2 页。

② 李春辉：《拉丁美洲史稿》上册，商务印书馆 1983 年版，第 131 页。

③ Aprovechar la conectividad: Cómo desatar el potencial comercial de América Latina y el Caribe en Asia https://publications.iadb.org/es/aprovechar – la – conectividad – como – desatar – el – potencial – comercial – de – america – latina – y – el – caribe – en Asia.

点地区。由于东亚地区近三四十年经济的高速发展，自 20 世纪 80 年代后期起，拉美国家越来越看好东亚国家的市场和资金，越来越重视发展同东亚和其他亚洲国家的政治、经济和贸易关系。

1994 年年底爆发的墨西哥金融危机、1997 年爆发的东亚金融危机和2008 年爆发的国际金融危机对拉美和亚洲经济发展和拉美与亚洲的经贸关系产生了一定的负面影响。但是，随着亚洲和拉美经济的复苏和发展，21 世纪以来，拉美与亚洲的关系正在进一步发展。

（一）拉美与日本的关系①

第二次世界大战期间，日本在拉美的势力因战争和日本战败而急剧削弱。战后初期，为了安置大批回国的军人，日本政府向拉美一些国家，特别是巴西大量移民。② 从 20 世纪 50 年代后期起，随着日本经济实力的恢复和增强，日本对拉美政策的重点从移民转向经济贸易，日本把拉美视作它的出口商品的重要市场和投资场所、主要的原料供应地。1959 年日本首相岸信介访问了巴西、阿根廷、智利、秘鲁、墨西哥 5 国，开始了战后日本对拉美的外交攻势。

1950—1981 年，拉美与日本的贸易发展迅速。日本对拉美的出口从1950 年的 4700 万美元增加到 1960 年的 2.98 亿美元，1970 年的 11.12 亿美元，1980 年的 85.72 亿美元和 1981 年的 101.19 亿美元。日本从拉美的进口，从 1950 年的 6700 万美元，增加到 1960 年的 3.1 亿美元，1970 年的 13.69 亿美元，1980 年的 57.02 亿美元，1981 年的 65.95 亿美元。日本对拉美的直接投资 20 世纪 50 年代年均只有 900 万美元，70 年代后期年均增至 6.57 亿美元。1982 年自墨西哥开始，拉美多数国家爆发了债务危机。80 年代对拉美来说，是"失去的 10 年"，经济发展停滞。这使拉美同日本及其他亚洲国家的经贸关系受到一定影响，拉美同日本的贸易额显著下降。80 年代日本对拉美直接投资的绝对额虽仍有增长，但拉美在日本对外直接投资总额中所占比重则明显下降。

90 年代拉美经济逐步走出低谷，恢复增长。然而，日本经济自 1991

---

① Las políticas de Japón hacia América Latina y el Caribe meet0901 – s. pdf https：//www. mofa. go. jp/region/latin/meet0901 – s. pdf.

② 到 20 世纪 90 年代，旅巴西日侨和日裔人数达 130 万。

年下半年起，随着"泡沫经济"的崩溃，经济出现衰退。1997 年、1998 年日本也卷入了东亚金融危机。对日本来说，拉美在经济方面的重要性有所下降。但是，对拉美国家来说，日本和其他亚洲国家在经济方面的重要性却有所上升。90 年代，日本与拉美的贸易额呈上升趋势，但是，拉美在日本外贸总额中所占的比重同 80 年代持平。

自 20 世纪 70 年代以来，特别是 90 年代以来，拉美与日本的高层往来增加。1974 年日本首相田中角荣访问了墨西哥和巴西。1980 年大平正芳首相访问了墨西哥。1982 年铃木善辛首相访问了秘鲁和墨西哥。1996 年桥本龙太郎首相访问了墨西哥、智利、巴西、秘鲁、哥斯达黎加 5 国。1997 年桥本首相再次访问秘鲁等国。1997 年日本天皇访问了巴西。与此同时，拉美国家领导人也纷纷赴日访问。巴西、阿根廷、墨西哥、委内瑞拉、哥伦比亚、秘鲁、玻利维亚、哥斯达黎加、尼加拉瓜、萨尔瓦多等国总统访问了日本。90 年代，阿根廷总统梅内姆于 1990 年、1998 年两次访问日本，巴西总统卡多佐 1994 年访问日本，秘鲁总统藤森（日裔）已 5 次访问日本，智利总统艾尔文（1992），墨西哥总统萨利纳斯 (1993)、塞迪略（1997），厄瓜多尔总统杜兰—巴连（1994），委内瑞拉总统查韦斯（1999）等也访问了日本。拉美国家和日本高层领导人之间互访的增加促进了拉美与日本之间关系的发展。

尽管拉美与日本贸易的发展有起有伏，但是，对拉美国家来说，在相当长的时间里，日本一直是仅次于美国和欧盟（1993 年以前为欧共体）的第三大贸易伙伴、第三大投资国和第三大债权人。80 年代拉美债务危机爆发后，日本为缓解拉美国家的债务负担，一方面延长了拉美一些负债国的还债期限，另一方面也增加了日元贷款。如 1989 年日本向巴西提供了相当于 5 亿美元的日元贷款，日本也将墨西哥等国列为日元贷款国，同时还将 40 亿美元的回流资金投向拉美。日本响应美国关于建立"多国间投资基金"的建议，同意提供 5 亿美元作为援助拉美的基金。1991 年 4 月，美洲开发银行特意选择日本的名古屋作为其 32 届年会的会址。1993 年 5 月，里约集团专门委派阿根廷、智利和巴西 3 国外长代表里约集团访问日本，旨在推动日本政府在当年在日本召开的西方 7 国首脑会议上为改善拉美的国际经济环境作出努力。

90 年代日本向拉美国家提供的政府开发援助显著增加。这在一定程度上表明日本政府对拉美的重视以及想以此来弥补私人部门对拉美兴趣的减弱。日本政府对拉美的开发援助 1990 年为 5.612 亿美元，1995 年增加到 11.416 亿美元，5 年内翻了一番。①

冷战结束以来，拉美国家积极同日本发展关系，特别是经贸关系，首先是为了扩大其出口市场，同时也是为了取得日本的资金和先进技术，以便借助日本雄厚的经济实力，实现资金、技术来源和出口市场的多元化，改善自己的经济地位，减少对美国的依赖。对日本来说，拉美自然资源特别是能源和矿产丰富，经济基础较好，政局相对稳定，是比较理想的、可靠的原料和燃料的供应地、稳定的投资场所和广阔的产品销售市场。

21 世纪以来，随着拉美和日本经济的复苏和发展，拉美和日本的关系进一步得到加强。② 从 2001 年上台执政的小泉纯一郎到安倍政权的二十年里，日本对拉美外交由着眼资源、能源的经济外交朝着紧盯着大国博弈的政治战略方向倾斜。日本在争当联合国安理会常任理事国问题上锁定拉美国家作为自己的票仓。2004 年 9 月，小泉纯一郎在联大正式提出"入常"要求，决定与巴西、德国、印度组成四国游说集团。小泉首相访问了巴西和墨西哥两个拉美大国，提出建立"日本与拉美新伙伴关系构想"，并谋求加强双方的经贸关系，为日本产品开拓市场，也为日本企业进军拉美开辟道路。作为对拉美的牵引手段，日本加大了对拉美的政府开发援助的力度，从 2011 年的 3.3 亿美元，增加到 2012 年的 4.3 亿美元。2006 年安倍出任首相以来，全面推行其实现强大日本的政治梦想。2014 年 7 月 25 日至 8 月 2 日，安倍首相访问了墨西哥、特立尼达和多巴哥、哥伦比亚、智利和巴西 5 国，在特立尼达和多巴哥出席了第一届日本—加勒比共同体峰会，15 个加勒比国家领导人出席。在峰会上，安倍承诺增加对加勒比国家的援助，并要求加勒比国家在"入常"问题上支持日本。评论认为，安倍这次访问"一石三鸟"，一是资源外交，即获取

① Hiroshi Matsushita: La Diplomacia Japonesa hacia América Latina en la epoca de posguerra fría: comparación con las etapas anteriores, Torcuato S. Di Tella y Akio Hosono（compiladores）: Japón / América Latina, Nuevo Hacer y Grupo Editor Latinoamericano, 1998, Buenos Aires, Argentiua, p. 164.

② 高洪:《略论 21 世纪日本对拉美外交战略变迁》,《拉丁美洲研究》2015 年第 1 期。

拉美国家的资源；二是谋求入常，争取拉美国家支持其"入常"要求；三是牵制中国，企图牵制和抗衡中国与拉美关系的迅速发展。显然，安倍政府对拉美的外交具有经济利益与政治目的并重的双重价值取向。因为拉美是日本的第三大资源供应地、日本制成品的重要市场。2021 年 1 月 4—14 日，日本外相茂木敏访问了墨西哥、乌拉圭、阿根廷、巴拉圭、巴西 5 国。同年 7 月 15—21 日，茂木敏又访问了危地马拉、巴拿马和牙买加 3 国，此次茂木访问 3 国，除加强与这 3 国的双边关系外，重点出席了两场多边会议：一是在危地马拉出席了第 4 次日本—中美洲一体化体系外长会议，二是在牙买加出席了第 7 次日本—加勒比共同体外长会议，其目的是争取获得更多在该地区投资的机会，顺势拓展日本在该地区的战略影响力。

日本与拉美的贸易额逐渐增加，1990 年为 200.51 亿美元，1993 年增加到 253 亿美元，2014 年增加到 640 亿美元。在 2002 年前，日本一直是拉美的第二大贸易伙伴，仅次于美国。2000 年，日本占拉美对亚洲出口的 40%，是拉美在亚洲的第一大贸易伙伴。但是，由于 21 世纪以来，中国与拉美贸易增长迅速，到 2002 年，中国与拉美的贸易超过日本，成为拉美在亚洲的第一大贸易伙伴和在世界的第二大贸易伙伴。墨西哥、巴西和智利三国出口是日本在拉美的主要贸易伙伴，其次是厄瓜多尔、玻利维亚、巴拉圭、萨尔瓦多和巴拿马等。

2010—2013 年，日本对拉美的直接投资年均为 69 亿美元，2013 年日本在拉美累计总投资为 1200 亿美元。2006 年日本在拉美的企业有 1262 家，2014 年增加到 2087 家。日本在拉美投资的主要领域：制造业占 34%，第一产业占 28%，第三产业服务业占 35%。[①]

（二）拉美与韩国的关系[②]

韩国自 20 世纪 60 年代初开始推行"出口立国"政策，以出口带动经济增长，实行政府主导下的宏观经济运营体制。自 60 年代起，韩国与

---

① Una nueva fase en las relaciones entre Japón y América Latina y el Caribe Japan – Report_ Spanish. pdf https：//www. thedialogue. org/wp – content/uploads/2016/02/Japan – Report_ Spanish. pdf.

② Corea del Sur：Una potencia tecno – económica emergente. Relaciones económicas，comerciales y de cooperación con América Latina y el Caribecorea – del – sur – carlos – moneta – 2017. pdf http：// www. sela. org/media/3211926/corea – del – sur – carlos – moneta – 2017. pdf.

拉美国家的经济贸易往来发展迅速。1964年韩国与拉美贸易总额只有230万美元，1971年增至2200万美元，1974年为2.29亿美元，1979年为6.51亿美元。韩拉贸易在韩国外贸总额中所占比重从1964年的0.4%增至1979年的2.6%。[①]80年代，韩国又提出"民间主导型"过渡，官方民间双管齐下，大力开展对外经济贸易，使经济迅速发展，被称为亚洲"四小龙"之一。80年代，韩拉贸易持续增长。1980年韩拉贸易额为8.61亿美元，1985年增至29.37亿美元，1989年为32.82亿美元。

韩国对拉美的直接投资始于80年代初，1981年韩国对拉美投资5个新项目，金额仅70万美元。10年后，1991年韩国对拉美新投资项目有40个，金额增至4390万美元。

20世纪90年代头7年韩拉贸易和韩国对拉美投资迅速增长。韩国对拉美的出口额从1990年的21.02亿美元增至1996年的89.61亿美元；同期，从拉美的进口额从17.26亿美元增至43.92亿美元。韩拉贸易额在韩国对外贸易总额中所占的比重从1990年的2.8%增至1996年的4.8%。韩国对拉美的直接投资从1991年的4390万美元，增加到1996年的4.22亿美元和1997年的6.28亿美元。对拉美的投资额在韩国对外投资总额中所占的比重从1991年的2.9%增至1997年的11%。

90年代，阿根廷、墨西哥、智利、秘鲁、厄瓜多尔、委内瑞拉等不少拉美国家领导人访问韩国。1991年韩国总统卢泰愚访问了墨西哥，双方签署了科技、旅游和社会经济计划等3项合作协议。1996年9月2日至14日，韩国总统金泳三对危地马拉、智利、阿根廷、巴西和秘鲁5国进行正式访问。1997年6月，金泳三总统又访问了墨西哥。韩拉之间高层往来对促进韩拉之间的关系起了重要作用。

在1996年金泳三总统出访拉美5国前，韩国政府有关智囊机构准备了一份报告，建议政府根据世界和拉美地区政治经济形势的新变化对发展韩拉经济关系采取新的方针政策，提出要全方位、多层次地促进韩拉关系的发展，并建议召开亚洲和拉美首脑会议，建议韩国成立以私人部门为主的拉美理事会（已于1996年8月成立），建议韩国加入中美洲一

---

① Won – Ho Kim：Korea and Latin Amerca：End of Honeymoom?，Revista de SELA，Capitulos，No. 56，May – August，1999，pp. 123 – 135。

体化银行等（已加入）。1997 年 8 月，韩外长访问萨尔瓦多、巴拿马、墨西哥三国，与中美洲五国外长举行第一次韩国—中美洲对话协商会。

　　然而，正当韩国政府和企业家雄心勃勃地准备积极发展韩拉关系，特别是经贸关系时，1997 年 11 月，继泰国、印度尼西亚等国之后，韩国也发生了金融危机，经济出现了严重衰退。而 1994 年年底墨西哥的金融危机、1999 年 1 月巴西的金融动荡以及亚洲、俄罗斯的金融危机对拉美经济先后产生了不利影响，对韩拉经贸关系发展产生了消极影响。1998年韩国对拉美直接投资比 1997 年减少了近一半，从 6.28 亿美元减至3.79 亿美元，不少原计划在拉美投资的项目被取消或推迟。从外贸来看，由于韩元的大幅度贬值，使韩国出口商品竞争力增强，大量涌入拉美市场，从而引起韩国同一些拉美国家在贸易方面的摩擦增加，墨西哥、哥伦比亚等国政府对韩国一些出口商品采取反倾销措施。此外，由于韩国经济衰退，不少工厂倒闭或开工不足，韩国从拉美进口额急剧减少，1998 年从拉美进口额比 1997 年减少了 46.1%。从拉美来说，由于巴西、阿根廷、智利等国经济增长乏力，对韩国产品的需求也明显减少。进入21 世纪以来，韩拉关系，特别是经贸关系取得较快的发展。韩国对拉美的外交主要是经济外交。韩国与智利（2004 年）、秘鲁（2011 年）、哥伦比亚（2013 年）、中美洲 5 国（2019 年）等国先后签署了自贸协定。2015 年 4 月，韩国总统朴槿惠访问哥伦比亚、秘鲁、智利和巴西 4 国，同 4 国签署了 78 项合作协议和备忘录。2016 年 4 月，朴槿惠总统又访问了墨西哥，两国签署了 17 项合作协议和备忘录，这两次访问加强了韩国与拉美 5 国的关系。智利总统巴切莱特（2009 年），秘鲁总统加西亚（2010 年）、洪都拉斯总统胡安·奥尔兰多·埃尔南德斯（2015 年）、智利总统皮涅拉（2019 年）等拉美国家领导人先后访问韩国。

　　韩拉贸易从 2000 年的 110 亿美元，增加到 2013 年的 518.7 亿美元。1990—2013 年韩拉贸易年均增长 17%。2013 年起，由于拉美经济出现衰退，韩拉贸易有所减少。2015 年韩拉贸易额减少到 441.43 亿美元，2018年又减少到 430 亿美元。韩国在拉美进口总额中所占的比重从 2000 年的1.8%，增加到 2015 年的 3.1%；同期，韩国在拉美出口总额中所占的比重从 1.1% 增加到 1.3%。韩拉贸易，韩国主要出口对象国是墨西哥、巴西、智利、秘鲁、哥伦比亚，主要进口来源国是智利、巴西、墨西哥、秘鲁和阿根廷。韩国主要向拉美出口船只、车辆、钢铁和工业制成品，从拉美进口初级产品。

2000—2014 年韩国在拉美的直接投资年均增长 103%，2014 年韩国累计在拉美直接投资达 103 亿美元，其中 83% 是投入拉美制造业，主要投资对象国是巴西和墨西哥，两国占韩国在拉美投资的 80%。2005 年拉美在韩国对外投资总额中的比重只占 5%，2014 年上升到 8.1%。而拉美在韩国的直接投资 2002—2012 年累计为 6400 万美元。

韩国与南方共同市场、中美洲一体化体系、拉共体、加勒比共同体等拉美一体化组织建立了对话机制，韩国是太平洋联盟的观察员国和候选联系国，2007 年韩国加入了联合国拉美经委会，2017 年 8 月，东亚—拉美合作论坛第 8 届外长会在韩国釜山举行，韩国作为协调国主持会议，会议以"共同的愿望，崭新的行动"为主题，回顾论坛合作现状，规划论坛未来发展方向。会议通过《釜山宣言》，决定提升对话合作水平，完善机制建设，设立亚拉论坛基金，建立"三驾马车"对话机制。

（三）拉美与印度的关系①

拉美与印度的交往由来已久。早在 19 世纪 30 年代起，当时还是英国殖民地的印度就有大量契约劳工被英国殖民当局输入拉美。据统计，从 1838 年到 1917 年，共有 56 万印度契约劳工被英国殖民当局掠卖和贩运到拉美和加勒比。其中约有 23.8 万人进入英属圭亚那（今圭亚那），14.5 万人进入英属特里尼达（今特立尼达和多巴哥），3.6 万人进入了英属牙买加（今牙买加），3200 人进入英属格林纳达（今格林纳达），2472 人进入英属圣文森特（今圣文森特和格林纳丁斯），4354 人进入英属圣卢西亚（今圣卢西亚）。还有 7.8 万人进入法属瓜德鲁普岛和马提尼克岛，2 万人进入法属圭亚那，3.4 万人进入荷属圭亚那（今苏里南）。整个加勒比地区，除古巴外，几乎都有印度契约劳工。印度劳工到达拉美和加勒比后，主要从事水稻、甘蔗、蔬菜和水果等种植业，过着半奴隶的生活。契约期限满后，大多数人留在当地，从事零售业、手工业，也有成为医生、护士、教师、律师等职业。

---

① India y América Latina：hacia una agenda común de comercio – Conexión Intal https：//conexionintal. iadb. org/2018/01/29/latindia – integracion – comercio/.

印度 1950 年独立后，这些在拉美和加勒比的印度裔居民就成为这些国家与印度交往的桥梁。1961 年印度与南斯拉夫等国发起成立不结盟运动，在运动内，印度与拉美的不结盟运动成员国交往增加。1968 年英迪拉·甘地总理访问智利，古巴菲德尔·卡斯特罗 1973 年以总理身份，1983 年又以国务委员会主席和部长会议主席身份访问印度；1985 年印度总理拉吉夫·甘地访问古巴。

进入 21 世纪以来，拉美与印度关系迅速发展。拉美与印度高访增加。2009 年金砖国家机制建立后，2010 年、2014 年和 2019 年先后在巴西召开金砖国家第 2、第 6 和第 11 届峰会，2012 年和 2016 年在印度召开第 4 届和第 8 届峰会，巴西总统与印度总理参加了上述峰会，并实现互访。智利总统拉戈斯和委内瑞拉总统（2005 年）、巴西总统卢拉（2007 年）、智利总统巴切莱特（2009 年）、古巴国务委员会和部长会议第一副主席迪亚斯－卡内尔（2013 年、2015 年）、阿根廷总统马克里（2019 年）、巴西总统博索纳罗（2020 年）访问印度。印度总统普拉蒂巴·帕蒂尔（2008 年）访问智利，曼莫汉·辛戈总理访问古巴（2006 年），莫迪总理访问巴西（2014 年、2019 年），拉姆·纳特·考文德总统访问古巴（2019 年）等。

21 世纪以来，拉美与印度贸易额迅速增长 2000 年拉印贸易额只有 20 亿美元，2018 年增加到 390 亿美元，增长近 20 倍。2001—2018 年拉美向印度出口年均增长 22%，从印度进口年均增长 16%。2000 年，拉美在印度外贸总额中只占 1.7%，2016 年上升到 4%。2018 年，拉美占印度进口总额的 5.1%，占印度出口的 4.1%。最近几年，拉美与印度贸易，拉美略有顺差。巴西、墨西哥、哥伦比亚是印度在拉美的主要贸易伙伴。拉美向印度主要出口原油、矿产品、大豆和豆油等农产品，从印度进口汽车、化工产品、药品等。

2008—2018 年印度年均向拉美直接投资 7.04 亿美元，到 2018 年印度对拉美直接投资累计达 200 亿美元。主要投向石油、医药、汽车制造、农产品加工、纺织、化工等部门。印度在拉美共有 200 多家企业。2018 年拉美对印度直接投资累计为 5.05 亿美元。2004 年印度与南共市签署贸易协议，2005 年与智利签署部分商品自贸协议。

拉美与印度贸易的发展也存在一些障碍，主要障碍之一是双方关税高，印度对从拉美进口的商品平均关税为 12.3%，拉美对从印度进口的关税为 8.1%。主要障碍之二是双方相隔距离遥远，商品运输费用高。总的来说，拉美与印度经贸关系发展前景广阔，最近几年，印度经济发展速度在全世界名列前茅，印度经济的高速发展和 13 亿多的人口需要拉美的原油、矿产品和农产品，拉美也需要印度多种工业产品、药品等。

（四）拉美与亚洲其他国家和地区的关系

拉美和东亚分别位于太平洋东西两岸。地处太平洋沿岸的拉美国家有 11 个，即：墨西哥、危地马拉、萨尔瓦多、尼加拉瓜、哥斯达黎加、洪都拉斯、巴拿马、哥伦比亚、厄瓜多尔、秘鲁和智利。拉美国家与东亚的经贸往来有着悠久的历史。但是，直至 20 世纪 80 年代中期，无论是亚洲还是拉美国家，都没有把对方视为对外关系的重点。

自 20 世纪 80 年代后期起，亚洲国家与拉美国家的交往日趋密切，高层互访频繁。1991 年马来西亚总理、印度尼西亚总统、科威特国埃米尔访问拉美一些国家；1995 年印度尼西亚总统访问苏里南；1995 年土耳其总统访问了阿根廷，印度总统、马来西亚国家元首访问了智利，1996 年马来西亚总理访问特立尼达和多巴哥；1996 年，韩国总统、日本首相访问了拉美几个国家，1997 年马来西亚总理访问古巴。与此同时，拉美许多国家领导人频频访问亚洲国家。如 1991 年以后，秘鲁总统藤森曾 5 次访问日本，4 次访问中国，还访问了韩国、新加坡、泰国、马来西亚和香港地区；智利总统弗雷 1994 年访问了印度尼西亚、日本、韩国，1995 年访问了菲律宾、马来西亚和中国，1996 年访问了新加坡；阿根廷总统梅内姆 1995 年访问了韩国、中国，1997 年访问了越南、泰国和新加坡；哥伦比亚总统桑佩尔 1996 年访问中国、印度尼西亚和韩国，1997 年访问了以色列、巴勒斯坦国；1996 年乌拉圭总统桑吉内蒂访问了马来西亚；1997 年哥斯达黎加总统苏格雷斯访问马来西亚、新加坡、菲律宾和日本；1997 年特立尼达和多巴哥总理潘迪访问了印度；1994 年苏里南总统费内希恩、1997 年苏里南总统韦登博斯先后访问印度尼西亚；1999 年委内瑞拉总统查韦斯访问了中国、韩国、日本、新加坡、菲律宾。

从 1990 年到 1996 年 7 月中，拉美与东南亚国家的进口和出口呈上升趋势。1990 年拉美对东南亚 6 国（菲律宾、印度尼西亚、马来西亚、新加坡、泰国和越南）的出口额从 18.65 亿美元增至 34.78 亿美元；同期，拉美从东南亚6国的进口额从5.58亿美元增至39.54亿美元，无论是出口还是进口，年均增长率一般都是两位数。

以上情况表明，20世纪90年代，拉美国家与亚洲国家的政治、经贸关系越来越密切，亚洲已成为拉美国家外交中仅次于美国、欧盟的重点地区之一。拉美各国领导人对发展同亚洲关系越来越重视。智利总统艾尔文1992年说，亚洲、太平洋地区众多国家同智利有着广泛一致的观点，亚太地区已成为智利对外贸易中最富有活力的地区。智利总统弗雷（1994—2000年执政）说，智利可以成为亚洲国家和拉美国家之间的桥梁。巴西总统卡多佐表示，巴西对外政策应将亚洲置于"特别优先的地位"。阿根廷总统梅内姆把与亚洲国家发展关系置于其外交政策的重要位置，认为亚洲地区地域辽阔，资源丰富，经济发展迅速，进口日益多样化，是阿根廷新的出口市场。

墨西哥、智利、秘鲁、哥伦比亚等拉美国家先后加入了太平洋盆地经济合作会议。1991年5月，墨西哥、智利和秘鲁作为正式成员国首次参加了太平洋经济合作会议。1993年、1994年和1997年墨西哥、智利和秘鲁3国先后正式加入了亚太经济合作组织。自加入该组织后，上述3国总统先后参加了该组织历届领导人非正式会议。1999年9月，包括中、日、韩在内的东亚国家和拉美国家共27国的政府官员、企业家在新加坡召开了首届"东亚—拉美合作论坛"，正式成立了"东亚—拉美合作论坛"机构。论坛每两到三年召开一届外长会，每年召开一次高官会，会议在亚拉地区各国轮流举办。1994年年底墨西哥爆发的金融危机、1997年亚洲金融危机和1999年年初巴西的金融危机对拉美与亚洲国家经贸关系的发展产生过一些影响。2017年11月11日，由启动跨太平洋伙伴关系协定（TPP）谈判的11个亚太国家共同发布了一份联合声明，宣布"已经就新的协议达成了基础性的重要共识"，并决定将协定改名为"全面与进步跨太平洋伙伴关系协定"（Comprehensive and Progressive Agreement for Trans-Pacific Partnership，CPTPP）。2018年3月8日，参与"全面与进步跨太平洋伙伴关系协定"谈判的11国代表在智利首都圣地亚哥举行协定签字仪式。12月30日，全面与进步跨太平洋伙伴关系协定正式生效。这11个亚太国家中，包括拉美的智利、秘鲁和墨西哥3国和亚洲的日本、新加坡、马来西亚和越南等国，通过CPTPP，亚洲一些国家加强了与拉美3国的关系，特别是经贸关系。

随着世界经济全球化的发展和亚洲、拉美经济的复苏，进入21世纪以来，拉美与亚洲的经贸关系发展势头看好。无论是拉美国家还是亚洲国家领导人对发展相互关系都比较重视，拉美国家与亚洲的关系进一步发展。2001年3月，在智利圣地亚哥举行了"东亚—拉美合作论坛"首届外长会议。到2019年为止，共召开了9届外长会议。第2届2004年1月底在菲律宾马尼拉，第3届2007年8月在巴西首都巴西利亚，第4届2010年1月在日本东京，第5届2011年8月在阿根廷布宜诺斯艾利斯，第6届在印度尼西亚巴厘岛，第7届在哥斯达黎加圣何塞举行，第8届2017年8月在韩国釜山，第9届2019年11月在多米尼加圣多明各举行。到目前为止，成员国已发展到36个（其中拉美增至20国）。

2003年12月，卢拉访问中东5国，寻求与中东国家进行经贸合作与政治合作，呼吁建立洲际贸易集团，举行南美—阿拉伯首脑会议。2002年10月亚太经合组织第10次领导人非正式会议在墨西哥洛斯加沃斯举行；2004年11月亚太经合组织第12次领导人非正式会议在智利圣地亚哥举行；2008年11月和2016年11月，亚太经合组织第16次和第24次领导人非正式会议在秘鲁利马举行。众多亚太地区领导人在到墨西哥、智利和秘鲁与会的同事，也顺访多个拉美国家。与此同时，墨、智、秘3国领导人到亚太国家与会时，也顺访多个亚太国家。其他拉美国家的领导人也频频出访亚太国家。

21世纪以来，拉美国家与亚太国家的经济贸易往来得到加强。2000—2011年亚拉贸易年均增长20.5%，2011年亚拉贸易额为4420亿美元，2018年增加到5810亿美元。2000年亚拉贸易占拉美外贸总额的10%，2011年增加到21%，2018年增加到25%。亚洲在拉美出口总额中的比重从2000年的5.3%增加到2010年的14%，2018年的17.1%。亚洲成为拉美第二大贸易伙伴。中国、日本、韩国和印度4国是拉美在亚洲的4大贸易伙伴，而巴西、墨西哥、智利、阿根廷是亚洲在拉美的4大贸易伙伴。拉美向亚洲出口的4大产品是大豆、原油、钢铁和铜；而亚洲向拉美出口的大部分是制成品。2000—2018年拉美向中国的出口年均增长20.4%，向印度的出口年均增长19.1%，向东南亚国家联盟（ASEAN）的出口年均增长13.7%，向韩国的出口年均增长11.8%，向日本的出口年均增长 5.9%。亚洲在拉美的直接投资 2003 年累计为 400 亿美元，2014 年增加到 1810.5 亿美元。

二　拉美与非洲的关系

在第二次世界大战以前，不少非洲国家尚未独立，因此，拉丁美洲国家同非洲国家在政治、外交和经贸方面联系很少。战后，特别是 20 世纪六七十年代随着非洲国家一个接一个获得独立之后，拉美国家同非洲交往逐渐增多。

（一）拉美与非洲国家的政治、外交往来

20 世纪 60 年代，拉美国家与非洲多数国家仍无外交关系。因此，国家领导人之间互访很少。70 年代起，拉美国家与非洲国家陆续建交，领导人之间的互访增多。

1970 年和 1973 年圭亚那总理伯纳姆（1980—1985 年任总统）访问了赞比亚等 10 个非洲国家。1972 年巴西宣布当年为"非洲年"，当年巴西外长访问了扎伊尔（现称刚果民主共和国）和另外 8 个西非国家；1975 年，坦桑尼亚总统尼雷尔访问墨西哥，赞比亚总统卡翁达访问古巴、巴哈马、圭亚那、巴巴多斯，尼日利亚总统戈翁和博茨瓦纳总统塞协茨访问圭亚那，塞内加尔总统桑戈访问墨西哥，加蓬总统邦戈访问巴西。同年，墨西哥总统埃切维里亚访问了塞内加尔、阿尔及利亚、坦桑尼亚、埃及等非洲国家及一些亚洲国家。1977 年委内瑞拉总统佩雷斯访问了阿尔及利亚等非洲及西亚石油输出国组织国家。1972 年古巴领导人菲德尔·卡斯特罗（当时为总理）访问了几内亚、塞拉利昂、阿尔及利亚、刚果、坦桑尼亚和埃塞俄比亚等国，1977 年卡斯特罗（自 1976 年起任国务委员会主席兼部长会议主席）再度访问利比亚、索马里、阿尔及利亚、埃塞俄比亚、安哥拉、莫桑比克、坦桑尼亚等非洲国家。

进入 80 年代后，拉美国家与非洲国家高层领导人之间互访增多。1980 年委内瑞拉总统埃雷拉访问了阿尔及利亚、利比亚等非洲国家及西亚国家，1983 年巴西总统菲格雷多访问了尼日利亚、几内亚比绍、塞内加尔、阿尔及利亚和佛得角等非洲 5 国，这是巴西国家元首首次出访非洲大陆。1984 年菲格雷多总统又访问了摩洛哥。1986 年巴西总统萨尔内访问了佛得角。与此同时，非洲国家领导人也频频出访拉美一些国家。

1980 年几内亚总统和几内亚比绍总统访问了巴西，1981 年马里总统访问了巴西。1981 年赤道几内亚第一副总统访问了阿根廷、智利等 10 个拉美国家。1984 年利比亚最高领导人卡扎菲访问墨西哥。1984 年几内亚比绍总统访问巴西，1987 年扎伊尔和佛得角总统访问巴西。

90 年代，巴西总统科洛尔于 1991 年访问安哥拉、津巴布韦、莫桑比克和纳米比亚 4 国；1994 年卡斯特罗主席访问南非，并同南非建交；1995 年阿根廷总统梅内姆访问南非；1997 年哥伦比亚总统桑佩尔以总统和不结盟运动主席双重身份出访南非、肯尼亚、埃及、阿尔及利亚和摩洛哥；1998 年，哥伦比亚总统帕斯特拉纳、古巴主席卡斯特罗访问南非并出席了在南非举行的第 12 届不结盟国家首脑会议。1993 年南非总统德克勒克访问乌拉圭、智利、巴拉圭和阿根廷。1994 年赞比亚总统、纳米比亚总理等访问古巴。1997 年博茨瓦纳总统访问古巴；突尼斯总统访问了阿根廷；同年，几内亚比绍总统访问巴西；加纳总统罗朴斯访问特立尼达和多巴哥；1998 年南非总统曼德拉访问了阿根廷、古巴等一些拉美国家；

进入 21 世纪以来，拉美国家与非洲国家高层互访不断，关系不断发展。南方国家首脑会议首届 2000 年在古巴哈瓦那，第 2 届 2005 年在卡达尔召开，许多拉美国家领导人与非洲、亚洲国家领导人聚会。不结盟运动首脑会议第 14 届 2006 年在古巴，第 15 届 2009 年在埃及，第 17 届在委内瑞拉召开，不结盟运动拉美成员国领导人又与非洲、亚洲许多领导人会晤。2003 年 6 月，巴西提出建立以巴西、印度和南非联盟为基础的"发展中的南方轴心"；2003 年 11 月，卢拉访问非洲 5 国，表示愿意与非洲国家发展战略关系。南美洲—非洲首脑会议 2006 年首届在尼日利亚，第 2 届 2009 年在委内瑞拉，第 3 届 2013 年在赤道几内亚举行。2011 年南非加入 2009 年成立的金砖国家合作机制，2013 年和 2018 年金砖国家第 5 届和第 10 届峰会先后在南非召开，巴西总统罗塞夫和特梅尔先后出席峰会；与此同时，南非祖玛总统于 2010 年和 2014 年，西里尔·拉马福萨总统于 2019 先后出席在巴西召开的金砖国家第 2 届、第 6 届和第 11 届峰会。

拉美国家与非洲国家关系的发展有以下几个特点：

1. 拉美一些以黑人居民占多数或黑人所占比例较大的国家，如圭亚那、巴西、古巴等国，与非洲的交往比较多。1972 年卡斯特罗在出访非洲时多次强调，古巴人不能忘记，几百年前，非洲人背井离乡，被运到古巴去，沦为奴隶。所以，非洲人和古巴人不但有共同理想，而且有血缘关系，因此，他们是兄弟。1975 年卡斯特罗又宣布古巴是"拉丁非洲国家"。巴西领导人也强调巴西与非洲有种族和文化渊源，因而愿意积极推动与非洲国家的关系。巴西与非洲的安哥拉、莫桑比克、佛得角、几内亚比绍、桑多美和普林西比都是葡（萄牙）语国家，历史上曾都是葡萄牙的殖民地。共同的历史遭遇使巴西容易同这些葡语非洲国家接近，关系特殊。1986 年，巴西首先在联合国倡议成立"南大西洋和平合作区"，以加强同非洲大陆的经贸、技术合作与交流。1996 年 7 月，在巴西倡导下，葡萄牙语国家共同体正式成立。

2. 20 世纪六七十年代，拉美国家与非洲及亚洲发展中国家一起，积极倡导和推动建立国际原料出口国和生产国组织（如 1960 年委内瑞拉和中东和非洲一些产油国发起成立石油输出国组织），利用不结盟运动、联合国贸发会议、七十七国集团等机构及其活动积极倡导和推动建立国际经济和政治新秩序。在这一斗争中，拉美国家增进了同非洲国家的合作关系。如作为石油输出国组织发起国之一的委内瑞拉与同为这一组织成员国的非洲国家阿尔及利亚、尼日利亚、利比亚和加蓬关系比较密切，70 年代积极倡导建立国际经济新秩序和奉行"第三世界主义"的墨西哥埃切维里亚政府与非洲国家增进了往来。

3. 古巴和非洲一些国家如安哥拉、纳米比亚等有特殊的关系。20 世纪 70 年代中后期，古巴曾向非洲的安哥拉（1975 年）、埃塞俄比亚（1977 年）等国派出大量兵力。1979 年古巴驻安哥拉的兵力达 2 万人，1978 年古巴驻埃塞俄比亚的兵力达 1.65 万人。1978 年古巴驻非洲国家兵力达 38256 人。[①]古巴称自己派兵非洲是符合"革命的国际主义"，古巴出兵帮助安哥拉击退了南非军队的入侵，巩固了安哥拉"人运"（安哥拉人民解放运动）政府的地位。1988 年古巴驻安哥拉军队多达 5 万人。古巴出兵帮助埃塞俄比亚同索马里作战。古巴还支持纳米比亚摆脱南非统治的斗争。80 年代后期，古巴、安哥拉和南非三国在美国的调解下于 1988

① H. Michael Erisman: Cuba's International Relations, Westview Press, 1985, pp. 74 - 75.

年 12 月 22 日在纽约签署协议，要求联合国秘书长在 1989 年 4 月 1 日开始实施关于纳米比亚独立的联合国 435 号决议，南非军队撤出纳米比亚。安哥拉和古巴在同一天签署了双边协议，规定古巴军队于 1989 年 4 月 1 日起的 27 个月内全部撤出安哥拉。1991 年 5 月 25 日，古巴提前从安哥拉撤出了全部军队，结束了对非洲的军事卷入。古巴热烈欢呼曼德拉领导下的南非人民反对白人种族主义斗争的胜利，在曼德拉 1994 年 5 月 10 日就任总统的第二天，古巴和新南非政府正式建交。古巴可以说是同非洲关系最密切的拉美国家之一。

（二）拉美与非洲国家的经济和贸易往来

拉美与非洲国家之间的经贸往来，在 20 世纪五六十年代微乎其微。70 年代以来，拉美与非洲的经贸往来明显增长，但迄今为止，双边贸易在各自外贸总额中所占比重仍很小。此外，交往的面比较窄。在拉美国家中，主要集中在巴西、阿根廷、墨西哥、委内瑞拉、乌拉圭、古巴、圭亚那、特立尼达和多巴哥等少数国家；在非洲国家中，主要集中在尼日利亚、安哥拉、南非、肯尼亚、阿尔及利亚等国家。拉美向非洲主要出口制成品粮食、药品和化工产品，进口原油和一些初级产品。据统计，非洲在拉美出口中所占的比重 1960 年只有 1%，1965 年为 1.1%，1970 年为 0.7%，1975 年为 2.1%，1980 年为 2.3%，1985 年增至 2.7%；非洲在拉美进口中所占的比重 1960 年只有 0.4%，1965 年为 0.4%，1970 年为 1.3%，1975 年为 3.8%，1980 年为 4.8%，1985 年为 2.8%。[①]

从 70 年代中期开始，拉美一些国家与非洲国家开始进行技术、劳务和财政金融方面的合作。巴西、阿根廷、墨西哥、委内瑞拉等一些经济比较发达的拉美国家，除积极开展同非洲国家的贸易往来外，还向非洲一些国家提供贷款、输出技术和出口劳务。

20 世纪 90 年代初，巴西在安哥拉的投资达 12 亿美元，是巴西在国外的最大一笔投资。巴西向安哥拉输出汽车制造技术和石油开采技术并提供有关设备，换回巴西所需的石油。巴西规模庞大的建筑和设计咨询公司以其熟练的工程技术人员在非洲一些国家承包各种经济项目并建立混合企业，如巴西曾在毛里塔尼亚承包修建了两条长达 1100 公里的公路，

---

① 苏联拉美所编：《拉丁美洲统计数字》，1989 年，莫斯科，第 101—102 页。

巴西还同苏丹、塞内加尔等非洲和阿拉伯国家签有承包公路、铁路、桥梁和体育设施等合作项目。1982 年巴西曾和阿尔及利亚签订了一项建筑住房的合作协定，巴西承揽了 5 年内在阿尔及尔建成 10 万多套住宅的工程。利比亚把勘探和开采石油的权利租让给巴西的公司。巴西还援助莫桑比克铺设铁路，承包基本建设项目，发展农业，建立农工综合体和水电站等。

阿根廷同南非、突尼斯、摩洛哥、科特迪瓦、尼日利亚、刚果民主共和国、肯尼亚、加蓬、塞内加尔、利比里亚、几内亚和喀麦隆等国进行比较广泛的经济和技术合作，阿根廷向其中一些国家提供发展畜牧业、畜产品加工厂、渔业、水泥厂等技术和设备。1995 年 2 月，阿根廷总统访问南非，同南非签署了关于保护南大西洋和平合作协议。1997 年 3 月，突尼斯总统本·阿里访问阿根廷，两国签署动植物检疫、环境保护、农业和科技交流执行计划及"1998—2000 年文化教育执行计划"。

墨西哥帮助塞内加尔建立鱼类加工企业，修建码头和提供捕鱼船。委内瑞拉帮助几内亚发展水力发电。哥伦比亚总统桑佩尔在 1997 年访问阿尔及利亚时，两国签署了加强经济关系的协定。

进入 21 世纪以来，拉美与非洲的贸易发展比较快。[①] 拉非贸易额从 1990 年的 27 亿美元，增至 2000 年的 79.26 亿美元，2008 年增至 405.03 亿美元。2008 年之后几年由于受国际金融危机的影响，双边贸易额有所下降，2015 年为 365.09 亿美元。拉美向非洲出口从 2000 年的 29.33 亿美元增加到 2015 年的 148.02 亿美元；同期，拉美从非洲的进口从 49.93 亿美元增加到 121.06 亿美元。非洲占拉美贸易总额中的比重维持在 2% 左右。在拉非贸易中，南美洲占 90%，巴西占 60% 左右。而尼日利亚、南非、阿尔及利亚、安哥拉和摩洛哥是拉美在非洲的主要贸易伙伴。拉美主要向非洲出口大豆、糖、农产品、铁矿砂等，从非洲进口石油、天然气、化肥等。拉美和非洲相互直接投资不多，巴西、阿根廷、墨西哥在非洲有少量投资，南非在拉美投资约 120 亿美元。

---

① Evolución del comercio América Latina – África en 2000—2015（I）– Latin America Hoy https://latinamericahoy.es/2018/01/09/evolucion – del – comercio – america – latina – africa – en – 2000 – 2015 – i/.

拉美国家同亚洲、非洲国家在历史上有过受帝国主义、殖民主义统治压迫的共同遭遇，目前又面临着反对大国霸权主义、发展民族经济、争取建立国际经济新秩序等共同的任务。拉美同亚、非国家之间的互助合作有着牢固的政治基础。但是，由于拉美国家以及亚、非不少发展中国家的对外经济关系在相当大的程度上仍受发达资本主义国家的牵制，而这些发达国家出于自身利益，常常设置种种障碍企图阻碍拉美同亚、非国家之间的经贸合作。尽管如此，拉美同亚、非国家发展友好合作关系是历史发展必然的趋势，预计在未来，拉美同亚、非国家的关系在南南合作的框架内必将有新的发展。

第四节 拉美与中国的关系[①]

一 中国与拉美关系源远流长

中国与拉美之间的友好关系源远流长。根据中国和其他国家一些著名学者的研究，中国和拉丁美洲之间在古代甚至远古时代可能早就有联系。这主要表现在两个方面：（一）在人种上有着共同起源。一般认为，美洲印第安人的远古祖先是亚洲蒙古利亚人种的一支。在距今 2.5 万—1.2 万年前，即旧石器时代晚期，这些亚洲蒙古利亚人从亚洲东北部经白令海峡陆桥移入美洲。因当时地球处于地质学上第四纪的最后一次大冰川期，人们可以从冰上步行至美洲。（二）在文化、民俗方面存在不少相同之处。在墨西哥、秘鲁、厄瓜多尔出土的一些文物的图案和样式，同中国的出土文物相似；墨西哥等国古代印第安人的传说、风俗习惯、建筑物的设计与中国也较相似。

国内外一些学者认为，中国史籍《梁书·诸夷传》上所记载的扶桑国就是墨西哥，因此，认为早在公元 5 世纪时，中国僧人慧深就到过墨西哥（扶桑国）。有的学者还提出，大约公元前 11 世纪中叶周灭商时就有一部分殷人（即商朝人）东渡，到达墨西哥。对这些学说，国内外学

---

① 参见贺双荣主编《中国与拉丁美洲和加勒比国家关系史》，中国社会科学出版社 2016 年版。

者一直存在不同看法，至今尚无定论。①

　　根据我国的文献记载，在 16 世纪末和 17 世纪前半期，即我国明清之际，已有一些中国商人、工匠、水手、仆役等沿着当时开辟的中国—菲律宾—墨西哥之间的太平洋贸易航路即"海上丝绸之路"，到达墨西哥、秘鲁等国侨居经商或做工。中国和拉丁美洲之间早期的贸易始于 1575 年（即明朝万历三年），至 1815 年结束，持续了约两个半世纪，主要是通过"中国之船"（又称"马尼拉大帆船"）经"海上丝绸之路"开展的间接贸易。②

　　拉美各国独立后，中国和拉美的友好交往进一步发展。从 19 世纪中叶起，几十万契约华工及自由移民包括自由华工和华商等，先后从中国移入拉美。他们尽管经历了种种磨难，筚路蓝缕，饱尝辛酸，但在当地人民的同情和支持下，艰苦创业，求得生存发展，为拉丁美洲的经济繁荣、社会进步和民族独立做出了贡献。③

　　出于处理华工问题及发展双边贸易往来的考虑，在 19 世纪 70 年代至 20 世纪前 10 年（即清朝同治、光绪、宣统年间），中国（满清政府）同秘鲁（1875 年）、巴西（1881 年）、墨西哥（1899 年）、古巴（1902 年）和巴拿马（1910 年）等 5 个拉美国家先后建立了正式外交关系，并分别签订了具有平等互利性质的友好通商条约和有关改善华工待遇的条款，促进了彼此的政治经济联系和民间友好往来。④

二　20 世纪前半期中拉关系发展

　　1911 年中国辛亥革命推翻清朝、建立民国以后，到 1937 年抗日战争暴发前，除同原有 5 国保持外交和贸易关系外，中国（民国政府）还先后同智利（1915 年）、玻利维亚（1919 年）、尼加拉瓜（1930 年）和危地马拉（1933 年）4 国建交，使同中国建交的拉美国家增加到 9 个。

　　第二次世界大战期间，在反对德、意、日法西斯侵略的共同斗争中，

---

① Gustavo Vargas Martinez, *Fusang Chinos en America antes de Colon*, Editorial Trillas, Mexico, 1990, pp. 20 – 24.

② 沙丁等：《中国和拉丁美洲关系简史》，河南人民出版社 1986 年版，第 1—27 页。

③ 李春辉、杨生茂主编：《美洲华侨华人史》，东方出版社 1990 年版，第 475—551 页。

④ 沙丁等：《中国和拉丁美洲关系简史》，河南人民出版社 1986 年版，第 195—232 页。

中国和拉丁美洲之间交往增加。第二次世界大战期间及战后初期,中国又先后同多米尼加共和国(1940年)、哥斯达黎加(1944年)、厄瓜多尔(1946年)、阿根廷(1947年)建交,同南京国民政府建交的拉丁美洲国家增加到13个(辛亥革命后,巴西、秘鲁、墨西哥于1913年先后承认中华民国)。南京国民政府先后同一些已建交而未订约的拉美国家如古巴(1942年)签约正式建交,并同原条约期满而未订新约的国家如巴西(1943年)、墨西哥(1944年)等先后订立《友好条约》或协定,正式建交。第二次世界大战后,由于国民党政府在美国支持下,热衷于打内战,造成经济凋敝,生产停滞,民不聊生,使中拉关系发展受到影响。[1]

三 中华人民共和国成立初期中拉关系的发展

中华人民共和国成立后,由于历史的原因,拉美一些主要国家的政府在相当长时间内仍同"台湾当局"保持"外交关系",没有同中华人民共和国建立外交关系。美国对中国采取政治孤立、经济封锁和军事威胁的敌视政策,与此同时,美国视拉美为它的"后院",对拉美管束甚严,竭力阻挠拉美国家政府与中国进行官方接触,禁止它们向中国出口像铜之类的"战略物资"。

中国政府十分重视拉丁美洲这一相距虽远但有共同历史遭遇的大陆,针对当时的实际情况,确定了同拉丁美洲国家"积极开展民间外交,争取建立友好联系和发展文化、经济往来,逐步走向建交"的基本方针[2]。毛泽东主席曾对来访的拉美友好人士明确表示:"只要拉美国家愿意和中国建立外交关系,我们一律欢迎。不建立外交关系,做生意也可以;不做生意,一般往来也很好。"当时兼任外交部长的周恩来总理指出,发展同拉丁美洲国家的关系要"细水长流、稳步前进",要相信拉美人民的觉悟,谅解拉美国家和人民的处境和困难,即使民间往来也要从拉丁美洲的实际情况出发,不使拉美友好人士受到伤害和感到为难。正是本着这一方针,中国积极推动与拉美之间的民间往来,大力开展民间外交。据

---

① 沙丁等:《中国和拉丁美洲关系简史》,河南人民出版社1986年版,第239—271页。

② 张锡昌等:《峰峦迭起——共和国第三次建交高潮》,世界知识出版社1998年版,第311页。

统计，从 1950 年到 1959 年，19 个拉美国家的 1200 多位友好人士应邀来我国访问，其中有青年学生、作家、教授、医生、律师、记者、艺术家、企业家、议员和知名人士等。知名人士中有社会党领导人、后来任智利总统的阿连德，墨西哥前总统卡德纳斯，危地马拉前总统阿本斯，智利诗人聂鲁达、画家万徒勒里，古巴诗人纪廉，巴西作家亚马多等，他们对中国人民怀有深厚的感情，成为推动拉美国家与中国友好关系的先驱。在访华人士的倡议和推动下，智利、阿根廷、墨西哥、巴西、玻利维亚、乌拉圭、秘鲁、委内瑞拉、厄瓜多尔和哥伦比亚等国先后成立了对华友好团体或文化团体，这些团体发挥了友谊桥梁作用。

20 世纪 50 年代，中国也先后派出了文化艺术、新闻、医学、贸易、银行、工会、妇女等方面 16 个代表团访问了 8 个拉美国家，这些访问或演出扩大了新中国在拉美的影响，增进了中拉人民之间的相互了解，为发展中拉友好关系起了开拓作用。

50 年代初，中国政府即开始了同拉美地区的经济贸易关系。由于中国与拉美国家没有外交关系，经贸交往困难较大。1950 年中拉贸易额不足 200 万美元。1952 年中国同智利签订了一项贸易协定。1953 年墨西哥成立了墨中经济关系促进委员会。拉美商业团体与民间商人和中国的贸易代表团也开始了相互访问。中国同智利、阿根廷、墨西哥、乌拉圭等国逐步建立了贸易关系，初步打开了中拉经济贸易交往的局面。到 1959 年，中拉贸易额已达 769 万美元。整个 50 年代中拉贸易总额为 3000 万美元。

1959 年 1 月 1 日古巴革命的胜利在美国的后院打开了缺口，为中国同拉美国家发展友好关系提供了契机。1960 年 9 月 2 日，古巴总理卡斯特罗在有 100 万人民群众参加的集会上公开宣布，古巴立即断绝同"台湾当局"蒋介石"傀儡政权"的一切关系，并同中华人民共和国建立外交关系。同年 9 月 28 日，中古双方同时发表了建交公报。中古建交是新中国同拉丁美洲国家拓展外交关系零的突破，从此，中拉关系的发展揭开了崭新的一页。

四 20 世纪六七十年代的中拉关系

60 年代前半期，中国同古巴，中国同拉美国家的关系曾一度获得较快的发展。1960 年中国成立了中国—拉丁美洲友好协会,1962 年又成立了中国—古巴友好协会,中古建交后,古巴总统多尔蒂科斯于 1961 年访问中国,成为第一个访问中国的在任拉美国家总统。1960 年 11 月,古巴领导人格瓦拉率古巴经济代表团访问中国,中古两国签订了经济合作协定。1961—1965 年,中古贸易总额达 8.966 亿比索(1 比索等于 1 美元)。拉美其他国家的著名政治活动家,如墨西哥的哈拉将军和前临时总统希尔、巴西副总统古拉特、多米尼加前总统博什等先后访问中国。1960—1964 年,有 20 个拉美友好代表团访问过中国,中国也派出近 10 个友好代表团访问了拉美 7 个国家。60 年代前半期,中拉贸易发展迅速,从 1960 年的 3128 万美元,增加到 1965 年的 3.43 亿美元。1960—1965 年中拉贸易额累计达 13 亿美元。

60 年代前半期,中国向古巴、巴西、墨西哥等国派驻了新华社常驻记者。1961 年中国同巴西签订了中国人民银行和巴西银行支付与贸易协定。中国进出口公司和中国国际贸易促进委员会先后于 1961 年和 1965 年在智利设立了商业新闻办公室和商务代表处。

60 年代,拉美民族民主运动出现新的高潮。中国政府坚持奉行独立自主的和平外交政策,反对帝国主义的侵略政策和战争政策,旗帜鲜明地支持拉美国家和人民争取和维护民族独立和国家主权的正义斗争。在 1962 年 10 月加勒比海危机期间,美国对古巴实行海上封锁,中国政府两次发表声明,谴责美国的侵略行径,全国大中城市举行了总共有 500 万人参加的游行示威,声援古巴人民。1964 年 1 月 12 日,毛泽东主席发表《支持巴拿马人民反美爱国正义斗争的谈话》,庄严宣布:"中国人民坚持站在巴拿马人民一边,完全支持他们反对美国侵略者,要求收回巴拿马运河区主权的正义行动。"1964 年 5 月 12 日,毛泽东主席又发表了《支持多米尼加人民反对美国武装侵略的声明》。

1964 年巴西发生军事政变,巴西军事当局无理逮捕了中国在巴西的贸易工作人员和新闻记者 9 人,并对他们判刑、监禁,后又将他们驱逐出境,严重损害了两国关系。其他一些拉美国家,如多米尼加、玻利维亚、阿根廷等也先后发生政变。中古关系在 60 年代后期也发生了波折。①

---

① 王泰平主编:《中华人民共和国外交史》(第 2 卷),第 11—12 页。

拉美政局的变化，加之自 1966 年起中国"文化大革命"的干扰，使逐步发展起来的中拉之间的各种交往受到严重影响。中拉贸易额从 1965 年的 3.43 亿美元降至 1969 年的 1.3 亿美元，其中与古巴的贸易额为 1.2 亿美元，与其他拉美国家的贸易额只有 1000 万美元左右。

70 年代，中国同拉美的关系进入了一个迅速发展时期。这一时期中拉关系的发展，首先表现在拉美国家掀起了同中国建交的高潮。在 70 年代，先后有 11 个拉美国家同中国建交。在 1960 年中古建交后，经过 10 年的沉寂，1970 年 12 月 15 日，阿连德总统领导的智利人民团结政府同中国建交。在 1971 年 10 月联合国大会恢复中国在联合国的合法席位之后，一系列拉美国家纷纷同中国正式建交，它们是秘鲁（1971 年 11 月 2 日）、墨西哥（1972 年 2 月 14 日）、阿根廷（1972 年 2 月 19 日）、圭亚那（1972 年 6 月 27 日）、牙买加（1972 年 11 月 21 日）、特立尼达和多巴哥（1974 年 6 月 20 日）、委内瑞拉（1974 年 6 月 28 日）、巴西（1974 年 8 月 15 日）、苏里南（1976 年 5 月 28 日）、巴巴多斯（1977 年 5 月 30 日）。到 70 年代末，正式同中国建交的拉美国家增加到 12 个。①

70 年代，中国同拉美国家的官方往来日益增多。1973 年和 1978 年墨西哥埃切维里亚总统和洛佩斯·波蒂略总统先后对中国进行国事访问。1974 年和 1975 年特立尼达和多尼哥总理威廉斯先后两次访问中国。1975 年圭亚那总理伯纳姆访华，1977 年圭亚那总统阿瑟·钟访华。中国几位国务院副总理和全国人大常委会副委员长访问了拉美一些国家。

70 年代，中国坚决支持拉美国家维护 200 海里海洋权、保卫原料合理价格、建立拉丁美洲无核区以及争取建立国际经济新秩序的斗争。中国政府还对巴拿马为收复巴拿马运河主权所进行的斗争表示深切同情和积极支持，并对 1979 年尼加拉瓜人民推翻索摩查独裁政权、建立民族复兴政府的胜利表示热烈祝贺。

70 年代，中国和拉美各国的经济贸易关系进入了以官方贸易为主的普遍发展阶段。双方的经济贸易代表团频繁互访。1971—1979 年，仅官方或大型的经济贸易代表团互访有近 50 个团次，签订了 18 项经济或贸易

---

① 李明德主编：《拉丁美洲和中拉关系——现在与未来》，时事出版社 2001 年版，第 477—494 页。

协定。1971 年，同中国有经贸往来的拉美国家或地区只有 17 个，到 70 年代末扩大到 36 个国家或地区。中拉贸易额从 1969 年的 1.3 亿美元增至 1979 年的 12.6 亿美元，增长了 8.7 倍。1970—1979 年中拉贸易总额累计达 49.76 亿美元，比 60 年代增长了近 1.5 倍。

五　改革开放（1978 年）以来至中共十八大（2012 年）的中拉关系

在 1978 年 12 月召开的中国共产党十一届三中全会的路线指引下，中国的改革开放取得了显著成绩，经济获得了飞速的发展，包括同拉美国家关系在内的对外关系出现了一个全新的局面。

80 年代以来，中国对拉美的政策作了调整，主要表现在以下几个方面：

（一）80 年代中期，中国根据对外关系的总方针和对第三世界的战略，制定了中国同拉美国家发展关系的四项原则："和平友好、互相支持、平等互利、共同发展"。中国强调，中国和拉美在和平和发展这两个重大问题上的立场是一致的，完全可以超越社会制度和意识形态的不同，进行友好交往和合作。对于已同中国建交的拉美国家，中国希望在政治上和经济上进一步发展双方的关系；对于尚未同中国建交的拉美国家，中国也愿意在和平共处五项原则的基础上，同它们建立和发展关系；如果这些国家一时还有困难，中国也可以等待，双方不妨先从经济贸易和人员互访做起，逐步发展双方的关系。[①]

（二）从重点发展同民族主义倾向较强的国家的关系转到重点同政治上比较温和、影响较大的、经济实力较强的拉美大国如巴西、墨西哥、阿根廷、委内瑞拉等国发展关系。

（三）继续在政治和外交上支持拉美国家维护民族独立和国家主权，反对外来干涉的正义斗争的同时，更加重视发展同拉美国家的经济贸易关系，使中拉关系更加务实。

（四）在发展中国共产党同拉美各国政党关系方面，从单纯发展同左派政党的关系扩大到发展同拉美国家一些执政的及有影响的在野的民族民主政党的关系。

---

① 薛谋洪等：《当代中国外交》中国社会科学出版社 1988 年版，第 365 页。

（五）对拉美一些重大地区问题如债务问题、中美洲问题等，中国注意根据拉美大多数国家的意愿表态。关于拉美债务问题，中国支持以卡塔赫纳集团为代表的拉美债务国在解决债务问题上提出的合理主张。中国不赞成废除发展中国家全部外债的观点，但赞成债权国同债务国共同分担解决第三世界债务问题的责任，寻求问题的合理解决，而不应以牺牲债务国的发展速度和降低这些国家人民生活水平为代价。对中美洲问题，中国主张中美洲各国内部的问题应由中美洲每个国家人民自己来解决，反对任何外来势力干预中美洲的事务，中美洲国与国之间所存在的纠纷和问题应通过和平谈判公平合理地加以解决，而不应该诉诸武力或以武力相威胁。中国对 1987 年 8 月 7 日中美洲 5 国首脑会议通过的《在中美洲建立稳定和持久和平的程序》的文件即中美洲和平协议表示欢迎。

由于中国在党的十一届三中全会以后调整了对拉美的政策，80 年代中国同拉美国家的关系进入了一个新的发展时期。中拉关系新的发展主要表现在以下几个方面：

（一）同中国建交的拉美国家增多。80 年代，又有一些拉美国家先后同中国建立外交关系，这些国家是厄瓜多尔（1980 年 1 月 2 日）、哥伦比亚（1980 年 2 月 7 日）、安提瓜和巴布达（1983 年 1 月 1 日）、玻利维亚（1985 年 7 月 9 日）、格林纳达（1985 年 10 月 1 日建交，1989 年 8 月 7 日中止外交关系）、尼加拉瓜（1985 年 12 月 7 日建交，1990 年 11 月 9 日中止外交关系）、伯利兹（1987 年 2 月 6 日建交，1989 年 10 月 23 日中止外交关系）、乌拉圭（1988 年 2 月 3 日）。到 80 年代末，中国同 17 个拉美国家（不包括 3 个中止了外交关系的国家）建立了外交关系。

（二）中国同拉美国家高级领导人之间的互访逐渐增加。1981 年赵紫阳总理在参加了在墨西哥坎昆举行的坎昆南北对话首脑会议之后，对墨西哥进行了正式访问。这是中拉关系史上中国政府首脑第一次访问拉美国家。1985 年赵紫阳总理先后对哥伦比亚、巴西、阿根廷和委内瑞拉进行正式友好访问，这是中国政府首脑首次对南美洲国家进行访问。1987 年中国国务委员兼外交部长吴学谦访问了秘鲁、厄瓜多尔和智利，1989 年中国外交部长钱其琛访问了古巴和厄瓜多尔。80 年代后期中古关系明显改善。

80 年代先后访问中国的拉美国家领导人有：阿根廷总统魏地拉

（1980 年）、巴巴多斯总理亚当斯（1980 年）、委内瑞拉总统埃雷拉
（1981 年）、秘鲁部长会议主席乌略亚（1982 年）、安提瓜和巴布达总理
伯德（1983）、厄瓜多尔总统乌尔塔多（1984）、巴西总统菲格雷多
（1984）、圭亚那总统伯纳姆（1984 年）、特立尼达和多巴哥总理钱伯斯
（1985 年）、秘鲁部长会议主席阿尔瓦·卡斯特罗（1986 年）、尼加拉瓜
总统奥尔特加（1986 年）、墨西哥总统德拉马德里（1986 年）、阿根廷总
统阿方辛（1986 年）、巴西总统萨尔内（1986 年）、乌拉圭总统桑吉内蒂
（1986 年）和伯利兹总理埃斯基韦尔（1987 年）。

（三）中国共产党同拉美政党之间的联系加强。在发展中国同拉美国
家关系的同时，中国共产党以"独立自主、完全平等、互相尊重和互不
干涉内部事务"的党际关系四项原则为基础，逐步建立并发展同拉美国
家执政和在野的主要政党如墨西哥革命制度党，委内瑞拉的基督教社会
党和民主行动党，阿根廷的正义党和激进公民联盟，哥伦比亚自由党和
保守党等的关系，开展一些互访活动，通过政党的交往促进国家关系的
持续稳定发展，通过同未建交拉美国家的政党发展友好关系，为建立国
家间的关系起铺路搭桥的作用。

（四）经贸关系稳定发展。80 年代中拉贸易往来虽有起伏，但总的趋
势是稳定而迅速地增长的。1980 年中拉贸易额为 13.63 亿美元，1985 年
达 25.72 亿美元，1986 年和 1987 年分别降至 20.87 亿美元和 17.28 亿美
元，1988 年和 1989 年又分别回升至 25.76 亿美元和 29.69 亿美元。整个
80 年代中拉贸易额累计达 200.68 亿美元，比 70 年代增长了 3 倍多。

从 80 年代起，中国同拉美国家开始在经济领域开展合作，相互在对
方进行投资，兴办合资或独资企业，承包工程项目或技术、劳务输出。
1983 年中国机械设备进出口总公司在智利首都圣地亚哥创办了中国机械
有限公司，这是中国在拉美开创的第一家公司。1984 年中国又在巴西马
瑙斯开办华西木材工商股份公司。据统计，至 1987 年，中国在拉美 8 国
建立了十多家合资企业，投资金额总计约 3600 万美元。与此同时，一些
拉美国家也开始到中国投资，与中国开办合资企业。1987 年智利铜公司
与北京铜管厂在北京合资开办的京圣铜管有限公司是拉丁美洲国家在中
国开设的第一家合资企业。1981 年中国土木工程公司率先同巴西小门德
斯公司合作，在伊拉克共同承建铁路和公路。1982 年，中国港湾工程公

司上海疏浚公司开始在墨西哥承包疏浚港口航道的工程。随后，该公司又把其疏浚航道或承包港口建设的业务扩展到哥伦比亚、委内瑞拉等其他拉美国家，并且又把业务活动扩展到其他领域。

随着 80 年代末和 90 年代初世界格局和国际形势的变化，中国进一步调整了对拉美国家的政策，外交政策的调整为中国同拉美关系的发展注入了新的活力。90 年代以来，中国同拉美各国的政治关系全面、健康、持续地发展，在经济贸易、科技、文教等领域的交流与合作更趋密切，中拉关系出现了多渠道、多层次、官民并举、全面发展的新形势。

90 年代，又有两个拉美国家同中国建立外交关系，它们是：巴哈马（1997 年 5 月 23 日）和圣卢西亚（1997 年 9 月 1 日），到 1998 年年底为止，同中国建交的拉美国家已有 19 国。

90 年代中拉贸易额逐年迅速增长：1990 年为 18.41 亿美元，1991 年 20.08 亿美元，1992 年 29.76 亿美元，1993 年 37.1 亿美元，1994 年 42.7 亿美元，1995 年 61 亿美元，1996 年 67.29 亿美元，1997 年 83.75 亿美元。在 1994 年以前，中拉贸易中国在多数年份里都有较大的逆差，1995 年以后，中国略有顺差。

到 1998 年年中，中国已在 20 多个拉美国家开设了 200 多家独资，合资企业或贸易公司，投资额约 10 亿美元。较大的投资项目有：秘鲁铁矿和钢铁厂、南美五金矿产有限公司、智利鱼粉厂、巴西炼铁厂等。1997 年 5 月，中国石油天然气总公司在委内瑞拉中标，计划投资 3.58 亿美元用于合作开采和生产石油。这是迄今为止，中国在拉美最大的投资公司。1997 年 11 月底和 12 月初，中国新疆新天国际集团有限公司同墨西哥银行农业信托基金会签署了在墨西哥实施农业综合开发协议，投资额达 3000 万美元，中国长发集团南京公司与墨西哥佩尔公司签订了在墨西哥合资建纺织城的协议。与此同时，到 1998 年年中，巴西、智利、阿根廷、古巴等拉美国家在中国投资项目共 2131 项，协议金额 151 亿美元，实际投资 37.4 亿多美元。中国已同 16 个拉美国家签订了经济技术合作或经济合作协定，同 10 个拉美国家签订了鼓励和保护投资协定。

90 年代以来，中国同拉美国家高层互访频繁，增进了相互了解和友谊，推动双边关系向深层次发展。1990 年中国国家主席杨尚昆对墨西哥、巴西、乌拉圭、阿根廷和智利进行了国事访问。这是中国国家元首首次访问拉美国家。1992 年李鹏总理赴巴西里约热内卢参加联合国环境与发展大会首脑会议。1993 年中国国家主席江泽民访问了古巴和巴西。1995年李鹏总理对墨西哥、古巴、秘鲁进行了访问。1997 年江泽民主席访问了墨西哥。

90 年代访问中国的拉美国家领导人有：秘鲁总统藤森（1991 年、1994 年、1995 年），牙买加总理曼利（1991 年），智利总统艾尔文（1992 年），玻利维亚总统萨莫拉（1992 年），乌拉圭总统拉卡列（1993年），圭亚那总统贾根（1993 年），墨西哥总统萨利纳斯（1993 年），巴西总统佛朗哥（1993 年），多米尼克总统克拉伦斯·塞缪雷特（1993年），苏里南总统鲁纳多·罗纳德·费内希思（1994 年），厄瓜多尔总统杜兰·巴连（1994 年），古巴国务委员会主席菲德尔·卡斯特罗（1995年），巴西总统卡多佐（1995 年），阿根廷总统梅内姆（1990 年、1995年），智利总统弗雷，墨西哥总统塞迪略（1996 年），哥伦比亚总统桑佩尔（1996 年），玻利维亚总统桑切斯·洛萨达（1997 年），乌拉圭总统桑吉内蒂（1997 年），巴哈马总理英格拉哈姆（1997 年），安提瓜和巴布达总理伯德（1997 年），牙买加总理帕特森（1998 年），圣卢西亚总理肯尼·安东尼（1999 年），哥伦比亚总统安德烈斯·帕斯特拉纳（1999年）等。

90 年代以来，中国加强了同拉美地区组织的关系。中国外交部长同里约集团的外长自 1991 年以来，每年都在联合国举行对话。中国同南方共同市场于 1997 年 10 月举行了首次对话。中国同拉美国家在联合国和亚太经合组织的协调和合作也在加强。中国政府代表出席了 1997 年在哥斯达黎加召开的由 77 国集团倡议的南南贸易、投资和金融大会，安第斯议会第 12 届例会。1997 年 5 月，中国人民银行正式加入了加勒比开发银行，开辟了同加勒比国家新的合作渠道。

进入 21 世纪以来，拉美与中国的关系走上新的台阶。2001 年 4 月，江泽民主席访问了智利、阿根廷、乌拉圭、古巴、委内瑞拉和巴西 6 国。6 月，墨西哥总统福克斯对中国进行了国事访问。10 月，智利总统拉戈斯在参加了在上海举行的亚太经合组织会议后，对中国进行了正式访问。2002 年 3 月和 10 月，厄瓜多尔总统诺沃亚和乌拉圭总统巴特列先后访问中国。10 月，江泽民主席参加了在墨西哥洛斯加沃斯举行的亚太经合组织第 10 次领导人非正式会议。2003 年 2 月古巴卡斯特罗主席、3 月圭亚那总统贾格德奥、8 月厄瓜多尔总统古铁雷斯访华。2004 年 3 月，多米尼克国总理斯凯里特访华，并与中国政府签署中多建交公报，双方决定自 2004 年 3 月 23 日起建立大使级外交关系，使同中国建交的拉美国家增加到 20 国。2004 年，苏里南总统费内蒂安（2 月）、巴西总统卢拉（5 月）、阿根廷总统基什内尔（6 月底至 7 月初）、安提瓜和巴布达总理鲍德温·斯潘塞（11 月）等拉美国家领导人访华。2004 年 11 月，中国国家主席胡锦涛访问了巴西、阿根廷、智利，参加了在智利举行的亚太经合组织第 12 次领导人非正式会议，随后又访问古巴。2008 年和 2010 年胡锦涛主席又再次访问拉美。温家宝总理 2012 年访问拉美 4 国。

2008 年 11 月，中国政府发布首份对拉美和加勒比的政策文件，提出建立平等互利、共同发展的中拉全面合作伙伴关系这一阶段性目标。

中国与拉美国家的贸易大幅增长。中拉贸易额 2000 年达 125.96 亿美元，2010 年增至 1836.45 亿美元，2012 年增至 2612 亿美元，连续创历史纪录。据中国官方统计，90 年代末，中国在拉美非金融类直接投资累计总额只有十多亿美元，到 2012 年底累计达 682 亿美元，涵盖能源、矿产、农业、制造业、基础设施等领域。另据美国《美洲对话》组织报告，2005—2013 年中国对拉美贷款总额达 1022 亿美元，其中 2012 年为 50 亿美元，而 2013 年猛增到 201 亿美元。中国贷款集中在委内瑞拉、阿根廷和厄瓜多尔 3 国，占 70%。中国对拉美投资集中在矿业、基础设施和农业，拉美对中国出口的 86% 是初级产品。

六　中共十八大以来中拉关系的发展

2012 年 11 月 8 日至 14 日，中国共产党召开第十八次全国代表大会，这次代表大会是在迈入 21 世纪第二个 10 年之际召开的，党的十八大和随后召开的党的十八届一中全会选举产生了以习近平同志为总书记的新一届中央领导集体。党的十八大召开以来，中拉关系进入全面、健康、持续、深入发展的新时期。中拉双方高层交往更加频繁，政治互信日益加深，经贸、科技、文教等领域合作不断深入，在国际事务中相互支持、密切配合，呈现全方位、多层次、宽领域发展的新局面。

（一）高层交往引领中拉合作。习近平主席已对拉美进行了 5 次正式访问，访问了十多个拉美国家。李克强总理2015年访问拉美4国，2016年访问古巴。2013年以来，墨西哥总统佩尼亚，秘鲁总统乌马拉、库琴斯基，委内瑞拉总统马杜罗，乌拉圭总统穆希卡、巴斯克斯，牙买加总理波蒂娅·辛普森－米勒，苏里南总统德西·鲍特瑟，多米尼克总理凯里特，玻利维亚总统莫拉莱斯，特立尼达和多巴哥共和国总理卡姆拉·珀塞德－比塞萨尔，智利总统巴切莱特、皮涅拉，阿根廷总统克里斯蒂娜、马克里，巴西总统罗塞夫、特梅尔、博索纳罗，哥斯达黎加总统索利斯，巴拿马总统巴雷拉，古巴国务委员会主席兼部长会议主席迪亚斯－卡内尔，多米尼加共和国总统梅迪纳，萨尔瓦多总统塞伦、布克莱，厄瓜多尔总统莫雷诺，巴哈马总理克里斯蒂，特立尼达和多巴哥总理基思·罗利，哥伦比亚总统杜克，牙买加总理安德鲁·霍尔尼斯、苏里南总统鲍特瑟等访华。

（二）2016年11月24日，在习近平主席结束对拉美三国访问之际，中国政府发布对拉美和加勒比第二份政策文件，为今后中拉关系实现新的发展给出新方案，提出了新理念、新主张、新举措。文件明确提出建立中拉关系"五位一体"新格局，即构建政治上真诚互信、经贸上合作共赢、人文上互学互鉴、国际事务中密切协作、整体合作和双边关系相互促进。

（三）中国提出"中国特色大国外交"理念，在对拉美外交方面，提出并开始与拉美建立整体合作机制。习近平主席2014年在巴西和2015年1月在北京召开的中拉论坛首届部长级会议上提出中拉共建"1＋3＋6"（一个计划，贸易、投资、金融合作三大引擎，能源资源、基础设施、农业、制造业、科技创新和信息技术六大领域）中拉整体合作新框架的倡议。2015年李克强在巴西提出中拉产能合作的"3×3"新模式（物流、电力、信息三大通道，企业、社会、政府良性互动，基金、信贷、保险三条融资渠道）。

（四）召开中拉论坛部长级论坛。2015年1月8—9日，中国—拉共体论坛首届部长级会议在北京成功召开。这次会议的主题是"新平台、新起点、新机遇——共同努力推进中拉全面合作伙伴关系"。中国国家主席习近平、拉共体的轮值主席国哥斯达黎加总统索利斯、厄瓜多尔总统科雷亚、委内瑞拉总统马杜罗以及巴哈马总理克里斯蒂以及来自拉美30

个国家的 40 多位部长及代表出席了会议，习近平主席在开幕式并发表重要讲话。会议通过了《中拉论坛首届部长级会议北京宣言》《中国与拉美和加勒比国家合作规划（2015—2019）》《中拉论坛机制设置和运行规则》3 个成果文件。《宣言》对中拉整体合作和论坛建设做了规划，中拉论坛的正式建立为各国开展广泛领域的合作搭建了重要平台。

2018 年 1 月 22—22 日，"中拉论坛"在智利首都圣地亚哥召开第二届部长级会议，会议通过了《"一带一路"的特别声明》，标志着拉美国家从"一带一路"的"自然延伸"到"一带一路"合作伙伴的升级，拉美已成为"一带一路"推动全球互联互通计划的自然组成部分，表明中拉合作最大的对话与合作平台得到夯实。习近平主席在贺信中，高度肯定中拉论坛自 2015 年 1 月成立三年来取得的成果，强调中拉论坛已成为中拉整体合作的主渠道，并提出以共建"一带一路"来引领中拉关系，深化中拉合作，实现共同发展。

（五）"一带一路"成为中拉合作重要抓手。2017 年 5 月习近平主席在会见阿根廷总统马克里时，强调拉美是海上丝绸之路的自然延伸。同年 11 月 17 日，习近平主席在会见到访的巴拿马总统巴雷拉时说，中方把拉美看作"一带一路"建设不可或缺的重要参与方，巴拿马完全可以成为 21 世纪海上丝绸之路向拉美自然延伸的重要承接地。自 2017 年 11 月巴拿马开始，不到两年时间，至今拉美已有 19 国与中国签署了"一带一路"国际合作框架备忘录或协议：巴拿马、哥斯达黎加、萨尔瓦多、特立尼达和多巴哥、多米尼克、格林纳达、安提瓜和巴布达、多米尼加共和国、巴巴多斯、牙买加、古巴、苏里南、玻利维亚、圭亚那、委内瑞拉、乌拉圭、智利、厄瓜多尔、秘鲁。中拉共建"一带一路"具有重要的意义，首先，中拉共建"一带一路"顺应世界多极化、经济全球化、文化多样化、社会信息化的潮流，中拉共建"一带一路"符合中拉双方和国际社会的根本利益，彰显中拉双方共同理想和美好追求，是中拉合作以及对全球治理新模式的积极探索，将为世界和平发展增添新的正能量。中拉在"一带一路"框架内的互联互通项目将推动中国与拉美各国发展战略的对接。

（六）习近平主席提出构建"人类命运共同体"和"中拉命运共同体"。2012 年 12 月 5 日，习近平在当选中共中央总书记后不久，在同在华工作的外国专家代表座谈时的讲话中指出:"国际社会日益成为一个你中有我、我中有你的命运共同体","我们的事业是同世界各国合作共赢的事业。国际社会日益成为一个你中有我、我中有你的命运共同体。"2016年10月18日,习近平总书记在党的十九大报告中强调,坚持和平发展道路,推动构建人类命运共同体。"我们呼吁,各国人民同心协力,构建人类命运共同体。"2014年7月17日,习主席在巴西出席中国—拉美和加勒比国家领导人会晤时发表主旨讲话强调:"当前,中国人民正在为实现中华民族伟大复兴的中国梦而奋斗,拉美和加勒比各国人民也在为实现团结协作、发展振兴的拉美梦而努力。共同的梦想和共同的追求,将中拉双方紧紧联系在一起。让我们抓住机遇,开拓进取,努力构建携手共进的命运共同体,共创中拉关系的美好未来!"2016年11月21日,习近平主席在秘鲁国会演讲中说:"中拉已经站在新的历史起点上,让我们共同打造好中拉命运共同体这条大船,引领中拉好关系驶入新的航程。"习近平主席着眼拉美地区局势的变化以及同外部世界的关系调整,指出中国对拉美发展前景充满信心,强调中国将坚持平等相待、互利共赢原则,同拉美朋友一道建设新时代平等、互利、创新、开放、惠民的中拉关系。习近平主席阐述的中国对拉美的政策既一以贯之,又与时共进,赋予中拉全面合作伙伴关系丰富的时代内涵,有助于更好推动双方合作、更好指引中拉命运共同体建设、更好造福各自人民。

(七)中国在拉美的"朋友圈"扩大。2017—2018年,巴拿马、多米尼加共和国和萨尔瓦多3国同我国建交。到2021年年初,拉美已有24个国家(共33国)与中国建交:古巴(1960年),智利(1970年),秘鲁(1971年),墨西哥(1972年),阿根廷(1972年),圭亚那(1972年),特立尼达和多巴哥(1974年),委内瑞拉(1974年),巴西(1974年),苏里南(1976年),巴巴多斯(1977年),厄瓜多尔(1980年),哥伦比亚(1980年),安提瓜和巴布达(1983年),玻利维亚(1985年),格林纳达(1985年),乌拉圭(1988年),巴哈马(1997年),多米尼克(2004年),哥斯达黎加(2007年),巴拿马(2017年),多米尼加共和国(2018年),萨尔瓦多(2018年)。尚未与我国建交、仍同台湾保持"邦交"有拉美9国:巴拉圭、洪都拉斯、尼加拉瓜、危地马拉、伯利兹、海地、圣基茨和尼维斯、圣卢西亚、圣文森特和格林纳丁斯。

（八）中拉合作提质升级。中国已同拉美 12 国建立了战略伙伴关系：巴西、墨西哥、阿根廷、智利、厄瓜多尔、秘鲁、委内瑞拉、玻利维亚、乌拉圭、哥斯达黎加、牙买加和苏里南，同前 7 国建立了全面战略伙伴关系。

（九）中拉经贸关系迅速发展。中拉贸易 2000 年为 126 亿美元，2013 年为 2616 亿美元，2019 年增至 3173.4 亿美元。2020 年尽管受新冠肺炎疫情影响，中拉贸易仍维持在 3166.4 亿美元，中国稳居拉美第二大贸易伙伴。中国与智利、秘鲁和哥斯达黎加签署了自贸协议。中国对拉美的直接投资 2003 年为 46.2 亿美元，2018 年累计已达 4067.7 亿美元，占我国对外投资总量的 22%，拉美是中国对外直接投资的第二大目的地。中国在拉美的企业 20 世纪 90 年代末只有 200 多家，到 2019 年已有 2500 多家。中国在 21 个拉美国家设立 40 多所孔子学院、12 个孔子学堂。

（十）中拉在抗疫合作见真情。2020 年新冠肺炎疫情暴发后，中拉互相声援。习近平主席先后同古巴、委内瑞拉、巴西、智利、墨西哥、阿根廷、秘鲁、乌拉圭等拉美 10 多国元首通话或互致信函，向他们表达中国的诚挚慰问和坚定支持，体现中国同拉美和加勒比国家之间的深厚情谊。与此同时，我国政府向委内瑞拉、秘鲁等国派医疗专家组，我国政府、地方政府、民间团体和企业向拉美 30 多个国家和地区赠送或提供医用物资和器材。我国同 25 个拉美国家分享了中国抗击疫情各方面的信息和经验。

从总体来看，中国和拉美国家都是发展中国家。悠久的历史、古老的文化、相似的发展经历等许多共同点，把中国和拉美紧密联系在一起。进入 21 世纪以来，中拉双方高层交往更加频繁，政治互信日益加深，经贸、科技、文教等领域合作不断深入，在国际事务中相互支持、密切配合，呈现全方位、多层次、宽领域发展的新局面。中国和拉美国家正携手迈进，共同构筑面向 21 世纪长期、稳定的友好合作关系。

本章小结

本章共四节，介绍拉美国家与其他地区和国家的关系。第一节介绍泛美主义和拉美与美国的关系，第二节介绍拉美与欧洲的关系，第三节介绍拉美与亚洲和非洲的关系，第四节介绍拉美与中国的关系。

思考题

一、名词解释

泛美主义　美洲倡议　洛美协定　伊比利亚美洲首脑会议　加勒比海危机　亚太经合组织　中国政府发布对拉美和加勒比政策文件　中国—拉共体论坛部长级会议

二、简答题

1. 习近平主席提出的中拉整体合作新框架"1＋3＋6"的倡议具体内容是什么？

2. 简述第二次世界大战后欧拉关系的发展进程。

3. 简述日本对拉美政策的演变。

三、论述题

1. 特朗普 2017 年上台后，美国对拉美的政策有些什么变化？

2. 中共十八大以来，中拉关系迅速发展有哪些特点和表现？

阅读参考文献

徐世澄主编：《美国和拉丁美洲关系史》，社科文献出版社 2007 年版第 2 版。

李明德主编：《拉丁美洲和中拉关系　现在与未来》，时事出版社 2001 年版。

贺双荣主编：《中国与拉丁美洲和加勒比国家关系史》，中国社会科学出版社 2016 年版。

Peter H. Smith, The Challenge of Integration Europe and the Americas, North South Center, Transaction publishers, New Brunswick, 1993.

IRELA: Dossier No 65 América Latina y Europa más allá del ano 2000, septiembre 1998.

Rusia y América Latina, Repercuciones para España, Real Instituto Elcano, Documento del Trabajo, 02－2019, marzo de 2019 http：//www. realinstitutoelcano. org/wps/wcm/connect/1957d6fd－3b33－4a44－853c－c7093b13145a/DT02－2019－MilosevichJuaristi－Rusia－en－America－Latina. pdf？MOD＝AJPERES&CACHEID＝1957d6fd－3b33－4a44－853

c – c7093b13145a.

Una Nueva Fase en las relaciones entre Japón y América Latina y el Caribe.

https：//www. thedialogue. org/wp – content/uploads/2016/02/Japan – Report_ Spanish. pdf.

Las políticas de Japón hacia América Latina y el Caribe meet0901 – s. pdfhttps：//www. mofa. go. jp/region/latin/meet0901 – s. pdf.

Won – Ho Kim：Korea and Latin Amerca：End of Honeymoom?，Revista de SELA，Capítulos，No 56，May – August，1999.

Corea del Sur：Una potencia tecno – económica emergente. Relaciones económicas comerciales y de cooperación con América Latina y el Caribe. http：//www. sela. org/media/3211926/corea – del – sur – carlos – moneta – 2017. pdf.

India y América Latina：hacia una agenda común de comercio – Conexión Intal https：//conexionintal. iadb. org/2018/01/29/latindia – integracion – comercio/.

Evolución del comercio América Latina – África en 2000—2015（Ⅰ） – Latin America Hoyhttps：//latinamericahoy. es/2018/01/09/evolucion – del – comercio – america – latina – africa – en – 2000 – 2015 – i/.

Explorando nuevos espacios de cooperación entre América Latina y el Caribe y China ｜ Digital Repository ｜ Economic Commission for Latin America and the Caribbean https：//repositorio. cepal. org/handle/11362/43213.

第 九 章

拉丁美洲主要国家的政治

内容提要

21 世纪以来，拉美主要国家先后发生了一些重大的政治事件：2001年年底阿根廷爆发危机，2003 年至 2015 年，正义党人基什内尔及其夫人克里斯蒂娜先后执政 12 年；4 年后的 2019 年 12 月，正义党再次东山再起，正义党人阿尔韦托·费尔南德斯上台执政。2003 年 1 月至 2015 年 5 月，巴西左翼劳工党领袖卢拉和劳工党人罗塞夫先后执政；2019 年 1 月，巴西右翼社会自由党博索纳罗就任总统，使巴西政坛发生了"左退右进"的变化。智利的政坛从 2006 年至今，出现了左翼社会党领导人巴切莱特与右翼民族革新党领导人皮涅拉两人轮流坐庄的"两人转"的局面。2018 年，墨西哥国家复兴运动党领导人洛佩斯当选和就任总统，打破了墨西哥长期以来，一直由革命制度党、国家行动党和民主革命党"三足鼎立"的政治格局。2016 年 8 月，哥伦比亚政府与反政府武装"革命武装力量"经过多轮谈判，终于达成全面和平协议，持续半个多世纪的国内冲突得以缓解。腐败问题屡禁不止，加大治理难题。21 世纪后的历届政府都政府和执政党形象受到严重影响。21 世纪以来，先后在秘鲁执政的托莱多、乌马拉、加西亚和库琴斯基历届总统都深陷腐败丑闻，失信于民。2013 年 3 月 5 日查韦斯病逝后，马杜罗于 2014 年和 2019 年先后两次通过选举就任委内瑞拉总统，由于国内治理不当、国际油价的下跌和美国的制裁，委内瑞拉发生严重的政治经济危机。自 2011 年古共"六大"以来，古巴不断"更新"经济社会发展模式，古巴在改革开放中坚持社会主义。

第一节　阿根廷政治

一　阿根廷政治概况

阿根廷位于南美洲东南部，全称阿根廷共和国，面积 2780400 平方公里（不含马尔维纳斯群岛和阿主张的南极领土），居拉丁美洲第二位；人口 4011 万（2010 年人口普查结果），居拉丁美洲第四位。白人和印欧混血种人占 95%，白人多属意大利和西班牙后裔。印第安人口 60.03 万，其中人口最多的少数民族为马普切人（Mapuche）。官方语言为西班牙语。76.5% 的居民信奉天主教，9% 的居民信奉新教。首都布宜诺斯艾利斯，人口 289 万（2010 年）。包括近郊 19 个区的大布宜诺斯艾利斯市共 1458 万人（2015 年）。国家元首总统阿尔韦托·费尔南德斯（Alberto Fernández）。2019 年 12 月 10 日就职，任期至 2023 年 12 月 10 日。

政治简史　16 世纪前居住着印第安人。1535 年开始沦为西班牙殖民地。1810 年 5 月 25 日爆发反对西班牙统治的"五月革命"。1812年，民族英雄圣马丁率领人民抗击西班牙殖民军。1816 年 7 月 9 日宣布独立。1853 年，乌尔基萨将军制定了第一部宪法，建立联邦共和国，乌尔基萨成为阿根廷第一任宪法总统。20 世纪 30 年代起出现军人文人交替执政的局面。1982 年 4 月阿根廷和英国之间爆发马（尔维纳斯）岛战争，阿根廷战败。1983 年激进党的阿方辛民选政府上台恢复宪制，大力推进民主化进程。1989—1999 年正义党人卡洛斯·梅内姆总统执政期间，政治上民主体制进一步巩固，经济上推行新自由主义经济政策，经济一度有较大发展。然而，其执政后期，阿经济转入衰退，社会问题日益突出。1999 年激进党人费尔南多·德拉鲁阿当选总统后，未能遏制持续三年的经济衰退。2001 年 12 月，阿根廷爆发政治、经济和社会的全面危机，德拉鲁阿被迫辞职。2002 年 1 月 1 日，正义党人爱德华多·杜阿尔德出任两年期过渡性总统。杜阿尔德执政后，阿根廷经济仍在谷底徘徊。为稳定局势，杜阿尔德宣布提前大选。

2003 年 5 月 14 日，正义党候选人基什内尔在第二轮选举中当选总统，5 月 25 日，正式就职。基什内尔上台后，采取了一系列旨在稳定政局、振兴经济的措施，经济快速复苏，民生改善，国际和地区影响力回升。2007 年 10 月，基什内尔总统夫人克里斯蒂娜作为中左翼跨党派联盟"胜利阵线"候选人赢得大选，成为阿历史上首位民选女性总统。克里斯蒂娜执政后，基本承袭基什内尔政府各项内外政策，并于 2011 年 10 月成功连任。2015 年 11 月举行的大选第二轮投票中，中右翼反对党联盟"我们改变"候选人马克里当选新任总统。

马克里奉行新自由主义经济政策，主张实施渐进式市场化改革，提升经济竞争力。但马克里执政 4 年，经济衰退，通胀加剧，失业率上升，贫困率增加，中下层民众实际收入下降，生活困难加剧。2019 年 10 月 27 日，左翼"全民阵线"候选人阿尔韦托·费尔南德斯当选阿根廷新任总统，并于 12 月 10 日就职，任期 4 年。目前，阿根廷社会总体保持稳定。

宪法　1853 年阿根廷制定第一部全国统一的宪法，后该宪法几经修改，至今依然有效。1994 年 8 月 22 日，宪法经第四次修改后实施。修改后的宪法规定，阿根廷为联邦制国家，实行代议制民主。总统通过直选产生，任期四年，可连选连任一次。新宪法还规定设内阁总理一职。内阁总理、各部部长和总统府国务秘书均由总统任命。

议会　国会分参、众两院，拥有联邦立法权。参、众议员均由直选产生，可连选连任。参议院共 72 席，每个省区各 3 席。参议员任期 6 年，每两年改选 1/3。众议院 257 席，由各省区按人口比例分配。众议员任期 4 年，每两年改选 1/2。本届议会于 2019 年 12 月成立，各主要党团在议会的席位如下：在参议院中，全民阵线 38 席，变革联盟 28 席，其他政党 6 席；在众议院中，变革联盟 119 席，全民阵线 109 席，联邦共识 7 席，正义主义团结 3 席，左翼阵线 2 席，其他政党 17 席。

宪法规定，参议长由副总统兼任，现任副总统兼参议长为克里斯蒂娜·费尔南德斯（Cristina Fernández）。另常设临时参议长一名，在副总统空缺或代行总统之职时，代行参议长职责，每年改选一次。

政府　本届内阁于 2019 年 12 月 10 日组成，共设内阁长官，经济，生产，中央银行，卫生，国防，社会发展，外交，领土发展，内政，司法，教育，文化，科技，劳工，公共工程，旅游和体育，妇女，交通，安全，环境，农业，战略事务，法规与技术，总统府秘书长等 25 个部。

行政区划　全国划分为 24 个行政单位。由 23 个省和联邦首都（布宜诺斯艾利斯市）组成。

司法机构　由最高法院和各联邦法院组成。最高法院由正副院长和 5 名大法官组成，院长和法官由总统提名后经参议院批准任命，任期三年，可连选连任。另设法官理事会，负责挑选联邦法院法官并管理全国司法事务。阿根廷宪法中还规定设护民官一职，以保障人权及弱势群体权益。

政党　实行多党制，截至 2019 年 8 月 30 日，阿根廷共有 44 个全国性政党，425 个地方政党。主要有：

1. 正义党（Partido Justicialista）：又名庇隆主义党，基督教民主党国际成员。1945 年由庇隆创建，党员主要来自中低收入阶层，以工会力量为支柱。曾 8 次执政。现有党员 400 多万人。政治民主、经济独立、社会公正是庇隆主义的三大支柱。强调资本为民族经济服务，追求社会福利，主张劳资调和，维护劳工权益。20 世纪 90 年代末以来，党内派系林立，组织松散。2019 年，正义党内基什内尔派联合创新阵线等左翼政党和部分地方中左政党组建中左跨党派竞选联盟——全民阵线（Frente de todos），在同年 10 月大选中获胜。

2. 共和国方案党（Propuesta Republicana）：新兴中右派政党。2005 年由变革承诺党和发展重建党联合成立。主张减少国家干预，实行自由市场经济。现有党员 11.5 万余人，影响力主要集中在首都布宜诺斯艾利斯及周边省份。

3. 激进公民联盟（Unión Cívica Radical）：亦称激进党，社会党国际成员。1891 年成立，是阿历史最悠久的政党，曾六次执政。现有党员 250 万人。主要成分是自由职业者、知识分子和中等农牧主。信奉人道主义，主张政治多元化和社会改良。

2015 年 3 月，共和国方案党、激进公民联盟和公民联盟等党派组成"我们改变"（Cambiemos）联盟，在当年 11 月第二轮大选中获胜。2019 年 6 月 12 日，"我们改变"联盟改名为"变革联盟"（Juntos por el Cambio），参加同年 10 月的大选失败。

重要人物　阿尔韦托·费尔南德斯（Alberto Fernández）总统，1959 年 4 月 2 日生于布宜诺斯艾利斯省。毕业于布宜诺斯艾利斯大学法律系，曾先后任经济部官员、国会议员、基什内尔政府和克里斯蒂娜首任政府内阁长官。他作为"全民阵线"总统候选人在 2019 年 10 月 27 日大选中获胜，当选为阿根廷新一任总统，于同年 12 月 10 日正式就任，任期 4 年。他表示，新政府首要任务是恢复经济增长、降低贫困率。

克里斯蒂娜·费尔南德斯（Cristina Fernández）1953 年 2 月 19 日生于布宜诺斯艾利斯。阿根廷律师、政治家，阿根廷总统（2007—2015）、副总统（2019— ）。毕业于阿根廷拉普拉塔大学法律专业，曾任联邦议员。其丈夫为已去世的阿根廷前总统内斯托尔·卡洛斯·基什内尔（Néstor Carlos Kirchner，1950—2010）。克里斯蒂娜是阿根廷第二位女性总统，阿根廷第一位由民主选举产生的女总统。克里斯蒂娜于 2007 年和 2011 年两次连选连任阿根廷总统。2019 年 10 月，她作为"全民阵线"副总统候选人参加竞选获胜，当选为副总统。

二 庇隆主义的回归

阿根廷自 2003 年至 2015 年，一直由正义党即庇隆主义党执政。2015 年 11 月，正义党在大选中失败，"我们变革"联盟候选人马克里在大选中获胜，于同年 12 月 10 日上台执政。在 2019 年 10 月大选中，以正义党为主的"全民阵线"获胜，使正义党（庇隆主义党）再次执政。

2003 年至 2007 年，正义党领导人基什内尔任内，采取了一系列的经济改革，成功帮助阿根廷走出经济危机的泥潭。2007 年 10 月，基什内尔总统夫人克里斯蒂娜作为以正义党为主的、中左翼跨党派联盟"胜利阵线"候选人以绝对优势首次当选阿根廷总统，就任后，她继续推行"庇隆主义"政策，全力推行其丈夫基什内尔的经济振兴计划。她主张政府对经济实行干预，管控外汇和资本市场，推动增加就业，吸引外资，扩大社会福利和基础设施建设，使阿根廷经济连续 4 年保持高速增长。2011 年 10 月，她成功连选连任。但随着国际经济环境恶化和大宗商品价格下跌，以及国内经济刺激政策延续性的减弱及政府施政的一些偏差，在第二任期，政府的政策变化很大，经济政策乏力，还没能有效遏制通货膨胀、货币贬值，通货膨胀加剧，失业问题严重，并连续爆发全国性罢工和外债违约等事件，欧美企业纷纷撤离，2012 年经济出现负 1% 增长，2014 年再度出现负 2.5% 的增长，2015 年略有好转，增长 2.7%。过度保守地延续既定政策，缺乏创新和改革，让克里斯蒂娜总统的第二任期未能赢得多少民众的掌声。克里斯蒂娜任内，阿根廷养老保险金覆盖率达到94.6%，高社会福利政策使克里斯蒂娜得到众多中下层民众的支持。为维持高社会福利政策，克里斯蒂娜政府加大了对农产品出口的税收，高达15%到35%，以缓解财政压力，这使政府与农产品生产者和出口商的矛盾加剧。严格的外汇管控和政策的不确定性，让欧美企业对阿根廷的投资环境望而却步。此外，阿根廷还面临着贫富差距、腐败、司法机构与政府的矛盾等诸多社会问题。克里斯蒂娜在外交方面颇为活跃，不仅帮助阿根廷争取投资和发展机会，也提升了阿根廷的国际影响力。克里斯蒂娜任内，她大力推进拉美经济一体化，主张建立新的国际货币和金融体系；与美国关系比较紧张，同古巴、委内瑞拉、玻利维亚等左翼国家保持良好关系，克里斯蒂娜于2010年7月和2015年2月曾两次访问中国，2014年7月，习近平主席访问阿根廷期间，中阿宣布建立全面战略伙伴关系。

2015年11月22日，毛里西奥·马克里（Mauricio Macri）作为由共和国方案党、激进公民联盟和公民联盟等党派组成的"变革"联盟候选人在第二轮大选中以51%的得票率当选阿根廷总统，并于同年12月10日就职，开启4年任期，结束了阿根廷长达12年的左翼正义党执政周期，被认为标志着拉美政坛"左退右进"的开始。

然而，4年后，马克里在2019年10月大选中败北，没能实现连任，以左翼正义党为主的"全民阵线"总统候选人阿尔韦托·费尔南德斯当选阿根廷新任总统。显然，经济衰退是马克里此次竞选失败的主因。

马克里曾承诺要降低通货膨胀、振兴经济、改善民生等，常说"我们说到做得到"。马克里就任后，出台一系列改革举措，取消了实施4年之久的外汇管制及部分农产品出口税，与"秃鹫基金"达成协议，同意偿还约120亿美元的债务，使得阿根廷的经济在2017年出现复苏迹象。

但好景不长，2018年5月，阿外汇市场出现剧烈震荡，比索大幅度贬值，在与国际货币基金组织（FMI）达成贷款协议后，同年8月比索再次大幅度贬值。随后，马克里政府又向FMI借款，共计高达570亿美元。为实现与FMI借款协议中规定的财政目标，马克里政府不得不实施财政紧缩政策，2018 年阿国内生产总值（GDP）出现负 2.6% 的增长，人均 GDP 下降 3.9%。2019 年 GDP 为负 3%。2019 年以来，阿根廷的经济形势继续恶化。2018 年 1 美元兑换 18 比索，到 2019 年 8 月，货币已贬值到 1 美元兑 60 比索。2019 年，阿根廷的年通货膨胀率达 60%，居世界第三。贫困率从 2017 年下半年的 25.7% 上升到 2019 年下半年的 35.4%，失业率从 2018 年第三季度的 9% 上升到 2019 年第三季度的 10.6%。

马克里执政 4 年期间，阿资本外逃高达 600 亿美元，超过阿政府向 FMI 借贷的 570 亿美元。外债从 2015 年 12 月马克里上台时的 1674 亿美元，上升到 2018 年 6 月的 2615 亿美元，到 2019 年 10 月增加到 2800 亿美元，负债率高达 80%。2018—2019 年阿根廷经济的严重衰退和政府出台的紧缩政策、生活费用的上涨和实际工资的下降，使中产阶层人数减少，贫困人口增加，民众生活水平大幅下降，抗议浪潮一个接一个，人们抱怨说，马克里没有兑现其承诺。

2019 年 5 月，克里斯蒂娜·费尔南德斯宣布与阿尔韦托·费尔南德斯组成竞选搭档，自己竞选副总统，与阿尔韦托·费尔南德斯竞选总统。竞选期间，他们推出管控金融风险、保障公共服务、提高民众福利的主张，很快赢得中下层民众的支持。在同年 10 月 27 日的大选中，阿尔韦托和克里斯蒂娜获胜，媒体将他们的胜利称为"庇隆主义的回归"。

阿尔韦托新政府面临不小挑战，阿根廷民众期待他们能够力挽狂澜，带领阿根廷走出经济困境、实现复苏。新政府刚上台，12 月 15 日，将大豆，豆油和豆粕的出口税率从约 25% 提高至 30%，并将对玉米和小麦的税率从约 7% 提高至 12%，将牛肉出口税从 7% 提高到 9%。12 月 17 日，经济部长马丁·古斯曼宣布政府已将一份公共紧急社会支援和生产恢复法草案提交给国会审议批准，内容包括控制外汇买卖、个人资产、小微企业和外债等，将增加对农产品出口和购买外汇的税收，以克服严重的经济危机。

2020 年阿根廷需要支付到期外债 387 亿美元的本金和利息，阿根廷总共外债为 3110 亿美元，主要债务来自 FMI 的贷款以及公共和私人投资者持有的外国债券和本币借款。阿根廷经济部长马丁·古斯曼等与 FMI 总裁格奥尔基耶娃等举行多次债务会谈，讨论并确定了阿根廷债务重组方案。2020 年受新冠肺炎疫情影响，阿根廷经济出现 -10.5% 的衰退。

2021 年预计增长 4.9%。

阿尔韦托·费尔南德斯执政后，阿根廷外交政策发生较大的变化，阿根廷不再承认瓜伊多为委内瑞拉"合法总统"，改为承认马杜罗为合法总统。2019 年 11 月至 2020 年 11 月，费尔南德斯总统还接待了被政变推翻的左翼玻利维亚前总统莫拉莱斯。2021 年 3 月，阿根廷退出利马集团。

第二节　巴西政治

一　巴西政治概况

巴西位于南美洲东南部，全称巴西联邦共和国，面积 851.49 万平方公里，居拉丁美洲第一位；人口 2.1 亿（2019 年），居拉丁美洲第一位，其中白种人占 53.74%，黑白混血种人占 38.45%，黑种人占 6.21%，黄种人和印第安人等占 1.6%。官方语言为葡萄牙语。64.6% 的居民信奉天主教，22.2% 的居民信奉基督教福音教派。首都巴西利亚，人口 279 万（2019 年），年平均气温 21℃。

政治简史　1500 年 4 月 22 日，葡萄牙航海家佩德罗·卡布拉尔到达巴西。16 世纪 30 年代葡萄牙派远征队在巴西建立殖民地，1549 年任命总督。1808 年拿破仑入侵葡萄牙，葡王室迁往巴西。1821 年葡王室迁回里斯本，王子佩德罗留巴西任摄政王。1822 年 9 月 7 日，佩德罗王子宣布独立，建立巴西帝国。1889 年 11 月 15 日，丰塞卡将军发动政变，推翻帝制，成立巴西合众国。1964 年 3 月 31 日，军人政变上台，实行独裁统治，1967 年改国名为巴西联邦共和国。1985 年 1 月，反对党在总统间接选举中获胜，结束军人执政，军人还政于民。1989 年 11 月 15 日，巴西举行了近 30 年来首次全民直接选举，费尔南多·科洛尔当选总统。1992 年 12 月 29 日，科洛尔因涉嫌受贿被迫辞职，副总统伊塔马尔·佛朗哥依法继任总统。在 1994 年大选中，费尔南多·恩里克·卡多佐胜出，于 1995 年 1 月 1 日就职；1999 年 1 月 1 日卡多佐连任，任期至 2002 年 12 月 31 日。2002 年 10 月，巴西举行总统大选，以劳工党为首的左翼政党联盟候选人路易斯·伊纳西奥·卢拉·达席尔赢得大选，2003 年 1 月 1 日，卢拉宣誓就职，成为巴西历史上第一位通过选举取得政权的左派政党总统。2006 年 10 月，卢拉赢得连任。2010 年 10 月，迪尔玛·罗塞夫作为劳工党候选人赢得大选，成为巴西历史上首位女总统，2014 年 10 月赢得连任。2016 年 5 月 12 日，罗塞夫总统因弹劾案暂时离职，副总统特梅尔出任代总统并组建临时政府。2016 年 8 月 31 日，罗塞夫总统遭国会弹劾，特梅尔正式接任总统。2018 年 10 月，巴西举行总统大选，社会自由党候选人博索纳罗当选新任总统，于 2019 年 1 月 1 日正式就职。

宪法 第一部帝国宪法于 1882 年产生。1988 年 10 月 5 日颁布巴西历史上第 8 部宪法，规定总统由直接选举产生，任期 5 年，取消总统直接颁布法令的权力。在公民权利方面，宪法保障人身自由，废除刑罚，取消新闻检查，规定罢工合法，16 岁以上公民有选举权等。1989 年 10 月，各州议会根据新宪法的规定，修改并通过了州级宪法。1994 年和 1997 年议会通过宪法修正案，分别规定将总统任期缩短为 4 年，总统和各州、市长均可连选连任。

议会 联邦议会是国家最高权力机构。其主要职能是：制定联邦法律；确定和平时期武装力量编制及兵力；制订全国和地区性的发展计划；宣布大赦令；授权总统宣布战争或和平；批准总统和副总统出访；批准或撤销总统签署的临时性法令、联邦干预或戒严令；审查总统及政府行政开支；批准总统签署国际条约；决定临时迁都等。

联邦议会由参、众两院组成。两院议长、副议长每 2 年改选一次，同一届议员任期内不可连选连任。参议长兼任国会主席。参议员 81 人，每州 3 人，任期 8 年，每 4 年改选 1/3 或 2/3。众议员 513 人，任期 4 年，名额按各州人口比例确定，但最多不超过 70 名，最少不低于 8 名。

表 9—1 　　　　　　　　　　巴西主要政党国会席位

政党	参议院	众议院
劳工党	6	53
社会自由党	2	53
进步党	6	39
巴西民主运动	14	33
民主社会党	9	37
自由党	2	40

续表

政党	参议院	众议院
社会党	2	31
共和党	1	32
社会民主党	8	32
民主党	6	27
民主工党	4	28
团结党	0	14
我们能党	10	10
其他政党	11	84
总计	81	513

政府 本届联邦政府于 2019 年 1 月 1 日成立，共设总统府民事办公室，总统府总秘书处，总统府政府秘书处，司法和公共安全，国防，外交，基础设施，农业，教育，女性、家庭和人权，公民和社会行动，卫生，矿产和能源，科技，环境，旅游，地区发展，透明、监察和审计，联邦大律师局，央行等 22 个部级单位。副总统汉密尔顿·莫朗（Hamilton Mourão）。

行政区划 全国共分 26 个州和 1 个联邦区（巴西利亚联邦区）。各州名称如下：阿克里，阿拉戈斯，亚马孙，阿马帕，巴伊亚，塞阿拉，圣埃斯皮里图，戈亚斯，马拉尼昂，马托格罗索，南马托格罗索，米纳斯吉拉斯，帕拉，帕拉伊巴，巴拉那，伯南布哥，皮奥伊，北里奥格朗德，南里奥格朗德，里约热内卢，朗多尼亚，罗赖马，圣卡塔琳娜，圣保罗，塞尔希培，托坎廷斯。州下设市，全国共有 5564 个市。

司法机构 根据 1988 年 10 月 5 日颁布的宪法，联邦最高法院、联邦法院、高等司法法院、高等劳工法院、高等选举法院、高等军事法院和各州法院行使司法权。联邦最高法院由 11 名大法官组成，大法官必须是年龄在 35 岁以上、65 岁以下的巴西公民，由总统提名，经参议院批准后任命。

政党 现合法登记有 32 个政党，主要有：

1. 社会自由党（Partido Social Liberal，PSL）：1994 年 10 月成立，党

员约 24 万。对内，主张进行政治改革，严厉打击腐败，实行自由经济政策，扩大市场开放，恪守传统社会观，强力打击犯罪。对外，主张发展有利于提升国家经济科技附加值的双边关系。主席卢西亚诺·卡尔达斯·比瓦尔（Luciano Caldas Bivar）。博索纳罗 2018 年作为社会自由党候选人参加大选获胜，当选总统。但 2019 年 11 月，因与该党主席卢西亚诺·卡尔达斯有分歧，而退出该党。

2. 劳工党（Partido dos Trabalhadores，PT）：1980 年 2 月成立，主要由城乡劳动者、工会领导人和知识分子组成，现有党员约 158 万人。该党政治上主张建设真正代表社会群体利益的政党，实行改革，保障劳动者的权益；经济上主张公平分配财富；对外主张各国相互尊重、加强国际合作，维护世界和平。2003—2016 年劳工党领导人卢拉和迪尔玛·罗塞夫先后任巴西总统，执政 13 年。主席格莱西·霍夫曼（Gleisi Hoffmann）。

3. 巴西民主运动（Movimento Democrático Brasileiro，MDB）：1965 年成立，党员约 236 万，在军政府时期长期为唯一合法的反对党。对内，主张维护民主制度，实行土地改革和保护民族工业。主张社会公正，缩小贫富差距。对外主张执行独立的外交政策，尊重各国自决权。2016 年 8 月 31 日至 2018 年 12 月 31 日，该党领导人米歇尔·特梅尔（Michel Temer）曾任巴西总统。主席巴莱亚·罗西（Luiz Felipe Baleia Tenuto Rossi）。

4. 社会民主党（Partido da Social Democracia Brasileira，PSDB）：1988 年 6 月 25 日成立，由一批退出民主运动党的人组成，党员约 135 万。主张完善民主制度，实行经济开放，鼓励外国投资，改革分配制度，消除贫富差别。该党领导人费尔南多·恩里克·卡多佐（Fernando Henrique Silva Cardoso）1995—2003 年任巴西总统。主席布鲁诺·卡瓦尔坎蒂·德阿劳若（Bruno Cavalcanti de Araújo）。

5. 自由党（Paritido Liberal，PL）：2006 年 10 月成立，党员约 80 万。主张贸易保护主义和对市场进行适当干预。主席若泽·塔德乌·坎德拉里亚（José Tadeu Candelária）。

6. 进步党（Partido Progressista，PP）：1995 年 9 月由改革进步党和进步党合并而成，党员约 140 万。信奉基督教义，推崇自由、进步与社会正义。主张在不损害国家主权和尊严的基础上，逐步推行改革开放。在保障全国各地区、各阶层均衡发展的前提下，实现社会正义和国家现代化。主席西罗·诺盖拉（Ciro Nogueira）。

7. 社会党（Partido Socialista Brasileiro, PSB）：1947 年 4 月成立，其前身为 1946 年成立的民主左派党，1947 年更为现名。党员约 58.3 万，政治上主张国家管理民主化，保障党派活动享有充分自由；经济上主张注重发展工业生产；社会领域主张充分维护工人权利；对外主张遵循国家权利和义务平等的原则，实现国家关系的和谐发展。主席卡洛斯·西凯拉（Carlos Siqueira）。

8. 民主社会党（Partido Social Democrático, PSD）：2011 年 3 月成立，由前圣保罗市市长吉尔贝托·卡萨布联合民主党、进步党和社会民主党部分人士共同组建，党员约 31 万。政治上主张在现有宪法框架下通过民主选举获取政权，反对独裁，维护社会公正；经济上奉行经济自由主义，主张经济发展和环境保护并重；社会领域主张机会均等，促进就业和社会包容。对外主张世界多极化，积极参与国际事务。主席吉尔贝托·卡萨布（Gilberto Kassab）。

9. 民主党（DEMOCRATA, DEM）：1985 年 1 月成立，原名自由阵线党（Partido da Frente Liberal, PFL），2007 年 3 月更现名，党员 108 万。主要由原民主社会党内持不同政见者组织的"自由阵线"派成员组成。对内主张维护民主制度，实行社会变革和国营企业私有化，改革分配制度等；对外主张主权自决和平等。主席安东尼奥·卡洛斯·马加良斯·内图（Antônio Carlos Magalhães Neto）。

10. 共和党（Republicanos）：2005 年 8 月成立，由时任副总统若泽·阿伦卡尔组建，原名城市革新党，同年 10 月更为现名。信奉基督教义，经济上主张新自由主义。主席马尔克斯·安东尼奥·佩雷拉（Marcos Antonio Pereira）。

11. 民主工党（Partido Democrático Trabalhista, PDT）：1979 年成立，前身为巴西工党的一部分，系社会党国际成员。主张实行多党制，工会独立，实行土地改革，消除贫富不均和扶助中小企业。对外主张民族独立，人民自决，各民族和平相处和不结盟。主席卡洛斯·卢皮（Carlos Lupi）。

12. 共产党（Partido Comunista do Brasil, PC do B）：1962 年从原

"巴西的共产党"中分裂出来，将 1922 年 3 月 25 日作为建党日。主要成员是城乡劳动者、青年学生和自由职业者。1985 年 7 月获合法地位。主席卢西亚娜·桑托斯（Luciana Santos）。

13. 工人革新党（Partido Renovador Trabalhista Brasileiro，PRTB）：1994 年成立，党员约 14 万。奉行民族主义和保守主义。巴副总统莫朗 2018 年 5 月加入该党。主席若泽·里维·菲德利什（José Levy Fidelix）。

其他政党还有："我们能"党（Podemos）、巴西工党（Partido Trabalhista Brasileiro）、社会主义自由党（Partido Socialismo e Liberdade）、新党（Partido Novo）、绿党（Partido Verde）、公民党（Cidadania）、基督教社会党（Partido Social Cristão）、民族动员党（Partido da Mobilização Nacional）等。

重要人物 总统雅伊尔·梅西亚斯·博索纳罗（Jair Messias Bolsonaro），1955 年 3 月 21 日出生，现任巴西联邦共和国总统。1977 年毕业于巴西黑针军事学院，后服役于巴西陆军空降兵部队，曾任上尉。1988 年当选里约热内卢市议员，1990 年至 2018 年担任联邦众议员。2018 年 10 月 28 日当选巴西总统，2019 年 1 月 1 日就职，任期 4 年，至 2022 年 12 月 31 日。2019 年 11 月，博退出社会自由党，并酝酿成立"巴西联盟"党（Aliança pelo Brasil）。

二 劳工党执政 13 年的经验教训

劳工党执政 13 年的经验教训 自 2003 年 1 月 1 日至 2016 年 8 月，劳工党卢拉连续执政两届，罗塞夫执政 1 届多，总共执政长达 13 年。劳工党执政的头 10 年，巴西政局比较稳定，经济增长比较迅速，贫困和社会不公平有所改善，并成功渡过了 2008 年国际金融危机。然而，2016 年 8 月 31 日，罗塞夫总统第二任期未满就被弹劾。2017 年 7 月 12 日，已经卸任的卢拉因贪污罪和洗钱罪被判处 9 年 6 个月的监禁，2018 年 1 月 24 日，卢拉的刑期又增加至 12 年零 1 个月，同年 4 月卢拉入狱服刑，但卢拉坚称自己"无罪"。2019 年 11 月 8 日，入狱 1 年零 7 个月的卢拉在联邦最高法庭裁定其随时可出狱后，正式离开在巴拉那州库里蒂巴的服刑处出狱。

卢拉执政的 8 年，实施温和的左翼政策，在经济方面，采取稳健务实的经济政策，控制通胀和财政赤字，鼓励生产性投资和工农业发展，加强金融监管，保持同国际货币基金组织和世界银行的正常关系，继续实现国企私有化进程；与此同时，对外贸出口政策进行改革，扩大农矿产品的出口，实现石油自给有余，外汇储备增加，经济稳定增长。罗塞夫执政前期，巴西经济保持一定增长，但后期由于受国际市场上初级产品价格下跌等影响，加上政府没有及时调整经济结构和政策，经济出现衰退，2014 年经济只增长 0.5%，2015 年出现 −3.5% 增长。

劳工党政府十分重视社会的发展。卢拉政府实施"零饥饿计划"，在其任内解决了巴西贫困阶层"一日三餐"最基本的温饱问题；卢拉还实施了"第一次就业计划"以解决年轻人的就业问题；制订扫盲计划，扫除文盲数百万人；制订经济适用房计划，逐步解决贫困居民的住房问题；实施"家庭津贴计划""小额低息贷款计划""杜绝童工计划""扶助家庭农业计划""基本药品援助计划"等，旨在提高儿童入学率、增加就业岗位、发展农业和为贫困家庭提供医疗服务。据统计，2003—2011 年，巴西有 4000 多万人脱贫，贫困率和赤贫率分别从 2001 年的 37.5% 和 13.2% 降至 2011 年的 20.9% 和 6.1%。中产阶层规模不断扩大，已超过总人口的一半，巴西社会结构由"金字塔形"转变为"橄榄形"。2005 年，巴西高收入阶层、中等收入阶层和低收入阶层占总人口比例依次为 15%、34% 和 51%，到 2010 年，这一比例则依次为：21%、53% 和 25%。罗塞夫执政后继续将减贫作为政府工作的重要目标，宣布启动"无贫困计划"，提出在 2014 年前使 1650 万巴西人能摆脱绝对贫困，以实现联合国千年发展目标，要使巴西成为"中产阶级的国家"。罗塞夫政府还扩大"家庭津贴计划"的规模，启动"绿色救助金计划"和"我的生活我的家"等计划，帮助贫困家庭子女入学和解决贫困家庭的住房问题。然而，由于 2014—2015 年巴西经济不景气，巴西的绝对贫困不仅没有消灭，反而有所增加，不少已经脱贫的人又返贫。

在外交方面，卢拉政府调整了巴西外交政策，奉行多元外交政策，以新兴大国姿态走向世界，大力提升巴西的国际地位。罗塞夫接任总统后，在外交政策上基本延续卢拉政府的思路，保持了巴西外交政策的连续性。劳工党政府积极倡导世界多极化和国际关系新秩序，积极参加 20 国集团的历届峰会，努力推动国际金融体系改革。劳工党政府于 2010 年和 2014 年主办了金砖国家第 2 和第 6 次领导人会晤，借助"金砖国家"机制，加强与中国、俄罗斯、印度和南非的关系，扩大巴西在国际事务中的影响力。在处理同美国、欧盟等发达国家关系时，巴西劳工党政府采取了务实合作的态度。积极参与拉美和国际事务，以推动国际政治民主化和国际经济新秩序的建立。劳工党政府奉行睦邻友好政策，十分重视发展南南关系和合作，加强同拉美各国的关系，把发展与拉美国家的关系、推动拉美地区政治团结和经济一体化进程作为其外交工作的重点。劳工党政府积极推动南方共同市场发展，并以此为依托，联合安第斯共同体等其他南美国家成立了南美洲国家联盟、南方银行、南美国家防务理事会和拉美和加勒比国家共同体，主张拉美国家自主解决地区事务。劳工党政府还积极谋求巴西成为联合国安理会常任理事国，卢拉总统既积极主持并参与世界社会论坛，又参加达沃斯世界经济论坛，卢拉政府注意维护发展中国家的利益，同时注重采取联合的方式处理与发达国家的关系，参与全球化。

然而，劳工党政府在政治、社会、经济和外交方面也遇到许多问题和挑战，有不少教训。在政治和社会方面，劳工党为了与中左翼政党结成政治同盟，采取了许多妥协措施，执政联盟内分歧严重，劳工党内在一些问题上看法也不一致。此外，劳工党内腐败滋生，成为严重影响其执政能力的负面因素和重要挑战。卢拉任内，2005 年"月费案（Mensalão）"丑闻曝光，劳工党有 4 名领导人被判刑和罚款，将劳工党拖入最严重的危机，并导致党内出现严重分裂。2011 年 1 月至 2013 年年底，罗塞夫任内先后有 6 位内阁部长因腐败问题落马。

在社会方面，劳工党执政后期，由于经济衰退，返贫人数增加，贫富差异扩大。2013 年 6 月，巴西爆发了 20 年来最大规模的民众抗议活动，把矛头指向了巴西社会问题突出、官僚腐败等深层次问题。该运动的爆发反映了巴西政治经济和社会发展中所面临的若干重大的矛盾，揭示了劳工党政府政策及其效果存在的局限性。劳工党及其政府腐败案件的频繁曝光，极大地影响了民众尤其是中产阶层对劳工党及其政府的信任度。2014 年年底和 2015 年年初，巴西最大的国企巴西石油公司腐败案又爆发，该公司高管多次收受承包商贿赂，并向执政党提供政治资金，巴西石油公司"贪腐案"涉案金额达数十亿美元，被称为"巴西历史上最大的贪腐案件"，这一丑闻又波及劳工党多名领导人，对劳工党长期执政的努力形成打击，使罗塞夫总统支持率大跌。2015 年 3 月、4 月和 8 月，巴西全国各地城镇有数百万示威者走上街头，抗议经济萧条，腐败横行，一些示威者支持弹劾总统罗塞夫。日益扩大的中产阶级对参政议政和提高教育、卫生等公共服务水平的诉求不断高涨，而囿于体制、利益集团、保守势力等多重羁绊，劳工党推进政治体制、财税体系和教育、福利等社会领域改革几无进展，导致新兴中产阶级不满和焦虑情绪上升。在最近这几次大规模群众示威游行中，中产阶级是主体力量。在经济方面，劳工党并未进行深刻的经济结构的改革，政府在基础设施、教育、医疗等公共投入的不足，劳工党执政后期，经济低迷，通货膨胀高企，货币贬值加速，外债和联邦公共财政赤字不断增加，失业率上升，居民收入增速远低于通胀。外交方面，卢拉的外交政策受到来自左右两方面的批评。罗塞夫任内，由于受到国内政局动荡、经济衰退的掣肘，其外交建树不如卢拉。

2016 年 5 月 12 日，巴西参议院通过了特别委员会的弹劾报告，罗塞夫总统因财政存在违法行为犯了"渎职罪"被强制离职 180 天。8 月 31 日，参议院通过了弹劾案，劳工党长达 13 年的执政宣告结束，代总统米歇尔·特梅尔（Michel Temer）"转正"就任总统。

特梅尔总统任内，暂时保持了巴西政局的基本稳定，但其执政之路并非一帆风顺。2017 年身陷腐败丑闻的特梅尔虽然有惊无险地闯过了"三关"指控，但其民意支持率一度创下了 5% 的新低。经济方面，特梅尔接手的 2016 年巴西经济为 -3.3% 增长，2017 年和 2018 年经济略有恢复，增长率分别为 1.1% 和 1.3%。在社会方面，抗议和罢工持续不断。在外交方面，特梅尔执政初期致力于获取对其执政合法性的国际认可，2016 年 8 月成功举办第 31 届夏季奥运会，积极推进多边合作，继续深化同中国的互利合作。

三　博索纳罗政府的内政外交

在 2018 年 10 月 28 日巴西第二轮总统选举中，63 岁的右翼社会自由党候选人博索纳罗以 55.12% 的得票率战胜劳工党候选人阿达（得票率44.87%），当选总统，并于 2019 年 1 月 1 日正式就任总统，任期 4 年。

博索纳罗之所以能当选总统的主要原因，一是巴西民众普遍对传统大党和政府高官的贪腐盛行感到厌倦和不满；而博索纳罗在第一轮总统选举的 13 名候选人中，是少数没有受到贪腐指控的候选人；二是人们普遍对犯罪率上升和治安恶化深感担忧和痛恨，而博索纳罗正是利用民众的这一情绪，适时提出强化执法、打击犯罪等主张，赢得众多选民的好感；三是民众对最近几年巴西经济增长缓慢、2015 年和 2016 年连续两年经济出现负增长、财政赤字严重、债务负担加剧、失业率攀升产生忧虑。对此，博索纳罗提出进行经济改革，恢复和发展经济，打破"债务增长的恶性循环"；四是劳工党直到候选人提名限期的最后一刻才确定阿达取代被监禁入狱的卢拉为总统候选人，这无疑影响阿达的竞选。

有"巴西的特朗普"之称的博索纳罗在就职演说中宣称，他的任务是重建和复兴巴西，使巴西"摆脱腐败、犯罪、不负责任的经济政策和对意识形态的屈服"，他表示，新政府将团结广大人民，建立一个没有歧视和分裂的社会，同时还将发展教育，增加就业，加强基础设施建设，提高医疗卫生水平。他誓言要深入调查腐败案，终结政府与政党之间的幕后交易。他执政后，对巴西的内外政策做了较大幅度的调整。

博索纳罗上台执政改变了巴西多年来由左翼劳工党和中左翼社会民主党两大传统政党把控的局面，使巴西政治生态明显向右转。博索纳罗任命 8 名军方在役或退役将领出任内阁成员，以削弱政府高层的政治色彩。在经济方面，主张维持宏观经济政策，包括现有的浮动汇率机制、通胀目标及财政目标，致力提高中央银行独立性，主张通过国有企业私有化、特许经营权出让等手段将公共债务减少 20%；主张削减公共开支，将财政赤字转为盈余，逐步降低总体税赋水平，税收简化统一，吸引投资者在巴西设立公司，提供更多就业岗位；降低工资税，承诺不增加高收入者的税收；承诺改革养老金制度，建立与现有社会保障制度并行的更市场化的社会保障制度，通过设立专项融资基金，降低参与者的缴费标准；2019 年 7 月 10 日，巴西众议院批准了博索纳罗提出的具有里程碑意义的养老金制度改革方案，之后，10 月 22 日，巴西参议院也通过了这一养老金改革法案。这一改革法案的适用对象包括政府部门和私营企业，涉及上调最低退休年龄、增加个人缴纳金额和限制遗属抚恤金等措施。其中，男性和女性的最低退休年龄分别由 56 岁、53 岁上调至 65 岁、62

岁。这项改革为消除政府公共财政困境、实现经济增长的关键，预期今后十年将节省大约 8000 亿巴西雷亚尔（约合 1900 亿美元）财政支出。博索纳罗实行大规模私有化政策，8 月 21 日，巴西总统府公布即将私有化的 17 个国企名单，其中包括巴西造币厂、巴西彩票公司、阿雷格里港城市轨道交通公司、巴西国家电力公司、巴西邮政、巴西联邦数据处理服务局、巴西国家电信公司，出售巴西国家石油公司部分资产，但是一些战略性企业除外，例如巴西银行、巴西国家电力公司发电业务。他同时承诺在这一进程中将给予各州政府更大的自主权；在农业领域维持现有的政策法规，例如免除出口流转税。在公共安全方面，博索纳罗主张放松枪支管制，扩大警察执法权限，用铁腕手段解决有组织犯罪，强化警力建设，加大对安全装备、技术的投入，将无地农民的占地运动定性为恐怖主义。在国防建设方面主张增加军费预算，扩大军购，扩大军队在社会治安上的执法参与，加强边境防务能力。在教育方面强化对教育的军事化管理，任命军官主持教育部工作，两年内在各州州府增设军校，反对公立大学给低收入阶层、少数族裔的配额政策。

　　博索纳罗的执政也遇到不少问题，自 2020 年 2 月 26 日新冠肺炎在拉美第一例在巴西确诊以来，由于抗疫措施不力等原因，巴西成为新冠肺炎重灾区之一，到 2021 年 8 月 23 日，其确诊病例为 20570891 例，位居世界第三，仅次于美国和印度；新冠死亡人数为 574527 人，位居世界第二。受疫情等影响，2020 年巴西经济出现 −5.3% 的衰退，2021 年预计增长 3.2%。疫情以来，巴西政府连换四位卫生部长。在政治上，2019 年 11 月，博索纳罗与执政党社会主义党领导人的矛盾加剧，他宣布退出社会自由党，另组巴西联盟党。博索纳罗的大儿子参议员弗拉维奥涉嫌腐败，遭到起诉。此外，博索纳罗的环保政策和因他对亚马孙雨林大火的不作为而受到外界的广泛批评。2019 年 1 月 15 日，博索纳罗签署一项放宽枪支管制的行政命令，5 月 8 日，博索纳罗又签署行政法令，放宽枪支进口限制，并将普通民众可购买弹药的数量从每年上限 50 发，提高至每年 5000 发。这两个法令和博索纳罗"以枪制暴"的政策遭到强烈反对，引发不少争议，批评者认为，放宽枪支管控只会增加凶杀率。2020 年 4 月 24 日，由于不满博索纳罗总统解除警察总长瓦莱索的职务，司法和安全部长莫罗指责博索纳罗此举是"干扰司法"的违法行为，宣布辞职。

2021 年 3 月 29 日，巴西外交部长埃内斯托·阿劳若和国防部长费尔南多·阿泽维多宣布辞职。随后，巴西陆军，海军，空军三军总司令也联合辞职。由于治国理政不当，巴西一些政党、国会议员强烈要求总统辞职和弹劾总统。

在外交方面，博索纳罗提出"巴西高于一切"，主张与能为巴西带来经济与科技价值的国家加强关系。博索纳罗的外交主张具有较强的意识形态色彩，尤其他将左翼主政时的意识形态置于批判的对立面，这很有可能改变劳工党主政时期优先发展南南合作的外交布局。与此同时，博索纳罗还体现出比较强的亲美立场，很多主张与美国总统特朗普相类似，比如将驻以色列使馆迁至耶路撒冷。博索纳罗就任总统后，巴美高层往来频繁，巴西总统、副总统、外长和国防部长等曾先后访问美国，会见美国总统、副总统等领导人。美国国务卿蓬佩奥参加了博的就职仪式。博索纳罗奉行亲美、亲以色列的政策，主张与美国结盟，并提出"巴西优先"的口号，他拒绝了原定今年在巴西召开的气候变化大会。2019 年 3 月，博索纳罗在 6 位主要部长的陪同下对美国进行了为期 3 天的访问。希望美国进一步开放市场、扩大双边贸易、增加投资，加强与巴西在国防和安全等方面的合作，协调关于委内瑞拉事务的立场。他强调，美国和巴西之间的关系"从未如此之好"，表示要与美国总统建立一种特殊关系。在经贸合作方面，特朗普承诺将帮助巴西加入经济合作与发展组织；支持博索纳罗的移民政策，在军事合作领域，特朗普称巴西为美国的"非北约主要盟友"，承诺将帮助巴西加入北约，与北约成员国开展军事合作和共同举行军演等。但从博索纳罗此次访美之后的实际结果来看，可谓不尽如人意，多项重要目的并未达成。巴西未能与美国签署自由贸易协定，未能为巴西向美国出口的糖争取更大的份额，也未能让美国取消对巴西新鲜牛肉的禁令。12 月 2 日，美国总统特朗普宣布恢复对巴西的铝和钢铁征收进口关税，此举引发巴西不满，博索纳罗表示，将寻求与特朗普进行谈判。博索纳罗调整巴西外交的多边主义传统，重视双边原则。

博索纳罗是拉美国家和 20 国集团成员国中最后一个祝贺拜登当选的总统。2021 年 1 月 20 日拜登执政后，拜登政府在气候变化、亚马孙地区环保、人权、印第安人、黑人、妇女等问题上与博索纳罗的看法有分歧，美巴关系出现一定程度上的疏远。但是，巴西仍将是美国对拉美外交的重点，博索纳罗也在设法搞好与拜登政府的关系。2021 年，美国中央情报局局长、南方司令部司令、总统国家安全事务顾问等频繁访问巴西。

2019 年 8 月，由于法国总统马克龙在社交媒体上表达对亚马孙火情的关切，称这是一场国际危机，需要在 G7 峰会上讨论，博索纳罗回击称，法国总统建议在没有巴西参与的情况下讨论亚马孙问题，暴露其"殖民主义心态"。随后，马克龙称博索纳罗撒谎，并威胁否决欧盟与南方共同市场之间的自由贸易协定，并再次表示"亚马孙是我们的共同财产"。而博索纳罗则嘲笑马克龙用错了火灾的照片，且重申巴西的主权。巴西与法国关系恶化。

博索纳罗上台后，加强与智利、哥伦比亚、秘鲁和巴拉圭等亲美国家及太平洋联盟的关系，疏远甚至公开指责左翼委内瑞拉、古巴和尼加拉瓜为"专制国家"。他没有邀请这三国政府派代表参加其就职典礼。2018 年 11 月，当选总统博索纳罗对在巴西工作的古巴医生发表"毫无遮掩的、侮辱性的和威胁性的"言论，指责古巴政府对在巴西行医的古巴医生的政策是"奴役"政策，致使古巴政府在同年 12 月 24 日之前将在巴西工作的 6000 多名医生撤回古巴。博索纳罗不承认马杜罗政府为合法政府，承认委反对派领导人瓜伊多为委内瑞拉合法的"临时总统"。2019 年 2 月 28 日，博曾亲自在总统府会见到访的瓜伊多。博索纳罗政府加入了利马集团。同年 3 月，巴西加入南美洲进步和一体化论坛；4 月，巴西退出南美国家联盟。2020 年 1 月 9 日确认巴西退出联合国《促进安全、有序和正常移民全球契约》；1 月 16 日，巴西宣布退出拉美共同体。

2018 年 2 月，博索纳罗在竞选期间与其头三个儿子一同访问中国台湾地区，这是自 20 世纪 70 年代中巴建交以来，巴西历届总统候选人第一次访问中国台湾地区。在竞选期间，他还多次公开批评中国，反对中资在巴西能源和基础设施等领域的收购，指责中国在巴西的投资是在"购买巴西"，而不是"在巴西购买"。在其竞选后期，与中国进行大量交易的、支持博索纳罗的农、矿业利益集团迫使其缓和了对华立场。但在支持博索纳罗的利益集团中，同样存在着对华立场强硬的工业利益集团，因此，博索纳罗力图在自己的意识形态偏好与对华态度迥异的农矿、工业集团之间找到平衡点，来决定其对华政策的主基调。总的来说，在他当选总统和 2019 年 1 月 1 日就任总统后，他不再公开批评或指责中国。

2018 年 11 月 5 日，当选总统博索纳罗与时任中国驻巴大使李金章进行了积极友好的会面。博索纳罗强调，巴西新政府发展对外关系不以意识形态画线，将与包括中国在内的各国开展经贸合作，签署更多双边协定，推动巴产品提升竞争力和附加值。博索纳罗还解释说，2018 年年初访问台湾仅出于旅游目的。2019 年 1 月，习近平主席特使、全国人大常委会副委员长吉炳轩赴巴西出席新总统博索纳罗就职仪式。5 月，巴西副总统莫朗访华并同王岐山副主席共同主持召开中国—巴西高层协调与合作委员会第五次会议，习近平主席同其会见。7 月，王毅国务委员兼外长赴巴西出席金砖国家外长正式会晤并访巴，会见博索纳罗总统，同阿劳若外长举行第三次中巴外长级全面战略对话。10 月，中共中央政治局委员、中央外事工作委员会办公室主任杨洁篪赴巴西出席第九次金砖国家安全事务高级代表会议。10 月，巴西总统博索纳罗来华进行国事访问，习近平主席同其会谈，李克强总理、栗战书委员长分别会见。11 月，习近平主席赴巴西出席金砖国家领导人第十一次会晤，其间同博索纳罗总统举行会谈。

第三节 智利政治

一 智利政治概况

智利位于南美洲西南部，全称智利共和国。面积 756626 平方公里。人口 1805 万（2019 年），居拉丁美洲第七位，其中白人和印欧混血种人约占 89%，印第安人约占 11%。城市人口占 86.9%。官方语言为西班牙语。在印第安人聚居区使用马普切语。15 岁以上人口中信仰天主教的占 67%，信仰福音教的占 15%。首都圣地亚哥，人口 612 万（2019 年）。年均最高气温 22.6℃，最低气温 9.3℃。国家元首是总统。现任总统皮涅拉（Sebastían Piñera Echenique）2018 年 3 月 11 日就职，任期 4 年。

政治简史 早期境内居住着阿劳干人、马普切人、火地人等印第安民族，16 世纪初以前属于印卡帝国。1535 年，西班牙殖民者从秘鲁侵入智利北部。1541 年建立圣地亚哥城，智利沦为西班牙殖民地。1810 年 9 月 18 日成立执政委员会，实行自治。此后，智利人民在民族英雄贝尔纳多·奥希金斯率领下开展反殖民斗争。1817 年 2 月同阿根廷联军击败西班牙殖民军。1818 年宣告独立。1970 年社会党人阿连德当选总统。1973年以皮诺切特为首的军人推翻阿连德政府，开始长达 17 年的军政府统治。

1988 年 6 月在反对军政府独裁统治和争取民主斗争过程中，基督教民主党、社会党、争取民主党、社会民主激进党等组成"各政党争取民主联盟"；1989 年推举基民党主席艾尔文为联盟总统候选人参加当年 12月的总统选举。艾尔文以 55.17% 得票率当选，次年 3 月上台执政，组成"民主联盟"政府。

1993 年基民党的弗雷被推举为联盟总统候选人，在当年 12 月以 58%得票率当选总统。1994 年 3 月上述四党组成第二届"民主联盟"政府。1998 年皮诺切特交出军权，作为终身参议员进入国会，智利"民主过渡"进程基本完成。1999 年社会党和争取民主党领袖拉戈斯成为联盟总统候选人；在 2000 年 1 月第二轮选举中获胜，当年 3 月组成第三届"民主联盟"政府。2005 年社会党领导人巴切莱特被推举为联盟总统候选人，在2006 年 1 月第二轮选举中获胜，成为智利历史上第一位女总统，"民主联盟"赢得总统选举"四连胜"。

2010 年 1 月，中右翼联盟总统候选人皮涅拉当选总统，同年 3 月就职，终结了"民主联盟"连续执政 20 年的历史。2013 年"民主联盟"重组为"新多数联盟"，智利共产党加入了"新多数联盟"；同年 12 月"联盟"候选人巴切莱特再次当选总统，2014 年 3 月开始执政。

2017 年 12 月中右翼的"智利前进"联盟候选人皮涅拉再次当选总统，2018 年 3 月执政后，努力推进政治改革，提振经济增长，实行务实和多元化对外政策。2019 年 10 月首都圣地亚哥发生大规模骚乱和社会抗议，并向全国扩散。持续数月的动荡造成严重经济损失，冲击社会稳定，也引发对智利模式的反思。民众要求废除现行军政府时期制定的宪法，制定新宪法。

宪法 现行宪法 1981 年 3 月 11 日生效，1989 年、1991 年、1993 年、2005 年四次修改。1993 年修改后的宪法规定，总统是国家元首和政府首脑，任期 6 年（原为 4 年），不得连任。2005 年修宪将总统任期改为 4年，取消终身参议员和指定参议员，所有议员均由选举产生。2020 年 10月就修宪问题举行全民公投，近 80% 民众赞成成立全部由民选代表组成的"制宪会议"。2021 年 5 月 15—16 日举行制宪会议选举。7 月 4 日新成立的制宪会议选举印第安马普切妇女、语言学家埃丽莎·龙孔（Elisa Loncon）为制宪会议主席，制宪会议负责新宪法的起草工作。新宪法草案将在 2022 年通过公民表决方式通过。如获通过，将取代 1980 年军政府制定的现行宪法。

议会 国民议会实行参、众两院制。议会由直接选举的 155 名众议员、43 名参议员（2021 年将增为 50 名）组成。参议员任期 8 年，每 4 年改选一半；众议员任期 4 年。本届议会成立于 2018 年 3 月，主要党派在议会中所占席位如下：

表 9—2　　　　　　　　智利议会席位分配情况（2018—2022 年）

政党	参议院	众议院
民族革新党	8	34
独立民主联盟	9	30
基督教民主党	6	14
社会党	7	19
争取民主党	7	7
社会民主激进党	1	6
共产党	0	8
政治演进党	2	9
广泛阵线各党派	1	20
其他	2	8
总计	43	155

政府 本届政府于 2018 年 3 月 11 日组成。现共设内政、外交、国防、财政、政府秘书部、总统府秘书部等 24 个部委。

行政区划：全国划分 16 个大区（Región），下设 56 个省（Provincia）和 346 个市（Comuna）。大区主席和省长由总统任命，市长由直接选举产生，任期 4 年，可连选连任。

司法机构：司法独立。全国设最高法院、17 个上诉法院和 1 个军事法庭。1999 年成立检察院。

政党　实行多党制，主要政党分属中右翼"智利前进"联盟和中左翼"新多数派联盟"两大阵营。"智利前进"联盟由民族革新党和独立民主联盟等组成。"新多数派联盟"前身系由基督教民主党、社会党等中左翼政党组成的"争取民主联盟"，2013 年改为现名，并吸纳共产党等加入。

主要政党有：

1. 社会党（Partido Socialista，PS）：1933 年 4 月成立。有党员约10.9 万人。1970—1973 年同共产党等联合组成"人民团结"政府，该党领导人阿连德任总统。1979 年发生分裂。1989 年 12 月阿拉特和阿尔梅达两大派宣布联合。1989 年、1993 年、1999 年、2006 年、2013 年与基民党、争取民主党等组成联盟参加竞选并获胜。曾自称是马克思主义党，20 世纪 90 年代以后把党的发展目标改为民主社会主义，主张建立自由、民主、人道的社会。主张巩固真正民主体制，实现民主谅解和争取建立社会主义民主。1996 年 9 月加入"社会党国际"。该党具有社会民主党色彩，强调民主价值观。现任党主席阿尔瓦罗·埃利萨尔德（Álvaro Elizalde）。

2. 争取民主党（Partido por la Democracia，PPD）：1987 年 12 月由一批社会党等左翼政党人士创立，成员主要来自社会党。党员 8.4 万人。其主张与社会党基本相同，但更为自由化。主张推动宪法改革，根除军政府建立的法制体系；以国际主义、人道主义、和平主义和拉美主义原则同世界各国建立外交、贸易和文化关系。1996 年 9 月与社会党同时加入"社会党国际"。2000—2006 年该党领袖拉戈斯担任总统。现任党主席埃拉尔多·穆尼奥斯（Heraldo Muñoz）

3. 基督教民主党（Partido Demócrata Cristiano，PDC）：1957 年 7 月成立。党员 10.8 万人。"基督教民主党国际"成员。主张实现真正的基督教主义，建立民主制度，尊重人权，与不同的思想派别共处。该党在智民主化进程中起了重要作用，该党领导人艾尔文 1989 年 12 月当选为军政府后的第一任民选总统，1994 年 3 月该党领导人弗雷继任总统。近年来，该党内部党派分歧明显，实力有所下降。现任党主席福阿·查因（Fuad Chahin）。

4. 社会民主激进党（Partido Radical Social Demócrata，PRSD）：前身为激进党，1888 年 11 月 19 日成立，智最古老的政党之一。1987 年党内

发生分裂，原副主席安塞尔莫·苏莱等另组社会民主激进党。1992 年两党合并定为现名。其意识形态来源于欧洲社会民主主义和拉美改良主义，主张在人道主义原则基础上建立自由和民主的社会。党员约 9 万人。"社会党国际"成员。现任党主席卡洛斯·马尔多纳多（Carlos Maldonado）。

5. 独立民主联盟（Unión Demócrata Independiente，UDI）：1983 年 9 月 25 日成立，由独立人士和 1979 年成立的"新民主"组织组成。当时支持军政府，坚决反共，主张保留指定参议员。党员 8 万。2000 年 1 月联盟领导人拉温作为反对党组成的"争取智利联盟"候选人参加总统竞选，以微弱劣势败北。目前该党主张多元民主和权力下放，实施私有制基础上的市场经济。现任党主席杰奎琳·范·里塞尔伯格（Jacqueline Van Rysselberghe）。

6. 民族革新党（Renovación Nacional，RN）：1987 年 2 月由右翼的民族联盟、独立民主联盟和全国劳动阵线合并而成。后独立民主联盟又分裂出去。党员 7.7 万人。主张维护和发展西方文明和历史传统，建立"以人为中心，充分尊重个人自由"的社会，反对马克思主义。2010 年和 2017 年，该党领导人皮涅拉两度当选总统。现任党主席马里奥·德斯博尔德斯（Mario Desbordes）

7. 共产党（Partido Comunista，PC）：1912 年 6 月成立。有党员 5.23 万人（2017）。原名社会主义工人党，1922 年改为现名。1970—1973 年与社会党等联合执政，1979 年提出"人民造反"路线，要求立即结束军政权。1983 年同社会党阿尔梅达派等组成"人民民主运动"，1985 年被宪法法庭宣布为非法。1990 年 10 月恢复合法地位。2010 年进入国会。现任党主席吉列尔莫·泰列尔（Guillermo Tellier），总书记劳塔罗·卡蒙娜（Lautaro Carmona）。

此外，智利还有一些其他小的党派。

重要人物　萨尔瓦多·阿连德（Salvador Allende，1908—1973），智利社会党创始人和领袖，1938—1940 年任人民阵线政府卫生部长，1945 年起连续当选为参议员，1966—1969 年任参议院议长。1952 年、1958 年和 1964 年 3 次参加总统竞选但均未成功。1970 年当选总统，组成人民团结政府，宣布要开辟"通向社会主义的智利道路"。执政期间实施一系列改革措施：把外国资本控制的铜矿，以及本国私人大型企业收归国有；

进行大规模土地改革，征收大庄园土地，建立国营农场和合作社；改善中低收入阶层生活条件，提高社会福利。1973 年 9 月被军事政变推翻，在政变中丧生。执政期间智利与中国建交。

奥古斯托·皮诺切特（Augusto Pinochet，1915—2006），智利政治家、军人。1972 年出任陆军总参谋长；1973 年 8 月出任陆军总司令，同年 9 月 11 日发动军事政变推翻阿连德政府，自任军事执政委员会主席。1974—1990 年任总统，实行军事独裁统治，推行新自由主义改革。1998 年辞去陆军总司令，任终身参议员；1998 年 10 月在伦敦就医时被英国警方扣留，2000 年 3 月获释。2002 年 7 月辞去参议员职务，彻底退出政治舞台。2006 年 12 月 10 日逝世。

塞巴斯蒂安·皮涅拉（Sebastián Piñera，1949—　　），现总统。美国哈佛大学经济学博士，智利著名企业家。1990—1998 年任参议员。2001—2004 年任民族革新党主席。2010—2014 年任总统。2017 年 12 月再次当选总统，2018 年 3 月就职，任期至 2022 年 3 月。2010 年 11 月、2019 年 4 月访华。

二　阿连德的向社会主义过渡

1970 年人民团结阵线（由社会党、共产党和激进党等组成）候选人阿连德当选总统。阿连德获得 36% 的选票，右翼的民族党候选人亚历山德里获得 35%，中翼的基督教民主党候选人托米奇获得 28%；阿连德实际只获得约 1/3 选民支持，民众基础并不牢固。

阿连德政府的执政纲领提出，要"探索取代现有经济结构的办法，取消外国和本国垄断资本集团以及大庄园的权力，以便开创社会主义建设"；政府的任务是"结束帝国主义、垄断集团、地主寡头的统治，在智利开始建设社会主义"。执政后，实行铜矿等基本财富国有化，没收大庄园，进行土改；执行反帝、反殖、捍卫国家主权、维护民族独立的政策。

阿连德政府出现重大政策失误，其社会主义实践探索最终陷于失败。政府在对外资铜矿公司补偿方式问题上，与美资公司及美国政府发生激烈冲突；过度的国有化措施损害中小企业利益，私人投资失去动力；国有企业经营管理不善，经济和生产秩序遭破坏，造成物质短缺；过度的社会福利政策造成财政负担加大，通货膨胀加剧。由于经济和社会形势不断恶化，社会不满情绪蔓延。

1973 年 9 月 11 日皮诺切特为首的右翼军人集团发动政变，推翻阿连德总统。军政府上台后，按照芝加哥弟子的主张进行新自由主义改革。

三　智利的新自由主义改革

20 世纪 60 年代中期，进口替代工业化模式在智利已失去活力。70 年代初阿连德政府（1970—1973 年）经济政策的失误，使智利经济处于崩溃的边缘。1973 年 9 月皮诺切特军政府上台后，大胆启用了本国一批留美学生，他们大多数毕业于芝加哥大学，是美国著名经济学家米尔顿·弗里德曼的门生，被称为"芝加哥弟子"。这些经济学家是智利新自由主义改革的设计师，他们认为替代进口发展模式已经走到尽头，主张实行自由市场经济，减少国家对经济的干预，减少货币流通量和财政赤字来降低需求，注意发挥私人部门的积极性。在"芝加哥弟子"的倡导下，智利实行了新自由主义的经济改革。这场改革使智利的宏观经济政策、生产领域、社会关系、基础设施建设和国家的作用等各个方面发生重大变化，国家经济的发展从内向发展模式转向外向发展模式，其核心是以市场作为资源的主要配置机制；私营企业作为增长的主要动力，国家则起辅助作用；保持宏观经济平衡，纠正市场扭曲，创造平等的机会等。军政府 17 年（1973—1990 年）推行的广泛深刻的经济改革使智利经济持续增长。1990 年智利实行"还政于民"后，先后执政的艾尔文政府（1990—1994 年）、弗雷政府（1994—2000 年）、拉戈斯政府（2000—2006 年）、巴切莱特政府（2006—2010 年，2014—2018 年）等中左翼政府，以及皮涅拉右翼政府（2010—2014 年，2018—2022 年）都继续坚持坚持经济改革方针，没有对国家的经济政策和发展模式做出根本性改变。与此同时，又审时度势地进行必要的政策调整，注重社会公正和保持宏观经济的平衡发展。智利被世界银行和西方国家誉为拉美新自由主义改革的样板，许多国家都借鉴了智利改革的经验。弗里德曼把智利称为新自由主义的实验场。

智利新自由主义改革主要包括以下几个方面：

1. 价格自由化。军政府首先从放松对价格的控制、减少政府定价的范围和对价格补贴的幅度进行调整，然后对私人部门生产的商品价格实行自由化，最终实现商品价格完全由市场进行调节，以此建立由市场供需变化直接确定价格的机制，并使企业资源在市场机制引导下进行合理配置，以求提高企业的生产效率。军政府于1973年10月颁布法令，规定新的价格政策的结构，随后迅速放开了原来由政府控制的3000多种商品的价格，到1978年，受国家控制的商品从原来的2万种减少到8种。

2. 实现金融自由化，以市场的作用取代政府的干预，使金融工具能够在经济改革中发挥积极作用；同时重建国际金融界对智利的信赖和吸引外国私人直接投资。军政府出于自身发展的需求，为建立一个不受国家干预的自由化金融市场，使之与整个经济体制改革相适应，对金融部门采取了一系列改革措施。智利金融自由化主要包含4个方面的特征：（1）私人金融机构利率自由化；（2）国有银行私有化；（3）放宽国内金融机构获取外国贷款的条件和取消对信贷额度的控制；（4）取消外汇管制开放资本市场。

3. 改变传统贸易保护主义的进口限制政策，大幅度削减关税和降低或撤销非关税壁垒，实行贸易自由化。智利经济改革进程中的贸易自由化政策，主要表现为：（1）大幅度削减关税；（2）降低或撤销非关税壁垒。

4. 减少国家对经济的干预，改革国有企业，实行私有化。国有企业私有化的目标是：转变国家职能，将经济领域中的国有企业向私人部门转移，实现所有权的广泛分配；充分调动私人部门的积极性，建立新型的、更有效的发展模式。通过私有化，国有企业产值在国内生产总值中的比重从1973年的39%降至1989年的15.9%，同期，国有企业总数从596家，减少到43家。

智利的私有化进程进行得较为顺利，取得了明显成效：（1）大大减轻了政府的财政负担，财政状况显著改善，使政府财政赤字逐年下降并出现盈余；（2）降低了国家作为生产者和管理者的作用，国有企业在国家经济中的参与程度明显减小；扩大了私人资本的活动范围，发挥了私人部门的积极性和市场的作用。国有企业职工人数从占劳动力总数从1973年的5.6%降至1989年的1%。（3）企业管理水平和经济效益普遍提高，投资增加，技术改造步伐加快。一批原来严重亏损的大中型企业逐渐扭亏为盈。（4）活跃了资本市场。私有化使沉寂的资本市场迅速活跃起来，数百家企业在该交易所上市，使智利成为南美最有活力的资本市场之一。私人养老基金的积极参与，刺激了智利中长期资本市场的形成和发育。

但智利的私有化也暴露出一些问题，如国有资产流失、失业人数增加等。

5. 实施以增值税和所得税为主要税种的税制改革，旨在构建一个"公正、长期和有效"的税收体制。1974 年 12 月 31 日，军政府颁布法令，以统一税率的增值税代替交易税。增值税的出台，使间接税收占财政收入的比例增长。所得税的改革主要是在扩大税基、规范税率的基础上，建立统一的企业所得税和个人所得税制度。税收改革使偷漏税减少，政府的财政收入大幅度增加。

以贸易和金融自由化、经济市场化和国有企业私有化为主要内容的智利新自由主义的经济改革既有成功的经验，也有失败的教训。但应该说，智利 30 年的经济改革基本上是成功的。30 年来，智利历届政府根据国内外形势的变化，适时地对其经济政策进行有效的调整，采取灵活的政策，使经济政策更加符合智利国情，将新自由主义政策智利化或本土化，使改革和调整成为经济和社会发展的动力。智利整个改革的过程走的是一条边改革、边调整、边发展的道路，是一条具有智利特色的改革道路。

智利的新自由主义经济改革也有一些缺陷，主要是：（1）社会财富分配不均，贫富差异扩大；广大中下社会阶层为经济改革付出了巨大代价；（2）产业结构优化程度比较低；（3）出口商品结构没有发生根本性的变化。

四 智利历届政府缓解社会矛盾的对策

为修补新自由主义改革的缺陷，智利政府尤其是历届中左翼政府采取一系列政策调整，注重社会公正和宏观经济的平衡发展，最大限度地化解社会矛盾，维护政治社会稳定，主要措施有：

1. 高度认识经济与社会和谐发展的意义。智利政府把促进经济与社会和谐发展作为政策基点。"民主联盟"领导人提出，"没有经济增长，那就只有贫穷"；没有社会的发展，"经济增长不仅失去必要性，而且因广大居民贫困而产生的紧张形势会危及这一增长"；经济发展计划必须与社会计划同步。

2. 调整社会政策，缓和社会矛盾。推行一系列减贫和推进社会公平的社会计划，主要原则和内容包括：强调经济目标的社会性，把追求经济增长与解决就业等社会问题结合在一起；推进税收制度和社会保障制度改革，增加在教育、医疗、住房、公共工程、扶贫等社会福利方面的投入；强化教育的再分配职能。为贫困家庭的学生提供免费膳食、免费课本、学习用具和医疗保健；把义务教育期限从 8 年扩展至 12 年；保证所有符合条件的青年人不因贫困而失去享受高等教育的机会。

3. 实施持续的扶贫政策，促进社会稳定。重视扶贫工作。艾尔文政府提出把减少失业和消灭极端贫困作为优先政策目标；弗雷政府成立了全国性官方和非官方两个消除贫困委员会；拉戈斯政府提出"智利团结"计划，向全国 22.5 万最贫困家庭提供一揽子社会保护。智利政府把增加就业作为减少贫困的主要手段；把增加劳动者收入作为脱贫的重要方式；加强国家财政转移在扶贫中的作用；实施专门的扶困计划。

4. 拓展就业途径，推进社会稳定。制订了一系列扩大就业的计划：通过增加公共开支和投资，扩大公共部门的就业；开展多种形式的职业培训，为贫困阶层创造更多就业机会。加强对贫困青年的培训，帮助他们掌握一技之长，找到合适的工作；重视对在职职工的职业培训；开展对失业、无业人员以及首次进入劳动力市场的青年及弱智残疾人的就业培训；完善失业保险，强制扩大失业保险的覆盖范围，扩大对失业工人的保护。

5. 推进建立廉洁和有效政府的建设，争取民众信任。建立全国反腐败委员会，加强腐败的预防工作；从制度上杜绝和预防腐败，《行政机构章程》《廉洁行政法》等均对国家工作人员的行为作了许多限制；完善腐败监督机制，在政治、司法、行政、群众组织、新闻媒体等各个环节加强对腐败行为的监督；把建立廉洁有效的政府作为一项长期的任务。由于规章制度完备，奖惩制度严明，各届政府均未发生重大腐败行为。

但智利政府在应对社会矛盾方面还面临一些困难。（1）缺乏改善收入分配不公的有效手段。智利贫困和赤贫人口（家庭）显著下降，但收入分配格局基本没有变化。智利仍然是世界上收入分配最不公平的国家之一。（2）消除贫困的难度增大。随着贫困人口和贫困家庭的减少，人们对贫困的认识发生改变，过去不被认为是贫困的现象，现在也被认为是贫困。贫困过去总是与缺乏基本食品、衣物、住所，缺少接受基本教育和医疗卫生服务相联系，现在则主要表现为所接受的上述服务质量差、住房面积小、缺少交通设施，住所附近缺少绿地和娱乐设施等。另外，与贫困相关的诸如毒品、暴力、治安环境差等问题不断加剧，也增加了消除贫困的难度。（3）社会事业发展存在缺陷。在教育部门，初级和中级公立学校教育质量比私立学校差。公立学校主要为贫困阶层子女提供初中级教育，公立学校教育质量差不利于贫困阶层子女通过受教育实现社会升迁。在医疗卫生领域也存在类似问题。高收入阶层逐渐转移到私人部门，公共医疗部门在事实上变成了中低收入阶层的专有部门，资金缺乏和服务差的问题日益严重。公共事业发展的缺陷显然不利于社会公平的实现，而且容易激起社会的不满。

五　智利模式的危机与反思

2019 年智利发生大规模社会抗议活动和社会动荡，表明智利发展模式具有明显缺陷，需要进一步改革和完善。

2019 年 10 月，为抗议运输系统票价上涨，首都圣地亚哥的高中生们最早开始抗议，他们以打开地铁出入口的方式逃票。抗议活动扩展到该市主要车站，并发生抗议者与警方的对抗，一些学生被警方逮捕。然而抗议活动非但没有停止，而且开始组织起来。抗议者控制了圣地亚哥地铁的许多车站，破坏车站的基础设施，使整个地铁网络瘫痪。总统皮涅拉宣布进入紧急状态，授权在主要地区部署陆军部队维护秩序，并援引"国家安全法"对数十名被拘留者进行指控，在首都地区实行宵禁。

但高压措施并未奏效，反而引发全国性抗议。首都的示威抗议与骚乱随即扩展到康塞普西翁、圣安东尼奥和瓦尔帕莱索等其他主要城市，演变成 1990 年恢复民主体制后最大规模社会抗议活动。起初的学生的抗议演变成社会各界的抗议运动，抗议者不断提出新诉求，除要求改善生活条件外，还提出政府辞职、制定新宪法等政治诉求。

在持续骚乱过程中，许多公共基础设施和商业设施遭破坏，经济损失惨重。全国有数十人死亡，数千人受伤，数千人被捕。由于局势失控，智利政府宣布取消当年 11 月在圣地亚哥举行的亚太经济合作组织峰会和联合国气候变化峰会，严重损害了智利的国际形象。

大规模社会抗议活动的爆发和持续社会动荡的发生，凸显智利发展模式的缺陷，显示出公众对该模式的诸多质疑和不满。虽然智利模式长期以来被西方政要和经济学家视为拉美的"样板""奇迹"，但它并没有妥善解决经济增长中的社会公平和贫富分化问题，没有解决经济增长和社会稳定的历史难题。许多有识之士认为，智利模式需要进一步完善。

民主体制恢复 30 年间，由于宏观经济政策稳定，历届政府适时调整经济社会发展措施，注重化解解决社会矛盾，智利在政治稳定、经济增长、社会发展等方面取得显著成绩，国家治理能力和水平有所提高。2010 年智利成为第一个加入经合组织的南美洲国家；2018 年人均国内生产总值达到 16280 美元；在经济自由度指数排行榜中，在南美各国中排名最高；在透明国际腐败程度排名中，是最廉洁的拉美国家之一。然而，2019 年大规模社会抗议活动爆发和持续社会动荡，打破了智利模式的光环，表明智利在国家治理方面还存在一系列挑战。无论是在完善体制，还是在改善政治与社会环境方面，或是提高体制能力和政策能力方面，都还有很大提升空间。

第四节　墨西哥政治

一　墨西哥政治概况

墨西哥位于北美洲南部，北邻美国，全称墨西哥合众国，面积 1964375 平方千米，居拉丁美洲第三位；人口 1.31 亿（2018 年），居拉丁美洲第二位，其中印欧混血种人占总人口的 89%，印第安人约占 10%，其他人种和移民占 1%。官方语言为西班牙语，居民中 81% 信奉天主教，9% 信奉基督教新教。首都墨西哥城，面积 1525 平方公里，人口 2200 万（含卫星城），海拔 2240 米。国家元首是总统，现总统安德烈斯·曼努埃尔·洛佩斯·奥夫拉多尔（Andrés Manuel López Obrador），2018 年 12 月 1 日就职，任期 6 年。

政治简史 墨西哥是美洲文明古国，墨西哥印第安人创造了灿烂的玛雅文化、托尔特克文化和阿兹特克文化。1519 年西班牙殖民者入侵。

1810 年 9 月 16 日伊达尔戈神父发动起义，开始独立战争。1821 年墨西哥宣告独立。1824 年 10 月正式成立联邦共和国。1910 年爆发资产阶级民主革命。1917 年颁布资产阶级民主宪法，宣布国名为墨西哥合众国。革命制度党从 1929 年起连续执政 71 年。2000 年 7 月 2 日，国家行动党候选人福克斯在大选中击败执政 71 年的革命制度党候选人当选总统，同年 12 月上台执政，从而结束了墨西哥长期一党执政的局面。这是墨西哥近几十年来最重大的政治变化，但政局过渡比较平稳。福克斯执政期间，政府与各党派达成"全国发展政治协议"，确立了国家行动党、革命制度党、民主革命党"三足鼎立"的政治格局。2006 年国家行动党候选人卡尔德隆当选总统，该党实现连续执政。2012 年革命制度党候选人培尼亚当选总统，该党重新执政。2018 年国家复兴运动党领导人洛佩斯当选总统，同年 12 月就职，表示将和平、有序、深入推进墨西哥历史上"第四次变革"；执政后积极推进取消特权、打击腐败、整饬治安、改善民生等重点领域改革。

宪法   1824 年颁布独立后第一部宪法。1917 年 2 月 5 日颁布强化国家与政府权力的《墨西哥合众国宪法》并执行至今，有过多次修改。宪法规定立法、行政和司法三权分立，总统由直接普选产生，任期 6 年，终身不得再任；土地和水域及一切自然资源属于国家；工人实行 8 小时工作制，有权组织工会、罢工等。墨西哥各州制定本州宪法，但州政府权力受国家根本法约束。1991 年 12 月，议会通过对宪法第 27 条、130 条的修改，宣布停止自宪法生效以来实行的土地改革，实行村社土地私有化；承认教会享有公民团体法人地位。

议会   联邦议会由参众两院组成，行使立法权。两院议员不得连选连任，但可隔届竞选。主要职权有：批准条约及总统关于法院、财政、外交、军队高级官员任命；修改宪法；批准总统出访；必要时任命临时总统等。两院最高领导机构是大委员会，由主席（即议长）、秘书（相当于副议长）和若干委员组成。

参议院 128 名议员，由 31 个州和联邦区各 4 名组成，任期 6 年。本届参议院于 2018 年 9 月选举产生，国家复兴运动党 59 席，国家行动党 24 席，革命制度党 14 席，公民运动党 20 席，其他党派 11 席。众议院 500 名议员，其中 300 席通过多数票选举产生，200 席按政党比例代表制产生，任期 3 年。在 2018 年 9 月产生的众议院中，国家复兴运动党 255 席，国家行动党 79 席，革命制度党 47 席，社会共识党 30 席，劳动党 28 席，公民运动 28 席，其他党派 33 席。2021 年 6 月 6 日举行议会中期选举，改选众议院的所有席位。新一届众议院于 2021 年 9 月产生，国家复兴运动党的席位有所减少，但依然是议会第一大党。国家行动党和革命制度党的席位有所增加。参议院和众议院议长均任期 1 年。

政府　本届政府于 2018 年 12 月 1 日组成。由内政，外交，财政和公共信贷，经济，交通通信，能源，农业和农村发展，环境和自然资源，国防，公共公安，卫生，公共教育，海军，福利，公共职能，劳动和社会保障，农村、国土和城市发展，文化、旅游部等组成；另有联邦总检察长，国家安全顾问，中央银行行长，外贸银行行长等部级单位。

行政区划　全国划分为 32 个州（首都墨西哥城已由联邦区改为州），州下设市（镇）和村。各州名称如下：墨西哥城、阿瓜斯卡连特斯、北下加利福尼亚、南下加利福尼亚、坎佩切、科阿韦拉、科利马、恰帕斯、奇瓦瓦、杜兰戈、瓜那华托、格雷罗、伊达尔戈、哈利斯科、墨西哥、米却肯、莫雷洛斯、纳亚里特、新莱昂、瓦哈卡、普埃布拉、克雷塔罗、金塔那罗奥、圣路易斯波多西、锡那罗亚、索诺拉、塔巴斯科、塔毛利帕斯、特拉斯卡拉、韦腊克鲁斯、尤卡坦、萨卡特卡斯。

司法机构　分为全国最高法院、大区法庭（巡回法院）和地区审判庭 3 级。各州和联邦区还分别设高级法院。全国最高法院大法官由总统提名 18 名候选人，参议院任命其中 11 人，任期 4 年。最高法院从其法官中选举 1 人任院长，任期 4 年，不得连任。大区法院和地区法院的法官由最高法院指派。联邦政府设有共和国总检察院和联邦区司法总检察院。总检察长由总统提名，参议院任命。此外，还设有联邦劳动保护检察院、联邦消费者检察院、保护儿童和家庭检察院、高级土地法庭等。

政党　主要政党有：

1. 国家复兴运动党（Movimiento Regeneración Nacional，Morena）：现执政党。初建于 2011 年 9 月，当时是一个非营利组织，2014 年 7 月转为政党。有党员 27.8 万（2020），是圣保罗论坛成员。自称是民主左翼政党，主张种族、宗教和文化多样性，尊重人权和环境保护；声称反对新自由主义经济政策，主张新的经济模式；支持通过私营和社会企业推动经济发展，鼓励市场竞争；主张政府在宪法所规定的战略性活动中履行责任；支持加强内部市场、公平的工资、推进工会自由和民主；改善土著居民的待遇，反对对媒体的垄断。2018年7月，该党候选人洛佩斯当选总统，同年12月1日就职。现任党主席耶德科尔·波列文斯基（Yeidckol Polevnsky）。

2. 国家行动党（Partido Acción Nacional，PAN）：现反对党，基督教民主国际成员，党员23.4万（2020）。1939年9月15日成立，代表中上层工商金融界利益。主张保护私人企业，合理分配劳动成果，实行社会市场经济。2000—2012年执政。近年来重视加强组织建设，扩大与社会各阶层的关系。现任党主席马尔科·科尔特斯·门多萨（Marko Cortés Mendoza），总书记埃克托尔·拉里奥斯·科尔多瓦（Héctor Larios Córdova）。

3. 革命制度党（Partido Revolucionario Institucional，PRI）：现为反对党，党员23.44万（2020）。1929年3月4日成立，1929—2000年连续执政71年。2000年大选中失利，丧失执政地位。2012—2018年再度执政。该党宣称奉行革命的民族主义，主张意识形态多元化，实现社会正义与民主自由。是社会党国际成员。党员人数由2019年1月654.6万，下降到2020年1月的158.7万①。现任党主席亚历杭德罗·莫雷诺（Rafael Alejandro Moreno Cárdenas），总书记卡罗利纳·维吉亚诺（女，Carolina Viggiano）。

4. 民主革命党（Partido de la Revolución Democrática，PRD）：1987年7月成立，党员125万（2020）。前身是全国民主阵线，1989年5月墨西哥社会党（原墨共）加入后改为现名。系社会党国际成员。国家复兴运动党成立后，削弱了该党的影响力。2018年总统选举中该党仅获得总选票的2.8%，在众参两院的席位明显减少。党员人数由2019年1月的503万减少到2020年1月的125万②。现任党主席是安赫尔·阿维拉·罗梅

---

① Concluye INE procedimiento de actualización de padrones de militancia de los partidos políticos，https：//centralelectoral. ine. mx/2020/02/18/.

② Concluye INE procedimiento de actualización de padrones de militancia de los partidos políticos，https：//centralelectoral. ine. mx/2020/02/18/.

罗（Ángel Ávila Romero）。

此外，还有劳动党（PT）、绿色生态党、社会共识党、公民运动党等。

重要人物

曼努埃尔·洛佩斯（1953—　　），现任总统。毕业于墨西哥国立自治大学。1976 年加入革命制度党；1989 年加入民主革命党，1996—1999 年任该党主席；2000—2006 年担任墨西哥城市长；2006 年和 2012 年两次以民主革命党候选人身份参选总统，均失利。2012 年脱离民主革命党，领导组建国家复兴党；2015—2017 年任国家复兴党主席。2018 年 7 月作为"我们共同创造历史"联盟（由国家复兴运动党、社会共识党、劳动党组成）候选人当选总统。2018 年 12 月就职，任期 6 年。

二　从动荡到稳定

墨西哥独立建国后，除国内长期动乱外，还饱受外来干涉势力的欺凌；相继受到英国、西班牙和法国的干涉，后成为美国扩张政策的受害者。在 19 世纪中叶墨美战争中，丧失了一半国土。波菲里奥·迪亚斯专制统治期间（1876—1910 年），墨西哥实现较快经济增长，然而贫富差距和社会不平等却不断扩大。民众提出平等和广泛政治参与的诉求，导致 1910 年革命爆发。

1910—1917 年革命推翻了迪亚斯专制统治，也造成巨大破坏。革命过程中有 100 万人死亡，国家经济陷于崩溃。墨西哥民众渴望民主、发展、稳定，1917 年宪法从根本上体现了大众的这种愿望。1917 年宪法的原则具体体现在国家作用、宗教与国家的关系、土地改革、劳工权利等条款上。

1917 年宪法颁布后，墨西哥仍处于动荡状态。1920—1927 年曾发生多次军事政变企图，一些人仍热衷于通过军事手段夺取政权；教会与国家仍常处于对抗状态；国内政治派别林立，暴力事件不断，多位总统被暗杀；国家仍缺少实施宪法、维护秩序、保障民众权利的有效手段。

1910—1917 年革命后，墨西哥仍处于动荡和混乱状态。1929 年 3 月，在埃利亚斯·卡列斯倡议下，全国 200 多个政党和组织联合成立国民革命党（PNR），决定走体制化的道路，带领墨西哥走出动荡的恶性循环。该党逐渐发展成官方党。1938 年该党进行改组，改名为墨西哥革命党（PRM），党内设农民、工人、人民和军人 4 个部，工农兵和中间阶层全部被纳入政党体系，增强了党对国家政治生活的控制能力。1946 年党再次改组，改名为革命制度党（PRI），并取消军人部。墨西哥通过建立和巩固官方党的手段，消除了一直困扰国家的政治和社会动荡，确立了"是制度而不是个人进行统治的"宪政制度，为政治社会稳定提供了保障。

三　从革命制度党一党独大到三足鼎立

从 1929 年到 2000 年墨西哥政治模式是一党长期执政的总统制，也有人称为"6 年一度的、横向世袭的、独断专行的君主制"。其主要特点是：（一）总统是至高无上的，他既是国家元首，又是政府首脑和武装部队总司令。总统还享有相当大的立法权和司法权。此外，总统还是官方党的领袖。在 6 年的任期快满时，总统有权制定下届总统的官方（党）候选人。但是，墨西哥总统只能任一届。（二）墨西哥的政治模式具有三个体系（三大利益团），即总统集权的政权体系属精英主义团、职团结构的官方党体系属民众主义集团、私人企业主体系属自由主义集团。（三）到 2000 年 12 月，官方党革命制度党连续执政长达 71 年。它是这个政治体制的核心部分，该党下属的职团结构（工人部，农民部，人民部）为墨西哥政权提供了广泛的社会基础。

官方党的长期执政曾使墨西哥创造了两个奇迹：一个是政治奇迹，当拉美大多数国家政局动荡，政变频仍，出现军人独裁统治时，墨西哥一直保持政局稳定，每 6 年更换一次文人政府；另一个是经济奇迹，从 20 世纪 40 年代到 80 年代初，经济一直保持高速增长。革命制度党党历届政府大力推行"进口替代"工业化发展战略，使经济结构发生了重大变化。1946—1956 年国内生产总值年均增长 6.1%，1957—1970 年为6.8%。60 年代为 7.2%，70 年代为 5.2%。不少学者把墨西哥保持长期的政治稳定和经济的快速发展称为"墨西哥奇迹"。

墨西哥政治模式出现危机的信号是 1968 年在墨西哥城爆发的学生抗议运动，示威学生要求开放民主，然而，却遭到了残酷的镇压。这一被称为特拉特洛尔科惨案的事件标志墨西哥政局开始由稳定发展走向不稳定发展，它的根本意义在于它把墨西哥政治制度的反民主的性质和经济制度的不公正的性质暴露在人民的面前，在墨西哥现代史上第一次向一党制政治体制和经济发展模式提出了公开的挑战，从而促进了20世纪七八十年代墨西哥政治和经济制度的改革。

埃切维利亚政府（1970—1976）对内实行"民主开放"。1971年和1973年两次修改选举法，把获得"党众员制"众议员的资格的总票数由2.5%降至1.5%，同时，把党众议员的最高限额由20名增至25名，使国家行动党等反对党在众议院中增加了席位。但在80年代以前，革命制度党在联邦议会占有绝对优势，它不仅长期占有参院所有席位，而且占据众议院的绝大多数席位。

波蒂略总统任内（1976—1982），为进一步创造民主化气氛，1977年议会通过的《政治组织和选举程序法》规定，公民可以自由组织政党，并参加其活动，少数派政党只要在全国议会选举中获得1.5%的选票或其党员超过6.5万人，就可以进行登记，参加竞选；众议院实行部分议员比例代表制，将众议院的席位由原来的300个扩大为400个，增设的100席位由执政党以外、经过登记的政党按比例分配。这次改革使包括共产党在内的一些左翼政党都取得了合法地位，并切实地给了各反对党以一定的比例的议席。由于改革，使参加1979年议会中期选举的合法政党数量增加到9个。

80年代上半期，革命制度党党内对如何处理本国严重的社会经济危机问题上，出现了严重分歧和组织分化。1986年8月，以前总统拉萨洛·卡德纳斯之子、米却肯州前州长夸特莫克·卡德纳斯和党前主席穆尼奥斯·莱多为首的党内一批知名人士，由于对德拉马德里政府（1982—1988）的新自由主义经济政策和党内的专制腐败现象不满，宣布成立民主潮流派，公开批评政府的政策，要求在党内进行民主改革；要求党的总统候选人不应由总统一人指定，应由党内民主选举产生。1987年8月，革命制度党宣布将民主潮流派领导人卡德纳斯、莱多等和一批党员开除出党。1988年1月，民主潮流派、真正革命党、重建卡德纳斯阵线党、社会主义人民党等14个政党和组织组成全国民主阵线，主张建立一个取代革命制度党的新政府。1988年6月8日，该阵线与墨西哥社会党（前身是墨西哥共产党、墨西哥统一社会党）组成选举联盟，推举卡德纳斯为总统候选人，在同年 7 月大选中，得票占总数的 30.59%，居第二位。在这次大选中，革命制度党候选人萨利纳斯首次遇到严重挑战，得票只占 50.71%，勉强过半数，当选总统。在 1988 年联邦议会选举中，革命制度党首次失去众议院 2/3 多数，并且失去对参议院的长期垄断（反对派赢得 4 个席位）；墨西哥的政党从 3 个增加到 6 个，选举结果使反对党国家行动党等在众议院中的席位大大增加。

1989 年 5 月 6 日，民主潮流派、社会党、争取社会主义运动等 11 个政党和组织宣布联合组成民主革命党。作为一个左派党，民主革命党的成立和发展，标志墨西哥的政治制度逐步走向多元化。

萨利纳斯执政期间（1988—1994），曾多次修改宪法和选举法，将众议院的席位增加到 500 席，其中 300 席由多数票产生，200 席为党众议员，由比例代表制产生。1990 年颁布联邦选举机构和程序法，由内政部领导。1993 年通过修改宪法，将参议院席位从 64 席增加到 128 席，31 个州和首都联邦区各选 4 席，其中 3 席由相对多数产生，1 席由得票占第二位的党担任。这样，反对党首次可当选为参议员。

萨利纳斯提出了指导其内外政策的新民族主义理论，将革命制度党的指导思想改为"社会自由主义"；在经济上，大刀阔斧地推行新自由主义经济改革，实行国有企业私有化，放宽对外资的限制；在外交上，主动改善同美国的关系。1994 年 1 月 1 日，墨西哥同美国、加拿大签署的北美自由贸易协定正式开始生效。但是，就在这一天，墨西哥南部恰帕斯州爆发印第安人武装暴动。这场暴动暴露了萨利纳斯政府所累积的政治、经济、社会问题，给官方的乐观主义以沉重的打击。与此同时，随着大选的临近，革命制度党党内和政府内争权夺利的斗争加剧。同年 3 月和 7 月，革命制度党总统候选人科洛西奥和该党总书记马谢乌先后被暗杀，墨西哥政局出现动荡。在萨利纳斯执政的最后一年，经济增长乏力，政局的动荡加上美国利率的提高，大量外国投机资本抽逃，引起金融市场不稳，政府又没有及时调整比索汇率，贻误了时机，埋下了危机的种子。

1994 年 8 月的大选共有 9 个党参加。在总统选举中，革命制度党总统候选人埃内斯托·塞迪略（1951—　）得票居第一位，但只占 48.77%，是 1929 年该党成立以来得票率最低的一次。国家行动党候选人得票占 25.94%，居第二位。民主革命党候选人得票占 16.60%，居第三位。

塞迪略任内（1994—2000），政治改革的步伐加快。1996 年 7 月 26 日，在联邦议会中占有席位的 4 个主要政党经过长达 19 个月的磋商，达成协议并签署《为促进决定性的选举改革修改宪法的建议》。随后，众、参两院通过了以上述建议为基础的宪法修正案。1996 年塞迪略的政治改革主要内容有：任何政党在众议院中的席位不能超过 300 席（共 500 席）即 60%；政府不能干预选举机构，内政部长不再主持联邦选举委员会，该委员会将成为一个独立的机构；各政党的活动经费和竞选费用将主要靠公共机构提供，而不是靠私人机构提供；联邦区行政长官（墨西哥城市长）自 1997 年起将由直接选举产生；自 2000 年起，联邦区代表由直接选举产生；塞迪略宣布结束"任命制"，即总统不再指定官方党下届总统候选人。在 1997 年联邦议会中期选举后，革命制度党在众议院的席位第一次不及总数 1/2。此后，该党在参议院的席位也不断减少，而反对党在议会选举中的得票和占有的席位不断增加。

总的来看，自 20 世纪 70 年代以来革命制度党及其政府迫于形势所进行的政治改革是渐进式的，其本意是要力图保持其优势地位。然而，这些改革措施扩大了反对党在国内政治生活中的活动空间，使国家行动党、民主革命党等主要反对党的影响不断扩大，对革命制度党的一党统治构成严重威胁。

在 21 世纪和新千年初，墨西哥的民主过渡取得了重大进展。在 2000 年 7 月 2 日举行的大选中，由反对党国家行动党和墨西哥绿色生态党组成的变革联盟候选人福克斯赢得大选，从而结束了革命制度党长达 71 年的一党统治。在 2000 年联邦议会选举中，革命制度党在参议院获得 42.0% 的席位，在众议院获得 45.3% 的席位。以国家行动党为主体的变革联盟在参、众两院中分别获得 44.8% 和 41.4% 的席位，以民主革命党为主体的"墨西哥联盟"（由民主革命党等左派政党组成）在参、众两院中分别获得 13.2% 和 13.3% 的席位。

与此同时，革命制度党在地方一级的长期优势乃至霸权地位也逐渐被打破。到 2000 年年底时，国家行动党在北下加州、新莱昂、哈利斯科、瓜纳华托、莫雷洛斯和阿瓜斯卡连特斯 6 个州执政，民主革命党在南下加州、萨卡特卡斯、特拉斯卡拉和首都联邦区执政，国家行动党和民主革命党还在恰帕斯和纳亚里特联合执政。在革命制度党执政的各州，国家行动党和民主革命党在许多市政选举中获胜，控制了不少市一级的政权。革命制度党不但丢失了全国政权，在地方上传统的绝对优势政治地位也已不复存在，墨西哥的霸权政党体制被彻底打破。

2006年7月2日举行大选，5位候选人参加总统竞选，呼声最高的是国家行动党候选人卡尔德龙，由民主革命党、民主汇合党和劳工党组成的"为了所有人利益"联盟候选人洛佩斯，由革命制度党和绿色生态党组成的"墨西哥联盟"候选人罗伯托·马德拉索。卡尔德龙得票率35.89%，洛佩斯为35.33%，前者仅以0.65个百分点的优势当选总统，两人选票只相差24.4万张。马德拉索获得22.26%选票。国家行动党不仅继续执政，且从第三大党成为第一大党；民主革命党成为墨西哥第二大党和第一大反对党，革命制度党则退居第三大党的位置。尽管各个政党的实力此消彼长，但三党势均力敌的总体局面未变。

2012年7月1日进行大选，革命制度党和绿色生态党组成的"墨西哥承诺"候选人培尼亚，民主革命党、劳动党等组成的"进步运动"候选人洛佩斯，国家行动党候选人巴斯克斯·莫塔等参选总统。培尼亚以38.21%的得票率获胜，洛佩斯和莫塔分别获得31.59%和25.41%的选票。在国会参众两院，三足鼎立局面未发生变化，革命制度党在参众两院分获52席和213席，是第一大党；民主革命党分别获22席和102席；国家行动党在分别获38席和114席。革命制度党虽重新执政，但未能获得国会两院绝对多数席位，政坛仍维系三足鼎立局面。

总之，2000年以后，连续执政71年的革命制度党失去执政地位，墨西哥政治舞台由传统的一党独大发展为三个主要政党三足鼎立。国内三个主要政党的力量对比和影响虽然起了一些变化，但基本维系了三党争雄、三足鼎立的政治格局。这种局面一直维持到2018年前后。

四　政治格局的新变化与"第四次变革"

以2018年墨西哥大选为重要标志，持续近20年的革命制度党、国家行动党、民主革命党三个主要政党"三足鼎立"的局面被打破，新的政治新格局开始形成。

2018 年 7 月参选总统的主要候选人包括国家复兴运动党、劳动党和全国汇合党组成的竞选联盟候选人洛佩斯，国家行动党和民主革命党组成的竞选联盟候选人里卡多·阿纳亚，以及革命制度党为首的"墨西哥联盟"候选人安东尼奥·梅亚德。洛佩斯获得了 53% 的选票，居第二位的阿纳亚得票率 22.28%，洛佩斯以绝对优势当选。在同时举行的议会选举中，国家复兴运动党在参众两院分别获得 55 席和 189 席，成为议会第一大党；它与其联盟党共获得众议院 500 个席位中的 312 席、参议院 128 个席位中的 70 席，在议会两院中均占多数。

2018 年大选后，持续了 20 年的革命制度党、国家行动党、民主革命党三党鼎立格局被打破，代之以国家复兴党、革命制度党、国家行动党新的三党鼎立格局。（1）国家复兴运动党异军突起，一举成为执政党，且成为议会第一大党，在地方层面的影响力也迅速提升。在 2018 年 7 月同时举行的 9 个州（包括墨西哥城）选举中，国家复兴运动党在 5 个州获胜，赢得墨西哥城市长，以及恰帕斯、塔瓦斯科、莫雷洛斯和韦拉克鲁斯的州长职位。（2）各党的联盟关系重新组合。绿色生态党打破与革命制度党的长期盟友关系，投入国家复兴运动党领导的阵营。而右翼的国家行动党和左翼的民主革命党则结盟。（3）民主革命党地位和影响力下降。2018 年大选后该党在参众两院分别获得 3 个和 11 个席位，创历史新低。

推动"第四次变革"的洛佩斯政府 2018 年 12 月 1 日开始执政。洛佩斯在就职演说中表示，新政府要在继 1810—1821 年独立运动、1858—1861 年改革运动和 1910—1917 年革命之后，致力于实现墨西哥历史上的"第四次变革"，强调变革将以彻底而和平的方式推进。

为推进"第四次变革"，政府提出一系列优先政策选项。（1）在经济方面，成立促进投资、就业和经济增长委员会；与私营部门达成协议，提升经济和各行业发展；致力于完善税收体系；加强基础设施建设，设立多个基建项目，以促进地区和旅游业发展；在北部发达地区建立自贸区，在南部特万特佩克地峡建立经济特区；通过招标方式吸引外国投资；在油气和电力领域增加公共投资，促进生产；等等。（2）在社会方面，关注国内弱势群体；将社会发展部改为国家福利部，改善福利水平；改善收入和资源再分配；缩减公共支出，提高社会公共福利支出；提高最低工资标准，创造就业机会；设立多项教育奖学金项目，创造职业培训机会，计划新建100所公立大学；关注原住民问题，创建"国家土著人学院"。（3）在公共安全方面，成立警卫队以改善公共安全；坚定维护人权；加强反腐检察机关的职能。（4）在对外政策方面，遵循对外政策八项原则，即人民自决权、不干涉内政、和平解决纷争、放弃威胁和使用武力、司法平等、开展国际合作、尊重和保护发展人权、努力争取国际和平等，通过对话或国际协调机制，进行国家之间的交往。

洛佩斯总统所在党派和盟友在议会占多数席位，其本人被认为是自2000年以来"最有权力的总统"，并被民众寄予厚望。但政府依然面临众多治理难题。除了要面对根深蒂固的犯罪、腐败和贫困的历史难题，还要在延续结构性改革措施，在饱受争议的能源改革、教育、选举制度改革等问题上面临巨大压力；在施政过程中还面临革命制度党和国家行动党两大政党的掣肘，执政道路并不平坦，"第四次变革"的任务异常艰巨。

第五节　哥伦比亚政治

一　哥伦比亚政治概况

哥伦比亚位于南美洲西北部，全称哥伦比亚共和国，面积1141748平方公里（除岛屿和领海外），居拉丁美洲第五位；人口4826万（2018），居拉丁美洲第三位，其中印欧混血种人占60%，白人占20%，黑白混血种人占18%，其余为印第安人和黑人。官方语言为西班牙语。79%的居民信奉天主教，13%信奉基督教。首都波哥大，人口1480万（2018）。国家元首是总统，现总统伊万·杜克·马克斯（Iván Duque Márquez）2018年8月7日就任，任期4年。

政治简史　古代为奇布查族等印第安人的居住地。1536年沦为西班牙殖民地。1810年7月20日宣布脱离西班牙独立，后遭镇压。1819年，南美解放者西蒙·玻利瓦尔领导的起义军大败西班牙殖民军后，哥伦比亚重获解放。1821年与现厄瓜多尔、委内瑞拉、巴拿马组成大哥伦比亚共和国。1829—1830年，委、厄先后退出，大哥伦比亚共和国解体。1831年改名为新格拉纳达共和国，1861年称哥伦比亚合众国，1886年改称现名（1903 年巴拿马独立）。独立后，自由党和保守党轮流执政。2002年 5 月，独立人士乌里韦在大选首轮投票中以超过半数的选票当选总统，2006 年连选连任，打破两大传统政党轮流执政的政治格局。2010 年民族团结社会党候选人桑托斯当选总统，2014 年连选连任。2018 年 6 月，民主中心党候选人杜克当选总统，任期至 2022 年。

2016 年 8 月政府与反政府武装"革命武装力量"（FARC，简称"哥武"）达成全面和平协议，持续数十年的国内冲突得以缓解。2019 年 11月，哥伦比亚爆发多次全国大罢工，杜克总统宣布举行全国对话，以回应民众诉求。

宪法 现行宪法是在 1886 年宪法基础上修改而成的，于 1991 年颁布。新宪法扩大民主参与范围，并加强司法权力。主要内容有：实行代议制民主，立法、司法和行政三权分立；总统为国家元首兼政府首脑，亦是武装部队统帅，由直接选举产生，任期 4 年，不能连任；恢复设立副总统；省市长改为直接选举产生；保障人身安全、信仰、结社、劳动、思想和教育自由，以及国家负责使人权得到尊重。2004 年议会通过允许总统连选连任法案；2005 年宪法法院批准该法案。2015 年通过修宪，恢复总统不可连任。

议会 国会由参、众两院组成，行使国家立法权，审批政府财政预算，监督政府工作。国会主席兼任参议长。本届国会于 2018 年 7 月 20 日成立，任期 4 年。参议员 108 名，众议员 172 名，均由直接选举产生。参议长和众议长任期 1 年，可连选连任。

政府 总统内阁制。本届政府于 2018 年 8 月组成，任期至 2022 年。内阁成员除副总统（现任副总统露西娅·拉米雷斯，Marta Lucía Ramírez，女）外，还有内政，外交，财政与公共信贷，司法和法律，国防，农业和农村发展，卫生和社会保障，劳动，矿业和能源，贸易、工业和旅游，教育，环境和可持续发展、住房、城市和国土，信息技术和通信，文化等部的部长。

行政区划 全国分 32 个省和波哥大首都区。

司法机构 最高法院、行政法院、宪法法院、高级司法委员会和总检察院组成哥司法体系。最高法院是最高普通司法机关，由 23 名大法官组成。国家行政法院和宪法法院分别由 26 名和 9 名大法官组成。高级司法委员会由 13 名大法官组成。各法院院长均由大法官选举产生，任期一年。总检察院属哥司法系统的组成部分，但享有行政和预算自治权。

政党 全国主要政党如下：

1. 保守党（Partido Conservador）：哥主要传统政党。1849 年成立。1987 年曾改为社会保守党，1992 年改回原名。历史上曾代表农牧业主、教会和大资产阶级利益，现在中、小资产阶级、工人、农民中亦有影响。主张维护民族独立和国家主权，发展民族经济和意识形态多样化。现任党主席奥马尔·耶佩斯（Omar Yepes）。

2. 自由党（Partido Liberal）：1848 年成立，哥主要传统政党。主要代表工商资产阶级的利益，在工农和小资产阶级中也颇有影响。主张维护国家主权，发展民族经济，实行政治及经济改革。1989 年 6 月，该党加入社会党国际。哥独立以后，该党与保守党轮流执政。现任党主席是前总统加维里亚（César Gaviria）。

3. 民主中心党（Centro Democrático）：右翼政党，2014 年成立，现为国会第一大党。2018 年 6 月，该党候选人杜克当选总统。党的领导人是前总统乌里韦，全国领导委员会主席斯特拉·马丁内斯（Nubia Stella Martínnez）。

4. 民族团结社会党（Partido Social de Unidad Nacional）：中右政党，2005 年成立，创始人是前总统桑托斯。该党声称代表广大民众利益，尊重政治发展多元化，重视社会民主建设，监督政府机构，巩固民主宪政，推动建设公正、自由、繁荣的国家和社会。现任党主席奥雷略·伊拉戈里（Aurelio Iragorri）。

5. 激进变革党（Partido Cambio Radical）：中右政党，1998 年成立。对内主张推进民主变革，增加公共管理的透明度，消灭贫困，重建道德，完成国内的和平进程。对外主张实现全方位外交，尊重国际法，和平解决国家间争端。现任党总书记赫尔曼·科尔多瓦（Germán Górdoba，党主席职务暂时空缺）。

6. 大众革命替代力量（Fuerza Alternative Revolucionaria del Común）：左翼政党，2017 年 8 月建党。是反政府武装"革命武装力量"在与政府签署和平协议后，转型而成立的政党。承诺放下武器，通过和平与合法方式参与国家政治，为实现国家公平、民主、独立、和平继续奋斗。现任党主席罗德里戈·隆多尼奥（Rodrigo Londoño）。

其他主要政党组织有：民主选择中心党（Polo Democrático Alternativo）、绿党（Alianza Verde）、自由公正党（Colombia Justa Libre），廉政名册党（Lista de la Decencia），"绝对革新独立运动党"（Movimiento Independiente de Renovación Absoluta，Partido MIRA）、土著与社会选择运动（Movimiento Alternativo Indígena y Social）等。

重要人物　伊万·杜克·马克斯（1976—　），现任总统。毕业于哥伦比亚阿沃莱达大学法律专业，后获美国美利坚大学国际经济法和乔治城大学公共管理硕士学位。曾任拉美开发银行顾问、美洲开发银行文化创新部主任。2014—2018 年任参议员。2018 年当选总统。就任后表示，将以法治、创新、公平为核心，推动各方弥合分歧，实现团结和共同发展。2019 年 7 月对中国进行国事访问。

二　两党政治的兴衰

19 世纪中叶以后，保守党和自由党两大传统政党逐渐成为国家政治生活的主导力量。但两党争权夺利，造成国家政治和社会长期动荡。1899—1902 年，两党爆发 3 年内战（称"千日战争"），造成 10 多万人死亡，工农业生产、商业和交通遭到极大破坏。1948 年 4 月，首都波哥大爆发大规模人民起义，迅速波及其他省份，全国陷入混乱。1953 年陆军司令罗哈斯·皮尼亚发动政变，两党起初对皮尼亚上台表示支持，希望能结束国家动乱局面。

皮尼亚上台后实行独裁专制，停止议会活动、擅自延长任期、压制政党的活动。两大政党改变对皮尼亚政权的态度，共同谋划建立稳定的民主体制。两党经过谈判于 1957 年签署"民族阵线"协议，规定进行宪法改革，在今后 12 年（后延长到 16 年）两党共同掌管国家政权，把其他政党和政治力量排除在外，把权力集中在总统手中。1974 年协议结束后，两党仍主宰着国家政治生活，控制着议会多数席位，轮流把控总统职位。例如 1998 年两党控制着众参两院 80% 以上的席位。

进入 21 世纪，两大传统政党把控国家政治的局面被打破。2002 年 3 月，两党在议会选举中严重受挫，拥有的席位大幅下降。2002 年 5 月，两党在总统选举中惨败，以独立候选人身份参选的乌里韦在首轮选举中以53%选票胜出，成为1991年宪法改革后首位在第一轮选举中就获胜的总统候选人。在此后历次大选中，都是非传统政党候选人胜选，两大传统政党继续衰败，两党政治模式瓦解。在2006年总统选举中，自由党候选人塞尔帕的得票率仅列第三。保守党2002年和2006年连续放弃参选总统。

三 曲折的和平进程

（一）反政府武装与"和平进程"

哥伦比亚在20世纪四五十年代就出现游击队。60年代中期主要有三支游击队：革命武装力量、民族解放军（ELN，简称"民解"）和人民解放军。1974年年初，出现了第四支游击队"四一九"运动。1982年又出现了右翼准军事组织联合自卫军。近半个世纪以来，哥伦比亚国内游击队与政府军之间的武装冲突不休，严重制约了国家经济和社会的发展，损害了国家的国际形象，更使广大民众饱受生命财产损失以及社会动乱之苦，民不聊生。因此，社会各阶层民众对内战早已厌倦，早就渴望结束冲突，实现和平，过安宁的生活。但是，人民群众这一愿望一直未能实现。

在持续的哥伦比亚国内武装冲突过程中，特别是在20世纪八九十年代，有过数次"和平进程"，但每次都以失败告终，接着便是"不宣而战的内战"再度爆发和暴力活动的升级。20世纪80年代前半期，保守党贝坦库尔政府（1982—1986）曾成立全国和平委员会，同游击队进行谈判并达成和平协定和停火协定，但后来和平进程中断。随后执政的三届自由党政府巴尔科（1986—1990）、加维里亚（1990—1994）和桑佩尔政府（1994—1998）也曾分别同游击队进行过谈判。经过和平谈判，90年代初，"四一九"运动放下了武器，成为一个合法政党；人民解放军在90年代初基本上停止了活动。

21世纪前后仍在活动的反政府武装主要有三支。（1）革命武装力量。成立于1964年，最初它是一支由农民组成的左翼游击队，其主要领导人是农民出身的、外号为"神枪手"的曼努埃尔·马鲁兰达。是哥最大的反政府武装，曾有2万名游击队员。拥有先进的军事装备，包括通信设备、夜视系统、迫击炮和地对空导弹等，是拉美历史上装备最好的游击队。（2）民族解放军。成立于 1964 年，是左翼游击队，规模稍次于"哥武"，有数千名成员。上述两支游击队曾"控制着大约 40% 的哥伦比亚领土"。（3）联合自卫军（AUC，简称"自卫军"）。成立于 1982 年，是大庄园主、矿业主和贩毒集团私人武装组成的右翼准军事组织。最初只是科尔多瓦省的地方势力（称"农民自卫队"），后扩展成全国性武装力量。1996 年全国 16 个右翼准军事组织组成"联合自卫军"，有 1 万多名成员，专门与左翼游击队为敌，并从事破坏、暗杀、绑架、贩毒等违法活动。其行动得到政府默认和支持。"9·11"事件后，2001 年 10 月，美国政府将哥伦比亚这三个反政府武装列入全世界最危险的 28 个恐怖组织名单。

（二）21 世纪后和平进程新进展

1. 遣散"联合自卫军"

在 2002 年大选期间，"自卫军"发表致主要总统候选人的公开信，表示准备参加新一轮和谈，要求在政治上得到承认，并支持主张对游击队采取强硬手段的乌里韦。乌里韦执政后，政府与"自卫军"在和平遣散问题上取得进展。政府自 2002 年 8 月起实施"和平遣散计划"，承诺向放下武器接受遣散的武装组织成员给予经济帮助，提供技能培训和就业，保护他们及其家人的人身安全，鼓励非法武装组织成员自愿放下武器、重返社会生活。2002 年年底，政府成立专门委员会，负责与"自卫军"直接接触。2003 年 11 月，双方签署和平遣散协议。"自卫军"承诺，从 2003 年起到 2005 年年底，逐步解除其所有成员武装；政府则承诺将"自卫军"成员纳入社会生活。到 2005 年 10 月中旬，有 1.1 万名"自卫军"成员接受和平遣散。政府 2006 年 4 月宣布，"自卫军"成员已全部解除武装，遣散工作完成。

与"自卫军"达成遣散协议，是乌里韦政府推进国内和平进程的最重要成果，但这一成果并不稳固。由于缺乏后续措施，"自卫军"部分被遣散成员重新从事贩毒和暴力活动。

2. "革命武装力量"解除武装

政府与"哥武"的第一次谈判始于 1984 年，持续 6 年，1990 年 12 月陷于失败。帕斯特拉纳政府期间（1998—2002），双方于 1999 年 1 月开始第二次和谈，2002 年 2 月和谈破裂，双方重新进入交战状态。乌里韦执政期间（2002—2010），在美国支持下，对包括"哥武"在内的左翼游击队加大打击和围剿力度，双方没有进行真正的和谈。

桑托斯执政期间（2010—2018），经友好国家斡旋，政府与"哥武"举行多轮谈判，2016年8月达成全面和平协议。但协议在当年10月的全民公投中被否决。双方再次举行谈判，于11月24日签署新的和平协议，并获国会批准。2017年和平协议进入执行阶段；6月联合国宣布"哥武"正式解除武装；8月政府宣布冲突结束；9月"哥武"改制成立政党"大众革命替代力量"（西班牙语缩写仍为FARC）。该党主席隆多尼奥原计划参加2018年总统选举，后因心脏手术退出。

2019年8月，前"哥武"部分成员认为"政府背弃和平协议"，宣布重新拿起武器，并与"民解"结盟。

3. "民族解放军"仍在战斗

从20世纪80年代上半期开始，哥政府与"民解"断断续续地开展多轮谈判，并曾数度达成停火协议，但均无果而终。2001年11月起，政府与"民解"在古巴进行两轮会晤。此后政府恢复"民解"的政治地位，宣布双方重开和谈，在很多方面达成一致。双方还商定继续在古巴和委内瑞拉举行新的谈判。2002年5月帕斯特拉纳政府中断与"民解"已持续3年多的和谈。

乌里韦2002年就职后不久派代表在古巴与"民解"就重开和谈进行接触。2005年12月双方在哈瓦那举行第一轮对话，此后又进行4轮会谈，在实现互信和建立定期对话等方面取得重要进展。2007年2月起双方开始第五轮和平谈判，但在游击队放下武器、政治经济变革等问题上分歧较大，2007年年底谈判陷入僵局。此后双方不断发生武装对抗。

2017年2月双方重启和谈，但在六轮和谈后再次陷入停滞。2018年1月政府宣布暂停和谈。2018年大选期间"民解"宣布单方面停火，释放和平善意。2019年1月，为报复政府军对游击队的轰炸，"民解"在首都一所警察学校制造汽车炸弹袭击，造成21人死亡，68人受伤；杜克总统随即宣布取消与"民解"的谈判。

第六节　秘鲁政治

一　秘鲁政治概况

秘鲁位于南美洲西部，全称秘鲁共和国，面积 1285216 平方公里，居拉丁美洲第四位；人口 3216 万（2017 年），居拉丁美洲第五位，其中印第安人占 41%，印欧混血种人占 36%，白人占 19%，其他人种占 4%。西班牙语为官方语言，一些地区通用克丘亚语、艾马拉语和其他 30 多种印第安语。76% 居民信奉天主教，17% 信奉基督教。首都利马，人口 948 万（2017 年）。国家元首是总统。

政治简史　公元 11 世纪，印第安人以库斯科城为首府，在高原地区建立印卡帝国。15—16 世纪初形成美洲的古代文明之印卡文明。1533 年沦为西班牙殖民地。1544 年成立秘鲁总督区，成为西班牙在南美殖民统治的中心。1821 年 7 月 28 日宣布独立。独立后考迪罗政治盛行，内战频仍，对外开战，政局动荡。1835 年，秘鲁与玻利维亚合并，称秘鲁—玻利维亚邦联，1839 年邦联瓦解。1879—1883 年，联合玻利维亚同智利进行了"太平洋战争"，秘鲁战败割地。1895—1919 年进入"贵族共和国"时期，政局相对稳定。1919 年发生军事政变，所有政党被取缔，工人运动受到镇压；此后又发生多次军事政变。1963 年人民行动党领袖贝朗德当选总统，提出"秘鲁即学说"。1968 年发生政变，军政府发起"秘鲁革命"，实行经济国有化和土地改革。1979 年制定新宪法，1980 年 5 月举行民主选举，恢复文人政府。1986 年阿普拉党领导人加西亚当选总统，该党成立 50 多年来首次执政。1990—2000 年，"改革 90"领导人藤森连任两次总统。2001 年以后，"秘鲁可行"党领导人托莱多、阿普拉党加西亚、民族主义党乌马拉、"为了变革的秘鲁人"党候选人库琴斯基相继当选总统并执政。2018 年 3 月库琴斯基因涉腐案辞职，第一副总统比斯卡拉接任总统。2020 年 11 月 9 日比斯卡拉被国会弹劾，前国会主席梅里诺仅当了 5 天代理总统就在大规模国民抗议下辞职；萨加斯蒂（Francisco Rafael Sagasti）当选为国会新任主席，并接任总统职务。2021 年自由秘鲁党候选人佩德罗·卡斯蒂略（José Pedro Castillo）当选总统，同年 7 月就任。

宪法　现行宪法于 1993 年 12 月 31 日生效。宪法规定总统可连任一届，隔届可再当选；增设第一和第二副总统；国会两院改为一院制；对恐怖分子可处极刑等。2000 年 11 月 2 日，秘鲁国会通过宪法修正案，规定总统不得连任。2005 年 3 月 11 日，秘国会通过宪法修正案，赋予军人和警察投票权。

议会　称国会。一院制，1995—2011 年由 120 名议员组成，从 2011 年 7 月起由 130 名议员组成。国会拥有立法和监督职能。议员由选举产生，任期五年，议员须是秘鲁出生、年满 25 岁、有选举权的本国公民，可连选连任。国会每年有两次会期，休会期间，由常务委员会主持工作。每届国会任期五年。2016 年 7 月成立新一届国会，2019 年 9 月 30 日，总统比斯卡拉宣布解散国会。2020 年 1 月 26 日举行特别国会选举，3 月 16 日组成新的国会，将完成剩余的任期至 2021 年 7 月。2021 年 7 月成立新一届国会。

政府　内阁由部长会议主席和各部长组成。总统主持部长会议和任命内阁。秘内阁各部曾多次调整。现任内阁成员有部长会议主席，财政经济，外交，国防，内政，司法和人权，教育，妇女和弱势群体，卫生，农业和灌溉，劳动和就业促进，生产，外贸和旅游，能源矿业，交通通信，住房建设和用水，环境，文化，发展与社会融合等 18 个部的部长。

行政区划全国划分为 26 个一级行政区，包括 24 省（大区）、卡亚俄宪法省和利马省（首都区）。

司法机构　法院分四级：最高法院、高级法院、一审法院和调解法院。各级法官均通过全国或地方法官委员会考核推荐，由总统任命。最高法院院长从大法官中选举产生，任期 2 年。

国家检察院为独立机构，检察长由最高检察团选举产生，任期 3 年，可连选连任一次，但第二任期不得超过 2 年。审计署为独立机构，审计长由政府提名，国会任命，任期 7 年。

政党　实行多党制，秘鲁政党林立，许多政党不稳定。不少传统政党衰落，一些新型政党也昙花一现。主要政党有：

（1）自由秘鲁党（Perú Libre），秘鲁现执政党。新兴左翼政党，正式名称为"自由秘鲁民族政党"（Partido Político Nacional Perú Libre），成立于 2007 年，由塞隆等人创建。初建时名为"自由秘鲁政治地区运动"，是地方性政治组织；2016 年 1 月注册为政党，2019 年 1 月改为现名。主张民主、权力下放、维护国家主权；反对新自由主义，主张维护社会福利，将矿山、天然气、石油、水力发电和电信国有化作为本党的目标。在 2020 年 1 月特别国会选举中未能获得席位。该党候选人卡斯蒂略 2021 年 6 月当选总统，同年 7 月 28 日就任。现任党的总书记弗拉基米尔·塞隆·罗哈斯（Vladimir Roy Cerrón Rojas）。

（2）人民行动党（Partido Acción Popular）：1956 年由费尔南多·贝朗德（Fernando Belaúnde）等人在原"全国青年民主阵线"基础上创建。核心政治主张为民主、民族主义和革命。对内主张代议制民主和混合经济模式；对外强调独立自主和不结盟原则，支持拉美一体化。该党曾于1963—1968 年、1980—1985 年执政，时任党主席贝朗德出任总统。近年来力量有所回升。2016 年大选中获得 5 个国会席位，2020 年 1 月特别国会选举中获 25 席。现任党主席哈维尔·阿尔瓦·奥兰迪尼（Javier Alva Orlandini）。

（3）人民力量党（Fuerza Popular）：2010 年藤森庆子（Keiko Fujimori）为参加 2011 年大选创建"2011 力量"党，后改为现名。政治立场中右。主张尊重民主、法制、平等、社会正义，促进地区均衡发展；倡导根除腐败、严打各种犯罪，维护社会治安。2016 年国会选举中获 73 席（后因内部分歧降为 53 席），为国会第一大党。因党内分裂及陷入腐败丑闻，影响力下降。2020 年 1 月特别国会选举后，减至 15 席。现任党主席藤森庆子。

（4）秘鲁阿普拉党（Partido Aprista Peruano）：又称人民党。曾是秘最重要的政党。1930 年由阿亚·德拉托雷创建，成员多为中下层人士。1985—1990 年、2006—2011 年两度执政。近年来政治影响力下降。2019 年党领导人加西亚因涉嫌腐败自杀；在 2020 年 1 月特别国会选举中，未获席位。现任党主席德雷耶斯（César Trelles Lara），机构总书记罗德里格斯（Elías Rodríguez Zavaleta），政治总书记奇里诺斯（Benigno Chirinos）。

（5）争取进步联盟（Alianza para el Progreso）：2015 年成立，中右翼政党。主张人本主义、地方分权和加强民主，通过增加投资实现社会公平，建设高质量教育、医疗体系和完善的基础设施。党主席为阿库尼亚（César Acuña Peralta）。

（6）广泛阵线党（Frente Amplio）：新兴政党，2013 年成立。党的创始人和领导人是阿拉纳（Marco Arana）。主张维护社会公平，打击腐败，进行政治体制和社会改革。在 2020 年 1 月特别国会选举中，获 9 个席位。

其他政党组织还有：秘鲁可行党（Perú Posible）、基督教人民党（PPC）、我们是秘鲁（Somos Perú）、紫党（Partido Morado）、农业人民阵线（Frepap），"与你同行"党（Contigo）等。

重要人物

阿尔韦托·藤森（1938—　　），曾在秘鲁农业大学任教，后从政。1990—2000 年任秘鲁总统，拥有秘鲁、日本双重国籍。任内成功进行经济改革，平息国内反政府游击队，实现了社会稳定。执政后期被指控牵扯多宗政治腐败。2000 年到日本避难。秘鲁政府要求引渡藤森回国受审，日本政府以他拥有日本国籍为由，拒绝引渡要求。2005 年 11 月试图回国参加大选在智利被捕，2007 年 9 月被引渡回国，2007 年和 2009 年先后被判处 6 年和 25 年监禁。2017 年获总统特赦，秘最高法院 2018 年 10 月取消特赦。

阿兰·加西亚（1949—2019），阿普拉党领袖。曾在 1985—1990 年、2006—2010 年两度出任秘鲁总统。因涉嫌腐败案被法庭传令逮捕，2019 年 4 月 16 日在利马家中开枪自杀。2008 年 3 月访华。其著作《儒学与全球化》由人民出版社出版。

何塞·佩德罗·卡斯蒂略（1969—　　），现任总统。秘鲁教师、工会领袖、政治家。作为自由秘鲁党总统候选人参加 2021 年大选。在 2021 年 6 月总统选举第二轮投票中，以微弱优势战胜人民力量党候选人藤森庆子，同年 7 月 28 日就任，开始为期 5 年的任期。主张包括加大矿业税收、创造有市场的大众经济、增大教育投入、缩减城乡差距、制定新宪法等。

二　藤森现象和治理危机

20 世纪年代以来，秘鲁的传统政党和政治制度经历了前所未有的危机。在 1990 年 6 月的总统第二轮选举中，毫无政治经验的日裔农业大学教授藤森作为"改革 90"运动的候选人获胜，并于 1990 年 7 月 28 日就任秘鲁总统，创造了轰动一时的"藤森现象"。秘鲁传统的政党不仅失去了总统职位，而且在地方和市政选举中败北。藤森实行激进的稳定计划，经济改革取得效果，控制了恶性通货膨胀，有效遏制了反政府游击队。

根据秘鲁1979年颁布的宪法规定，总统不得连选连任。1992年4月5日，藤森发动"自我政变"，在军方支持下，宣布解散国会，建立紧急政府，重组全国机构；集立法、司法和行政三权于一身。为了使自己能连选连任，于1992年发布总统令，中止1979年宪法，随后进行修宪，1993年通过的新宪法规定，改国会两院制为一院制，总统可连选连任一次。在1995年4月9日总统选举中，藤森以64.4%的选票第一次连任。在藤森授意下，秘鲁国会于1996年8月23日通过一条解释1993年宪法第112条的法律。原宪法条文规定，总统任期5年，可连选连任一次，两届任期共10年。新通过的解释虽仍是可连选连任一次，但其有效性并不追溯藤森总统第一任期（1990—1995）。根据新解释，藤森的第二任期（1995—2000）变成了公布新宪法后的第一任期，这样他还可以参加2000年的总统竞选。

在2000年大选中，出现严重舞弊丑闻。在当年4月19日第一轮选举中，藤森和"秘鲁可行"党候选人托莱多都没有获得法定的超过50%的选票。按规定，两人将进行第二轮较量。托莱多指责藤森在第一轮大选中舞弊，要求推迟举行第二轮选举，否则将拒绝参加。而藤森坚持如期举行第二轮大选。在托莱多拒绝参加的情况下，藤森在同年5月28日第二轮选举中以高票率第三次当选总统。但数月后藤森的亲信、国家情报局局长蒙特西诺斯用重金收买反对派议员选票的"录像带丑闻"曝光，秘鲁出现政治危机。11月17日，藤森在参加亚太经合组织会议回国途中滞留日本并宣布辞职。2001年秘鲁再次举行大选，在6月3日第二轮选举中，托莱多以53.8%的选票当选总统，同年7月28日就任。藤森现象，以及随后的托莱多现象说明，传统政党已经失去昔日的影响，秘鲁政党制度和政治制度正在重新构建。

三　传统政党衰落与政治新人崛起

秘鲁传统政党在民主化和民主巩固进程中发挥了引领作用。但由于政治业绩不佳，人们对传统政党失去信任。到80年代末，国家陷于治理危机。公众对新政党和政治新人给予较大期望，希望他们能带领国家走出困境。

1990 年毫无政治经验的藤森作为新党"改革 90"候选人当选总统，而"改革 90"只是他为了参加大选新建的政治组织。1995 年和 2000 年藤森连选连任。传统政党不仅失去总统职位，在地方和市政选举中也先后败北。在 1993 年 1 月市政选举中，在全国 23 个重点城市（首都和各省省会）中，各传统政党只获得 8 个市长职务，包括利马市长在内的其他市长职位由无党派人士或新出现的政治组织获得。

2000 年年底藤森被议会罢免，但传统政党依然没能东山再起，2000 年 4 月成立的"秘鲁可行"党一举成为执政党。在 2001 年 4 月大选中，该党候选人、经济学家托莱多得票最多；在同年 6 月第二轮选举中，以 53% 的得票击败老牌政治家、阿普拉党总统候选人加西亚当选总统。

在 2006 年大选中，民族主义党领导人乌马拉显示出非凡影响力。在 4 月举行的总统选举首轮投票中，乌马拉以 30.62% 的得票率居第一位，高于阿普拉党加西亚 24.33% 和基督教人民党弗洛雷斯 23.80% 的得票率。而民族主义党只是 2005 年新建立的政党。虽然在 2006 年 6 月 4 日第二轮投票中，加西亚最终以超过乌马拉 5.54% 的选票当选总统，但并没有能够挽救传统政党衰败的趋势。

2011 年的总统选举，主要是民族主义党和"2011 力量党"两个新型政党、乌马拉和藤森庆子两个政治新人之间的竞争。藤森庆子生于 1975 年，是前总统藤森之女，是一位政治新人，2009 年创建"2011 力量党"（后改名为人民力量党）。在 2011 年 6 月 5 日第二轮选举中，乌马拉以 3 个百分点的优势战胜藤森庆子，又一位政治新人当选秘鲁总统。

2016 年和 2021 年大选也是新型政党和政治新人间的较量，传统政党再次被边缘化。在当年 5 月总统选举首轮投票中，人民力量党候选人藤森庆子和"为了变革的秘鲁人"党候选人巴勃罗·库琴斯基得票率居前两位；在 6 月第二轮投票中，库琴斯基以微弱优势当选。"为了变革的秘鲁人党"（后改名"与你同行"党）是 2014 年创建的新党。该党不仅成为执政党，而且在 2016 年国会选举中赢得 18 席，成为第三大党。人民力量党虽在总统选举中惜败，但获得国会半数以上议席，成为第一大党。在 2021 年大选中，新兴左翼政党自由秘鲁党总统候选人卡斯蒂略以微弱优势战胜藤森庆子。

从藤森 1990 年当选总统起，秘鲁传统政党持续衰败，日益失去昔日的影响；一批新型政党和政治新人相继登上国家政治舞台，改变了秘鲁政治和政党格局。

四　21 世纪以来治理问题加剧

进入 21 世纪以后，秘鲁各执政党不能有效解决国家的政治社会难题，治理问题加剧。

公众对传统政党失去信任，对新型政党也失去信心。进入 21 世纪后，秘鲁各界对传统政党丧失信心，对其不满与日俱增，对其执政能力产生疑虑。由于对传统政党不满，选民把解决国家发展稳定难题的希望寄托于新型政党及其领导人，导致藤森、托莱多、乌马拉、库琴斯基等缺乏传统政党背景的人相继上台执政。然而，新型政党并没有满足民众的期待，执政业绩均欠佳。民族主义党、"与你同行"党、"秘鲁可行"党等新型政党昙花一现后即陷于衰败境地，未能成长为成熟政党。

对政治新人从抱有期望到丧失信心。起初，民众把对传统政党的不满转向对新党和新人的期待，期望其可以给国家治理带来新希望。然而政治新人在任期内也深陷各种政治和腐败丑闻，民众支持率逐渐下降，有的甚至被迫在任期未满前辞职下台。藤森遭议会罢免，流亡海外，最终身陷囹圄。托莱多的支持率从 60% 一路滑落到 6%。乌马拉也没有摆脱腐败泥潭，夫妻双双身陷囹圄，其创建的政党也迅速衰败。库琴斯基仅执政一年多，便面临遭议会弹劾风险，被迫辞职。人民力量党领导人藤森庆子因涉嫌腐败，2018 年 10 月被警方逮捕。

腐败问题屡禁不止，加大治理难题。21 世纪后的历届政府都深陷腐败丑闻，政府和执政党形象受到严重影响。自托莱多开始，历任总统都因涉嫌巴西奥德布雷希特建筑公司（Odebrecht）腐败案被判刑或被调查。托莱多被指控接受 2000 万美元贿赂，2017 年被秘鲁检察院正式提起诉讼。加西亚被指控任内接受该公司贿赂；最高法院 2018 年裁定其 18 个月内不得离境；2019 年 4 月，在警方试图逮捕他时自杀身亡。乌马拉涉嫌接受该公司的非法竞选捐款，被监禁 18 个月。库琴斯基 2018 年被控接受该公司贿赂。这些情况表明，腐败是秘鲁需要加大治理的难题。

第七节　委内瑞拉政治

一　委内瑞拉政治概况

位于南美洲大陆北部,全称委内瑞拉玻利瓦尔共和国。面积916700平方公里,居拉丁美洲第七位。对现在圭亚那管辖之下约15.9万平方公里的埃塞奎博地区有主权要求。人口3168万人(2018年),居拉丁美洲第六位,其中印欧混血种人占58%,白人29%,黑人11%,印第安人2%。官方语言为西班牙语,居民73%信奉天主教,17%信奉基督教。首都加拉加斯人口322万,年均气温21℃。国家元首是总统,现任总统尼古拉斯·马杜罗·莫罗斯(Nicolás Maduro Moros,1962—　)2018年5月胜选连任,2019年1月就职,任期至2025年1月。

政治简史　古代为印第安人阿拉瓦克族和加勒比族的居住地。1567年沦为西班牙殖民地。1811年7月5日宣布独立。1819—1829年同现哥伦比亚、巴拿马和厄瓜多尔组成"大哥伦比亚共和国"。1830年建立委内瑞拉联邦共和国。1864年改名为委内瑞拉合众国。1953年改为委内瑞拉共和国。1999年改称委内瑞拉玻利瓦尔共和国。1958年实行宪政,建立文人政权。此后,民主行动党和基督教社会党交替执政。1998年12月,查韦斯作为"爱国中心"总统候选人参加大选并获胜,打破了两大传统政党长期交替执政的政治格局。

查韦斯总统1999年2月执政后,在政治、经济和社会领域实施一系列重大变革,倡导"玻利瓦尔革命",主张通过"和平革命"实现"参与式民主"。同年12月召开"全国制宪大会",通过新宪法和对工会组织全面改组。根据新宪法,2000年7月30日委重新举行大选,查韦斯再次当选总统。

2002年4月11日,委内瑞拉军人发动政变,查韦斯总统一度被关押,但政变迅速被粉碎,查韦斯重掌政权。2004年8月15日委内瑞拉举行是否罢免查韦斯总统的全民公决,查韦斯获胜,得以继续执政至2007年。2006年12月和2012年10月,查韦斯两次选举中连任总统。2013年3月5日查韦斯病逝,副总统马杜罗代理总统。同年4月14日举行大选,马杜罗当选总统;2018年5月20日马杜罗再次当选总统,2019年1月10

日宣誓就职。同年 1 月 23 日反对派掌控的全国代表大会主席瓜伊多
（Juan Guaidó）宣布马杜罗为"篡权者"，并自认"临时总统"，陆续获
得美国、欧洲及拉美地区 60 多个国家的承认。委内瑞拉发生严重政治危
机，出现两个总统、两套国家机构的局面。

宪法　现行宪法于 1999 年 12 月颁布。宪法规定：总统任期由五年延
至六年，可连选连任一次。增设副总统一名。2009 年 2 月，委通过全民
公投修改宪法，取消对包括总统在内的民选公职人员连选连任次数的限
制。2017 年 8 月成立制宪大会，准备制定新宪法。

议会　全国代表大会，全国最高立法机构。一院制。主要职能为制
定法律、修改宪法、依法监督政府和公共管理部门、宣布大赦和审批国
家预算等。全代会代表由全国大选直接选举产生，任期六年；主席任期
一年，可连选连任。第一届全代会于 2000 年 8 月成立。查韦斯执政后，
执政党一直在立法机构中占多数席位。2015 年举行议会选举，反对派
"民主团结联盟"在 167 席中赢得 112 席，执政党失去多数席位。2020 年
12 月委举行议会选举，选举产生 277 名议员。执政党的统一社会主义党
及其大爱国阵线成员党获 256 席，委共获 1 席，参加选举的部分反对党获
19 席。美国、加拿大、日本、欧盟多数国家和部分拉美国家认为本次选
举不合法。委内瑞拉官方认为，执政党已从反对派手中夺回对国会的领
导权。2021 年 1 月新一届国会（全代会）正式成立。

制宪大会　2017 年 5 月 1 日，马杜罗总统宣布，为解决国内朝野分
歧、搭建对话平台、促进国家发展，根据宪法第 340—350 条有关规定，
决定召开制宪大会。2017 年 7 月 30 日，举行制宪大会代表选举；在反对
派抵制的情况下，执政党赢得全部 545 个席位；8 月 4 日制宪大会成立。
制宪大会成立后，先后通过《反仇恨、促和平共处与包容法》《反经济战
法》等法律。制宪大会主席是迪奥斯达多·卡韦略（Diosdado Cabello，
1963—　　）。

政府　总统兼政府首脑，副总统和政府部长由总统任命。本届政府
于 2019 年 1 月成立，后几经调整。现内阁成员有：总统府，内政和司法，
外交，经济与财政，国防，新闻通讯、工业和生产，外贸外资，内贸部，
城镇农业，渔业水产，食品，旅游，石油和矿业，生态矿业发展，计划，
卫生，印第安人事务，妇女和性别平等，水资源保护，青年和体育事务，

监狱服务，劳动与社会保障，文化，教育，高等教育，科学技术，生态部住房，公社和社会主义运动，交通，公共工程，电力，边境事务等部的部长。

行政区划 全国划分为 21 个州，2 个边疆地区（亚马孙和阿马库罗三角洲边疆区），1 个首都区和 1 个联邦属地（由 311 个岛屿组成）。

司法机构 最高法院为全国最高司法机构，由院长、两名副院长和 32 名大法官组成，下设宪法、政治行政、选举、民事审判、社会审判和刑事审判六个法庭。院长任期 2 年，可连选连任一次。大法官由司法推选委员会推荐，由全国代表大会任命，任期 12 年，不得连任。司法系统还包括总检察署、护民署、刑事调查机构和司法辅助机构。

主要政党

（一）委内瑞拉统一社会主义党（Partido Socialista Unido de Venezuela, PSUV）：执政党。2008 年 1 月成立，由第五共和国运动等左翼政党合并而成。2009 年 11 月至 2010 年 4 月，该党召开第一次特别代表大会，确定《党章》《原则宣言》和《基础纲领》三个文件。该党主张反对资本主义和帝国主义，奉行社会主义、人道主义和国际主义，捍卫玻利瓦尔革命果实，维护劳动阶级和人民利益，致力于建设公平、自由、人道的"21 世纪社会主义"。2018 年 7 月，召开第四次代表大会，马杜罗连任党主席。

（二）民主行动党（Partido de Acción Democrática）：反对党。1941 年 9 月 13 日成立。社会党国际成员。1958 年至 90 年代，和基督教社会党交替执政。党的最高权力机构是全国代表大会。现任党主席卡尔莫纳（Isabel Carmona de Serra），副主席萨姆拉诺（Edgar Zambrano），总书记阿卢普（Henry Ramos Allup）。

（三）争取社会主义运动（Movimiento al Socialismo）：1971 年 1 月 19 日成立。由当时脱离委内瑞拉共产党的一部分中央委员组成，主要创建者是庞佩约·马尔克斯（Pompeyo Márquez），特奥多罗·佩特科夫（Teodoro Petkoff）等。主张革新马克思主义理论，建立一个委内瑞拉式的民主、多元、主权、人民自治的社会主义社会。2013 年作为咨询党加入社会党国际。2001 年，党内分裂为反对政府和支持政府两派。现任党主席（Segundo Meléndez），副主席（María Verdeal），总书记费利佩·穆希卡

（Felipe Mujica）。

（四）基督教社会党（Partido Socialcristiano）：反对党。1946 年 1 月成立。基民党国际和美洲基民组织成员。1958 年起至 90 年代，和民主行动党交替执政。现任党主席罗贝托·恩里克斯（Roberto Enriquez），总书记赫苏斯·阿尔贝托·巴里奥斯（Jesús Alberto Barrios）。

（五）正义第一党（Primero Justicia）：反对党。2000 年成立，2003年成为全国性政党，主张人道主义中间路线。前米兰达州州长卡普里莱斯为其创始人。现任全国协调员胡里奥·博尔赫斯（Julio Borges），总书记托马斯·瓜尼帕（Tomás Guanipa）。

其他政党还有：一个新时代党、人民意愿党、进步党、委内瑞拉计划党、大家的祖国党、委内瑞拉共产党等。

重要人物

乌戈·查韦斯（Hugo Chávez，1954—2013）：前总统，委内瑞拉"玻利瓦尔革命"和"21 世纪社会主义"的倡导者。1982 年创建"玻利瓦尔革命运动"，主张建立玻利瓦尔所倡导的"拉美国家联盟"。1991 年任空降营中校营长，1992 年领导"二·四"军人政变未遂，入狱两年后获释。1998 年 1 月创建"第五共和国运动"，主张彻底改革国家政治体制，建立人民参与的真正民主；12 月作为竞选联盟"爱国中心"总统候选人参加大选并获胜，1999 年 2 月 2 日就任。2000 年 7 月 30 日，在根据新宪法重新举行的大选中再次当选总统。2008 年领导创建统一社会主义党。2006 年 12 月和 2012 年 10 月两次选举中连任总统。曾于 1999 年、2001 年、2004 年、2006 年、2008 年、2009 年多次对中国进行国事访问。2013 年 3 月 5 日病逝。

尼古拉斯·马杜罗·莫罗斯（Nicolás Maduro Moros，1962—　）：现任总统，执政党统一社会主义党主席。中学毕业。青年时期为学生运动领袖，曾担任加拉加斯地铁工会领导。历任"玻利瓦尔革命运动"全国领导人、"玻利瓦尔劳动者力量党"协调员和"第五共和国运动"动员部主任。2008 年参与创建统一社会主义党，曾任该党副主席。1998 年当选众议员，2005—2006 年任全国代表大会主席。2006 年 8 月起任外交部长。2012 年 10 月被任命为副总统兼外长。2013 年 4 月当选总统。2014 年 7月当选统一社会主义党主席。2018 年 5 月再次当选总统，2019 年 1 月就职，任期至 2025 年 1 月。2006 年 7 月以全国代表大会主席，2007 年 11 月和 2012 年 8 月以外长身份访华；2013 年 9 月首次以总统身份对中国进行国事访问；2015 年 1 月来华出席中拉论坛首届部长级会议开幕式；2015 年 9 月来华出席中国人民抗日战争暨世界反法西斯战争胜利 70 周年纪念活动，2018 年 9 月再次访问中国。

二 菲霍角体制的兴衰

委内瑞拉政治体制在 20 世纪经历了从专制独裁到两党民主（又称菲霍角体制），再到传统政党衰败和新型政党崛起的历程。

1948 年佩雷斯·希门尼斯发动政变，推翻民选文人政府，实行专制统治。1957 年民主行动党、民主共和联盟和基督教社会党三党领导人就反独裁等问题达成协议，确认在捍卫民主等共同原则的基础上加强团结，在反独裁斗争胜利后组织三党联合政府。1958 年 1 月三党领导组织并积极参加人民起义，推翻希门尼斯独裁政权。1958 年 10 月三党签署协议（史称"菲霍角协议"），重申捍卫民主宪制，并规定各党的共同原则。同年 12 月，按新选举法举行大选，民主行动党候选人贝坦科尔特当选总统，并于 1959 年 3 月就任，同民主共和联盟、基督教社会党组成联合政府。1961 年颁布实施新宪法，确定多党制和代议制民主政体。

自 1958 年民主政治体制在委内瑞拉确立后，虽有多个政党存在，但传统的两大政党民主行动党和基督教社会党一直控制着国家政治生活，总统职位一直由这两党轮流担任。两党还赢得议会绝大多数席位。

然而，这两个传统政党在长期执政过程中没有妥善解决国家发展中的诸多难题，社会矛盾不断积累。20 世纪 90 年代后，越来越多的人对两党统治表现出不满。1992 年，年仅 38 岁的伞兵部队中校查韦斯因对民主行动党佩雷斯政府的腐败和新自由主义经济政策不满，率领由中下层军官组成的"玻利瓦尔革命运动"发动兵变未遂。在 1993 年 12 月总统选举中，从基督教社会党分裂出来的拉斐尔·卡尔德拉作为新成立的"全国汇合"候选人赢得大选，出任总统。这表明，传统政党开始失去民众的信任。20 世纪 90 年代后期，委内瑞拉政治形势发生剧烈变化，传统政党体制受到前所未有的冲击。1994 年查韦斯被大赦释放后，在原"玻利瓦尔革命运动"基础上建立"第五共和国运动"。在 1998 年 12 月大选中，作为由第五共和国运动、争取社会主义运动和委共等十几个左翼政党组成的"爱国中心"候选人，查韦斯获胜当选总统，并于1999年2月正式就任。查韦斯的上台打破了民主行动党和基督教民主党两个传统政党轮流执政的局面，菲霍角体制终结。

三　从"玻利瓦尔革命"到"21世纪社会主义"

从1999年上台执政一直到2004年前后，查韦斯一直对资本主义政治制度、发展模式进行深刻的批判，并提出要进行一场"和平、民主革命"即"玻利瓦尔式的革命"，通过政治改革和各级行政管理机构改革，建立"参与式民主"，清除腐败，超越资本主义模式。查韦斯提出了"具有人道主义特色的资本主义"的主张，希望通过"第三条道路"或中间道路的形式，探索新的发展道路和发展模式。

2004年10月以后，查韦斯开始提出应超越资本主义，并明确表示放弃"第三条道路"思想，提出在委内瑞拉建设"21世纪社会主义"的思想和主张。他指出，"资本主义无法从内部实现自我超越，超越资本主义的道路只能是社会主义、正义和平等"。查韦斯声称，其社会主义思想既来源于玻利瓦尔、耶稣和马克思，也来源于印第安人的部落思想；他还勾画出关于委内瑞拉以及拉美"21世纪社会主义"的政治经济以及社会蓝图。

在查韦斯看来，20世纪社会主义的悲剧主要是由当时的许多社会主义国家照抄或照搬苏联模式造成的，因此他提出委内瑞拉"21世纪社会主义"不会照搬传统的社会主义模式，而是要力求在理念和制度方面有所创新；委内瑞拉的"新社会主义"既不同于苏联、东欧国家或古巴的社会主义模式，也与社会民主主义模式不同；代议制民主并不能真正代表人民的意愿，无法从根本上解决拉美现实的各种危机；拉美的"21世纪社会主义"应该创造出新的民主形式，即"参与式民主"，建立人民的、民主的、透明的、公正的国家体制机制，充分调动广大民众的政治热情，使其广泛参与到社会主义建设事业中来。

委内瑞拉"21世纪社会主义"的实践体现在政治、经济、社会以及对外政策等个各个方面。

（一）在政治领域，对现有体制进行一定程度改革或改造。1. 改造旧体制。通过宪法改革和政治改革，在原有旧制度的框架内创造出具有原创性的新机构和新体制。在传统立法权、司法权、行政权三权基础上，新增加"公民权"和"选举权"，将"三权分立"改造成"五权并立"的新体制。2. 建立参与式民主。试图用工厂、社区自治为特征的直接民主取代职业政客操纵的代议制民主；建立社区委员会，实现工厂等基层组织自治；有组织的民众通过委员会和基层组织，直接管理与自身相关的公共事务。3. 重视思想领域的斗争。强调开展社会主义的教育运动，培养社会主义的新人。实施"玻利瓦尔教育课程"，面向大、中、小学的学生宣传和传播"真正的社会主义理念"。

（二）在经济领域，在强化国家对经济控制的基础上建立新发展模式。1. 强化国家对经济的控制。通过持续的国有化，加强国家对资源能源、电力电讯等一系列战略部门的控制，比较稳固地控制了国家的支柱产业、众多的国有企业与合作企业；通过对这些经济战略部门的全面控制，增强了政府对经济的掌控能力。2. 建立新的发展模式。试图建立"内生经济发展模式"，力图转变增长方式和模式，减轻对外部的依赖程度。3. 推进所有制改革。在"不取消私有制"前提下，大力推动国有制、社会所有制、集体所有制以及合作制，推动管理方和职工"共同管理"企业。

（三）在社会领域，促进社会公平。1. 追求社会公平。追求公平增长；加大社会政策力度，推行公平分配；重视社会福利计划，提高工资和养老金等。2. 加大民生政策力度。把消除贫困和改善民生作为施政重点。实行高补贴、低物价政策，以低价或免费方式向低收入家庭提供基本必需品；实行免费教育和免费医疗；实行多种现金补助计划，实施大规模的民生发展项目（如建设住房），以较低的价格分配给低收入家庭使用。

（四）对外政策领域，推进革命外交。和古巴联手，主导建立了"美洲玻利瓦尔联盟"，积极推动与拉美左翼政府合作，以优惠价格向相关国家提供石油，以及其他援助。反对美国的帝国主义和霸权政策，谴责美国对拉美国家的干涉，批评和抵制美国倡导的"美洲自由贸易区倡议"，在一些敏感国际问题上敢于同美国"对着干"和唱"对台戏"。

四　政治危机的加剧

无论是在委内瑞拉国内还是在国际上，一直存在一股反对查韦斯－马杜罗政府的力量。2015 年以前，委政府把控局势的能力强，在与反对派较量中优势明显。2015 年国会选举后，反对派控制了立法机构，国内政治力量对比发生重大变化，美国加大对委内瑞拉事务的介入，委内瑞拉危机呈现逐渐加剧之势。

查韦斯激进的内外政策，得到了国内广大中下层民众和军队中一部分人的拥护，但也招致不少因激进改革使其利益受到影响的大财团、大企业主、大地产主、传统政党领导人、原官方工会和部分上层军官的强烈的不满和反对。反对派一直加紧进行反查韦斯政府的活动。2002 年 4 月 12 日，反对派策动政变，废黜查韦斯，扶植委企业主联合会主席卡尔莫纳当临时总统。政变很快被粉碎，查韦斯重新执政，但反对派"倒查"活动从未终止。

查韦斯奉行维护国家主权、独立自由的外交方针，敢于同美国对抗。查韦斯采取向外国石油公司征收赋税的政策，触犯了美国为首的西方石油公司的利益；查韦斯积极发展同美国宿敌古巴的关系，以优惠价格向古巴供应原油；查韦斯政府还禁止美国缉毒飞机穿越该国领空，反对美国以反恐为借口发动对阿富汗和伊拉克的战争。美国对查韦斯抗拒美国的政策十分不满，支持委反查派，涉嫌支持 2002 年反查派未遂政变。虽然美国采取了敌视委内瑞拉政府的政策，但 2015 年以前态度比较克制。

2015 年 12 月反对派在国会选举中获胜，在 167 个席位中获得 112 席，这是自查韦斯 1999 年执政以来反对派首次赢得立法机构多数席位。反对派实现对国会的全面控制后，"府院之争"加剧，委内瑞拉危机也随之升级。2017 年反对派发动长达数月的大规模反政府示威，引发多起暴力事件，造成 100 多人死亡。为化解危机，2017 年 5 月 1 日马杜罗总统宣布启动制宪大会，希望通过制定新宪法来消除反对派控制的议会权力。此举遭反对派反对和抵制。

委内瑞拉 2017 年 10 月举行地方选举，执政党和反对派在全国 23 个州中各赢得 18 个州和 5 个州。地方选举后国内政治局势一度缓和，政府和反对派开展对话并取得一些进展，但 2018 年双方谈判破裂。为应对内外压力，委政府决定把应在 2018 年年底举行的总统选举提前到 5 月举行，马杜罗在主要反对派抵制的情况下再次当选总统。马杜罗胜选后宣布将调整经济模式，国内政治秩序一度趋于平稳。

2019 年 1 月 10 日马杜罗宣誓就职，开始为期 6 年的新任期。当月 23 日，反对派人士、全国代表大会主席瓜伊多自封临时总统，宣布马杜罗为"篡权者"，要求其下台。此后委内瑞拉局势发生急剧变化。在美国和拉美右翼政府支持下，瓜伊多开展一系列针对马杜罗政府的活动。与此同时，美国强化对马杜罗政权的经济和金融制裁，最大限度地对其施加政治和外交压力，甚至进行公开的军事威胁，力图促使马杜罗政权垮台。在此背景下，委国内冲突迅速升级，进而引发全面政治危机。在墨西哥、挪威等斡旋下，2021 年 8 月政府与反对派在墨西哥城举行谈判。

围绕委内瑞拉国内危机，拉美国家间也出现分歧。2016 年 12 月，"南方共同市场"四个创始国（阿根廷、巴西、巴拉圭和乌拉圭）中止委内瑞拉成员国资格。2017 年委内瑞拉制宪大会选举和制宪大会成立后，古巴、玻利维亚、尼加拉瓜、萨尔瓦多等国家支持委政府；而巴西、阿根廷、墨西哥、秘鲁等国家拒绝承认委制宪大会及其通过的法律。2018 年 5 月马杜罗再次当选总统后，由十多个国家组成的"玻利瓦尔美洲联盟"重申对马杜罗政府的支持，而"利马集团"的 10 多个国家不承认马杜罗当选的合法性。在拉美右翼力量支持下，2018 年第八届美洲峰会东道主秘鲁甚至收回对马杜罗总统的参会邀请。在 2019 年 1 月以后，拉美国家在马杜罗和瓜伊多之间选边站队，不仅加剧委国内危机，也严重危及地区团结。

第八节　古巴政治

一　古巴政治概况

古巴位于加勒比海西北部，全称古巴共和国，面积 109884 平方公里。人口 1122.1 万（2017 年）。城市人口占 75%。白人占总人口 66%，黑人占 11%，混血种人占 22%，华人占 1%。官方语言西班牙语。主要信奉天主教、非洲教、新教、古巴教、犹太教等。首都哈瓦那，人口 213 万（2017 年）。平均温度 24℃。国家元首国家主席米格尔·迪亚斯－卡内尔·贝穆德斯（Miguel Díaz – Canel Bermúdez，1960— ），2019 年 10 月当选。

政治简史 1492 年哥伦布航海抵达古巴。1511 年古巴沦为西班牙殖民地。1868 年和 1895 年先后爆发两次独立战争。1898 年美西战争后古巴被美国占领。1902 年 5 月 20 日成立古巴共和国，取得了名义上的独立。1903 年美国强租古巴海军基地两处，其中关塔那摩海军基地迄今仍被美国占领。1933 年，军人巴蒂斯塔在美国支持下发动政变，掌握实权。1952 年 3 月 10 日再次策动政变上台。1953 年 7 月 26 日，菲德尔·卡斯特罗率领一批青年攻打圣地亚哥蒙卡达兵营。起义失败后，菲·卡斯特罗等人被捕入狱。1955 年菲·卡斯特罗等获释，流亡墨西哥。1956 年 11 月 25 日，菲·卡斯特罗率领 82 名战友乘"格拉玛"号游艇于 12 月 2 日在奥连特省南岸红滩登陆，在与政府军激战后转入马埃斯特腊山开展游击战争和革命。1959 年 1 月 1 日，菲·卡斯特罗率起义军推翻了巴蒂斯塔独裁统治，建立革命政府，宣告古巴革命胜利。革命胜利后，古巴政府在政治、经济、社会等方面实行了一系列重大改革，对旧的政治经济制度进行了改造，进行了两次土改，将外资企业和本国私营企业收归国有，建立了新的生产关系。

随着改革的深入，美国对古巴采取敌视政策。1961 年 1 月 3 日，美国宣布同古巴断交。4 月 16 日，菲·卡斯特罗宣布古巴革命"是一场贫苦人的、由贫苦人进行的、为了贫苦人的社会主义民主革命"。4 月 17 日，美国组织的雇佣军入侵古巴吉隆滩，古巴军民在菲·卡斯特罗亲自指挥下，经过 72 小时的激战，全歼入侵者。5 月 1 日，菲·卡斯特罗宣布古巴是社会主义国家。1962 年 2 月 7 日，美国宣布对古巴实行经济、贸易全面封锁。同年 10 月，由于苏联在古巴部署导弹引发美苏之间在加勒比海地区的一场危机。

20 世纪 70 年代，古巴参照苏联模式，进行了政治和经济体制的"制度化"，古巴共产党召开了"一大"；1976 年通过了新宪法，根据新宪法，召开了全国人民政权代表大会，选举产生了国务委员会，菲·卡斯特罗当选为国务委员会主席和部长会议主席；实施新的经济领导和计划体制，自 1976 年起开始执行五年计划。80 年代前半期，古巴全面推行新的体制。80 年代后半期，古巴开展一场"纠正错误和不良倾向进程"，即

"纠偏进程"或运动。

80年代末和90年代初,东欧剧变和苏联解体给古巴经济造成了严重困难。与此同时,美国又乘机加强对古巴的封锁,先后通过了"托利塞利法案"和"赫尔姆斯－伯顿"法案。古巴逐步调整了经济发展战略和外交方针。1990年8月,古巴政府宣布进入"和平时期的特殊阶段"。1991年10月,古共召开了"四大"。"四大"提出"拯救祖国、拯救革命、拯救社会主义"的口号,菲·卡斯特罗在开幕式讲话中提出古巴逐步对外开放的政策。1994年后,古巴经济逐渐恢复和发展,政局和社会基本稳定,对外关系也有了新的发展。1997年10月,古共召开"五大",首次提出把经济工作放在优先地位。

21世纪初,古巴党和政府围绕对美斗争,开展全民"思想战",对人民进行爱国主义和社会主义教育,提高民族凝聚力;在党内加强思想和组织建设,反腐倡廉;致力于恢复和发展经济,保障市场基本供应,恢复公共交通,继续维持文教卫生事业,保持安定的社会秩序。2006年7月底,菲德尔·卡斯特罗因病将他所担任党和政府的最高领导职务暂时移交给劳尔·卡斯特罗。2008年2月24日,古巴召开第七届全国人大,劳尔当选并就任古巴国务委员会主席兼部长会议主席,正式接替执政长达49年的菲·卡斯特罗。2011年4月,古共召开"六大",通过了《党和革命的经济与社会政策的纲要》(简称《纲要》),选举产生了以劳尔为第一书记的新的中央委员会,劳尔正式接替菲德尔·卡斯特罗在党内的最高职务。古共"六大"召开后,古巴采取了一系列"更新"经济和社会发展模式的改革措施。

2014年12月17日,劳尔主席和美国总统奥巴马同时在各自首都宣布启动古美关系正常化进程。2015年7月1日,古美两国正式恢复外交关系,7月20日两国在各自首都重开使馆。2016年3月,奥巴马总统访问古巴。

2016年4月,古共召开"七大","七大"通过《古巴社会主义经济社会模式的理念》等重要文件。同年11月25日,古巴革命领袖菲·卡斯特罗因病逝世。

2018年4月19日,1960年出生的米格尔·迪亚斯－卡内尔·贝穆德斯在第9届人大成立会议上当选并就任古巴国务委员会主席兼部长会议主席，接替劳尔·卡斯特罗的行政职务。7月13日，古巴全国人民政权代表大会又通过了新选举法。根据新宪法和新选举法。古巴全国人大于10月10日和12月21日先后选举迪亚斯－卡内尔为国家主席，选举曼努埃尔·马雷罗·克鲁斯（Manuel Marrero Cruz）为总理。

2021年4月16日至19日，古共召开"八大"。党中央第一书记劳尔·卡斯特罗作中心报告。"八大"一致通过《关于中心报告的决议》《关于古巴社会主义发展经济和社会模式理念的更新的决议》《关于2021—2026年纲要执行情况及其更新的决议》《关于党的运转、思想工作和与群众联系的决议》《对党干部政策的决议》等决议。"八大"选举产生了以迪亚斯－卡内尔为第一书记的新的中央委员会，劳尔·卡斯特罗不再担任党的职务。古共"八大"对当前和今后一个时期党和国家事业发展作出战略规划和部署，具有继往开来的重大意义。

宪法　1959年年初革命胜利后，于同年2月7日颁布根本法，规定由部长会议行使国家立法权并协助总统行使行政权；议会被取消，将议会的立法权和其他职能赋予部长会议。同年2月16日，武装部队总司令菲德尔·卡斯特罗出任部长会议主席（总理）。古巴的政体仍是共和制。1959年至1976年实行总统制。20世纪70年代，古巴开始政治机构体制化。1976年2月经公民投票通过古巴第一部社会主义宪法，这部宪法规定，古巴共和国是一个民主统一的共和国，是工人阶级领导的、以工农和其他劳动人民联盟为基础的社会主义国家，一切权力属于劳动人民，人民通过全国人民政权代表大会和地方人民政权代表大会行使国家权力。宪法规定，全国人民政权代表大会是古巴最高权力机关和唯一的立宪、立法机构。1976年12月，古巴召开第一届全国人民政权代表大会第一会议，宣告该代表大会正式成立，开始实行人民政权代表大会制。1992年7月，古巴全国人民代表大会对1976年宪法141条中的76条作了修改，主要修改处如下：把何塞·马蒂的思想第一次写进宪法，与马列主义并列，成为国家和社会的指导思想；删去了"苏联和其他社会主义国家的兄弟情谊、援助与合作"，增加"国家承认合资企业的所有权"，合资企业"在使用、享受和支配其资产方面受法律的保护"。

2019年2月24日，古巴举行全民公决，通过了新宪法，4月10日，新宪法正式生效。新宪法增加了89条，新宪法重申古巴政治、经济和社会制度具有社会主义的特性，重申古巴是社会主义国家，强调古巴共产党是古巴社会有组织的先锋队，是社会和国家的最高政治领导力量，重申古巴人民遵循"马克思、恩格斯和列宁社会解放思想"，重申古巴共产党是马克思主义和列宁主义的政党；重申古巴共和国实行以全民所有制为所有制主要形式和以经济计划领导为基础的社会主义经济制度，重申全国人民政权代表大会是（古巴）最高国家权力机关，它代表并反映全体人民的主权意志。与此同时，新宪法对原宪法作了全面的修改，主要修改和增加的内容有：（1）在指导思想的部分，增加了"菲德尔·卡斯特罗）"思想和"菲德尔主义""古巴、拉美和世界的马克思主义思想"；（2）强调"古巴共产党是唯一的、马蒂主义、菲德尔主义的、马克思主义和列宁主义的政党"（3）增加了"为了社会的利益考虑、调节和控制市场"的内容；（4）首次承认私有制和个人所有制；（5）肯定外资的作用；（6）新宪法规定设立国家主席、总理制，国务委员会成为全国人大的常设机构，国务委员会主席不再是国家元首和政府首脑；国家主席由全国人大选举产生，任期5年，可以连任一届；国家主席年龄须满35岁，首次当选时，年龄不得超过60岁。7月13日，古巴全国人民政权代表大会又通过了新选举法。

议会 全国人民政权代表大会，为国家最高权力机关，享有修宪和立法权。每届任期五年。全国人代会代表由选民直接选举产生，任期5年。自1993年起，全国人民政权代表大会代表根据人口比例和法律规定的程序由选民通过自由、直接和秘密投票产生。每届任期5年。

古巴全国领土在政治行政上划分为省和市（又译"县"）。2019年的新宪法规定，古巴人民政权代表大会分全国和市两级，省一级不再设人大。2019年新宪法还规定，由全国人大主席和副主席兼任国务委员会主席和副主席，国务委员会成为全国人大的常设机构，国务委员会主席不再是国家元首和政府首脑，国家主席是国家元首。

政府 部长会议是古巴的最高行政执行机关，是共和国政府。由总理、若干副总理、各部部长、秘书和法律规定的其他成员所组成。

行政区划 全国划分为15个省，1个特别市（青年岛特别市）。省下设168个市。15个省的名称如下：比那尔德里奥、哈瓦那、阿特米萨、玛雅贝克、马坦萨斯、西恩富戈斯、比亚克拉拉、圣斯皮里图斯、谢戈德阿维拉、卡马圭、拉斯图纳斯、奥尔金、格拉玛、圣地亚哥、关塔那摩。

司法机构　古巴的司法权是人民授予的，由法律确定的，最高人民法院和其他法院以人民的名义行使司法权。古巴的法院分三级：最高人民法院（国家最高司法机构）、省人民法院和市人民法院。此外，还有军事法院。最高检察机构是总检察院。最高人民法院院长、法官、总检察长、副总检察长均由全国人民政权代表大会选举和罢免。

政党　古巴共产党是古巴唯一的合法政党。1961 年 7 月，原"七·二六运动""人民社会党"和"三·一三革命指导委员会"3 个组织合并成古巴革命统一组织。1962 年 5 月改名为古巴社会主义革命统一党。1965 年 9 月改用现名。古巴 2018 年宪法第 5 条规定："古巴共产党是唯一的、马蒂主义、菲德尔主义的、马克思主义和列宁主义的政党""是古巴民族有组织的先锋队，是社会和国家最高的政治领导力量"。据劳尔·卡斯特罗 2021 年 4 月在古共"八大"的中心报告，古共现有 70 万党员，党员平均年龄增加，42.6% 的党员年龄超过 55 岁。新的中央委员会共 96 人，比七届中委（142 人），减少 46 人。八大产生的新政治局委员共 14 人，比七届（17 人）减少 3 人，其中 9 名是上届政治局委员，5 名是新当选的，14 人平均年龄 61 岁。原副总理、中央政治局委员 53 岁的罗贝托·莫拉莱斯·奥赫达继续当选为政治局委员，还当选为书记处书记，任中央组织部长，并兼管意识形态工作，八大后他不再担任副总理。新的古共中央委员中仍保留一些 60 岁至 79 岁的老革命。八大产生的古共中央委员会的特点是：年轻的中央委员占较大的比重，在基层和地方工作的委员，妇女、黑人和黑白混血种人的委员占较大的比重，现役或退役军人占较大的比重。

主要群众组织　共产主义青年联盟、古巴工人中央工会、古巴妇女联合会、保卫革命委员会、全国小农协会、大学生联合会等。

重要人物

劳尔·卡斯特罗·鲁斯（Raúl Castro Ruz），1931 年 6 月 3 日生于古巴东部奥尔金省。1953 年加入人民社会党领导的社会主义青年联盟。1953 年 7 月 26 日，他随菲·卡斯特罗一起攻打古巴东部圣地亚哥的蒙卡达兵营，失败后被捕入狱。1955 年，劳尔大赦获释，随后与菲·卡斯特罗一起流亡墨西哥。1956 年，随菲·卡斯特罗乘"格拉玛"号游艇重新回到古巴，在马埃斯特拉山区开展游击战争。1959 年 1 月 1 日，古巴革命胜利后，长期担任古巴革命武装力量部部长。1965 年起，任古巴共产党中央政治局委员、中央第二书记等职。1976 年起任国务委员会第一副主席和部长会议第一副主席。2006 年 7 月 31 日，菲德尔·卡斯特罗因健康原因，将国家最高权力移交给了劳尔。2008 年，在古巴第 7 届全国人大会议上，正式当选国务委员会主席兼部长会议主席。2011 年 4 月，在古共"六大"当选古共中央第一书记。2013 年 2 月 25 日，劳尔再次当选古巴国务委员会主席和部长会议主席。2014 年 12 月，与时任美国总统奥巴马同时宣布美古关系"破冰"。2016 年 4 月 19 日，在古共"七大"再次当选古共中央第一书记。2018 年 4 月 19 日，卸任古巴国务委员会主席和部长会议主席。2021 年 4 月古共"八大"召开后，不再担任古共中央第一书记。劳尔执政以来，推动了古巴经济和社会模式的"更新"，促进了古美关系"破冰"。2019 年 9 月 17 日，中国国家主席习近平签署主席令，授予劳尔·卡斯特罗"友谊勋章"。

米格尔·迪亚斯－卡内尔·贝穆德斯（Miguel Díaz-Canel Bermúdez）1960 年 4 月 20 日生于古巴中部比亚克拉拉省普拉塞塔斯市。1982 年，从拉斯维亚斯中央大学毕业，成为电子工程师，随后在古巴革命武装力量服役。退役后，回母校任教，后来在古巴共产党青年组织古巴共产主义青年联盟工作。1994 年任古共比亚克拉拉省委第一书记。2003 年任奥尔金省委第一书记，同年当选古共中央政治局委员。2009 年任古巴高等教育部部长。2013 年当选为国务委员会第一副主席兼部长会议第一副主席。2018 年 4 月 19 日当选为古巴国务委员会主席兼古巴部长会议主席。2019 年 10 月 10 日当选为古巴共和国主席。2021 年 4 月在古共"八大"上当选古共中央第一书记。

二 古巴共产党与古巴经济社会模式的更新

20 世纪 90 年代初，由于东欧剧变和苏联解体，古巴不得不开始实施一些经济改革和对外开放政策。然而，古巴真正意义上的改革是在 2008 年和 2011 年劳尔·卡斯特罗正式接替菲德尔·卡斯特罗，先后担任国家和党的最高领导人之后。2008 年 2 月，劳尔正式接替卡斯特罗担任国务委员会主席兼部长会议主席，劳尔便提出要更新古巴的经济社会发展模式，即改革开放。2011 年 4 月，古共召开"六大"，劳尔接替卡斯特罗当选为古共中央第一书记；"六大"通过了《党和革命的经济与社会政策的纲要》（简称《纲要》）这一纲领性文件。随后，2016 年 4 月，古共召开了"七大"，"七大"通过了《古巴社会主义经济社会模式的理念》（简称《理念》）、《到 2030 年全国经济社会发展计划：国家的建议、轴心和战略部门》和《党和革命的经济和社会政策纲要的更新（2016—2021年）三个重要文件。古共"六大"和"七大"所通过的这些文件，特别是《纲要》和《理念》这两个文件为古巴社会主义经济和社会模式的更新指明了方向和道路，使全党和广大民众就更新经济和社会模式的方针政策，统一了思想，达成了共识。为落实这些文件，古巴党和政府采取了一系列新的称为更新经济和社会发展模式的改革措施。2021 年 4 月，古共召开了"八大"，古共中央第一书记劳尔·卡斯特罗作中心报告，"八大"一致通过《关于中心报告的决议》《关于古巴社会主义发展经济和社会模式理念的更新的决议》《关于 2021—2026 年纲要执行情况及其更新的决议》《关于党的运转、思想工作和与群众联系的决议》《对党干部政策的决议》等决议。"八大"选举产生了以迪亚斯 – 卡内尔为第一书记的新的中央委员会，劳尔·卡斯特罗不再担任党的领导职务。

古共"六大"通过的《纲要》共 313 条，《纲要》涵盖了经济社会的各个方面，包括经济管理模式、宏观经济、对外经济、投资、科技创新、社会、农工、工业和能源、旅游、运输、建筑住房、水力资源、贸易政策等。其要点是：（一）古巴将继续以计划经济为主，同时也考虑市场的趋向；（二）社会主义国有企业是所有制的主要形式，此外，承认并鼓励合资企业、合作社、土地承包、租赁、个体劳动者等其他所有制形式，使所有制多样化；（三）将继续保持免费医疗、免费教育等革命的成果，但将减少过度的社会开支和不必要的政府补贴；（四）将逐步取消低价定量供应日用必需品的购货本；（五）政府将调整就业结构，减少国有部门的冗员，扩大个体劳动者的活动范围；（六）将继续吸引外资；（七）将重新安排其所欠外债的偿还期，严格履行其承诺以改善诚信；（八）逐步取消货币双轨制；（九）放松对买卖房子的限制，以解决严重的住房不足的问题；（十）将给农业以更大的自主权以减少对进口的依赖，并增加和巩固商品和劳务的出口。

古共"七大"通过的《理念》共 330 条，分序言、4 章（第 1 章模式的原则及其主要变革、第 2 章生产资料所有制、第 3 章经济的计划领导、第 4 章社会政策）和结论 6 个部分。这一文件的要点是：（一）古巴社会处在社会主义建设的历史进程，这一进程将是发生深刻变化的漫长的历史时期；（二）世界各国和各地区由于各自的政治、经济、社会、文化、历史及国际条件不同，因此社会主义建设有着各自不同的特点；（三）古巴模式的更新主要是根据古巴本国革命的进程和国内外新的条件，同时参照了不同国家经济社会发展进程的经验；（四）在古巴社会主义原则基础上的古巴模式的更新是可能的，也是必需的；（五）古巴模式的战略目标是在经济、社会和环保方面建设一个繁荣的、持续的社会主义社会，在一个主权的、独立的、社会主义的、民主的、繁荣的和持续发展的国家里巩固革命所形成的道德、文化和政治价值；（六）古巴社会主义模式的指导思想是马克思主义、列宁主义、马蒂的思想和卡斯特罗思想，其主要原则是：人的充分尊严和自由、人道主义、诚实、诚恳、谦虚、勤劳、负责、忘我、无私、英雄主义、爱国主义、勇敢、反帝、团结、国际主义；（七）古巴共产党是古巴唯一的、有组织的先锋队，它是由马克思主义、列宁主义、马蒂思想和菲德尔思想武装起来的，是古巴社会和国家的最高的领导力量；（八）古巴模式的特点是以全民所有制为主，全民所有制是古巴社会主义社会所有制的支柱，同时存在其他所有制形式。古巴承认各种所有制存在，承认私有制（本国和外国的，即外资独资企业）在某些生产方式中的补充作用，但不允许财产和财富集中在非国有的自然人和法人手中。允许私人微型、中小企业作为法人存在，在小规模范围内开展补充性活动，对它们的活动、范围和规模制定限制性规定；对外资独资企业需一个个地进行审核批准；（九）古巴经济领导以计划经济为主，允许动用非国有资源恢复某些生产和服务部门，非国有形式的存在受社会主义发展目标的制约。古巴不搞私有化；（十）国家起计划、调节、领导和控制经济社会发展进程的作用，同时也考虑市场的作用。国家承认市场，将市场结合到经济计划领导体制的运转之中，采取必要措施来调节市场，不能让市场规律在模式中起主导作用。

2021 年 4 月，劳尔在"八大"中心报告的要点是：

（一）古巴于 2019 年 4 月 10 日通过了新宪法，新宪法通过后，全国人大通过了 11 项法律，国务委员会通过了 33 项法令，古巴党和政府是依法治国的。

（二）由于受新冠肺炎疫情的影响，古共中央不得不对 2020 年 1 月 30 日中央政治局通过的 2020 年年度经济社会发展计划作了调整。

（三）由于古巴发挥了社会主义的优越性和全面免费医疗的实施，古巴抗疫斗争取得了显著的成绩。但最近几个月，疫情又有所反复。

（四）劳尔强调生产资料的全民所有制是劳动者权力的基础。他尖锐批评有些人主张私有化，他指出私有化将消除古巴的社会主义社会的基础和本质。必须确保国有企业在经济中占据主导地位，这是维持社会主义社会不可或缺的条件。劳尔同时强调，必须对国企进行改革，应从上到下、从下到上改变企业结构，克服无效、迁就和缺乏主动性。企业领导必须改变旧的、不良的习惯，发展创新的精神，拥有更多自主权，增加产量和有效性。

（五）劳尔强调应该厉行节约。劳尔在报告中对古巴农业粮食生产存在的问题提出了严厉的批评。劳尔还谈到旅游业的发展和问题，他特别说明由于外汇的短缺，古巴政府不得不开设外汇零售和批发商店。他强调必须改变过去对外国投资的偏见，吸引更多的外资。

（六）关于贯彻落实《纲要》，劳尔批评对非国有所有制存在的偏见，批评中央《纲要》落实委员会没有很好组织各种经济成分参与落实《纲要》，并违反越权。他指出，古共"八大"将"七大"修改后的 274 条《纲要》保留 17 条，修改 165 条，补充 18 条，最后确定 200 条。

（七）报告承认自 2021 年 1 月 1 日起，古巴在实施统一货币和汇率的"理顺任务"、进行工资、养老金、社会救助改革和取消和减少补贴时，准备不足、缺少监督，出现了不少问题，造成物质短缺、供应紧张，引起民众的不满。但劳尔强调，这一进程应该继续进行下去。

（八）他强调古共是古巴社会和国家的最高领导力量，是古巴唯一的政党，使广大民众团结在党和革命事业的周围是应对帝国主义威胁和侵略的主要战略武器，应珍惜这一团结。要发扬党内民主，听取不同意见，保持与劳动群众和居民的密切联系。要重视共青盟、学联、妇联、青年运动的工作，加强思想政治工作，加强基层党组织。加强思想工作是党的主要任务之一，要改进媒体宣传工作。美国千方百计利用因特网和社交网络企图颠覆古巴，资助持不同政见者，其主要目的是削弱古巴的民族团结、诋毁古巴社会主义发展模式、妄想复辟资本主义，应坚决反对颠覆活动。古巴国内的反革命缺乏社会基础和组织能力，其人数和活动继续减少，主要活动方式是利用因特网和社交网络。

（九）在谈到党的干部政策时，强调要提拔青年、妇女、黑人和混血种人担任各级领导。批评存在党脱离群众的现象，指出一些党的干部缺乏动员集体力量解决问题的能力。劳尔表扬古巴外交部要求所有进外交部工作的年轻干部必须曾在边防部队服过兵役，强调不提拔没有服过兵役的年轻人当干部。

（十）在谈到对外关系和外交政策时，劳尔指出，古巴经受美国全方位、不平等和持续的经济战。特朗普四年任内，对古巴发动经济战，采取了 240 多项制裁措施，对 231 个单位制裁，影响古巴的供应链。美国对古巴实施金融迫害，影响古巴的生产和供应、影响古巴的抗疫斗争。重申古巴愿意在不放弃革命和社会主义原则的前提下，与美国进行互相尊重的对话。重申古巴对拉美加勒比团结的承诺，声援委内瑞拉、尼加拉瓜政府；强调中国和越南为古巴提供了经验，古巴将巩固与中国、越南、老挝、朝鲜党和政府的良好关系；加深与俄罗斯的政治关系，指出古巴与欧盟关系取得进展。

（十一）强调要加强国防，指出军队在抗击新冠肺炎疫情的斗争起重要作用。强调要加强内务部的工作。

（十二）劳尔宣布他辞去第一书记职务，他表示："我将以一名革命战士的身份继续在党员队伍中奋斗，为党的事业贡献力量，为捍卫社会主义奋斗终身。"劳尔强调党政领导岗位新老交替的工作应逐渐进行，不要匆忙和仓促，要发扬民主和集体精神。领导新老交替的战略任务还没有完成，但一部分久经考验的老战士已经让出岗位。他称赞迪亚斯－卡内尔三年来的工作卓有成效。迪亚斯－卡内尔不是即兴之作，而是经过深思熟虑后提拔的一位具有担任重要岗位条件的一位革命青年。

自劳尔主政以来，到 2021 年 4 月古共"八大"，古巴社会主义经济模式的更新，取得了一定的成效，具体体现在以下六个主要方面：

（一）减少了国有部门的冗员。2008 年 2 月，劳尔提出要更新古巴的经济社会发展模式，他提出要通过扩大个体户来减少国有部门的冗员。据统计，迄今为止，约减少了 150 万国有部门的冗员。古巴国企总数 2011 年有 2286 家，2018 年减少到 1776 家。到 2019 年年初，在古巴全国 448.27 万就业总人数中，在国有部门工作的有 367 万；在私人部门工作的有 141.57 万，占就业人数的 32%，其中个体劳动者有 584477 人。

（二）将空闲土地承包给集体或个人。2008 年 7 月，劳尔主持的政府颁布第 259 号法令，将闲置的土地承包给个人或合作社，个人可承包 13.42—40.26 公顷的土地，承包期为 10 年，到期后可延长。自 2008 年至 2017 年 8 月，共有 191.7 万公顷土地承包给自然人和法人，占全国农用土地的 31%，其中 173.3 万公顷土地承包给 22.2 万自然人。2018 年 8 月 7 日，古巴政府颁布第 358 号法令，决定延长土地承包期，个人（自然人）的承包期从 10 年增加到 20 年，法人（合作社）承包期无限制。同时，允许个人最多承包的土地从 13.42 公顷增加到 26.84 公顷（2 卡），如果用于发展畜牧业，最多可承包 67.10 公顷土地（5 卡）。

（三）扩大个体户。2008 年 2 月，劳尔就提出要通过扩大个体户来减少国有部门的冗员。2009 年 3 月 2 日，劳尔主持召开国务委员会会议，决定放宽对个体劳动的限制。2010 年古巴政府根据 2009 年 3 月 2 日国务委员会的决定，先后共颁布了有关放宽个体劳动限制的 10 项法令和 60 项决议，其中包括 9 月 24 日公布的向个体户开放的 178 项经济活动（后又先后增加到 181 项和 201 项），其中有 29 项是新开放的，有 83 项允许雇用劳动力（1993 年的第 141 法令不允许雇佣职工，只允许个体户家属参与）。2018 年 7 月 10 日，古巴政府的官方公报 2018 年第 35 期特刊上颁布了有关完善个体户政策的 20 个文件。古巴个体户不断扩大，从 2010 年的 228074 户增加到 2018 年的 580828 户，2020 年增加到 602415 户。2021 年 2 月，古巴政府向个体户开放的经济活动增加到 2000 多项。同年 8 月，古巴政府又颁布新的个体户条例，与此同时，又颁布微小中企业法，允许建立国有、私人和合资微小中企业。允许现有雇用 3 人以上的个体户转化为微小中企业。

（四）制定新的外资法。1995 年 9 月，全国人民政权代表大会通过了第 77 号法令，即《外国投资法》，规定除防务、卫生保健和教育外，所有经济部门都向外资开放；外国投资可采用合资企业、外国独资企业和国际经济联营合同这 3 种形式，外国可以在古巴购买房地产，进行不动产投资，可在自由贸易区、出口加工区进行投资，古巴侨民可回国投资。2014 年 3 月 29 日，古巴全国人大批准通过了新的《外国投资法》（第 118 号法令）。新《外资法》在原《外资法》（第 77 号法令）的基础上做了全面修订，其最显著的特点是在税收方面给予外商合资企业和国际经济联合体等较大优惠，除去教育、医疗和军工等特殊领域，古巴将对外资开放几乎整个市场。据古巴前经济部长、前部长会议副主席何塞·路易斯·罗德里格斯的文章，自 2014 年新投资法颁布至 2018 年，外资承诺对古巴直接投资共 60 亿美元，年平均 12 亿美元，其中 2018 年外资承诺投资 15 亿美元，共 40 个项目，但实际投资只有 4.74 亿美元。

（五）开设马列尔经济开发特区。2013 年 9 月，古巴通过了《马列尔开发特区法》即第 313 号法令，该法令于同年 11 月 1 日正式生效。《特区法》规定，对区中入驻的企业和机构在进口、生产、内外贸上提供关税优惠；对再加工后用于出口的"特定货物"进口时享受免税待遇；"对国家经济有利"的出口还将享有出口退税优惠政策。根据特区法，2013 年年底，成立古巴首个经济特区马列尔经济特区，该特区已成为古巴经济改革的"桥头堡"和"风向标"。据官方统计，到 2018 年 10 月为止，马列尔特区共批准来自 19 国的 42 个项目，21.3 亿美元。但实际上已开始实施的项目只有 17 项，6.26 亿美元，主要投资工业、食品加工和生物工程。

（六）允许建立非农牧业合作社。2012 年 12 月 11 日，古巴政府颁布了第 305 号法令，允许成立非农牧业合作社。2013 年全国共有 198 家非农牧业合作社，2014 年增至 345 家，2015 年 367 家，2017 年 397 家，2018 年 431 家。2013 年和 2014 年增加速度较快，2015 年之后，增速减慢。2021 年 8 月，古巴政府颁布新的非农牧业合作社法令，放宽了对建立非农牧业合作社的限制。

古巴模式更新面临的挑战及其前景。古巴的社会主义经济建设和社会发展取得了显著的成就，但也面临不少挑战与问题，主要有：

（一）模式更新的经济效果不明显。古共"六大"召开以来，古巴经济增长比较缓慢，2011—2015 年年均国内生产总值增长率为 2.8%。2016

年经济只增长了 0.5%，2017 年为 1.8%，2018 年为 1.2%，2019 年为 0.5%，2020 年受新冠肺炎疫情等的影响，经济出现 -11% 的衰退，连续 5 年没有完成原计划的指标。

（二）古巴体制的更新困难重重。如自 2021 年 1 月 1 日起，古巴政府宣布实施"理顺任务"，取消货币和汇率双轨制。但是，实施以来，效果不尽如人意，工资增长的幅度，跟不上物价增长的速度，通货膨胀加剧，物资供应短缺，人民生活受到影响、

（三）古巴经济基础比较薄弱。工业基础落后，设备陈旧，能源短缺，农业发展缓慢，一方面大量耕地闲置，另一方面粮食、食品需要大量进口；基础设施落后，外贸逆差过大，吸收外资有限，外汇收入不足。

（四）美国长期对古巴的经济封锁和贸易禁运。据古巴外交部长的报告，美国对古巴实施经济封锁近 60 年，给古巴造成了 1258.73 亿美元（按现行价格计算）的经济损失。古美两国虽然已正式复交，但美国至今仍没有取消对古巴的经济、贸易和金融封锁。特朗普任内（2017—2021），对古巴采取了 240 多项新的制裁措施，其中有 50 项是在 2020 年新冠肺炎疫情在美洲蔓延后对古巴采取的。2021 年 1 月，拜登上台后，不仅没有取消特朗普对古巴任何一项制裁，反而变本加厉，对古巴采取了新的制裁措施。

（五）在美国的煽动和支持下，近年来，古巴国内持不同政见者的活动有所抬头。自 2018 年 9 月起，在哈瓦那等地暴发多起以青年知识分子和艺术家为主的抗议活动，2020 年 11 月，一度达到高潮，被称为"圣伊西德罗运动"。2021 年 7 月 11 日，古巴多地发生骚乱，一些人喊反革命口号，骚乱很快被阻止。之后，古巴党和政府采取了一系列措施，迅速控制了形势，并着手改善民生、发展经济、开发疫苗以遏制新冠肺炎疫情在古巴的蔓延。

古巴党和政府能根据形势变化，审时度势，采取了一系列更新本国经济和社会模式的战略举措。古巴党和政府在探索符合本国国情的建设社会主义的道路方面，在政治、经济、军事、社会、外交等各方面取得了显著的成就，古巴已踏上了一条在变革开放中坚持、巩固和发展社会主义的道路。目前古巴在坚持社会主义的前提下，正在更新其社会主义经济和社会发展模式，以适应新的世界格局，使本国经济同世界经济

接轨。

古巴是亚洲以外地区、地处西半球的唯一的社会主义国家，古巴党和政府坚持社会主义不仅对古巴本国未来国家建设具有重要的意义，而且对世界社会主义运动的发展具有重要意义。丰富的国家治国理政经验赋予古巴共产党顽强而坚毅的革命品质，在未来，在古巴共产党的领导下，古巴人民一定能够战胜前进道路上的各种困难，在探索和建设古巴特色社会主义事业的伟大进程中取得更大胜利。

本章小结

本章介绍了拉美 8 个主要国家阿根廷、巴西、智利、墨西哥、哥伦比亚、秘鲁、委内瑞拉和古巴的政治概况，此外，还介绍了各国政治发展进程中最突出的问题或政治事件。

思考题

一、名词解释

正义党　卢拉　皮诺切特案件　藤森现象　玻利瓦尔革命

二、简答题

1. 简述哥伦比亚和平进程。

2. 简述阿根廷危机与改革。

3. 如何评价智利的新自由主义改革？如何认识 2019 年智利等国家发生的大规模的社会抗议活动？

4. 简述 21 世纪初秘鲁的治理危机。

5. 简述墨西哥的"第四次变革"。

三、论述题

1. 东欧剧变、苏联解体后，古巴是如何通过改革开放坚持社会主义的？进入 21 世纪后如何推进社会主义的更新进程？

2. 在世纪之交，墨西哥政治模式发生了什么重要变化？

3. 委内瑞拉政治危机及其启示。

阅读参考文献

宋晓平：《阿根廷》，第三章　政治，社会科学文献出版社 2005

年版。

李紫莹：《阿根廷正义主义研究》，世界知识出版社 2010 年版。

吕银春、周俊南：《巴西》，第三章 政治，社会科学文献出版社 2005 年版。

王晓燕：《智利》，第三章 政治，社会科学文献出版社 2004 年版。

徐世澄：《墨西哥政治经济改革及模式转换》，世界知识出版社 2004 年版。

徐世澄：《墨西哥革命制度党的兴衰》，世界知识出版社 2009 年版。

徐宝华：《哥伦比亚》，第四章 政治，社会科学文献出版社 2004 年版。

白凤森：《秘鲁》，第三章 政治，社会科学文献出版社 2010 年版。

徐世澄：《委内瑞拉总统查韦斯何去何从》，《当代世界》2004 年第 8 期。

徐世澄：《查韦斯传》，人民出版社 2011 年版。

袁东振主编：《拉美国家的可治理性问题研究》，第七、八、十、十一章，当代世界出版社 2010 年版。

徐世澄、贺钦：《古巴》，第三章 政治，社会科学文献出版社 2018 年第 2 版。

毛相麟、杨建民：《古巴社会主义研究》（修订版），社会科学文献出版社 2019 年版。

贺钦：《坚守与更新：苏东剧变后的古巴社会主义》，中国社会科学出版社 2020 年版。

主要参考书目

白凤森：《秘鲁》，社会科学文献出版社 2010 年版。

崔桂田、蒋锐等：《拉丁美洲社会主义及左翼社会运动》，山东人民出版社 2013 年版。

董国辉：《劳尔·普雷维什经济思想研究》，南开大学出版社 2003 年版。

高波：《农民、土地与政治稳定：墨西哥现代村社制度研究》，中国社会科学出版社 2016 年版。

郭存海：《拉丁美洲的中产阶级研究》，朝华出版社 2021 年版。

关达等编著：《第二次世界大战后拉丁美洲政治》，中国社会科学出版社 1987 年版。

韩琦主编：《世界现代化进程　拉美卷》，江苏人民出版社 2010 年版。

郝铭玮、徐世澄：《拉丁美洲文明》，中国社会科学出版社 1999 年版。

江时学：《认识拉丁美洲》，中国社会科学文献出版社 2021 年版。

贺双荣主编，谌园庭副主编：《中国与拉丁美洲和加勒比国家关系史》，中国社会科学出版社 2016 年版。

贺钦：《坚守与更新：苏东剧变后的古巴社会主义》，中国社会科学出版社 2020 年版。

洪育沂主编，徐世澄副主编：《拉美国际关系史纲》，外语教学与研究出版社 1996 年版。

姜士林等主编：《世界政府辞书》，中国法制出版社 1991 年版。

康学同主编，王玉林、王家雷副主编：《当代拉美政党简史》，当代世界出版社 2011 年版。

李春辉：《拉丁美洲史稿》上、下卷，商务印书馆 1983 年版。

林被甸、董经胜：《拉丁美洲史》，人民出版社 2010 年版。

李春辉、苏振兴、徐世澄主编：《拉丁美洲史稿》第三卷，商务印书馆 1993 年版。

李明德主编：《拉丁美洲和中拉关系——现在和未来》，时事出版社 2001 年版。

李明德主编：《简明拉丁美洲百科全书》，中国社会科学出版社 2001 年版。

李明洲主编：《现代西方思潮概论》，高等教育出版社 2001 年版。

李紫莹：《阿根廷正义主义研究》，世界知识出版社 2010 年版。

林华、王鹏、张育媛编：《拉丁美洲和加勒比地区国际组织》，社会科学文献出版社 2010 年版。

罗豪才、吴撷英：《资本主义国家的宪法和政治制度》，北京大学出版社 1983 年版。

吕银春、周俊南：《巴西》，社会科学文献出版社 2005 年版。

毛相麟、杨建民：《古巴社会主义研究》（修订版），社会科学文献出版社 2019 年版。

沙丁等：《中国和拉丁美洲关系简史》，河南人民出版社 1986 年版。

宋晓平：《阿根廷》，社会科学文献出版社 2005 年版。

苏振兴主编：《拉美国家现代化进程研究》，社会科学文献出版社 2006 年版。

苏振兴主编：《拉美国家社会转型期的困惑》，中国社会科学出版社 2010 年版。

苏振兴、袁东振：《发展模式与社会冲突——拉美国家社会问题透视》，当代世界出版社 2001 年版。

索萨：《拉丁美洲思想史述略》，云南人民出版社 2003 年版。

《世界各国宪法》编辑委员会：《世界各国宪法美洲大洋洲卷》，中国检察出版社 2012 年版。

王家瑞主编：《当代国外政党概览》，当代世界出版社 2009 年版。

王萍：《走向开放的地区主义：拉丁美洲一体化研究》，人民出版社 2005 年版。

王晓明主编：《世界各国议会全书》，世界知识出版社 2001 年版。

王晓燕：《智利》，社会科学文献出版社 2004 年版。

吴白乙等：《面向新时代的中拉关系》，中国社会科学出版社 2020 年版。

邢贲思主编：《当代世界思潮》，中国中央党校出版社 2003 年版。

熊复主编：《世界政党辞典》，红旗出版社 1986 年版。

肖枫主编：《社会主义向何处去》，当代世界出版社 2002 年版。

肖楠等：《当代拉丁美洲思潮》，东方出版社 1998 年版。

熊复主编：《世界政党辞典》，红旗出版社 1986 年版。

徐宝华：《哥伦比亚》，社会科学文献出版社 2004 年版。

徐宝华、石瑞元：《拉美地区一体化进程：拉美国家进行一体化的理论和实践》，社会科学文献出版社 1996 年版。

徐世澄：《墨西哥政治经济改革及模式转换》，世界知识出版社 2004 年版。

徐世澄：《墨西哥革命制度党的兴衰》，世界知识出版社 2009 年版。

徐世澄：《查韦斯传》，人民出版社 2011 年版。

徐世澄主编：《拉美左翼和社会主义理论思潮研究》，中国社会科学出版社 2017 年版。

徐世澄主编：《拉丁美洲现代思潮》，当代世界出版社 2010 年版。

徐世澄主编：《美国和拉丁美洲关系史》，社会科学文献出版社 2007 年第 2 版。

徐世澄、贺钦：《古巴》，社会科学文献出版社 2018 年第 2 版。

徐世澄主编：《帝国霸权与拉丁美洲　战后美国对拉美的干涉》，世界知识出版社 2002 年版。

杨建民：《拉美国家的法治与政治》，社会科学文献出版社 2015 年版。

杨志敏主编：《回望拉丁美洲左翼思潮的理论与实践》，中国社会科学出版社 2018 年版。

俞邃主编：《外国政党概要》，江苏人民出版社 2001 年版。

袁东振、徐世澄：《拉丁美洲国家政治制度研究》，世界知识出版社 2004 年版。

袁东振、杨建民等：《拉美国家政党执政的经验教训研究》，中国社会科学出版社 2016 年版。

袁东振主编：《拉美国家的可治理性问题研究》，当代世界出版社 2010

年版。

袁东振：《拉美21世纪社会主义研究》，中国社会科学出版社2021年版。

袁东振、杨建民等：《拉美国家腐败治理的经验教训研究》，中国社会科学出版社2020年版。

曾昭耀主编：《现代化战略选择与国际关系　拉美经验研究》，社会科学文献出版社2000年版。

曾昭耀：《政治稳定与现代化——墨西哥政治模式的历史考察》，东方出版社1996年版。

曾昭耀：《拉丁美洲发展问题论纲——拉美民族200年崛起失败原因之研究》，当代世界出版社2011年版。

张凡：《当代拉丁美洲政治研究》，当代世界出版社2009年版。

张友渔主编：《世界议会辞典》，中国广播电视出版社1987年版。

郑秉文主编：《社会凝聚：拉丁美洲的启示》，当代世界出版社2010年版。

周克明、王玉先、周通、程清林主编：《当代世界工人和工会运动》，辽宁大学出版社1990年版。

中国工运研究所国际工运研究室编：《国际工人运动知识手册》，工人出版社1987年版。

中共中央对外联络部拉丁美洲研究所：《拉丁美洲各国政党》，上海人民出版社1980年版。

钟清清主编：《世界政党大全》，贵州教育出版社1994年版。

周志伟：《巴西崛起与世界格局》，社会科学文献出版社2012年版。

祝文驰、毛相麟、李克明：《拉丁美洲的共产主义运动》，当代世界出版社2002年版。

［阿］劳尔·普雷维什：《外围资本主义——危机与改造》，商务印书馆1990年版。

［阿］吉列尔莫·奥唐奈，《现代化和官僚威权主义：南美政治研究》，北京大学出版社2008年版。

［巴］弗朗西斯科·洛佩斯·塞格雷拉主编：《全球化与世界体系》上下册，社会科学文献出版社2003年版。

［巴］特奥托尼奥·多斯桑托斯：《帝国主义与依附》，社会科学出版社

1999 年版。

[巴] 费尔南多·恩里克·卡多佐，恩佐·法勒托：《拉美的依附性及发展》，世界知识出版社 2002 年版。

[秘] 何塞·卡洛斯·马里亚特吉：《关于秘鲁国情的七篇论文》，商务印书馆 1987 年版。

[秘] 欧亨尼奥·陈 – 罗德里格斯：《拉丁美洲的文明与文化》，商务印书馆出版 1990 年版。

[美] 霍华德·J. 威亚尔达、哈维·F. 克莱恩：《拉丁美洲的政治与发展》，上海译文出版社 2017 年版。

[美] 彼得·H. 史密斯：《论拉美的民主》，译林出版社 2013 年版。

[美] E. 布拉德福德·伯恩斯：《简明拉丁美洲史》，世界图书出版公司 2009 年版。

[美] 霍华德·J. 威亚尔达：《拉丁美洲的精神：文化与政治传统》，浙江大学出版社 2019 年版。

[美] 霍华德·J. 威亚尔达、哈维·F. 克莱恩：《拉丁美洲的政治与发展》，上海译文出版社 2018 年版。

[美] 托马斯·E. 斯基德莫尔、彼得·H. 史密斯、詹姆斯·N. 格林：《现代拉丁美洲》，当代中国出版社 2014 年版。

[美] 恩里克·克劳泽：《救赎者：拉丁美洲的面孔与思想》，北京日报出版社 2020 年版。

[美] 萨穆埃尔·拉莫斯：《面具与乌托邦：墨西哥人民及其文化剪影》，上海人民出版社 2020 年版。

[英] 莱斯利·贝瑟尔主编：《剑桥拉丁美洲史》，第 3 卷、第 4 卷，社会科学文献出版社 1994 年版。

[英] 莱斯利·贝瑟尔主编：《剑桥拉丁美洲史》，第 6 卷（上下）、第 10 卷，当代世界出版社 2000 年、2001 年和 2004 年版。

[美] 爱德华·J. 威廉斯：《从发展角度看拉丁美洲政治思潮》，商务印书馆 1979 年版。

[委] D. 博埃斯内尔：《拉丁美洲国际关系史》，商务印书馆 1980 年版。

[智] 塞巴斯蒂安·爱德华斯：《掉队的拉美：民粹主义的致命诱惑》，中信出版社 2019 年版。

Adams, Francis, *Deepening Democracy*: *Global Governance and Political Reform in Latin America*, Westport, Connecticut and London: Praeger, 2003.

Alexander, Robert J. , *Political Parties of the Americas*, Grenwood Press, 1982.

Anello, Eloy, *Exploratory Discussion paper on NGDOs in Latin America*, mimeo, DESCO, Lima, Peru, 1989.

Becker, Marc, *Twentieth – Century Latin American Revolution*, Lanham; Boulder; New York; London: Rowman &Littlefield, 2017.

Behar, Jaime, Rita Giacalone y Noemi B. Mellado (ed.), *Integración regional de América Latina Procesos y actores*, Instituto de Estudios Latinoamericanos, Universidad de Estocolmo, Suecia, 2001.

Borón, Atilio, *Clases populares y política de cambio en América Latina*, *Bitácora de un navegante Teoría política y dialéctica de la historia latinoamericana*, CLACSO, 2020.

Brinks, Daniel M. , Steven Levitsky, and Maria Victoria Murillo (eds.), *The Politics of Institutional Weakness in Latin America*, Cambridge: Cambridge University Press, 2020.

Castañeda, Jorge G. , and Marco A. Morales (eds.), *Leftovers*: *Tales of Latin American Left*, New York: Routledge, 2008.

Conniff, Michael L. (ed.), *Populism in Latin America*, Yuscaloosa and London: The University of Alabama Press, 1999.

Corrales, Javier, *Fixing Democracy*: *Why Constitutional Change Often Fails to Enhance Democracy in Latin America*, New York, NY: Oxford University Press, 2018.

Crawford, W. Rex, *A Century of Latin – American Thought*, Frederick A. Praeger Publishers, New York, 1996.

Davis, Harold E. , *Latin American Thought*: *A Historical Introduction*, Lousiana State University Press, 1972.

Davis, Harold E. , *Latin American Social Thought*, University Press of Washintong, D. C. , 1961.

Di Tella, Torcuato S. , *Historia de los partidos políticos en América Latina*, Fondo de Cultura Económica de Argentina, Buenos Aires, Segunda reimpresión, 1999.

Di Tella, Torcuato S. , *Los Partidos Políticos*: *Teoría y análisis comparativo*, A – Z editora, 1998.

Dixon, Kwame, and Ollie A. Johnson (eds.), *Comparative Racial Politics in Latin America*, New York, NY: Routledge, Taylor & Francis Group, 2019.

DomÍnguez, Jorge, Michael Shifter (eds.), *Constructing Democratic Governance in Latin America*, Baltimore and London: The Johns Hopkins University Press, 2003.

Flavia, Freidenber, *Los Sistemas de Partidos en América Latina* 1978 – 2015, Tomo 1 y Tomo 2. UNAM, Mexico, 2016.

Gatehouse, Tom, *Voices of Latin America*: *Social Movements and the New Activism*, Monthly Review Press, 2019.

Helmke, Gretchen, Steven Levitsky (eds.), *Informal Institutions and Democracy*: *Lessons from Latin America*, Baltimore: The Johns Hopkins University press, 2006.

Jiménez, Alfredo Ramos, *Los partidos políticos latinoamericanos*, *Una segunda mirada*, La Universidad de los Andes, Mérida, Venezuela, 2015.

Lambert, Jacques, *América Latina Estructuras e instituciones políticas*, Ediciones Arierl, Barcelona, España, 1978.

Levitsky, Steven, James Sydney, Brandon Van Dyck, and Jorge I. Dominguez (eds.), *Challenges of Party – Building in Latin America*, New York: Cambridge University Press, 2017.

Levitsky, Steven, and Kenneth M. Roberts (eds.), *The Resurgence of the Latin American Left*, Baltimore: The Johns Hopkins University Press, 2011.

Lora, Eduardo, *The State of State Reform in Latin America*, Washington, D. C. : Inter – American Development Bank, 2007.

Lownthal, Abraham F. and Gregory F. Trererton (ed.), *Latin America in the*

New World, Westview Press, 1994.

Mainwaring, Scott (ed.), *Party Systems in Latin America*: *Institutionaliza-tion*, *Decay*, *and Collapse*, Cambridge, United Kingdom; New York, NY: Cambridge University Press, 2018.

Moseley, Mason W. , *Protest State*: *the Rise of Everyday Contention in Latin America*, New York, NY: Oxford University Press, 2018.

Nohlen, Dieter, *Los Sistemas electorales en América Latina y el Debate sobre re-forma electoral*, Universidad Nacional Autónoma de México, 1993.

North, Lisa L. , and Clark, Timothy D. (eds.), *Dominant Elites in Latin America*: *from Neoliberalism to the "Pink Tide"*, Cham, Switzerland: Pal-grave Macmillan, 2018.

O'Donnell, Guillermo A. , Laurence Whitehead and Philippe C. Schmitter, (eds), *Transitions from Authoritarian Rule*, Johns Hopkins University Press, January 1994.

Pérez Guadalupe, José Luis, y Sebastian Grundberger (editores), *Evangélicos y Poder en América Latina*, Konrad Adenauer Stiftung (KAS), Instituto de Estudios Social Cristianos (IESC), 2018.

Rodríguez, Darío L. Machado, *Es posible el socialismo en Cuba*? Editora Política, La Habana, 2004.

Russell, Roberto, *Política exterior y toma de decisiones en América Latina*, Grupo Editor Latinoamericano, Buenos Aires, Argentina, 1990.

Sandoval, Godofredo, *Organizaciones no gubernamentales de desarrollo en América Latina y el Caribe*, UNITAS, La Paz, Bolivia, 1988.

SELA, *Dynamics of the External Relations of Latin American and Caribbean*, Buenos Aires, 1998.

ShulgovskiA. , y otros, *Corrientes ideológicas contemporáneas en América Lati-na*, Editorial Progreso, Moscú, 1998.

Smith, Peter H. , *The Challenge of Integration Europe and the Americas*, North South Center, Transaction publishers, New Brunswick, 1993.

Valdivia, Eduardo Cáceres, *El rol de ONG en America Latina*: *Los desafíos de un presente cambiante*, Mesa de Articulación de Plataformas Nacionales y

Redes Regionales de América Latina y el Caribe, 2014.

Vanden, Harry E. and Gary Prevost, *Politics of Latin America: the Power Game*, Oxford University Press, 2002.

Werz, Nikolas, *Pensamiento Sociopolítico en América Latina*, Editorial Nueva Sociedad, Caracas, Venezuela, 1995.

Zea, Leopoldo, *El Pensamiento Latinoamericano*, Editorial Ariel, Barcelona, España, 1976.